ADMINISTRAÇÃO BANCÁRIA
UMA VISÃO APLICADA

Clovis de Faro | org.

ADMINISTRAÇÃO BANCÁRIA
UMA VISÃO APLICADA

FGV EDITORA

Copyright © 2014 Clovis de Faro

Direitos desta edição reservados à Editora FGV
EDITORA FGV
Rua Jornalista Orlando Dantas, 37
22231-010 — Rio de Janeiro, RJ — Brasil
Tels.: 0800-021-7777 — (21) 3799-4427
Fax: (21) 3799-4430
editora@fgv.br   pedidoseditora@fgv.br
www.fgv.br/editora

Impresso no Brasil | *Printed in Brazil*

Todos os direitos reservados. A reprodução não autorizada desta publicação, no todo ou em parte, constitui violação do copyright (Lei nº 9.610/98).

Os conceitos emitidos neste livro são de inteira responsabilidade dos autores.

1ª edição — 2014

Preparação de originais: Fernanda Mello, Ronald Polito e Sandra Frank
Revisão: Marco Antônio Correa, Paulo Telles Ferreira e Tarcísio de Souza Lima
Projeto gráfico de miolo e diagramação: Ilustrarte Design e Produção Editorial
Capa: Aspecto Design

FICHA CATALOGRÁFICA ELABORADA PELA
BIBLIOTECA MARIO HENRIQUE SIMONSEN/FGV

Administração bancária: uma visão aplicada / Organização Clovis de Faro. – Rio de Janeiro: Editora FGV, 2014.
504 p.

Inclui bibliografia.
ISBN: 978-85-225-1638-4

1. Administração bancária. 2. Bancos – História. I. Faro, Clovis de, 1941- . II. Fundação Getulio Vargas.

CDD – 332.1

SUMÁRIO

Prefácio — 7

Apresentação — 13

História dos bancos no mundo e no Brasil — 15
  Pedro Carvalho de Mello

Finanças — 57
  Rogério Mori

Crédito, serviços e captações — 81
  Ricardo Ratner Rochman

Operações de tesouraria — 107
  Hsia Hua Sheng

Regulação e supervisão bancária — 133
  Rafael F. Schiozer
  Carlos Alberto Decotelli da Silva

Risco — 171
  João Carlos Douat
  Ricardo Ratner Rochman

Tecnologias de *back-office*: desafios no mundo interconectado — 205
  Eduardo H. Diniz

Sobre pessoas e organizações — 229
  Jean Jacques Salim

Recuperação de crédito — 265
  Rogério Mori
  Ricardo Ratner Rochman

Governança corporativa — 289
  Paulo Renato Soares Terra

Internacionalização do sistema bancário — 325
  Pedro Carvalho de Mello

Fusões e aquisições — 359
  João Carlos Douat

O processo de IPO nas empresas e nos bancos *Pedro Carvalho de Mello* *Carlos Alberto Decotelli da Silva*	381
A ponte entre imagem institucional e marketing: caminhos estratégicos para a sustentabilidade organizacional *Fernando Luiz Abrucio* *George Avelino Filho* *Eduardo José Grin*	411
Agronegócio e crédito agrícola *Eduardo Cenci* *Felippe Serigati* *Angelo Costa Gurgel*	441
Varejo bancário, competição, geração de valor e segmentação *Sérvio Túlio Prado Júnior*	475
Sobre os autores	497
Agradecimentos	501

PREFÁCIO

É frequente o caso em que iniciativas, conquanto muito bem idealizadas, ou não se materializam ou, se realizadas, acabam frustrando as expectativas. De outro lado, felizmente, também ocorrem situações em que as iniciativas resultam em verdadeiros marcos referenciais. Acredito que o presente livro, fruto de tratativas levadas a efeito por duas instituições líderes em seus respectivos campos de atuação, o Banco do Brasil (BB) e a Fundação Getulio Vargas (FGV), seja um significativo exemplo de empreendimentos bem-sucedidos, podendo ser considerado um marco na esfera do treinamento corporativo.

A alta direção do BB, por intermédio de responsáveis pela área de Recursos Humanos da instituição, que trata do aperfeiçoamento de seus funcionários, e a FGV, através do setor de Cursos Corporativos de seu Instituto de Desenvolvimento Educacional, desenharam, em conjunto, um amplo programa de capacitação.

No decorrer do detalhamento das disciplinas que viriam a compor o programa, surgiu a ideia de ser organizado um livro que não apenas contemplasse os fundamentos teóricos de cada matéria, mas que também contivesse ilustrações do que efetivamente ocorre na prática. Foi então selecionado pela Fundação Getulio Vargas, dentro de seu quadro de professores, um conjunto de especialistas (cujas respectivas qualificações encontram-se, de forma resumida, anexadas) para que redigissem os 16 capítulos que compõem o livro.

Na ocasião, tendo em vista o grande número de capítulos, ficou decidido que cada assunto tratado deveria cingir-se ao essencial, pois que, para que o livro não ficasse excessivamente volumoso, houve a necessidade de que fosse limitado o número de páginas dedicadas a cada capítulo. Com isso, os autores viram-se compelidos a exercer um significativo poder de concisão, além de deixar de abordar aspectos que certamente seriam incluídos não fosse a limitação de espaço. No entanto, tenho a convicção de que foram muito bem-sucedidos em produzir apresentações que, efetivamente e de maneira didática, cobrem os principais componentes de cada matéria.

Por outro lado, fruto de entrevistas dos autores com os responsáveis pelas respectivas áreas do Banco do Brasil, os leitores serão brindados com descrições do que é efetivamente praticado. Essas descrições aparecem sob a forma de complementos a cada capítulo.

Quanto aos assuntos específicos, considerando cada um dos 16 capítulos, cabe-me aqui, tão somente, aguçar o apetite dos leitores.

Com o apropriado e sugestivo título do capítulo 1, "História dos bancos no mundo e no Brasil", Pedro Carvalho de Mello, reconhecido especialista em história econômica (sua tese de doutorado foi orientada por Robert W. Fogel, que foi agraciado com o prêmio Nobel em economia por sua pioneira contribuição no setor), faz um retrospecto da evolução das instituições financeiras, destacando a criação dos bancos e da moeda. O desdobramento para o caso brasileiro é suficientemente detalhado, sublinhando-se, desde seus primórdios, o papel do Banco do Brasil, que se singulariza como um banco de mercado com espírito público.

Ao pensar em uma instituição bancária, ocorre de imediato o conceito de finanças. No capítulo 2, exatamente com o título "Finanças", Rogério Mori, com larga experiência acadêmica, bem como no exercício de cargos públicos e no mercado financeiro, faz uma minuciosa descrição do Sistema Financeiro Nacional, destacando que, até a década de 1980, o BB exercia peculiar atuação como efetiva autoridade monetária, através da chamada "conta movimento". Contendo também detalhamento dos diversos mercados financeiros, do conceito de juros e da chamada taxa Selic, o capítulo, no estudo de caso, é concluído com a descrição do quanto foi fundamental a atuação do Banco do Brasil no pós-crise de 2008.

O capítulo 3, em que Ricardo Ratner Rochman explicita seus conhecimentos na esfera das finanças aplicadas, explora o conceito do crédito, que está no âmago das instituições bancárias, e o seu papel como propulsor do crescimento econômico. Pormenorizando os elementos de uma política de crédito bancário, na qual a questão do risco de crédito tem crucial importância, são também apresentadas as principais fontes de captação. No estudo de caso, que inclui uma visão do futuro, sumariam-se aspectos da atuação do Banco do Brasil, que mantendo sua tradição no setor, é o administrador da maior carteira de crédito do país. E isso, destaque-se, conseguindo os menores índices de inadimplência do Sistema Financeiro Nacional.

"Operações de tesouraria" compõem o capítulo 4. Neste, em que se apresentam detalhamentos, ilustrados por exemplos numéricos, de operações de captação e de aplicação de recursos, Hsia Hua Sheng põe em prática, de maneira didática, seus conhecimentos como professor e consultor na área de finanças corporativas. No estudo de caso, tendo em vista a inconteste e tradicional liderança exercida pelo Banco do Brasil no financiamento do agronegócio, descreve-se a atuação que o banco tem tido no mercado de derivativos agropecuários, salientando os instrumentos de proteção financeira que têm sido utilizados.

Rafael F. Schiozer e Carlos Alberto Decotelli da Silva, exercitando as respectivas competências e experiências como professores e pesquisadores, abordam, no capítulo 5, o papel dos reguladores das atividades bancárias. Descrevendo a origem e a evolução dos bancos centrais, são detalhados os aspectos da regulação financeira no Brasil, apresentando a cronologia da legislação específica. Não deixando de mencionar que a regulação do setor, em âmbito internacional, não foi capaz de evitar a crise financeira em escala global, iniciada em 2007, nos Estados Unidos, os autores, no estudo de caso que acompanha o capítulo, detêm-se no caso específico do Banco do Brasil. É apontada a criação da Gerência de Auditoria, integrante da estrutura de auditoria interna, cujo papel é o de harmonizar os problemas inerentes às relações entre o fiscalizador, o Banco Central do Brasil, e o fiscalizado, o Banco do Brasil.

Até 2008, havia a crença generalizada, inclusive no âmbito internacional, de que certos bancos, por seus respectivos portes, eram muito grandes para quebrar. No entanto, a falência do Lehman Brothers, no bojo da grande crise deflagrada em 2007/08, deixou os banqueiros e os reguladores com as barbas de molho. Os reguladores, nos acordos de Basileia, (como visto no capítulo precedente), já haviam buscado estabelecer diretrizes com o objetivo de evitar situações como as que vieram a provocar colapsos de grandes instituições financeiras. A preocupação com o fator risco ficou ainda mais proeminente em todo o mundo, particularmente aqui no Brasil. Por isso, no capítulo 6, que trata do tema, João Carlos Douat, reconhecido especialista no assunto, e Ricardo Ratner Rochman, também com expressiva atuação na área de finanças, tratam com o merecido cuidado a crucial questão relativa à gestão de riscos na atividade bancária. Especial atenção é dada ao risco de crédito, sem descuidar dos chamados riscos de mercado e operacionais. No respectivo estudo de caso, é descrito como o Banco do Brasil, especialmente após a chamada crise do *subprime*, de 2007/08, tem dado particular atenção à gestão de riscos. Destaca-se o cuidado que o Banco do Brasil dedica ao assunto, refletido no montante dos recursos destinados ao setor.

No mundo moderno, buscando contemplar o volume, sempre crescente, e a velocidade das transações bancárias, as instituições do setor têm sido obrigadas a, mais e mais, investir em tecnologias de informação. Assim, o capítulo 7, de autoria de Eduardo H. Diniz, reconhecido pesquisador em tecnologia no setor bancário, aborda o que se define como tecnologias de *back office*. Um dos importantes aspectos destacados, provocados por mudanças sociais associadas ao uso, cada vez mais pervasivo, dos dispositivos portáteis de comunicação é o *internet banking*, que obriga os bancos a cada vez mais buscarem aperfeiçoar dispositivos de segurança nos seus meios de comunicação. Isso é evidenciado no estudo de caso, em que são apresentadas as preocupações e as diretrizes que vêm sendo adotadas pelo Banco do Brasil. Em particular, destaque-se a ênfase no conceito do que se denomina Big Data.

Em qualquer instituição, em especial nas de grande porte, como é o caso do Banco do Brasil, é essencial a estruturação e a competente gerência do que é usualmente denominado setor de Recursos Humanos. Jean Jacques Salim, um estudioso do assunto, com larga experiência em treinamento corporativo, teve a feliz iniciativa de estruturar o capítulo 8, que trata do tema, com base em uma conceituação inusitadamente ampla e alicerçada em conceitos filosóficos. É aí manifestada sua pertinente preocupação em distinguir administração de pessoas e gestão de pessoas. Ao fim e ao cabo, não podemos esquecer: instituições são constituídas por pessoas. Focando no Banco do Brasil, Jean Jacques mostra, no estudo de caso, como uma instituição de cerca de 117 mil funcionários tem uma permanente preocupação com o aperfeiçoamento do seu pessoal, evidenciado pelo expressivo número de programas de treinamento realizados em 2013. Não se deve deixar de ressaltar que o presente livro se insere nesta sempre presente busca da capacitação de seu corpo de funcionários.

Por mais que se aperfeiçoem os instrumentos de gestão de concessão de crédito (*credit screening*), tentando minimizar os riscos de inadimplência, objeto do capítulo 6, nem sempre é possível evitá-la. Por isso, no capítulo 9, Ricardo Ratner Rochman, um dos autores do capítulo 6, detém-se na análise do processo de recuperação de crédito. No estudo de caso, são descritos os cuidados que o Banco do Brasil, aliando as características de instituição de mercado, cujo objetivo final é o lucro de seus acionistas, com as de espírito público, dedica à questão. Em particular, é ressaltado o projeto BB de Solução de Dívidas.

Em instituições de grande porte, além da atenção que deve ser dada à gestão de seus funcionários, há que haver especial preocupação com o relacionamento com o público externo, clientes e acionistas. Incluindo o conjunto de funcionários, deve haver uma prestação de contas (*accountability*) aos chamados *stakeholders*. Paulo Renato Soares Terra, que se tem debruçado sobre a questão, aborda, no capítulo 10, o importante tema governança corporativa. Descrevendo seus antecedentes e sua evolução histórica, Paulo Renato distingue os diferentes modelos que têm sido adotados por diversos países, ressaltando os mecanismos implementados, em especial a criação de conselhos de administração. No estudo de caso, é descrita a experiência do Banco do Brasil, mostrando como a implementação do conceito foi sendo aperfeiçoada na instituição.

Pedro Carvalho de Mello, além de consagrado historiador econômico, evidenciado no capítulo 1, teve também marcante atuação em órgãos reguladores e em instituições bancárias. No capítulo 11, Pedro teve a oportunidade de, aliando a perspectiva histórica a seus conhecimentos práticos, mostrar a irreversibilidade do processo de internacionalização, em especial no setor bancário. Diferenciando as várias modalidades de internacionalização bancária e as principais operações, o capítulo é concluído com a descrição da marcante atuação do Banco do Brasil no mercado internacional.

No processo evolutivo das instituições, em particular as bancárias, são frequentes as fusões e aquisições. Os leitores mais vividos devem lembrar-se bem do Banco Nacional, que veio a ser absorvido pelo Unibanco, que, por sua vez, sofreu um processo de fusão com o Itaú. Com tais processos em mente, João Carlos Douat, no capítulo 12, apresenta as motivações e objetivos das fusões e aquisições, destacando as sinergias que podem ser alcançadas. Após uma descrição do processo de fusões e aquisições bancárias no Brasil, o estudo de caso apresenta o significativo caso da aquisição da Nossa Caixa pelo Banco do Brasil.

Uma das mais atraentes formas de captação de recursos de terceiros, para o caso de instituições de estrutura fechada de capital, é a de abertura de suas estruturas de capital. Isso é conseguido pelo que se denomina IPO (acrônimo de *initial public offering*), que, no capítulo 13, é tratado por Pedro Carvalho de Mello e Carlos Alberto Decotelli da Silva. Detalhando as vantagens e desvantagens de tal estratégia, além de breve descrição da evolução do mercado de capitais e do histórico de IPOs no Brasil, e o impacto na governança corporativa das instituições, o estudo de caso do capítulo ilustra sumamente a exitosa experiência do Banco do Brasil com o BB Seguridade Participações S.A.

Fernando Luiz Abrucio, certamente mais conhecido pelo público como arguto analista do cenário político, é também um estudioso de políticas públicas e do processo de marketing das instituições. No capítulo 14, em coautoria com George Avelino Filho e Eduardo José Grin, que também se dedicam ao assunto, apresenta-se uma análise da relação entre imagem institucional e marketing, com vistas a caminhos estratégicos para a sustentabilidade organizacional. No estudo de caso, apropriadamente contemplando a aguda crise hídrica que ora vivenciamos, é destacada a atuação do Banco do Brasil no setor, com seu Programa Água Brasil, lançado ainda em 2010 e em parceria com a Agência Nacional de Águas (ANA) e a World Wide For Nature (WWF Brasil). Ressalta-se, também, como uma significativa ação de marketing e sustentabilidade, a campanha "BomPraTodos".

Já há bastante tempo, o setor de agronegócios tem sido um dos sustentáculos do desenvolvimento econômico de nosso país, e, já há muito, o Banco do Brasil tem mantido expressiva liderança no financiamento do setor. O capítulo 15, contando com a *expertise* de Eduardo Censi, Felippe Serigati e Angelo Costa Gurgel, todos ligados ao reconhecido centro de excelência em agronegócios da Escola de Economia de São Paulo da FGV, apresenta uma abrangente e detalhada descrição da inter-relação entre o agronegócio e o crédito agrícola no Brasil, o que, como não poderia deixar de ser, destaca o fundamental papel do Banco do Brasil. No estudo de caso, detalham-se alguns aspectos da atuação da instituição, que é líder e verdadeira parceria do setor.

Finalmente, no capítulo 16, Sérvio Túlio Prado Júnior, especialista em gestão estratégica, aborda a importante questão relativa à competição no varejo bancário, que, mormente aqui no Brasil, é das mais acirradas. Especial atenção é dada ao papel da segmentação no processo de competição na busca de geração de valor. No estudo de caso, além de uma visão do futuro, apresenta-se, em termos de perspectivas estratégicas, a visão do Banco do Brasil.

Concluindo este já extenso prefácio, gostaria de agradecer aos autores. Premidos por exigências de cumprimento de prazos e de limitações de espaço, souberam, sem exceção, atender às cobranças do coordenador e produzir apresentações que, não tenho dúvidas, representarão marcos no treinamento corporativo.

Agradecendo a confiança que em mim foi depositada por Luiz Ernesto Migliora, diretor de Cursos Corporativos do Instituto de Desenvolvimento Educacional da Fundação Getulio Vargas, cuja capacidade de liderança ficou manifesta ao longo de todo o processo que resultou na produção deste livro, registro também o eficiente e dedicado apoio de Fabiana Mendonça e a colaboração de Pedro Carvalho de Mello como efetivo coordenador adjunto. Um especial reconhecimento é devido aos integrantes da alta administração do Banco do Brasil. Eles não só foram fundamentais nas definições relativas ao programa do treinamento, mas, em particular, foram extremamente participativos e relevantes colaboradores dos autores nas entrevistas que foram realizadas.

Clovis de Faro

APRESENTAÇÃO

Como toda grande organização, o nosso Banco do Brasil (BB) é resultado de uma história. No caso, de uma longa história.

Não somos produto de frios estudos de mercado e de planejamento registrado numa branca folha de papel. Temos uma cultura forte e sensível, forjada no aprendizado das necessidades e oportunidades que o cenário vem nos oferecendo há mais de 200 anos.

É isso que nos faz únicos e contemporâneos.

Únicos, porque o BB não é como seus concorrentes. Não é um banco privado, nem é 100% controlado pelo Estado.

Como uma sociedade anônima de capital aberto controlada pelo Estado, o BB reúne aspectos que caracterizam bancos de mercado e bancos públicos, duas naturezas aparentemente opostas, que têm dividido corações e mentes tanto na política como na economia.

Na prática, o banco de mercado buscaria a maximização de seus resultados, enquanto o banco público cuidaria do que é comum, das políticas públicas, do bem-estar social.

Um busca o benefício das partes, e o outro, o benefício do todo. Por motivos históricos, o BB não é exclusivamente um ou outro. E, com certeza, aí reside nossa contemporaneidade.

A divisão clara de funções e papéis — públicos e privados — foi adequada e conveniente a um cenário simples, estável, lento e previsível, como o que vivemos até o final do século XX.

Com o advento da sociedade em rede e do mundo globalizado, a interdependência veio à cena, evidenciando uma realidade sistêmica muito mais relevante e complexa do que nossas ferramentas de gestão têm conseguido aferir e gerenciar com a mesma segurança a que estávamos acostumados.

As crises na maioria dos sistemas que configuram o contexto global/local — financeiro internacional, de segurança, de saúde, de recursos naturais etc. — ensinam que os princípios independentista e divisionista não mais se aplicam a uma organização que demanda gestão da realidade sistêmica.

No caso do Banco do Brasil, as convenientes fronteiras entre o público e o privado estão cada vez mais tênues, e a gestão da tensão entre os interesses das partes e do todo torna-se a principal competência na conquista da confiança do mercado e da sociedade.

Esta realidade explica a contemporaneidade da cultura de gestão do BB. E sem méritos, porque foi a história que nos fez e nos ensinou a ser "um banco de mercado com espírito público".

A expressão — um banco de mercado com espírito público — que hoje chamamos de missão é, na verdade, a tradução do comportamento que o BB tem assumido nas últimas décadas. Antes de ser um compromisso para o futuro, é um comportamento no passado recente, que nos trouxe até o presente. Os estudos de caso dos capítulos deste livro ilustram a incansável busca pela conciliação das necessidades e dos interesses das partes e do todo, seja atuando como banco de mercado, seja como agente de políticas públicas, seja, ainda, como promotor de um estilo de vida baseado nos princípios da sustentabilidade.

A proposta é "ser um banco competitivo e rentável, atuando com espírito público em cada uma de suas ações junto a toda a sociedade".

A presença do espírito público em cada uma de nossas ações não está garantida por uma norma nem por um decreto. O espírito público é valor, é crença que faz parte de uma visão de mundo cultivada no dia a dia, ao longo da vida, e não apenas no momento de grandes decisões, de projetos relevantes. No Banco do Brasil, sua prática está garantida por nós mesmos, funcionários do banco.

Não confundimos espírito público com função pública ou compromisso público. Função está relacionada a uma competência, e compromisso é um contrato.

Espírito público é um estado de consciência que reconhece a interdependência entre o todo e as partes, que desperta o ânimo e a criatividade necessários para enfrentar os desafios quando não se aceitam a divisão e a exclusão como alternativas.

Essa é a compreensão da realidade que tem nos inspirado e que gostaríamos de compartilhar com o leitor, seja você cliente, acionista, colega do banco, alguém do mercado ou um brasileiro que tem o direito de conhecer como pensa e age o banco que tem o compromisso de honrar e valorizar o nome do seu país, o Banco do Brasil.

Diretoria Executiva do Banco do Brasil

HISTÓRIA DOS BANCOS NO MUNDO E NO BRASIL

Pedro Carvalho de Mello

O que são e para que servem os bancos?

Para descrever e analisar a história dos bancos no mundo e no Brasil, é importante ter em vista duas questões fundamentais. Primeiro, entender como os bancos agem ao atuarem como um dos principais elos entre instituições e produtos na intermediação financeira. Segundo, analisando de um ponto de vista mais abrangente, indagar como os bancos servem para fomentar o crescimento econômico e fortalecer a estrutura financeira de um país.

Fluxos financeiros e taxa de juros básica

A estrutura econômica de um país depende, para seu funcionamento, da atuação de agentes econômicos. Esses agentes econômicos são as empresas de negócios, as organizações governamentais e as famílias. Esses agentes costumam possuir ativos predominantemente físicos (na forma de imóveis e estruturas construídas, equipamentos, bens duráveis de consumo, estoques de mercadorias e terras).

Existe um tipo de agente econômico que mostra características diferenciadas dos demais. São as instituições financeiras, que são empresas cujos ativos e passivos incluem principalmente instrumentos financeiros. Os bancos são as principais instituições financeiras.

Os diversos instrumentos financeiros, emitidos pelas instituições financeiras, ficam na posse das próprias instituições financeiras ou então dos demais agentes econômicos.

A operação do sistema que gera fluxos de poupança e investimento na economia vai ser ativada pelo comportamento dos agentes econômicos em termos do seu planejamento de gastos e da expectativa de renda no futuro. Desse embate de forças entre as motivações e expectativas dos agentes econômicos quanto a gastos e receitas no futuro é que se originam os fluxos de renda que irrigam o mercado financeiro e explicam como surgem as diversas instituições financeiras e os instrumentos financeiros.

Com efeito, em qualquer data do ano, existirão agentes econômicos com uma renda prevista e uma previsão de gastos num período futuro, que podemos convencionar como um ano.

Para alguns deles os gastos futuros planejados (GFP) excedem a renda futura esperada (RFE) que esperam alcançar. Em outras palavras, o consumo planejado excede a renda prevista. Esses agentes vão precisar tomar empréstimos para complementar sua renda, indo ao mercado financeiro para tomar "fundos emprestáveis".

Já outras empresas, entidades governamentais ou famílias estão numa situação oposta. Seus GFP se projetam abaixo da renda esperada (RFE). Como seus gastos planejados são inferiores à renda esperada, são "poupadores", gerando fontes de recursos que podem ser ofertados como "fundos emprestáveis" no mercado.

FIGURA 1
MERCADO DE FUNDOS EMPRESTÁVEIS: EMPRESTADORES E TOMADORES

Note que não existe nada de eterno nessa situação. A cada ano o posicionamento pode mudar. Dependendo do que planejam em termos de GFP e do que esperam de RFE, "tomadores" podem se transformar em "emprestadores" e vice-versa.

O que rege a formação de vínculos entre os agentes econômicos (governo, empresas de negócios e famílias), incluindo as instituições financeiras, é a taxa de juros básica.

FIGURA 2
PONTO DE EQUILÍBRIO: DEMANDA × OFERTA

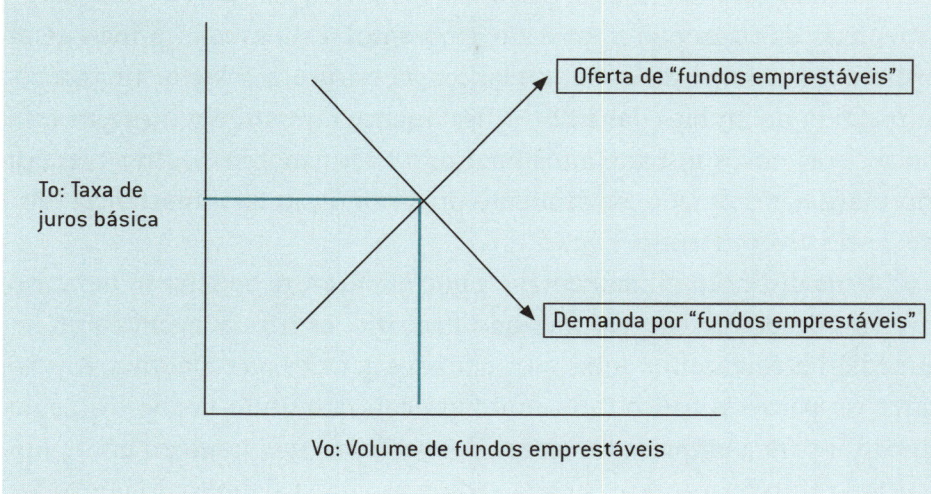

No ponto de equilíbrio das forças de demanda e de oferta dos "fundos emprestáveis", onde se cruzam as curvas de oferta e de demanda, se determina o volume de fundos emprestáveis negociados no mercado (Vo) e a taxa de juros básica (To). Note que, por inspeção às curvas de oferta e de demanda, a intensidade das decisões dos agentes econômicos (empresas, governo e famílias) de se tornarem "emprestadores" ou "tomadores de empréstimos" também varia com o ponto da curva (em relação à taxa de juros) em que se situam. Isso significa que sua escolha entre consumir mais no presente ("gastar" mais e tomar empréstimos) ou consumir menos no presente ("gastar" menos e poupar via oferta de fundos) é sensível à taxa de juros que observam no mercado. O aumento ou diminuição da taxa de juros provoca mudanças no comportamento dos agentes econômicos, criando incentivos para uma constante reavaliação de seu processo decisório quanto à escolha entre poupança e consumo.

Instrumentos financeiros e instituições financeiras

A presença, natureza e tamanho relativo dos instrumentos financeiros e instituições financeiras é que caracteriza a estrutura financeira de um país. Note que se trata de um quadro em permanente evolução, pois os países sofrem, em maior ou menor grau, mudanças estruturais ao longo do tempo, tanto em termos da sua estrutura financeira quanto na natureza de seu processo de desenvolvimento econômico.

A mudança mais importante no desenvolvimento financeiro de um país é o aumento substancial do total dos ativos das instituições financeiras em comparação com a riqueza nacional (somatório dos valores de todos os ativos reais da economia num dado momento). Essa mudança mais geral costuma ser acompanhada de mudanças na estrutura do setor financeiro. Com efeito, no âmbito das instituições financeiras também ocorrem mudanças, pois novos instrumentos financeiros são lançados, outros perdem importância, resultando em aumento ou diminuição na importância relativa dessas diversas instituições.

Uma distinção fundamental é a que existe entre o mercado bancário e o mercado de capitais. No mercado bancário, os bancos agem como intermediários financeiros entre usos e fundos gerados na economia. A poupança vai para um banco (que emite um contrato/título financeiro), e do banco vai para a empresa tomadora dos recursos (que também emite um contrato/título financeiro). Ou seja, o dinheiro não vai direto do poupador para a empresa.

No mercado de capitais, não existe intermediação financeira. Os recursos vão direto de um para o outro, a empresa recebe o dinheiro (capital) e o emprestador de fundos (investidor) recebe as ações ou debêntures.

FIGURA 3
INTERMEDIAÇÃO FINANCEIRA

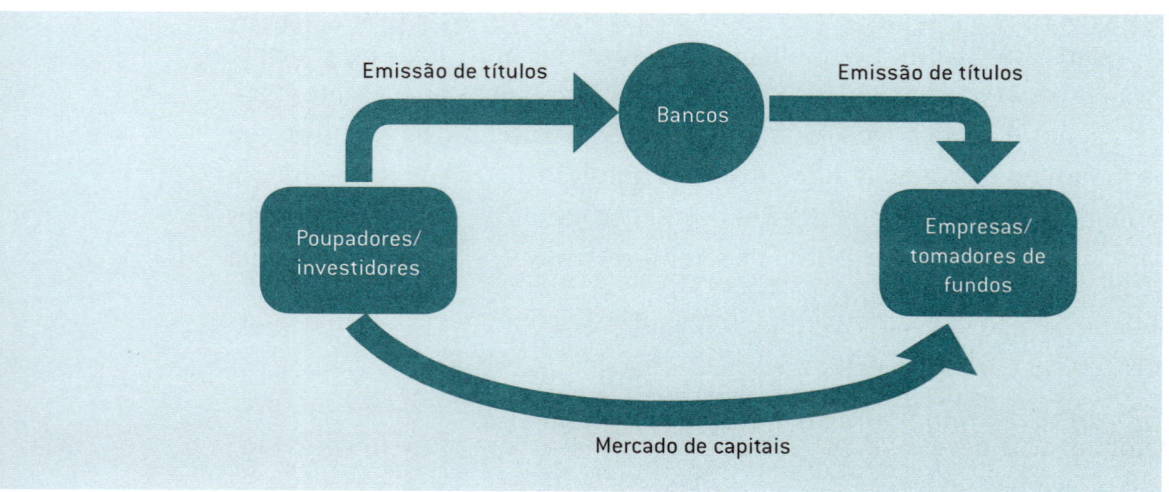

Os mercados de bancos e de capitais atuam de maneira complementar, pois oferecem soluções diferentes de combinação de risco, retorno, prazo e montante de capital entre os participantes.

Os intermediários financeiros são de dois tipos: a) instituições financeiras cujos passivos são monetizados no sentido de liquidez, ou seja, são usualmente moeda e depósitos à vista; e b) instituições financeiras cujos passivos não são monetizados.

FIGURA 4
OS INTERMEDIÁRIOS FINANCEIROS

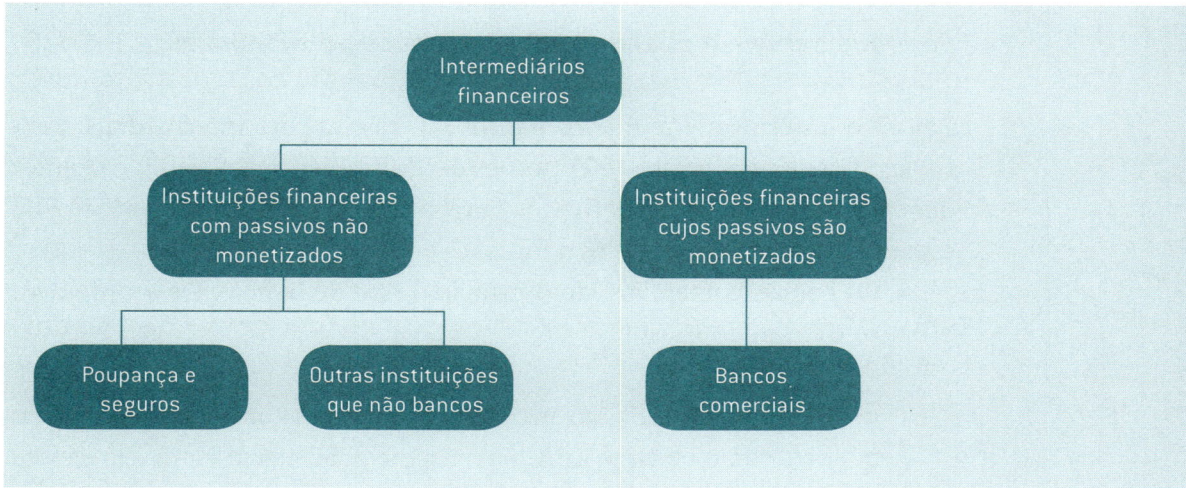

A diversidade no mercado financeiro

As instituições financeiras se caracterizam pelo fato de que os instrumentos financeiros constituem de modo habitual — e não circunstancial — seus principais ativos, e suas atividades estão principalmente concentradas em transações — pelas quais sua renda é gerada — com instrumentos financeiros.

As instituições financeiras que não emitem moeda diferem bastante em sua natureza, tipo de ativos e passivos e atividades correntes. Pode-se, portanto, subdividi-las em três tipos principais: a) instituições de poupança; b) organizações de seguros; e c) outras instituições financeiras (que não bancos comerciais).

As instituições de poupança abrangem as instituições financeiras cuja maior parte de passivos são depósitos de curto ou médio prazo os quais são utilizados para empréstimos de longo prazo ou investidos em títulos de dívida de longo prazo com juros predeterminados.

As organizações de seguros se caracterizam pelo fato de que suas atividades financeiras são incidentais para sua principal função operacional, a provisão dos fundos, no caso de contingências especificadas, que geralmente irão ocorrer no futuro.

O terceiro tipo é heterogêneo e residual, de propriedade privada ou governamental, incluindo, entre outros, companhias de finanças, bancos hipotecários, bancos de desenvolvimento, bancos de investimento, bancos de gestão de ativos, corretoras de ações e companhias de *factoring*.

Para que servem e qual o papel dos bancos na economia

Foi visto anteriormente que os bancos são instituições intermediárias entre agentes superavitários (ofertadores de "fundos emprestáveis") e agentes deficitários (tomadores de "fundos emprestáveis") cuja função principal é captar recursos e emprestá-los a juros.

Os bancos comerciais são o principal tipo de bancos. De acordo com o Banco Central do Brasil:

> os bancos comerciais são instituições financeiras privadas ou públicas que têm como objetivo principal proporcionar suprimentos de recursos necessários para financiar, a curto e médio prazos, o comércio, a indústria, as empresas prestadoras de serviços, as pessoas físicas e terceiros em geral. A captação de depósitos à vista, livremente movimentáveis, é atividade típica do banco comercial, o qual pode também captar depósitos a prazo [Resolução CMN, 2099/1994].

Existem também outros tipos de bancos, os principais são: a) bancos de investimento, que são instituições que auxiliam pessoas físicas ou jurídicas a alocar seu capital nos mais diversos tipos de investimento, por exemplo, no mercado financeiro ou nos mercados de capitais e a desenvolver operações de engenharia financeira; b) bancos de desenvolvimento, que são Instituições que financiam projetos cuja finalidade é promover o desenvolvimento econômico de uma dada região ou setor de atividade econômica; e c) bancos universais, que são instituições bancárias que atuam em atividades de crédito e poupança, desempenhando funções de depositar capital em formas de poupança, financiar bens duráveis e imóveis, trocar moedas internacionais em operações de câmbio e realizar pagamentos diversos.

Quais são as funções básicas de um banco? Como ele funciona? Como opera a microeconomia do crédito e do risco no âmbito dos bancos? Por que as pessoas e empresas buscam os serviços oferecidos pelos bancos, principalmente na forma de depósitos de fundos, financiamento do consumo, empréstimos para empresas, governo e instituições?

FIGURA 5

FUNÇÕES BÁSICAS DE UM BANCO COMERCIAL

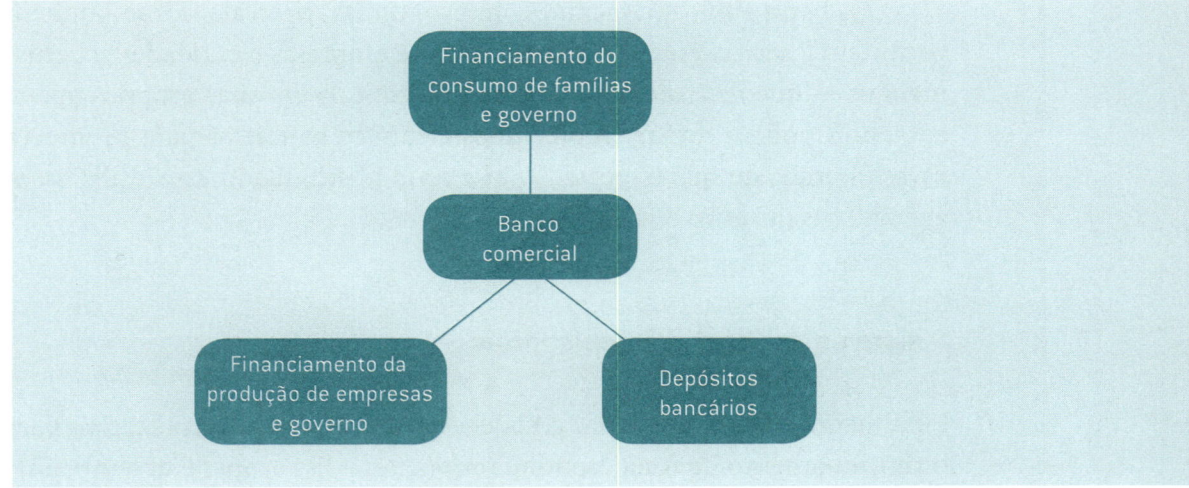

Numa visão abrangente e útil para um país de média/alta renda, como o Brasil, o papel dos bancos é vital para ser o intermediário entre os investidores e poupadores, e para facilitar pagamentos entre indivíduos e empresas.

Os bancos podem canalizar fundos para os empresários e empreendedores com maior eficiência do que os indivíduos ou as famílias poupadoras. Isso porque os projetos de investimento costumam ser de porte maior do que as poupanças de cada indivíduo, assim como as percepções de risco e de prazo de pagamento podem ser mais bem estruturadas por meio dos bancos.

Uma grande vantagem do sistema bancário é proporcionar economias de escala na gestão do dinheiro. Num sistema competitivo e regulamentado pelo governo, essa economia de custos pode ser transferida para os usuários finais, na forma de melhor prestação de serviços com tarifas mais baixas.

Além de atuarem como guardiões do dinheiro, os bancos equilibram — para os diversos agentes econômicos — os desejos de gastar mais (os "deficitários") ou gastar menos (os "superavitários") em consumo do que permite sua renda futura. Faz isso permitindo que os "deficitários" tomem empréstimos ou oferecendo instrumentos para que os "superavitários" tenham instrumentos de poupança e aplicação em fundos do mercado.

Os bancos também atuam para tornar mais equilibrados os fluxos de consumo e investimento nos anos futuros. Isso possibilita aos agentes econômicos terem uma "renda permanente", em que "maus anos" sejam compensados por "bons anos", por meio de operações de poupança remunerada e empréstimo. Desse modo, os bancos "normalizam" fluxos futuros de renda (poupança e investimento) para os agentes econômicos.

Os bancos não só operam com economias de escala, como também permitem a seus clientes — principalmente empresas e entidades governamentais — que desfrutem de economias de escala em suas próprias operações, pois podem tomar empréstimos e fundos bancários para promover investimentos de maior porte do que seria possibilitado caso utilizassem apenas seus próprios recursos.

O sistema de reservas fracionárias

Finalmente, deve se comentar o papel essencial dos bancos comerciais para o funcionamento de uma economia monetária. Esse papel é desempenhado por meio do sistema de reservas fracionárias.

Tal sistema começou nos últimos séculos da Idade Média e foi-se aprimorando desde então. Seu início ocorreu quando, por motivos de segurança, os joalheiros e comerciantes que utilizavam ouro e metais preciosos como matéria-prima ou moeda começaram a utilizar cofres e operações de custódia para a guarda desses itens.

Alguns comerciantes, com natureza mais empreendedora, viram nisso um negócio em potencial, pois poderiam se especializar nessa atividade e usufruir de claras economias de escala. Passaram a oferecer esse negócio aos agentes econômicos e se tornaram os primeiros "bancos". Os metais eram depositados e guardados, e um recibo por escrito era emitido.

Com o tempo, os recibos passaram a circular no comércio e na economia em geral. Em lugar de retirar ouro de uma empresa depositante para efetuar e liquidar transações, o agente econômico transferia o recibo. Note que, desde seu começo, a atividade bancária já se apoiava no pressuposto de inspirar confiança e credibilidade (tanto por parte de quem recebia o documento original quanto de quem aceitava recebê-lo em transferência).

Evidentemente, os novos portadores do recibo poderiam ir ao "banco" e trocar por ouro, caso achassem conveniente. Uma parte dos agentes, no entanto, utilizava o recibo para passar adiante e transferi-lo para ser usado em outras transações da atividade comercial, e assim o sistema se flexibilizava e expandia.

Logo cedo os "bancos" perceberam que não necessitavam ter o valor dos recibos e o ouro depositado numa base de um por um. Perceberam, num processo de tentativa e erro, que poderiam, tendo o ouro depositado como garantia, emitir recibos de valor total acima dos totais depositados em ouro.

Com a experiência acumulada, avaliaram que seria muito remoto o evento de que todos os depositantes retirassem ao mesmo tempo seus depósitos em ouro. Aparece, assim, o cálculo da probabilidade nas operações e instrumentos bancários. Começa também a disseminação do uso do sistema de reservas fracionais, aprimorado ao longo dos séculos, mas que manteve sua essência lógica na atualidade.

São duas as principais características dos bancos modernos:
1) manter somente uma fração das reservas necessárias para cobrir os depósitos; e
2) exercer um poder multiplicador na oferta monetária total.

O sistema bancário em bom estado de funcionamento, visto como um todo, trabalha com tranquilidade em tempos normais. Está, no entanto, vulnerável ao chamado "risco sistêmico", quando surgem crises financeiras, ou seja, situações em que mesmo um banco comercial que opera com segurança e eficiência pode ser afetado pela perda de confiança dos depositantes.

Como o sistema bancário está interligado por transações interbancárias, todos os bancos sofrem durante crises de confiança. Hoje em dia, para poder regular e mitigar crises financeiras, existem diversos e poderosos mecanismos cautelares no país — tais como a política prudencial do Banco Central, a adoção de medidas dos acordos de Basileia e as próprias políticas de segurança dos bancos comerciais — assim como as regras de instituições multilaterais, como o BIS (Bank of International Settlements) e o FMI (Fundo Monetário Internacional).

Moedas, juros, comércio e instituições como pilares dos bancos

Os bancos são instituições que evoluem de maneira orgânica no contexto das normas sociais e jurídicas dos países onde têm sua sede e que, em geral, estão intimamente ligadas às histórias que retratam a evolução econômica, política e social de tais países.

Ao analisarmos a história econômica sob uma perspectiva bem longa (abarcando Antiguidade, Idade Média, Era Comercial e os últimos dois séculos) vamos encontrar tipos de negócios em que se vislumbram instituições e mecanismos que gradativamente moldam os bancos comerciais na atualidade.

FIGURA 6
EVOLUÇÃO DO SISTEMA BANCÁRIO

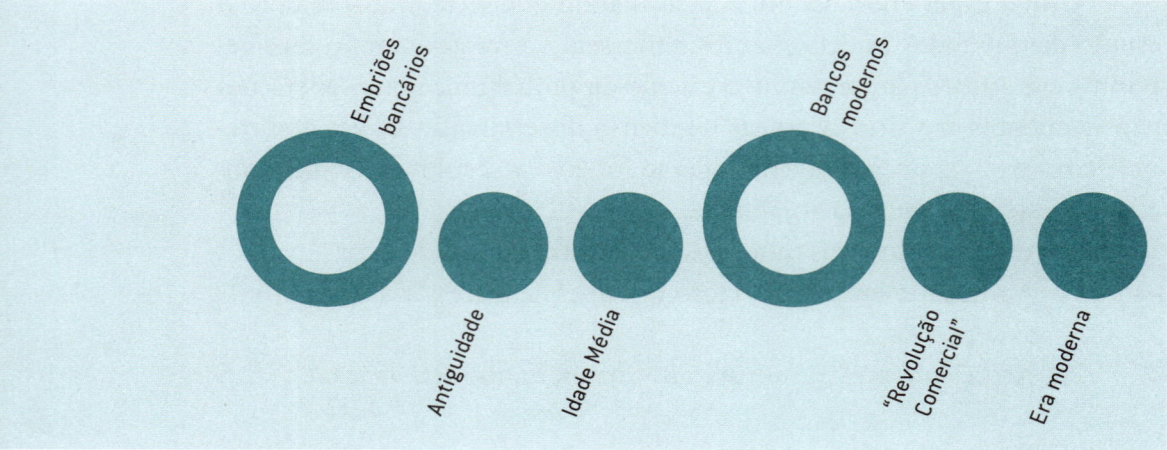

Desse modo, ao observarmos os milhares de bancos comerciais que existem no mundo, constatamos que existem diferenças entre essas instituições, ligadas a suas respectivas histórias nacionais. Por outro lado, no entanto, existem fortes fatores comuns, que fazem com que possamos identificar a essência econômica e de negócios dos bancos comerciais e notar suas fortes semelhanças, não importa os países em que se sediem.

A criação da moeda, a utilização dos juros como instrumento financeiro, a formação dos modernos países e a "Revolução Comercial" que se inicia no século XVI são as raízes históricas que fundamentam a essência econômica e negocial dos bancos comerciais.

Sem as funções de unidade de conta, meio de troca e de reserva de valor desempenhadas pela moeda não haveria bancos. Sem os juros, com aceitação social como instrumento financeiro de mercado, não poderia haver trocas de fluxos financeiros envolvendo tempo e prazos de pagamento. Da mesma maneira, sem que houvesse trocas comerciais de mercadorias e emissão de moedas locais que necessitassem de "trocadores de moedas" também não teríamos bancos. O mesmo é válido quanto ao papel dos governos na evolução dos bancos. Sem a emergência de Estados-nação e a formação de governos necessitando de receitas de impostos não teríamos o guarda-chuva de segurança jurídica e contratual que permitiu o desenvolvimento do comércio e dos bancos.

É importante assinalar que começa a existir um forte elemento de amálgama: a disseminação da fidúcia como elemento comercial e financeiro. Bancos são instituições, e não pessoas físicas. Os poupadores, investidores e usuários de bancos necessitam acreditar que terão segurança nas operações, o que depende de instrumentos de transparência, regras, proteção legal e respeito a contratos. A mudança de confiança em indivíduos para confiança em instituições foi um dos grandes avanços da história e razão fundamental para o subsequente desenvolvimento financeiro.

Vamos, então, entrar na "linha do tempo" e descrever melhor os quatro pilares dos modernos bancos comerciais: criação da moeda, juros como prática financeira, comércio como atividade aceitável e governos com fontes orçamentárias regulares (receitas de tributos e gastos monitorados).

Moeda: uma visão histórica

A história da moeda se desenrola através dos milênios, desde que os seres humanos acharam útil separar o ato de compra do ato de venda, e desde que alguém decidiu ser seguro vender um produto ou serviço para outro em troca de algo. Esse "algo" é alguma coisa que o ser humano não tenha intenção de consumir ou de empregar na produção, mas, ao invés, pretenda usar como um meio de compra para algum outro produto ou serviço para ser consumido ou empregado na produção.

Esse "algo" que conecta as duas transações é chamado de moeda e tem tomado as formas mais diversas — pedras, conchas, penas, fumo, vacas, bois, cobre, prata, ouro, pedaços de papel ou registros no computador.

O mundo passou por três fases distintas de história monetária. Em seus primórdios, começou com a invenção das moedas na Lídia, há aproximadamente 3 mil anos. A invenção e a disseminação das moedas e os mercados que a acompanharam criaram um sistema cultural totalmente novo — as civilizações clássicas do Mediterrâneo (principalmente grega, fenícia e romana). Com o uso da moeda, o comércio passou a ser uma fonte considerável de renda, criando uma importante alternativa para os grandes impérios tributários da história (Egito, Assíria, Índia, China, Maia, Inca, Asteca e Babilônia). As sementes de uma conjugação entre sistema monetário e instituições de mercado voltadas para o comércio começam a se propagar pelo mundo.

A segunda fase de geração do dinheiro dominou desde o início da Renascença (séculos XIV-XV), com a Revolução Comercial e o sistema mercantilista (nas variedades ibérica, francesa, inglesa e alemã), e vigorou até a Revolução Industrial e a subsequente criação do moderno sistema capitalista mundial. Nasceu nos bancos da Itália, com seu papel de financiadores das feiras de comércio do norte da Europa, e acabou dando origem ao sistema de bancos nacionais e ao papel-moeda que emitiram para uso no comércio diário.

A invenção do sistema de operações bancárias e do papel-moeda (inventado na China, no século XVI) destruiu o feudalismo, mudou a base de organização do sistema de propriedade, passando de hereditariedade para posse de dinheiro, e alterou também a base do poder econômico, passando de posse de terras para posse de ações, títulos e corporações.

Estamos agora, nessas últimas décadas, presenciando enormes mudanças na natureza e usos do dinheiro. Trata-se da terceira grande mutação no papel do dinheiro. O mundo, nesse início do século XXI, está entrando na terceira etapa de sua história monetária — a era do dinheiro eletrônico e da economia virtual. As mudanças tecnológicas ainda estão em curso, mas já se pode prever que produzirão substanciais mudanças na sociedade, nos sistemas políticos, na organização das empresas e na natureza da organização de classes sociais.

Nessa terceira fase, a moeda abrange qualquer ativo que esteja disponível para se constituir numa forma imediata de pagamento de dívidas, sirva para saques, tenha credibilidade e liquidez. Pode ser papel-moeda, moeda metálica e moeda bancária ou escritural. Em termos de política monetária, existe uma hierarquia de moedas, definida em termos de liquidez e abrangência crescente. Inclui na base a moeda em circulação fora do sistema bancário, e segue num crescendo de M1 (moeda + depósitos à vista), M2 (M1 + depósitos a prazo), M3 (M2 + outros ativos financeiros) e M4 (inclui dívida governamental). O conceito mais utilizado é o de M1.

Nessa terceira fase, consolidam-se os aspectos definidores da moeda e de seu papel no sistema financeiro.

FIGURA 7
O PAPEL DA MOEDA

Moeda: a visão monetária de Milton Friedman

Milton Friedman, falecido em novembro de 2006, foi, talvez, o maior monetarista até hoje e um dos mais importantes economistas da história. Friedman escreveu, no prefácio de seu livro *The optimum quantity of money*, que:

> a teoria monetária é como um jardim japonês. Possui uma unidade estética nascida da variedade; uma simplicidade aparente que esconde uma realidade sofisticada; uma vista superficial que se dissolve em cada vez mais profundas perspectivas. Ambos podem ser apreciados adequadamente só se examinados por diferentes ângulos, e só se estudados de maneira lenta, mais profunda. Ambos têm elementos que podem ser desfrutados de maneira separada do total, mas, no entanto, atingem a própria realização só como parte de um todo [Friedman, 2006:v].

Em seu livro mais recente, *Money mischief: episodes in monetary history*, Friedman repete essa imagem, dizendo que o que é verdade na teoria monetária é também válido para a história monetária. Friedman retrata diversos episódios da história monetária. O livro oferece apenas pequenos fragmentos dessa rica história.

Um dos episódios relatados por Friedman (Ilha do Dinheiro de Pedra) ocorreu numa ilha pertencente ao arquipélago das Ilhas Carolinas, situadas na Micronésia (oceano Pacífico), e o episódio passou-se no tempo em que essas ilhas eram uma colônia da Alemanha. Uma das ilhas do arquipélago, chamada de Vap ou Yap, tinha uma população — no período de 1899 a 1919 — de cerca de 5 mil a 6 mil habitantes. O sistema monetário da ilha era composto de grandes, sólidas e pesadas rodas de pedra.

Segundo Friedman, o próprio dinheiro, a moeda com que a humanidade foi criada e o sistema que a controla aparecem como "reais" ou "racionais" para as pessoas. No entanto, a moeda de outros países geralmente parece ser como um papel ou metal sem valor, mesmo quando o poder de compra das unidades individuais é elevado.

FIGURA 8
ILHA DO DINHEIRO DE PEDRA

O sistema monetário da ilha era composto de grandes, sólidas e pesadas rodas de pedra, com seu diâmetro variando de 30 cm a 4 m, com um buraco no centro, onde podia ser inserido um eixo para facilitar o seu transporte. A pedra que servia de moeda vinha de outra ilha, distante mais de 7.000 km, onde era transformada em rodas.

As trocas de bens e serviços eram feitas sem que a moeda — a roda de pedra — mudasse de lugar. O novo dono da moeda de pedra aceitava que ela continuasse onde estava, mas todos na ilha sabiam que ele era o novo dono dela, algumas vezes por três ou mais gerações.

Uma das rodas de pedra, após uma violenta tempestade, foi engolida pelo mar. Mesmo assim, continuou a ser aceita como moeda, servindo para as trocas, embora não pudesse ser vista. Todos sabiam que ela estava no fundo do mar, em um local determinado. Interessante é que não havia veículos na ilha, portanto as rodas de pedra não tinham serventia nem como meio de transporte.

Segundo Friedman, a cultura monetária da ilha de Yap ilustra como uma importante aparência, ou ilusão, ou mito, desde que nele se acredite, transforma-se em uma questão monetária.

Outras visões da moeda

Benjamim Graham é uma lenda em Wall Street. Graham é aclamado como o pai da moderna estratégia de "comprar e segurar no longo prazo" ações de companhias sólidas, com boas perspectivas de geração de fluxo de caixa e com liquidez em bolsa. Ele foi professor da Graduate School of Business da Columbia University e um ativo participante do mercado. Um dos livros de Benjamin Graham tem o título *World commodities and world currencies*. O livro foi publicado em 1944, na época em que se discutia em Bretton Woods a futura arquitetura financeira internacional.

O propósito de Graham foi contribuir para o planejamento mundial da produção e consumo de matérias-primas. Por serem *commodities* estocáveis, essas matérias-primas têm a natureza de ativos econômicos e estão sujeitas, portanto, à especulação financeira. A proposta apresentada por Graham visava ao alcance da estabilidade financeira e crescimento econômico no pós-guerra. Para ele, os estoques de *commodities* podem desempenhar um importante papel em três áreas da política econômica (figura 9).

FIGURA 9

AS *COMMODITIES* NA POLÍTICA ECONÔMICA SEGUNDO BENJAMIN GRAHAM

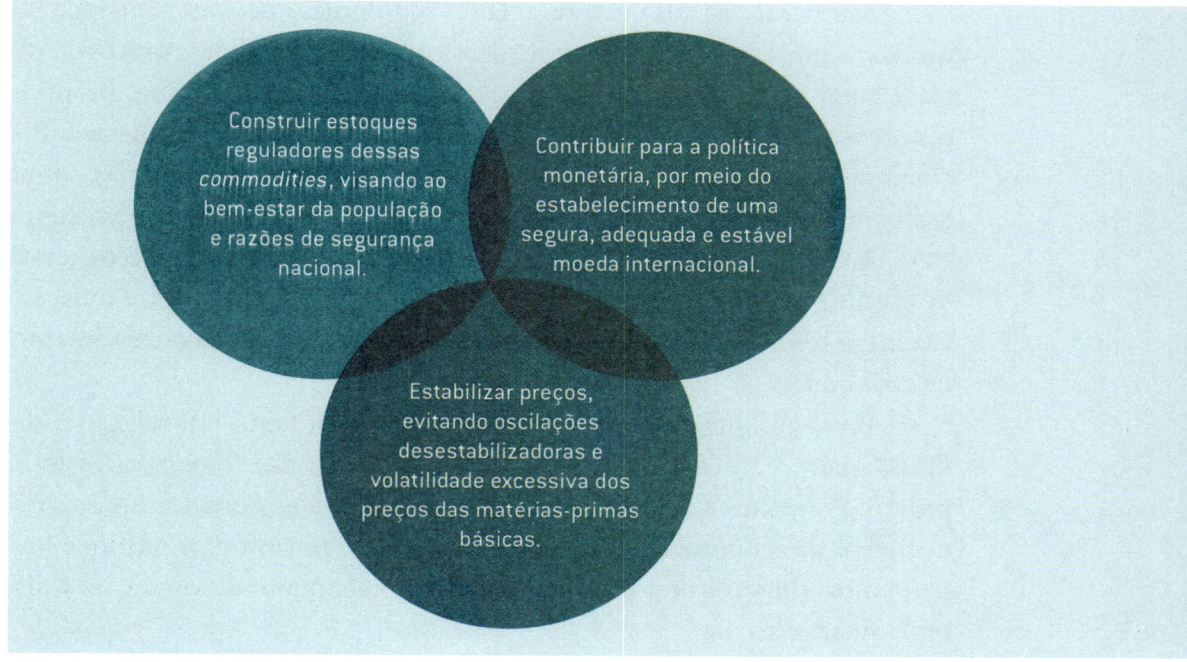

Além do ouro e da prata, Graham sugeriu usar outras *commodities* duráveis como reservas monetárias. A moeda seria uma "cesta de *commodities*".

O mundo, no entanto, caminhou para outra direção, rumo ao dólar como moeda internacional. Com efeito, ao serem criados no pós-guerra, o FMI e o Banco Mundial se apoiaram no uso do dólar norte-americano para servir como base dos meios de pagamentos internacionais.

Dado que o Brasil desfruta de forte base de vantagens comparativas em recursos naturais, incluindo minerais e diversos produtos agrícolas estocáveis, podemos imaginar qual teria sido a trajetória de desenvolvimento econômico do Brasil, nos últimos 70 anos, se as matérias-primas minerais e agrícolas estocáveis, e não o dólar norte-americano, tivessem se tornado a base monetária internacional.

Moeda, inflação e deflação

A maior parte dos países enxerga na inflação um dos maiores males para sua economia. A inflação é definida como um aumento constante e generalizado dos preços da economia, em geral expresso por aumentos em índices de preços ao consumidor. A inflação erode o poder de compra das famílias, prejudica os mais pobres, mas serve como um "imposto inflacionário" para aumentar a receita dos governos.

A inflação faz com que os agentes econômicos percam confiança na moeda, o que também atinge os bancos comerciais. Medidas como indexação e correção monetária atenuam esse quadro, mas causam suas próprias distorções. O Brasil, nos últimos anos, adotou um sistema de "metas inflacionárias", não só para combater e monitorar pressões inflacionárias, como também para transmitir informação e confiança aos agentes econômicos.

A deflação, definida como um declínio continuado dos preços gerais da economia, é uma situação oposta e mais danosa que a própria inflação. Ela inibe o consumo, desestimula investimentos e prejudica o crescimento da economia.

É importante notar que o maior problema, tanto em relação à inflação quanto à deflação, ocorre quando elas não são "esperadas", isto é, pegam os agentes econômicos despreparados para a mudança no cenário de preços da economia. Isso atinge frontalmente os contratos, títulos e instrumentos financeiros, tornando-se um forte elemento de risco para o sistema financeiro.

Juros como prática financeira

Associada ao desenvolvimento de um sistema de bancos está a ideia econômica de juros. Já na Antiguidade grega, o tema "taxa de juros" era examinado e avaliado por uma ótica econômica e moral. Cobrar juros era considerado usura.

Quando deixa de ser usura?

Segundo o pensamento filosófico de Aristóteles, o dinheiro era infecundo. Caso o emprestador emprestasse uma vaca, e se a vaca parisse um bezerro (*tokos*), ele pertenceria ao dono da vaca. Nesse caso, o juro seria moralmente correto. Inclusive, a palavra grega para juros era *tokos*. Suponha, agora, que o empréstimo fosse em moeda, por exemplo, 100 dracmas de ouro. E que o prazo fosse um ano. No final dos 12 meses, o que seria o moralmente correto? Devolver os 100 dracmas? Para Aristóteles, isso seria o justo. A vaca tem bezerro, mas o ouro em moedas é infecundo. Portanto, o pagamento de juros incidindo numa operação de empréstimo com moeda seria indevido.

Esse conceito chega à Idade Média. Nos 10 séculos dessa era (de 500 a 1.500), a Europa era uma sociedade basicamente rural, com poucas transações efetuadas em dinheiro. As pessoas carentes eram as que necessitavam de empréstimos, e a Igreja as protegia, criando normas sobre a usura. Vigora a ideia filosófica do "preço justo".

À medida que o comércio prosperou e surgiram as grandes feiras comerciais, o panorama moral foi ficando mais flexível. Passou a acomodar questões comerciais, com base na ideia de "custo de oportunidade". A teologia escolástica incorpora dois novos conceitos: *periculum sortis* e *lucrum cessans*. Quando houver risco comercial envolvido (o *periculum sortis*) ou quando o emprestador ficar sem o dinheiro, e o tomador de empréstimos o utilizar para fins lucrativos no comércio (o *lucrum cessans*), o juro passa a ser moralmente aceitável.

Assim, o lucro lícito acaba se diferenciando, na doutrina, da usura ilícita. Embora ainda exista hoje em dia certo repúdio com respeito à ideia de cobrar juros sem que haja um controle da sociedade fundamentado em considerações morais — veja o art. 192 da Constituição do Brasil, que estabelece limites máximos para a taxa de juros — o fato é que as sociedades modernas (não islâmicas) aceitam a cobrança de juros sobre operações em moeda.

O conceito econômico de "juro" foi perdendo (quase todas) as amarras morais nos últimos séculos. Hoje em dia, o "juro" é visto como decorrente de uma perda que o dono do recurso tem, em termos de custo de oportunidade, quando empresta o recurso poupado para um terceiro que o devolverá no futuro.

Existe, pois, da parte do emprestador, uma renúncia às oportunidades que teria hoje de gastar aquele dinheiro poupado. O preço dessa renúncia é a compensação que recebe na forma de juros. Um componente desse juro é o pagamento do risco (e incerteza) embutido na operação. Para o tomador do empréstimo, que está impaciente para gastar hoje o recurso obtido, o juro é o preço que paga para ter hoje, ao invés de no futuro, os recursos obtidos via empréstimo.

Existem quatro conceitos ligados a "juros" que costumam confundir os não versados em economia. O primeiro é a própria palavra juros, que designa o conceito mais geral de remunerar o empréstimo de moeda (implícito ou explícito) por determinados períodos. O segundo é a taxa nominal de juros, em porcentagem, que o público encontra no seu dia a dia. Pode ser uma taxa de juros diária (já foi prática no Brasil), semanal, mensal, trimestral, semestral ou anual.

Os outros dois conceitos, que os economistas mais utilizam, é que são relevantes no contexto de discussão do funcionamento do mercado financeiro.

A taxa real de juros (terceiro conceito) é a taxa nominal de juros para um determinado período, expurgada da inflação ou deflação esperada para esse mesmo período contratado na operação financeira. Esse é um cálculo mais estratégico (*ex ante*) do que contratual, pois o valor real efetivo só será conhecido com precisão *ex post*.

O outro (quarto) conceito trata de um elemento, embutido na taxa real (e nominal) de juros, o risco (e a incerteza). Muitas vezes, não é factível separar juros de risco. Desse modo, a taxa nominal de juros costuma refletir três elementos: os juros propriamente ditos (a taxa real), a variação esperada de preços e o risco (e a incerteza).

Desses três, o que mais provoca preocupação é a variação dos preços. No mercado financeiro, os *traders* e investidores mais sofisticados raciocinam e traçam estratégias de investimento com base em taxas de juros reais. Calculam essas taxas da seguinte maneira: taxa nominal de juros — taxa esperada de inflação (ou deflação) para o mesmo período de incidência. Esse é um cálculo aproximado.

Com respeito ao "juro real", portanto, o elemento-chave é a expectativa de variação futura dos preços da economia. É relevante chamar a atenção, com base na sofrida experiência do Brasil, para a importância de uma moeda com solidez e credibilidade. A base moderna da economia é feita com contratos. Os contratos, na órbita dos negócios, são firmados com referência a valores expressos em moeda. Imaginem o caos contratual que aparece quando essa moeda é vilipendiada pelos governantes do país emissor.

No período colonial, circulavam diversas moedas no Brasil. Algumas eram de origem portuguesa, outras eram de origem sul-americana (principalmente do Peru) ou de alguns outros países europeus. Com a independência e a monarquia, adotou-se o "mil-réis". Até a II Guerra Mundial, a moeda brasileira era o conjunto réis, mil réis e contos (mil mil-réis). De 1942 até 1994, o país adotou uma sucessão de moedas, refletindo a enorme desorganização institucional de sua economia e de seu sistema monetário. A segunda metade do século XX entrou na história do Brasil como o "meio século de inflação".

FIGURA 10
MOEDAS ADOTADAS NO BRASIL (1972-1994)

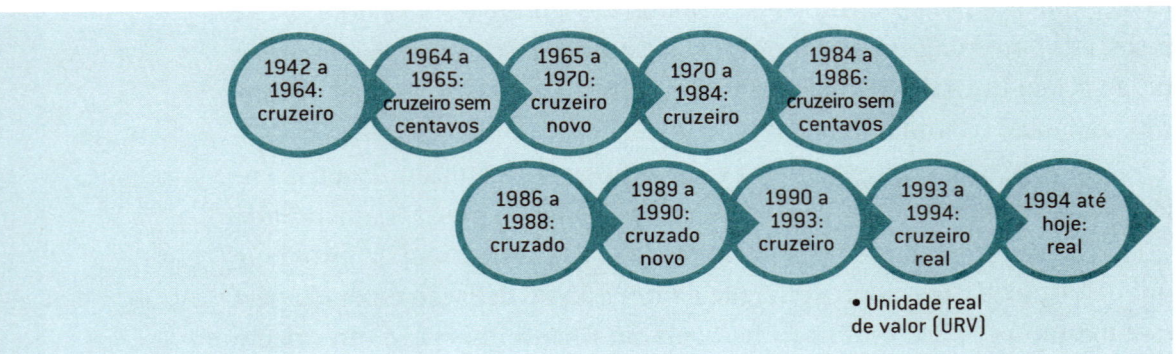

Imaginem as operações de empréstimos de longo prazo estabelecendo condições contratuais com base em juros nominais! Não é surpresa que o processo de investimento tenha sido seriamente afetado pelo risco de moeda e inflação vigente nesse meio século.

Comércio como atividade aceitável

Era comum, na Antiguidade, que os comerciantes fossem tratados com desprezo e intolerância. Eram vistos como um "mal necessário", e comumente o comércio era uma ocupação reservada aos estrangeiros. O que enobrecia as pessoas eram as atividades militares e a posse da propriedade, enquanto a intermediação de mercadorias e serviços era vista como uma ocupação indigna e desonrosa.

Na Idade Média, essa postura não se modificou muito. Só nos últimos séculos dessa era, quando toma corpo o comércio de longa distância dentro do continente e se criam as primeiras "cidades livres", é que vemos a valorização da figura do comerciante. Os "banqueiros" da Idade Média sofriam idêntica intolerância.

Com o advento da Revolução Comercial (1450-1750), surge um novo sistema comercial, o mercantilismo. Nesse sistema, valoriza-se a exportação de mercadorias e recebimento de pagamento em ouro. O comerciante passa a ser o epicentro do sistema e seu papel social se valoriza. Surge o "burguês", em contraponto aos nobres e fidalgos ancorados em propriedade de terras e glórias militares.

Governos com fontes orçamentárias (receitas de tributos e gastos monitorados)

O sistema moderno de nação-Estado passa a existir e se formaliza com o Tratado de Westphalia, de 1648. O sistema mercantilista é sua base de sustentação. Torna-se uma mescla de poder econômico e poder político. Os governantes necessitam de dinheiro para municiar homens e armas para exércitos e para solidificar seu poder centralizador. Os comerciantes e "banqueiros" são o meio para tal. Ao enriquecerem com o comércio, podem pagar tributos e participação nos lucros para os governantes. O comércio vira um fim para os comerciantes e "banqueiros" (desejo de obter lucros) e um meio para os governantes (obter receitas para financiar seu objetivo final: o de ampliar seu poder).

Como os bancos evoluíram ao longo da história mundial?

Vistas as grandes forças que moldaram a criação do moderno sistema bancário, será examinado, nesta seção, o surgimento dos bancos comerciais e dos bancos de investimento, assim como seu papel na história do comércio e indústria no mundo.

Bancos comerciais

O sistema bancário desempenha um papel vital numa economia monetária, devido ao grande volume de recursos reais — matérias-primas, máquinas e equipamentos, edificações e mão de obra — que circulam e são transferidos na economia com a utilização de moeda e cuja alocação é afetada pelas gigantescas somas de dinheiro que transitam pelos bancos.

Os bancos comerciais, da forma como os conhecemos hoje em dia, são uma instituição relativamente recente, que podemos entender como tendo se originado no século XIX. Existiram antes alguns tipos de arranjos comerciais que mostraram embriões das funções bancárias, mas dificilmente poderíamos classificá-los como empresas com foco na intermediação financeira, contando com pessoas especializadas e dedicadas a essas funções, fazendo uso de prédios e equipamentos voltados para facilitar suas tarefas junto a empresas, governos e famílias.

A história dos bancos é longa e fascinante. Muito embora já houvesse manifestações de atividade bancária na Antiguidade (Babilônia, Egito, Grécia e Roma), é em fins da Idade Média que os bancos começam a assumir uma forma embrionária. Antes do período do capitalismo, a atividade dos bancos consistia primariamente, sempre que houvesse uma pluralidade de moedas em circulação, em cuidar do negócio da troca de moedas. Adicione-se a isso a necessidade do desembolso de moeda, principalmente para fazer pagamentos a distância.

Na Idade Média, entre 900-1500, apenas o comércio e a atividade financeira — as duas estando fortemente aliadas — poderiam oferecer oportunidades de enriquecimento e uma rápida promoção social. Duas regiões se sobressaíram nesse período: o Mediterrâneo, principalmente as cidades-Estado da Itália (Pisa, Gênova, Veneza e Florença) e a região dos Países Baixos (Flandres, atuais Bélgica e Holanda), no Norte.

Essas duas áreas lideraram o desenvolvimento das rotas comerciais e o abastecimento dos núcleos urbanos espalhados pela Europa. O comércio entre as regiões da Europa se baseava nas grandes feiras, de onde se irradiava a distribuição de produtos aí negociados. Esse sistema comercial consolidou os instrumentos e instituições de finanças e comércio (uso da contabilidade, seguro, letras de câmbio, notas promissórias etc.), que continuaram se aprimorando nos séculos seguintes.

A atuação dos mercadores e dos banqueiros foi muito importante para consolidar a cultura mercantil e financeira, numa época que havia fortes restrições e preconceitos quanto ao papel do comércio na sociedade. Os comerciantes e banqueiros estimulavam o desenvolvimento de diversas atividades culturais e de educação comercial, entre as quais: fundação de escolas laicas, divulgação da escrita, ensino do cálculo, estudo da geografia, aprendizagem de "línguas vulgares", estudo da história, preparação de manuais de comércio, difusão de relógios e preocupação com o tempo.

A emergência das modernas finanças na Europa se dá durante o período 1500-1730. Acontecem dois fenômenos contraditórios: o dinheiro se torna cada vez mais importante para um crescente número de pessoas, mas, simultaneamente, o dinheiro disponível se torna desesperadamente escasso. Com exceção de Amsterdam, no século XVII, todos os demais centros financeiros sofriam de inanição monetária, causando embaraços, inconveniências e até falência para os comerciantes carentes de liquidez.

Essas experiências estimularam inovações financeiras e técnicas de crédito: empréstimos de curto prazo e de longo prazo, ações, debêntures, transferências de crédito, moeda bancária, papel-moeda e obrigações negociáveis. Todas foram utilizadas em uma escala crescente no período, objetivando superar a escassez de moeda (ouro e prata).

O estabelecimento de instituições financeiras sólidas (em especial os bancos comerciais), de uma oferta monetária elástica e crédito fácil e barato foram as precondições indispensáveis para o crescimento industrial. Nessa época, já existiam milhares de bancos na Europa. Mas também existia um grande número de falências e crises bancárias. Em Florença, o número de bancos caiu de 80 em 1338 para 33 em 1460 e somente oito em 1516. Em Veneza, um relatório de 1585 relata que, dos 103 bancos organizados na cidade, não menos de 96 já haviam falido. As razões para isso eram má administração, excessivos empréstimos a governantes que não honravam dívidas e fatores psicológicos, relacionados ao constante estigma da usura.

O período de 1450 a 1750 é conhecido como Revolução Comercial. Foram três séculos entre o fim da Idade Média e o mundo industrial de meados do século XVIII em diante, que iria produzir grandes inovações nas técnicas contábeis, financeiras e comerciais do nascente capitalismo.

Nessa época, principalmente em fins do século XVII e começo do século XVIII, surge um novo tipo de banqueiro. Em vez do tradicional emprestador de dinheiro para reis e governantes, ele vai ser o idealizador de grandes esquemas financeiros, lidando com grandes somas de dinheiro, apoiando os governos em sua coleta de impostos e administração da dívida, e tomando recursos no incipiente mercado de capitais existente na época.

Bancos de investimento

À medida que avança a industrialização na Europa, no período 1730-1914, fortalecem-se os vínculos entre a industrialização e o desenvolvimento bancário. Com efeito, o crescimento dos bancos no século XIX corre paralelo à expansão industrial. Seria impossível considerar um sem o outro. São três as razões principais para isso:

1) nos três setores de crédito — curto, médio e longo prazos — houve um crescimento contínuo da demanda por crédito;
2) houve um grande avanço nos instrumentos de crédito e financiamento, ou seja, nas várias formas de operações financeiras e seu quadro legal;
3) as atitudes positivas — muitas de natureza psicológica — com relação aos bancos por parte dos industriais, e vice-versa, progrediram muito, ajudando o processo de encontro dos esquemas de demanda e oferta de fundos emprestáveis e trazendo a necessária confiança entre as partes.

A história das casas bancárias dos Rothschilds, nas diversas praças financeiras em que atuavam, principalmente na primeira metade do século XIX, ilustra sua importante contribuição para o grande progresso industrial na Europa. Conta-se que o terceiro Lord Rothschild comentou uma vez que "a atividade bancária consiste essencialmente em facilitar o movimento de moeda do ponto A, onde se encontra, para o ponto B, onde ela é necessária".

Na verdade, o que os Rothschilds fizeram foi mais do que isso. Foram grandes inovadores e precursores dos modernos bancos de investimento, em que credibilidade, relacionamento pessoal e confiabilidade são ativos importantes. Essa família de banqueiros foi o grande suporte bancário do Brasil, desde a independência até meados do século XX. A primeira avaliação macroeconômica do Brasil foi feita por *sir* Otto Niemeyer, em 1931 (conhecido como "Relatório Niemeyer"), a pedido do Banco Rothschild, ramo inglês.

Com efeito, a independência do Brasil e a saída de Portugal foram financiadas por Nathan Rothschild, por meio de um empréstimo de 1,5 milhão de libras esterlinas para Portugal. Os Rothschild estavam temerosos de emprestar para as novas nações da América Latina, com uma única exceção: o Brasil. Havia duas razões para isso: primeiro, o Brasil permanecia fortemente ligado a Portugal e, portanto, gozaria, indiretamente, de fortes amarras comerciais com a Inglaterra. Segundo, o Brasil reteve uma forma monárquica de governo, mesmo após a independência.

O papel dos banqueiros como o canal para os fluxos de capital na sociedade, tão forte no século XIX, começa a se esvanecer nas décadas seguintes. Durante o século XX, foram cedendo progressivamente seu poder aos provedores de capital — tanto os investidores institucionais quanto os de varejo —, por um lado, e aos consumidores de capital — notadamente empresas multinacionais —, por outro.

Os bancos de investimento tiveram quase 200 anos de uma história brilhante. Primeiro na França, com os famosos *banques d'affaires*, criados no começo do século XIX. Esses bancos de negócios financiaram grandes obras de infraestrutura, entre as quais o Canal de Suez, Canal do Panamá, Torre Eiffel e outras obras de porte. Depois, vieram os grandes bancos ingleses, os *investment banks* ou *merchant banks*. Alguns deles, em especial o Nathan Rothschild Bank, muito importantes, como comentado acima, para o financiamento governamental e de empresas durante o Reinado, o Império e a Primeira República do Brasil. O ciclo se fecha com os modernos bancos de investimento de Wall Street, até sua virtual redução de importância — ou morte, caso do Lehman Brothers e do Bear Sterns — no *débâcle* da crise de 2008.

Como se organizam e como atuam os bancos no moderno mundo econômico? Para responder essa pergunta, devemos voltar às funções básicas da intermediação financeira (figura 11).

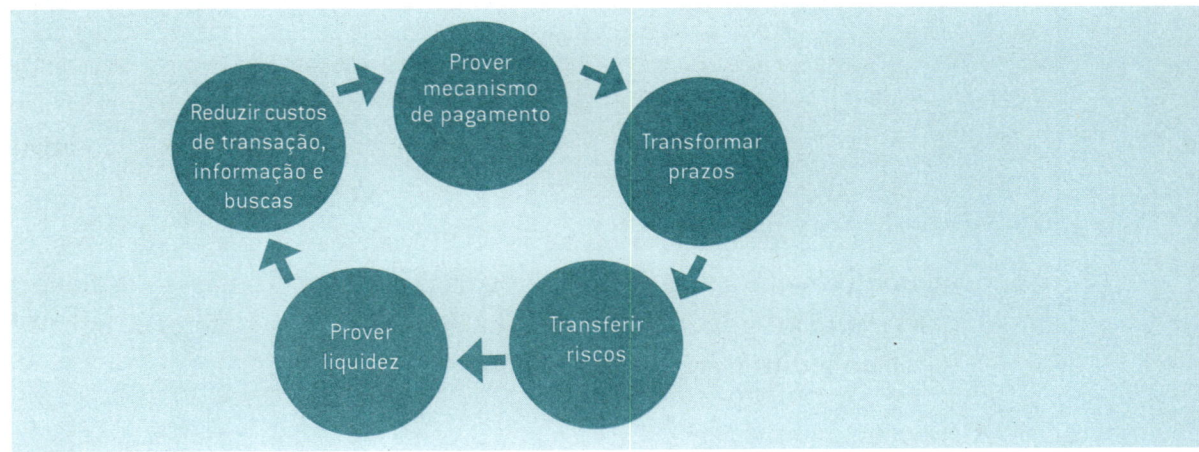

FIGURA 11
FUNÇÕES BÁSICAS DA INTERMEDIAÇÃO FINANCEIRA

- Prover mecanismo de pagamento
- Transformar prazos
- Transferir riscos
- Prover liquidez
- Reduzir custos de transação, informação e buscas

Com o tempo, surgiram diversos tipos de mercados financeiros, que desenvolveram produtos, instrumentos e serviços especializados. O mercado como um todo segmentou-se. Nesse universo de instituições, os bancos comerciais seguem desempenhando seu papel principal de bancos de depósitos e de construir seu portfólio de serviços e produtos em torno disso. Uma evolução recente, também ocorrida no Brasil, foi a de os bancos comerciais, voltados para o varejo, assumirem um papel mais amplo de responsabilidade e se tornarem bancos universais.

Evolução das instituições financeiras no Brasil

O Brasil, no período 1850-2013, mostrou um forte crescimento econômico, como pode ser visto pela evolução do PIB real e de sua taxa de crescimento.

FIGURA 12

CRESCIMENTO DO PIB REAL BRASILEIRO (1850-2013)

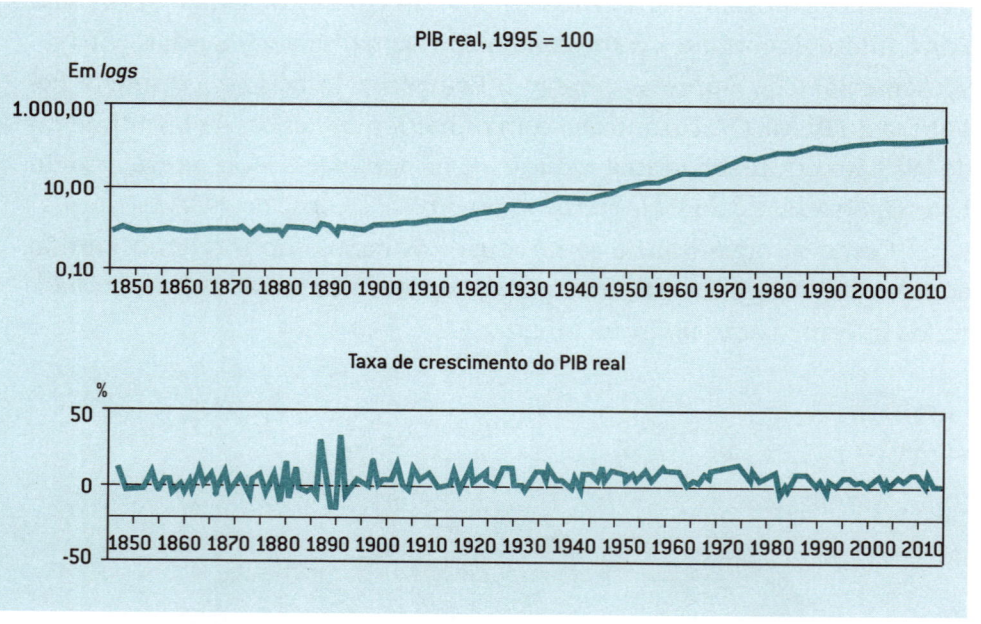

Fonte: banco de dados Silcon.

O que ressalta dessa evolução do PIB, ademais, é que isso deu-se num período em que a população cresceu de cerca de pouco mais de 7 milhões para pouco mais de 200 milhões de habitantes, e em que a força de trabalho também mostrou grande crescimento.

FIGURA 13
CRESCIMENTO DA POPULAÇÃO BRASILEIRA (1850-2020)

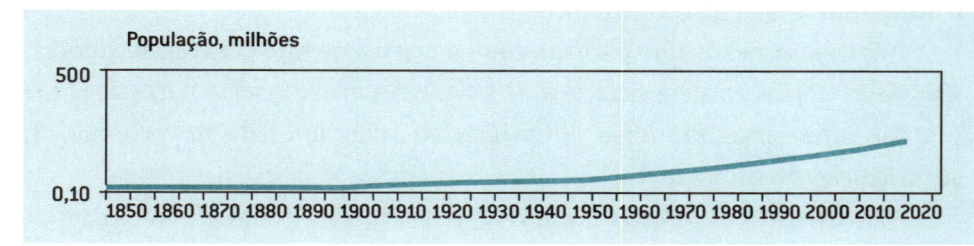

Fonte: banco de dados Silcon.

O que é mais notável, no entanto, é que, a despeito desse extraordinário crescimento da população, a economia do país encontrou forças não só para fazer crescer seu PIB, como para fazê-lo em excesso em relação ao crescimento da população, como visto nos dois gráficos da figura 14.

FIGURA 14
CRESCIMENTO DA RENDA *PER CAPITA* BRASILEIRA (1850-2014)

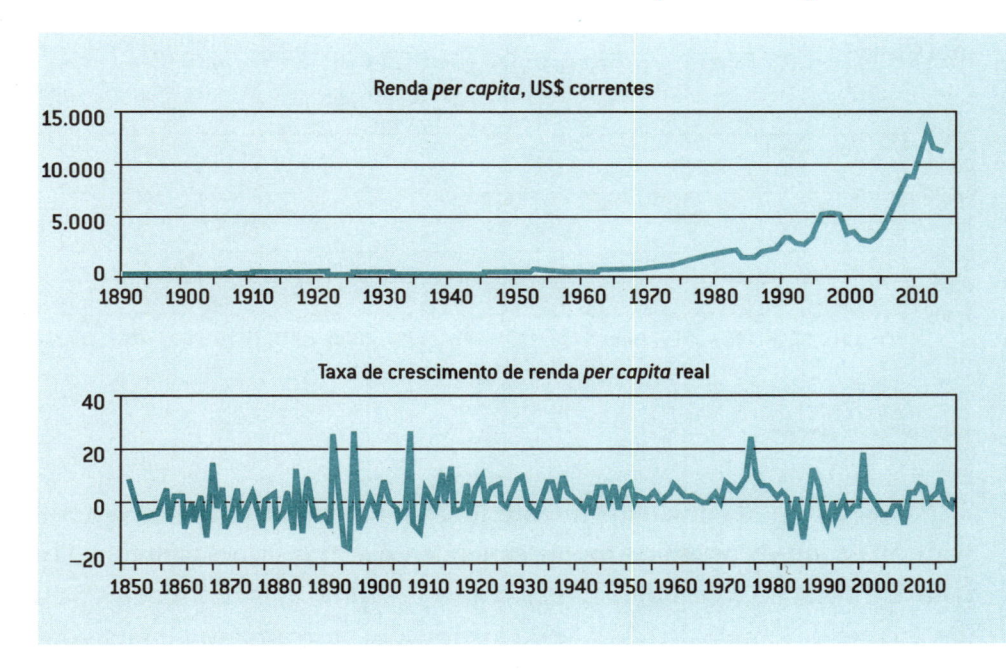

Fonte: banco de dados Silcon.

Esse crescimento foi caracterizado também por expressivas mudanças na estrutura das atividades econômicas, com destaque para o processo de industrialização, cujo auge se deu no período 1950-1980. Nos anos anteriores, as dificuldades no balanço de pagamentos deram impulso a diversas iniciativas industriais. A grande diferença foi que, nos anos 1950, a industrialização deixou de ser uma reação defensiva contra os eventos externos, pois se tornou o principal método para o governo modernizar a economia e aumentar a taxa de crescimento do PIB.

Também nessa época fortalece-se a crença de que o país não poderia apenas se apoiar nas exportações de bens primários, e seria necessário implantar uma estratégia nova de industrialização, apoiada no processo de substituição de importações.

Outro aspecto muito criticado no passado foi a desigualdade social e a má distribuição de renda. Nos primeiros anos do século XXI, no entanto, já é visível uma grande melhoria, com forte ascensão de um extrato de renda mais baixa da classe média. O indicador mais utilizado para se medir a desigualdade na distribuição de renda, o coeficiente de Gini, mostra essa evolução.[1] No Brasil, a Pesquisa Nacional por Amostra de Domicílios (Pnad) feita pelo IBGE, em 2013, apresentou os seguintes resultados para o índice de Gini: rendimentos do trabalho (0,495); todas as rendas (0,501); e renda domiciliar (0,497).

FIGURA 15
DISTRIBUIÇÃO DE RENDA NO BRASIL, DE ACORDO COM O ÍNDICE GINI

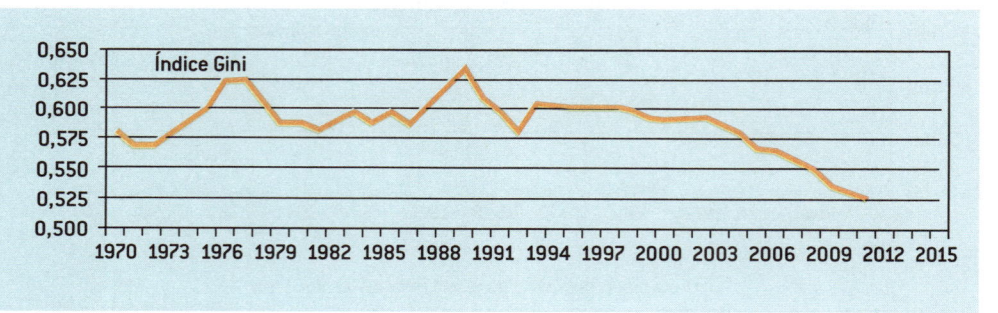

Fonte: banco de dados Silcon.

Em termos de desenvolvimento financeiro, em linhas gerais, o Brasil avançou de uma economia simples, dependente de transações com moeda à vista (e moeda no conceito M1, mostrada em azul no gráfico a seguir), para um quadro de grande diversidade de instituições, instrumentos e mercados financeiros e de seguros, e maior presença de monetização via crédito (linha vermelha no gráfico).

---

[1] O Coeficiente de Gini mostra o grau de desigualdade na distribuição de renda. Varia de 0 a 1, e quanto mais próximo de 1, maior o grau e desigualdade.

FIGURA 16
GRAU DE MONETIZAÇÃO DO BRASIL (1850-2013)

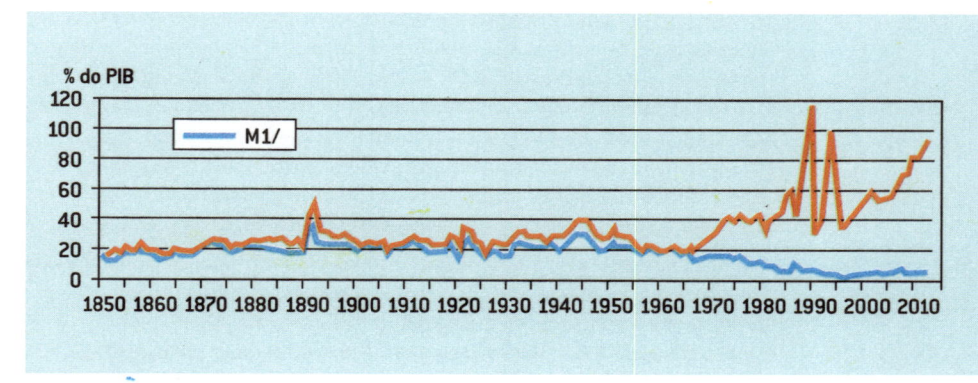

Fonte: banco de dados Silcon.

Podemos classificar a história financeira do Brasil, nos anos 1850-2013, em cinco fases distintas, conforme quadro 1.

QUADRO 1
HISTÓRIA FINANCEIRA DO BRASIL

PERÍODO	PRINCIPAIS CARACTERÍSTICAS
1850 a 1914	A evolução financeira foi influenciada pela criação do sistema bancário comercial na década de 1850, pela hiperinflação no início da década de 1890 (durante a crise do encilhamento) e pela deflação entre 1898 e 1902. O sistema bancário comercial desenvolveu-se vagarosamente até o fim do Império. Após o advento da Primeira República, foi liberada a legislação bancária e muitos bancos foram criados, havendo expansão de crédito. Os bancos estrangeiros começaram a operar no país na década de 1850, e em 1912 12 dos bancos estrangeiros detinham mais de 40% do ativo de todos os bancos comerciais do país. Na década de 1850, a oferta de moeda consistia de moedas de ouro e prata; na década de 1890, em notas e depósitos bancários. A velocidade-renda da moeda não revelou tendência nítida de alta de longo prazo durante os anos entre 1870 e 1913. Os preços mostraram períodos de baixa inflação, intercalados com outros com ligeira deflação. A grande exceção foi a crise financeira do encilhamento (1889-1894), com alta inflação e grande crescimento do mercado de ações (seguido de crise na bolsa). Houve surto de crescimento de alguns setores, particularmente têxtil e ferrovias. As finanças do governo mantiveram-se precárias durante quase todos os anos, mas a participação do governo no PIB era pequena. O mercado de capitais operava conjugado com o mercado inglês, sendo importante o papel dos bancos britânicos para empréstimos de longo prazo. Era alta a proporção do comércio exterior no PIB, e a dependência externa influenciou a deflagração de diversas crises no setor bancário, nas finanças governamentais e no balanço de pagamentos do país.

continua

PERÍODO	PRINCIPAIS CARACTERÍSTICAS
1914-1945	As mudanças estruturais da superestrutura financeira foram substanciais e significativas. A mais importante delas foi o rápido incremento da taxa de intermediação financeira, que mede a importância das instituições financeiras dentro da superestrutura financeira. Nessa época, assistiu-se a um grande crescimento das companhias de seguros e à criação de fundos de previdência social. O nível da taxa de intermediação financeira, em 1945, era semelhante ao observado em grandes países desenvolvidos antes da I Guerra Mundial. A relação capital/produto mostra declínio na primeira parte desse período (1913-1929), mas volta a crescer na segunda (1930-1945).
1946-1964	A inflação acelerou, em média, nesse período. A causa preponderante foi a expansão da oferta de moeda. O desenvolvimento das instituições financeiras foi típico de um contexto de inflação aberta e acelerada. O cruzeiro teve um colapso, perdeu 99% do seu valor cambial. A taxa de câmbio subiu de Cr$18,70 em 1945 para Cr$ 1.850,00 em fins de 1964. Foram tentados diferentes tipos de intervenção, com sistemas múltiplos de câmbio, com impactos econômicos e financeiros (distorcidos). A evolução no campo das instituições financeiras foi dominada pela aceleração da inflação, e as mudanças estruturais e organizacionais foram de pequena monta, salvo a organização de bancos de desenvolvimento em início dos 1950. O sistema financeiro, devido à inflação, tornou-se um importante agente de transferência de riqueza. O sistema bancário expandiu bastante sua rede de agências e prédios, e aumentou o número de funcionários, mas o número de bancos diminui substancialmente. O número de empresas de seguros cresceu de 132 para 195, mas o ativo do setor, em termos reais, reduziu-se de 1,6% para 0,5% do PIB. O comércio exterior perdeu importância durante esses anos.
1964-1987	Os preços aumentaram 270 vezes entre os fins de 1963 e 1980, uma inflação até então desconhecida, mesmo no Brasil. E foi apenas um prenúncio do que ocorreria de pior no restante da década e nos primeiros anos da década de 1990. A crise do petróleo, de 1973, marcou um forte ponto de inflexão. Até então, a oferta de moeda era relativamente controlada, e a inflação ficava abaixo de 20% ao ano. A partir daí, foi subindo para patamares sucessivamente mais altos. Os combates à inflação eram tentados, mas terminavam em fracasso. A oferta monetária subia sem parar. A moeda M1 caiu relativamente ao PIB, mas a velocidade-renda aumentou. As instituições e os instrumentos financeiros mudaram, em sua estrutura, mais significativamente do que no século precedente além de se diversificarem e tornarem-se muito mais variados do que em quase todos os países subdesenvolvidos. Parte dessa evolução surge como reação à sua restrição nas décadas anteriores, resultante da inflação e do limite de juros de 12%, estabelecido pela Lei da Usura. O número de bancos comerciais continuou diminuindo, passando de 300 para 88 entre 1964 e 1980. Em paralelo, aumentou a concentração bancária, com os 40 maiores bancos tendo 4/5 do ativo de todos os bancos comerciais. Os bancos comerciais oficiais começaram a se diferenciar dos bancos privados, em termos de aumento da participação do passivo em moeda estrangeira. A inovação financeira mais importante foi a introdução de um esquema de indexação (de grande alcance e de grandes proporções) de haveres e obrigações. No começo, foram indexados os títulos governamentais, mas com o tempo a indexação foi se espalhando no restante da economia. Com o tempo, a correção monetária foi mudando de anual para mensal, e depois (para o setor financeiro), diária. Houve significativa transferência de renda induzida pela inflação através do sistema financeiro, em que os segmentos mais pobres e mais desprotegidos foram os maiores perdedores. Fato significativo foi a moratória declarada em 1987.

continua

PERÍODO	PRINCIPAIS CARACTERÍSTICAS
1988-2014	Quatro grandes tendências se manifestaram nesse período e moldaram a configuração atual dos mercados financeiros no Brasil. Primeiro, os anos antes do Plano Real (1994), em que havia excessiva preocupação com o curto ou curtíssimo prazo, num ambiente de hiperinflação que desestimulava as operações dos mercados financeiros mais voltadas para o crescimento real das atividades produtivas. Segundo, o grande "terremoto" no mercado financeiro global, impactado pela maior crise financeira mundial após a crise de 1929, e que respingou e redefiniu os parâmetros éticos e operacionais desses mercados. Terceiro, a acomodação inicial do sistema financeiro pós-Plano Real, sem o *float* da inflação, seguida por uma volta de investimentos produtivos, maior número de correntistas bancários, um grande avanço no uso de instrumentos de derivativos (opções, futuros e *swaps*) e o expressivo desenvolvimento de negócios na área de seguros. Quarto, a grande melhoria do ensino executivo, principalmente com cursos de MBA e outros tipos de treinamento de menor duração, que solidificou conhecimentos de mercados financeiros e de seguros, aprimorou técnicas de gestão e marketing e desenvolveu modelos de liderança e estratégia para camadas gerenciais das empresas do setor. De 1988 a 2014 assistiu-se a grandes transformações no sistema financeiro brasileiro. O sistema bancário, em sua parte operacional, mostrou duas fases bastante distintas. Na primeira, até 1994, devido ao volátil e distorcido processo de hiperinflação, os bancos reduziram significativamente suas atividades de crédito. Na segunda, após o Plano Real e que dura até hoje, houve um aumento notável da bancarização — em parte devido à emergência de uma "nova classe média" — e uma expressiva expansão de crédito. Notável também foi a criação de instituições modernas e de ponta, como a BM&FBovespa, o mercado novo da Bovespa, as "metas de inflação" do Banco Central, os novos produtos de seguros e outros avanços.

O Banco do Brasil foi um dos mais importantes protagonistas em todas as fases da história financeira do Brasil sumariadas acima. A história do Banco do Brasil, nas diversas etapas da sua evolução, retrata o esforço de um país que surge de um contexto colonial, e que gradativamente se afirma e consolida como uma das mais importantes economias da atualidade.

Principais eventos da trajetória do Banco do Brasil

A história do Banco do Brasil se confunde com os principais episódios da evolução da economia e dos negócios do Brasil durante os dois últimos séculos. Quando d. João chegou ao Brasil em 1808, o ouro e a prata constituíam moeda legal e podiam ser cunhados em quantidade ilimitada. O cobre era usado como moeda fracionária.

FIGURA 17
ALVARÁ DE CRIAÇÃO DO PRIMEIRO BANCO DO BRASIL (RESUMO)

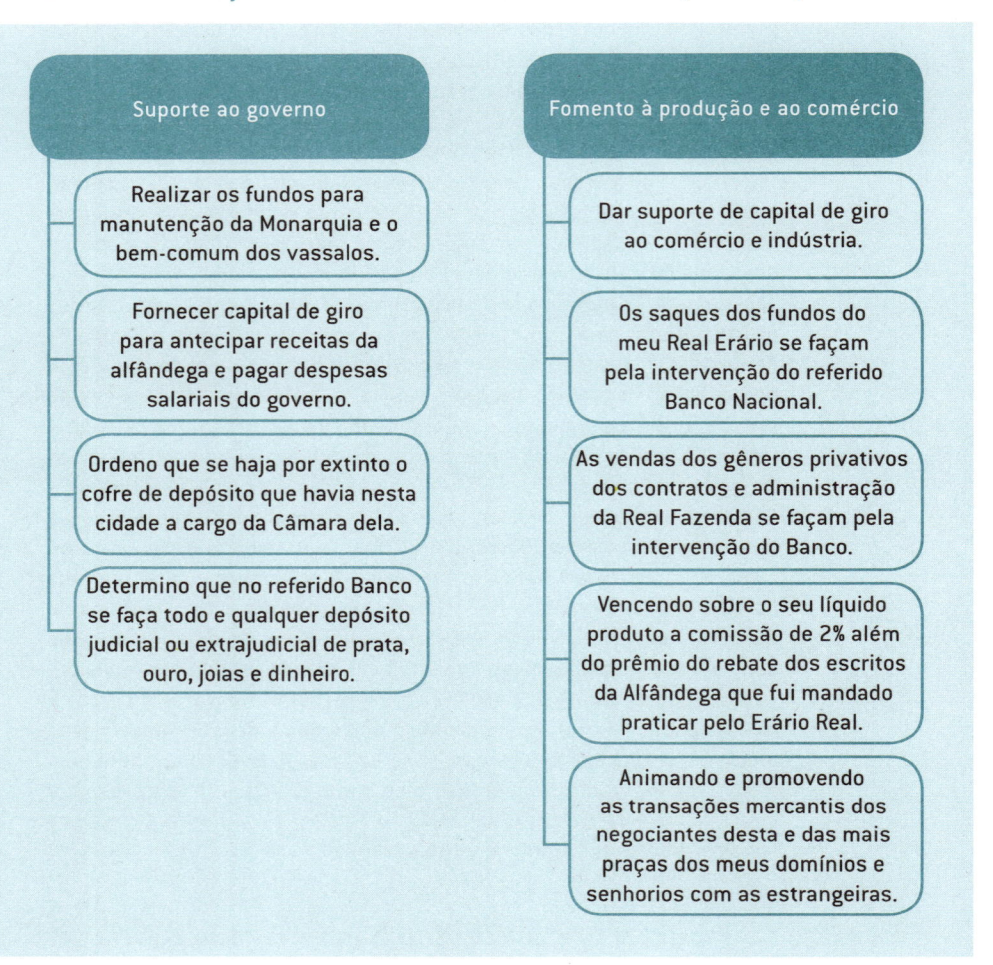

Suporte ao governo
- Realizar os fundos para manutenção da Monarquia e o bem-comum dos vassalos.
- Fornecer capital de giro para antecipar receitas da alfândega e pagar despesas salariais do governo.
- Ordeno que se haja por extinto o cofre de depósito que havia nesta cidade a cargo da Câmara dela.
- Determino que no referido Banco se faça todo e qualquer depósito judicial ou extrajudicial de prata, ouro, joias e dinheiro.

Fomento à produção e ao comércio
- Dar suporte de capital de giro ao comércio e indústria.
- Os saques dos fundos do meu Real Erário se façam pela intervenção do referido Banco Nacional.
- As vendas dos gêneros privativos dos contratos e administração da Real Fazenda se façam pela intervenção do Banco.
- Vencendo sobre o seu líquido produto a comissão de 2% além do prêmio do rebate dos escritos da Alfândega que fui mandado praticar pelo Erário Real.
- Animando e promovendo as transações mercantis dos negociantes desta e das mais praças dos meus domínios e senhorios com as estrangeiras.

O primeiro "Banco do Brasil" foi criado no Rio de Janeiro em 1808, por Alvará de 12 de outubro, de lavra do príncipe regente d. João de Bragança, o futuro d. João VI. Foi igualmente o primeiro banco em território pertencente a Portugal. O primeiro banco em Portugal, o Banco de Lisboa, só foi fundado 13 anos depois (em 31 de dezembro de 1821).

Nesse alvará, resumido na figura 17, ficam claras as intenções de se criar um banco público que tivesse funções financeiras propriamente ditas, mas também funções de apoio ao governo e de fomento a atividades produtivas, e que funcionasse em atividades de depósitos, descontos e emissão. Duas forças intelectuais impulsionaram essa iniciativa.

Primeiro, as ideias liberais de José da Silva Lisboa, o visconde de Cairu. Seguidor do pensamento de Adam Smith, Cairu influenciou d. João para que apoiasse iniciativas de livre comércio e reconhecesse o papel de vanguarda que o estabelecimento de um banco poderia desempenhar na modernização do país.

Segundo, a concepção de um banco como instituição apta a mobilizar as poupanças e o capital. Desse modo, o banco, planejando-se, poderia agregar essa função às outras mais imediatas, de financiar as despesas do governo, financiar o volume crescente de comércio exterior e promover as exportações de manufaturados do país. O banco, nessa concepção, seria também voltado para desenvolver ações objetivando fomentar indústrias manufatureiras no Brasil, incluindo isenções de impostos para importação de matérias-primas e para exportação de produtos industrializados.

As atividades bancárias começaram em 1809, e o novo banco tornou-se também banco emissor de moeda. Foi o quarto banco no mundo a exercer essa função, seguindo a experiência dos bancos da Suécia (Sveriges Riksbank, em 1668), Inglaterra (Banco da Inglaterra, em 1694) e França (Banco da França, em 1800).

Naquela época, as funções do erário público e das finanças pertenciam à Casa Real. Não existia ainda o papel dos organismos financeiros do Estado objetivando servir ao público. No alvará, d. João fala no "meu Real Erário" e na "minha Real Fazenda", que vendia "gêneros privativos dos contratos e administração da minha Real Fazenda, como são os diamantes, pau-brasil, o marfim e a urzela".

Esse conflito entre finanças do governo e finanças da Casa Real contribuiu para o fechamento do chamado "primeiro Banco do Brasil". Alguns anos após a derrota de Napoleão Bonaparte, a corte portuguesa retornou a Lisboa, com d. João VI, e foi feito saque de vultosa quantia no banco. Note-se que, ainda nos anos anteriores, o banco já havia sido forçado a emitir papel-moeda conversível sem o devido lastro (ouro) para custear as despesas da família real na corte. Após alguns anos, veio a independência, e o novo país foi obrigado a transferir indenizações para Portugal.

O Império do Brasil vigorou entre 1822 e 1889. Em 1821 o Banco do Brasil encontrava-se numa situação crítica de solvência. Nessa época, o cobre e o papel-moeda se tornaram as únicas formas de moeda no Brasil. Nova sangria ocorreu. O banco foi acusado de ter contribuído para a má situação financeira do país, e sua liquidação foi ordenada por lei de 23 de setembro de 1829.

O encerramento de suas atividades se deu em 1833. Existe consenso entre os modernos historiadores de que o motivo principal do mau desempenho do Banco do Brasil como instituição financeira decorreu de sua forte interligação com o governo num contexto de fraca autonomia decisória. A incipiente, e por vezes incorreta, política monetária existente na época foi outra forte causa a contribuir para o insucesso do banco. Finalmente, a inexperiência de como administrar um banco comercial e a dificuldade de se apoiar numa curva de aprendizagem foram os últimos fatores determinantes.

No correr do século XIX, duas tendências se sobressaem: a) o fortalecimento da corte no Rio de Janeiro, que se torna o grande polo econômico e político do país; e b) a grande expansão da economia cafeeira na produção e exportação de café, e na compra de importações e mercadorias, bem como de serviços domésticos.

A economia do Império do Brasil se expandia, fazendo surgir a iniciativa de recriar bancos comerciais com poder de emitir moeda. Ressurge, em 1833, a ideia do restabelecimento do Banco do Brasil. O "segundo" Banco do Brasil, entretanto, não chega a ser estabelecido por não serem obtidos os recursos para constituir o capital mínimo necessário.

Nos anos entre 1835 e 1842 surgem alguns bancos comerciais. A instituição com maior sucesso foi o Banco Comercial do Rio de Janeiro, fundado em 1838 e com carta patente aprovada em 1842. No Segundo Reinado, o de d. Pedro II, o grande empreendedor Irineu Evangelista de Sousa, o futuro visconde de Mauá, criou, em 1851, uma nova instituição, também denominada "Banco do Brasil". O empreendimento foi financiado pelo mercado de capitais, por meio de um lançamento público no valor de 10 mil contos de réis. Foi um lançamento de grande porte financeiro, elevado para a época.

Em 1853, entra em cena uma grande figura histórica, considerada a fundadora do atual Banco do Brasil. Trata-se do ministro Joaquim José Rodrigues Torres, o visconde de Itaboraí. Por sua iniciativa, foi determinada por lei de 5 de julho de 1853 a criação do novo Banco do Brasil, através da fusão do Banco do Brasil do visconde de Mauá com o Banco Comercial do Rio de Janeiro. O novo Banco do Brasil (oficial) foi autorizado a operar com exclusividade na emissão do papel-moeda.

É importante conhecer o contexto histórico, em meados do século XIX, em que operavam os bancos, não só no Brasil como em outros países, inclusive mais ricos e desenvolvidos. Os bancos não tinham suporte nem regulamentação governamental. Eram bancos que dependiam de pessoas atuando como líderes, que pudessem exercer sua credibilidade na praça comercial e influenciar autoridades e comerciantes. No Brasil, com uma economia fortemente dependente da exportação de café, havia intermitentes desequilíbrios entre os fluxos de recebimento de exportações e pagamento de importações e outras despesas na economia doméstica.

Como resultado, era comum a "quebra" de bancos. Esses bancos em geral entravam em crises de liquidez, que os conduziam, na ausência de autoridades governamentais dando suporte financeiro ou da existência de forte mercado interbancário que pudesse dar apoio, para situações de insolvência.

Isso aconteceu com o novo banco. Em 1866, devido a um surto de alta de preços e também devido a dificuldades para atingir a conversibilidade das notas do banco, o Banco do Brasil teve cassada a exclusividade na emissão do papel-moeda. Podia operar exclusivamente com operações de redesconto, depósitos e hipotecas. As reforma monetária feita no Brasil em 1860 acabou contribuindo para um relativo atraso no desenvolvimento bancário do país, numa época em que o crescimento do comércio exterior e a utilização do padrão ouro foram importantes estímulos para a criação de bancos nos países mais ricos.

Nas últimas décadas do Império, o país continua progredindo, expande-se o número de bancos domésticos e fundam-se, em território brasileiro, fortes bancos estrangeiros, principalmente ingleses. O mercado de ações, com fulcro na Bolsa de Valores do Rio de Janeiro e com forte intercâmbio de lançamentos e negociação com a London Stock Exchange, torna-se uma importante fonte de recursos de longo prazo (ações e debêntures) para empresas atuando no setor de infraestrutura.

Em 1889 é proclamada a República. Um ano antes, a escravidão havia sido abolida no país. A economia se torna mais monetizada e ocorre uma grande crise financeira, com alto grau de especulação centrado nas ações de bancos emissores recém-listados na bolsa. Delineia-se a crise do encilhamento.

Essa crise foi a maior da história do Brasil. A crise apresentou três fases distintas, a primeira ainda durante o Império e as duas seguintes já no regime republicano. Desse modo, a crise do encilhamento foi muito associada ao quadro de transição política da época. Na esfera econômica, pode ser vista como parte do processo de criação de um sistema monetário e bancário no país, em uma época em que os países adiantados do mundo estavam operando o câmbio no regime do padrão ouro. Com a chegada de centenas de milhares de imigrantes europeus, o país teria de aumentar bastante o volume de moeda e aprimorar os meios de circulação monetária. Ademais, o crescente mercado interno estava em rápida expansão, estimulando o processo de industrialização e criando oportunidades para o desenvolvimento das bolsas de valores e do mercado primário de ações.

A crise do encilhamento acabou após dois anos e meio. Em retrospecto, houve um terrível erro de avaliação quanto à dosagem de liquidez a ser injetada na economia. Parte do desconhecimento era inevitável, pois o país acabara de passar de um regime de trabalho escravo para um de trabalho assalariado, o que iria exigir mais moeda em circulação. Faltou, por outro lado, empenho em fiscalizar a Bolsa de Valores, o que foi corrigido nos governos seguintes.

Após essa crise, os bancos comerciais, inclusive o Banco do Brasil, ficaram sujeitos a grandes polêmicas. Nova transformação aconteceu com o banco, pois em 1893 ocorre sua fusão com o Banco da República dos Estados Unidos do Brasil. Este último, por sua vez, resultou da fusão do Banco Nacional do Brasil com o Banco dos Estados Unidos do Brasil. Observe-se que nos primeiros anos da República o Banco (da República) do Brasil inicia a oferta das primeiras linhas de crédito rural, o embrião do que viria a se tornar o maior emprestador para o agronegócio.

Em 30 de dezembro de 1905, por meio do Decreto nº 1.455, e efetivo com sua reabertura em 3 de julho de 1906, o Banco do Brasil readquire seu nome tradicional, pelo qual é conhecido até hoje.

Até a década de 1960, o Banco do Brasil segue crescendo, solidificando-se na área privada de financiamento, e com ênfase no crédito agrícola. Torna-se cada vez mais um banco do governo. Assemelha-se, nesse período, ao Banco da Inglaterra, que tinha o papel dual de banco central e banco comercial. Duas unidades do banco assumem grande importância: a Superintendência de Moeda e Crédito (Sumoc), atuando na política monetária, e a Carteira de Comércio Exterior (Cacex), para apoiar operações financeiras de importação, exportação e movimentação de fluxos financeiros com o exterior.

Em 1964, cria-se o Banco Central do Brasil, que assume algumas das responsabilidades do Banco do Brasil. Voltando seu foco para operações comerciais, e com ênfase no papel social, o Banco do Brasil torna-se cada vez mais um banco moderno, alinhado com as melhores práticas seguidas pelos modernos bancos internacionais, como será visto nos capítulos seguintes deste livro.

Nas últimas décadas do século XX, o Brasil enfrentou um intenso processo inflacionário que, em alguns anos, se aproximou perigosamente de uma hiperinflação. Como havia no país um disseminado sistema de correção monetária, os bancos ficaram muito ativos em criar produtos e serviços que protegessem os clientes da perda de poder de compra de valores expressos em moeda e, ao mesmo tempo, criassem oportunidades lucrativas para seus negócios. Em 1994, o Plano Real põe um fim a esse processo de alta inflação, e os bancos comerciais voltam a ter de se comportar como bancos que praticam os negócios usuais da banca internacional.

Ainda nesse período, abateram-se muitas das barreiras regulatórias que inibiam a atuação dos bancos comerciais em atividades envolvendo operações de mercado de capitais. Criaram-se os bancos múltiplos e o conceito econômico de conglomerado financeiro, explorando economias de escopo em adição às economias de escala. Até a última fronteira de uma visão ampla do sistema financeiro, que inclui a indústria seguradora, tem sido penetrada pelos bancos comerciais, em especial pelo Banco do Brasil.

Em termos prudenciais e de seguimento às regras dos acordos da Basileia, o Banco do Brasil criou um forte sistema de governança e monitoramento, tendo passado com mérito o grande teste imposto aos bancos durante a crise do *subprime,* nos anos de 2007 a 2009.

Banco do Brasil, um breve resumo atual

O Banco do Brasil, atualmente, desenvolve uma atuação dinâmica em seus negócios, centrada em incentivar a inovação e aprimorar sua organização interna — incluindo ativa governança corporativa, expansão na presença internacional e o uso crescente de avançada tecnologia bancária. Desempenha também um forte papel macroeconômico e participativo no processo atual de modernização e inclusão bancária e social no Brasil, principalmente por meio da maior bancarização, extensão do alcance regional, foco na sustentação ambiental, apoio à cultura, esportes e a outras ações de cunho social.

O Banco do Brasil, de acordo com o Relatório de Administração de 2013, é uma empresa de economia mista controlada pela União Federal e listada no Novo Mercado da BM&FBovespa. Sua composição acionária mostra a seguinte distribuição percentual: União Federal (58,3%), *free float* ou ações no mercado (29,1%), Caixa de Previdência dos Funcionários do Banco do Brasil-Previ (10,4%), ações em tesouraria (2,0%) e BNDESPar (0,2%).

Outros dados desse relatório de 2013 mostram que o Banco do Brasil é a maior instituição financeira da América Latina em ativos totais (R$ 1.303,9 bilhões), contando com 61,3 milhões de clientes, e 112.216 funcionários. Detém a maior rede própria de atendimento no país entre as instituições financeiras, com 19.143 pontos de atendimento, estando presente em 99,9% dos municípios brasileiros. No exterior, a rede de atendimento é composta por 49 pontos próprios localizados em 24 países, e conta também com mais de 1.200 bancos conveniados que atuam como correspondentes em 134 países.

Uma visão do futuro

Vivemos hoje num mundo de globalização, não só no comércio internacional e na integração das cadeias produtivas, como também na formação dos hábitos de consumo.

A globalização não se restringe aos mercados de bens e serviços. Há um processo muito intenso de globalização financeira, entendido como a crescente interdependência global dos mercados financeiros, incluindo o mercado bancário. Essa integração tem um grande impacto nas finanças globais.

As finanças globais, com efeito, são um processo contínuo, sempre em transformação, caracterizado por inovações financeiras, afetado por alterações institucionais, o que cria mais mudança em sua trajetória dinâmica.

O mercado financeiro, atualmente, exerce forte influência na governança corporativa das grandes empresas e serve como um elemento aglutinador das decisões que resultam em fluxos financeiros e de capitais ao redor do mundo. As próprias decisões de investimento das grandes corporações, em grande parte, passam, direta ou indiretamente, por um processo de análise e aprovação nos grandes polos globais ou regionais de investimentos e negócios.

Entre outros ganhos sociais que podem ser obtidos pelo crescimento da atividade bancária nos próximos anos, inclui-se a educação financeira de uma população que sofre intensas mudanças demográficas (estabilidade nos números — e mesmo declínio absoluto em alguns casos, envelhecimento) e alcança crescentes melhorias educacionais. O estudo de caso em anexo, sobre o Museu Banco do Brasil, é ilustrativo do tipo de iniciativas meritórias nessa direção.

No que tange à indústria financeira em geral, e em particular aos bancos comerciais, pode-se dizer que a mesma, no Brasil, está bastante integrada ao restante do mercado mundial. Assim, as principais tendências que ocorrem em nível internacional acabam se refletindo — com maior ou menor rapidez de convergência — no que acontece no Brasil.

Desse modo, ao fazer projeções sobre o futuro da indústria de bancos no Brasil, devem-se levar em conta não só as tendências mundiais, mas também as tendências específicas que se verificam em nosso país, no que diz respeito aos aspectos de demanda e de gestão produtiva. Um dos assuntos mais prementes é avaliar seu potencial econômico em um mundo de mercados globalizados em crescente competição.

O Brasil conta com dois grandes trunfos para obter um crescimento econômico sustentado: o potencial de sua riqueza de recursos naturais e a força de seu mercado doméstico. Uma estratégia de desenvolvimento com base em recursos naturais — e no desenvolvimento de cadeias produtivas que agreguem valor a esses recursos, criando vantagens competitivas — pode servir de caminho para assegurar uma forte presença da economia brasileira no mercado global. Isso não significa prejudicar a continuidade da trajetória de industrialização tradicional, tendo como alvo principal o mercado doméstico.

Referências

BAER, Werner. *The Brazilian economy*: growth & development. 7. ed. Londres: Lynne Rienner, 2014.

CAMERON, Rondo; NEAL, Larry. *A concise economic history of the world*. 4. ed. Nova York: Oxford University Press, 2003.

FRANCO, Afonso Arinos de Melo. *História do Banco do Brasil*. Brasília: Banco do Brasil, 1973. v. I.

FRIEDMAN, Milton. *The Optimum Quantity of Money*. New Brunswick: Transaction Publishers, 2006.

GIAMBIAGI, Fábio et al. (Org.). *Economia brasileira contemporânea (1945-2004)*. Rio de Janeiro: Elsevier, 2005.

GOLDSMITH, Raymond W. *Brasil 1850-1984*: desenvolvimento financeiro sob um século de inflação. Rio de Janeiro: Harper&Row do Brasil, 1986.

GRAHAM, Benjamin. *World Commodities And World Currencies*. Nova York: McGraw-Hill Book Co., 1944.

MELLO, Pedro Carvalho de. *Desenvolvimento dos seguros e das finanças no Brasil, 1985-2013*. Rio de Janeiro: Funenseg/Escola Nacional de Seguros, 2014.

_____; SPOLADOR, Humberto da Silva. *Crises financeiras*: quebras, medos e especulações do mercado. 3. ed. São Paulo: Saint Paul, 2012.

PACHECO, Claudio. *História do Banco do Brasil*. Brasília: Banco do Brasil, 1973. v. II-V.

PELÁEZ, Carlos Manuel; SUZIGAN, Wilson. *História monetária do Brasil*. 2. ed. Brasília: UnB, 1976.

SCHULZ, John. *A crise financeira da abolição*. 2. ed. São Paulo: Edusp, 2013.

ESTUDO DE CASO

BANCO DE MERCADO COM ESPÍRITO PÚBLICO

O Banco do Brasil (BB) disputa a liderança do mercado e apresenta bons resultados aos acionistas. Adiciona, ainda, outra dimensão muito importante: é protagonista do desenvolvimento do país e indutor de transformações sociais.

O Banco do Brasil é um banco com ações negociadas em bolsa, busca rentabilidade e bons resultados para os acionistas, mas executa papéis que não são atrativos para os bancos privados. É um banco de mercado com espírito público e procura uma forte aproximação com um público não bancarizado. O crescimento econômico brasileiro beneficiou toda a população, especialmente a parte mais humilde da sociedade. Muitas dessas pessoas, que só consumiam o que realmente era necessário, hoje compram o primeiro carro, o primeiro apartamento ou constroem sua casa própria.

O acesso ao crédito foi facilitado pelo Banco do Brasil. Para aqueles que ainda não possuem conta, o Banco revolucionou de novo o sistema financeiro quando lançou a chamada "BB conta de pagamentos", em que um cliente pode transferir recursos para alguém que ainda não possui conta e que precisa apenas ter um CPF e um celular.

O banco promove a inclusão bancária, ampliando o acesso a meios eletrônicos de pagamentos e oferecendo educação financeira para os novos usuários de serviços bancários. Busca espaços geográficos para oferecer serviços fora do eixo de ocupação territorial tradicional de nosso país, preponderantemente próximo da faixa litorânea. Faz isso para levar bancarização para as regiões com baixo desenvolvimento e situadas em locais mais remotos. Atua, hoje em dia, em todos os municípios brasileiros, principalmente depois da parceria com os Correios. A amplitude dessa presença faz com que o banco não se limite a ser apenas um balcão de venda de produtos e serviços nos grandes centros urbanos. Para a maioria dos pequenos municípios, o Banco do Brasil representa a esperança de desenvolvimento, pois significa que o crédito rural, as aposentadorias e pensões e outras transferências governamentais não migrarão para outro município vizinho de maior porte.

Por tudo isso é, há 23 anos, a marca mais lembrada pelos brasileiros na categoria "bancos" da pesquisa Top of Mind, do Datafolha. O consumidor de serviços bancários "compra" bem-estar, confiança, comodidade, segurança e tradição. Quando acontece uma ascensão das classes sociais conjugada com baixo nível de desemprego, como ocorreu no Brasil, cresce o nível de exigência do cidadão e se ampliam as demandas do consumidor. É aí que as marcas que melhor respondem a essas expectativas, como a marca BB, ganham força e se consolidam na mente das pessoas.

As ações de marketing e comunicação do banco, com investimentos em esporte e cultura e envolvimento dos funcionários como multiplicadores estratégicos, reforçam a imagem de uma empresa que gera bons resultados para os acionistas, atuando com espírito público. Com o "circuito Banco do Brasil" foi criada uma nova plataforma de marketing de relacionamento que reúne esporte, cultura, sustentabilidade e entretenimento em diferentes estilos, para todos os públicos e faixas etárias, com preços acessíveis e itinerância por várias regiões.

Os funcionários do Banco do Brasil são difusores da marca, como clientes, acionistas, líderes comunitários, cidadãos e até como empregados. São clientes, pois 98% deles consomem quatro ou cinco produtos do banco. São também "donos", pois a Previ, o fundo de pensão dos funcionários, é a segunda maior acionista da empresa. Além disso, o banco é reconhecido como uma das empresas brasileiras que mais investem em educação corporativa, processo em que a comunicação é a base de tudo.

História dos bancos no mundo e no Brasil: o Projeto Museu BB — História, Cultura e Cidadania

Vimos, ao tratar da evolução das instituições financeiras em nosso país, do papel relevante do Banco do Brasil, como mostrado por sua trajetória e pelos principais eventos que a marcaram, da fundação até os dias de hoje.

Para registrar essa evolução e, principalmente, tornar o acervo representativo dos seus 205 anos de história, um importante foco para conhecimento da história bancária, o Banco do Brasil organizou um projeto educacional centrado na criação do Museu BB — História, Cultura e Cidadania.

Lançado em outubro de 2013, no 205º aniversário da instituição, o projeto está sendo instalado em Brasília, cidade sede da organização, no edifício Tancredo Neves, uma das mais imponentes obras do arquiteto Oscar Niemeyer, integrando o Centro Cultural Banco do Brasil (CCBB).

ESTUDO DE CASO

Deverá oferecer ao público um espaço para reflexão e valorização da identidade dos brasileiros, usando como cenário uma grande exposição dividida em três módulos — "História", "Cultura e Cidadania" e "Inovação". A ideia é preservar a memória e o patrimônio do Banco do Brasil a partir de dinâmicas contemporâneas e interativas, reunindo peças de relevância nas áreas de numismática, artes visuais, documentação, mobiliário e equipamentos, sem perder de vista, na cena contemporânea, o futuro que se projeta a partir desse legado.

No módulo "História", o acervo contribuirá com obras de grandes nomes das artes que ilustram a formação histórica e econômica do país. As principais conexões com o mundo do esporte, da cultura e dos grandes movimentos sociais do Brasil estarão no módulo "Cultura e Cidadania". O módulo "Inovação" terá espaços interativos que proporcionarão ao público experimentar novas tecnologias relacionadas à indústria bancária.

O acervo a ser exposto foi identificado a partir de um grande diagnóstico, que gerou extenso relatório sobre o patrimônio artístico, histórico e cultural do BB, com mais de 90 mil itens. Destes, servirão de base para curadoria:

- 35 mil itens de valor histórico, como moedas, cédulas e objetos de uso bancário;
- 16 mil títulos de livros;
- 20 mil registros fotográficos e audiovisuais de valor artístico e documental;
- 5 mil dossiês históricos (jornais, plantas arquitetônicas e atas de reuniões);
- 1,1 mil obras na coleção de artes visuais e decorativas;
- 727 nomes de artistas com obras registradas no acervo.

Enquanto o Museu BB não está aberto, o público pode acompanhar a evolução do projeto acessando totens interativos localizados no piso térreo do CCBB-Brasília. O conteúdo será atualizado ao longo da implantação do museu, trazendo a evolução do projeto até a inauguração.

Com essa importante iniciativa, o Banco do Brasil, ao mesmo tempo que registra e dá acesso ao conhecimento indicativo de sua importância e atuação na evolução histórica e econômica do país, cria também facilidades educacionais mais amplas.

Com efeito, no âmbito da governança corporativa, demonstra a evolução gerencial e como uma empresa pública pode atuar de modo profissional e competente para ser um participante relevante e respeitado no mercado global.

No âmbito da educação financeira, atua como catalizador de estudos práticos, que servem para a educação de futuros financistas, na educação pública, na bancarização das pessoas e na divulgação do papel social dos bancos.

O projeto Museu Banco do Brasil — História, Cultura e Cidadania coloca o Brasil na liga dos países (um número restrito) que se comprometem com a atualização da história financeira de modo perene, a partir da evolução tecnológica e social de uma entidade financeira representativa e relevante no seu contexto histórico.

FINANÇAS

Rogério Mori

Ao longo da história, o processo de desenvolvimento econômico decorrente da especialização da produção e da necessidade da realização de trocas gerou a necessidade da existência de um bem que agilize e torne mais eficiente o processo de transações no contexto da economia. Do ponto de vista econômico, esse papel passou a ser desempenhado pela moeda, que tem, basicamente, três funções: meio de troca; unidade de conta; e reserva de valor.

No capitalismo moderno, a miríade de transações realizadas no âmbito de uma economia levou ao desenvolvimento de um sistema de intermediação financeira amplamente sofisticado, que tem como função atender às necessidades relativas ao processo de trocas realizadas no contexto econômico.

Adicionalmente, nas economias modernas existe um conjunto de agentes econômicos que utilizam seus recursos financeiros em uma parcela inferior à de que dispõem em um determinado momento. Esses agentes formam o conjunto de poupadores em uma economia nesse período. Um exemplo desse tipo de agente pode ser dado pelas famílias que guardam uma parcela do seu orçamento a cada mês.

Do outro lado, existe um conjunto de agentes que necessitam de recursos financeiros em uma parcela superior à de que dispõem em um dado momento. Esses agentes representam os tomadores de empréstimos nesse momento. Nesse conjunto encaixam-se, por exemplo, as pessoas que estejam necessitando de recursos financeiros para adquirir um imóvel ou empresas que estejam desejando investir em uma nova planta produtiva e não disponham de recursos para tal.

O desenvolvimento e a sofisticação das economias ao longo do tempo foram acompanhados pelos avanços no campo das finanças e da estrutura dos sistemas de trocas, com o surgimento da atividade de intermediação financeira.

A intermediação financeira surge como uma atividade que visa estabelecer uma relação, ainda que indireta, entre formadores e tomadores de poupança. Dessa forma, os agentes formadores de poupança depositam grande parte dos seus recursos nas instituições responsáveis pela intermediação financeira. Essas instituições têm o papel de dispor esses recursos às unidades da economia que desejem tomá-los na forma de empréstimos. A atividade de intermediação financeira visa compatibilizar interesses e necessidades de ambas as partes no contexto de uma economia.

Nesse sentido, a existência de um eficiente processo de intermediação financeira se tornou um pressuposto para o crescimento e o desenvolvimento econômico no âmbito do capitalismo moderno. A partir disso, a existência de um sistema financeiro que propicie os elementos para o crescimento econômico se tornou fundamental nas economias modernas.

No mundo moderno, os intermediários financeiros são responsáveis pelo movimento da maior parte dos recursos financeiros. Esses intermediários atuam de forma especializada e desenvolvem produtos financeiros que visam atender os anseios dos agentes econômicos.

O conjunto dos intermediários financeiros compõe o sistema financeiro de um país. Na economia brasileira, essa estrutura forma o Sistema Financeiro Nacional (SFN), que é congregado pelo conjunto de instituições e de instrumentos financeiros do país.

Em paralelo a esses desenvolvimentos, surge um conjunto de elementos que se tornam essenciais para a boa gestão dos recursos financeiros. Dessa perspectiva, ao mesmo tempo que o sistema financeiro se estrutura e se consolida nas economias modernas, surgem novos e cada vez mais sofisticados produtos financeiros. A compreensão desses produtos e a forma com que os recursos são administrados em face desses avanços é fundamental para o profissional que atua ou pretender atuar na área financeira.

Sob essa lógica, a área de *finanças* também avançou significativamente ao longo das últimas décadas, tanto do ponto de vista da prática quanto da teoria.

Do ponto de vista estrutural, uma possível classificação das áreas de finanças voltadas para a área de negócios seria:

- Investimentos.
- Finanças corporativas.
- Mercados financeiros e instituições financeiras.
- Finanças pessoais.

A área de *investimentos* no campo das finanças refere-se ao estudo da alocação de ativos desde o horizonte de curto prazo até prazos mais longos. Essa área possui diversas ramificações e subáreas de estudos, partindo desde o estudo das classes e tipos de ativos financeiros e chegando à sua forma de alocação e mensuração de risco.

As *finanças corporativas*, em linhas gerais, lidam com aspectos ligados a fontes de financiamento e estrutura de capital das empresas, bem como às potenciais ações financeiras que os gestores podem tomar como forma de aumentar o valor do negócio para seus acionistas.

A área de *mercados financeiros e instituições financeiras* é o ramo ligado mais diretamente à transferência de fundos entre poupadores e tomadores de empréstimos. Nessa área se enquadram os estudos ligados a instituições financeiras mais diretamente (*finanças bancárias*) e a diversos aspectos ligados aos mercados financeiros.

O ramo das *finanças pessoais*, por sua vez, está mais ligado a questões relacionadas a transferências sucessórias, aspectos e planejamento tributário pessoal e familiar, proteção financeira contra imprevistos etc.

A natureza da *atividade bancária* tem como foco a orientação em termos de estrutura das *finanças bancárias*. Por conta disso, este capítulo dará maior destaque a essas questões, em um caráter introdutório.

Nessa perspectiva, cabe a necessidade da compreensão estrutural em termos da arquitetura do sistema financeiro e da estrutura da indústria financeira no país, que será vista nas próximas seções. Ainda serão tratados temas como taxa de juros, abordando elementos da sua formação, seu papel na economia brasileira e diferentes taxas de juros; *spread* bancário brasileiro; e elementos de retorno e de risco de mercado.

Estrutura do Sistema Financeiro Nacional

O Sistema Financeiro Nacional (SFN) tem na sua composição as instituições financeiras públicas e privadas. Sua instância máxima decisória é o Conselho Monetário Nacional (CMN). Sua estruturação se deu a partir da Lei de Reforma Bancária, de 1964, da Lei do Mercado de Capitais, de 1965, e a partir da Lei de Criação de Bancos Múltiplos, de 1988. Através do SFN é viabilizada a relação, ainda que indireta, entre formadores de poupança financeira em uma economia e os agentes que necessitam de recursos financeiros.

Basicamente, as instituições financeiras podem ser divididas em dois grupos: a) bancárias (ou monetárias); e b) não bancárias (ou não monetárias).

As instituições financeiras classificadas como *bancárias* têm a faculdade de criar moeda escritural através do processo de alavancagem de depósitos à vista. Isso ocorre porque essas instituições, que recebem depósitos à vista, guardam apenas uma fração deles na forma de reservas bancárias, emprestando a parcela restante. Em outras palavras, as instituições financeiras bancárias alavancam seus depósitos à vista e, com isso, geram um efeito multiplicador dos mesmos na economia. Os bancos comerciais e múltiplos representam, fundamentalmente, as instituições financeiras bancárias.

Por outro lado, as instituições financeiras *não bancárias* não podem receber depósitos à vista. Isso significa que essas instituições não têm a possibilidade de criação de moeda escritural. A operação dessas instituições se dá com ativos não monetários, como certificados de depósitos bancários (CDBs), ações etc. São exemplos de instituições financeiras não bancárias os bancos de investimentos, as corretoras etc.

Do ponto de vista estrutural, o Sistema Financeiro Nacional (SFN) pode ser dividido em dois subsistemas: o de intermediação financeira e o normativo.

No *subsistema de intermediação financeira* se inserem as instituições financeiras (bancárias e não bancárias), além do Sistema Brasileiro de Poupança e Empréstimo (Caixa Econômica Federal, sociedades de crédito imobiliário etc.), pelas instituições auxiliares (bolsas de valores, agentes autônomos de investimento etc.) e pelas instituições não financeiras (sociedades de fomento comercial e seguradoras).

Do lado das *instituições financeiras bancárias* se encaixam os *bancos comerciais*, *bancos múltiplos* e *caixas econômicas*. Essas instituições se constituem sob a forma de sociedade anônima e realizam, predominantemente, operações de crédito de curto prazo. Um elemento caracterizador dessas instituições reside em sua capacidade de criação de moeda escritural, que é gerada a partir dos depósitos à vista captados por essas instituições.

Os *bancos comerciais* exercem um papel importante na prestação de diferentes serviços financeiros (transferências de recursos, pagamentos de cheques, cobranças etc.), além de realizarem diversas operações ativas ligadas a empréstimos e concessão de crédito.

Os bancos podem ser classificados de acordo com a natureza e o volume dos seus negócios: *bancos de varejo* ou *bancos de atacado (de negócios)*.

As principais fontes de recursos dos *bancos de varejo* são os depósitos à vista e os depósitos a prazo e, para isso, possuem uma grande rede de agências. Esse tipo de banco tem produtos e serviços distintos, dependendo do perfil do cliente.

Os *bancos de atacado* estão voltados para operações de elevado porte e com maior grau de complexidade, atuando em um conjunto mais restrito de clientes. Esse tipo de instituição realiza operações orientadas para atender especificidades requeridas pelos clientes, e é estruturada para esses fins. Conta com um número menor de agências e foca um atendimento mais especializado aos seus clientes.

O *banco múltiplo* nasceu a partir da evolução natural dos bancos comerciais e do mercado financeiro. Para que uma instituição seja assim categorizada, deve apresentar pelo menos duas das seguintes carteiras (atividades): banco comercial; banco de investimento e desenvolvimento; sociedade de crédito, financiamento e desenvolvimento; e sociedade de crédito imobiliário.

As *caixas econômicas*, por sua vez, assemelham-se, em certo sentido, aos bancos comerciais, pois podem captar depósitos à vista, efetuar operações ativas e prestar serviços. No entanto, têm maior enfoque social e grande atuação em operações de prazo mais longo, como é o caso do financiamento imobiliário.

Do lado das instituições financeiras não bancárias, se enquadram as instituições que não têm a capacidade de emissão de moeda. Entre essas instituições estão:

- Bancos de investimento.
- Bancos de desenvolvimento.
- Sociedades de arrendamento mercantil.
- Cooperativas de crédito.
- Sociedades de crédito imobiliário.
- Associações de poupança e empréstimo.

Além dessas instituições, fazem parte desse subsistema as instituições auxiliares:

- Bolsas de valores.
- Sociedades corretoras.
- Sociedades distribuidoras.
- Agentes autônomos de investimento.

A composição do Sistema Financeiro Nacional proposta pelo Banco Central pode ser observada no quadro 1.

QUADRO 1

COMPOSIÇÃO DO SISTEMA FINANCEIRO NACIONAL

ÓRGÃOS NORMATIVOS	ENTIDADES SUPERVISORAS	OPERADORES
Conselho Monetário Nacional — CMN	Banco Central do Brasil — Bacen	Instituições financeiras captadoras de depósitos à vista Demais instituições financeiras Bancos de câmbio Outros intermediários financeiros e administradores de recursos de terceiros
	Comissão de Valores Mobiliários — CVM	Bolsas de mercadorias e futuros Bolsas de valores
Conselho Nacional de Seguros Privados — CNSP	Superintendência de Seguros Privados — Susep	Resseguradores Sociedades seguradoras Sociedades de capitalização Entidades abertas de previdência complementar
Conselho Nacional de Previdência Complementar — CNPC	Superintendência Nacional de Previdência Complementar — Previc	Entidades fechadas de previdência complementar (fundos de pensão)

Fonte: Banco Central.

Na estrutura proposta pelo Banco Central destacam-se ainda:
- Como órgãos normativos:
  - Conselho Nacional de Seguros Privados (CNSP);
  - Conselho Nacional de Previdência Complementar (CNPC).
- Como entidades supervisoras:
  - Superintendência de Seguros Privados (Susep);
  - Superintendência Nacional de Previdência Complementar (Previc).
- Como operadores:
  - Instituto de Resseguros do Brasil (IRB);
  - Entidades Fechadas de Previdência Complementar (Fundos de Pensão);
  - Sociedades Seguradoras;
  - Corretores de Seguros;
  - Sociedades de Capitalização;
  - Entidades Abertas de Previdência Complementar; e
  - Bancos de Câmbio.

O *subsistema normativo* tem o papel de garantir o bom funcionamento do mercado financeiro e das instituições que o compõem. Isso se dá através da regulação e da fiscalização do setor por órgãos responsáveis por desempenhar essa função.

Nesse contexto, o *Conselho Monetário Nacional (CMN)* tem papel fundamental, de caráter puramente normativo. O CMN é um órgão normativo e traça as diretrizes para que o SFN opere de forma adequada. O Conselho, atualmente, é composto pelo ministro da Fazenda, pelo ministro do Planejamento e pelo presidente do Banco Central. O CMN é assessorado por Comissões Consultivas, que auxiliam o Conselho em diferentes temas de interesse (bancário, crédito rural, política monetária e cambial etc.).

Na estrutura do subsistema normativo, o *Banco Central (Bacen)* desempenha papel fundamental em termos de executar as políticas traçadas pelo CMN e como fiscalizador do SFN. O Banco Central tem o papel de preservar o poder de compra da moeda, mantendo a inflação sob controle por meio das suas ações de política monetária e controlando a liquidez no sistema. Ao mesmo tempo, o Banco Central cumpre o papel de garantir a solidez do sistema bancário, fiscalizando-o de forma adequada e condizente com as normas estabelecidas. Além disso, o Banco Central também é o banco do governo, responsável pela administração dos depósitos do Tesouro Nacional e das reservas internacionais.

A *Comissão de Valores Mobiliários (CVM)* também faz parte do subsistema normativo e tem o papel de efetuar a normatização, fiscalização e controle do mercado de valores mobiliários. Esse segmento é composto, basicamente, pelas ações, partes beneficiárias e debêntures, *commercial papers* e demais títulos de emissão de sociedades anônimas com autorização do CMN. Nesse sentido, a CVM tem como função estimular a canalização das poupanças para o mercado acionário e a de proporcionar o bom funcionamento das bolsas de valores e das instituições que operam nesse segmento. Dessa forma, o escopo de atuação da CVM abrange instituições financeiras, empresas de capital aberto que têm papéis negociados em bolsa e investidores, uma vez que a instituição atua no sentido de proteger seus direitos.

Na categoria de instituições especiais que compõem o subsistema normativo se inserem o *Banco do Brasil (BB)*, a *Caixa Econômica Federal (CEF)* e o *Banco Nacional de Desenvolvimento Econômico e Social (BNDES)*.

O *Banco do Brasil (BB)* tem o controle acionário exercido pela União e é uma sociedade anônima de capital misto. O Banco do Brasil exerce o papel de principal agente financeiro do governo federal. Até a década de 1980, a instituição tinha o *status* de autoridade monetária, o que lhe permitia atuar na emissão de moeda mediante acesso à conta movimento do Tesouro Nacional. Desde 1986 esse *status* foi alterado e o BB deixou de ter esse papel. Atualmente, o Banco do Brasil tem três funções: a) agente financeiro do governo federal; b) banco comercial; e c) banco de investimento e desenvolvimento (ao operar com créditos a médio e longo prazo em algumas modalidades).

A *Caixa Econômica Federal (CEF)* é outra instituição especial que faz parte do subsistema normativo. Assim como as demais caixas econômicas, a CEF tem um objetivo social e é classificada como um órgão auxiliar do governo federal no desenvolvimento da sua política de crédito. Adicionalmente, a CEF também tem características de bancos comerciais e múltiplos (recebe depósitos à vista e a prazo, cadernetas de poupança etc.). A CEF representa o principal agente do *Sistema Financeiro de Habitação (SFH)*, dentro do seu papel social, e atua no segmento de financiamento à casa própria. Adicionalmente, a CEF administra os serviços de loterias federais com exclusividade, é a principal arrecadadora do *Fundo de Garantia por Tempo de Serviço (FGTS)* e tem o monopólio das operações de penhora.

O *Banco Nacional de Desenvolvimento Econômico e Social (BNDES)* também é uma instituição especial que compõe o subsistema normativo. Atualmente, o BNDES é uma instituição vinculada ao Ministério do Desenvolvimento, Indústria e Comércio Exterior e representa o principal agente de financiamento do governo federal de recursos de médio e longo prazos. Em geral, o BNDES opera por meio de agentes financeiros, como bancos comerciais, bancos de investimento e sociedades financeiras. Essas instituições recebem uma comissão, conhecida como *del credere*, para exercerem essa intermediação entre o BNDES e os tomadores do financiamento, se tornando corresponsáveis pela liquidação da dívida junto à instituição.

A *Secretaria do Tesouro Nacional (STN)*, criada em 1986, tem como papel administrar e controlar as receitas públicas federais, bem como administrar o grau relativo de endividamento do setor público (função que foi desenvolvida a partir de 1993).

Mercados financeiros

O processo de intermediação financeira se orienta com base em uma segmentação subdividida em quatro segmentações do ponto de vista do mercado financeiro:
- Mercado monetário.
- Mercado de crédito.
- Mercado de capitais.
- Mercado cambial.

Em termos práticos, esses segmentos se confundem boa parte das vezes, apesar da segmentação ser orientada para efeitos de análise do mercado financeiro. Essa estrutura prática é interligada do ponto de vista das operações diárias.

Mercado monetário

O papel do mercado monetário é controlar a liquidez monetária do sistema econômico e das taxas de juros determinadas pela autoridade monetária, particularmente o Banco Central. Esse é um mercado de operações de curtíssimo e de curto prazo, envolvendo papéis de elevada liquidez. Nesse mercado são formadas as taxas de juros de curto prazo, particularmente a taxa Selic e a taxa DI.

Os papéis negociados nesse mercado são, principalmente, os emitidos pelo Tesouro Nacional, além de papéis privados como os Certificados de Depósitos Interfinanceiros (CDI), que são papéis de elevada liquidez.

Esse mercado tem papel fundamental para calibrar o nível de liquidez do sistema econômico, controlando o volume de moeda convencional e o de moeda escritural (depósitos à vista nos bancos comerciais).

O controle da liquidez nesse mercado é exercido pelo Banco Central, que atua no mercado colocando ou retirando liquidez.

Nesse processo, o *Sistema Especial de Liquidez e Custódia (Selic)* e a *Central de Custódia e de Liquidação Financeira de Títulos Privados (Cetip)* desempenham papel fundamental nas transações realizadas para efeitos de controle da liquidez.

O Selic foi criado pelo Banco Central e pela então Associação Nacional das Instituições do Mercado Aberto (Andima), em 1979, com a finalidade de operar títulos públicos emitidos pelo Tesouro Nacional e pelo Banco Central. Esse sistema exerce o controle financeiro das operações de compra e venda de títulos públicos, além de exercer sua custódia física e escritural. Nos dias de hoje as operações envolvendo títulos públicos são processadas em tempo real de forma eletrônica.

No Selic, os pagamentos ocorrem mediante a movimentação das reservas bancárias das instituições financeiras. As transferências dos títulos só ocorrem efetivamente a partir das movimentações nessas reservas.

O Cetip foi criado em 1986 e passou a ter um papel similar ao do Selic, mas com foco em papéis privados, particularmente os *Certificados de Depósitos Interfinanceiros (CDIs)*.

Mercado de crédito

As necessidades de caixa de curto e médio prazos de diferentes agentes econômicos são atendidas pelo mercado de crédito. Esse segmento visa atender as necessidades de crédito das pessoas físicas e das pessoas jurídicas.

As operações de crédito são realizadas por instituições financeiras autorizadas pelo Banco Central estruturadas como instituições bancárias (bancos comerciais e bancos múltiplos).

Na lógica da ação no contexto desse segmento, as instituições financeiras atuam como captadoras de recursos, o que constitui o *funding* das operações de crédito a serem efetuadas. As operações de empréstimo são realizadas com foco em atender os agentes que têm a necessidade de captação de recursos e, para isso, se comprometem a pagar os recursos tomados acrescidos de juros.

As operações de crédito realizadas pelas instituições financeiras são efetuadas utilizando-se de recursos direcionados ou livres. No caso dos recursos direcionados, as operações têm origem a partir de uma parcela de fundos captados que necessariamente devem ser direcionados para determinadas operações específicas, com prazos, volumes e taxas previamente estabelecidos pelo Banco Central. No caso dos recursos livres, que representam a expressiva parte das operações de crédito das instituições, as taxas são livremente pactuadas entre as instituições financeiras e os tomadores de empréstimos.

Mercado de capitais

O mercado de capitais cria uma conexão mais estreita entre os formadores de poupança e os agentes que necessitam de recursos de longo prazo. Desse ponto de vista, o mercado de capitais desempenha um importante papel em termos de desenvolvimento econômico.

Sua estrutura visa suprir as necessidades de investimentos de médio e longo prazos, em diferentes modalidades, para efeitos de formação de capital de giro e de capital fixo. Esse mercado está estruturado em torno de instituições financeiras não bancárias, instituições que constituem o *Sistema Brasileiro de Poupança em Empréstimo (SBPE)* e diferentes instituições auxiliares. Esse mercado também oferece operações de financiamento de prazo indeterminado, como é o caso das ações.

Dessa perspectiva, os principais papéis negociados no mercado de capitais são:
- Ações.
- Opções sobre Ações.
- *Depositary Receipts* (DRs).
- *Brazilian Depositary Receipts*.
- Debêntures.

- Letras de Câmbio.
- Certificados/Recibos de Depósitos Bancários (CDBs/RDBs).
- Caderneta de Poupança.
- Letras Hipotecárias.
- Letras Imobiliárias.
- *Warrants*.
- Título Conversível.
- Letra Financeira.

No mercado de capitais também são desenvolvidas operações de financiamento. Entre as principais nesse mercado, destacam-se:
- Financiamento de Capital de Giro.
- Operações de Repasse.
- Arrendamento Mercantil.
- Oferta Pública de Ações e Debêntures.
- Securitização de Recebíveis.
- Mercado de Bônus (Bonds).
- *Forfaiting*.

Mercado cambial

As transações de compra e venda de moeda estrangeira conversível são realizadas no mercado de câmbio. Nesse mercado estão reunidos os agentes econômicos que realizam operações e transações com o exterior. Nele se inserem, por exemplo, instituições financeiras, investidores, operadores de comércio internacional e Banco Central. Essas operações envolvem atividades ligadas a comércio exterior, pagamentos de juros de dívida externa, recebimentos de empréstimos internacionais, entre outras operações.

A taxa de câmbio nominal, que relaciona o valor de uma moeda em relação a outra, é formada a partir das forças de oferta e demanda de moeda estrangeira nesse mercado. No caso brasileiro, a moeda estrangeira mais negociada e de maior liquidez nesse mercado é o dólar norte-americano, e sua cotação apresenta-se em função do montante necessário em moeda doméstica (reais) para a aquisição de uma unidade de moeda estrangeira (dólar).

Em momentos em que a oferta de dólares no mercado de câmbio supera a demanda, a cotação do dólar cai. Inversamente, em momentos em que a oferta de dólares é menor do que a demanda, a cotação do dólar sobe. Nesse contexto, o Banco Central atua no mercado de câmbio, comprando ou vendendo moeda estrangeira em diferentes momentos, tentando afetar a cotação da moeda estrangeira.

As operações de câmbio ocorrem por meio de corretoras e operadores de câmbio especializados. O mercado de câmbio brasileiro atualmente está organizado em torno do mercado de taxas livres (câmbio comercial) e flutuantes (câmbio turismo).

Nas operações de câmbio liquidadas no mercado à vista é formada a taxa de câmbio *spot*. Nas operações liquidadas em prazo futuro é formada a taxa de câmbio *forward*. As operações *forward*, em geral, visam criar uma proteção contra a flutuação da cotação da moeda estrangeira em operações liquidadas no futuro.

As atuações do Banco Central no mercado de câmbio são facilitadas através da constituição de *dealers*, que são instituições financeiras que operam no mercado secundário de câmbio representando o BC. O critério do Banco Central para seleção dessas instituições reside nos critérios de volume de negociação e qualidade das informações do mercado prestadas ao BC.

Juros

Via de regra, os juros representam uma remuneração paga ao emprestador pelo tomador do empréstimo por conta da utilização do ativo. No mundo moderno, os juros assumem a forma financeira paga ao doador de recursos financeiros pelo tomador desses recursos.

A taxa de juros assume uma forma percentual e reflete os juros pagos em relação ao capital emprestado:

$$\text{Taxa de juros (\%)} = \frac{\text{Juros}}{\text{Capital}} \times 100$$

Em outras palavras, a taxa de juros reflete o custo do empréstimo e assume uma característica temporal, uma vez que os pagamentos são efetuados em uma escala de tempo futura. A dimensão dos juros, dessa perspectiva, incorpora a lógica de que parte dos agentes está abrindo mão da utilização dos recursos financeiros no momento presente e está disposta a emprestar esses recursos em troca de uma remuneração. Do outro lado, parte dos agentes necessita desses recursos para diferentes usos e está disposta a pagar pela utilização dos mesmos.

Nesse ponto, o lado dos juros na questão financeira se confunde intrinsecamente com os aspectos econômicos. Quanto menor o nível da taxa de juros em uma economia, mais projetos de investimentos são viabilizados, uma vez que serão exigidos menores retornos de capital para viabilizar os pagamentos dos juros. Ao mesmo tempo, com uma taxa de juros mais baixa, serão menores os custos de financiamento para os consumidores, que estarão mais incentivados, por conta disso, a aumentarem seu consumo. Essa mecânica tenderá a ser amplificada à medida que parte dos agentes econômicos, enxergando menor retorno das suas aplicações financeiras por conta de juros menores, também sacarão parte dos seus recursos guardados para direcioná-los para o consumo. Em outras palavras, quanto menor o nível de taxa de juros em uma economia, maiores os incentivos aos investimentos produtivos e ao consumo.

Os reflexos econômicos desse processo se farão sentir sobre o nível de estoques e da produção da economia. A velocidade relativa de ajuste dessas variáveis econômicas será determinante no processo de evolução dos preços. Nesse sentido, uma evolução da demanda em ritmo superior ao da capacidade da oferta terá implicações diretas em elevar a inflação. De maneira inversa, um crescimento da demanda a um ritmo inferior ao da oferta levará a uma desaceleração no ritmo da evolução dos preços e da inflação na economia.

O Banco Central é consciente desse processo e, por conta disso, administra a taxa de juros de curto prazo — Selic — de modo a compatibilizar o ritmo de expansão da demanda agregada ao da oferta agregada de tal forma a manter o patamar da inflação em níveis saudáveis para a economia brasileira.

Dessa forma, em momentos em que a inflação está acelerando, ensejando preocupações quanto ao seu desvio em relação ao centro da meta estabelecida, o Banco Central eleva a taxa de juros. De maneira inversa, se a inflação está desacelerando e a economia encontra-se em recessão, o Banco Central baixa a taxa de juros para estimular o consumo e o investimento e, com isso, a produção e o emprego.

A partir dessas considerações, fica claro que os juros representam papel importante nas economias modernas. Na economia brasileira, particularmente, existem diferentes modalidades de taxa de juros que cumprem diferentes papéis tanto em âmbito econômico como financeiro.

Neste capítulo, apresentaremos as principais taxas que são utilizadas como referência no processo de formação das demais taxas de juros em mercado. O comportamento destas taxas é incorporado no processo de formação das demais taxas existentes no mercado financeiro brasileiro, seja nas operações ativas, seja nas operações passivas.

Taxa básica de juros (Selic)

A taxa básica de juros (Selic) representa a principal taxa de referência de mercado, uma vez que regula as operações com títulos públicos federais realizadas no âmbito do Selic. Ela representa a taxa através da qual o Banco Central compra e vende títulos públicos federais para executar sua política monetária no mercado aberto.

Embora a cotação da taxa básica de juros (Selic) seja em termos anuais, ela remunera operações por dia útil.

O cálculo da taxa Selic por dia útil pode ser feito da seguinte forma:

$$SELIC_{du} = (1 + SELIC_{aa})^{1/252} - 1$$

Onde:

$SELIC_{du}$ = taxa por dia útil
$SELIC_{aa}$ = taxa ao ano *over*

com o ano de 252 dias úteis.

Exemplo:

Se a taxa de juros Selic em base anual está situada em 11%, isso significa que a taxa por dia útil será de:

$$SELIC_{du} = (1 + 0,11)^{1/252} - 1$$
$$SELIC_{du} = 0,0414\% \text{ ao dia útil}$$

A meta da taxa básica de juros (Selic) é fixada periodicamente pelo Comitê de Política Monetária (Copom) do Banco Central, que a determina levando-se em consideração as variáveis econômicas e financeiras do país. A lógica subjacente a esse processo é que, como a taxa Selic representa o menor custo com que uma instituição financeira pode obter recursos por um dia, sua elevação por parte do BC teria efeitos sobre as demais taxas praticadas pelas instituições financeiras. Em outras palavras, uma elevação da meta da taxa básica de juros (Selic) por parte do Copom, teria o efeito de elevar as demais taxas praticadas pelos bancos nas suas mais variadas operações.

Taxa do depósito interfinanceiro de um dia (taxa DI)

A taxa do depósito interfinanceiro de um dia, ou *taxa DI*, surge a partir das operações de empréstimos entre as instituições financeiras pactuadas por um dia em que é emitido um DI (antes conhecido como CDI). Essa mecânica garante a transferência de recursos entre instituições que tenham recursos sobrando em caixa para aquelas que estejam com níveis mais baixos em um horizonte de curtíssimo prazo (um dia).

A taxa DI remunera algumas das principais aplicações em renda fixa no país, os CDBs, por exemplo, e é utilizada como referencial de remuneração para a indústria de fundos de investimentos em renda fixa brasileira. Embora apareça como uma taxa ano, sua forma de apuração é por dia útil.

Taxa Referencial (TR)

O intuito da Taxa Referencial (TR) na sua criação foi que ela representasse uma taxa de juros referencial básica dos juros a serem praticados no mês iniciado e que não refletisse a variação dos preços (inflação) do mês anterior. Sua origem data do Plano Collor II, no início da década de 1990, e visava eliminar a indexação presente também nas operações que envolviam juros em diversos ativos brasileiros à época (BTN, OTN etc.). A lógica por trás da TR era de que ela representasse o instrumento de correção dos ativos financeiros presentes no mercado brasileiro que previssem algum tipo de correção. O governo também esperava que a TR funcionasse como uma espécie de taxa básica da economia, tornando-se referencial de juros para ativos e passivos financeiros.

O cálculo da TR é realizado pelo governo federal, que determina regras específicas. A TR é obtida a partir da remuneração média mensal com taxas prefixadas dos CDB/RDB dos maiores bancos brasileiros. Essa remuneração é denominada atualmente Taxa Básica Financeira (TBF). Para efeito de cálculo, são consideradas apenas as 30 maiores instituições bancárias categorizadas a partir do seu volume de captação.

Para efeitos de cálculo da TR, aplica-se um redutor R sobre essa taxa, definido pelo governo federal. A divulgação da TR é feita a cada dia útil pelo Banco Central.

Taxa de Juros de Longo Prazo (TJLP)

A Taxa de Juros de Longo Prazo (TJLP) foi criada no início do Plano Real, ainda em 1994, e tem como foco a viabilização das operações de longo prazo no país.

A necessidade de uma taxa dessa natureza reflete a problemática brasileira em termos de oferta de crédito para operações de longo prazo (acima de 12 meses no país). Essa questão se insere no fato de que o mercado privado que oferta recursos exige taxas de juros muito elevadas para operações de prazo mais longo, o que, *a priori*, inviabilizaria uma gama de investimentos essenciais para o país em diversas áreas (infraestrutura, novas fábricas etc.). Em outras palavras, com a ausência de recursos e taxas mais compatíveis com um horizonte mais longo, a taxa de investimentos seria mais baixa no Brasil, o que seria indesejável do ponto de vista econômico.

Em função disso, a criação da TJLP se mostrou essencial no contexto de uma nova realidade nacional, em que os investimentos produtivos e em infraestrutura devam ser comandados pelo setor privado. A TJLP é aplicada em:
- Linhas de financiamento administradas pelo BNDES.
- Recursos do Fundo da Marinha Mercante (FMM), do Fundo de Amparo ao Trabalhador (FAT) e Fundo de Participação PIS-Pasep.

Adicionalmente, o Banco Central autorizou as instituições financeiras a aplicarem a TJLP em operações passivas e ativas.

A TJLP é fixada em bases trimestrais pelo Conselho Monetário Nacional (CMN) e é divulgada pelo Banco Central. Para efeitos de cálculo da TJLP, é considerada a meta para a inflação determinada para o período de vigência da taxa e das taxas de juros da dívida interna e externa brasileira. As proporções dessas taxas para efeitos de cálculo da TJLP são determinadas pelo Banco Central.

Taxa Básica Financeira (TBF)

A Taxa Básica Financeira (TBF), criada em 1995, tinha por finalidade o alongamento do perfil das aplicações financeiras no país. O rendimento da TBF é superior ao da TR uma vez que nela não incide o redutor R.

O cálculo da TBF é realizado pelo Banco Central com base na remuneração média dos CDBs de 30 dias. Essa taxa é utilizada para remunerar aplicações com prazo fixo com dois meses de maturidade mínima.

Taxas do Banco Central (TBC e TBAN)

A Taxa do Banco Central (TBC) e a Taxa de Assistência do Banco Central (TBAN) foram criadas pelo Banco Central como uma forma de estabelecer um patamar mínimo e máximo das taxas praticadas nas operações de mercado envolvendo títulos públicos.

No caso da TBC, seu papel é referenciar o patamar mínimo de juros das operações de *open Market*; a TBAN referencia o patamar máximo das operações de mercado.

Taxa de juros e *spread* bancário

Um importante elemento a ser considerado na questão da indústria bancária diz respeito ao comportamento do *spread* bancário. O *spread* bancário é mensurado a partir da diferença existente entre o custo do empréstimo e a remuneração dada ao poupador que origina os recursos utilizados nessa operação.

A dimensão do *spread* bancário praticado em uma economia é determinada por diversos fatores, como risco, liquidez, garantias e prazo da operação. No mercado brasileiro, os fatores que influenciam o *spread* bancário são dados por:

    (a) taxa de captação do banco;
    (b) impostos indiretos e contribuições;
    (c) despesas administrativas e judiciais da instituição;
    (d) inadimplência;
    (e) impostos sobre lucros;
    (f) lucro do banco;
    (g) grau de concentração de indústria bancária.

A dimensão do *spread* bancário brasileiro tem sido tema de recorrente atenção por diferentes governos ao longo do tempo, que têm procurado, de diversas maneiras, reduzi-lo.

Apesar desses esforços, ele ainda está num patamar relativamente elevado, o que tem sido um ponto complexo de discussão na questão bancária brasileira.

Retorno e risco

Apesar de toda a evolução da indústria financeira e bancária, a realidade dos fatos tem mostrado que as decisões financeiras são tomadas com algum grau de incerteza com relação aos seus resultados. Essa característica, naturalmente, é intrínseca a essa atividade em si, uma vez que a mesma lida com decisões que são orientadas para o futuro e a incerteza é inerente a esse processo. Isso significa que é natural que a variável de incerteza seja incorporada na análise e no estudo das operações voltadas para a atividade financeira.

Em termos matemáticos, o retorno de um ativo em um instante t (R_t) pode ser dado por:

$$R_t = \left(\frac{P_t - P_{t-1}}{P_{t-1}}\right) \times 100$$

Onde P_t é o preço do ativo no instante t e P_{t-1} é seu preço no instante anterior.

O retorno esperado de um ativo financeiro E(Rt) é calculado como o retorno médio ponderado dos prováveis resultados para um determinado investimento em um determinado período. Assim:

$$E(R_t) = p^A R_t^A + p^B R_t^B + \ldots + p^n R_t^n$$

Onde p^i é a probabilidade do i-ésimo retorno ocorrer e R_t^n é o i-ésimo retorno, e essas n probabilidades devem somar 1.

Do ponto de vista financeiro, a incerteza em um investimento está associada à possibilidade dele se afastar do seu valor esperado. Essa reflexão remete diretamente ao fato de que a atividade de investimentos financeiros envolvendo incerteza considera o risco.

O risco pode surgir em diferentes atividades de diferentes formas, mas está sempre associado à incerteza relativa ao resultado do negócio.

As principais fontes de risco residem no lado econômico e no financeiro. Os riscos de ordem econômica podem assumir a forma de risco macroeconômico (associados a mudanças no ambiente econômico), riscos de mercado (oriundos de mudanças no próprio mercado em que a empresa atua) e de administração e planejamento do negócio.

Do ponto de vista financeiro, o risco pode ser definido como uma medida da variação dos possíveis retornos de um ativo financeiro. Essa métrica funciona como uma quantificação, em termos financeiros, da incerteza. A medida mais simples em termos de finanças para o cálculo do risco é o desvio padrão da distribuição do valor do ativo.

O risco total de qualquer ativo financeiro é representado pela soma do risco sistemático com o risco não sistemático. O risco sistemático de um ativo financeiro decorre das incertezas decorrentes do ambiente econômico, político e social que venham a afetar o seu resultado.

No que se refere ao risco não sistemático, ele é associado às características do próprio ativo financeiro, e não aos demais ativos. Como esse risco é intrínseco de cada ativo, a melhor forma de lidar com ele é a inclusão de outros ativos que não possuam uma correlação positiva com o mesmo comportamento.

A medida do risco de um ativo é processada por meio da atribuição de critérios probabilísticos em diferentes estados da natureza, gerando, consequentemente, distintos resultados possíveis. As probabilidades atribuídas podem ser subjetivas ou objetivas.

O processo de alocação de ativos, obviamente, passa por um processo de avaliação da relação risco/retorno dos ativos que podem compor a carteira específica. Esse processo, obviamente, repassa a dimensão das necessidades e do perfil de cada investidor envolvido no processo e alocação. O quadro 2 apresenta uma possível estrutura de perfis de investidores associados aos diferentes tipos de investimentos por categoria de risco.

QUADRO 2
PERFIS DE INVESTIDOR

PERFIL DO INVESTIDOR	TIPO DE INVESTIMENTO
Avesso ao risco	Baixo risco
Neutro (indiferente) ao risco	Indiferente
Amante do risco	Maior risco

Um investidor amante do risco tende a alinhar suas decisões de investimento orientando-se pelo potencial da taxa de retorno e está mais disposto a incorrer em maiores riscos na sua carteira. Como contraponto a esse perfil de investidor, o investidor avesso ao risco tem a característica de ser conservador nas suas decisões de investimento e está menos disposto a correr riscos, mesmo que isso represente sacrificar algum retorno na sua carteira. O investidor indiferente ao risco coloca-se em uma posição intermediária em relação às duas situações anteriores.

A teoria de finanças avançou significativamente nas técnicas de mensuração de risco, sugerindo que existem potenciais medidas que os investidores podem tomar para tentar administrar o risco de seus investimentos e carteiras.

A diversificação da carteira de investimentos entra como um ponto importante no contexto da discussão da administração do risco financeiro. Mediante esse processo, uma combinação de ativos pode ser construída como uma forma de estabelecer um risco menor do que aquele observado para cada um de seus componentes individualmente. Isso é possível desde que os retornos dos ativos componentes dessa carteira não estejam positiva e perfeitamente correlacionados entre si.

Esse processo, no entanto, esbarra em limites, uma vez que não é possível ou praticável a eliminação completa do risco total de uma carteira de ativos. Isso se deve ao fato de que, na prática, existe uma grande dificuldade em se encontrar investimentos com uma correlação perfeitamente negativa entre si.

Note-se que a indústria bancária moderna tem incorporado esses conceitos e técnicas em sua estrutura operacional ao longo das últimas décadas. Na prática, os bancos contam hoje com sofisticadas áreas de risco, que visam administrar de forma cada vez mais segura seus ativos e aplicações financeiras, bem como as dos seus clientes.

Considerações finais

O profissional que atualmente atua ou deseja atuar em instituições financeiras tem a necessidade premente de conhecer elementos fundamentais ligados às finanças e, em particular, aspectos financeiros associados à indústria bancária.

Nesse sentido, o bom conhecimento da estrutura e do funcionamento do Sistema Financeiro Nacional (SFN), da forma de operação dos mercados financeiros brasileiros e das principais taxas de juros formadoras das demais taxas do país se mostra fundamental.

Também é importante para esse profissional conhecer elementos básicos de finanças e aplicá-los no contexto do seu dia a dia dos negócios.

Claramente, o mundo financeiro e das finanças é muito amplo e a cada momento surgem novos instrumentos e produtos que o profissional deve conhecer para se manter atualizado no que concerne ao seu ambiente profissional. É natural que a busca pelo conhecimento nessa área seja incessante.

Sob essa perspectiva, cabe destacar que um elemento essencial na indústria financeira global tem sido a constante busca por inovação e por soluções que atendam da melhor forma possível a necessidade dos clientes e, ao mesmo tempo, preservem os elementos essenciais da boa gestão do risco e atendam de maneira adequada a regulação do setor.

Esse desafio tem sido crescente ao longo da última década, uma vez que a indústria bancária global tem registrado constante expansão e crescente sofisticação de produtos.

Nesse contexto, o sistema financeiro brasileiro tem se mostrado à altura do desafio, inovando e adequando-se às necessidades que surgem a cada momento, levando em conta as boas práticas de risco e as adequações requeridas pelos reguladores.

Referências

ANBIMA. Disponível em: <www.portal.anbima.com.br>.
ASSAF NETO, A. *Mercado financeiro*. 12. ed. São Paulo: Atlas, 2014.
Banco Central do Brasil. Disponível em: <www.bcb.gov.br>.
BINDSEIL, U. *Monetary policy operations and the financial system*. Oxford University Press, 2014.
BODIE, Z.; KANE, A.; MARCUS, A.J. *Investments*. 10. ed. McGraw-Hill, 2014.
CETIP. Disponível em: <www.cetip.com.br>.
CHOUDHRY, M. *The principles of banking*. Wiley Pub, 2012.
FORTUNA, E. *Mercado financeiro*: produtos e serviços. 19. ed. Rio de Janeiro: Qualitymark, 2014.
Secretaria do Tesouro Nacional. Disponível em: <www.tesouro.fazenda.gov.br>.
SIMPSON, T. D. *Financial markets, banking and monetary policy*. Wiley Pub, 2014.

ESTUDO DE CASO

INSTRUMENTO HÍBRIDO DE CAPITAL E DÍVIDA

O Banco do Brasil (BB) sempre teve uma atuação muito importante nos diversos segmentos de crédito e operações diversas focadas tanto na pessoa física quanto na pessoa jurídica. A instituição sempre esteve presente como importante ator no contexto da economia nacional desde sua fundação. Durante boa parte da sua existência, o BB exerceu funções típicas de autoridade monetária. Apenas em 1986, com a supressão da conta movimento, que permitia à instituição a corresponsabilidade pela emissão da moeda, o BB deixou de exercer esse papel.

Mesmo assim, o BB tem um papel importante no cenário bancário nacional atual, seja pela diversidade de operações que oferece à sua estrutura de clientes, seja por sua abrangência geográfica nacional. Em muitos casos, ele é a única instituição financeira presente em diversas localidades do país.

Nos anos de 2008 e 2009, o BB teve um papel importante no processo de retomada da economia brasileira. Nesse contexto, vale lembrar que a quebra do banco norte-americano Lehman Brothers, em setembro de 2008, teve duros efeitos sobre o sistema financeiro dos EUA, com repercussões para a economia americana e global.

A economia brasileira, embora com um sistema financeiro sólido, também foi afetada nesse processo e registrou-se uma súbita desaceleração da atividade econômica nos trimestres que se seguiram. A ação do governo foi de tentar reverter esse quadro, o que se cristalizou em ações de política monetária, com reduções da meta da taxa básica de juros — Selic — ao longo de 2009, de política fiscal expansionista, centrada principalmente em reduções do Imposto sobre Produtos Industrializados (IPI) em setores específicos, e estímulos ao crédito.

O BB, num momento de contração do crédito no mercado bancário brasileiro, não cessou a oferta de crédito aos seus clientes, orientando-se para diferentes segmentos sem se descuidar dos seus critérios de concessão. Com essa estratégia, o BB ampliou sua carteira de crédito ao longo dos últimos anos e teve papel fundamental no processo de retomada do consumo e do crescimento econômico do país.

A expansão do crédito e a necessidade de ampliar o capital

A estratégia de acelerar o ritmo da ampliação da carteira de crédito do BB desde fins de 2008 foi concretizada em um aumento do volume das operações por parte da instituição.

Obviamente, o grande limitador dessa estratégia para a instituição no médio prazo seria dado pelo volume de capital da instituição. Em face dessa situação, o Banco do Brasil alinhou à sua estratégia a necessidade dessa adequação. O Instrumento Híbrido de Capital e Dívida (IHCD) teve um papel relevante nesse processo.

Em janeiro de 2012, o BB realizou a emissão do primeiro IHCD em linha com as diretrizes de requerimento de capital determinadas pelo Banco para Compensações Internacionais (Bank of International Settlements — BIS).

Nessa operação, o BB se mostrou inovador ao conferir ao instrumento relativa flexibilidade para que a transação fosse adaptável aos parâmetros especificados em Basileia III.

Nesse sentido, a emissão do instrumento em 2012 foi estruturada de forma a permitir a classificação como Capital Nível I em linha com as normas de Basileia II, que era vigente à época.

No entanto, o Banco Central do Brasil já participava naquele momento de grupo de trabalho que visava a criação de novas regras, conhecidas como Basileia III. Era esperado, dessa forma, que o Banco Central aderisse aos parâmetros emanados pelo Comitê de Basileia.

Por conta disso, as diretrizes em vigor em 2012 foram utilizadas na estruturação da transação, mas foi mantida uma relativa flexibilidade para facilitar a adaptação da transação aos aspectos específicos que potencialmente seriam adotados pelo Banco Central em futuro próximo.

Dessa perspectiva, foram incluídas cláusulas que previam a adaptação do título durante sua vigência, com vistas a ajustá-lo ao modelo a ser implementado pelo Banco Central. Ao realizar a inclusão da provisão de alterações para atender as regras de Basileia III, o investidor autoriza de maneira prévia que o emissor faça alterações, e não requeridas, assim, novas aprovações. Dessa forma, a utilização de estrutura de escritura flutuante viabilizou ao BB manter o enquadramento do IHCD como capital de Nível I, mesmo com a implementação das novas regras de Basileia III, sem que esteja sujeito às regras de transição. Tal solução permitiu que o BB fosse o primeiro banco em uma economia emergente a emitir um título perpétuo aderente às regras de Basileia III.

O sucesso dessa emissão se refletiu na elevada demanda por parte dos investidores, que superou, em muito, a emissão. Essa operação inseriu, também, o BB nessa nova classe de ativos.

ESTUDO DE CASO

As perspectivas futuras do BB no contexto da estratégia adotada sinalizam para uma continuidade das linhas mestras traçadas a partir de 2008. Tudo sinaliza para a manutenção no foco do crédito, embora a concorrência nesse segmento tenha aumentado significativamente nos últimos anos. O BB tem se mostrado capacitado e inovador para enfrentar as novas necessidades do mercado.

CRÉDITO, SERVIÇOS E CAPTAÇÕES

Ricardo Ratner Rochman

O crédito pode ser considerado, historicamente, essencial para o desenvolvimento das economias dos países e do mundo. De um lado, as famílias buscam o crédito como forma de financiar os gastos que superem seus ganhos, e ter acesso a bens e serviços que sejam maiores que suas posses. De outro, as empresas recorrem ao crédito, pois a maioria não tem um patrimônio suficientemente líquido capaz de financiar seus projetos de investimentos ou não tem como buscar fontes de recursos de menor custo para os negócios.

Ao viabilizar a concretização de negócios, o crédito contribui para o aumento do consumo de bens e serviços, o que naturalmente aumenta a oportunidade de empregos na indústria, no comércio e demais segmentos da economia. O crédito tem importância social e econômica na medida em que contribui continuamente para o desenvolvimento de cidades, estados e nações, fomentando a comercialização de bens e serviços, o que aumenta a arrecadação de impostos — revertidos em benefícios para a sociedade.

Assim, o crédito é usualmente empregado como propulsor do crescimento. O aumento do volume de crédito amplia a demanda no mercado interno, atuando diretamente e de forma positiva no desempenho do PIB do país.

A origem da palavra crédito é do latim *creditu*, derivada de *creditum*, de *credere* (confiar, emprestar dinheiro). Do ponto de vista econômico, significa a confiança que uma pessoa deposita em outra, a quem entrega coisa sua, para que no futuro receba dela coisa equivalente. Juridicamente, crédito significa o direito que tem a pessoa de exigir de outra o cumprimento da obrigação contraída.

Quando se vende ou empresta a crédito, o valor devolvido posteriormente não é o mesmo que foi tomado. Essa diferença entre o tomado e o devolvido chama-se custo do crédito. Esse custo é determinado por um grande conjunto de fatores, como o risco de crédito, os custos e as despesas administrativas e de captação de recursos, os impostos e taxas incidentes, a margem de lucro desejada pelos acionistas dos bancos etc. O gráfico 1 apresenta as taxas de juros históricas de operações de crédito no Brasil para pessoas jurídicas e físicas, no período de março de 2011 a julho de 2014, que são diferentes entre si em decorrência dos riscos, custos de captação, das margens praticadas em face da concorrência do setor, entre outros fatores.

GRÁFICO 1
TAXAS DE JUROS DE OPERAÇÕES DE CRÉDITO NO BRASIL (% AO ANO)

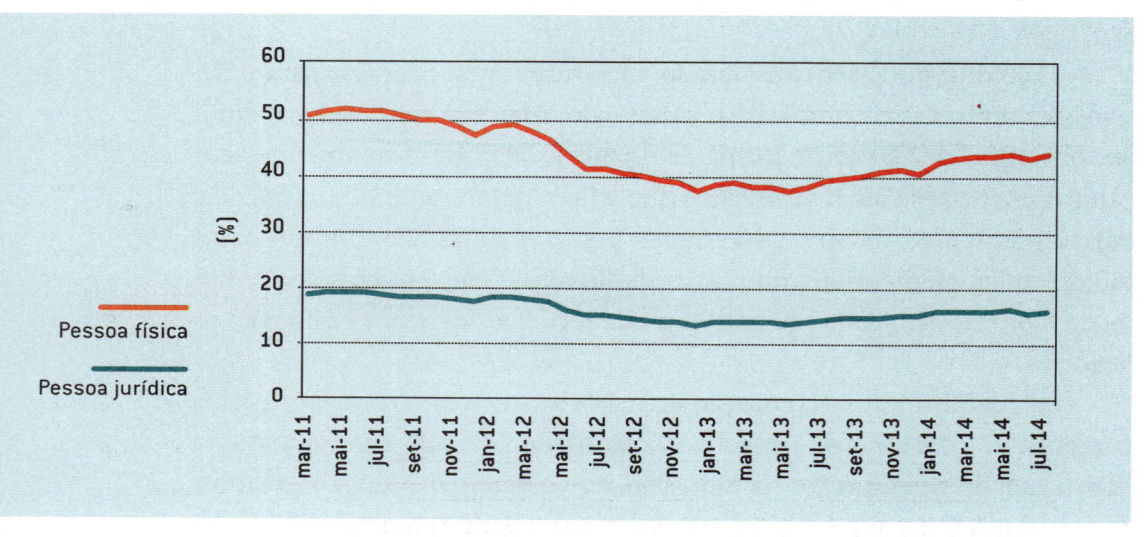

Fonte: Banco Central do Brasil, elaborado pelo autor.

Segundo dados do Banco Central do Brasil, em julho de 2014 o saldo das operações de crédito do sistema financeiro alcançou R$ 2.835 bilhões, representando uma relação crédito/PIB de 56,1%. As operações com pessoas físicas somaram R$ 1.331 bilhões, ou 46,9% do total de operações, enquanto a carteira destinada a pessoas jurídicas totalizou R$ 1.504 bilhões, ou 53,1% do total.

O risco de crédito pode ser definido como a possibilidade de a contraparte não cumprir as obrigações monetárias contratuais relativas às transações financeiras, e o não cumprimento das obrigações é chamado de inadimplência. Cabe ao mercado financeiro avaliar o risco de crédito daqueles que serão tomadores dos recursos, sejam eles organizações públicas ou privadas, a fim de prever a possibilidade de uma eventual inadimplência. A qualquer crédito concedido está agregado certo risco que o credor está disposto a correr devido à expectativa de ganhos futuros com o negócio. O risco de crédito é a mais antiga forma de risco nos mercados financeiros, é tão antigo quanto os empréstimos em si, o que significa que remonta pelo menos a 1800 a.C. Não houve mudanças desde os tempos do Egito Antigo, pois há sempre um elemento de incerteza quanto a se um tomador em particular pagará determinado empréstimo. O gráfico 2 apresenta a carteira de crédito total no Brasil segregado por tipo de risco, que no período teve aproximadamente 7,9% da carteira (tipo de risco 1 e 2 somados) com operações vencidas há mais de 60 dias.

GRÁFICO 2
SEGREGAÇÃO DA CARTEIRA DE CRÉDITO NO BRASIL DE ACORDO COM O TIPO DE RISCO

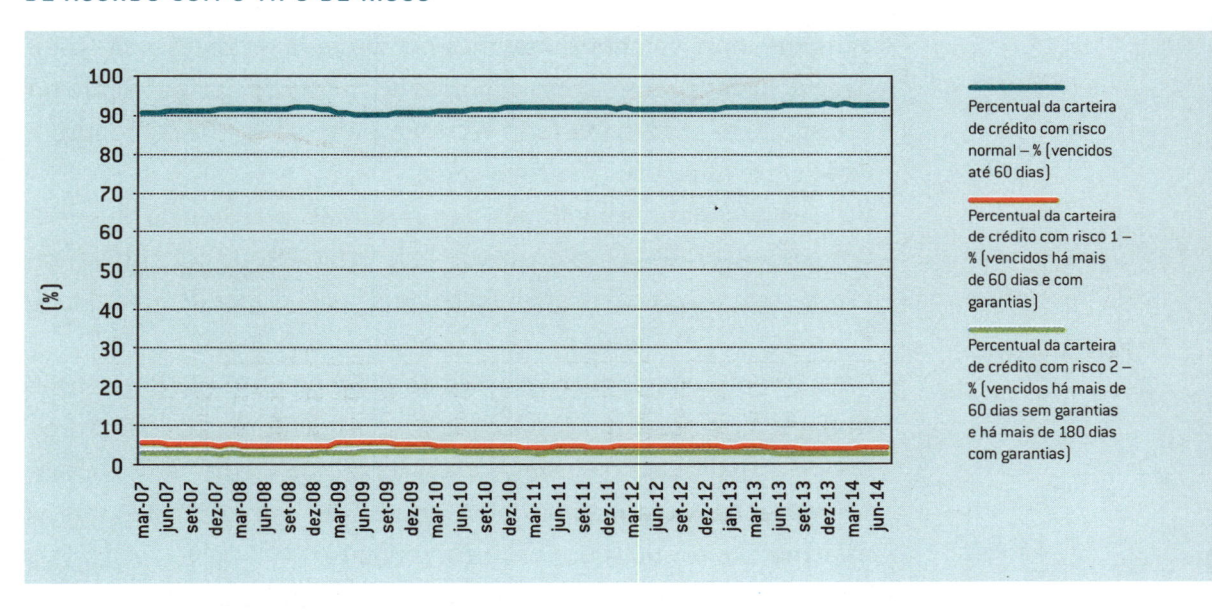

[Gráfico: linhas mostrando Percentual da carteira de crédito com risco normal – % (vencidos até 60 dias); Percentual da carteira de crédito com risco 1 – % (vencidos há mais de 60 dias e com garantias); Percentual da carteira de crédito com risco 2 – % (vencidos há mais de 60 dias sem garantias e há mais de 180 dias com garantias). Período: mar-07 a jun-14.]

Fonte: Banco Central do Brasil, elaborado pelo autor.

Em função do grande volume de crédito no mercado, as empresas e instituições financeiras se veem na obrigação de adotar ferramentas mais eficientes para a análise e o controle do risco de crédito associado aos empréstimos. As atividades relacionadas à gestão do risco de crédito são essenciais à sobrevivência de qualquer empresa. Atualmente, o principal valor da gestão do risco de crédito é garantir liquidez às empresas através da concessão saudável do crédito, gerenciando todos os riscos inerentes à operação e colaborando para o atingimento dos objetivos da empresa, podendo, portanto, a gestão de crédito ser mais agressiva ou conservadora, dependendo das diretrizes da empresa e dos cenários, favoráveis ou não.

O risco de crédito e sua relevância para a atividade bancária prescindem de modelos para sua mensuração, e é possível elencar pelo menos sete fatores que podem ter contribuído para o início da evolução desses modelos:

- **Aumento estrutural do número de falências:** comparações entre números de falências ocorridas em períodos recessivos recentes e passados apontam para a elevação do nível geral de falências. Este aumento tem como principal causa a competitividade global.
- **Desintermediação financeira:** a abertura cada vez maior do mercado de capitais tem reduzido a necessidade de captação por parte de pequenas e médias empresas com boa capacidade de pagamento, o que leva instituições financeiras a expandir suas operações para os clientes de pior qualidade de crédito.
- **Margens mais competitivas:** mesmo com a deterioração na qualidade do crédito, as margens cobradas de clientes, principalmente no atacado, têm se tornado cada vez menores pela maior competitividade entre as instituições financeiras.
- **Valores declinantes e voláteis das garantias:** a existência de períodos recessivos nos países desenvolvidos tem demonstrado que as garantias reais (imóvel ou ativo físico) apresentam grande dificuldade de cobrança pela perda de valor ocorrida nessa época.
- **Crescimento dos derivativos fora do balanço patrimonial:** a disseminação dos instrumentos derivativos entre empresas não financeiras, principalmente os *swaps*, elevou o risco de crédito desses clientes para as instituições financeiras, que perderam o controle sobre as informações contidas nos balanços formais.
- **Tecnologias:** o desenvolvimento dos recursos tecnológicos ocorridos nos últimos anos barateou o custo para tratamento de grandes bases de informações e possibilitou implementar modelos estatísticos que só eram discutidos em ambientes acadêmicos.
- **Exigências de capital baseadas no risco conforme o Acordo de Basileia:** apesar da importância dos seis itens anteriores, o principal incentivador à melhoria dos modelos de mensuração do risco de crédito foi a insatisfação com a imposição de capital definida no Acordo para Alocação de Capital, visando à cobertura dos riscos de crédito. Pelos acordos I e II, quase todos os empréstimos privados estavam sujeitos à separação de uma parcela fixa de capital de 8%, e pelo Acordo III, a uma parcela de 11%, independentemente da qualidade do tomador e da quantidade demandada.

Política de crédito bancária

Os bancos tendem a administrar o crédito quase exclusivamente através de procedimentos de análise, ou seja, fazer questionários antes de tomar a decisão sobre as concessões. A análise de crédito se focaliza tipicamente em duas dimensões: a intenção e a capacidade do tomador de pagar o empréstimo. Analisar a intenção de pagar é, essencialmente, uma questão de investigar o caráter do tomador, enquanto analisar a capacidade de pagar é uma questão de investigação de perspectivas econômicas. As duas dimensões necessitam de dados atualizados e, de modo geral, quanto mais informação se obtiver, melhor poderá se decidir quanto à concessão do crédito. Embora ambas as análises sejam fundamentais na concessão, o aspecto econômico é mais importante. Historicamente, é mais fácil um tomador deixar de pagar porque não pôde do que por não estar disposto.

Os principais componentes da política de crédito em bancos são: a) definição estratégica do banco; b) forma de decisão e delegação de poderes; c) análise de crédito; d) limites de crédito; e e) normas legais.

A definição estratégica do banco é a base para a elaboração da política de crédito. No planejamento estratégico da instituição, devem-se estabelecer o segmento em que ela deseja transacionar, os produtos a serem oferecidos e os objetivos de lucratividade a serem alcançados. A forma de decisão e delegação de poderes é uma das principais preocupações em uma política de crédito bancária, pois está relacionada aos poderes de decisão para a concessão. Essa decisão pode ser individual, conjunta ou colegiada, sendo a última conhecida como comitê de crédito. Quanto mais elevado o poder de decisão individual, maior será a agilidade no processo de concessão de crédito, contudo isto acarretará menor controle sobre a qualidade das operações.

A definição do tipo de análise de crédito a ser empregada e sua abrangência é, sem dúvida, um dos pontos mais importantes na avaliação de risco dos clientes. Algumas vezes as instituições financeiras copiam os formulários de análise de outros bancos e passam a utilizar os mesmos indicadores e a mesma forma de análise para carteira de clientes com perfis diferentes, o que pode levar a utilização de padrões e critérios inadequados. Além disso, os bancos trabalham com clientes de diferentes atividades, portes e regiões, o que deveria levar a modelos de análise diferenciados.

A concessão dos limites de crédito é mais abrangente do que uma simples análise de crédito, devendo-se fixar limites para vários produtos em diversos prazos, em função da qualidade do cliente e das garantias associadas às operações. Em geral, as instituições financeiras segmentam os limites por cliente em três formas de operações. A primeira corresponde às operações de financiamento padrão, por exemplo, empréstimos e títulos. A segunda corresponde às operações rotativas, onde são abertas linhas de crédito pelas quais os clientes poderão retirar recursos em pequenas quantidades, durante o prazo do contrato, até o seu limite. A terceira corresponde às operações com derivativos, que poderão representar créditos potenciais em função de variações nos preços e taxas de mercado. Esta terceira forma de limite representa um problema adicional na análise do risco de crédito, pois no início não é possível saber se o resultado final da operação será um crédito ou um débito para o banco.

Finalmente, a preocupação com as normas legais surge em função de as instituições financeiras utilizarem recursos captados de terceiros nas suas operações de financiamento, exigindo a necessidade de fiscalização e normatização das operações de crédito por parte dos reguladores. Assim, a política de crédito bancária deve estar bem-alinhada às regras definidas pelas autoridades, e não representa apenas avaliação dos clientes e aprovação de limites, devendo abranger todas as etapas do ciclo de vida do crédito:

- **Avaliação e concessão:** o objetivo central desta etapa é obter um conjunto de parâmetros que demonstrem a real chance do devedor honrar a dívida.
- **Regras de apreçamento da operação, considerando os riscos envolvidos, em função das avaliações:** nesta fase, o foco é a determinação do prêmio por risco de crédito que comporá a taxa de juros da operação em conjunto com os demais custos, despesas e componentes do *spread* bancário. Também é revisado e definido o limite de crédito da operação e do cliente.
- **Gestão do risco durante a vida da operação:** aqui é essencial o monitoramento da operação de crédito, observando os limites estipulados, o cronograma de pagamentos e o acompanhamento da situação financeira e de negócios do tomador de crédito.
- **Instrumentos de recuperação das operações de crédito que estiverem em atraso:** eventualmente pode ocorrer atraso, ou algum nível de inadimplência do tomador de crédito, assim, é necessário que nesta fase sejam empregadas técnicas para recuperação parcial e/ou total do crédito concedido.

Avaliação do crédito

O risco de crédito é o principal tipo de risco das instituições financeiras brasileiras, principalmente dos bancos comerciais e daquelas voltadas à concessão de empréstimos e financiamentos. As regras do Acordo de Basileia exigem que os bancos possuam um patrimônio de referência para cobrir cada tipo de risco assumido pelas instituições financeiras. No gráfico 3, pode-se constatar que o risco de crédito é o mais relevante para um típico banco comercial que atua no segmento de varejo.

GRÁFICO 3
PARTICIPAÇÃO DOS PRINCIPAIS RISCOS DO BANCO DO BRASIL NO PATRIMÔNIO DE REFERÊNCIA

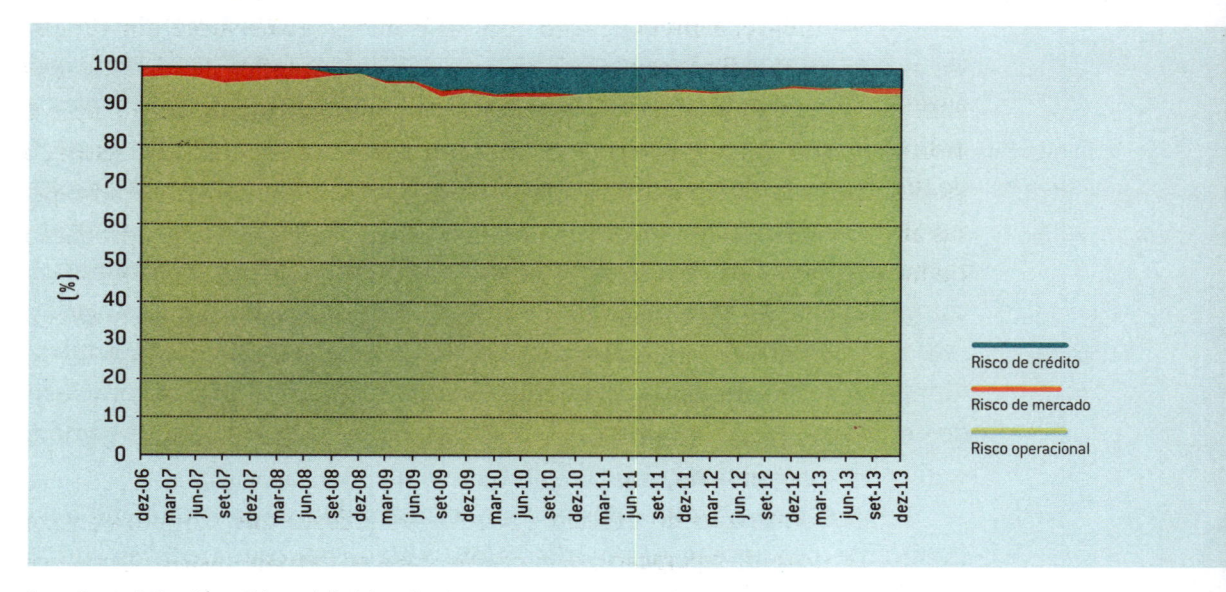

Fonte: Banco do Brasil (www.bb.com.br), elaborado pelo autor.

Devido à relevância do risco de crédito, a análise da capacidade financeira dos tomadores de crédito torna-se essencial, e pode ser realizada por meio dos 6 C's do crédito: caráter; capacidade; condições; capital; colateral e conglomerado.

O primeiro "C", caráter, representa a idoneidade do cliente, baseada em seu histórico nos pagamentos dos empréstimos, financiamentos e dívidas contraídas. É aferido, principalmente, pela pesquisa aos órgãos de proteção ao crédito. O caráter refere-se ao risco moral, ou melhor, à intenção e à determinação do cliente de honrar ou não seus compromissos assumidos, e é este o primeiro fator de seleção. A avaliação do caráter do tomador de crédito integra o denominado "risco técnico". É conceituado como risco por ser passível de verificação quanto às probabilidades objetivas de estimação, em contraposição à incerteza, que ocorre quando não existem dados históricos acerca do tomador. É técnico à medida que as fontes disponíveis de informação podem ser pesquisadas, e o resultado apresentado indicará, com bastante segurança, o que se pretende avaliar. A base de exame e indicação do caráter do tomador é o cadastro. Modernamente, os serviços de cadastro encontram-se integrados às atividades de análise de crédito, deixando de ser meramente uma área de manutenção e guarda de documentos, e de obtenção e fornecimento de informações sobre clientes.

O documento resultante do trabalho de levantamento de informações é a ficha cadastral do cliente. Para o profissional do crédito, e no que se refere especificamente à avaliação de caráter do cliente, este documento é sua base principal. Na ficha cadastral do cliente, deve estar refletido o desempenho do potencial tomador de crédito, destacando os aspectos de: identificação; pontualidade; existência de restrições; experiência em negócios; atuação na praça. A identificação é de fundamental importância para a avaliação do cliente. No caso de pessoas jurídicas, este aspecto adquire grande relevância. A avaliação também é feita com base em seu contrato ou estatuto social e demais documentos, os quais, com precisão, indicam sua localização, participações em outras empresas e formação de grupo empresarial, composição do quadro de acionistas ou sócios e poderes da administração e seus representantes. A análise desses documentos possibilita uma completa identificação da empresa e contribui de forma definitiva para a concessão do crédito mais seguro, evitando, inclusive, fraudes, considerando-se que o caráter refere-se à idoneidade do cliente.

Tendo em vista que é possível um tomador de crédito em dificuldades financeiras não atrasar pagamentos junto a alguns de seus credores, com o objetivo de indicá-los como fontes de informações, a pesquisa de referências comerciais pode abranger também outras além daquelas sugeridas pelo cliente. Por meio de convênios com organizações que se dedicam exclusivamente a levantar e prestar informações sobre o assunto, também se averigua o comprometimento do tomador em seus pagamentos. No entanto, no que tange às referências, é muito importante discernir se contribuem efetivamente para a redução do risco em conjunto ou tentam livrar-se de algum cliente incômodo, atestando sua pontualidade com objetivo de empurrá-lo a outra instituição ou companhia. São denominadas restrições os seguintes eventos, por exemplo: protestos; falência; ações judiciais e de penhora; emissão de cheques sem fundos; atraso no pagamento de impostos; situação irregular no comércio exterior.

As fontes de informações para tomar conhecimento destes eventos restritivos são os próprios cartórios, os convênios com empresas como a SERASAEXPERIAN, SPC, Moody's, Standard & Poor's, entre outras, o Banco Central e seus registros, os jornais de grande circulação e que apresentem especialidade em matéria econômica, além de sites e revistas especializadas.

O segundo C, a capacidade, é o potencial do cliente para saldar os créditos recebidos, ou seja, a capacidade de pagamento da pessoa ou empresa. Refere-se à habilidade das pessoas em gerir seu negócio, a fim de gerar lucro e pagar suas obrigações e à competência empresarial do cliente e constitui-se num dos aspectos mais difíceis de avaliação de risco. Integra o risco subjetivo, e cabe ao concessor, o profissional que está em contato direto com o cliente, a responsabilidade pelo exame e verificação desse item. Pode eventualmente ser considerado um aspecto subjetivo do risco à medida que os instrumentos disponíveis para sua análise e os resultados obtidos estejam mais relacionados com a percepção de quem analisa do que com os dados e informações propriamente ditos. Levado ao extremo, o exame da capacidade do cliente se constituiria num verdadeiro diagnóstico empresarial, o que certamente não é o caso quando se trata da análise de risco para fins de concessão de crédito.

A base para análise e indicação da capacidade é o relatório de visitas ou, mais propriamente, a constatação *in loco* das condições de operação e funcionamento da empresa. Os pontos fundamentais a serem levantados e observados referem-se à estratégia empresarial; à organização e ao funcionamento; à capacitação dos dirigentes e ao tempo de atividade, entre outros aspectos. Referindo-se à estratégia empresarial, é necessário conhecer a missão ou as metas a que a empresa se propõe, relativamente ao seu negócio, e à forma de obter a vantagem competitiva em relação a seus concorrentes. Além de fornecer elementos para uma avaliação de riscos, o conhecimento desses dois aspectos também permite definir a forma de atuação em termos das necessidades do cliente.

Quanto à organização e funcionamento, a atenção deve estar voltada para a gerência e para a gestão do negócio. Com respeito à gerência, aspectos como o forte comando individual, a fragmentação das funções administrativas e as alterações na administração, seja no controle acionário ou nas pessoas-chave, devem ser vistos como fatores de risco do negócio. E, ainda, a administração familiar deve ser analisada com cuidado, sobretudo se ficar evidenciada alguma forma de disputa sucessória. A sucessão em empresas familiares constitui um forte fator de risco nas empresas brasileiras.

Em relação à gestão do negócio, uma empresa bem-organizada deve possuir um bom sistema de informações gerenciais e controles eficientes, sobretudo os financeiros. Em negócios de maior complexidade deve ser verificada a existência de um procedimento formal de planejamento e orçamentos. No caso do aspecto gestão, cabe um exame mais pormenorizado da administração do capital de giro da empresa. Em termos de riscos, o conjunto de procedimentos, políticas e práticas relacionadas com o giro dos negócios constitui uma área de grande relevância nas empresas brasileiras. Submetidas a um macroambiente econômico caracterizado por uma política monetária ativa, juros elevados e crédito escasso, o gerenciamento do crédito, dos estoques, das compras e dos impostos e contribuições previdenciárias tem-se mostrado ponto-chave e determinante da situação das empresas. Longos prazos dados aos clientes, elevados estoques, inadequada negociação com fornecedores e atraso nos recolhimentos fiscais e previdenciários são fatores relevantes de risco.

A falta de capital de giro é o que leva as empresas ao mercado financeiro. O exame do relacionamento bancário também deve ser considerado na análise do "C" capacidade. O número de bancos com os quais a empresa opera, nesse sentido, deve ser analisado sob a ótica de que os extremos se constituem em fortes fatores de risco: operar com um só banco ou com um número muito grande de instituições requer atenção. Além disso, a partir dessa informação, pode ser definido pela instituição o grau de participação no endividamento da empresa.

Condições, ou cenário, o terceiro "C", envolvem fatores externos à empresa, integram o macroambiente em que ela atua e fogem de seu controle. Medidas de política econômica, fenômenos naturais e imprevisíveis, riscos de mercado, fatores de competitividade, ramo de atividade, aumento da taxa de desemprego e situação recessiva são os principais aspectos que moldam a análise deste "C". Assim como o exame do "C" capacidade, as informações para análise das condições devem estar contidas no Relatório de Visitas e poderão ser subsidiadas por dados setoriais sistematizados pelos órgãos técnicos da instituição que está avaliando riscos de clientes. Elas integram também o risco subjetivo.

São quatro os aspectos a serem analisados para apurar o "C" condições: as informações sobre mercado e os produtos; o ambiente macroeconômico e setorial; o ambiente competitivo; e a dependência do governo. Outros dados sobre o mercado, tais como seu tamanho e as taxas de solvência, podem ser sistematizados pelos órgãos de apoio e colocados à disposição dos profissionais de crédito. Dados e informações sobre a capacidade instalada e a tecnologia envolvida são extremamente importantes para a avaliação do "C" condições e também devem constar do Relatório de Visitas.

Para uma melhor avaliação do macroambiente econômico e setorial, o acompanhamento das grandes linhas da política econômica é fundamental. As políticas cambiais, que afetam fortemente as empresas que têm parte de seus negócios atrelados ao dólar ou a qualquer outra moeda forte; a política monetária, que influi diretamente nas taxas de juros e demais condições de crédito; e as políticas tributárias, que interferem nas alíquotas de importação e exportação e demais tributos, devem ser acompanhadas pelos executivos da área de crédito, visando avaliar suas empresas-clientes em relação ao impacto que tais políticas têm em sua atividade.

Especificamente no que se refere ao ambiente setorial, o acompanhamento deve recair sobre a sensibilidade dos diversos ramos de atividade à linha geral da política econômica do governo. O ambiente de mercado e sua avaliação para a determinação do risco do crédito devem levar em conta os seguintes aspectos: concorrência entre empresas; o poder de troca das empresas; o poder de barganha dos consumidores; a ameaça de entrada de novos players; e as ameaças de novos produtos e serviços. Um dos importantes aspectos de riscos na avaliação do "C" condições é o ato de a empresa vender e/ou prestar serviços ao governo.

O "C" capital é avaliado pela situação econômico-financeira e patrimonial do cliente, tomando-se por base a composição dos recursos (recursos próprios *versus* recursos de terceiros, endividamento de curto e longo prazo) e no que tange à pessoa física, a Declaração do Imposto de Renda. Blatt (1999:42) refere-se ao capital como a fonte de receita e renda do cliente, ou seja, as origens de seus recursos, sua frequência e consistência. Berni (1999:104) recomenda que os empréstimos não sejam superiores a um terço dos recursos próprios do cliente, isto é, um terço da soma do capital, das reservas e dos lucros.

Além do caráter, a avaliação de risco técnico da empresa-cliente é feita também com base nas informações econômico-financeiras. Em micro e pequenas empresas, os relatórios contábeis fornecidos não estão em completo acordo com a respectiva realidade. Geralmente são elaborados por escritórios de contabilidade externos à empresa e cumprem finalidades basicamente fiscais. A avaliação de riscos relacionada ao "C" capital, nesses casos, é feita muito mais em função dos números inerentes aos proprietários do que a partir dos demonstrativos contábeis. Para as demais empresas, a indicação dos riscos apurados em função dos relatórios contábeis é realizada pelos departamentos técnicos das instituições que trabalham com o crédito e com base em programas preestabelecidos, os quais, por meio de parâmetros comparativos e técnico-matemático-estatísticos, definem os diversos níveis de risco.

O "C" colateral está relacionado com a análise do patrimônio do cliente, objetivando fornecer garantias principais e adicionais a fim de resguardar o retorno do crédito, vinculando-se os bens patrimoniais aos contratos de empréstimos. O colateral deve ser, preferencialmente, algo tangível. Também podem ser admitidas garantias com bens intangíveis. O colateral, numa decisão de crédito, serve para contrabalançar e atenuar eventuais impactos negativos decorrentes do enfraquecimento de um dos três elementos: capacidade, capital e condições. Este enfraquecimento implica maior risco, e o colateral presta-se a compensar esta elevação do risco, das incertezas futuras quanto ao pagamento do crédito.

Raramente o colateral pode ou deve ser aceito para compensar os pontos fracos dentro do elemento caráter, porque, quando a honestidade é ausente, o crédito incluirá riscos que não devem ser assumidos. Se não há honestidade, por certo a garantia também será de grande volatilidade e, mais que provavelmente, não se prestará para cobrir suficiente e adequadamente o principal e os juros do crédito concedido em caso de inadimplência. Portanto, as garantias precisam ser muito bem-selecionadas e devem representar valores maiores que os montantes emprestados, pois, em caso de insolvência, o ativo será utilizado para pagar a operação de crédito. Na avaliação das garantias reais, deve ser observada a liquidez, a depreciação, a capacidade de comercialização, os custos com manutenção, as despesas com a venda e o valor venal do bem vinculado ao negócio.

O "C" do conglomerado refere-se à análise conjunta para empresas participantes do mesmo grupo econômico. A participação no grupo pode se dar de diversas maneiras, porém este fator sempre deverá ser considerado na análise, porquanto sempre haverá uma tendência das empresas seguirem as mesmas políticas e diretrizes do controlador. Dessa forma, a avaliação nos fatores caráter e capacidade, por exemplo, dificilmente serão diferentes entre as empresas do grupo. Não basta conhecer a situação da empresa, mas é preciso que se conheça sua controladora e suas controladas e coligadas para se formar um conceito sobre a solidez do conglomerado. Para tal é necessário o exame conjunto de todo o grupo de empresas, ou seja, não basta conhecer a situação de uma empresa isolada, mas realizar a análise da controladora, de suas controladas, interligadas e coligadas.

Operações, serviços e produtos de captação de crédito

As operações, serviços e produtos de crédito podem ser classificados de acordo com a fonte de captações dos recursos da seguinte forma: operações com recursos livres e operações com recursos direcionados. As operações com recursos livres representam o crédito que pode ser livremente oferecido pela instituição financeira com taxas e condições pactuadas com o tomador do crédito, sem limitações impostas pelo governo. Já nas operações que envolvem crédito direcionado, as instituições financeiras são obrigadas a alocar os recursos captados em setores e propósitos específicos, como setor de habitação, rural ou microcrédito.

A evolução do crédito no Brasil, até julho de 2014, resultou de comportamentos distintos entre as operações com recursos livres e direcionados, segundo o Banco Central do Brasil. A carteira com recursos direcionados cresceu principalmente pelo crédito imobiliário destinado às famílias, demonstrando efeitos da política de governo para a expansão do setor. O segmento de recursos livres registrou contração em julho de 2014, como reflexo da menor contratação sazonal pelas empresas e da contenção na demanda de crédito das famílias, em função do menor crescimento da economia em 2014. As operações com recursos livres representaram, em julho de 2014, 53,5% do estoque de crédito, totalizando R$ 1.516 bilhões, enquanto o crédito direcionado atingiu R$ 1.319 bilhões.

O gráfico 4 apresenta a evolução da carteira de crédito no Brasil para pessoas físicas por tipo de produto.

GRÁFICO 4
EVOLUÇÃO DO ESTOQUE DE CRÉDITO PARA PESSOAS FÍSICAS NO BRASIL POR TIPO DE PRODUTO

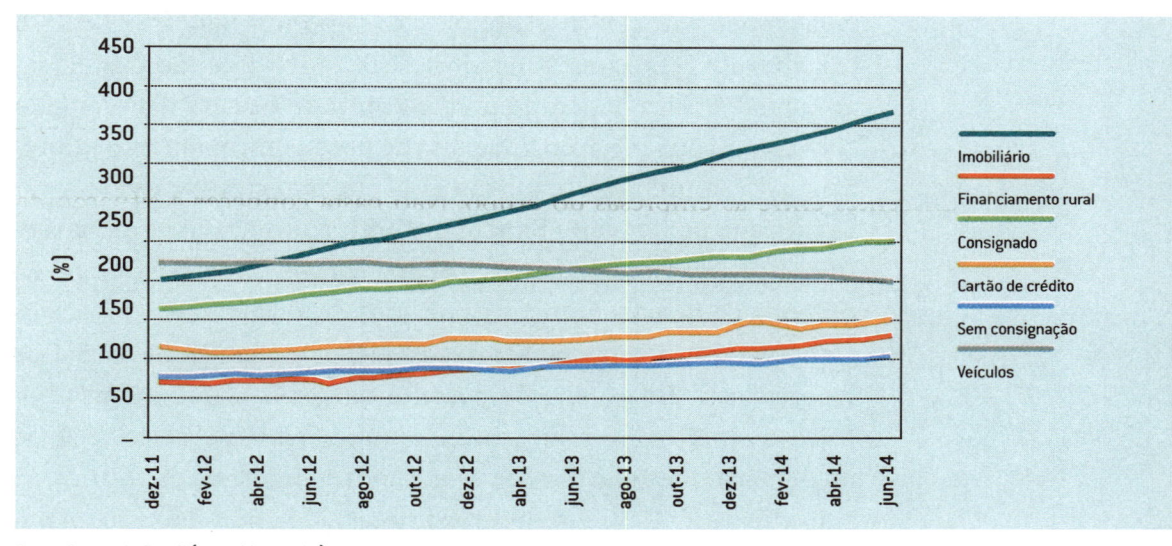

Fonte: Banco do Brasil (www.bb.com.br), elaborado pelo autor.

As operações de crédito também podem ser categorizadas como ativas ou passivas. As operações ativas são aquelas em que o banco oferece crédito aos clientes; ou seja, em que a instituição bancária empresta recursos captados. Já as operações passivas são aquelas em que os clientes deixam seus recursos financeiros sob a responsabilidade ou administração dos bancos, seja depositando em conta, investindo em certificados e letras bancárias, entre outras; são produtos usados pelos bancos para captação de recursos. A seguir são apresentados alguns dos principais produtos e serviços de bancos relacionados ao crédito:

- **Adiantamento sobre contratos de câmbio (ACC)**: consiste na antecipação parcial ou total de receitas vinculadas a contratos de exportação com a finalidade de financiar a produção das respectivas mercadorias. Estão compreendidas nesta modalidade operações de adiantamento de cambiais entregues (ACE). As operações de ACC são referenciadas em moeda estrangeira, porém, contratadas em reais. Na nova estrutura, os juros dos ACC's correspondem apenas às taxas efetivamente incorridas pelos tomadores.
- **Capital de giro**: são operações realizadas por bancos comerciais e de investimento que buscam as necessidades de capital de giro (ativo circulante) das empresas, negociadas normalmente dentro de um prazo de resgate de 6 a 24 meses, e liquidadas de uma vez ao final do prazo ou em prestações. São exigidas como garantias: duplicatas, hipotecas, avais, entre outras. As instituições financeiras realizam essas operações aproveitando seus próprios recursos ou por meio de colocação de outros papéis no mercado e depósitos a prazo fixo, ou seja, pela emissão de CDB (Certificados de Depósitos Bancários) e RDB (Recibos de Depósitos Bancários). Estas operações são destinadas ao capital de giro das empresas com contrato de garantia acordado com caução ou alienação fiduciária de bens, e normalmente valores acima do emprestado, tendo em vista que têm custos e risco.
- **Certificado de Depósito Bancário (CDB)**: é um dos mais antigos títulos de captação de recursos, para os bancos comerciais, de investimento, de desenvolvimento e múltiplos, oficialmente conhecidos como depósitos a prazo. São repassados aos clientes na forma de empréstimos. Esta operação permite que os bancos emitam CDB com taxa prefixada ou flutuante, ou remunerados pela taxa de DI de qualquer número de dias, de acordo com o interesse da instituição e do cliente. O CDB é transferível (resgatado antes do vencimento por endosso), respeitando os prazos mínimos. Não podem ser prorrogados, mas renovados de comum acordo, por nova contratação.
- **Compror**: as operações de compror são contrárias as de vendor, pois é o próprio comprador que funciona como fiador, e as compras são entre pequenos vendedores e grandes compradores. Assim, no financiamento destas compras, o prazo de pagamento é parcelado sem envolver diretamente o vendedor. Nesta linha de crédito, os clientes compram o produto à vista de seus fornecedores e pagam

a prazo. A empresa compradora pode conseguir descontos nas negociações, prorrogações nos prazos de pagamento, diminuição dos custos, elevação do seu lucro operacional e diversidade na forma de pagamento. Já o vendedor tem a possibilidade de receber a vista e reduzir os impostos incidentes sobre as vendas a prazo e manter suas linhas de crédito.

- **Conta garantida:** trata-se de uma conta com limite de crédito rotativo, separada da conta corrente e destinada a necessidades de capital de giro. Os encargos com taxas e impostos são pagos no final de cada mês ou na data de aniversário do contrato. Podem ser exigidas como garantias: notas promissórias com aval, sejam de sócios ou de terceiros, desde que apresentem bens, caução de títulos de crédito, entre outras. Dessa forma, as contas são abertas com limite garantido pela instituição bancária para suprir necessidades de caixa, e os movimentos acontecem por meio de cheques, que podem ser depositados para cobrir ou reduzir o saldo negativo. Os encargos são calculados sobre o saldo negativo e descontados geralmente no fim do mês.
- **Crédito pessoal não consignado:** corresponde aos empréstimos pessoais, que são operações não vinculadas à aquisição de bens ou serviços, cujas prestações são pagas sem desconto em folha de pagamento.
- **Crédito pessoal consignado:** corresponde a uma modalidade de empréstimo na qual as prestações são descontadas pela instituição financeira credora (bancos, financeiras) diretamente da folha de pagamento ou benefício previdenciário do contratante. Esta consignação depende da autorização prévia e expressa do contratante à instituição financeira concedente do empréstimo. Nas instituições financeiras consignatárias, o crédito consignado é dividido em três produtos: novo, refinanciamento e compra de dívida. Um contrato novo é caracterizado por uma nova operação que o contratante venha a realizar com a instituição financeira, tendo ou não outros contratos ativos ou inativos com a mesma. O refinanciamento ou repactuação é a renegociação pelo beneficiário do empréstimo pessoal em novos prazos, taxas e/ou novos valores. Em uma operação de refinanciamento, o banco pode financiar o valor já existente no contrato com um incremento. A compra de dívida é uma liquidação antecipada do contrato junto ao banco originador, para que o cliente possa transferir seu contrato para outra instituição financeira que lhe ofereça melhores condições, seja com taxas menores ou com um valor de troca maior.

- **Crédito rural:** são empréstimos com recursos direcionados a partir dos depósitos à vista e de poupança rural. São compreendidas operações de crédito rural relacionadas aos fundos constitucionais do Norte, Nordeste e Centro-Oeste. Não estão compreendidos os financiamentos rurais com recursos do Banco Nacional de Desenvolvimento Econômico e Social (BNDES). Assim como nos financiamentos imobiliários, existem financiamentos rurais com taxas reguladas e com taxas de mercado. Porém, as operações com taxas de juros de mercado são baseadas em recursos direcionados, razão pela qual essas operações passam a ser consideradas no âmbito do crédito direcionado.
- **Desconto de recebíveis:** são operações de adiantamento, nas quais a garantia do empréstimo são as duplicatas de cobrança, notas promissórias e até cheques pré-datados e recibos de vendas de cartões de crédito. O risco de recebimento das duplicatas e notas promissórias é repassado ao banco, normalmente, de 30 a 60 dias, e o recurso é repassado de imediato ao cliente. Dessa forma, é necessário que o banco seja cauteloso na análise das duplicatas ou notas promissórias, precavendo-se da inadimplência. É um empréstimo que antecipa o pagamento das vendas a prazo, financiadas com duplicatas mercantis ou de serviços, emitidas pelo vendedor às empresas compradoras. Quando se trata de nota promissória, é emitida em única via pelo devedor em favor da instituição financeira, e sua amortização acontece na data de liquidação por meio de débito na conta-corrente. Caso, até a data de vencimento, o sacado não tenha efetuado o pagamento das duplicatas, o banco poderá devolver a responsabilidade de recebimento ao cedente e ainda responsabilizá-lo por multas e juros devidos. As duplicatas endossadas, a nota promissória anexada ao borderô de desconto e o aval dos sócios ou de terceiros são garantias da negociação. Como estas documentações são entregues ao banco, dispensa-se a necessidade de emissão de contrato. O Desconto de Cheques é um tipo de empréstimo cujo objetivo é receber o pagamento antecipado das vendas a prazo, financiadas com cheques pré-datados de terceiros. Quando os cheques depositados são compensados nas datas estipuladas, o pagamento acontece em uma conta específica do banco. Se algum cheque for devolvido, o valor correspondente será debitado da conta-corrente da empresa. As operações sobre cheques pré-datados ou sobre recibos de vendas de cartões de crédito são negociadas com empresas comerciais, e, no caso dos cheques, estes ficam em caução no banco. As garantias

da negociação são os cheques, a nota promissória anexada ao borderô de desconto e o aval dos sócios ou de terceiros. Como estas documentações são entregues ao banco, dispensa-se a necessidade de emissão de contrato.

- **Fiança bancária:** é a garantia de uma obrigação contratada pelo cliente da instituição financeira junto a terceiros, na qual a instituição financeira é o fiador, o cliente da instituição é o afiançado e o terceiro é o favorecido. As principais finalidades da fiança bancária são: adiantamentos de contratos de fornecimentos de bens e serviços, participação em concorrências públicas e privadas, substituição de cauções, execução de contratos, operações em bolsas de mercadorias, futuros e valores, interposição de recursos fiscais ou de ações judiciais, aluguel de imóveis e garantias em operações de crédito.

- **Financiamentos à importação:** são os vinculados a linhas de crédito externas e destinados à importação de bens ou serviços. Na estrutura anterior, esses financiamentos eram classificados como financiamentos à importação e outros créditos referenciados em moeda estrangeira.

- **Financiamentos imobiliários:** são financiamentos relacionados à exigibilidade de direcionamento de depósitos de poupança destinados à construção ou à aquisição de imóveis residenciais. A regra de direcionamento para esses financiamentos estabelece que 80% dos recursos devem ser aplicados com taxas de juros reguladas, sendo facultado às instituições financeiras aplicar os demais 20% a taxas de juros de mercado. As operações contratadas a taxas de mercado são, portanto, baseadas em recursos direcionados, ainda que com taxas não reguladas.

- **Letra de crédito imobiliário (LCI):** é um instrumento de crédito muito procurado pelo investidor pessoa física, por conta de sua isenção de imposto de renda para esse público. Representa uma fonte de recursos para o setor imobiliário, pois possui como lastro créditos imobiliários. Entre os tipos de lastro estão: financiamentos habitacionais garantidos por hipoteca ou alienação fiduciária de bens imóveis, sejam eles contratados ou não pelo Sistema Financeiro da Habitação (SFH); empréstimos garantidos por hipoteca ou alienação imobiliária de bens imóveis residenciais; e outros empréstimos ou financiamentos garantidos por hipoteca ou alienação fiduciária de bens imóveis. Emitida por instituições financeiras (bancos comerciais, múltiplos e de investimento, além de sociedades de crédito imobiliário, associações de poupança e empréstimo e companhias hipotecárias), pode ser remunerada por taxa pré ou pós-fixada. O investidor assume o risco primário do emissor da LCI. Conta ainda com a segurança adicional de que está vinculado à carteira de crédito imobiliário da instituição financeira. A LCI não pode ser resgatada a qualquer momento, mas é possível negociá-la no mercado secundário. O prazo mínimo de vencimento desse ativo varia de acordo com o indexador que possui. São 36 meses quando o título for atualizado mensalmente por índice de preços ou 12 meses se for atualizado anualmente por esse indexador. Se não utilizar índice de preços, é de 60 dias. Esses prazos devem ser contados a partir da data quando um terceiro, pessoa física ou jurídica, adquirir o título da instituição emissora. Nesses períodos, a instituição emissora não poderá recomprar ou resgatar a LCI.

- **Letra financeira (LF):** é um instrumento relevante de captação das instituições financeiras, que visa alongar a forma de captação dos bancos, proporcionando melhor gerenciamento entre o ativo e o passivo dessas instituições. Um dos seus principais diferenciais é ter prazo mínimo de dois anos para o vencimento, sem possibilidade de resgate total ou parcial antes desse prazo. Outra característica é o fato de o ativo ter valor nominal unitário mínimo de R$ 150 mil (R$ 300 mil se contiver cláusula de subordinação aos credores quirografários). Pode ser emitida por bancos múltiplos, comerciais, de investimento, de desenvolvimento, sociedades de crédito, financiamento e investimento, caixas econômicas, companhias hipotecárias, sociedades de crédito imobiliário e pelo Banco Nacional de Desenvolvimento Econômico e Social (BNDES). A remuneração pode ser por taxa de juros prefixada — combinada ou não com taxas flutuantes — ou por índice de preços, e admite o pagamento periódico de rendimentos em intervalo de, no mínimo, 180 dias.

- **Títulos do agronegócio:** o Certificado de Direitos Creditórios do Agronegócio (CDCA), a Letra de Crédito do Agronegócio (LCA) e o Certificado de Recebíveis do Agronegócio (CRA) podem ser classificados como títulos de securitização, ou como títulos de refinanciamento do agronegócio. São títulos nominativos representativos de promessa de pagamento em dinheiro com lastro em recebíveis do agronegócio (em tese, quaisquer títulos e contratos ligados às atividades agropecuárias e/ou agroindustriais, porém devendo-se respeitar requisitos mínimos em termos de padronização para efeito de registro nos sistemas de custódia). Esses títulos caracterizam-se como similares a derivativos, ampliando a abrangência dos títulos do setor produtivo para o agronegócio como um todo, ao viabilizar a estruturação de operações financeiras mais complexas, que incluem a remodelagem de fluxos de caixa, alongamento de prazos e redução de custos na captação de crédito. O CDCA, LCA e o CRA possuem funcionamento muito semelhante, diferenciando-se fundamentalmente pelo emissor. A fim de conferir segurança e transparência aos investidores, os direitos creditórios vinculados aos novos títulos devem ser registrados em sistema de registro e liquidação financeira. Pela mesma razão, abriu-se a possibilidade de os próprios títulos CDCA, LCA e CRA serem emitidos diretamente na forma escritural. O certificado de Direitos Creditórios do Agronegócio (CDCA) é de emissão exclusiva de cooperativas e pessoas jurídicas envolvidas nas atividades de comercialização, beneficiamento ou industrialização de produtos agropecuários, abrangendo insumos, máquinas e implementos utilizados na produção. Tem sido crescentemente utilizado por *tradings* e cooperativas para se recapitalizarem através de recebíveis dados por produtores. A Letra de Crédito do Agronegócio, por sua vez, é de emissão exclusiva de instituições financeiras. O lastro da LCA são as CPRs (Cédula de Produto Rural) bloqueadas na instituição depositante. A vantagem desta LCA para o investidor é sua emissora ser uma instituição financeira, o que acarreta maior segurança e garantia aos investidores do mercado secundário. O investidor apenas corre o risco relativo ao banco emissor da LCA. A eventual inadimplência do produtor rural não o afetará, visto que sua relação é travada com o banco. Por fim, o CRA é emitido por companhias securitizadoras, entidades essencialmente concebidas como um veículo de securitização, destinado a segregar o risco inerente ao credor primitivo (originador/cedente) em relação ao risco inerente ao direito creditório por cedido. Por ser emitido por um veículo independente dos originadores, o CRA é, entre os três títulos de securitização, o que apresenta maior flexibilidade para efeito de engenharia financeira.

- **Vendor:** com base na cessão de crédito, as operações de vendor admitem que uma empresa efetue a venda de seu produto a prazo e receba à vista de um banco. É possível pagar o vendedor à vista e financiar o comprador porque a empresa vendedora transfere seu crédito ao banco, em troca de uma taxa de intermediação. No entanto, presume-se que a empresa vendedora, que irá assumir os riscos das negociações com o banco, conheça muito bem a empresa compradora. Nas operações de vendor, as empresas vendedoras, sob a condição de fiadoras, recebem o pagamento à vista de uma venda, no entanto, o comprador paga a prazo. Ou seja, o banco adianta o valor ao vendedor e financia o comprador; para isso ele recebe uma taxa de intermediação como financiador da venda. Assim, as empresas vendedoras adquirem recursos de imediato, aumentam o fluxo de caixa e adquirem redução de encargos sociais. O financiamento da venda não é feito diretamente pela empresa vendedora, fazendo com que as cargas de impostos incidentes sobre a Nota Fiscal a pagar sejam menores e seja possível vender com preços mais competitivos. A empresa vendedora, ao receber à vista, faz o devido lançamento no seu caixa, e a compradora consegue taxas de financiamento menores, pois adquire um preço à vista financiado em um empréstimo a custo do risco do crédito do vendedor. Através de um acordo com o banco, o vendedor converte-se em uma espécie de aval de seu comprador, evitando a verificação do risco de conceder o crédito ao comprador e a demora na concessão do crédito.

Outras operações e serviços relacionados ao crédito em instituições financeiras são: serviços de garantias (aval, caução, seguros etc.), financiamento de veículos, cartão de crédito, arrendamento mercantil (*leasing*), financiamento à exportação, repasses externos, financiamento agroindustrial ou de investimentos com recursos do BNDES, microcrédito, entre outros.

O crédito é um grande propulsor da economia global, e os bancos são os principais intermediários financeiros que viabilizam produtos e serviços de crédito tanto para poupadores como para tomadores de recursos. Dessa forma, o conhecimento do mercado de crédito é fundamental para famílias, empresários e governantes maximizarem o seu bem-estar e o da sociedade como um todo.

Referências

BANCO CENTRAL DO BRASIL. Disponível em: <http://www.bcb.gov.br>.
BERNI, Mauro Tadeu. *Operação e concessão de crédito*: os parâmetros para a decisão de crédito. São Paulo: Atlas, 1999.
BLATT, Adriano. *Avaliação de risco e decisão de crédito*: um enfoque prático. São Paulo: Nobel, 1999.
CAOUETTE, John B.; ALTMAN, Edward I.; NARAYANAN, Paul. *Gestão de risco de crédito*: o próximo desafio financeiro. 2. ed. Rio de Janeiro: Qualitymark, 2008.
CETIP. Disponível em: <http://www.cetip.com.br>.
CHAIA, Alexandre J. *Modelos de gestão do risco de crédito e sua aplicabilidade ao mercado brasileiro*. Tese (doutorado) — FEA, Universidade de São Paulo e São Paulo, 2003.

SAUNDERS, Anthony; CORNETT, Marcia. *Financial Institutions Management*: a Modern Perspective. 2. ed. Chicago: Irwin Professional Publishing, 2010.
SILVA; De Placido. *Vocabulário jurídico*. 31. ed. São Paulo: Forense, 2014.
SILVA, José Pereira da. *Análise e decisão de crédito*. 12. ed. São Paulo: Atlas, 2013.
_____. *Gestão e análise de risco de crédito*. 8. ed. São Paulo: Atlas, 2014.

ESTUDO DE CASO

A concessão de créditos é atividade primordial das instituições bancárias, que têm na intermediação financeira um dos seus principais vetores de negócios, e papel estratégico para o banco e a economia como um todo. No Banco do Brasil (BB), a definição da política de crédito, modelagem do risco de crédito, definição de limites, acompanhamento e gestão de carteiras de crédito, gestão do cadastro de clientes, entre outras atividades ligadas à gestão de crédito, cabem à diretoria de crédito (Dicre) — conjuntamente com a diretoria de reestruturação de ativos operacionais e a diretoria de gestão de riscos —, que é vinculada à vice-presidência de controles internos e gestão de riscos (Vicri).

As instituições financeiras estão sujeitas aos efeitos adversos de piora das condições gerais dos ambientes econômicos. Os fatores como crescimento econômico, liquidez dos mercados, taxa de inflação, taxas de juros, preços dos ativos, nível de inadimplência, entre outros, têm potencial para afetar a rentabilidade dos negócios das instituições financeiras. O processo de internacionalização dos mercados, as alterações na regulamentação do sistema financeiro local ou internacional são pontos que merecem atenção para estabelecimento da estratégia de crédito do BB.

Diante desse cenário, o Banco do Brasil tem se colocado, ao longo dos anos, em posição de destaque nas suas operações de crédito, tanto pelo cumprimento de seu papel social, como também pelos resultados apresentados, que o mantêm competitivo diante das principais instituições financeiras do país e agregam valor para o acionista e demais *stakeholders*. Dessa forma, o processo de crédito do Banco do Brasil mostra ser possível conciliar o espírito público com a função de banco comercial.

A administração da maior carteira de crédito do Brasil é feita com segregação de funções por funcionários que analisam a adequação entre o risco e o retorno esperado pelos acionistas. O sucesso da gestão desses ativos é confirmado pela manutenção dos índices de inadimplência do Banco em patamares bem menores do que os observados no Sistema Financeiro Nacional, conforme o gráfico 1:

GRÁFICO 1
ÍNDICES DE INADIMPLÊNCIA HISTÓRICOS DO BANCO DO BRASIL E DO SISTEMA FINANCEIRO NACIONAL

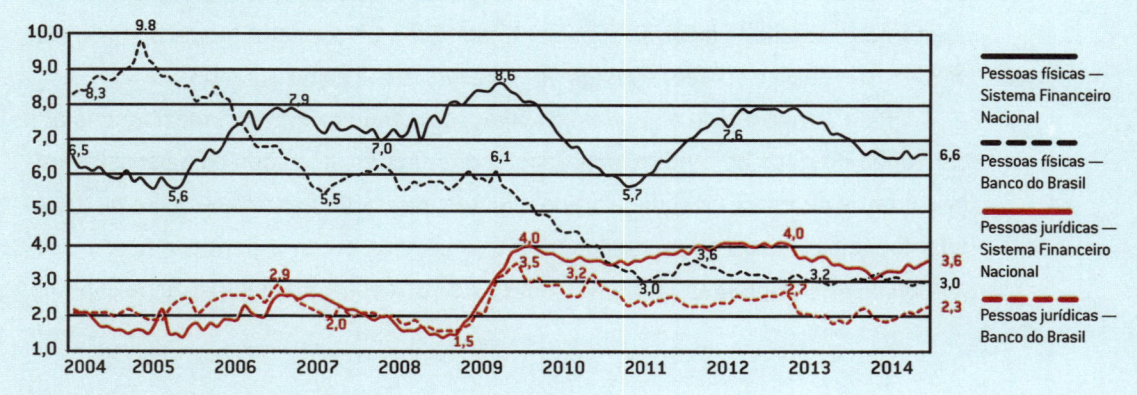

[Gráfico de linhas mostrando índices de inadimplência de 2004 a 2014, com as séries: Pessoas físicas — Sistema Financeiro Nacional; Pessoas físicas — Banco do Brasil; Pessoas jurídicas — Sistema Financeiro Nacional; Pessoas jurídicas — Banco do Brasil.]

Fonte: Diretoria de Crédito do Banco do Brasil e Banco Central do Brasil.

Processo de crédito como diferencial competitivo

Como forma de se proteger das instabilidades de mercado, o processo de crédito do Banco do Brasil obedece a critérios bem definidos, com observância das melhores práticas de mercado e continuada atualização dos profissionais envolvidos em todas as etapas da gestão dos riscos e da realização dos negócios. A conjugação desses fatores tem se refletido nos excelentes resultados alcançados e na manutenção da competitividade do Banco no mercado de crédito. Esses critérios são diferenciais competitivos em relação ao mercado e estão assim estabelecidos:

Política de crédito

A política de crédito ocupa o primeiro nível entre as referências normativas que orientam o processo de crédito, sendo aplicada a todos os negócios que envolvam risco de crédito do conglomerado do Banco do Brasil, inclusive os realizados nas subsidiárias e empresas controladas. É aprovada pelo conselho de administração e

ESTUDO DE CASO

revisada periodicamente de forma a atender às diretrizes dos órgãos reguladores. Em sua elaboração, são considerados os normativos legais existentes, como leis, decretos, normas da autoridade monetária, legislação ambiental etc.

Os principais objetivos da aplicação da política são: garantir níveis adequados de exposição ao risco de crédito, minimizar perdas, contribuir para o apreçamento dos negócios com risco de crédito, melhorar a administração da relação entre risco e retorno esperado, assegurar a eficiente alocação de capital e proporcionar maior solidez, solvência e competitividade ao Banco do Brasil como um todo.

Para atingir esses objetivos, a política contempla aspectos relacionados aos conceitos de risco de crédito, segregação de funções, decisões colegiadas, apetite e limites de risco, classificação de clientes, condições para assunção de risco, orientações para cobrança e recuperação de crédito, perda esperada e perda inesperada, níveis de provisão e capital, testes de estresse e planejamento de capital.

Política de identificação de clientes e gerenciamento eletrônico de documentos

O cadastro é a principal ferramenta de que dispõe o Banco para identificação de clientes e geração de negócios. Os dados utilizados para o cadastramento são obtidos diretamente dos clientes e fornecedores, de seus representantes legais e procuradores, ou, ainda, de outras fontes externas e internas.

A qualidade das informações cadastrais é essencial para garantir a adequada análise de clientes, mensuração de riscos, avaliação de mercados, lançamento de produtos e campanhas de marketing. Informações cadastrais seguras possibilitam ao Banco monitorar indícios de lavagem de dinheiro e combater fraudes e ilícitos financeiros.

Desde 1997, o cadastro de clientes no BB é estruturado em base única de dados, em ambiente eletrônico, o que permitiu ao BB, a partir de 2004, implementar mecanismo de controle para evitar a contratação de operações por clientes com informações desatualizadas. A atualização dos dados cadastrais é monitorada constantemente pela Dicre, por meio de indicadores que garantem a qualidade dos dados. Além disso, esse cadastro permite ao Banco a visão completa do cliente, ao invés de segregada por produtos somente.

O Banco do Brasil também esteve na vanguarda do processo de digitalização e gerenciamento eletrônico de documentos, ao desenvolver o dossiê para guarda eletrônica de documentos de clientes para cadastro, limite de crédito e operações de crédito, dispensando-se o armazenamento físico.

Essa inovação possibilitou o acesso imediato ao dossiê por qualquer agência do Banco, tornando mais ágil o atendimento ao cliente, além de reduzir custos com cópias e trânsito de malotes entre as dependências do Banco do Brasil e manuseio de papéis e, sobretudo, garantir melhores níveis de segurança. Fatores que contribuíram para a melhoria da eficiência operacional dos processos de crédito, além de reforçar o compromisso e a responsabilidade do Banco com o meio ambiente. É o Banco do Brasil cumprindo o seu papel sem papel.

Limite de crédito e risco de clientes

Limite de crédito é a exposição máxima ao risco de crédito que a instituição admite assumir com o cliente, independentemente do prazo e da finalidade do crédito, observada a política de crédito.

A metodologia de análise de limite de crédito e risco no BB é segmentada de acordo com o porte e a área de atuação do cliente. Dessa forma, a análise de clientes pessoa física e micro e pequenas empresas é realizada de forma massificada, com foco no atendimento rápido ao cliente e facilitando o acesso ao crédito, porém mantendo a segurança dos negócios.

Para outros segmentos de clientes, a exemplo de médias e grandes empresas, o Banco efetua análise personalizada, em áreas especializadas, mediante avaliação de demonstrativos contábeis e financeiros das empresas.

Os limites são estabelecidos a partir das bases cadastrais dos clientes e do emprego de modelos estatísticos desenvolvidos pela equipe da Dicre, com o objetivo de maximizar a qualidade da carteira de crédito do Banco.

Limite de exposição agregada

A metodologia de limite de exposição agregada, como instrumento integrante da gestão de crédito, visa efetuar, nos seus diferentes níveis, adequada alocação de recursos de forma a evitar concentrações indesejadas na carteira de crédito do Banco.

De acordo com a política de crédito do Banco do Brasil, os limites de exposição consistem no elemento de definição da propensão ao risco de crédito admitido

ESTUDO DE CASO

por segmento de tomadores de crédito. Portanto, seu estabelecimento é necessário em todas as áreas e atividades que envolvam risco de crédito, assegurando que sua concessão por parte do Banco seja suficientemente diversificada.

Entre os níveis atualmente definidos pelo BB para estabelecimento de limites de exposição agregada e que também atendem aspectos regulatórios, destacam-se:

- Limites de exposição por setores de atividade econômica (limites macrossetoriais).
- Limites de exposição por país.
- Limites de exposição por clientes pessoas físicas, pessoas jurídicas, grupos agropecuários e empresariais.

Gestão de ativos

Mesmo diante dos resultados já alcançados, devido à contribuição dos quatro critérios mencionados, o BB não se descuida de seus processos e da dinâmica dos mercados. Assim, os novos modelos de classificação de risco e de limite de crédito são constantemente revisados para sempre se encontrarem alinhados aos acordos de Basileia. Tudo isso com utilização de modelos proprietários, que têm como benefícios o melhor dimensionamento das perdas, maior acurácia na mensuração do risco e estabelecimento de limite de crédito, aperfeiçoamento no apreçamento de produtos e serviços, e a possibilidade de identificar clientes e produtos mais rentáveis utilizando as métricas que envolvam a relação risco e retorno esperado.

Visão do futuro

Quanto ao futuro, o papel do crédito na atividade bancária receberá destaque ainda maior do que o atual, em função da maturidade do mercado financeiro nacional, e vai requerer mais agilidade, pois as novas gerações, habituadas à tecnologia, demandarão maior velocidade na decisão de crédito por parte dos bancos. Assim, o investimento em novos modelos para gestão do risco de crédito será essencial, usando dados e informações que não estarão necessariamente bem estruturados, bem como novos produtos, políticas e processos de concessão de crédito a fim de atender a tendência de digitização da economia.

OPERAÇÕES DE TESOURARIA

Hsia Hua Sheng

Neste capítulo, vamos introduzir os principais conceitos e operações utilizados pelas tesourarias de instituições financeiras para gerar resultados por meio da captação e aplicação de recursos. Em outras palavras, a tesouraria é uma área que administra fluxos, prazos, concentrações, descasamentos em moedas e taxas, além do apreçamento e da realização de operações para clientes (Duarte Júnior e Moreira, 2005). As tesourarias dos bancos devem ter o controle total de suas taxas de captação e de suas taxas de aplicação para garantir resultados.

Na prática, a tesouraria de cada banco pode assumir uma função diferente dentro da geração de valor. Alguns bancos consideram a tesouraria um dos centros de negócio, ou seja, a tesouraria possui uma meta de *spread* para ser atingida nas transações/negociações. Tradicionalmente essa estratégia foca nos títulos públicos, com menor risco e ganhos conforme a Selic. Mas, com o movimento de queda de taxas de juros nos anos 2011 e 2012, as tesourarias dos bancos começaram uma diversificação com foco em maior risco dos investimentos financeiros para manter os ganhos, títulos privados (fundos de investimentos em direitos creditórios — FIDCs — e debêntures, por exemplo) e operações estratégicas, como o *hedge* e a arbitragem.

Outros bancos podem não focar tanto na participação da tesouraria nos resultados, e sim em sua complementaridade com os negócios da instituição. A tesouraria possuiria a função de otimizar a captação de recursos financeiros para lidar com descasamentos e exposições das operações de crédito e de negócios transacionais dos bancos no mercado doméstico e no mercado internacional, isto é, utilizam a tesouraria mais próxima do negócio de crédito para gerar resultados nesse segmento.

Para iniciar damos uma visão abrangente de como boa parte das tesourarias de bancos se organiza. O formato pode diferir dependendo das instituições, porém em grande parte a tesouraria se divide no que podemos chamar de "ALM (*asset liability management*)" e de "mês mercado". A ALM é a divisão encarregada de administrar o caixa da instituição e precificar o custo do dinheiro para diferentes áreas que demandam capital, como empréstimos para clientes. Esse grupo também é responsável pela estratégia de captação de recursos junto a investidores, precificando quanto o banco paga para cada instrumento de *funding* (Certificado de Depósito Bancários — CDB Compromissada, Letra de Crédito de Agronegócio — LCA, Letra de Crédito Imobiliário — LCI, CDB subordinada, captação no exterior em outras moedas). O objetivo dessa tesouraria corporativa é prestar serviço à sociedade e corporação para zerar posição de clientes.

A outra divisão da tesouraria, que podemos chamar de "mesa mercado", é encarregada de realizar operações proprietárias e com clientes. Essa mesa tem seu desenho mais comum com uma divisão de responsabilidades por mercado de atuação. No Brasil, em geral, existe a divisão entre mesa de juros e inflação, câmbio, opções, renda variável e internacional (algumas instituições menores podem ter concentração de mercados e, em contrapartida, outras maiores podem ter uma segregação maior, como uma mesa exclusiva de inflação, ou dividir as responsabilidades de opções por diferentes mercados). Existem alguns casos, porém, em que integrantes dessas mesas podem ter uma atuação mais abrangente, não se limitando única e exclusivamente a seu mercado, porém tal configuração é menos frequente. Normalmente fazem parte dessa atividade também os profissionais encarregados de realizar a cobertura junto a clientes para as operações de tesouraria.

Em geral, essas divisões também estão alinhadas com o monitoramento e controle de riscos. Há classificação de carteira *banking* e carteira *trading* para gestão de riscos e cálculo de exigência de capital. Como a exposição de cada uma dessas carteiras é bem diferente em relação aos fatores de risco, é muito importante o alinhamento da rotina e da divisão de tarefas com a transparência e governança de gestão de riscos na tesouraria de um banco. Esse é um desafio ainda maior para bancos conglomerados que administram seu fluxo de caixa "interno", dificultado pela rede volumosa de agências, captadoras ou aplicadoras de recursos. A solução é maior investimento em tecnologia da informação gerencial para aumentar a eficiência e reduzir o risco operacional interno.

Além disso, a tesouraria também precisa estar atenta a uma série de detalhes no Sistema de Pagamentos Brasileiro (SPB) para adotar novo mecanismo de controle e novas formas de pagamentos e formas de recebimento. O SPB tem evoluído para reduzir o risco sistêmico dando mais agilidade e segurança às transações bancárias. Os principais benefícios do SPB apontados pelos especialistas da área são: disponibilidade de recursos em tempo real com aumento da eficiência do meio de pagamento; aumento de liquidez nos títulos de mercado; melhor mapeamento de riscos de crédito tanto do setor privado quanto do Banco Central; redução de custos de transação por maior estímulo à concorrência.

As principais operações de tesouraria

Uma das funções primárias da tesouraria é gerenciar descasamentos em termos de prazos, moedas e volume de fluxos. O banco compra e vende dinheiro ao longo do dia para poder atender a uma enorme quantidade de operações, gerando seu lucro ou prejuízo.

Uma das operações mais comuns está relacionada à gestão de descasamento de aplicação e captação. Segundo Securato (2008), se um banco, por meio de uma de suas agências, concedeu R$ 2 milhões para um cliente a 12,15% a.a., então a tesouraria é informada, e ela deve captar esses recursos. A ideia é tomá-los o mais baratos possível.

Ela verificará com suas agências o nível de captação com os clientes, tanto pessoas físicas como pessoas jurídicas. Se perceber um problema de liquidez naquele dia, ou se perceber uma possível subida da taxa de CDI, ela tomará recursos no CDI de outro banco. Mas o fará por um dia apenas, a fim de zerar a posição, pois o banco poderá tentar fazer captação com seus clientes a uma taxa mais atrativa no dia seguinte.

Contudo, essa situação tomadora de CDI pode mudar drasticamente de um instante para outro. Suponhamos que a tesouraria tem uma expectativa de que a taxa tenda a subir e, então, feche com outro banco no CDI a 12,00% a.a. os R$ 2 milhões para garantir o *spread*. Alguns minutos depois, recebe a informação de que três agências do banco conseguiram captar R$ 4,5 milhões a uma taxa média de 11,28% a.a. Nesse caso, antes do final do dia, o banco tentará emprestar tal captação para zerar sua posição. O racional aqui é fazer uma aplicação (empréstimo) com um rendimento mais elevado. Ele tentará emprestar esses recursos a seus clientes pelo mesmo prazo, via suas agências. Se elas não conseguirem até o final do dia, o banco passará esse recurso para outro banco no 100% de CDI, a fim de zerar essa posição. Assim como na situação anterior, o banco não emprestará esse recurso por mais de um dia útil, dado que no dia seguinte tentará obter um *spread* (sobre taxa maior) com outros clientes em suas agências.

A tesouraria também pode aplicar esse recurso a uma taxa pós-fixada (emprestar a uma taxa de 108% de CDI para seus clientes, por exemplo), uma vez que ela acredite que a taxa tenda a subir nos próximos períodos. Dessa forma, conforme a expectativa sobre a curva de juros futura, a tesouraria toma decisões para lidar com preços de entrada e saída de dinheiro no banco.

Além desse trabalho rotineiro com o gerenciamento de descasamentos de fluxos de caixas com seus clientes, a tesouraria do banco também fica atenta às oportunidades de operações de arbitragem:

- Dada a natureza da principal linha de negócios do banco, a tesouraria pode se especializar em um determinado segmento do mercado financeiro. Em geral, embora todos os bancos tenham familiaridade com operações de arbitragem de taxa de juros no Brasil, a estratégia implementada dependerá da estrutura de balanço dos ativos e passivos de cada banco. Considerando que o mercado de consignado tem competição cada vez mais acirrada entre os bancos, o horizonte temporal desses empréstimos poderia atingir prazos mais longos do que o perfil do passivo do banco. Nesse caso, a equipe de tesouraria terá a função de acompanhar e gerenciar o descasamento de prazos entre passivos e ativos, procurando otimizar os ganhos em função da curva de juros precificada no mercado futuro da BM&FBovespa. Em alguns momentos, quando seus gestores acreditam num cenário de alta de juros, eles procuram travar um ganho certo (arbitragem), transformando os ativos oriundos de consignados pré-fixados para pós-fixados.

- Outra oportunidade de arbitragem é usar o mercado de moeda internacional e o mercado futuro de juros para explorar diferenças de taxas de juros entre as principais economias do mundo. Por exemplo, a taxa básica de juros nominal no Brasil, em novembro de 2014, está fixada em 11,25% a.a. Pelo mesmo prazo, um investidor não conseguiria mais que 0,3% num título de tesouro americano. Há possibilidade de arbitragem nessas condições? Quais seriam as taxas de câmbio futuras e o custo de operações que a tesouraria precisaria fixar na data de hoje? Assim, a tesouraria pode aproveitar essa situação, captando recursos nos Estados Unidos e transformando dólares em reais a fim de aplicar no Brasil por um ano, devolvendo a quantia em dólares um ano depois. Essa análise e operações são aplicadas com as principais paridades envolvendo as principais moedas do mundo, tais como dólar americano, euro, iene japonês, libra esterlina e franco suíço. Essas negociações são extremamente líquidas; isto é, há muito mais vendedores e compradores dispostos a fazer transações do que o volume de negociação.

Portanto, a lucratividade depende da estratégia simultânea de operações em vários mercados. E o mercado de juros está no centro de todas essas estratégias de tesouraria. O domínio de curva de juros futuros é fundamental para verificar a existência de oportunidades de arbitragem entre os títulos de renda fixa existentes nos mercados doméstico e internacional.

Mas como funciona a estrutura de taxas de juros? Como elaborar a estrutura temporal das taxas de juros?

Estrutura temporal das taxas de juros (ETTJ) para operação de tesouraria

A estrutura temporal da taxa de juros (ETTJ) é uma estimativa do comportamento das taxas de juros ou custo de oportunidade em determinada moeda e nível de risco que serão praticados nos próximos períodos. Ter uma boa previsão das taxas de juros é fundamental para as tesourarias dos bancos, de modo a apoiar a tomada de decisão e as operações. Para tal é preciso construir uma estrutura temporal da taxa de juros que relacione a taxa à vista com diferentes maturidades (Ross, Jaffe e Westerfield, 2013).

Uma ETTJ normal (linha pontilhada no gráfico 1) deve apresentar o seguinte comportamento: as taxas de juros aumentam com o prazo. Essa curva ascendente também é chamada de curva de rendimento positiva.

GRÁFICO 1
COMPORTAMENTO DE UMA ETTJ NORMAL

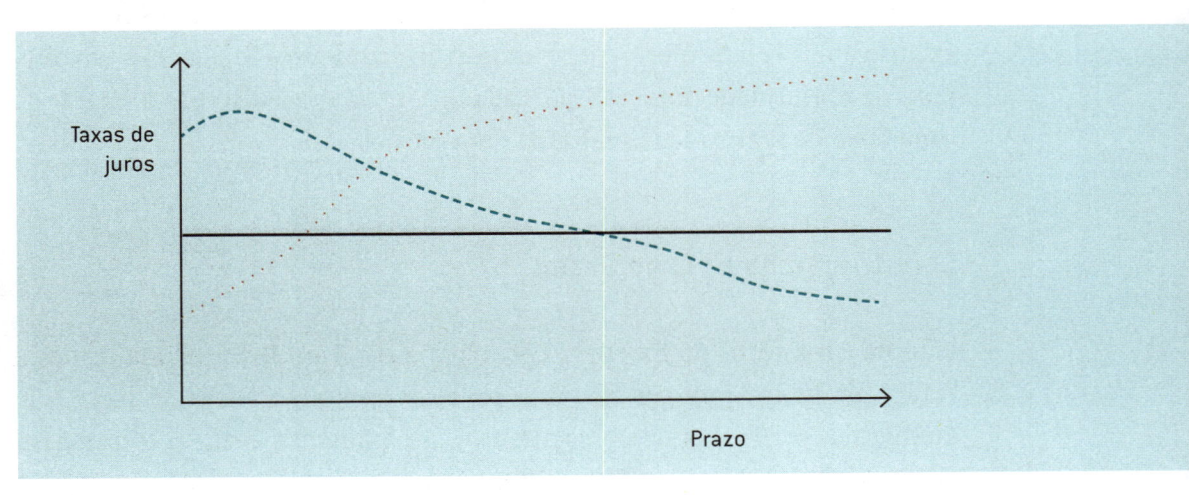

Mas nem sempre o formato da curva é normal. Em alguns momentos, a ETTJ pode estar invertida; ou seja, os juros são mais elevados por período para título de prazo mais curto do que longo. Devido às características descendentes, essa curva também é conhecida como curva de rendimento negativa (linha tracejada no gráfico 1). Em geral, essa expectativa de juros mais baixos para as taxas de juros longo prazo pode ser observada logo após uma crise financeira, por exemplo, a crise da Ásia (1997) e a crise da Rússia (1998).

Por fim, um formato mais raro ocorre quando a curva de juros apresenta um nível horizontal constante. As taxas de juros futuras são iguais às taxas de curto prazo. Essa curva também é conhecida como curva de rendimento constante (linha sólida no gráfico 1).

Segundo Fabozzi (2012), há duas principais correntes de teorias econômicas que tentam explicar diferentes formatos da estrutura temporal de taxas de juros: uma é relacionada com as expectativas, e a outra, com a segmentação de mercado.

As teorias das expectativas partem da hipótese comum de que as taxas a termo (*forward*) implícitas nas taxas à vista (*spot*) de longo prazo estão relacionadas às expectativas do mercado quanto às taxas à vista de curto prazo no futuro. Apesar da concordância sobre esse princípio fundamental, os acadêmicos divergem em suas opiniões sobre o verdadeiro fator sistemático que determina o comportamento de taxas a termo. Alguns consideram apenas expectativas puras do mercado; outros defendem o fator liquidez.

Já no sentido oposto às teorias de expectativas, a teoria da segmentação de mercado defende que os agentes econômicos possuem preferência por determinadas maturidades devido às restrições legais e comportamentais. Em outras palavras, o formato da estrutura temporal é determinado exclusivamente pela oferta e demanda de instrumentos financeiros em cada faixa de maturidade, uma vez que cada agente não está disposto a migrar de uma faixa de maturidade preferida para outra.

Construção da ETTJ no Brasil

Não há uma fórmula fixa para construir a ETTJ no Brasil. Cada tesouraria e cada gestor tem sua fórmula para compor uma curva de juros que auxilie nas operações de apreçamento, carregamento, *hedge* e arbitragem entre os títulos de renda fixa existentes no mercado. A racionalidade dos pesquisadores começa com a discussão da construção da ETTJ para o mercado americano e, em seguida, estende esse conceito à construção da curva para o Brasil.

De acordo com Fraletti (2004), praticamente todos os estudos realizados no exterior usam rendimentos de títulos públicos ou remuneração de depósitos interbancários como *proxy* para a taxa livre de risco para construir a ETTJ livre de risco. Isso parte do princípio de que uma ETTJ apropriada deve ser construída a partir do rendimento de títulos sujeitos aos mesmos riscos financeiros dos fluxos de caixa em análise. Em seguida, Fraletti sugere uma composição por instrumentos dos mercados de derivativos, tais como contratos DI-futuro e *swap* DI versus Pré, para construir a ETTJ brasileira.

Outros profissionais de mercado ou pesquisadores preferem usar as taxas de negociação dos títulos públicos brasileiros, tais como as letras do Tesouro Nacional (LTN/títulos prefixados), para formar os pontos principais da ETTJ. Por fim, há profissionais de mercado que preferem combinar as duas formas de extração em uma única curva.

A partir dessas taxas à vista também podemos calcular a taxa a termo (*forward*) de cada período (Hull, 2000). Diferentemente da taxa à vista (*spot*), a taxa *forward* é aplicada a uma operação iniciada posteriormente à data à vista que termina em uma data futura. Ou seja, essa taxa mostra a taxa de juros entre dois pontos de tempo no futuro. Podemos estimar taxas a termo a partir de uma sequência de taxas à vista calculadas hoje.

As taxas a termo podem ser interpretadas como uma medida de inclinação da ETTJ. Essa medida fornece informação importante sobre quanto custa o dinheiro, calculado na data de hoje, para um intervalo de tempo qualquer [t1, t2] no futuro.

A seguir vamos ilustrar com dois exemplos numéricos e hipotéticos como as taxas à vista são extraídas e colocadas na curva de ETTJ a partir desses instrumentos. Além disso, mostraremos como calcular a taxa a termo (*forward*) a partir de tais informações.

Exemplo: mercado de letras do Tesouro Nacional (LTN)

Como um exemplo simples, suponhamos que no mercado sejam negociadas quatro letras do Tesouro Nacional com diferentes datas de vencimento. Suponhamos também que estamos em 1º de janeiro de 2014. O preço de cada um desses títulos (PU) é composto por uma parte relativa ao indexador de correção e outra parte, que é a taxa de desconto atual do título. No caso de LTN, não há indexador de correção, pois esse tipo de título é prefixado.

Abaixo segue uma tabela com data de vencimento, taxa e PU (preço unitário) dos títulos.

TABELA 1
LTN NEGOCIADA

VENCIMENTO	TAXA % A.A.	PU
1/1/2015	10,95	90.130,69
1/1/2016	11,43	80.537,05
1/1/2017	11,47	72.198,14
1/1/2018	11,49	64.722,66

Por exemplo, a partir do PU, a taxa à vista para cada um dos vencimentos é calculada e ilustrada na segunda coluna:

Taxa à vista para 1/1/2015:
$$R\$\ 90.130,69 = \frac{(R\$\ 100.000)}{(1+i)^1}$$
$$i = 10,95\%\ \text{a.a.}$$

Taxa à vista para 1/1/2016:
$$R\$\ 80.537,05 = \frac{(R\$\ 100.000)}{(1+i)^2}$$
$$i = 11,43\%\ \text{a.a.}$$

Podemos usar esse raciocínio para obter a taxa à vista para qualquer vencimento do título. Dada essa sequência de taxas à vista, podemos calcular as taxas a termo para cada período.

Suponhamos que um investidor esteja em 1º de janeiro de 2014. Ele compra um título com vencimento em 1º de janeiro de 2016. Ele pode carregar o título até o vencimento e obter um rendimento de 11,43% a.a. no final do período ou optar por vender o papel em algum momento durante os próximos dois anos.

Como uma opção, o detentor do papel pode vender o título em 1º de janeiro de 2015 (dali a um ano). Se assim o fizer, o investidor deverá obter um rendimento de 10,95% a.a. para evitar oportunidade de arbitragem.

Portanto, se a taxa para um título de dois anos é de 11,43% a.a. e a taxa estimada para apenas o primeiro ano é 10,95% a.a., a taxa esperada para apenas o segundo ano (2015) será dada por:

$$(1+11{,}43\%)^2 = (1+10{,}95\%)(1+i^{2°\ ano})$$
$$i^{2°\ ano} = [(1+11{,}43\%)^2 / (1+10{,}95\%)] - 1$$
$$i^{2°\ ano} = 11{,}912\%$$

Taxa de juros estimada para o ano de 2016 (taxa a termo do ano 2016) — da mesma forma podemos calcular a taxa apenas para o terceiro ano:

$$(1+11{,}47\%)^3 = (1+11{,}43\%)^2\,(1+i^{3°\ ano})$$
$$i^{3°\ ano} = (1+11{,}47\%)^3 / (1+11{,}43\%)^2 - 1$$
$$i^{3°\ ano} = 11{,}550\%$$

Taxa de juros estimada para o ano de 2017 (taxa a termo do ano 2017) — seguindo o mesmo princípio, agora calculamos a taxa apenas para o quarto ano:

$$(1+11{,}49\%)^4 = (1+11{,}47\%)^3\,(1+i^{4°\ ano})$$
$$i^{4°\ ano} = (1+11{,}49\%)^4 / (1+11{,}47\%)^3 - 1$$
$$i^{4°\ ano} = 11{,}550\%$$

Dessa maneira, construímos a estrutura temporal da taxa de juros para os próximos quatro anos, conforme se pode visualizar na tabela 2. É importante lembrar que caso aconteça qualquer alteração na sequência de taxas de juros à vista, será preciso estimar novamente todas as taxas.

TABELA 2
ESTRUTURA TEMPORAL DAS TAXAS DE JUROS

PRAZO	TAXA À VISTA % A.A.	TAXA A TERMO % A.A. (PARA CADA ANO)
1	10,95	—
2	11,43	11,91
3	11,47	11,55
4	**11,49**	**11,55**

Exemplo: mercado futuro de taxa DI

O mercado futuro de taxa DI tem grande liquidez na Bolsa de Valores, Mercadorias e Futuros de São Paulo (BM&FBovespa). E devido à alta liquidez dos contratos DI-futuro, as taxas negociadas passaram a ser adotadas como boa expectativa das taxas de juros futuras.

A construção da estrutura temporal da taxa de juros a partir de contratos DI-futuro é muito semelhante ao exemplo que foi apresentado para para LTN. Só adicionamos a determinação da taxa com base de 252 dias úteis neste exemplo.

A tabela 3 mostra cotações hipotéticas de contratos de DI-futuro negociados na BM&FBovespa.

TABELA 3
COTAÇÕES HIPOTÉTICAS DE CONTRATOS DE DI-FUTURO

MERCADO FUTURO — 26 AGO. 2014 — DI DE 1 DIA				
VENCIMENTO (NO INÍCIO DO MÊS)	PU	DIAS ÚTEIS ATÉ O VENCIMENTO	TAXA À VISTA % A.A.	TAXA A TERMO (EM CADA PERÍODO) % A.A.
Set. 14	99.836,99	4	10,825	10,825
Out. 14	98.945,61	26	10,820	10,819
Nov. 14	98.023,88	49	10,810	10,799
Dez. 14	97.228,56	69	10,810	10,810
Jan. 15	96.361,17	91	10,810	10,810

Por exemplo, a partir do PU dos contratos futuros, a taxa à vista para cada um dos vencimentos é calculada e ilustrada na quarta coluna.

A taxa de juros à vista para vencimento do contrato futuro de setembro de 2014 é dada por 10,825% a.a., conforme consta na quarta coluna da tabela, calculada como (onde 252 é o número de dias úteis do ano no Brasil):

$$R\$\ 99.836{,}99 = \frac{R\$\ 100.000}{(1+i)^{4/252}}$$
$$i = 10{,}825\%\ a.a.$$

Similarmente, a taxa à vista para o vencimento do contrato de outubro de 2014 é:

$$R\$\ 98.945{,}61 = \frac{R\$\ 100.000}{(1+i)^{26/252}}$$
$$i = 10{,}82\%\ a.a.$$

Podemos usar esse raciocínio para obter a taxa à vista para qualquer vencimento do título. Dada essa sequência de taxas à vista, podemos calcular as taxas a termo para cada período.

Montamos, assim, a estrutura temporal das taxas de juros para o curto prazo a partir do mercado futuro de DI, prática comum nas tesourarias dos bancos brasileiros. Segue abaixo a curva gerada (gráfico 2).

GRÁFICO 2
ESTRUTURA TEMPORAL DA TAXA DE JUROS (% A.A.)

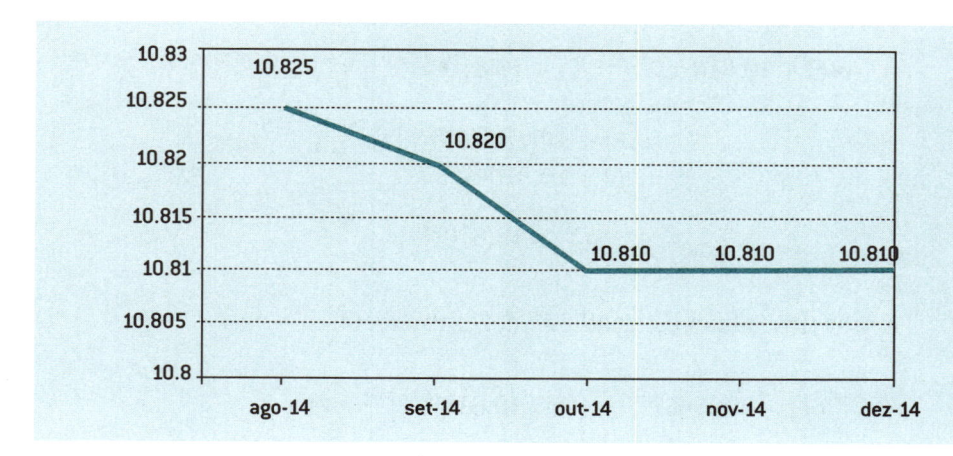

É importante observar no gráfico acima que não temos taxas de mercado para todos os dias. As taxas calculadas para uma dada maturidade representam apenas os principais pontos da curva, conforme a data de vencimento de cada contrato futuro DI.

Essa ausência de taxas entre vencimentos exige que as tesourarias interpolem as taxas extraídas e as extrapolem para prazos mais longos. Nesse caso, fizemos apenas a interpolação com as linhas para ligar os pontos.

Há uma vasta literatura técnica nacional e internacional que discute as diversas metodologias de interpolação para ligar esses pontos. A ligação linear entre duas taxas negociadas no mercado é a forma mais simples de fazê-lo. As outras técnicas mais utilizadas no mercado são compostas: *log* linear e *spline* cúbico. A técnica de *spline* cúbico usa aproximações polinomiais cúbicas com primeira e segunda derivadas contínuas.

Para calcular a taxa a termo do mês de setembro suponhamos que estamos no dia 26 de agosto. A taxa de juros esperada para setembro é dada por:

$$(1 + 10{,}82\%)^{26/252} = (1 + 10{,}825\%)^{4/252} \times (1 + i_{set.})^{22/252}$$

$$i_{set.} = \left[\frac{(1 + 10{,}82\%)^{26/252}}{(1 + 10{,}825\%)^{4/252}} \right]^{252/22} - 1$$

$$i_{set.} = 10{,}819\%$$

Já a taxa para o mês de outubro é dada por:

$$(1 + 10{,}810\%)^{49/252} = (1 + 10{,}820\%)^{26/252} \times (1 + i_{out.})^{23/252}$$

$$i_{out.} = \left[\frac{(1 + 10{,}810\%)^{49/252}}{(1 + 10{,}820\%)^{26/252}}\right]^{252/23} - 1$$

$$i_{out.} = 10{,}799\%$$

A taxa estimada de novembro será:

$$(1 + 10{,}810\%)^{69/252} = (1 + 10{,}810\%)^{49/252} \times (1 + i_{nov.})^{20/252}$$

$$i_{nov.} = \left[\frac{(1 + 10{,}810\%)^{69/252}}{(1 + 10{,}810\%)^{49/252}}\right]^{252/20} - 1$$

$$i_{nov.} = 10{,}810\%$$

E, por fim, a taxa estimada de dezembro será:

$$(1 + 10{,}810\%)^{91/252} = (1 + 10{,}810\%)^{69/252} \times (1 + i_{dez.})^{22/252}$$

$$i_{dez.} = \left[\frac{(1 + 10{,}810\%)^{91/252}}{(1 + 10{,}810\%)^{69/252}}\right]^{252/22} - 1$$

$$i_{dez.} = 10{,}810\%$$

Apreçamento de operações de tesouraria

A técnica de apreçamento ajuda a tesouraria a avaliar oportunidades de captação ou aplicação. Uma maneira fácil de começar a estudar operações de tesouraria é analisar apreçamentos de títulos de renda fixa ou de uma carteira de renda fixa. O livro de referência sobre esse assunto é o de Fabozzi (2012). A literatura nacional segue a mesma racionalidade, que pode ser descrita como a seguir.

Uma carteira de renda fixa e títulos com vários pagamentos de juros ou de amortizações parciais pode ser considerada um conjunto de fluxos de caixa. Bodie, Kane e Marcus (2010) separam esses fluxos em cupom e valor de face do título e tratam cada um deles como se fossem um *zero-coupon bond* de mesmo vencimento. Em seguida, para evitar oportunidade de arbitragem, esse conjunto de *zero-coupon bonds* é descontado pela ETTJ de seu nível de riscos financeiros para encontrar o valor presente ou valor de mercado do título. O gráfico 3 representa essa operação.

GRÁFICO 3

USO DE ETTJ NO CÁLCULO DE VALOR PRESENTE DE UM TÍTULO

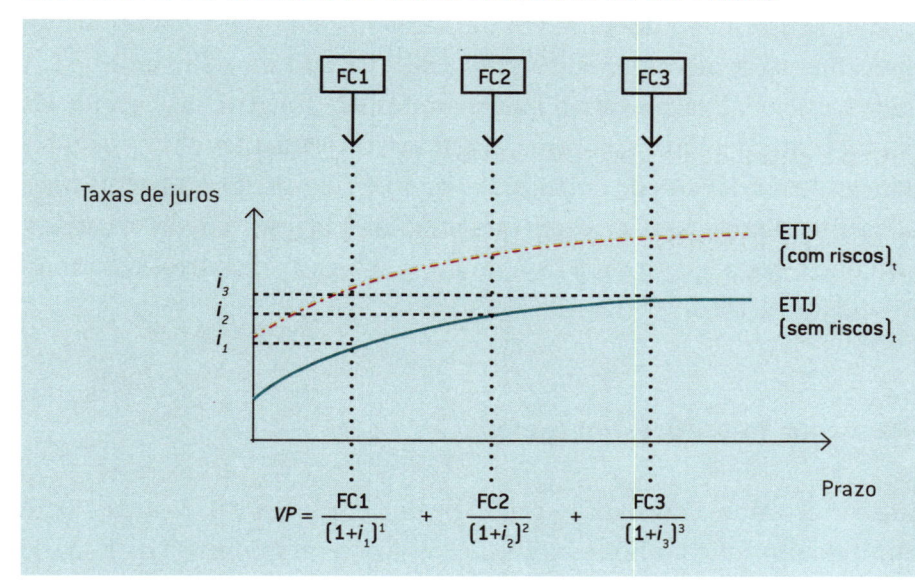

$$VP = \frac{FC1}{(1+i_1)^1} + \frac{FC2}{(1+i_2)^2} + \frac{FC3}{(1+i_3)^3}$$

Quando os títulos são públicos, a ETTJ usada deve ser livre de riscos (linha sólida). Mas se os títulos forem do setor privado, além de considerar a ETTJ sem risco, é preciso incorporar o *rating* de crédito para acrescentar um prêmio (*spread* de taxa) na estimava da estrutura temporal de taxa de juros (linha pontilhada).

Suponhamos que o título a ser avaliado é um título do governo (sem risco) no gráfico 3. Cada fluxo de caixa (FC) é tratado como se fosse um *zero-coupon bond*. Dado o prazo de cada um dos fluxos, extraímos sua respectiva taxa de desconto a partir da ETTJ (sem risco). Em seguida, usamos essas taxas para calcular o valor presente desses fluxos de caixa. Assim, o FC1 é descontado pela taxa i, o FC2 é descontado pela i_2 e o FC3 é descontado pela i_3. Por fim, somamos todas essas parcelas para obter o valor do título.

De acordo com Sheng e Saito (2005), os *ratings* atribuídos pelas agências de avaliação de qualidade de crédito refletem a probabilidade de inadimplência das empresas emissoras. Quanto pior a qualidade do crédito, tanto maiores serão o risco de inadimplência e o prêmio (*spread*) exigido, logo, maior a taxa de juros. Por exemplo, o *spread* de emissão de debêntures (títulos privados) é definido acima de uma determinada taxa de referência. Esse componente, que pode assumir a forma flutuante ou fixa, é especificado na própria escritura da emissão acima de uma taxa de referência livre de risco. Os principais indicadores de referência utilizados pelo mercado são o IGP-M, o IPCA, o DI e a taxa de juros de longo prazo (TJLP). As debêntures, dependendo das condições de mercado, também podem ser colocadas com deságio em relação ao seu valor nominal, constituindo forma adicional de remuneração que deve ser explicitada na escritura e no anúncio de distribuição pública.

Além disso, a liquidez também constitui um importante componente de apreçamento de ativos (Sheng e Saito, 2008; Giacomini e Sheng, 2013). A liquidez é essencial para a estratégia de administração ativa de carteira. Os investidores que desejam aproveitar os ganhos provenientes das frequentes mudanças de tendências de curto prazo de mercado preferem papéis mais líquidos. Em alguns casos, preferem também não investir em certos ativos, mesmo que esses paguem uma taxa de juros acima da de outros com mesma qualidade de crédito.

Apreçamento na prática: um exemplo

Estime o preço atual (valor de mercado) de dois títulos, A e B, descritos abaixo. Suponhamos que ambos os títulos possuam o mesmo nível de risco de crédito. A atual estrutura temporal da taxa de juros (ETTJ) para esse nível de risco é apresentada na tabela 4. Suponha que os fluxos dos títulos A e B são sempre pagos no final de cada ano.

TABELA 4
ESTRUTURA TEMPORAL DA TAXA DE JUROS (ETTJ)

DIAS ÚTEIS	TAXA (% A.A.)
126	12,00
252	12,40
378	12,50
504	12,90
630	12,95
756	13,30
882	13,50
1.008	13,50

Título A: o valor de face é de R$ 1.000,00. Os cupons são pagos anualmente. A taxa de cupom é de 8% a.a. A maturidade do título é de quatro anos.

Preço atual do título A = $\frac{80}{(1+0,124)^1} + \frac{80}{(1+0,129)^2} + \frac{80}{(1+0,133)^3} + \frac{80}{(1+0,135)^4}$ = R$ 78.044,39.

Título B: o valor de face é de R$ 1.000,00. Não há pagamento de cupons intermediários (*zero-coupon bond*). A maturidade do título é de três anos.

Preço atual do título B = $\frac{1000}{(1 + 0{,}133)^3}$ = R$ 68.755,95.

Duration, prazo médio e convexidade das operações de tesouraria

Para calcular a duração, é necessário calcular o valor presente do título e de cada fluxo. Em seguida, calcula-se a participação percentual do valor presente de cada fluxo no valor do título. Finalmente, acha-se a duração, como a média ponderada dos prazos de todos os fluxos, usando como fator de ponderação a participação de cada fluxo no valor presente do título. Uma fórmula simplificada da duração é a seguinte:

$$D = \sum t_i w_i$$

Em que:
t_i = prazo de vencimento do fluxo i (em anos);
w_i = participação do valor presente de cada fluxo no valor do título:

$$w_i = \frac{VP(FC_i)}{\sum VP(FC_i)}$$

Pela fórmula, um título que paga rendimentos periódicos e resgata o principal ao final oferece parte de sua remuneração ao longo de sua duração e possui duração menor que sua maturidade. O vencimento desse título não reflete sua efetiva maturidade.

A duração de um título *zero-coupon* que faz um único pagamento ao final do prazo (principal mais juros) tem o mesmo horizonte que a maturidade da operação. A partir dessa duração, pode-se calcular uma única parcela de pagamento que seja equivalente ao fluxo de parcelas de rendimentos intermediárias do título. Vejamos exemplos.

Suponha um título Tigre com valor de face de R$ 1.000,00. Faltam três anos para o vencimento. A taxa de cupom é de 10% a.a. O pagamento do cupom é anual e o principal só será pago no vencimento. A taxa de juros corrente para um título com risco semelhante é de 10% a.a. (ETTJ constante). Então, o título Tigre possui os seguintes fluxos:
- pagamento de R$ 100 em um ano;
- pagamento de R$ 100 em dois anos;
- pagamento de R$ 1.100 em três anos.

O valor presente (VP) do título Tigre é:

VP título Tigre = 100 / (1,10) + 100 / (1,10)² + 1.100 / (1,10)³ = R$ 1.000.

O valor presente de cada fluxo é:
- ano 1 = 100 / 1,10 = R$ 90,91;
- ano 2 = 100 / (1,10)2 = R$ 82,64;
- ano 3 = 1.100 / (1,10)3 = R$ 826,45.

A participação do fluxo de cada ano no valor presente de cada título é:
- fluxo ano 1 = 90,91 / 1.000 = 9,1%;
- fluxo ano 2 = 82,64 / 1.000 = 8,3%;
- fluxo ano 3 = 826,45 / 1.000 = 82,6%.

Finalmente, podemos calcular a duração do título Tigre multiplicando a participação de cada fluxo pelo seu prazo em anos:

Duração do título = 9,1% × 1 + 8,3% × 2 + 82,6% × 3 = 2,74 anos.

Nota-se que, apesar de o título Tigre ter maturidade de três anos, sua *duração é menor* do que sua maturidade, pois o título tem cupons (pagamento de juros intermediários). A duração calculada revela que os fluxos de caixa periódicos prometidos pelo título são equivalentes ao desembolso de seu valor total ao final de 2,74 anos.

Quanto maior a duração, mais expostos se apresentam os títulos na mudança de taxas de juros. Da mesma forma, para títulos com maturidades iguais, quanto mais antecipado o pagamento dos juros, menor será a sensibilidade do título a variações na taxa básica de juros.

Além de considerar uma forma de prazo médio ponderado pelo valor do dinheiro no tempo, a duração mede a sensibilidade do preço de um título para uma dada variação na taxa de juros. Mas, para isso, precisamos fazer um ajuste para chegar à duração modificada (Dmod).

A razão entre a duração e o fator de juros (1 + i) é conhecida como duração modificada (Dmod).

$$Dmod = [(D) / (1 + i)]$$

Em que:
D = duração (Macaulay) do título;
i = taxa de juros esperada até o vencimento do título (supondo ETTJ constante).

Para estimar o impacto no preço do título, usamos a seguinte fórmula:

$$\text{\% no preço do título} = -D_{mod} \times \Delta i$$

Em que:
Δi = variação (em pontos-base) na taxa de juros.

Retomando o exemplo anterior, qual será a variação esperada no preço do título Tigre caso a expectativa em relação à taxa básica de juros suba 1,0% a.a.?

Neste caso, o preço do título deverá sofrer o seguinte impacto (dado que $\Delta i = 0,01$):

$$-[2,74 / (1 + 0,1)] \times 0,01 = -0,0249 = -2,49\%$$

Como o valor atual do título é de R$ 1.000, o título sofrerá uma *queda* aproximada de R$ 1.000 × 2,49% = R$ 24,90, passando a valer R$ 975,10. Se fizermos uma avaliação pelo fluxo completo descontando pela taxa de 11% a.a., o valor será de R$ 975,56.

Como explicar a diferença de R$ 0,46? Essa diferença é explicada pela forma curvilínea do gráfico de títulos de renda fixa. A duração capta apenas a declividade da linha que tangencia um determinado ponto dessa curva. Já a convexidade é uma medida de desvio entre a tangente e a curva preço/taxa do título. Essa diferença tende a ser maior quando a curvatura do título é maior (uma característica desejada pelo investidor). Além disso, à medida que aumenta a variação da taxa de juros, esse desvio também aumenta.

Da mesma forma que a duração é aplicada para um título, o gestor da tesouraria pode aplicar essa mesma técnica para estudar a variação do valor de mercado de uma carteira de renda fixa dada uma variação pequena na taxa de juros.

Se um gestor quer proteger o valor de sua carteira contra variações da taxa de juros, ele deve recorrer à técnica de imunização. Uma das formas mais simples seria usar uma estratégia oposta com a mesma sensibilidade ou duração total de seu título ou carteira.

Gestão de carregamento de ativos

De acordo com as seções anteriores, a tesouraria precisa garantir que suas taxas de aplicações sejam, em média, superiores às suas taxas de captações. Essa não é uma tarefa fácil, uma vez que os prazos de empréstimos e aplicação são diferentes na prática. Dadas essas características inerentes aos negócios do banco, a tesouraria precisa administrar descasamentos de prazos entre ativos e passivos do banco em função da potencial variação de taxas de juros.

Esse processo de administração requer a conversão das operações financeiras realizadas, tanto no ativo como no passivo, com datas prefixadas em fluxos. Em seguida, requer que se faça o mapeamento consolidado de todos esses fluxos. Por fim, a partir da análise de taxas, volumes, tempo e expectativas de taxas de juros, a tesouraria define a estratégia de carregamento mais adequada.

De acordo com Securato (2008), há dois principais tipos de descasamento. O primeiro é *long gap* ou descasamento positivo, caso em que o prazo de vencimento do ativo é maior do que o prazo de vencimento do passivo, indicando que o tesoureiro acredita na queda das taxas de juros. O segundo é uma operação contrária, chamada de *short gap* ou descasamento negativo. Nesse caso, o prazo de vencimento do ativo é menor que o prazo de vencimento do passivo.

Exemplo 1: long gap — *descasamento positivo*

Suponhamos que o banco Tatu, no início do dia 0 (hoje), emprestou a seu cliente corporativo o valor de R$ 1.000.000, a uma taxa DI prefixada de 10,80% ao ano, com vencimento em cinco dias úteis.

Como a expectativa do banco é de queda na taxa CDI nos próximos dias, para obter recursos para tal empréstimo o banco Tatu decide efetuar captações diárias à taxa DI. Assim, a cada dia até o vencimento do empréstimo feito no dia 0, o banco Tatu paga a captação feita no dia anterior captando novos recursos à taxa DI do dia.

Simulamos os fluxos financeiros para os próximos cinco dias úteis considerando as seguintes taxas DI anualizadas em cada dia útil:

	D0	D1	D2	D3	D4	D5
Taxa DI (% a.a.)	10,80	10,70	10,70	10,60	10,50	10,50

Como o banco emprestou a seu cliente à taxa prefixada, o banco Tatu já sabe que receberá R$ 1.002.036,92 no vencimento (daqui a cinco dias úteis):

R$ 1.002.036,92 = R$ 1.000.000,00 × ((1+0,1080)^(5/252))

Os fluxos da tesouraria do banco Tatu nos próximos dias serão:
- **Dia 0:** no dia 0 (hoje) o banco Tatu irá emprestar a seu cliente (uma aplicação) R$ 1.000.000 a uma taxa DI prefixada de 10,80% a.a.,

para resgate em cinco dias úteis, ou seja, há uma saída de caixa no respectivo valor.

No mesmo dia, o banco tomará recursos, também no valor de R$ 1.000.000, à taxa DI vigente, para pagamento no dia seguinte, e esse movimento representa uma entrada de recursos. Assim, o saldo de caixa da operação nesse dia é zero.

- **Dia 1**: no dia seguinte, dia 1, o banco Tatu irá pagar sua captação de R$ 1.000.000 com juros, totalizando R$ 1.000.403,47 (R$ 1.000.000 × ((1 + 10,70%)^(1/252))), e irá novamente captar o montante pago, R$ 1.000.403,47, à taxa DI vigente para pagamento no dia seguinte. Como a entrada de caixa foi equivalente à saída, o saldo de caixa da operação no dia 1 também foi zero.

- **Dia 2**: no dia seguinte, dia 2, o banco Tatu irá pagar sua captação de R$ 1.000.403,47 com juros, que totaliza R$ 1.000.807,10 (R$ 1.000.403,47 × ((1 + 10,70%)^(1/252))), e irá captar o montante pago, R$ 1.000.807,10, à taxa DI vigente para pagamento no dia seguinte. Como a entrada de caixa foi equivalente à saída, o saldo de caixa da operação no dia 2 também foi zero.

- **Dia 3**: no dia 3, o banco Tatu irá pagar sua captação de R$ 1.000.807,10 com juros, que totaliza R$ 1.001.207,30 (R$ 1.000.807,10 × ((1 + 10,60%)^(1/252))), e irá captar o montante pago, R$ 1.001.207,30, à taxa DI *over* vigente para pagamento no dia seguinte. Como a entrada de caixa foi equivalente à saída, o saldo de caixa da operação no dia 3 foi zero.

- **Dia 4**: no dia 4, o banco Tatu irá pagar sua captação de R$ 1.001.207,30 com juros, que totaliza R$ 1.001.604,07 (R$ 1.001.207,30 × ((1 + 10,5%)^(1/252))), e irá captar o montante pago, R$ 1.001.604,07, à taxa DI *over* vigente para pagamento no dia seguinte. Como a entrada de caixa foi equivalente à saída, o saldo de caixa da operação no dia 4 foi zero.

- **Dia 5**: finalmente, no dia 5, o banco Tatu irá receber o pagamento de seu cliente, ou seja, resgatar sua aplicação inicial feita no dia 0, totalizando R$ 1.002.036.92.

  No mesmo dia, o banco Tatu deverá pagar a captação feita no dia anterior, que totaliza R$ 1.002.001,00 (R$ 1.001.604,07 × ((1 + 10,5%)^(1/252))). Nesse caso, a entrada de caixa, R$ 1.002.036.92, superou a saída, R$ 1.002.001,00. Portanto, o saldo de caixa no final da operação foi de R$ 35,93 (R$ 1.002.036.92 − R$ 1.002.001,00).

Podemos ver todas as movimentações de caixa da tesouraria na tabela 5.

TABELA 5
CENÁRIO: AUMENTO DE TAXA DI NOS PRÓXIMOS DIAS

MOVIMENTAÇÕES	D0	D1	D2	D3	D4	D5
Aplicação inicial (empréstimo para cliente)	(1.000.000,00)	—	—	—	—	—
Captação diária	1.000.000,00	1.000.403,47	1.000.807,10	1.001.207,30	1.001.604,07	—
Pagamento da captação dia anterior	—	(1.000.403,47)	(1.000.807,10)	(1.001.207,30)	(1.001.604,07)	(1.002.001,00)
Resgate da aplicação inicial (cliente paga sua dívida)	—	—	—	—	—	1.002.036,92
Saldo	—	—	—	—	—	35,93
Taxa DI (a.a.)	*10,80%*	*10,70%*	*10,70%*	*10,60%*	*10,50%*	*10,50%*

Portanto, o banco Tatu estruturou um *long gap* (situação na qual o prazo de vencimento do ativo é maior do que o do passivo) e conseguiu obter um lucro nessa operação, fixando a taxa (prefixada) na ponta ativa e acertando na queda da taxa de juros em suas sucessivas captações diárias. Embora a operação tenha sido bem-sucedida dessa vez, ela poderia ter gerado prejuízo se a taxa de juros tivesse aumentado.

Exemplo 2: short gap — ***descasamento negativo***

Agora, suponhamos uma situação oposta. O prazo de vencimento do ativo é menor do que o prazo de vencimento do passivo. O banco Tatu, no início do dia 0 (hoje), fez uma captação com vencimento em cinco dias úteis, no valor de R$ 1.000.000, à uma taxa DI prefixada de 10,80% a.a. *over*.

Visando aproveitar um aumento na taxa de juros nos próximos dias, o banco Tatu decide efetuar aplicações diárias à taxa DI *over* vigente. Em outras palavras, o banco resgata a aplicação feita no dia anterior e reinveste novos recursos à taxa DI *over* do dia. Essa operação se repete até a data de vencimento da captação.

Ao simular os fluxos financeiros da tesouraria para os próximos cinco dias úteis, considera-se o seguinte cenário de taxa DI em cada dia útil:

	D0	D1	D2	D3	D4	D5
Taxa DI (% a.a.)	10,80	11,000	11,00	11,20	11,30	11,30

Dia 0: no dia 0 (hoje) o banco irá captar R$ 1.000.000 a uma taxa DI prefixada de 10,80% a.a. para pagamento em cinco dias úteis, ou seja, há uma entrada de caixa no respectivo valor.

No mesmo dia, o banco aplica o montante captado no valor de R$ 1.000.000 à taxa DI vigente para resgate no dia seguinte, e este movimento representa uma saída de recursos. Assim, o saldo de caixa da operação nesse dia é zero.

- **Dia 1**: no dia seguinte, dia 1, o banco irá resgatar sua aplicação de R$ 1.000.000 com juros, que totaliza R$ 1.000.414,21 (R$ 1.000.000 × ((1 + 11%)^(1/252))), e irá novamente aplicar esse montante, R$ 1.000.414,21, à taxa DI *over* vigente para resgate no dia seguinte. Como a entrada de caixa foi equivalente à saída, o saldo de caixa da operação no dia 1 também foi zero.

- **Dia 2**: no dia seguinte, dia 2, o banco irá resgatar sua aplicação de R$ 1.000.414,21 com juros, que totaliza R$ 1.000.828,60 (R$ 1.000.414,21 × ((1 + 11%)^(1/252))), e irá aplicar esse montante, R$ 1.000.828,60, à taxa DI vigente para resgate no dia seguinte. Como a entrada de caixa foi equivalente à saída, o saldo de caixa da operação no dia 2 também foi zero.

- **Dia 3**: no dia 3, o banco irá resgatar sua aplicação de R$ 1.000.828,60 com juros, que totaliza R$ 1.001.250,31 (R$ 1.000.828,60 × ((1 + 11,2%)^(1/252))), e irá aplicar esse montante, R$ 1.001.250,31, à taxa DI *over* vigente para resgate no dia seguinte. Como a entrada de caixa foi equivalente à saída, o saldo de caixa da operação no dia 3 foi zero.

- **Dia 4**: no dia 4, o banco irá resgatar sua aplicação de R$ 1.001.250,31 com juros, que totaliza R$ 1.001.675,76 (R$ 1.001.250,31 × ((1 + 11,3%)^(1/252))), e irá aplicar esse montante, R$ 1.001.675,76, à taxa DI *over* vigente para resgate no dia seguinte. Como a entrada de caixa foi equivalente à saída, o saldo de caixa da operação no dia 4 foi zero.

- **Dia 5**: finalmente, no dia 5, o banco irá pagar sua captação inicial feita no dia 0 totalizando R$ 1.002.036,92 (R$ 1.002.036,92 = R$ 1.000.000 × (1 + 10,80%)^5/252).

No mesmo dia, o banco deve resgatar a aplicação feita no dia anterior, que totaliza R$ 1.002.101,40 (R$ 1.001.675,76 × ((1 + 11,30%)^(1/252))). Nesse caso, a entrada de caixa, R$ 1.002.101,40, foi superior à saída, R$ 1.002.036,92. Portanto, o saldo de caixa no final da operação foi de R$ 64,48 (R$ 1.002.101,40 − R$ 1.002.036,92).

Podemos ver todas as movimentações de caixa da tesouraria na tabela 6.

TABELA 6
CENÁRIO: AUMENTO DE TAXA DI NOS PRÓXIMOS DIAS

MOVIMENTAÇÕES	D0	D1	D2	D3	D4	D5
Captação inicial	1.000.000,00	—	—	—	—	—
Aplicação diária	(1.000.000,00)	(1.000.414,21)	(1.000.828,60)	(1.001.250,31)	(1.001.675,76)	—
Resgate da aplicação diária	—	1.000.414,21	1.000.828,60	1.001.250,31	1.001.675,76	1.002.101,40
Pagamento da captação inicial	—	—	—	—	—	(1.002.036,92)
Saldo	—	—	—	—	—	64,48
Taxa DI (a.a.)	10,80%	11,00%	11,00%	11,20%	11,30%	11,30%

Note que no dia 5, quando a aplicação inicial for resgatada, o banco obterá um resultado positivo somente se a taxa DI aumentar. Assim como no exemplo anterior, o banco Tatu estava correndo risco de taxa de juros. Nesse caso, no sentido oposto.

Considerações finais

Complementando outros capítulos deste livro, o presente capítulo discutiu o papel da tesouraria na gestão de negócios do banco. Além de analisar suas conexões com as atividades de outras áreas da instituição, apresentamos os princípios norteadores das principais operações da tesouraria, tais como carregamentos de ativos, apreçamento de ativos e arbitragem.

Discutimos também as ferramentas de gestão de títulos de renda fixa, como a construção da estrutura temporal de taxas de juros (ETTJ), o cálculo de taxas a termo, o mapeamento de fluxos de caixa e a análise do efeito de variações nas taxas de juros sobre o valor da carteira.

Portanto, abordamos uma visão geral e sintetizamos a racionalidade da literatura nacional e internacional sobre os principais aspectos da gestão de tesouraria. Esperamos que este capítulo ajude a mostrar ao leitor um pouco mais sobre o mundo fascinante da tesouraria e também suas implicações nos resultados do banco.

Referências

BODIE, Z.; KANE, A.; MARCUS, A. *Investimentos*. 8. ed. Nova York: McGraw Hill, 2010.

DUARTE JÚNIOR, A. M.; MOREIRA, R. L. Administração das tesourarias nos bancos brasileiros sob o Novo Acordo de Capital da Basileia. *Revista de Administração (RAUSP)*, São Paulo, v. 40, n. 1, p. 96-102, jan./fev./mar. 2005.

FABOZZI, F. J. *Bond markets, analysis and strategies*. 8. ed. Upper Saddle River: Prentice Hall, 2012.

FRALETTI, P. B. *Ensaios sobre taxas de juros em reais e sua aplicação na análise financeira*. 2004. 171 f. Tese (doutorado em administração) — Faculdade de Economia, Administração e Contabilidade, Universidade de São Paulo, São Paulo, 2004.

GIACOMONI, B. H.; SHENG, H. H. O impacto da liquidez nos retornos esperados das debêntures brasileiras. *Revista de Administração (RAUSP)*, São Paulo, v. 48, n. 1, p. 80-97, jan./fev./mar. 2013.

HULL, J. *Introdução aos mercados futuros e de opções*. São Paulo: BM&F, 2000.

ROSS, S. A.; JAFFE, J. F.; WESTERFIELD, R. W. *Corporate finance*. 10 ed. Nova York: McGrawHill, 2013.

SECURATO, J. R. *Cálculo financeiro das tesourarias*: bancos e empresas. 4. ed. São Paulo: Saint, 2008.

SHENG, H. H.; SAITO, R. Determinantes de *spread* das debêntures no mercado brasileiro. *Revista de Administração (RAUSP)*, São Paulo, v. 40, n. 2, p. 193-205, abr./maio/jun. 2005.

_____; _____. Liquidez das debêntures no mercado brasileiro. *Revista de Administração (RAUSP)*, São Paulo, v. 43, n. 2, p. 176-185, abr./maio/jun. 2008.

ESTUDO DE CASO

ATUAÇÃO NO MERCADO DE DERIVATIVOS AGROPECUÁRIOS

Líder do segmento, o Banco do Brasil (BB) responde hoje por 65% do crédito ao agronegócio no país, cujo volume de R$ 157 bilhões representa 22% da carteira de crédito da instituição financeira (junho/2014).

A gestão financeira no agronegócio não é uma tarefa fácil, pois o agronegócio trabalha com produtos e atividades que possuem riscos em toda a sua cadeia produtiva. Tais riscos influenciam significativamente a estabilidade dos fluxos de caixa desses empreendimentos produtivos e, entre os mais críticos, estão: risco de produção, risco de mercado e risco financeiro.

Atualmente, grande parte do volume de crédito ao agronegócio concedido pelo Banco do Brasil conta com mitigadores de risco de preço e de quebra de safra, frutos dos esforços envidados na desmistificação dos instrumentos de proteção.

Historicamente, por resistência ou desconhecimento dos mitigadores, muitos produtores rurais se sujeitavam às intempéries e à volatilidade de preços quando da comercialização de seus produtos. Enfrentavam ciclos desvantajosos que comprometiam sua capacidade de pagamento, acarretando, em diversas situações, a necessidade de renegociações de crédito junto ao banco.

Esse é um grande desafio para a tesouraria do BB. Além de administrar o descasamento de prazo entre as operações ativas e passivas, a tesouraria precisa garantir que suas taxas de aplicação sejam, em média, superiores às suas taxas de captação. Uma volatilidade acentuada desses fatores de risco nas operações de seus clientes pode impactar na estratégia de carregamento de ativos da tesouraria.

Visando reverter tal quadro, o BB abriu várias frentes, decidido a disseminar a educação financeira e incentivar os clientes do agronegócio a utilizarem mitigadores de risco para compensar eventuais prejuízos.

Presente em diversas cidades em que predomina a economia agropecuária, o Banco do Brasil assumiu o papel de facilitador no uso de instrumentos derivativos como ferramenta de proteção de preços, com presença em diversos eventos, ministrando treinamentos ligados ao tema e dirimindo dúvidas porventura existentes através dos profissionais de sua rede de agências.

Na BM&FBovespa, o BB, através de sua tesouraria, oferece aos clientes a intermediação de contratos futuros que requerem aporte de garantias, gerenciamento do fluxo de ajustes diários e padronização do tamanho dos contratos.

Outro instrumento de proteção financeira de sucesso oferecido pela tesouraria é o lançamento de opções agropecuárias (café, boi gordo, milho e soja), tendo popularizado as contratações desses produtos junto à bolsa e facilitando sobremaneira a vida do produtor rural, visto que exigem somente o pagamento de prêmio, sem ensejar outras movimentações financeiras até seu vencimento.

Considerando as diversas exigências requeridas pelos produtos registrados na bolsa, o BB também passou a disponibilizar a proteção de preços através de instrumentos derivativos no mercado de balcão.

Os contratos chamados de "termo de mercadorias" (café, soja, milho e boi gordo) beneficiam principalmente os clientes de pequeno e médio portes, uma vez que os ajustes só ocorrem na data de vencimento e admitem quantidades mais flexíveis que as da bolsa, dispensando o aporte de garantias e o pagamento de ajustes diários.

Os principais instrumentos de proteção financeira oferecidos pela tesouraria no mercado de agronegócios são os seguintes:

(a) Registrados na BM&FBovespa:
- contrato futuro de café, boi gordo, milho e soja;
- opções agropecuárias de café, boi gordo, milho e soja.

(b) Registrados na Cetip (mercado de balcão):
- termo de mercadorias de boi gordo e milho referenciado na BM&FBovespa;
- termo de mercadorias de café e soja referenciado na BM&FBovespa ou em bolsas no exterior.

A gestão da tesouraria é um grande desafio. Ao oferecer a proteção financeira aos clientes, o Banco do Brasil assume posições que precisam ser geridas tempestivamente, podendo recorrer, se necessário, às bolsas de mercadorias e futuros do Brasil e do exterior. Além da complexidade desse mercado, a tesouraria precisa também administrar os descasamentos e a dinâmica entre as captações e aplicações de recursos, entre outras funções.

Afora os benefícios ao mercado, os derivativos agropecuários se comprovaram bastante vantajosos para ambas as partes. Os clientes mitigam seus riscos e, por garantirem sua capacidade de pagamento, podem acessar custos menores na obtenção de empréstimos. O Banco, por sua vez, amplia seu relacionamento com os clientes desse segmento e reduz os índices de inadimplência e a necessidade

ESTUDO DE CASO

de constituição de provisões, qualificando a carteira de crédito com impactos positivos na estrutura patrimonial da instituição.

Dessa forma, o papel da tesouraria é fundamental para apoiar o banco na execução da política agrícola no Brasil, tornando-se um dos grandes indutores de *hedge* no país, provendo liquidez à BM&FBovespa e figurando como contraparte em muitos negócios do mercado de balcão. No primeiro momento, uma ação bem-sucedida foi o treinamento e a assessoria que o banco, suas agências e seus profissionais proporcionaram aos atores agropecuários. Em um segundo momento, o sucesso está ligado ao lançamento de produtos e serviços, como as opções agropecuárias.

Por fim, em uma visão de presente e futuro, a tesouraria, de forma global no que tange ao mercado de derivativos, tem o desafio permanente de inovar em soluções alternativas para atendimento pleno às necessidades de proteção financeira dos clientes e para gestão de suas posições.

REGULAÇÃO E SUPERVISÃO BANCÁRIA

Rafael F. Schiozer
Carlos Alberto Decotelli da Silva

Os bancos, seu valor social e suas fragilidades

O desenvolvimento do mercado bancário e de capitais é um facilitador do crescimento econômico (King & Levine, 1993; Rajan & Zingales, 1998), pois os bancos são fundamentais para a maior eficiência do fluxo de recursos entre agentes na economia. Como intermediadores financeiros, envolvem-se em dois tipos de atividades: captação de depósitos e de crédito. Os bancos são instituições especiais, pois conseguem dar liquidez a seus depositantes, ao mesmo tempo em que propiciam uma forma única de financiamento a empresas, empreendedores e pessoas físicas.

O valor social de um banco está ligado: a) a seu papel de seleção e monitoramento dos tomadores; b) a sua capacidade de transformar prazos e prover liquidez (isto é, financiar-se com passivos que dão liquidez aos seus depositantes e aplicar em operações de crédito de maior prazo) — implícita neste segundo papel está a criação de moeda, por meio do chamado "multiplicador bancário". Por outro lado, essa característica de provedor de liquidez é também a fragilidade fundamental de um banco: caso grande parte dos depositantes demande seus depósitos ao mesmo tempo (uma corrida bancária), o banco poderá não ter ativos líquidos em quantidade suficiente para honrar imediatamente todos os saques.

Diamond e Dybvig (1983) mostram que as corridas bancárias podem ocorrer espontaneamente, a partir de um pânico resultante da informação de que depositantes estão sacando seus recursos. Outros poupadores, ainda que acreditem que o banco seja solvente e economicamente saudável, podem sacar seus depósitos se entenderem que os saques dos demais depositantes causariam prejuízo ao banco, por conta da necessidade de vender rapidamente seus ativos ilíquidos para fazer frente aos saques. As corridas causadas por pânico têm um custo social alto, pois os serviços fornecidos pelos bancos são interrompidos. Nessas circunstâncias, o papel de um Banco Central como fornecedor de liquidez aos bancos passa a ser muito importante para minimizar seus efeitos. Além do papel de provedor de liquidez, os bancos centrais incorporaram outras funções ligadas à estabilidade financeira e ao controle de oferta e demanda de moeda na economia ao longo da história.

Este capítulo explica as razões pelas quais os mercados financeiros são regulados e descreve as principais atividades dos bancos centrais. Ele é composto de sete partes, incluindo esta introdução. A segunda parte mostra a evolução dos sistemas bancários e o surgimento de bancos centrais; a terceira discute as razões pelas quais o setor financeiro precisa ser regulado; a quarta mostra os aspectos legais da regulação financeira no Brasil; a quinta detalha as funções exercidas pelos bancos centrais; a sexta foca nas diretrizes estabelecidas pelos acordos de Basileia; e a sétima apresenta as tendências e desafios da regulação para o futuro e as considerações finais.

A origem e a evolução do sistema bancário e o surgimento dos bancos centrais

A figura dos bancos e a sua atuação na concessão de empréstimos e no recebimento de depósitos são bastante antigas. Kashyap, Rajan e Stein (2002) mostram, num contexto histórico, que há sinergias entre os dois tipos de atividades que explicam por que as atividades de captação de depósitos e a concessão de crédito existem sob o mesmo teto. Entretanto, tais instituições somente passam a despertar nosso interesse analítico a partir do momento em que passaram a criar moeda, justificando a eventual necessidade de um Banco Central.

A origem dos modernos bancos, no sentido atual de instituições financeiras criadoras de moeda, remonta à Inglaterra de meados do século XVII, quando recibos de depósitos de bancos de maior credibilidade passaram a circular como meio de pagamento. Assim, a partir dessa época começaram a se popularizar as cédulas bancárias, que passaram a concorrer com as moedas metálicas cunhadas pelos governos.

Em sua origem, os assim considerados primeiros "bancos centrais" eram, na realidade, bancos comerciais com o poder de emitir papel-moeda na forma de cédulas bancárias. O que em geral distinguia tais bancos surgidos entre os séculos XVII e XIX era a troca de empréstimos ao governo por privilégios na emissão monetária.

O Banco da Inglaterra, já em sua fundação, em 1672, como contrapartida de empréstimos ao governo, recebeu a concessão para explorar com exclusividade essa atividade emissora na região de Londres, o que lhe deu amplo predomínio sobre os negócios bancários ingleses.

Na França, o primeiro registro de um banco emissor foi em 1716, com a concessão de monopólio de emissão de notas bancárias ao Banque Générale, que faliu depois de cinco anos por excesso de emissões. Depois, apenas em 1776 foi autorizado um novo banco emissor (Caisse d'Escompte), que apresentou problemas por excesso de empréstimos ao governo, o que determinou o curso forçado de suas notas em 1788.

Inicialmente, em 1789, emitidos como títulos governamentais com lastro em terras desapropriadas da Igreja, os "assignats" se tornaram moeda de curso forçado em 1790. O descontrole na emissão desse papel-moeda para o financiamento de déficits governamentais levou a França a um episódio hiperinflacionário no final do século, em 1795 e 1796. Após o colapso dos "assignats", banqueiros privados fundaram em 1797 o "Caisse des Comptes Courants". Por estímulo de Napoleão, tal banco emissor foi fechado e foi fundado o Banco da França (1800), que em 1803 recebeu o monopólio de emitir notas bancárias na região de Paris.

O Riksbank da Suécia, fundado em 1668, é considerado o mais antigo Banco Central do mundo, consolidando sua posição de monopolista na emissão de notas bancárias pela simples razão de ser o único banco operando na Suécia até 1830. É interessante observar que o Riksbank, apesar de público, era independente do Executivo, funcionando sob a supervisão do Parlamento.

O Banco Nacional da Dinamarca foi fundado em 1736, com a concessão de emitir notas bancárias, tendo sido estatizado em 1773. O financiamento do esforço de guerra no período 1807-14 levou-o à insolvência em 1813, o que fez com que o governo formalmente criasse, naquele mesmo ano, um novo banco público (Rigsbank), que ao ser privatizado em 1818, recebeu também o nome de Banco Nacional da Dinamarca.

Apesar de os "bancos centrais" acima terem origem mais remota, até o início do século XIX eles eram em geral bancos privados, como outros bancos com privilégios de emissão de notas que surgiram na época em várias regiões da Europa.

Entretanto, notadamente a partir do século XIX, o que passou a dar a alguns desses bancos emissores características de bancos centrais foi o fato de passarem a operar como banco dos bancos. Por exemplo, o Banco da Inglaterra já atendia como emprestador de última instância a outros bancos em 1825.

Provavelmente por sua credibilidade e posição privilegiada nas praças em que operavam, tais "bancos centrais" naturalmente começaram a ser o local onde as demais instituições financeiras passaram a liquidar suas operações interfinanceiras.

Nesse sentido, os serviços de compensação e liquidação financeira (*clearing house*) oferecidos pelos "bancos centrais" tiveram um papel importante para a consolidação de sua característica de "banco dos bancos". Isto porque os demais bancos passaram a depositar substancial parcela de suas reservas monetárias (ouro) nesses "bancos centrais" à medida que suas transações mais volumosas passaram a ser liquidadas por intermédio da compensação realizada por aquelas instituições.

Assim, a partir dos serviços de compensação e liquidação financeira, os demais bancos passaram a ser importantes depositantes (clientes) dos bancos centrais. E como os bancos se transformaram em importantes depositantes, naturalmente os "bancos centrais" também passaram a ser "emprestadores de última instância".

Os empréstimos dos bancos centrais aos bancos, evidentemente, só faziam sentido porque já se admitia que essas instituições financeiras trabalhassem em regime de reservas fracionárias (isto é, os bancos possuíam menos ativos líquidos do que passivos demandáveis no curto prazo). Entretanto, dada sua natural cautela de banqueiros na concessão de empréstimos, os bancos centrais evidentemente deviam exigir garantias em seus empréstimos (apenas redescontavam títulos de primeira linha), passaram a acompanhar a saúde financeira de seus clientes (cadastro) e, provavelmente, em função da similaridade de suas atividades, impor normas mínimas de conduta (nível mínimo de reservas em relação aos depósitos).

Todas essas atividades que esses bancos foram paulatinamente assumindo, seja na emissão de notas bancárias, seja no atendimento aos outros bancos, acabaram por lhes definir suas duas grandes responsabilidades: estabilidade monetária e estabilidade do sistema bancário e financeiro.

Ao passarem a centralizar o recebimento das reservas dos demais bancos, atividade que se somava ao papel de emissão de papel-moeda, tais bancos passaram a deter todas as características necessárias para assumir o controle monetário dos seus países. Ou seja, já eram bancos centrais, faltando-lhes somente assumir esse controle.

Não só por ser um "banco dos bancos", mas principalmente por assumir um papel central no sistema de pagamentos do país, coube a esses primeiros bancos centrais zelar pela saúde do sistema monetário, o que é a origem de seu papel e do governo na estabilidade do sistema bancário e financeiro. E esse foi, de fato, o primeiro papel público importante assumido por essas instituições, dadas as recorrentes crises bancárias ocorridas no século XIX e início do século XX.

Na época, o ouro era a moeda por excelência, e a regra do padrão-ouro funcionava como mecanismo automático de ajuste dos balanços de pagamento. Nos períodos de superávit externo havia poucos riscos de crises bancárias, pois crescia a oferta de moeda e da demanda agregada, favorecendo a atividade bancária. Já no período de déficits externos, os riscos de crises bancárias eram maiores, notadamente pelo fato de os bancos trabalharem com reservas fracionárias.

Se, por um lado, a criação de moeda pelos bancos beneficiou o crescimento econômico a partir do século XIX, esse mesmo fenômeno deu origem a diversas crises. A redução no meio circulante, obrigada pelo regime monetário vigente, evidentemente não atingia a todos os bancos da mesma forma. Ressabiada, a população tentava proteger seu dinheiro, sacando os depósitos de seu banco ao menor sinal de dificuldade com que ele se defrontasse. Nessas circunstâncias, o papel protetor de um Banco Central como emprestador de última instância passou a ser muito importante para minimizar corridas bancárias desestabilizadoras.

O seguro-depósito é também um mecanismo que elimina o receio dos depositantes de perder seu capital em caso de falência do banco. Golembe (1960) argumenta que foi esse o motivo que levou os principais bancos de Nova York a criarem um esquema de seguro-depósito em 1829, o primeiro esquema formal bem-documentado desse serviço (embora haja evidência histórica da existência de esquemas informais de cosseguro entre bancos europeus pelo menos desde o século XVI).

O New York Safety Fund era financiado por contribuições de instituições financeiras membro, e era regulado pelo governo estadual (Calomiris, 1990). Nos primeiros anos, o sistema funcionou bem, capaz de dar conta de um pequeno número de falências bancárias. Entre 1837 e 1841, as perdas passaram a corroer o patrimônio do fundo, até que, em 1842, ele se tornou insolvente devido ao grande número de falências e deixou de ser capaz de cobrir as perdas enfrentadas por depositantes de bancos falidos. Allen e colaboradores (2011) mostram que outros estados norte-americanos, como Michigan, Vermont, Iowa e Indiana, seguiram o exemplo de Nova York nos anos 1830 ao estabelecerem seus fundos para garantia de depósitos, e apenas o fundo de Indiana não teve um final desastroso, pois havia adotado um monitoramento mais efetivo dos bancos participantes do esquema de seguro.

Justificativas para a existência de reguladores no mercado financeiro

As atividades econômicas e empresariais devem ser reguladas quando pelo menos um dos três problemas for grave (Tarullo, 2008):

1. Num determinado setor, existirem barreiras naturais que limitem a competição de mercado. A regulação deve focar em evitar que as empresas exerçam poder de monopólio ou oligopólio.
2. Houver muita assimetria de informação entre as empresas e seus consumidores (isto é, se os consumidores não tiverem a *expertise* necessária para entender completamente os produtos que estão utilizando e seus riscos). Os consumidores, nesses casos, estariam sujeitos a abusos que devem ser coibidos pelo regulador.
3. Os custos sociais de externalidades negativas serem maiores do que os custos privados dessas externalidades.

Um exemplo do terceiro tipo de problema no mercado financeiro é a falência de uma instituição, que pode levar a uma quebra de confiança em todo o sistema bancário, culminando em uma interrupção de serviços essenciais para o bom funcionamento da economia e uma redução drástica na oferta de crédito, com consequências econômicas e sociais graves. Loyola (2010) mostra que todos os três problemas existem nos mercados financeiros e são interdependentes. Por exemplo, num mercado bancário com baixa competição, a falência de um banco torna o problema de contágio ainda mais grave.

No mercado bancário, duas são as ordens de questões que justificam a existência de um Banco Central e pautam sua atuação: a primeira ligada à estabilidade interna e externa da moeda (execução das políticas monetária e cambial) e outra ligada à estabilidade do sistema bancário e financeiro (supervisão e regulação prudencial).

Apesar da importância concedida pelos economistas clássicos ao papel da moeda na inflação e nas transações internacionais, e também em função da própria visão que tinham, é interessante observar que o controle da oferta monetária agregada e do câmbio não era uma preocupação diuturna dos primeiros bancos centrais no século passado.

Nessa época, a preocupação era com o lastro (ouro e prata) do papel-moeda emitido e sua conversibilidade, visto que a moeda era entendida como uma mercadoria com valor intrínseco, o que de certa maneira era a forma de garantir a estabilidade dos preços. Como o ouro era a moeda por excelência para as transações internacionais, as taxas de câmbio eram naturalmente fixas, funcionando também o regime monetário do padrão-ouro como estabilizador automático dos balanços de pagamento.

> Estes bancos em nenhum grau conseguem controlar o valor permanente da moeda, mas podem controlar completamente seu valor momentâneo. Eles não podem mudar o valor médio, mas podem determinar desvios quanto à média. Se a administração do banco dominante errar, a taxa de juros será por vezes excessivamente alta e por vezes excessivamente baixa: inicialmente teremos uma excitação perniciosa, e depois um colapso fatal. Mas se eles a administram bem, a taxa de juros não se desviará muito da taxa média, não subirá tão alto e nem baixará muito. O valor da moeda será tão estável quanto possível e, provavelmente, como consequência, o comércio também será estável — ao menos a principal causa de distúrbios periódicos seria eliminada [Bagehot, 1873].

Posteriormente, com a crescente importância do crédito e das instituições monetárias e financeiras, bem como o desenvolvimento da própria teoria econômica, as moedas nacionais foram paulatinamente perdendo suas características de "mercadoria" ou conversibilidade (padrão-ouro) e assumido características fiduciárias, o que aumentou a importância, a responsabilidade e os conflitos em torno da moeda e das funções dessas instituições.

> Estas, então, são as características da moeda que justificam a intervenção governamental: o custo dos recursos imobilizados numa moeda mercadoria e, portanto, sua tendência a tornar-se fiduciária; a peculiar dificuldade em aceitar contratos envolvendo promessas de pagamento que sirvam como meio de troca e evitar fraudes em relação aos mesmos; a característica de monopólio de uma moeda fiduciária, o que torna essencial estabelecer limites a seu montante; e, por fim, as características peculiares da moeda, já que sua emissão tem importantes efeitos em segmentos outros que não os diretamente envolvidos na transação [Friedman, 1960:8].

Com a quebra do padrão-ouro-dólar nos anos 1970, o papel dos bancos centrais como promotores da estabilidade financeira ganhou proeminência. Começava a ficar claro que as atividades de regulação prudencial e de política monetária eram interdependentes e necessitavam de coordenação:

Eu posso lhes dizer que um Banco Central, ao menos na América, não gosta de ser inibido na condução da política monetária por fragilidade nos bancos. A melhor forma de assegurar de que tal fragilidade não exista ou que seja minimizada é possuir responsabilidade na supervisão. De fato, dependendo do país — mas verdadeiro em alguma medida nos Estados Unidos — o Banco Central possui uma considerável autoridade supervisora pela mera razão de que frequentemente opera através de empréstimos a estas instituições. E se ele empresta a estas instituições, ele quer ter alguma segurança de que será pago, e de que está emprestando para uma instituição líquida e solvente. Quanto mais um Banco Central opera emprestando aos bancos e outras instituições, mais importante se torna deter uma adequada autoridade supervisora, não só por razões prudenciais, mas também por razões de política monetária [Volcker, 1991].

Iniciativas internacionais, como os acordos de Basileia (descritos mais à frente neste capítulo), passaram a dar diretrizes para que os bancos centrais de todo o mundo promovessem a estabilidade financeira. Nos últimos anos, em especial diante das graves consequências da crise financeira global iniciada em 2007, ficou clara a necessidade da ampliação da atividade de estabilização financeira promovida pela ação dos bancos centrais. O terceiro acordo de Basileia, que procura contemplar problemas diagnosticados na crise financeira global, tem os objetivos essenciais de diminuir a chance de ocorrência de crises financeiras e mitigar seus efeitos nefastos para a economia.

Aspectos legais da regulação financeira no Brasil

Do ponto de vista legal, a atuação dos diversos órgãos reguladores do Sistema Financeiro decorre do cumprimento de leis que atribuem suas competências. O quadro 1, adaptado de Perini (2009), traz um resumo dos instrumentos legais (leis e decretos) que tratam do sistema financeiro e sua regulação, de um ponto de vista histórico.[1]

---

[1] O foco desta seção é a legislação sobre o mercado bancário e o escopo de atuação do Banco Central. Há outras leis que disciplinam a regulação das atividades do mercado de capitais e valores mobiliários, de seguros e previdência complementar, regulados respectivamente pela CVM, Susep e Previc.

QUADRO 1

PRINCIPAIS LEIS QUE DELIMITAM A ATUAÇÃO DOS ÓRGÃOS REGULADORES DO SISTEMA FINANCEIRO NACIONAL

INSTRUMENTO	PROBLEMA	SOLUÇÃO
Lei da Correção Monetária (nº 4.357/1964)	Historicamente, a inflação brasileira superava os 12% ao ano e, com base no Direito Canônico, a lei de usura limitava o juro a 12%. As empresas e indivíduos preferiam aplicar seus recursos disponíveis em alternativas, adiando, inclusive, o pagamento de suas obrigações tributárias. A inflação também limitava a capacidade do Poder Público de financiar-se mediante a emissão de títulos próprios, impondo a emissão primária de moeda para satisfazer as necessidades financeiras. Além disso, os valores históricos de demonstrativos financeiros deixavam de espelhar adequadamente a realidade econômica, novamente com consequências para o Tesouro, tendo em vista a redução da carga tributária, e para os potenciais investidores.	A Lei instituiu normas para indexação de débitos fiscais, criou títulos públicos federais com cláusula de correção monetária (ORTN) — destinados a antecipar receitas, cobrir o déficit público, promover investimentos e alocar fundos para indenizações trabalhistas nas empresas.
Lei do Plano Nacional da Habitação (nº 4.380/1964)	A recessão econômica dos anos 1960 aumentava a massa de trabalhadores com pouca qualificação e o Estado não tinha condições de criar ou fomentar diretamente postos de trabalho para essa mão de obra. Uma alternativa seria a criação de empregos na construção civil.	Foi criado o Sistema Brasileiro de Poupança e Empréstimo (SBPE) e o Banco Nacional da Habitação (BNH), como seu órgão gestor, destinado a fomentar a construção de casas populares e obras de saneamento e infraestrutura urbana, com moeda própria (UPC — Unidade Padrão de Capital) e seus próprios instrumentos de captação de recursos — Cédulas Hipotecárias, Letras Imobiliárias e Cadernetas de Poupança. Posteriormente, a esses recursos foram adicionados os do FGTS — Fundo de Garantia por Tempo de Serviço.
Lei da Reforma do Sistema Financeiro Nacional (nº 4.595/1964)	Os órgãos de aconselhamento e gestão da política monetária, de crédito e finanças públicas concentravam-se no Ministério da Fazenda, na Superintendência da Moeda e do Crédito — SUMOC e no Banco do Brasil, e essa estrutura não correspondia aos crescentes encargos e responsabilidades na condução da política econômica.	Foi criado o Conselho Monetário Nacional — CMN, e a SUMOC foi transformada no Banco Central do Brasil. Foram também estabelecidas normas operacionais, rotinas de funcionamento e procedimentos da autarquia, que tem poderes para executar a política monetária e fiscalizar instituições financeiras.

continua

INSTRUMENTO	PROBLEMA	SOLUÇÃO
Lei do Mercado de Capitais (nº 4.728/1965)	O processo de popularização do investimento estava contido em função da nítida preferência dos investidores por imóveis de renda e de reserva de valor. Ao governo interessava a evolução dos níveis de poupança internos e o seu direcionamento para investimentos produtivos.	Estabelecimento de normas e regulamentos básicos para a estruturação de um sistema de investimentos destinado a apoiar o desenvolvimento nacional e atender à crescente demanda por crédito.
Lei da CVM (nº 6.385/1976)	Criar uma entidade que absorvesse a regulação e fiscalização do mercado de capitais, especialmente no que se referia às sociedades por ações, de capital aberto.	Foi criada a Comissão de Valores Mobiliários — CVM, transferindo do Banco Central do Brasil a responsabilidade pela regulamentação e fiscalização das atividades relacionadas ao mercado de títulos e valores mobiliários (ações, debêntures etc.).
Lei das S.A. (nº 6.404/1976)	Atualizar a legislação sobre as sociedades por ações brasileiras, especialmente quanto aos aspectos relativos à composição acionária, negociação de valores mobiliários (ações, debêntures etc.) e modernização do fluxo de informações.	Estabeleceu regras claras quanto às características, forma de constituição, composição acionária, estrutura de demonstrações financeiras, obrigações societárias, direitos e obrigações de acionistas e órgãos estatutários e legais.
Decreto do Poder Executivo, de 1986	Ao contrário dos bancos comerciais, sujeitos a limitações de caixa nas suas operações, o Banco do Brasil praticamente não tinha essa limitação, garantindo as eventuais necessidades de recursos por meio de uma conta interna ligando suas operações às do Banco Central (conta movimento). A limitação operativa do Banco do Brasil era o orçamento monetário, consoante a política monetária e creditícia ditada pelo Conselho Monetário Nacional, da qual o Banco do Brasil era um dos executores e responsáveis.	Teve fim a conta movimento que o Banco do Brasil mantinha junto ao Banco Central, deixando de ser considerado autoridade monetária. Os fornecimentos de recursos ao Banco do Brasil passaram a ser claramente identificados em orçamento, eliminando-se os suprimentos automáticos que prejudicavam a atuação do Banco Central.
Lei do Sistema de Pagamentos Brasileiro (SPB) (nº 10.214/2001)	Os resultados financeiros apurados nas operações registradas em câmaras de compensação (como Cetip, CBLC e BM&FBovespa) e da compensação de cheques e DOCs eram lançados, ao longo do dia, nas contas Reservas Bancárias dos Bancos, independentemente da existência de saldo. A existência de saldos negativos nessas contas era um risco privado assumido pelo Banco Central.	Definiu o Sistema de Pagamentos Brasileiro (SPB), as câmaras e prestadores de serviços de compensação e de liquidação. Reconhecer a compensação multilateral de obrigações (reduzindo as necessidades de liquidez intradiária dos bancos) e possibilitar a efetiva execução de garantias no âmbito desses sistemas mesmo no caso de insolvência civil de participante. O SPB inclui o monitoramento em tempo real das contas reservas bancárias pelo Banco Central, mitigando sua assunção de risco de saldo negativo nas reservas dos bancos.

Fonte: adaptado de Perini (2009).

Atuação dos bancos centrais reguladores

Atualmente, em quase todo o mundo, o Banco Central constitui a peça-chave dos sistemas financeiros. Certamente as diferenças nos ambientes políticos, econômicos, legais e administrativos se manifestam em diferenças entre bancos centrais, tanto em organização como em características e funções. Não obstante, a definição de Banco Central contida nos estatutos do Banco de Compensações Internacionais (*Bank for International Settlements*, BIS) identifica o denominador comum que distingue estas instituições, pois são "o banco de um país ao qual se tenha confiado o dever de regular o volume de moeda e de crédito". Para completar a imagem, poder-se-ia acrescentar que o Banco Central tem missão fundamental de promover a eficiência, a estabilidade e o desenvolvimento do sistema financeiro.

Nessa ordem de ideias, é evidente que a tarefa do Banco Central é de interesse público, razão pela qual sua operacionalização não pode evitar a influência governamental. Entretanto, Barro e Gordon (1983) mostram que, nos múltiplos casos de sujeição do Banco Central às políticas governamentais exageradamente expansionistas, os resultados a médio e longo prazos podem ser contrários ao próprio interesse público, e que um Banco Central autônomo mitiga o incentivo dos governos a adotar políticas expansionistas. Embora não haja consenso entre os economistas sobre qual o nível ideal de autonomia e/ou independência dos bancos centrais, fica claro que o equilíbrio sutil entre a atuação do Banco Central e a sua iniludível vinculação às políticas econômicas do governo constitui um dos pontos cruciais para seu bom desempenho em termos de estabilidade financeira e controle da inflação.

O desenvolvimento de qualquer Banco Central implica quase sempre no cumprimento das seguintes funções (BCB, 2014):
- Monopólio de emissão.
- Banco dos bancos.
- Banqueiro do governo.
- Normatizador e supervisor do sistema financeiro.
- Executor da política monetária.
- Executor da política cambial (depositário das reservas internacionais).

Essas funções não são enumeradas em ordem de importância. Sua hierarquização está aberta ao debate e não acrescentaria nada mais ao entendimento da função agregada de um Banco Central, pois na prática se entrelaçam estreitamente. Mesmo assim, deve-se enfatizar que um Banco Central não necessariamente desempenha todas elas para cumprir seus objetivos globais. Por outro lado, existem outras funções não incluídas na lista anterior, como a canalização seletiva do crédito, muito importantes na experiência dos bancos centrais latino-americanos.

Monopólio de emissão

Os sistemas monetários nacionais passaram, em sua evolução, por uma etapa de emissão múltipla, em que os diversos bancos privados detinham simultaneamente o direito de criar e colocar em circulação papel-moeda. O uso comum de notas, originadas em distintas instituições, e as crises sofridas por algumas destas levaram os governos dos países a buscar uniformidade e a exercer certo controle sobre a emissão. Tratava-se de evitar a criação excessiva de moeda, que provocava quebras bancárias e pressão inflacionária e colocava em risco a boa marcha da economia. Até os bancos sem direito de emissão, mas com passivos na forma de depósitos à vista, estariam expostos aos mesmos tipos de problemas se suas práticas não fossem prudentes.

A emissão de moeda por diversos bancos tornou-se pouco conveniente, pois haveria a necessidade de fiscalizar todos os emissores, um procedimento custoso. A redução no número de instituições a fiscalizar, bem como o interesse em participar de maneira mais direta nos lucros que a atividade de emissão gerava, levaram ao surgimento de monopólios de emissão. Ademais, concentrar no Banco Central este direito, fortaleceria a confiança no papel-moeda, assentando-se, dessa forma, a base para um sistema interno de pagamentos mais fluido.

Banqueiro dos bancos

O Banco Central realiza operações para os bancos comerciais, tais como: manter contas nas quais são depositadas reservas do sistema bancário (no Brasil, conhecida como a conta reservas bancárias); fornecer crédito a instituições com necessidades transitórias de liquidez (via operações compromissadas ou redesconto bancário); e coordenar a solução de falências bancárias. No Brasil, o Banco Central também monitora as câmaras de compensação e faz a gestão dos sistemas de pagamentos (BCB, 2014).

Os bancos comerciais têm a necessidade de manter recursos líquidos para enfrentar demandas de moeda por parte do público; estas demandas podem aumentar inesperadamente por diversas razões e surpreender alguns bancos. No caso de não existirem mecanismos para enfrentar tais situações, o risco de quebra seria muito grande, e a consequência seria uma tendência dos bancos a manter reservas líquidas muito elevadas, reduzindo sua capacidade de conceder crédito. Em muitos países, a prática bancária comum de manter reservas líquidas chegou a converter-se em requisito legal, com o estabelecimento de encaixes mínimos obrigatórios. Obrigatória ou não, a concentração das reservas do sistema bancário no Banco Central generalizou-se.

A centralização das reservas apresenta uma série importante de vantagens tanto para o sistema em seu conjunto como para cada um de seus componentes em particular. A massa de fundos concentrados define a base de uma estrutura de crédito mais ampla e elástica daquela que existiria, se considerado o mesmo montante disperso. Dessa forma, a centralização de reservas, ao ampliar as possibilidades de redesconto do Banco Central, incrementa sua capacidade de administrar a liquidez do sistema financeiro. Outra vantagem da centralização de reservas é facilitação do fluxo de pagamentos entre bancos; no Brasil, o Sistema de Transferência de Reservas (STR) é fundamental para o funcionamento eficiente do fluxo de pagamentos entre os bancos no Sistema de Pagamentos Brasileiros (SPB).

Os bancos centrais também podem atuar como fornecedores de liquidez, seja para o sistema bancário como um todo, seja para instituições específicas. Em condições normais, não é desejável que os bancos comerciais utilizem o Banco Central como fonte ampla e permanente de liquidez. Isto causaria uma redução do encaixe de efetivo e diminuiria a disponibilidade de recursos para casos de emergência em alguns bancos ou de maneira generalizada. Hoje, na maioria dos países, existem mercados de capital e/ou interbancários suficientemente desenvolvidos para ser a fonte natural de recursos de curto prazo.

Há, no entanto, situações de estresse nas quais a falta de correspondência entre a liquidez de ativos e passivos de um banco leva uma instituição à incapacidade de enfrentar demandas de recursos por parte de seus clientes, em que se fecham as fontes normais de financiamento. Assim, a existência de um Banco Central como emprestador de última instância é fundamental nesses casos, para evitar os efeitos adversos diretos da liquidação de um banco sobre outros, assim como o impacto negativo da queda na confiança do público no sistema bancário. Certamente, o apoio do Banco Central nessas situações é acompanhado de condicionalidades compatíveis com o saneamento da instituição com problemas. A visão clássica do emprestador de última instância remonta aos trabalhos clássicos de Thornton (1802) e Bagehot (1873) e é conhecida como a "regra de Bagehot": o Banco Central deveria se comprometer e fechar bancos insolventes e prover liquidez a bancos solventes, mas ilíquidos.[2] Esse tipo de comprometimento estimularia, em tese, a disciplina de mercado (monitoramento dos bancos por seus credores), pois não haveria ajuda a bancos insolventes, e mitigaria o problema do *first-come, first-served* em corridas causadas por pânico, sem incorrer nos problemas de risco moral.

No entanto, durante crises financeiras severas, em que tipicamente a assimetria de informação se exacerba (isto é, os investidores têm dificuldades em avaliar a solvência do banco), é difícil para os agentes — incluindo o próprio Banco Central — distinguirem bancos ilíquidos, mas solventes, de bancos insolventes. Goodhart (1995) afirma que bancos com dificuldades de obter liquidez no mercado secundário devem estar sob a suspeita de situação de insolvência. Por esse motivo, normalmente o acesso às linhas de liquidez do Banco Central carrega um estigma: a notícia de que um banco está acessando essas linhas de empréstimo pode originar desconfiança do mercado e, em última instância, uma corrida bancária (Mayes e Wood, 2008). O episódio envolvendo o banco Northern Rock, na Inglaterra, em 2007, sugere a validade desse estigma: quando o Northern Rock negociou uma linha especial de financiamento junto ao Banco Central, a notícia foi interpretada como quase falência, e não como uma operação de sucesso.

---

[2] Os mecanismos pelos quais os bancos centrais atuam como emprestadores de última instância variam conforme a jurisdição. A ideia central é emprestar contra colaterais ilíquidos a uma taxa ligeiramente acima da taxa observada para as captações bancárias. Ao selecionar os ativos apropriados, elegíveis para redesconto, os bancos centrais mitigam seu risco de crédito. No Brasil, o instrumento utilizado é o redesconto do Banco Central. Os redescontos intradiário e *overnight* são mais corriqueiros, e servem para gerenciar situações de iliquidez ao longo do dia ou para o dia seguinte. As operações de redesconto de 15 ou 90 dias são os instrumentos que podem ser entendidos como a visão clássica de empréstimo de última instância. Mesquita e Torós (2010) mostram que o redesconto bancário de 15 e 90 dias não foi utilizado no Brasil durante a crise de 2008 e 2009, provavelmente por conta do efeito estigma. Nos Estados Unidos o mecanismo pelo qual o Fed atua, para emprestar de última instância, é o *Federal Reserve Discount Window*. Durante a crise de 2008, foram utilizados outros mecanismos suplementares, como o programa de compras de ativos problemáticos (TARP — *Troubled Asset Relief Program*), cuja descrição foge ao escopo do presente capítulo.

Banqueiro do governo

Historicamente, os governos concediam o direito de emissão a instituições que, em muitos casos, adquiriam, como contrapartida, o compromisso de conceder-lhes empréstimos. Hoje, o Banco Central desempenha a função de principal banqueiro do governo, pois participa do manejo do seu fluxo de fundos, administra a dívida pública e as reservas internacionais do país (BCB, 2014).

Tradicionalmente, os bancos centrais eram financiadores do déficit público no curto prazo, aliando a condição de emissor de moeda à acomodação de movimentos sazonais nas despesas e receitas dos governos. Mais recentemente, vários países (incluindo o Brasil) vedaram o financiamento direto do Tesouro por bancos centrais. Nessas condições, o governo se utiliza do mercado de títulos para se financiar, e o Banco Central tem a função de atuar nesse mercado para atenuar as flutuações monetárias de curto prazo causadas pelas emissões. Neste sentido, o Banco Central desempenha também um papel muito importante, pois se coloca regularmente como agente financeiro do governo. Em muitos casos presta os serviços relacionados com a administração da dívida pública e de assessoria quanto às modalidades de endividamento de acordo com as condições dos mercados da moeda e capital.

Normatizador e supervisor do sistema financeiro

A estabilidade, a eficiência e o desenvolvimento do sistema financeiro requerem normas apropriadas e mecanismos que garantam sua observância. Na maioria dos países, a supervisão dos bancos está a cargo dos bancos centrais, em outros, as funções de executor da política monetária e de supervisão do sistema bancário são exercidas por órgãos distintos.

No Brasil, o Banco Central é o responsável pela supervisão. As Resoluções, que são normas mais gerais para o sistema financeiro, ficam a cargo do Conselho Monetário Nacional (CMN), ao passo que as normas mais específicas, que definem procedimentos e aspectos operacionais a serem seguidos pelas instituições financeiras, são editadas pelo próprio Banco Central, na forma de Circulares, Cartas-circulares, Comunicados e outros.

O Comitê de Basileia para Supervisão Bancária (BCBS, em seu acrônimo em inglês), do qual o Brasil hoje é membro, define diretrizes a serem seguidas pelos bancos centrais. Um sistema de supervisão efetivo deve ser capaz de "desenvolver, implementar, monitorar e fazer cumprir as normas sob condições econômicas normais e de estresse" (BCBS, 2012).

No Brasil, o Banco Central é o responsável pela supervisão de bancos múltiplos, bancos comerciais, caixas econômicas, bancos de investimento e de desenvolvimento, bancos de câmbio, financeiras, sociedades corretoras e distribuidoras, sociedades de arrendamento mercantil, sociedades de crédito imobiliário, associações de poupança e empréstimo, cooperativas de crédito, companhias hipotecárias, agências de fomento, sociedades de crédito ao microempreendedor e sociedades administradoras de consórcios. A função de supervisão é intimamente ligada à missão de manutenção da estabilidade financeira do Banco Central. Entendida de maneira mais ampla, essa função engloba desde a autorização para funcionamento de bancos e outras instituições financeiras até o monitoramento do cumprimento das normas editadas pelo regulador e da saúde financeira das instituições, por meio de inspeções e vistorias periódicas (supervisão direta), ou através da análise de informações enviadas pelas instituições ao Banco Central (supervisão indireta).

Executor da política monetária

Esta é a função original dos bancos centrais em todo o mundo. Em última instância, todas as demais funções estão intimamente ligadas ao monitoramento e controle da oferta e demanda de moeda na economia e, consequentemente, à preocupação de manutenção do poder de compra da moeda (ou seja, da manutenção da inflação em níveis aceitáveis).

Desde os anos 1990, uma série de países (incluindo o Brasil) adotou regimes de metas para inflação. Esse sistema consiste na divulgação oficial de uma meta (que pode ser um único valor ou um intervalo) para a inflação de um ou mais períodos futuros, a ser seguida pelo Banco Central. Dependendo da jurisdição, a meta pode ser definida pelo governo central, por um conselho ou pelo próprio Banco Central. No Brasil, a meta de inflação é definida pelo CMN. Bernanke e Mishkin (1997) avaliam que o principal benefício da adoção de metas formais para a inflação é o aumento da transparência e coerência das ações de política monetária. Uma vez que a meta de inflação é definida como um objetivo explícito a ser seguido pelo Banco Central, as ações de política monetária ganham previsibilidade. A vantagem da adoção de um intervalo para a meta, e não de um único número central, é que os bancos centrais podem acomodar choques de oferta no curto prazo (por exemplo, uma alta no preço dos alimentos devido a condições climáticas ruins), permitindo que o Banco Central se preocupe mais com os objetivos de médio e longo prazo.

Classicamente, os principais instrumentos de política monetária usados pelos bancos centrais são: a) os depósitos compulsórios; b) as operações de mercado aberto, que visam trazer as taxas de juros aos níveis desejados.[3] O redesconto bancário (descrito acima) também pode ser entendido como uma ferramenta de política monetária, embora tenha uma função mais individualizada de auxílio à liquidez dos bancos (e não do agregado de moeda da economia). Finalmente, as ferramentas chamadas "macroprudenciais" (descritas na seção seguinte, "Regulação prudencial, os acordos de Basileia e risco sistêmico"), cujo foco é mais ligado à estabilidade do setor bancário, também acabam impactando a oferta e a demanda de moeda.

Os depósitos compulsórios são uma fração dos depósitos captados pelos bancos que devem ser mantidos pelos bancos no Banco Central. Ao aumentar os compulsórios, uma fração maior dos depósitos fica "retida" no Banco Central, o que diminui a capacidade dos bancos emprestarem dinheiro e, portanto, a capacidade dos bancos gerarem moeda (em outras palavras, o multiplicador bancário é reduzido). Uma redução do compulsório tem o efeito oposto.[4]

As operações de mercado aberto são operações de compra e venda de títulos (quase sempre com compromisso futuro de recompra/revenda) no mercado secundário, que afetam as taxas de juros, e a oferta de moeda. Ao atuar nesses mercados, os bancos centrais são capazes de trazer a taxa básica de juros para níveis desejados pela autoridade monetária. A taxa de juros pode ser entendida como o preço do dinheiro. Assim como qualquer outro bem, a variação do preço do dinheiro afeta as quantidades demandada e ofertada. Quanto mais alta a taxa de juros (mais caro o dinheiro), maior será a oferta e menor será a demanda de moeda, e vice-versa.

Se o Banco Central avalia que as taxas de mercado estão acima do desejado, ele entra injetando liquidez no mercado, por meio da compra de títulos públicos, diminuindo a taxa de juros; se as taxas estão abaixo do desejado, o Banco Central reduz a liquidez por meio da venda de títulos.

---

[3] No Brasil, a taxa de juros-alvo (chamada de meta da taxa Selic ou Selic-meta) é determinada pelo Comitê de Política Monetária (Copom) do Banco Central. O Departamento de Operações de Mercado Aberto (Demab) opera no mercado secundário de títulos para trazer as taxas de mercado a níveis próximos daqueles estipulados pelo Copom.

[4] O Banco Central pode fazer o ajuste fino dos compulsórios de diversas maneiras, aplicando alíquotas e deduções diferentes sobre os diversos tipos de depósitos (à vista, poupança, a prazo e outros). Os detalhes específicos sobre os compulsórios fogem ao escopo deste capítulo.

No Brasil, essas operações são conduzidas no âmbito do Selic (Serviço Especial de Liquidação e Custódia). O Selic é um ambiente de negociação onde grandes investidores (bancos, fundos etc.) compram e vendem títulos, em especial títulos públicos. Grande parte dessas operações são as chamadas "operações compromissadas":[5] tratam-se de operações em que comprador e vendedor se comprometem a desfazer a operação numa data futura. Na prática, isso funciona como um empréstimo, em que o título público é dado como garantia (ver figura 1), e a taxa desse empréstimo é acordada entre comprador e vendedor no momento em que o negócio é estabelecido (data zero). A taxa Selic efetiva é formada a partir de uma média de operações desse tipo. A taxa Selic meta é definida periodicamente pelo Comitê de Política Monetária (Copom) do Banco Central, e baliza as decisões de compra e venda de títulos pelo Banco Central.

FIGURA 1
OPERAÇÕES COMPROMISSADAS

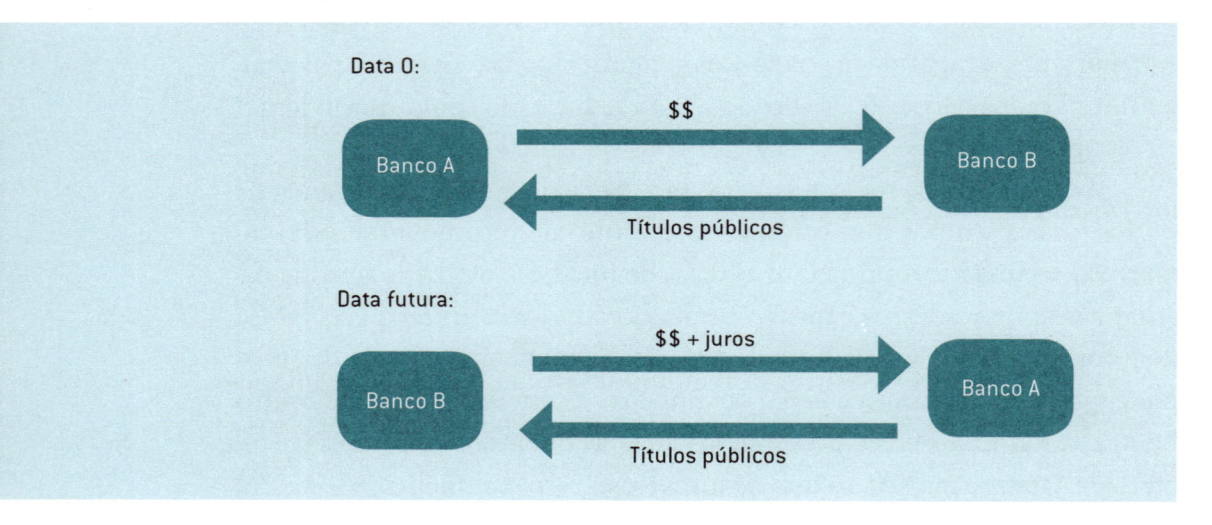

Data 0:

Banco A →($$)→ Banco B
Banco A ←(Títulos públicos)← Banco B

Data futura:

Banco B →($$ + juros)→ Banco A
Banco B ←(Títulos públicos)← Banco A

Durante crises financeiras, as figuras de provedor de liquidez, emprestador de última instância e zelador da estabilidade financeira (supervisor) desempenhadas pelo Banco Central estão intimamente ligadas. Allen e colaboradores (2009) mostram que a atuação do Banco Central na determinação da taxa de juros do mercado interbancário (ou equivalentemente no mercado de operações compromissadas) pode diretamente melhorar as condições de liquidez agregada durante uma crise financeira. Isso implica

---

[5] Essas operações também são conhecidas no mercado como *repos*, que é a denominação em inglês de operações equivalentes.

que a convencional separação entre política monetária e regulação prudencial é pouco apropriada em tempos de crise.

Executor da política cambial

Cabe à autoridade monetária de um país executar a política cambial. Essa função consiste em manter ativos em moeda estrangeira para atuação nos mercados de câmbio. O regime de câmbio flutuante, prevalente na maior parte dos países, pressupõe que o Banco Central não deve intervir no mercado cambial de forma a alterar artificialmente a taxa de câmbio. No entanto, atuações pontuais, no sentido de garantir liquidez em moeda estrangeira a importadores e exportadores e aos agentes em geral, podem ser necessárias. Nesse regime, também se admite que o Banco Central atue comprando ou vendendo divisas de forma a evitar volatilidade excessiva na taxa de câmbio em períodos turbulentos, já que a volatilidade pode trazer efeitos deletérios para a economia.

Já no regime de câmbio fixo, o Banco Central tem mandato para atuar no mercado cambial de forma a preservar a taxa de câmbio constante (ou variando muito pouco dentro de um intervalo estabelecido). Num regime intermediário, comumente chamado de "flutuação suja", a atuação do Banco Central no mercado de câmbio pode ser no sentido de induzir, no curto e médio prazo, determinados desempenhos das transações internacionais do país, de acordo com as diretrizes da política econômica.

Em outra frente, o Banco Central também atua como o depositário e administrador dos ativos internacionais do país, tendo que cuidar da estrutura de moedas e prazos, por meio de um gerenciamento ativo do risco, buscando o equilíbrio entre rendimento e risco, de forma compatível com a delicada natureza destes recursos (BCB, 2014).

Regulação prudencial, os acordos de Basileia e risco sistêmico

Em meados dos anos 1970, o G10 (grupo dos 10 países financeiramente mais desenvolvidos) identificou uma série de diferenças entre as regulações prudenciais desses países. Estabeleceu-se, então, um comitê (o *Basel Committe for Bank Supervision*, BCBS, ou simplesmente "comitê de Basileia") para uniformização internacional das regras de regulação financeira. Inicialmente, o comitê preocupou-se em fazer os bancos terem capital suficiente para absorver perdas não esperadas com o risco de crédito.

O capital bancário funciona como um colchão para perdas dos bancos. Há dois tipos de perdas que o capital deve ser capaz de absorver: as perdas esperadas e as não esperadas. Para as perdas esperadas, os bancos provisionam valores em seus balanços, reduzindo o ativo e o patrimônio líquido. Para as perdas não esperadas, é necessário fazer a chamada "alocação de capital".

Por exemplo, suponha que um banco tenha uma carteira de 100 empréstimos de R$ 1 mil cada. Se o banco espera perder 3% da carteira com inadimplência, deve fazer um provisionamento de R$ 3 mil (3% do valor total da carteira). Esse valor é subtraído do ativo do banco, e seu efeito é uma redução de igual valor no capital próprio do banco. No entanto, esse valor de R$ 3 mil em perdas é apenas um valor esperado, ou seja, uma previsão. A perda efetiva pode ser maior ou menor do que R$ 3 mil, e o banco deve ter capital suficiente para absorver perdas maiores, até certo limite. Obviamente, não seria prático nem eficiente que o banco possuísse capital para toda e qualquer perda possível (teoricamente, a perda pode chegar a 100% do valor da carteira!).

A determinação de "qual é o limite de perdas" até o qual um banco deve manter capital é uma discussão central da regulação bancária. Um limite muito baixo pode colocar o banco em risco e, no caso de perdas suficientemente grandes, causar sua falência e consequentes perdas para depositantes e demais credores do banco. Por outro lado, um limite muito alto reduz a capacidade do banco em conceder crédito, o que pode trazer ineficiência para a economia.

A discussão sobre o capital bancário se torna ainda mais importante quando se leva em conta que muitas vezes os governos são compelidos a salvar os bancos em caso de falência. A justificativa dada para esses salvamentos é que a quebra de uma grande instituição financeira é nociva para a economia real, pois pode ocasionar uma ruptura na concessão de crédito aos indivíduos e empresas, com um potencial efeito negativo para a atividade econômica e o emprego. Adicionalmente, a falência de um banco em particular pode resultar em dificuldades financeiras ou perdas substanciais para outras instituições do sistema bancário — episódios chamados de crises sistêmicas —, o que amplifica os efeitos negativos sobre o produto e o emprego. Se esse for o caso, os custos sociais da quebra de um banco podem ser maiores do que os valores utilizados para salvá-lo. Nesses casos, o prejuízo privado torna-se um prejuízo ao erário, e consequentemente ao contribuinte. Assim, pode-se dizer que a exigência de capital determinada pelo regulador, para absorver perdas nas operações dos bancos, é uma proteção do setor público contra perdas no setor privado.

Os três acordos de Basileia

Após mais de uma década de discussão entre os integrantes do comitê, o BCBS chegou a um acordo sobre a regulação do capital em julho de 1988, hoje conhecido como Acordo de Basileia I (ou simplesmente Basileia I). O primeiro acordo trazia princípios para a alocação de capital para o risco de crédito dos bancos. Mais tarde, em janeiro de 1996, foi feito um adendo a esse acordo para incorporar os riscos de mercado. O Acordo de Basileia não tem força de norma; cada regulador implementa suas próprias normas em nível nacional, seguindo as diretrizes recomendadas no acordo, mas respeitando as especificidades de cada economia.

O Acordo de Basileia II (Basileia II) foi firmado em junho de 2004 e expandiu as diretrizes do primeiro. Além da ampliação dos escopos de risco considerados para alocação de capital (incluindo também o risco operacional), o acordo trazia outros dois pilares, além do requerimento de capital: a) a supervisão efetiva pelos bancos centrais; e b) a disciplina de mercado.

No que se refere à supervisão, o BCBS emitiu diretrizes para que a supervisão dos bancos centrais fosse efetiva no sentido de fazer cumprir a regulação e limitar o risco assumido pelos bancos. A disciplina de mercado está relacionada à ampliação da capacidade de os credores avaliarem a saúde financeira de seus bancos. Por exemplo, se um grande depositante é capaz de avaliar que o banco está correndo riscos excessivos, este vai "punir" o banco exigindo maiores taxas em seus depósitos, ou eventualmente sacando seus recursos. Esse mecanismo disciplina os gestores do banco a se comportarem de maneira mais prudente, sob pena de reduzir seu retorno (via pagamento de maiores taxas para captação), ou de enfrentar uma onda de saques. Para que haja uma efetiva disciplina de mercado, é necessário que haja maior transparência sobre as atividades do banco, tanto nos relatórios financeiros quanto em outros tipos de informativos.

Não obstante todos os esforços para regulação internacional do capital, estes não foram capazes de evitar a crise financeira internacional que se iniciou nos EUA em 2007. Hoje há consenso entre reguladores e economistas que os bancos entraram na crise pouco capitalizados, e que esse foi um dos fatores agravantes da crise.

FIGURA 2

OS ACORDOS DE BASILEIA

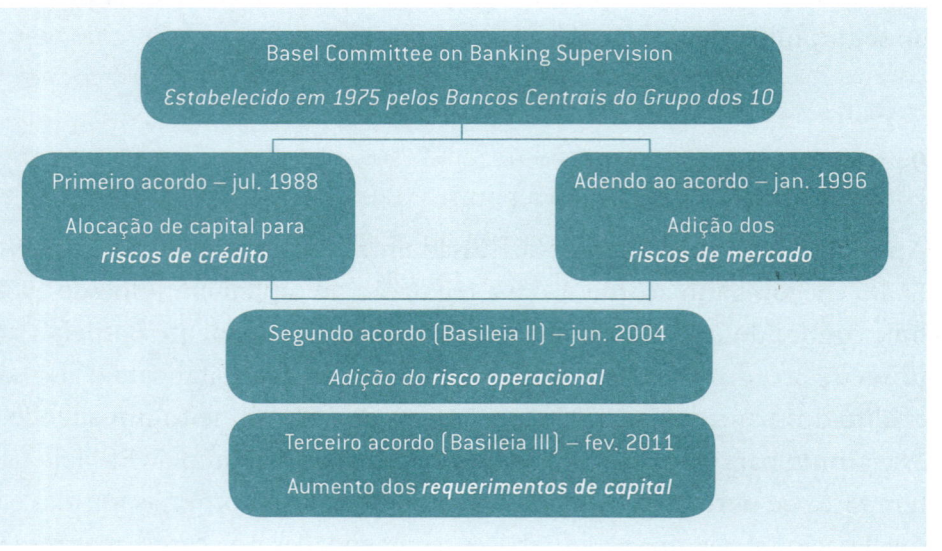

```
                    Basel Committee on Banking Supervision
               Estabelecido em 1975 pelos Bancos Centrais do Grupo dos 10

     Primeiro acordo – jul. 1988              Adendo ao acordo – jan. 1996
     Alocação de capital para                           Adição dos
         riscos de crédito                           riscos de mercado

                      Segundo acordo (Basileia II) – jun. 2004
                            Adição do risco operacional

                      Terceiro acordo (Basileia III) – fev. 2011
                         Aumento dos requerimentos de capital
```

Procurando mitigar as falhas de regulação até então existentes, que não evitaram a ocorrência de uma crise tão grave, o Comitê de Basileia passou a debater novas diretrizes para a regulação prudencial, o que culminou com o terceiro acordo (Basileia III), em fevereiro de 2011. Este acordo trouxe novidades regulatórias em vários aspectos, como a preocupação com o risco de liquidez e uma melhor qualidade da supervisão. Mais importante, no entanto, foi a preocupação com a necessidade de aumento na quantidade de capital detido pelos bancos, e a melhora na sua qualidade. Na maioria das economias desenvolvidas, a quantidade de capital requerida pelas diretrizes do terceiro acordo aumenta em mais de 50% em comparação ao acordo anterior. No Brasil, que já adotava um critério mais conservador, esse aumento será da ordem de 20%, e será implementado gradualmente até 2019.

Finalmente, uma preocupação do terceiro acordo foi reduzir a característica cíclica do requerimento de capital. Os acordos anteriores causavam incentivos para que os bancos concedessem mais crédito em épocas de expansão econômica — o que pode acabar favorecendo o surgimento de bolhas — e cortassem a oferta de crédito em época de contração — o que potencialmente amplifica a recessão.

A implementação das diretrizes contidas no terceiro acordo de Basileia ainda está em andamento nos vários países do mundo, e seus impactos econômicos não são completamente conhecidos. Não é nosso objetivo apresentar em detalhes as implicações econômicas dos acordos de Basileia. Para uma discussão detalhada desses aspectos, o leitor pode se dirigir a Allen e Carletti (2010).

Regulação prudencial, seguro-depósito e risco sistêmico

A maioria dos sistemas financeiros de países desenvolvidos e emergentes conta com algum tipo de garantia a passivos bancários, como os seguros de depósitos (Schich, 2009). O argumento para a existência desses mecanismos é que estes aumentam a estabilidade financeira, diminuem a incidência de corridas bancárias e garantem a poupança de pequenos investidores.

Garantias governamentais (ou quase governamentais) dadas a passivos bancários podem assumir várias formas. A mais comum é o que se costuma chamar de seguro-depósito, que é uma garantia com valor limitado, oferecida aos depositantes (tipicamente de varejo) em caso de falência do banco. Essa garantia pode ser oferecida diretamente pelo Tesouro Nacional, ou através de uma agência ou seguradora oficial, como a *Federal Deposits Insurance Corporation* (FDIC) nos EUA, ou ainda por uma entidade privada, mas altamente regulada, que funcione num mecanismo de cosseguro entre os participantes, como o Fundo Garantidor de Crédito (FGC) no Brasil.

Outras formas mais amplas de garantias governamentais podem incluir desde coberturas gerais ou parciais a um amplo espectro de passivos emitidos pelos bancos, até salvamentos pós-falência, como as injeções de capital em bancos e outras instituições financeiras em situação de estresse financeiro.

Durante a crise financeira que se iniciou em 2007, houve uma série de intervenções governamentais e alterações regulatórias para ampliar as garantias sobre passivos bancários, tanto em economias desenvolvidas quanto em emergentes. Em resumo, as medidas incluíam desde a ampliação dos esquemas de seguro-depósito — em termos de valor segurado e escopo dos instrumentos financeiros cobertos — até a introdução de garantias generalizadas a todos os passivos bancários, e, em casos extremos, o salvamento (ou a nacionalização) de instituições financeiras privadas consideradas sistemicamente importantes.

A história tem mostrado que os governos adotam uma política de salvar bancos sistemicamente importantes com o intuito de evitar o contágio dentro do sistema financeiro e mitigar os efeitos imediatos da crise bancária sobre a atividade econômica e o emprego. No entanto, os governos costumam deixar bancos pequenos falir. Este tipo de política, mesmo que não seja explícita, gera distorções importantes sobre o comportamento dos agentes, não só *ex post* (isto é, após o salvamento ser consumado), mas também *ex ante*, já que os investidores e gestores têm a expectativa de que o governo salvará os bancos considerados grandes demais para falir (*too big to fail*).

Igualmente importante, a convivência, no mesmo sistema financeiro, de bancos que gozam dessa garantia implícita com bancos que não têm expectativa de serem salvos gera distorções competitivas relevantes. Os efeitos ocorrem não somente nos bancos que potencialmente serão salvos, mas também naqueles que não serão. Uma extensa literatura dedica-se a investigar o efeito das garantias governamentais sobre o preço das ações e títulos emitidos por bancos e sobre o comportamento dos depositantes.

Em um dos primeiros trabalhos sobre o tema, O'Hara e Shaw (1990) investigam o efeito do anúncio pelo regulador americano (*Comptroller of the currency*) de que alguns bancos seriam grandes demais para falir. O anúncio teve efeito positivo imediato sobre o preço das ações desses bancos, e negativo nos demais. O efeito identificado foi mais forte para os bancos menos solventes, tanto para os que teriam a garantia quanto para os que não teriam, o que evidencia que a garantia significa um subsídio (e consequente geração de valor) ao custo de captação dos bancos protegidos. Penas e Unal (2004) mostram que, nas fusões de bancos europeus que dão origem a instituições grandes o suficiente para serem *too big to fail*, a valorização das ações é maior, indicando uma percepção de mercado consistente com os subsídios no custo de captação. Brewer e Jagtiani (2011) estimam um prêmio total de US$ 15 bilhões no preço das ações em oito operações de fusão que deram origem a bancos *too big to fail* nos Estados Unidos, além de reação também positiva nos títulos emitidos por esses bancos.

Oliveira e colaboradores (2014) investigam o efeito de garantias implícitas sobre os depositantes brasileiros. Os resultados indicam que, durante a crise financeira que se seguiu à quebra do Lehman Brothers em 2008, houve uma fuga massiva de depósitos de bancos pequenos e médios para aqueles considerados sistemicamente importantes. A fuga foi mais intensa entre investidores institucionais e depositantes não segurados, e não é explicada pelos fundamentos bancários. Esse quadro levou a um empoçamento da liquidez nos maiores bancos. Schiozer e Oliveira (2014) mostram que, enquanto os bancos que perderam depósitos foram obrigados a cortar a oferta de crédito, os bancos que receberam depósitos apenas mantiveram a oferta de crédito anterior, de forma que a liquidez recebida em depósitos não foi utilizada em operações de crédito. Esses resultados mostram que a garantia implícita da qual os bancos grandes gozam tem um efeito importante: o choque de depósitos, que apenas redistribui os recursos entre os bancos e reduz a oferta global de crédito. Esses resultados mostram que as garantias implícitas dadas a alguns bancos trazem distorções competitivas importantes, com impacto na economia real. Esse é um assunto ainda pouco discutido pelos formuladores de políticas de regulação bancária.

Considerações finais

O presente capítulo procurou dar uma visão geral sobre o papel dos bancos centrais na economia e na regulação do sistema bancário. Embora cada um dos tópicos abordados pudesse ser discutido em detalhe excruciante, optou-se por dar uma visão mais conceitual, trazendo os preceitos econômicos que justificam a existência dos bancos centrais e delimitam seu escopo de atuação.

A regulação bancária é um processo dinâmico e deve acompanhar os avanços do mercado em termos de novos produtos, formas de organização e modelos de distribuição dos riscos entre os diferentes agentes do sistema financeiro. Embora a atividade de executor de política monetária pareça estar hoje bem-sedimentada e compreendida pelos bancos centrais, há muito a se avançar em termos de regulação prudencial. Allen e Carletti (2010) argumentam que os acordos de Basileia não têm uma resposta convincente sobre quais são as falhas de mercado mais importantes que fazem com que haja necessidade de regulação prudencial. Os autores acreditam que a atual estrutura de regulação prudencial é uma colcha de retalhos, resultado de respostas a eventos específicos ocorridos no passado, e não o resultado de um desenho regulatório bem-pensado e bem-estruturado. Um dos pontos nevrálgicos da regulação prudencial está em reduzir o risco sistêmico, ou seja, o risco de contágio entre instituições financeiras que pode dar origem a graves crises financeiras. No entanto, a maior parte da regulação prudencial tem focado em reduzir o risco individual das instituições financeiras.

É consenso que a ausência de regulação leva as instituições financeiras a assumirem riscos excessivos. Por outro lado, uma regulação que limite demais a assunção de riscos pelos bancos pode impedir que estes cumpram sua função básica de fornecer crédito para empreendedores e outros agentes que precisem de crédito para investimento ou consumo.

Outro ponto fundamental da regulação prudencial é o sistema de garantias a passivos bancários e o salvamento de bancos em estresse financeiro. Medidas de emergência adotadas em crises, como a ampliação de garantias e o salvamento de bancos, podem reduzir os impactos imediatos da crise, restabelecendo a confiança dos investidores no sistema bancário. No entanto, essas medidas têm efeitos nefastos no longo prazo: os investidores criam a expectativa de que, sempre que for necessário, o governo salvará instituições financeiras importantes. Essa espécie de garantia implícita enfraquece a disciplina de mercado, cria incentivos para que os bancos assumam riscos em excesso, aumentando a probabilidade de ocorrência de crises bancárias, e gera distorções competitivas entre os bancos sistemicamente importantes, considerados grandes demais para falir, e aqueles sem garantia implícita.

Como notam Allen e Carletti (2010), a credibilidade do sistema de garantias é essencial para a manutenção da confiança e a estabilidade do sistema. Por outro lado, seria desejável que o regulador e o segurador pudessem se comprometer a não ampliar essas garantias durante uma crise. Este último ponto requer que haja uma série de condições econômicas, legais e políticas para que o sistema de garantias seja crível e não haja expectativa de sua ampliação. Primeiro, é necessário que os bancos sejam monitorados. Segundo, é necessário que haja a possibilidade real de falência de bancos importantes. Para que haja essa possibilidade, é necessário que a legislação vigente restrinja o poder das autoridades de salvar bancos. Mas para que os efeitos da falência de um grande banco para a economia real sejam minimizados, é necessário que haja procedimentos preestabelecidos para a liquidação rápida dos bancos falidos. Em especial, dado o grau de internacionalização das grandes instituições financeiras, é necessário que haja um acordo supranacional a esse respeito, definindo os limites de atuação de cada agente liquidante nos casos de falência de bancos internacionalmente atuantes.

Como mostra Leonello (2013), outro ponto fundamental para que se limite a atuação dos governos na ampliação de garantias e nos salvamentos de bancos está relacionado à interação entre essas garantias e a situação fiscal do país. O caso irlandês mostra que a adoção de uma cobertura irrestrita aos passivos bancários em 2008 colocou em dúvida a credibilidade do seguro e deu origem, simultaneamente, a uma corrida bancária e à dívida soberana. De maneira mais geral, é necessário entender qual seria o tamanho ideal de uma garantia para que a solvência do segurador não fosse questionado. Em especial nas crises que tenham suas origens ligadas à deterioração dos fundamentos dos bancos (e não a pânicos), há grande possibilidade de que o segurador efetivamente enfrente prejuízos. A crise de dívida soberana que se seguiu à crise bancária de 2007-09 em vários países, como Portugal, Irlanda, Itália, Grécia e Espanha, entre outros, mostra que a ampliação de garantias e as políticas de salvamento podem ter efeitos deletérios sobre a solvência dos países, com consequências negativas prolongadas sobre a atividade econômica.

Essas questões continuam sendo debatidas por acadêmicos, reguladores e participantes do mercado. Uma melhor compreensão da interação entre supervisão bancária, os sistemas de garantias e os demais papéis dos reguladores permitirá um desenho regulatório que minimize a ocorrência de crises e seus efeitos na economia.

Referências

ALLEN, F.; CARLETTI, E. *Financial Regulation Going Forward*. IMES Discussion Paper Series 2010-E-18, 2010. Disponível em: <www.imes.boj.or.jp/research/papers/english/10-E-18.pdf>.

_____; _____; GALE, D. Interbank market liquidity and central bank intervention. *Journal of Monetary Economics*, 56(5), p. 639-652, 2009.

_____; _____; LEONELLO, A. Deposit insurance and risk taking. *Oxford Review of Economic Policy*, 27(3), p. 464-478, 2011.

BCB. Funções do Banco Central do Brasil, 2014. Disponível em: <www.bcb.gov.br/?FAQCIDADAO>.

BCBS. Core Principles for Effective Bank Supervision. 2012. Disponível em: <www.bis.org/publ/bcbs213.pdf>.

BAGEHOT, W. *Lombard Street*: A Description of the Money Market. Londres: Henry S. King and Co., 1873.

BARRO, R. J.; GORDON, D. B. Rules, Discretion and Reputation in a Model of Monetary Policy, NBER working paper n. 1.079, 1983.

BERNANKE, B., MISHKIN, F. Inflation Targeting: A New Framework for Monetary Policy? NBER working paper n. 5.893, 1997.

BREWER, E., JAGTIANI, J. How much did banks pay to become too-big-to-fail and to become systemically important? *Journal of Financial Services Research*, v. 40, 1-35, 2011.

CALOMIRIS, C. W. Is Deposit Insurance Necessary? A Historical Perspective. *Journal of Economic History*, 50, p. 283-295, 1990.

DIAMOND, D.; DYBVIG, P. Bank runs, deposit insurance, and liquidity. *The Journal of Political Economy*, 91(3) p. 401-419, 1983.

FRIEDMAN, M. *A Program for Monetary Stability*. Nova York: Fordham University Press, 1960.

GOLEMBE, C. H. The Deposit Insurance Legislation of 1933: An Examination of its Antecedents and its Purposes. *Political Science Quarterly*, 75(2), p. 181-200, 1960.

GOODHART, C. *The Central Bank and the Financial System*. Cambridge: MIT Press, 1995.

KASHYAP, A. K.; RAJAN, R.; STEIN, J. C. Banks as Liquidity Providers: An Explanation for the Coexistence of Lending and Deposit Taking. *Journal of Finance*, 57(1), p. 33-73, 2002.

KING, R. G.; LEVINE, R. Finance, Entrepreneurship and Growth: Theory and Evidence. *Journal of Financial Intermediation*, 32(3), 513-542, 1993.

LEONELLO, A. Government Guarantees and the Two-Way Feedback between Banking and Sovereign Debt Crises. 2013. Disponível em: <www.ssrn.com>.

LOYOLA G. O futuro da regulação financeira. In: GARCIA, M.; GIAMBIAGGI. F. (Orgs.). *Risco e Regulação*. Rio de Janeiro: Elsevier, 2010.

MAYES, D.G.; WOOD, G. *Lessons from the Northern Rock Episode*. 2008. Disponível em: <www.cass.city.ac.uk/__data/assets/pdf_file/0006/67308/Mayes-and-Wood--Final-Paper-LESSONS-FROM-THE-NORTHERN-ROCK-.pdf >.

MESQUITA, M.; TORÓS, M. Brazil and the 2008 panic, *BIS Papers* 54, 113-120. 2010.

O'HARA, M.; SHAW, W. Deposit insurance and wealth effects: The value of being too big to fail. *Journal of Finance,* 45, p. 1.587-1.600, 1990.

OLIVEIRA, R. F.; SCHIOZER, R. F.; BARROS, L. A. B. C., 2014. Depositors' perception of "too-big-to-fail". *Review of Finance*, no prelo. 2014. Disponível em: <rof.oxfordjournals.org/content/early/2014/01/15/rof.rft057.abstract>.

PENAS, M.; UNAL, H. Gains in Bank Mergers: Evidence from the Bond Markets. *Journal of Financial Economics*, 74(1), p. 149-179, 2004.

PERINI, D. *Contabilidade das instituições financeiras*. Apostila não publicada, 2009.

RAJAN, R. G.; ZINGALES, L. Financial dependence and growth. *American Economic Review*, 88(3), 559-586, 1998.

SCHICH, S. Expanded Guarantees for Banks: Benefits, Costs and Exit Issues. *OECD Journal: Financial Market Trends*, 5(3), 2009.

SCHIOZER, R. F.; OLIVEIRA, R. F. The Asymmetric Transmission of a Bank Liquidity Shock. 2014. Disponível em: <www.ssrn.com>.

TARULLO, D. K. *Banking on Basel*: The Future of International Financial Regulation. Washington: Peterson Institute Press, 2008.

THORNTON, H. *An Enquiry into the Nature and Effects of the Paper Credit of Great Britain*. 1802. Disponível em: <mises.org/books/paper_credit_thornton.pdf>.

VOLCKER, P. Role of Regulation and Supervision of the Central Bank. In: VOLCKER, P.; MANCERA, M.; GODEAUX, J. *Perspectives on the Role of the Central Bank*. Washington: International Monetary Fund, 1991.

ESTUDO DE CASO

O CONTEXTO

A tarefa do Banco Central do Brasil (Bacen) é essencialmente de interesse público, pois ele tem a missão de promover a eficiência, a estabilidade e o desenvolvimento do Sistema Financeiro Nacional (SFN).

A despeito dos custos sociais *ex ante* e *ex post* associados ao salvamento de instituições financeiras, o governo vê-se obrigado, por vezes, a salvar um banco da falência para evitar quebra de confiança em todo o sistema e a consequente corrida bancária generalizada. Nessas situações, pode ser preferível sanear o banco em dificuldades, pois os custos sociais podem ser maiores do que o próprio valor a ser aportado para o socorro. Adicionalmente, a falência de uma instituição financeira pode interromper a prestação de serviços essenciais para o bom funcionamento da economia e reduzir a oferta de crédito, com consequências econômicas e sociais graves. Por isso, a legislação e a normatização vigentes dão competência ao regulador para propor soluções de mercado (como a aquisição da instituição em dificuldades por outra saudável) ou liquidar um banco quando considerar que os custos de saneamento superam os benefícios.

Entre as funções precípuas do Banco Central do Brasil está a supervisão bancária, que consiste em desenvolver, implementar, monitorar e fazer cumprir as normas sob condições econômicas normais e de estresse.

Para se desincumbir dessa função, o Banco Central do Brasil monitora o cumprimento das normas editadas pelo regulador e avalia a saúde financeira das instituições por meio de inspeções e vistorias periódicas (supervisão direta) e da análise de informações enviadas periódica e sistematicamente pelas instituições àquela autarquia (supervisão indireta).

A supervisão exercida pelo Banco Central do Brasil alcança bancos múltiplos, bancos comerciais e outras instituições financeiras (IFs), o que inclui o Banco do Brasil (BB). Como integrante do Sistema Financeiro Nacional, o Banco do Brasil também está sujeito ao controle e fiscalização da Comissão de Valores Mobiliários (CVM) e da Associação Brasileira das Entidades dos Mercados Financeiro e de Capitais (Anbima).

O Banco do Brasil está constituído na forma de sociedade anônima de economia mista. Parte do capital pertence a milhares de acionistas, pessoas físicas e jurídicas, na sua maioria cidadãos e entidades brasileiras. Porém, o controle é exercido pela União, por meio da Secretaria do Tesouro Nacional. Por essa razão, o BB também se submete ao controle e fiscalização de entidades públicas, como Tribunal de Contas da União (TCU), Controladoria-Geral da União (CGU), Secretaria Federal de Controle Interno (SFC), além de ministérios do Poder Executivo federal.

Desde sua criação, em 1808, o Banco do Brasil tem desempenhado papel relevante na história e no desenvolvimento do país, atuando como agente do governo federal, regulador do mercado, executor de políticas públicas, repassador de recursos públicos e agente de crédito, prestador de serviços para governos e para o público em geral. A topologia e a tipologia de sua rede de agências têm como uma das premissas permitir ampla cobertura do território nacional para atuar na diminuição das desigualdades regionais e fornecer serviços financeiros em localidades pouco ou nada atrativas para os bancos essencialmente comerciais.

De sua história recente, cabe destacar a carteira de crédito rural e industrial (Creai), por meio da qual o Banco do Brasil destinou crédito aos agentes econômicos ao longo do século XX, com destaque para a agricultura e a pecuária, e cuja atividade continua sendo exercida por meio de outras unidades organizacionais. Na implementação do Plano Real, o BB desempenhou papel relevante na troca da moeda, viabilizando a disponibilidade da nova moeda (real) em todo o território nacional para a população brasileira no dia 1º de julho de 1994. Na virada do milênio, foi protagonista, juntamente com o Banco Central do Brasil e a Federação Brasileira de Bancos (Febraban), na elaboração de cenários e plano de ação que possibilitaram ao país, em geral, e ao SFN, em especial, evitar ou suplantar as consequências danosas que poderiam ser causadas pelo *bug do milênio*. Na crise mundial de 2007, cujos efeitos se fizeram sentir mais fortemente no Brasil a partir de 2008, o Banco do Brasil adotou amplo conjunto de medidas anticíclicas, com destaque para a garantia de crédito para todos os agentes econômicos (produtores, consumidores e intermediários).

A consciência do espírito público está fortemente arraigada na cultura do Banco do Brasil. Órgãos de governança, administração e funcionários atuam para preservar a saúde financeira, a sustentabilidade dos negócios e a perpetuação da empresa.

Por ser o maior banco da América Latina, quaisquer dificuldades que venha a enfrentar terão impacto significativo na economia e na vida social do Brasil, e podem contaminar todo o SFN. Seriam consideradas inaceitáveis para o BB conse-

ESTUDO DE CASO

quências como a diminuição na oferta de crédito, particularmente para pequenas e médias empresas, para produtores rurais e para consumidores, ou ainda a descontinuidade da prestação de serviços financeiros para a população em geral – especialmente em localidades onde ele é a única instituição financeira.

Como se vê, tudo isso ajuda a explicar por que o Banco do Brasil é uma das instituições financeiras sistemicamente mais importantes do país. E, em seu caso, não basta ser um banco grande e rentável. É necessário servir ao país e prestar um amplo leque de serviços de qualidade para a população.

Para manter o BB rentável, forte e saudável foi estabelecida uma cultura de controle aderente ao tamanho e à complexidade de seus negócios. Por um lado, investe-se num sistema de controles internos robusto, cujos atores e funções são estabelecidos institucionalmente e cujo trabalho é reconhecido e respeitado. Por outro lado, há um esforço continuado para passar essa cultura aos novos funcionários, à medida que vão se incorporando ao quadro de pessoal, e fortalecê-la ao longo de sua vida profissional.

Nesse contexto, a auditoria interna é uma área de referência na empresa, por zelar para que o sistema de controles internos, a estrutura de governança e a gestão de riscos sejam efetivos na organização, dando solidez e inspirando confiança nos acionistas e na sociedade em geral.

Esse mesmo respeito é consagrado às entidades externas de fiscalização e controle. Uma vez reconhecidas sua legitimidade e suas prerrogativas legais e definido o escopo de sua atuação, o Banco procura criar as condições necessárias para o bom andamento dos trabalhos: estabelece canais de relacionamento, dá acesso às informações requeridas e provê condições de trabalho necessárias. Há o claro entendimento de que o trabalho realizado por essas entidades visa, prioritariamente, fortalecer os controles do Banco do Brasil, razão pela qual elas são muito bem-vindas.

A situação-problema

As instituições financeiras atuam em ambiente complexo e altamente regulado. Essa realidade caracteriza países com sistemas maduros, entre os quais o Brasil se inclui. Nos últimos anos, o número de trabalhos de fiscalização empreendidos por essas entidades e a quantidade de demandas de informações delas oriundas têm recrudescido em quantidade e complexidade.

Em grande parte, isso acontece devido à atuação mais intensiva dessas entidades, à competência profissional de seus funcionários e ao aperfeiçoamento da legislação aplicável.

No âmbito do Banco do Brasil, essa realidade fez crescer a percepção da existência de riscos nesse processo de atendimento às demandas e recomendações oriundas da supervisão e fiscalização externas. Por um lado, havia o desejo de manter o relacionamento com as entidades externas em nível referencial, prestando-lhes atendimento com padrão de qualidade superior e valorizando os resultados de seus trabalhos. Por outro, cristalizavam-se preocupações com o cumprimento dos prazos acordados, com a qualidade e coerência das informações fornecidas em atendimento às demandas e com a implementação das ações de melhoria recomendadas.

A gestão descentralizada desse processo de relacionamento e atendimento às demandas das entidades externas limitava a definição e o estabelecimento de controles capazes de assegurar o cumprimento tempestivo e com qualidade por parte das diferentes áreas do banco. Com o passar do tempo, esse modelo de gestão deu sinais claros de exaustão.

Do ponto de vista das entidades externas, havia outro desafio a ser superado. O crescimento do Banco do Brasil em tamanho e complexidade dificultava, cada vez mais, a atuação de seus agentes na empresa. Era comum que eles enfrentassem dificuldades para identificar os interlocutores mais adequados para tratar dos assuntos objetos da fiscalização ou para encaminhar as demandas de informações aos gestores responsáveis. Aliado a isso, ou mesmo em consequência desse estado de coisas, não raras vezes esses "desencontros" ocasionavam atrasos na obtenção de informações ou mesmo informações incompletas ou inconsistentes. Esses fatos causavam impacto direto e negativo nos trabalhos dos agentes, afetando prazos e qualidade dos resultados.

Para se ter a dimensão dessa atuação, no ano de 2013 o Banco do Brasil recebeu 206 demandas de informações, oriundas em sua maior parte do Banco Central do Brasil, do TCU, da CGU/SFC e de ministérios do Poder Executivo federal. Essas demandas continham 2.182 itens de requisição de informações. Todos esses itens foram encaminhados para os gestores responsáveis, os quais produziram as informações requeridas, sendo as respostas encaminhadas às entidades demandantes. Os assuntos abordados eram os mais diversos e cobriam o conjunto de negócios e operações do banco.

ESTUDO DE CASO

Naquele mesmo ano, as entidades de fiscalização e controle fizeram apontamentos que resultaram no registro de 306 recomendações. A título de informação adicional, ainda no mesmo período, foram implementadas pelo banco 329 ações, resultantes de apontamentos de órgãos externos de fiscalização e controle (emitidos no próprio ano ou em anos anteriores).

Ainda que possa parecer paradoxal — afinal de contas, é natural uma empresa sentir apreensão ao ser auditada ou fiscalizada —, o zelo em atender adequadamente as entidades de fiscalização e controle reverberou por toda a organização. Para o Banco do Brasil, receber e atender bem auditores, inspetores e fiscais não é um mero ato de demonstração de reverência ou temor. Da parte do BB, se reveste de uma sinceridade ímpar, pois está assentada numa crença maior: a necessidade de preservar a solidez da entidade. Como também acontece com relação à auditoria interna, há o entendimento de que o trabalho de auditoria e fiscalização de uma entidade externa, atuando de forma independente e com métodos e técnicas próprios, certamente pode produzir contribuições relevantes para fortalecer a gestão de riscos e controles da organização.

A solução

Coube ao conselho de administração do BB (CA), por sugestão do conselho diretor, equacionar os problemas inerentes a esses interesses aparentemente dissonantes, porém convergentes na essência, envolvendo fiscalizador e fiscalizado. A solução adotada foi centralizar a gestão desse processo em uma unidade estratégica do banco, sem retirar a responsabilidade de cada gestor pelas informações a serem prestadas. Assim, o CA decidiu atribuir à auditoria interna a responsabilidade de intermediar esse fluxo processual. Com essa medida, o conselho pretendeu minimizar os riscos operacional, legal e de imagem envolvidos.

Entre as justificativas apresentadas para embasar essa deliberação, cabe destacar as seguintes:

- A centralização em uma unidade estratégica possibilita melhor gestão do processo, assegurando melhor controle sobre prazos e qualidade das informações prestadas.
- A auditoria interna é reconhecida — internamente, pelas demais unidades, e externamente, pelas entidades de fiscalização — pela competência, profissionalismo e independência de sua atuação.

- A similaridade entre as atividades realizadas pela auditoria interna e pelas entidades externas de fiscalização e controle tende a imprimir maior fluidez no relacionamento entre as partes, sobretudo devido à convergência da linguagem técnica e dos métodos e formas de atuação empregados.

Para dar consequência à deliberação do CA, foi criada, na estrutura organizacional da auditoria interna, uma "gerência de auditoria" cujo quadro técnico é composto por auditores de carreira. São preferencialmente auditores com larga experiência em auditoria e profundos conhecedores dos negócios e da estrutura organizacional do Banco do Brasil. Adicionalmente, devem ter amplo domínio da legislação que embasa a atuação das entidades externas de fiscalização e controle e da legislação societária, particularmente no que se refere a direitos e deveres dos administradores.

Entre as principais atribuições dessa gerência de auditoria estão:

(a) Estabelecer canais de comunicação com as entidades de fiscalização e controle, definir fluxo de informações, identificar interlocutores e meios de contato.

(b) Receber as demandas de informações das entidades de fiscalização e controle e manter registro com os principais dados e controles.

(c) Encaminhar os pedidos de informações aos gestores responsáveis, estabelecer prazos para as respostas e acompanhar o cumprimento dos prazos acordados.

(d) Receber as respostas produzidas pelos gestores, verificar a completude e a coerência das informações apresentadas e fazer o encaminhamento dos documentos e informações à entidade demandante.

(e) Prestar assessoria especializada aos gestores envolvidos, intermediar os pleitos de prorrogação de prazos para as respostas, esclarecer dúvidas.

(f) Prestar apoio logístico às equipes de auditoria e fiscalização das entidades externas quando em missão presencial no Banco, provendo ambiente físico, recursos materiais (computadores, impressoras, armários, telefones etc.), autorização de entrada/saída nas instalações físicas, acesso a sistemas corporativos e internet.

(g) Orientar as entidades externas no agendamento de reuniões para definição de interlocutores, locais e horários e requerer previamente a pauta dos assuntos a serem tratados para subsidiar os gestores envolvidos.

ESTUDO DE CASO

(h) Gerir sistema e base de dados para registro das demandas recebidas e das respostas encaminhadas pelo Banco do Brasil e prover cópias aos gestores mediante solicitação.

(i) Receber os relatórios contendo as conclusões e constatações relativas aos trabalhos de auditoria e fiscalização e encaminhá-las aos gestores responsáveis.

(j) Definir prazo para os gestores apresentarem plano de ação, quando requerido, e encaminhá-lo à entidade externa.

(k) Dar conhecimento, aos órgãos de governança, das conclusões e constatações relativas aos trabalhos de auditoria e fiscalização, quando requerido pela entidade externa.

(l) Registrar em sistema próprio os apontamentos feitos pelas entidades de fiscalização e controle, atribuir prazo e acompanhar a implementação das ações para superar as fragilidades indicadas.

(m) Elaborar relatórios gerenciais para os órgãos de governança sobre as atividades desenvolvidas pelas entidades de fiscalização e controle, os resultados dos trabalhos e o estágio de implementação das ações saneadores.

O conselho diretor, por sua vez, atribuiu aos primeiros gestores das unidades estratégicas (em geral executivos estatutários) a responsabilidade pelas informações prestadas às entidades externas de fiscalização e controle, cabendo a eles firmar os respectivos documentos.

Para dar maior efetividade aos trabalhos realizados pelas entidades de fiscalização e controle no banco, foi instituído também que os apontamentos e recomendações desses órgãos teriam tratamento idêntico aos da própria auditoria interna. Para tanto, passaram a ser registrados em sistema único, sendo-lhes atribuídos o responsável e o prazo de implementação. O acompanhamento é realizado até a efetiva superação das fragilidades apontadas, atestada por meio de processo de certificação, cabendo comunicação aos órgãos de governança em caso de situações que fujam à normalidade.

Os resultados

As medidas adotadas contribuíram significativamente para minimizar os riscos operacional, legal e de imagem envolvidos no relacionamento do Banco do Brasil com entidades de fiscalização e controle. Prova disso foi a adesão de todas as entidades externas a esse modelo de relacionamento, não obstante sua prerrogativa de acessar diretamente qualquer unidade ou gestor da empresa. Há que se frisar que, no passado recente, não há registro de autuação ou reclamação por parte de qualquer entidade externa de ter sido cerceada ou ter sua atuação dificultada no Banco do Brasil.

Entre os principais benefícios constatados, destacam-se os seguintes:

(a) A concentração do fluxo de documentos e informações relativos às atividades de fiscalização e controle realizadas por entidades externas numa única área estratégica do Banco do Brasil possibilita melhor gestão sobre o processo.

(b) O controle dos prazos para atendimento das demandas resulta em maior comprometimento dos gestores e contribui para que as equipes de fiscalização e controle, por sua vez, cumpram seu próprio cronograma de trabalho.

(c) A análise da completude e coerência das informações prestadas possibilita a geração de informações mais objetivas e aderentes às expectativas dos demandantes, além de diminuir situações de retrabalho para retificar ou complementar informações já prestadas.

(d) A alocação de auditores para conduzir as atividades de intermediação contribui para que o fluxo de informações ocorra de forma mais fluida, tendo em vista que há relativa similaridade entre métodos e técnicas dos auditores internos com aqueles utilizados pelos representantes das entidades de fiscalização e controle.

(e) O apoio logístico prestado pela auditoria interna diminui o tempo de instalação das equipes de auditoria e fiscalização das entidades externas e viabiliza a aproximação mais rápida e precisa com os gestores responsáveis pelos assuntos em avaliação.

(f) O recebimento centralizado dos resultados dos trabalhos realizados e dos apontamentos feitos pelas entidades externas assegura seu encaminhamento tempestivo aos gestores responsáveis, bem como dá maior efetividade ao processo de implementação de ações que visem superar as fragilidades registradas.

(g) Os órgãos de governança são periódica e tempestivamente informados sobre os trabalhos realizados pelas entidades de fiscalização e controle, sobre os resultados desses trabalhos e sobre o estágio de implementa-

ESTUDO DE CASO

ção das ações de melhoria demandadas, sendo que essa comunicação consolida a atuação de todas as entidades externas e abrange a totalidade das unidades do BB.

Não resta dúvida, para a organização, de que as medidas adotadas possibilitaram elevar e manter o relacionamento do Banco do Brasil com as entidades de fiscalização e controle em novo patamar, pautado pelo profissionalismo e pela confiança mútua. Os benefícios revertem para ambas as partes, pois essa atuação mais próxima culmina em maior racionalidade e efetividade das ações do fiscalizador e do fiscalizado.

Considerações finais

O modelo adotado pelo Banco do Brasil para se relacionar com as entidades externas de fiscalização e controle visa, em sua essência, valorizar o papel institucional desempenhado por elas e se apropriar, objetiva e tempestivamente, das conclusões dos trabalhos por elas realizados.

Por um lado, essas avaliações contribuem para fortalecer a gestão de riscos e controles do Banco do Brasil, tornando a empresa mais robusta e competitiva. Por outro lado, atestam para o mercado a solidez do BB, contribuindo para manter o SFN eficiente e estável. Preservar a saúde financeira, a sustentabilidade dos negócios e a perpetuação da empresa são objetivos estratégicos. Adicionalmente, a cultura do Banco do Brasil está fortemente assentada no espírito público: há a missão superior de manter-se como mola propulsora do desenvolvimento do país, ao proporcionar à sua população crédito e serviços de qualidade, especialmente em condições, situações, locais e momentos em que outras instituições financeiras não têm a mesma disposição.

Para atingir esse seu propósito, o Banco do Brasil adota métodos e técnicas que possibilitam maior acuidade na avaliação de riscos e maior grau de eficiência dos controles. E, nesse contexto, as entidades de fiscalização e controle são vistas como parceiras. Construiu-se na empresa o entendimento de que o trabalho realizado pelas entidades de fiscalização e controle é útil para o banco e para o SFN. O atual modelo de relacionamento, pautado pela transparência e pela confiança mútua, mostra-se adequado para ambas as partes. Essa cultura de respeito, atenção e colaboração com as autoridades reguladoras é, certamente, um legado que fica garantido para as futuras gerações de profissionais de gestão de riscos e *compliance* do Banco do Brasil.

Mais de 200 anos de história certamente trouxeram muitas lições ao Banco do Brasil. Mas uma de suas principais competências continua sendo a capacidade de se renovar e de inovar continuamente, ora sendo vanguardista, ora alinhando-se rapidamente às necessidades da sociedade e às melhores práticas do mercado.

Ao longo de sua história, o Banco do Brasil jamais se afastou de seu compromisso de contribuir fortemente para o desenvolvimento do país e de melhorar as condições de vida de seu povo. Essa é a essência entidade, representada pelo espírito público que orienta a atuação de seus órgãos de governança, sua administração e cada um de seus funcionários.

Visão de futuro e perspectiva da regulação e supervisão bancária

A regulação do mercado financeiro é dinâmica, adaptando-se às inovações dos produtos financeiros, às mudanças tecnológicas e ao ambiente institucional e legal. Abaixo destacamos alguns pontos que, consideramos, serão de extrema importância no futuro da regulação.

Autorregulação

A construção estratégica de curto, médio e longo prazos compatível com os padrões de competitividade identificados no mercado bancário tornará os mecanismos de prevenção e autorregulação permanentemente integrados à maximização dos resultados operacionais, tendo por métrica as variáveis de enquadramento internacional parametrizadas pelos acordos de Basileia e sustentabilidade empresarial no âmbito da responsabilidade social.

Governança corporativa

A percepção de melhor governança, capturada pelos mercados nacional e internacional, levará ao fortalecimento sistêmico do segmento bancário e continuada qualificação dos gestores ao construírem suas análises e seleção de prioridades utilizando como princípio de atuação tanto o apoio logístico necessário à cobertura de todos os pontos de segurança institucional como também a melhor compatibilidade dos regulamentos externos estabelecidos pelas autoridades fiscalizadoras e a imersão antecipada do alinhamento da cultura interna de autorregulação e controle.

Atuação preventiva

Portanto, o futuro da regulação e supervisão bancária trará menor descompasso entre a identidade do *compliance* institucional das normas e procedimentos internos do banco e as expectativas fundamentadas nas responsabilidades planejadas por todos os participantes do mercado bancário, aglutinados pela convergência de princípios técnicos validados pelas melhores práticas.

Adequação e suporte logístico

O desenvolvimento das atividades de regulação e supervisão bancária, cada vez mais, dependerá da atualização tecnológica, da prontidão das ferramentas de apoio à execução das responsabilidades profissionais dos executores dos procedimentos regulamentares estabelecidos. O treinamento, atualização protocolar e supervisão continuada estabelecerão renovações permanentes na qualidade crítica dos trabalhos a serem realizados em todos os locais de atuação da instituição.

Sustentabilidade empresarial e responsabilidade social

A expansão da melhor segurança institucional, associada aos resultados financeiros, contaminará todas as instâncias do banco na multiplicação das oportunidades de atuar no aprofundamento das responsabilidades sociais e sustentabilidade empresarial. Isso ocorrerá ao responder a grupos organizados de produção econômica, objeto de direcionamento de produtos e serviços bancários formatados para a difusão de projetos comunitários que venham a ampliar a qualidade de vida, por meio da identificação dos sonhos individuais voltados para a realização do empreendedorismo e de autorrealização pessoal.

RISCO

João Carlos Douat
Ricardo Ratner Rochman

Gestão de riscos na atividade bancária

As principais motivações do moderno tratamento de gestão de riscos no setor bancário foram os esforços reguladores do Bank of International Settlements (BIS) na metade para o final dos anos 1990 — inicialmente, em relação ao risco do mercado em 1995 e, então, ao lidar com o risco de crédito, e, num risco operacional de menor extensão, em 1999, com a apresentação da versão inicial do Basileia II. Esses três elementos de gestão de riscos no setor bancário formam o cerne deste capítulo.

Os bancos que operam nos principais países desenvolvidos têm sido expostos, desde os anos 1970, a quatro fatores significativos de mudança mutuamente interconectados e amplificadores. Esses mesmos fatores têm provocado efeitos, no que tange à gestão de riscos, no mercado brasileiro nesse período.

O primeiro é uma interação mais forte entre mercados financeiros domésticos (tais como os mercados acionários e os mercados de taxas de juros e câmbio) e internacionais que facilita, nos choques econômicos, sua disseminação através das fronteiras dos países. Essas crescentes integrações têm tornado algumas instituições financeiras mais propensas a crises, às vezes até mesmo a inadimplências, pois suas administrações mostraram-se incapazes de melhorar os tempos de resposta pela implementação de sistemas adequados para medição e controle de riscos.

Uma segunda tendência de mudança é a desintermediação, que viu os poupadores migrarem dos depósitos bancários para oportunidades de investimento mais lucrativas, e empresas não financeiras recorrerem diretamente a mercados de capital para levantar novas dívidas e capital próprio (ações). Isso fez com que os bancos mudassem seu foco, desde a atividade convencional envolvendo depósitos e empréstimos a novas formas de intermediação financeira, em que novos riscos tinham de ser enfrentados e entendidos. Essa mudança, bem como uma série de transformações na estrutura regulatória, tem inquestionavelmente mesclado as fronteiras tradicionais entre bancos e outros tipos de instituições financeiras. Como resultado, diferentes tipos de intermediários financeiros podem agora estar investindo em ativos similares, com uma exposição a fontes de risco similares.

Uma terceira tendência significativa é o crescente interesse dos reguladores quanto aos esquemas de adequação de capital, isto é, práticas regulatórias que visam verificar se o capital de cada banco é suficiente para absorver riscos, a fim de assegurar a estabilidade de todo o sistema financeiro. Os esquemas de adequação de capital têm, até o momento, substituído quase totalmente os enfoques tradicionais de supervisão baseados em controles diretos sobre mercados e intermediários (limitando o escopo funcional e geográfico das operações dos bancos), e exigem que os bancos desenvolvam um entendimento abrangente e completo dos riscos que estão encarando.

Finalmente, a liberalização dos fluxos de capital internacional tem levado a uma competição mais acirrada entre instituições baseadas em diferentes países para atrair negócios e investimentos, bem como a um acréscimo no custo médio do capital, pois o último tornou-se um fator-chave na gestão de bancos. Mercados nacionais antigos, protegidos, em que a gestão bancária conseguia visar metas de tamanho e outros objetivos "privados", têm cedido lugar a uma arena de mercado internacional, mais competitiva, em que o capital próprio deve ser convenientemente remunerado, ou seja, deve ser criado valor aos acionistas. Mesmo após o recente processo de estatização de alguns bancos na Europa, em decorrência da recente crise dos bancos, fica evidente que o requisito de uma maior profissionalização na gestão de riscos levou ao setor público o reconhecimento da necessidade da remuneração dos riscos idêntico ao ocorrido no processo anterior de privatizações.

Os quatro fatores ora mencionados parecem estar intimamente entrelaçados, tanto em suas causas como nos efeitos. Uma maior integração financeira, a desintermediação e a convergência entre diversos modelos de intermediação financeira, esquemas regulatórios baseados na adequação de capital e uma maior mobilidade/consciência dos investidores em ações bancárias: todos esses fatores têm enfatizado fortemente a relevância do risco e a capacidade dos gestores de bancos de criar valor para seus acionistas.

Consequentemente, a alta administração dos bancos — a exemplo da administração de qualquer outra companhia — precisa aumentar a rentabilidade para poder satisfazer as expectativas dos acionistas, que atualmente são muito mais habilitados e cuidadosos na mensuração do desempenho de seus investimentos.

A gestão bancária pode assim ficar presa numa espécie de "dilema de metas": o aumento da rentabilidade do capital exige o aumento de lucros, que, por sua vez, requer novos negócios e novos riscos a serem assumidos. No entanto, uma expansão desses, devido a razões econômicas e regulatórias, necessita ser suportada por mais capital, que requer uma maior rentabilidade.

No curto prazo, um dilema desse tipo pode ser resolvido pelo aumento dos lucros graças ao corte de despesas operacionais e ao aumento da eficiência operacional. Todavia, no longo prazo, ele requer que a rentabilidade ajustada ao risco dos diversos negócios bancários seja prudentemente avaliada e otimizada. Uma estratégia dessas depende de três ferramentas essenciais.

A primeira é um efetivo sistema de medição e gestão de riscos; o banco deve ser capaz de identificar, medir, controlar e, acima de tudo, precificar todos os riscos assumidos, mais ou menos conscientemente, no e fora de seu balanço patrimonial. Isso é crucial não apenas para a rentabilidade do banco, mas também para sua solvência e futura sobrevivência, pois as crises bancárias sempre surgem de identificação, medição, precificação ou controle inapropriado dos riscos.

A segunda ferramenta essencial é um efetivo processo de alocação de capital, graças ao qual o capital dos acionistas é dirigido para diversas unidades tomadoras de riscos no interior do banco, segundo a quantidade de riscos que cada uma delas pode gerar e, consequentemente, deve recompensar. A terceira ferramenta essencial, diretamente ligada às outras duas, é a organização: uma série de processos, medidas e mecanismos que ajudam as diversas unidades do banco a compartilhar a mesma estrutura de criação de valor. Isso significa que as regras para medição de riscos, gestão e alocação de capital devem ser claras, transparentes, bem como totalmente compartilhadas e entendidas tanto pelos gestores bancários quanto por suas diretorias. A organização eficiente é de fato uma condição necessária para a estratégia global de criação de valor gerar os resultados esperados.

A tabela 1 apresenta o total de ativos do sistema bancário brasileiro segregado pelos principais tipos de riscos encarados pelas instituições financeiras.

TABELA 1
ATIVOS PONDERADOS PELO RISCO (RISK WEIGHTED ASSETS — RWA) DO SISTEMA BANCÁRIO BRASILEIRO

PERÍODO TIPO DE RISCO	JUN. 2013 R$ BILHÕES	%	NOV. 2013 R$ BILHÕES	%	EVOLUÇÃO %
Risco de crédito	3.153,8	87,8	3.345,8	89,7	6,1
Risco de mercado	245,9	6,8	185,8	5,0	-24,4
Risco operacional	190,5	5,3	198,7	5,3	4,3
RWA TOTAL	**3.590,2**	**100,0**	**3.730,3**	**100,0**	**3,9**

Fonte: Banco Central do Brasil, elaborado pelos autores.

Na tabela 1 pode-se notar que o risco de crédito é o principal risco experimentado pelas instituições financeiras, principalmente pelos bancos comerciais e múltiplos, correspondendo a aproximadamente 90% do risco assumido em novembro de 2013. Além disso, o risco de crédito tende a crescer com o investimento no setor imobiliário e de infraestrutura no país. O risco operacional vem em segundo lugar devido à atenção que vem ganhando desde o Acordo de Basileia II e ao desenvolvimento de bancos de dados e ferramentas de modelagem desse tipo de risco. Embora o risco de mercado apareça como o de menor participação dentro do risco total do sistema, sua importância é enorme para as instituições financeiras, e seu valor só é menor do que os demais devido à gestão conjunta do risco de mercado dos ativos e passivos (Asset and Liability Management — ALM), pois ela compensa os eventos de riscos dos ativos com os gerados nos passivos. O risco de liquidez não aparece na tabela 1, pois não é alocado capital para ele, mas há o controle que é realizado por índices de liquidez.

Risco de crédito

Sempre há um elemento de risco quando uma pessoa adquire um produto ou serviço sem pagar imediatamente por ele. A cada vez que o fazem, os fornecedores do produto ou serviço, aceitam um risco de crédito. O risco pode ser assumido por algumas horas ou por um século. Nos EUA e na Europa tem sido visto um aumento significativo na alavancagem por grandes empresas e indivíduos. Os mercados emergentes também pegaram carona nesse movimento, pois tanto as nações como suas grandes empresas e pessoas físicas chegaram à conclusão de que o crédito é uma ferramenta poderosa para o progresso econômico. Enquanto isso, os mercados de capital têm oferecido muito mais meios para que instituições e pessoas tomem dinheiro emprestado.

Indiscutivelmente, a disponibilidade — e aceitabilidade — do crédito facilita a vida moderna e estimula a economia. O crédito capacita as pessoas, ainda que com recursos modestos, a comprarem casas, carros e bens de consumo, e isso, por sua vez, cria empregos e aumenta o volume de oportunidades econômicas. O crédito permite que as empresas cresçam e prosperem. Agências governamentais espalhadas pelo mundo empregam o crédito para criar infraestrutura que não podem financiar por meio dos orçamentos anuais.

Isso indica que a alavancagem é necessária para propiciar os investimentos requeridos para a operação da economia e para o desenvolvimento de novos produtos e serviços. A diversificação das economias — o que é uma mudança profunda em relação ao que existia há 100 ou até 50 anos atrás — torna-as muito mais estáveis e, portanto, muito menos arriscadas sob o ponto de vista sistêmico. Assim, não deveria ser surpresa que os mercados de crédito no mundo desenvolvido tenham crescido em proporções assombrosas e que as nações em desenvolvimento estejam buscando formas de rivalizá-los. Para entendermos se esse aumento na alavancagem é bom ou ruim, exige-se uma análise sobre como ele aconteceu. Pode haver um crescimento rápido de crédito por três razões:

- **Aprofundamento financeiro**: isso ocorre quando o crédito é estendido para aqueles que anteriormente não eram elegíveis, ou quando os elegíveis utilizam os mercados de crédito com mais intensidade para investir em ativos ou bens de capital.
- **Melhorias estruturais normais**: o maior crescimento na economia global significa que mais crédito está sendo utilizado.
- **Movimentos estruturais excessivos**: esse é o ponto em que a expansão de crédito passa a ser um *boom* de crédito que é potencialmente desestabilizante. Os preços dos ativos tornam-se exagerados — os preços de ações disparam, há uma alta súbita nos preços dos imóveis, e os bancos são tentados a emprestar mais contra valores de ativos inflacionados.

O que sabemos é que o crédito tem se expandido em um ritmo muito forte. Podemos ainda observar que essa expansão está ocorrendo em uma época em que as ferramentas de gestão de crédito têm sido aperfeiçoadas e as fontes de informações são significativamente melhores do que eram num passado recente. Atitudes para com a dívida, entre tomadores e credores, têm mudado, também provavelmente para melhor à medida que muitos dos agentes estão enfocando os mercados com um nível muito mais alto de sofisticação.

Hoje, todas as mais influentes instituições financeiras estão buscando ativamente técnicas mais eficazes de gestão do risco de crédito. Esse é um requisito dos reguladores bancários, particularmente como uma parte dos acordos de Basileia II e III. Na atualidade, todas as principais instituições desenvolveram sistemas de informação de exposição global ao risco que são continuamente atualizados para que a exposição e a precificação possam ser avaliadas em tempo real. Fugindo da visão tradicional de que o julgamento de créditos é fundamentalmente uma "arte", muitos bancos estão adotando novas abordagens. A credibilidade geral do sistema bancário tem melhorado amplamente como resultado dos seguintes pontos:

- Consolidação e globalização, que têm ajudado a difundir melhores práticas e a diversificar suas atividades de modo que elas se tornem menos vulneráveis a um particular país ou setor econômico.
- A maior parte das principais instituições bancárias tem desenvolvido ativamente diversas atividades que reduziram suas dependências nas receitas de juros e levaram a um melhor equilíbrio em seus negócios.
- Agora são amplamente aceitas técnicas de aperfeiçoamento para a gestão de riscos. Isso inclui gestão estatística de carteiras, securitização e processos ativos de *hedge* utilizando mercados de derivativos, todos os quais promovendo um melhor uso do risco de crédito em suas carteiras. Além disso, a implementação de Basileia III deve reforçar a tendência de melhora, particularmente entre aquelas instituições que não são de primeira linha.

Dependendo do contexto, são várias as definições de crédito. Aqui estamos considerando que crédito é a entrega de um valor presente, mediante a promessa de pagamento futuro.

Em relação ao crédito, o cliente, geralmente, é conhecido com base em informações passadas; um valor lhe é entregue no presente, e ele assume o compromisso de realizar um pagamento no futuro.

Como o crédito envolve uma promessa de pagamento no futuro, existe uma incerteza em relação a seu cumprimento. A incerteza do pagamento, baseada em probabilidades objetivas, é denominada risco de crédito. Ou seja, o risco de crédito é a probabilidade de não ocorrer o recebimento na data combinada.

As instituições financeiras estão sujeitas a três tipos de risco de crédito:
- **Risco do cliente:** probabilidade de inadimplência baseada nas características do cliente (devedor).
- **Risco da operação:** risco ou efeito da operação (produto, montante, prazo, garantias e preço) no risco de crédito.
- **Risco de concentração:** risco da carteira de crédito definido em função da concentração dos créditos em termos de clientes, regiões, produtos e efeitos altamente correlacionados.

Quando falamos de gestão de carteiras, a primeira questão que vem à tona é a concentração. Concentração excessiva é o que acontece quando uma instituição financeira se expõe a um nível de risco tal, que acontecimentos adversos que afetem um único cliente, produto, país ou setor podem comprometer seriamente a capacidade de a instituição continuar funcionando. Um relatório do Federal Reserve de 1993 resume esse conceito da seguinte forma: concentração de risco de crédito pode ser definida como a exposição direta ou indireta a um risco excessivamente alto de crédito de um único tomador ou de um grupo de tomadores; os créditos garantidos por um único título, ou títulos com características em comum; ou as exposições de crédito de tomadores com características comuns dentro de um setor ou grupo similarmente afetado.

Uma medida de proteção contra a concentração é o limite de crédito a um único devedor (limite legal de empréstimo) definido pelos regulamentadores e pela política de crédito da própria instituição financeira. Outros controles são as limitações de setor, país e garantia, geralmente baseadas em bom senso.

Várias pequenas apostas *versus* uma única grande aposta. É preferível fazer uma série de pequenas apostas a uma grande aposta porque, à medida que o número de pequenas apostas é distribuído sobre um valor fixo de capital, a variância dos resultados se reduz.

As abordagens de carteira usadas por instituições financeiras vão das mais simples às mais complexas. No nível mais simples, as instituições aplicam "uma abordagem de divisão", pela qual definem limites para os vários tipos de concentração e monitoram seu risco de acordo com eles. É comum ver bancos definirem limites por estado, país (interna e externamente), setor, tipo de transação e garantia. Esses limites são primordialmente baseados em opinião, mas utilizam análise independente para dar apoio aos limites encontrados. Os limites são desenvolvidos geralmente com base em uma ou mais das seguintes abordagens:
- Experiência de perdas antiga ou recente.
- Padrões baseados em tolerância de perda máxima com relação ao capital.

- Retorno sobre o capital ajustado ao risco, onde o risco é avaliado em termos de transação ou em termos de unidade de negócios.

Alguns dos conceitos introduzidos recentemente são o índice de diversidade, as perdas esperadas e as não esperadas, *Risk Adjusted Return On Capital* (Raroc), *Value at Risk* (VaR) de crédito e variações do índice Sharpe. Existe alguma superposição entre os itens dessa lista. Por exemplo, Raroc, CreditMetric's e CreditRisk+ usam o conceito de perdas não esperadas, e todos esses métodos podem incluir migração, títulos, *covenants*, entre outros.

Atordoados pelas dificuldades em tentar adaptar a abordagem baseada no retorno e na variância do retorno dos ativos individuais aos títulos ilíquidos de renda fixa, os analistas de carteira voltaram-se para um modelo que enfoca o problema através da noção de perdas esperadas e não esperadas. Perdas esperadas são perdas médias de longo prazo e, por isso, podem ser refletidas na precificação. Perdas não esperadas não são refletidas diretamente na precificação, mas exigem que seja separado um capital para absorver o choque de modo a que a organização não fique debilitada por sua ocorrência. Perda inesperada soa como uma contradição em termos. Afinal, uma vez que a perda esteja quantificada, não pode mais ser chamada de "não esperada". Entretanto, o termo realmente significa perda potencial máxima, ou perda máxima dentro de um dado nível de confiança — como 95%. Uma consideração por trás do conceito de perdas não esperadas é que elas ocorrem por inadimplência coletiva, que pode ser creditada ao excesso de concentração na carteira, ou porque um único devedor ficou severamente inadimplente. Outra observação é que o valor de perda esperada pode estar incorreto, e, portanto, é preciso conhecer a distribuição subjacente que produziu esse valor. Como perdas não esperadas são estimadas com base em probabilidades de inadimplência e taxas de recuperação do investimento, essa abordagem é conduzida mais pelo valor intrínseco (o assim chamado "valor do modelo") do que pelo valor de mercado.

A perda esperada é a que está associada com a média da distribuição de perda de um empréstimo ou de uma carteira. A perda não esperada é a que está associada a 95% da área sob a curva de perdas.

Como o capital econômico é um recurso escasso, uma carteira ideal é a que o utiliza da forma mais eficiente. O capital econômico é o recurso que protege de perdas não esperadas. Esse raciocínio pode ser utilizado para montar um problema de otimização em que a função objetiva é minimizar as perdas esperadas na carteira, submetendo-se a duas restrições: a) a soma das perdas não esperadas é menor ou igual ao capital de risco; b) os ativos são alocados somente entre aqueles que estão disponíveis.

As abordagens de carteira para ativos de renda fixa ainda estão em processo de evolução. A maior parte das soluções de otimização propostas hoje compartilha a abordagem que acabamos de descrever. Mas elas podem diferir entre si: a) na definição da função objetiva, b) nas fontes de dados para correlação e probabilidade de inadimplência e c) na forma de lidar com a migração do crédito antes que um ativo atinja um de seus estados finais (vencimento do empréstimo, refinanciamento ou inadimplência).

Ferramentas vindas da pesquisa estatística e operacional, tais como análise de sobrevivência, redes neurais, programação matemática, simulação determinística e probabilística, cálculo estocástico e teoria dos jogos contribuíram para o avanço da mensuração do risco de crédito. Também o fizeram os avanços na maneira como entendemos os mercados financeiros, tais como a teoria da precificação por arbitragem, a teoria de precificação de opções e o modelo de precificação de ativos de capital (Capital Asset Pricing Model — CAPM). As novas ferramentas para mensuração do risco de crédito foram aplicadas a uma ampla gama de produtos financeiros — crédito ao consumidor, empréstimos imobiliários residenciais, empréstimos imobiliários comerciais e empréstimos comerciais, bem como *swaps*, derivativos de crédito e outros produtos fora do balanço. As técnicas mais comumente empregadas são as seguintes.

- Técnicas econométricas, como análise discriminatória linear e múltipla, regressão múltipla, análise logit e análise probit, modelam a probabilidade de inadimplência ou o prêmio de inadimplência, como variável dependente, cuja variância é explicada por um conjunto de variáveis independentes. Entre as variáveis independentes estão índices financeiros e outros indicadores, bem como variáveis externas usadas para medir condições econômicas. A análise de sobrevivência se refere a um conjunto de técnicas empregadas para medir o tempo decorrido até uma reação, quebra, morte ou ocorrência de um evento.
- Redes neurais são sistemas computacionais empregados para tentar imitar o funcionamento do cérebro humano por meio da emulação de uma rede de neurônios interligados — as menores unidades decisórias do cérebro. Usam os mesmos dados empregados nas técnicas econométricas, mas chegam a um modelo de decisão por meio de implementações alternativas de um método de tentativa e erro.
- Modelos de otimização são técnicas de programação matemática que descobrem os pesos ideais de atributos de credor e tomador que minimizam o erro do credor e maximizam seus lucros.

- Sistemas especialistas, ou baseados em regras, são usados para imitar de maneira estruturada o processo usado por um analista experiente para chegar a uma decisão de crédito. Como indica o nome, tais sistemas procuram clonar o processo empregado por um analista bem-sucedido para que sua experiência seja disponibilizada para o restante da organização. Os sistemas baseados em regras são caracterizados por um conjunto de regras decisórias, uma base de conhecimentos que consiste em dados como índices financeiros setoriais e um processo estruturado de investigação a ser utilizado pelo analista para obter dados a respeito de cada tomador individual.
- Sistemas híbridos utilizando computação, estimativa e simulação são movidos em parte por uma relação causal direta cujos parâmetros são determinados por meio de técnicas de estimativa. Um exemplo disto é o modelo Kealhofer, McQuown and Vasicek (KMV), que usa formulação teórica de opções para explicar a inadimplência e em seguida deriva a forma do relacionamento através de estimativa. Matrizes de probabilidade de migração são sumários de dados que ajudam a prever a tendência de um crédito para migrar para níveis superiores ou inferiores de qualidade com base em padrões históricos de migração. Essas matrizes são derivadas por meio de análise de componentes de grupo, ou seja, a observação de um grupo de títulos ou empresas, ao longo do tempo, desde sua criação até seu vencimento.

Os modelos financeiros são aplicados a diversos domínios:
- Aprovação de crédito. Os modelos são usados sozinhos ou em conjunto com um sistema de julgamento de decisões contrárias ao recomendado pelos mesmos para aprovação de empréstimos na área de crédito ao consumidor.
- Determinação de *rating* de crédito. Os modelos quantitativos são usados para derivar *ratings* "espelhos" para títulos que não sejam avaliáveis e para empréstimos comerciais. Esses *ratings*, por sua vez, influenciam os limites de carteira e outros limites de crédito usados pela instituição. Em alguns casos, o *rating* de crédito previsto pelo modelo é usado internamente nas instituições para comparação com o *rating* atribuído pelo processo tradicional de análise de crédito.
- Precificação de crédito. Os modelos de risco de crédito podem ser empregados para sugerir os prêmios por risco que devem ser cobrados em vista da probabilidade e do volume da perda, em caso

de inadimplência. Por meio do uso de um modelo de referência no mercado, as instituições podem avaliar os custos e benefícios da manutenção de um ativo financeiro. Perdas imprevistas sugeridas por um modelo de crédito podem ser usadas para estabelecer os encargos sobre o capital na precificação.

- Alerta prévio financeiro. Os modelos de crédito são usados para sinalizar problemas em potencial na carteira para facilitar medidas corretivas antecipadas.
- Linguagem comum de crédito. Os modelos de crédito podem ser usados para selecionar ativos de um conjunto a fim de construir uma carteira aceitável para investidores ou atingir uma qualidade de crédito mínima necessária para obter o *rating* de crédito desejado. Subscritores podem usar tais modelos para fins de avaliação da carteira (como um *pool* garantido de empréstimos comerciais). Os gatilhos de nível de reservas podem estar ligados ao desempenho do modelo.
- Estratégias de cobrança. Os modelos de crédito podem ser usados para decidir a melhor estratégia de cobrança ou solução. Se um modelo de crédito indicar que um tomador esteja passando por problemas de liquidez de curto prazo, e não por um declínio nos fundamentos do crédito, então se pode elaborar uma solução apropriada.

Risco de mercado

A necessidade de se medir e controlar os riscos assumidos adequadamente por um banco é sentida particularmente nas atividades envolvendo investimentos e negociação de títulos, que são expostas à volatilidade nos preços dos ativos.

Esse tipo de risco é geralmente classificado sob o nome de "risco de mercado" ou "risco de preço". Mais precisamente, o risco de mercado significa o risco de mudanças no valor de mercado de um instrumento ou carteira de instrumentos financeiros, conectado a mudanças inesperadas nas condições do mercado (preços de ações, taxas de juros, taxas de câmbio e volatilidade dessas variáveis); ele, portanto, inclui os riscos em moeda, em posições de títulos e ações, bem como em todos os outros ativos e passivos financeiros transacionados por um banco. Os riscos de mercado geralmente são identificados somente (por órgãos regulatórios, também) como os riscos inerentes na carteira de *trading*, significando o conjunto de posições tomadas em um curto ou longo período com o propósito de se beneficiar das mudanças nos preços de mercado; todavia, na realidade, eles dizem respeito a todos os ativos e passivos financeiros detidos por um banco, inclusive aqueles comprados para fins de investimento, e que são planejados para permanecer nos demonstrativos financeiros por um longo período.

Os tipos de riscos de mercado podem assumir diversas conotações dependendo do tipo de preço com o qual são referenciados. Como regra geral, podem ser identificadas as principais categorias de riscos de mercado:

- **Risco de taxa de câmbio:** quando o valor de mercado de uma posição é sensível a mudanças nas taxas de câmbio (esse é o caso de ativos e passivos financeiros denominados em moeda estrangeira ou de contratos de derivativos cujos valores dependem da taxa de câmbio).
- **Risco de taxa de juros:** quando o valor de mercado de uma posição é sensível a mudanças nas taxas de juros (títulos, acordos de taxa a termo, futuros de taxas de juros, *swaps* de taxa de juros, *caps*, *floors*, *collars* etc.).
- **Risco de preço absoluto/taxa, ou risco delta:** representa a exposição a mudanças no valor de mercado de uma posição ou carteira como consequência de uma determinada mudança no preço do ativo subjacente.
- **Risco de convexidade, ou risco gama:** representa o risco que emerge quando a relação entre o valor de mercado de uma posição ou carteira e o preço/taxa do ativo subjacente não é linear.
- **Risco de volatilidade, ou risco vega:** esse risco está normalmente associado a contratos com opções e representa a exposição a mudanças na volatilidade prevista do preço do ativo subjacente.
- **Risco de decaimento com o tempo, ou risco teta:** esse risco está normalmente associado a contratos com opções e representa a perda de valor de mercado de uma posição ou carteira referente à passagem do tempo.
- **Risco base ou de correlação:** representa a exposição a mudanças no valor de uma posição ou carteira e àquelas relacionadas aos instrumentos de *hedging* utilizados.
- **Risco de taxa de desconto, ou risco rô:** representa a exposição à mudança no valor de uma posição ou carteira conectada com uma mudança na taxa de juros usada nos fluxos de caixa futuros de desconto retroativo.
- **Risco de ações:** quando o valor de mercado de uma posição é sensível ao desempenho do mercado acionário (ações, futuros indexados a ações, opções de ações etc.).

- **Risco de *commodities***: quando o valor de mercado de uma posição é sensível a mudanças nos preços de *commodities* (compras e vendas à vista e a prazo, *swaps*, futuros, opções etc.).
- **Risco de volatilidade:** quando o valor de mercado de uma posição é sensível a mudanças na volatilidade de quaisquer das variáveis consideradas acima (esse é tipicamente o caso das opções).

Quando se avalia risco de taxa de juros como uma subcategoria do risco de mercado, o foco é geralmente mantido nos instrumentos financeiros para os quais já exista um mercado secundário. Isso implica que o horizonte de risco do banco é limitado a alguns dias, o tempo necessário para vender posições arriscadas no mercado e acabar com o risco.

Os riscos de mercado têm ganhado importância nos mercados financeiros internacionais, na última década, como resultado de três fenômenos principais. O primeiro está ligado com o processo de securitização, que tem resultado na progressiva substituição de ativos ilíquidos (empréstimos, hipotecas) em ativos com um mercado líquido secundário e, portanto, um preço. Esse processo tem promovido a disseminação de critérios de medição de marcação ao valor de mercado para ativos mantidos por instituições financeiras.

O segundo fenômeno é o crescimento progressivo do mercado de derivativos financeiros, cujo principal perfil de risco para intermediários financeiros é exatamente a mudança no valor de mercado relevante causada por mudanças nos preços dos ativos subjacentes e/ou de suas condições de volatilidade. O terceiro fenômeno está correlacionado a uma adoção mais disseminada dos novos padrões contábeis (tais como o International Financial Reporting Standards — IFRS 39), que suporta o lançamento do valor de mercado (e não mais do custo histórico de compra) para uma gama ampla de ativos e passivos financeiros nos demonstrativos financeiros. Esses padrões, que resultam no destaque imediato de lucros e perdas conectadas a mudanças de curto prazo nas condições do mercado, têm contribuído para tornar os efeitos do risco de mercado mais visíveis, acentuando suas importâncias.

Esse foco crescente nos riscos de mercado não tem relação exclusiva com instituições financeiras e o mundo acadêmico, mas tem também se estendido a órgãos reguladores. Em janeiro de 1996, o Comitê da Basileia sobre Supervisão Bancária apresentou algumas propostas para a ampliação dos requisitos de capital aos mercados de risco. Uma recomendação similar foi dada pela Diretiva da União Europeia que trata da adequação de capital de firmas de investimento e bancos (93/6/CEE). Essas propostas foram então implementadas por órgãos regulatórios nos países mais economicamente desenvolvidos.

A abordagem tradicional na medição e gerenciamento de riscos de mercado de modo geral estava baseada nos valores nominais de posições individuais. A exposição a riscos era considerada diretamente proporcional ao valor nominal dos instrumentos financeiros detidos, e quaisquer limitações impostas à capacidade de tomada de riscos das unidades individuais de negócios eram também expressas em termos do valor nominal de posições.

Essa abordagem é apreciável devido a sua simplicidade, custo relativamente baixo e pouca necessidade de informação e atualizações (uma vez que o valor nominal de um ativo permaneça constante); no entanto, ela é caracterizada por numerosas limitações. Esses problemas levaram ao uso de medidas específicas de risco para os diferentes tipos de posições: *duration* e valor em pontos-base para títulos, beta para ações, além de coeficientes delta, gama, vega e rô para opções.

A tentativa de superar os problemas mencionados levou algumas instituições financeiras a desenvolver modelos que possibilitariam quantificar, comparar e agregar o risco conectado a diferentes posições e carteiras. Esses modelos, que eram originalmente introduzidos pelos principais bancos comerciais dos EUA na primeira metade dos anos 1980 e, depois, se disseminaram entre a maioria das instituições financeiras geralmente são referidos como modelos de "valor em risco" (*value at risk* — VaR), derivado do nome da medida de risco que é normalmente gerada pelos mesmos.

Uma das primeiras instituições a desenvolver um modelo de VaR, e a primeira a torná-lo público, foi o banco comercial estadunidense J. P. Morgan, que concebeu o modelo RiskMetrics™. No final da década de 1980, o então *chairman* do banco, Dennis Weatherstone, fez solicitação de que, às 16h15 de cada dia, ele deveria receber um boletim com o resumo das informações, referenciadas em um único valor monetário, a respeito dos riscos de mercado incorridos pelo banco como um todo nos principais segmentos de mercado (ações, títulos, moedas, derivativos, *commodities*, nações emergentes etc.), e também nas diferentes regiões geográficas em que o banco fizesse negócios.

Em resposta a essa necessidade, os gestores de risco da instituição introduziram o VaR, uma medida da perda máxima que uma posição ou carteira pode sofrer, dado certo nível de confiança, ao longo de um horizonte de tempo predeterminado. Em outras palavras, os modelos de VaR tendem a responder à seguinte pergunta: qual é a perda máxima que poderia ser sofrida em certo período, de modo que houvesse uma probabilidade muito baixa — por exemplo, 1% — de que a perda real excedesse esse valor? Nesse sentido, a definição de risco adotada pelos modelos de VaR é caracterizada por três elementos-chave:

- ela indica a potencial perda máxima que uma posição ou carteira pode sofrer, mas,
- com certo nível de confiança (menor que 100%) e
- limitada a certo horizonte de tempo.

O VaR é, portanto, uma medida probabilística, e assume diferentes valores em diferentes níveis de confiança. O VaR pode ser calculado para diferentes instrumentos e carteiras financeiras, tornando comparáveis seus riscos relevantes. Ele é utilizado para três requerimentos básicos: comparar as diversas opções de investimentos para o capital de risco de uma instituição financeira; comparar o retorno sobre o capital empregado; e, finalmente, para corretamente apreçar transações individuais baseadas em seus níveis relevantes de risco.

Os modelos de "valor em risco" podem ser usados para gerar medidas extras de risco distintas do VaR, tais como o desvio-padrão de mudanças no valor da carteira e a diminuição esperada. De fato, esses modelos não consistem em uma única metodologia, mas preferivelmente em uma série de técnicas cujo propósito é atingir os três objetivos a seguir.

1) Definir os fatores de risco (taxas de câmbio, taxas de juros, preços de ações, preços de *commodities*) que podem afetar o valor da carteira do banco e representar suas possíveis tendências futuras (designando a eles uma distribuição de probabilidades).

2) Criar a distribuição de probabilidades dos possíveis valores futuros das carteiras (ou, de forma equivalente, das perdas comparadas ao valor corrente) associada com cada um dos possíveis valores adotados por fatores de risco; essa segunda etapa envolve o mapeamento do valor dos instrumentos financeiros individuais na carteira do banco para os valores assumidos por fatores de risco.

3) Resumir a distribuição de probabilidades dos possíveis valores futuros das carteiras do banco em uma ou mais medidas de risco (das quais o VaR é certamente a mais utilizada); tornar a medida de risco selecionada compreensível para a alta administração, por exemplo, pela fragmentação da mesma em medidas de risco mais detalhadas.

A abordagem mais simples (mais tradicional e utilizada) é a assim chamada metodologia de variância-covariância (também referida como método analítico ou paramétrico). Ela é caracterizada pelos seguintes elementos:

- Supõe que as possíveis mudanças no valor de todos os fatores de mercado (ou, inversamente, dos retornos sobre os ativos na carteira) seguem uma distribuição normal.
- As informações sobre os possíveis valores futuros dos fatores de mercado e suas correlações são, portanto, inteiramente resumidas em uma matriz de variância-covariância.
- Dessa forma, as possíveis perdas na carteira do banco dependem dessa matriz e da sensibilidade (que, de modo geral, é aproximada por uma função linear com coeficientes constantes) ou das posições individuais na carteira para mudanças em fatores de mercado.
- O VaR é obtido como um múltiplo do desvio-padrão das futuras perdas.

A abordagem da variância-covariância é indubitavelmente a mais utilizada na estrutura de sistemas de gestão de riscos, pois nada mais é do que o modelo original do RiskMetrics™ (no qual várias instituições financeiras se baseiam para desenvolverem seus próprios modelos proprietários), que segue esse enfoque metodológico.

Outra abordagem muito popular é a baseada em técnicas de simulação. Ela difere da abordagem de variância-covariância, pois:

- As possíveis mudanças no valor dos fatores de mercado não são necessariamente distribuídas normalmente: aliás, pode ser utilizada, por exemplo, uma diferente distribuição, baseada nas mudanças que são detectadas empiricamente com base nos dados históricos dos últimos meses ou anos, ou considerando-se somente um número limitado de cenários "extremos" (testes de estresse).
- O impacto dos possíveis futuros valores dos fatores de mercado sobre as possíveis perdas do banco é quantificado por meio de uma avaliação completa, ou seja, recalculando-se o valor de cada ativo ou passivo como uma função das novas condições de mercado. Dessa maneira, não é feita nenhuma alteração dos coeficientes lineares de sensibilidade, mas preferivelmente todas as posições das carteiras do banco são reavaliadas utilizando-se modelos de precificação apropriados. Portanto, trata-se de uma aproximação mais exata, mas que, no entanto, também requer uma utilização mais intensiva de computadores.
- O VaR não pode ser estimado simplesmente como um múltiplo de desvios-padrão, mas deve ser procurado ao analisar-se toda a distribuição de futuras perdas e pela identificação de seus valores máximos após a exclusão de uma porcentagem dos casos igual a 1%, iniciando dos piores casos.

Risco operacional

O risco operacional pode ser definido como a possibilidade de ocorrência de perdas resultantes de falha, deficiência ou inadequação de processos internos, pessoas e sistemas, ou de eventos externos. É a definição da Resolução do Conselho Monetário Nacional (CMN) nº 3.380/2006, que está em linha com a definição do Acordo de Basileia.

A importância do risco operacional na gestão bancária é enorme, pois uma perda operacional significativa pode reduzir o valor de um banco em mais do que o próprio valor da perda, podendo inclusive obstruir a continuidade das operações da instituição financeira. Assim, mensurar o risco operacional colabora na gestão desse risco já que esclarece quais problemas merecem prioridade de solução.

O período de 1988 a 2003 foi dominado pelo Acordo de Basileia I, que inicialmente requereu capital para risco de crédito e, pelo adendo de 1996, passou a requerer capital para risco de mercado. O período de 2004 até 2010 foi dominado pela implantação do Acordo de Basileia II, que sofisticou os modelos de capital para risco de crédito e inaugurou a alocação de capital regulatório para risco operacional. O período de 2011 até hoje tem sido marcado pelo Acordo de Basileia III, divulgado em resposta à crise do *subprime* de 2007 e 2008, que focalizou o risco de liquidez.

O Committee of Sponsoring Organizations of the Treadway Commission (Coso) é um comitê não governamental norte-americano formado por gerentes financeiros, contadores e auditores, que organiza orientações às empresas sobre controles internos e gestão de riscos. O Coso gerou em 1992 um documento sobre sistema de controles internos consistente que terminou por influenciar o documento do BIS de 1998, a Resolução CMN nº 2.554 do mesmo ano e a Lei Sarbanes-Oxley de 2002. Já o documento do Coso de 2004, denominado Entreprise Risk Management (ERM), para uma estrutura integrada de gerenciamento de riscos, foi parcialmente incorporado tanto pelo documento Sound Practices for the Management and Supervision of Operational Risk do BIS, quanto pela Resolução CMN nº 3.380/2006.

Há vários tipos de perda operacional. Alguns que acompanham a indicação da Resolução CMN nº 3.380/2006 e do Acordo de Basileia são: fraudes internas; fraudes externas; demandas trabalhistas e segurança deficiente do local de trabalho; práticas inadequadas relativas a clientes, produtos e serviços; danos a ativos físicos próprios ou em uso pela instituição; aqueles que acarretem a interrupção das atividades da instituição; falhas em sistemas de tecnologia da informação; falhas na execução, cumprimento de prazos e gerenciamento das atividades na instituição.

Há ainda subgrupos desses oito tipos de perdas que podem ser muito úteis na construção de modelos para o comportamento dessas perdas. Os eventos de perdas operacionais podem ser agrupados em cinco categorias:

- **Riscos de relacionamento:** incluem risco no relacionamento com clientes, acionistas, terceiros e agentes normativos.
- **Riscos humanos:** incluem erros de funcionários, fraudes cometidas por funcionários e indisponibilidade dos funcionários.
- **Riscos tecnológicos:** incluem interrupção no funcionamento de sistemas, violação da segurança dos sistemas e problemas de manutenção.
- **Ativos físicos:** incluem ações criminosas e desastres relacionados às instalações físicas da instituição.
- **Riscos externos:** incluem fraude cometida por terceiros e mudanças na regulamentação.

Desde a publicação do Acordo de Basileia II, tornou-se necessário que as instituições financeiras de presença global meçam e aloquem capital para o risco operacional incorrido. Isso tem se tornado compulsório internacionalmente, já que as orientações do Comitê da Basileia têm sido incorporadas na legislação dos países pelas respectivas autoridades monetárias. No Brasil, já se aloca capital regulatório para risco operacional desde 2007, mas por modelos simplificados, em que se adota para medir risco operacional um percentual de 12% a 18% do nível do indicador de exposição da instituição financeira. Esse indicador de exposição é formado pelo *spread* entre captação e aplicação mais a receita de prestação de serviços.

Há um conjunto de eventos de perda operacional que podem ocorrer com grande contagem, mas que individualmente não comprometem o capital significativamente, como as pequenas multas por atraso de entrega de documentos regulamentados e os pequenos desvios de finalidade dos caixas dos bancos. Outro grupo de eventos de perda operacional ocorre com pequena contagem, mas individualmente são maiores, como as perdas por enchentes e as grandes fraudes perpetradas por operadores de mesas de tesouraria.

As perdas operacionais mais significativas da década de 1990 ampliaram o interesse por quantificação e gerenciamento de risco operacional, e a década de 2000 apresentou também perdas operacionais significativas, algumas listadas a seguir:

- Barings perdeu US$ 1,3 bilhão em 1995 devido à fraude interna, resultante de manipulação dos registros de negociação de operações, que ocultaram perdas no mercado de derivativos, que se acumularam.

- Republic New York em 1999 perdeu US$ 611 milhões por causa de fraude (externa) cometida por cliente de custódia.
- Merrill Lynch perdeu US$ 250 milhões em 2004 devido às demandas trabalhistas que originaram acordo extrajudicial por discriminação a mulheres no trabalho.
- Sumitomo Mitsui perdeu US$ 350 milhões em 2004 por falhas em sistemas causadas por um "*key-logger*", programa que captura o que se digita, para acesso a senhas e desvio de recursos.
- Société Générale perdeu US$ 6,75 bilhões em 2008 por meio de manipulação dos registros de negociação de operações que ocultaram perdas no mercado de futuros, que se acumularam.

O Acordo de Basileia III não trouxe nova orientação quanto ao capital regulatório baseado nos modelos internos dos bancos para quantificação de risco operacional. Porém, propôs mudanças na contabilização de provisões para perdas esperadas e apontou para uma uniformização internacional dos instrumentos de capital que poderão ser equiparados a ações ordinárias, conhecidos também como capital nível I.

Uma forma funcional de se examinar o sistema de gerenciamento de risco operacional é sob a ótica dos oito elementos-chave para o Gerenciamento de Riscos Corporativos, propostos pelo Coso:

- **Ambiente interno:** é a criação e manutenção de uma cultura de controle de riscos operacionais incentivada pela alta administração, ou seja, pelo conselho de administração, presidente da empresa e diretores. A cultura de controles orienta as políticas e práticas de negócios e de recursos humanos e se reflete nas ações cotidianas da alta administração, inclusive na aprovação dos critérios para contratação, avaliação e remuneração variável dos empregados. Se a avaliação periódica de desempenho, que serve de base à remuneração variável, incorpora metas de melhoria de controle do risco operacional, proporciona um incentivo financeiro para o aprimoramento da gestão de riscos operacionais.
- **Fixação de objetivos:** é o estabelecimento de objetivos estratégicos do negócio, operacionais, de reporte de informações e de conformidade a regras internas e externas. Essas quatro categorias de objetivos implicam riscos operacionais. Cada produto ou serviço financeiro novo que se oferece pode ter uma ou mais etapas de processo que tenham falha, como um vendedor que cometa um erro de informação ao cliente, ou uma brecha que permita uma fraude. Portanto, quando a alta administração estabelece as quatro categorias de ob-

jetivos, ela deve conhecer os negócios para prever os riscos operacionais e aprovar alocação de recursos orçamentários para mensuração e gerenciamento desses riscos.

- **Identificação de eventos de perda:** é a identificação de riscos operacionais por meio de ferramentas qualitativas. Por exemplo, pode-se utilizar a autoavaliação de riscos e controles, um instrumento que emprega questionários e reuniões para o levantamento de riscos potenciais no dia a dia das operações. Outro exemplo é a elaboração dos fluxos dos processos, que permitem identificar riscos operacionais etapa por etapa de cada processo. O gerente de risco operacional é o principal ator nesse elemento-chave do ERM, pois é o profissional que concebe essas ferramentas, as implanta, coleta e organiza os resultados. Uma vez identificados os riscos, dá-se a montagem de uma base de dados de eventos de perda operacional. Nesse ponto participam também os analistas com experiência quantitativa, na definição de campos de informação da base de dados a fim de aplicar os métodos estatísticos de mensuração dos riscos. Outro ator importante nesse elemento-chave é o diretor jurídico, que tem de promover a adaptação dos sistemas de tecnologia de informação de sua área para detalhar boa parte dos dados sobre perdas trabalhistas, cíveis e fiscais a fim de fornecê-las para a mensuração de risco operacional. Vale ressaltar que o risco operacional inclui o risco legal, este último associado à inadequação ou deficiência em contratos firmados pela instituição, bem como a sanções em razão de descumprimento de dispositivos legais e a indenizações por danos a terceiros decorrentes das atividades desenvolvidas pela instituição.
- **Avaliação de riscos:** é a atividade de quantificação de risco operacional propriamente dita, por meio de modelos estatísticos, tais como a abordagem de distribuição de perdas, os modelos bayesianos, os estudos de eventos e as regressões múltiplas, entre outros. Os analistas quantitativos devem não só montar os modelos como testá-los.
- **Resposta aos riscos:** para os riscos que mais afetem os objetivos da empresa, os gestores de risco operacional aplicarão controles, mudarão sistemas, contratarão seguros, alocarão capital ou elaborarão planos de contingência e continuidade de negócios, conforme a legislação, a disponibilidade e a relação custo-benefício de cada uma dessas alternativas. Se o custo superar o benefício, a empresa poderá optar pela suspensão do produto ou serviço financeiro para evitar o risco operacional correspondente.

- **Atividades de controle:** entre as atividades de controle estão conciliações entre o contábil e os dados operacionais, sinalizadores em sistemas e o conjunto de políticas e procedimentos da empresa. Nas empresas que estruturam uma área de agentes de conformidade (*compliance*), esses profissionais podem elaborar projetos de melhoria de controles, além de promover a conformidade com regras internas e a legislação em vigor. Na especificação dos modelos de risco operacional, os analistas quantitativos podem ser apoiados pelos profissionais de *compliance* na elaboração de políticas e procedimentos internos. A segregação de funções faz parte das atividades de controle.
- **Informação e comunicação:** uma parte considerável dos controles internos dos bancos é implantada por alterações em sistemas de tecnologia de informação. Logo, alguns dos principais responsáveis por esse elemento do ERM são os gestores desses sistemas. Os riscos operacionais e sua mitigação precisam ser comunicados para que as respectivas ações sejam tomadas. Isso pode ser papel dos gerentes de informações gerenciais da controladoria, nas organizações que estruturam área de informações gerenciais. Outras formas de mitigação de riscos operacionais são o treinamento e o desenvolvimento de funcionários, para que os mesmos evitem erros, previnam fraudes e melhorem processos.
- **Monitoramento:** como os negócios mudam e o ambiente econômico se altera ao longo do tempo, os riscos operacionais também podem se transformar a ponto de os controles e demais respostas aos riscos se tornarem insuficientes para mitigá-los. Para que a mitigação de risco operacional seja dinâmica, é necessário um monitoramento periódico cujos agentes mais atuantes são os auditores internos e os auditores externos. O gerente de risco operacional também tem ação no monitoramento ao acompanhar os indicadores-chave de risco e os fatores de ambiente de controle. Exemplos de fatores de ambiente de controle são: nota da auditoria interna para a qualidade dos controles de cada área, nota da autoavaliação de riscos e controles e nível de avanço dos planos de correção de processos e sistemas em comparação com o planejado.

O cálculo do capital regulatório para risco operacional incorrido pelos bancos pode ser feito de acordo com as seguintes abordagens: Abordagem do Indicador Básico (BIA); Abordagem Padronizada Alternativa (ASA); Abordagem Padronizada Alternativa Simplificada (ASA Simplificada); Abordagem de Mensuração Avançada (AMA).

As abordagens BIA, ASA e ASA Simplificada prescrevem alocação de capital para risco operacional segundo um percentual do indicador de exposição ou renda bruta, definido pela soma do resultado de *spread* mais a receita com prestação de serviços financeiros. Na BIA, o percentual é, conforme o Acordo de Basileia II, 18% para todas as linhas de negócio. Na abordagem ASA e ASA Simplificada, os percentuais podem ser 12%, 15% e 18%, de acordo com o risco estimado da linha de negócio que gera a renda bruta: banco de varejo, banco comercial, finanças corporativas, negociação e vendas, pagamentos e liquidações, serviços de agente financeiro, administração de ativos e corretagem de varejo.

A abordagem de distribuição de perdas é uma das abordagens de mensuração avançada de risco operacional, chamadas no mercado financeiro de modelos *Advanced Measurement Approach* (AMA). Pela complexidade e alto custo de se montar uma base de dados de perdas operacionais e de se estruturar a elaboração e validação de modelos internos, as abordagens AMA são mais indicadas ou para bancos de maior porte e de presença internacional, ou para instituições financeiras em que a análise custo/benefício favoreça a adoção de modelos avançados sobre as abordagens simplificadas. A abordagem de distribuição de perdas permite calcular capital para risco operacional por meio do VaR.

Risco de liquidez

A crise internacional de 2008, nascida no mercado de créditos imobiliários dos Estados Unidos em 2007, e que atingiu proporções internacionais em 2008 e 2009, revelou que os Acordos da Basileia I e II não foram suficientes para impedir as negociações arriscadas dos bancos e proteger a vulnerabilidade do setor bancário. Diferentes fatores levaram à crise, entre eles destacam-se o excesso de liquidez resultante da concessão excessiva de crédito e baixo controle, os colchões de liquidez inadequados, elevada alavancagem com capital de baixo nível de qualidade, insuficiente governança corporativa e problemas de transparência do mercado.

Como forma de remediar a crise, os países membros do G-20 se reuniram, em novembro de 2010, na Coreia do Sul, com o objetivo de promover discussões de melhoria das regras de prudência, o que culminou no Basileia III. A principal preocupação no Basileia III foi o risco sistêmico gerado pela relação entre as instituições financeiras e suas operações, uma vez que mesmo que a instituição seja de pequeno porte, ela pode afetar o mercado como um todo.

O Basileia III, como o Acordo de Basileia II, não pode ser considerado um novo acordo, e sim um conjunto de propostas que melhora o anterior, uma resposta política às pressões feitas ao setor financeiro desde 2008, quando eclodiu a crise financeira. Assim, foram aprovadas em 2010 novas regras a serem implantadas em diversas fases, iniciadas em 2013 e com conclusão prevista até 2019.

Com base nas novas exigências, as instituições deverão possuir um maior volume de capital e ativos de alta qualidade (colchões de segurança) a fim de mitigar os riscos relacionados às operações de crédito, e terão ainda que aumentar a liquidez, além de geri-la para prover a cobertura em momentos de estresse. Por fim, as instituições terão ainda que aumentar a transparência nas informações.

O risco de liquidez, por sua vez, consiste na incerteza relativa à capacidade financeira de uma instituição obter recursos para financiar os aumentos em seu ativo ou cumprir suas obrigações, ou, ainda, à eventual dificuldade que o administrador possa encontrar para realizar os ativos que compõem a sua carteira. Essa dificuldade está relacionada com a disponibilidade imediata de caixa diante das demandas por parte dos depositantes e aplicadores de uma instituição financeira. Para essa instituição, essa disponibilidade imediata de caixa é seu produto principal, sem o qual não é possível a realização de suas atividades.

Para o Banco Central do Brasil (BCB), o risco de liquidez é uma variação desfavorável de retorno devida à falta de negociabilidade de um instrumento financeiro, tendo como referência preços alinhados com as vendas recentes. Esse conceito, no entanto, está relacionado com a liquidez dos mercados financeiros somente no momento em que houver necessidade de negociação de um instrumento financeiro, pois o risco de liquidez pode ocorrer em função dos volumes usuais de negociação ou, até mesmo, da instabilidade das condições de mercado. Contudo, além da falta de liquidez na negociação, existem outras formas de risco de liquidez às quais essas instituições financeiras estão sujeitas, como:

- O risco de a contraparte não efetuar a totalidade do pagamento na data de vencimento.
- O risco de não possuir fundos suficientes para fazer face às obrigações assumidas.
- O risco de não conseguir captar no mercado ou captar a taxas superiores às praticadas no mercado.

O risco de liquidez pode ser dividido em dois grupos. Um deles é o risco de liquidez de ativos ou de mercado, que ocorre quando uma transação não pode ser realizada a preços de mercado em função de o volume envolvido ser muito superior ao normalmente transacionado. Outro é o risco de liquidez de *funding* ou de fluxo de caixa, que surge pela dificuldade de cumprir as obrigações contratadas nas datas previstas para realização.

Dessa forma, no decorrer das operações de uma instituição financeira, a ocorrência do segundo item pode causar problemas no processo de gestão dessa empresa, principalmente se essa notícia for divulgada ao público. Aliado a isso, se os recursos de caixa disponíveis são minimizados por não produzirem retornos de juros esperados, o risco de liquidez aumenta devido à possibilidade de retiradas imprevistas de caixa por seus depositantes.

A gestão do risco de liquidez ganhou maior atenção e visibilidade, pois foi constatado que, à medida que certo descasamento de prazos entre ativos e passivos se faz presente, não basta que as instituições e operações sejam solventes, mas também líquidas o suficiente, de modo que possam cumprir suas obrigações diante de um aumento temporário dos saques.

Duas medidas foram implantadas pelo Acordo de Basileia III para acompanhamento da liquidez:

- *Liquidity Coverage Ratio* (LCR), que visa monitorar a liquidez de curto prazo mediante ativos líquidos da carteira da instituição para um período de estresse por um mês. Este índice é calculado por meio da fórmula:

LCR = Ativos altamente líquidos/Saída líquida de fundos em 30 dias

O LCR foi criado com o objetivo de aumentar a resistência dos bancos ao risco de liquidez de curto prazo. Essa razão visa garantir que os bancos disponham de um nível adequado de ativos de elevada qualidade que possam ser convertidos em moeda, permitindo-lhes fazer face às necessidades de liquidez durante um período de 30 dias, num cenário de severa pressão, definido pelos reguladores.

- *Net Stable Funding Ratio* (NSFR), que visa o monitoramento da liquidez de longo prazo (um ano). Esse índice é calculado por meio da fórmula:

NSFR = Fundos estáveis disponíveis/Fundos estáveis necessários

O NSFR foi criado com o objetivo de incentivar os bancos a financiarem sua atividade por meio de fontes de financiamento mais estáveis a longo prazo, havendo, dessa forma, uma equivalência sustentada de maturidades entre ativos e passivos. O NSFR está estruturado para que os ativos de longo prazo sejam financiados por um montante mínimo de passivos estáveis, tendo em conta o risco de liquidez associado a esses ativos, para que a maturidade dos ativos corresponda à maturidade dos passivos.

Essas duas medidas, cujo valor mínimo desejável é 100%, devem ser empregadas pelas instituições financeiras e seus reguladores para monitorar a liquidez da organização e do sistema como um todo, de forma a evitar falhas nos compromissos e a quebra do sistema.

O BCB adotou o Índice de Liquidez (IL). Ele é um índice de liquidez de curto prazo semelhante ao LCR, calculado pela razão entre a Liquidez Total (LT) e a Necessidade Estimada de Liquidez em Situações de Estresse (NEL). A LT é o montante de ativos líquidos que cada instituição pode dispor para pagar suas obrigações. É calculada como a soma das operações no mercado ativo com vencimento no dia seguinte (por exemplo, títulos públicos federais, depósitos interfinanceiros — DIs — e certificados de depósitos bancários — CDBs), com DIs ativos e CDBs com vencimento acima de um dia, ponderados por coeficientes associados a um possível resgate antecipado desses instrumentos. O cálculo da LT também considera o saldo de ativos contábeis: disponibilidades, ações, moedas estrangeiras e aplicações em cotas de fundos, aplicações em ouro e títulos de valores mobiliários no exterior.

O NEL representa o nível de liquidez que uma instituição necessitaria para aguentar a volatilidade em suas captações e perdas resultantes num cenário de crise. É calculado a partir das seguintes variáveis: a) volatilidade dos depósitos em cenário de estresse, considerando um horizonte de 10 dias úteis; b) os índices de concentração de depósitos (excluindo os DIs), considerando as faixas de valor e perfis de clientes (pessoas físicas e jurídicas, instituições financeiras e investidores institucionais); c) os DIs com vencimentos acima de um dia útil, considerando-se que os DIs de curto prazo não serão renovados e a possibilidade de eventual resgate antecipado para os demais DIs; d) outros passivos no balanço patrimonial; e e) posições líquidas do mercado estressado.

A tabela 2 apresenta os índices médios de liquidez das instituições financeiras brasileiras. Pode-se constatar que o sistema bancário brasileiro está com situação confortável quanto à sua liquidez, e a queda do índice de 2013 para 2014 deveu-se em grande parte à queda dos valores dos títulos públicos federais (componentes essenciais do colchão de liquidez dos bancos), em decorrência do aumento da taxa de juros Selic no período.

TABELA 2

ÍNDICES MÉDIOS DE LIQUIDEZ DO SISTEMA BANCÁRIO BRASILEIRO

ANO	ÍNDICE DE LIQUIDEZ
2012	1,72
2013	1,71
2014	1,50

Fonte: Banco Central do Brasil; elaborado pelos autores. Dados de 2014 contemplam os meses de janeiro até junho.

Durante muito tempo, o risco de liquidez e sua gestão não receberam, por parte do sistema financeiro internacional, o mesmo grau de atenção e prioridade que os demais riscos. Foi a crise do *subprime* de 2008 que mostrou como o risco de liquidez pode devastar de forma rápida e implacável certas fontes de recursos, aumentando a preocupação das instituições financeiras com a valorização de seus ativos (provenientes de operações de crédito) e com a adequada quantidade de capital necessário para manter o colchão que deve lastrear suas operações contra eventos de risco.

Nessa ótica, a gestão do risco de liquidez possui extrema importância, tendo em vista que a falta de liquidez de um único banco pode repercutir em todo o sistema financeiro. E esse contágio, por sua vez, pode causar instabilidade no mercado, a qual é refletida nas instituições e em suas avaliações de risco, podendo provocar uma corrida pela solicitação de saques em montantes superiores ao normal, deflagrando uma crise de liquidez na instituição. Assim, para lastrear essas retiradas inesperadas, a instituição precisará captar mais capital no mercado, geralmente a um custo maior, o que poderá indicar uma crise de liquidez e intensificar essas retiradas, forçando a instituição a se desfazer de seus ativos por preços mais baixos do que o normal. Inicia-se, então, uma nova crise, e um ciclo vicioso.

Referências

AALTONEN, Alex. *Quantificação de risco operacional*. Tese (doutorado) — Escola de Administração de Empresas de São Paulo, Fundação Getulio Vargas, São Paulo, 2012.

BANCO CENTRAL DO BRASIL. Disponível em: <www.bcb.gov.br>.

CAOUETTE, John B.; ALTMAN, Edward I.; NARAYANAN, Paul. *Gestão de risco de crédito*: o próximo desafio financeiro. 2. ed. Rio de Janeiro: Qualitymark, 2008.

CRUZ, Marcelo. *Modeling, measuring and hedging operational risk*. Hoboken: Wiley, 2002.

CROUHY, Michel; GALAI, Dan; MARK, Robert. *Risk management*. Nova York: McGraw-Hill, 2001.

HULL, John. *Risk management and financial institutions*. 2. ed. Upper Saddle River: Prentice Hall, 2009.

JORION, Philippe. *Value at risk*: the new benchmark for managing financial risk. 3. ed. Nova York: McGraw-Hill, 2001.

MEDEIROS, Janann J.; PINTO, Wellington. *High reliability organizations and operational risk management*. Vitória: Brazilian Business Review, 2009.

RESTI, Andrea, SIRONI, Andrea. *Risk management and shareholders' value in banking*. Nova York: John Wiley & Sons, 2009.

SAUNDERS, Anthony; CORNETT, Marcia. *Financial institutions management*: a modern perspective. 2. ed. Chicago: Irwin Professional Publishing, 2010.

TABAK, Benjamin M. et al. *Teste de estresse para risco de liquidez*: o caso do sistema bancário brasileiro. Brasília: Banco Central do Brasil, 2012 (Trabalhos para Discussão, 302).

ESTUDO DE CASO

CONTEXTO ECONÔMICO E HISTÓRICO DA GESTÃO DE RISCOS NO BANCO DO BRASIL

As mudanças no ambiente financeiro mundial, tais como a integração entre os mercados por meio do processo de globalização, o surgimento de novas transações e produtos, o aumento da sofisticação tecnológica e as novas regulamentações tornaram as atividades, os processos financeiros e seus riscos cada vez mais complexos.

Consciente do seu compromisso com clientes, acionistas, investidores e sociedade, o Banco do Brasil sempre adotou atitude conservadora em relação à gestão de riscos, segregando a função gestão de riscos da função gestão de negócios. A Instituição investe, de forma contínua, recursos financeiros, humanos e tecnológicos no sentido de assegurar a existência de arquitetura de gestão de riscos com abrangência multidimensional, pautada pelas melhores práticas de mercado e pelas normas de supervisão e de regulação bancária, nacionais e internacionais.

Com objetivo de assegurar a adoção das melhores práticas em gestão de riscos de mercado e os melhores sistemas, entre 1997 e 2000, o Banco do Brasil contratou serviços de consultoria internacional e adquiriu *software* desenvolvido por empresa reconhecida mundialmente, e investiu na qualificação técnica das pessoas e estabeleceu estruturas específicas e segregadas das Unidades de Negócio, com o objetivo de implementar a gestão de riscos de crédito, de mercado e de liquidez no Banco.

Destaca-se a importância dos investimentos realizados pelo Banco do Brasil, haja vista os eventos de crise observados no período, a Crise da Ásia em 1997, a Crise da Rússia em 1998 e a desvalorização cambial do Real em 1999. A relevância dos investimentos amplifica-se na medida em que o Banco Central do Brasil adotou em 1999 o sistema de câmbio flutuante.

As inovações tecnológicas e financeiras observadas nos mercados ao longo da segunda metade dos anos 1990, a integração entre diferentes mercados, bem como a complexidade e sofisticação e crescimento dos negócios financeiros exigiram dos Bancos novos esforços no sentido de aprimorar suas estruturas de gestão de riscos.

A partir dos anos 2000, o Banco do Brasil incrementou seus investimentos em gestão de riscos de crédito, mercado, operacional e liquidez, pautando-se pelas melhores práticas de mercado, de regulação e de supervisão, de forma a assegurar o posicionamento de vanguarda em gestão de riscos. Tais investimentos foram materializados em aprimoramento contínuo das estruturas, dos processos, dos procedimentos e sistemas aplicados à gestão de riscos, assegurando adequação ao porte, escala e complexidade dos seus negócios.

Os investimentos realizados pelo Banco do Brasil em gestão de riscos assumiram grau mais elevado de importância, diante do ambiente econômico e financeiro observado durante a crise do *subprime*.

Mais especificamente, cabe destaque para a solidez dos negócios desenvolvidos pelo Banco do Brasil, materializados, entre outros aspectos, em (a) ativo superior a R$ 1,4 trilhão, (b) carteira diversificada de produtos, (c) menor nível de inadimplência da indústria bancária brasileira, (d) presença em 24 países e (e) atuação em diferentes tipos de mercados. Essa solidez encontra suporte nas estruturas, políticas, estratégias, processos, procedimentos e sistemas aplicados à gestão de riscos e à gestão de capital resultantes dos investimentos realizados ao longo das décadas anteriores, proporcionando ao Banco do Brasil condições de exercer papel de vanguarda quanto às melhores práticas de mercado, de regulação e supervisão de riscos e de capital.

Dessa forma, o Banco do Brasil assegura adequada alocação de capital para cobertura de riscos, otimizando a relação risco *versus* retorno, com maior grau de estabilidade nos seus resultados.

Estrutura atual de gestão de riscos

A estrutura de gestão de riscos materializa-se em governança interna, políticas, estratégias, processos, procedimentos e sistemas aplicados às atividades de identificação, avaliação, controle, mitigação e monitoramento de riscos, contribuindo para a manutenção da solidez e da solvência do Banco.

Governança interna

O modelo de governança de riscos adotado pelo BB envolve estrutura de comitê e subcomitês, com a participação de diversas áreas da instituição. Todas as deci-

ESTUDO DE CASO

sões relacionadas à gestão de riscos são tomadas de forma colegiada e de acordo com as diretrizes e normas internas.

As decisões são comunicadas às áreas intervenientes por meio de documentos que expressam objetivamente o posicionamento tomado pela administração, garantindo a aplicação em todos os níveis do Banco.

O conselho de administração (CA), em conjunto com o comitê de risco global (CRG) e os subcomitês de riscos foram definidos como a estrutura de governança para deliberar sobre os assuntos relacionados à gestão de riscos.

O CA do Banco do Brasil S.A. é o órgão de administração que fixa a orientação geral dos negócios do Banco e de suas subsidiárias e controladas. O CA tem, na forma prevista em lei e no Estatuto, atribuições estratégicas, orientadoras, eletivas e fiscalizadoras, não abrangendo funções operacionais ou executivas. No âmbito da gestão de riscos, o CA, entre outros assuntos, delibera sobre as Políticas de Gestão de Riscos e a Declaração de Apetite e Tolerância aos riscos.

O CRG, composto por membros do conselho diretor (CD), é responsável, entre outros aspectos, pela definição de estratégias aplicadas à gestão de riscos e pela aprovação de limites globais de riscos.

Os subcomitês de riscos, por sua vez, compostos por diretores estatutários das áreas envolvidas com o gerenciamento dos riscos, decidem sobre modelos aplicados à gestão de riscos, observadas as estratégias aprovadas no CRG, definem limites específicos de riscos, formulam limites globais de riscos, avaliam os resultados dos testes de aderência dos modelos de mensuração de riscos.

A diretoria de gestão de riscos responde pelo gerenciamento dos riscos de crédito, mercado e liquidez e a unidade de risco operacional responde pelo risco operacional. Essas estruturas são ligadas à vice-presidência de controles internos e gestão de riscos para que haja sinergia de processos, contribuindo para uma melhor alocação de capital.

A diretoria de controles internos é responsável pela segunda camada de controle que contempla, entre outras atividades, a avaliação do controle e conformidade e a validação dos modelos de gestão de riscos.

A auditoria interna é responsável pela terceira camada de controle, com foco na avaliação do gerenciamento de riscos e do funcionamento de sua estrutura, mediante avaliações periódicas nos processos de gerenciamento de riscos com a finalidade de verificar se estão de acordo com as orientações estratégicas, as políticas e as normas internas e regulatórias.

Ressalta-se também que o processo de gestão de riscos é avaliado por auditoria externa, e seus resultados são submetidos aos conselhos diretor, fiscal e de administração.

Por fim, registra-se que o banco possui em sua governança interna fóruns com o objetivo de promover discussões técnicas e instrumentalizar os respectivos subcomitês de riscos.

Políticas e estratégias aplicadas à gestão de riscos

Em conformidade com as melhores práticas de mercado e normativos de regulação e supervisão bancárias, o Banco do Brasil define os seguintes conceitos:
- a) Apetite a riscos: é o nível de risco que a instituição aceita incorrer para atingir seus objetivos.
- b) Tolerância a riscos: é o nível máximo de risco que a instituição está disposta a assumir, aplicável a cada tipo de risco.

Por sua vez, as Políticas de Gestão de Riscos do Banco do Brasil contêm orientações de caráter estratégico que norteiam as ações de gerenciamento dos riscos.

A aprovação da Declaração de Apetite e Tolerância a Riscos e das Políticas de Gestão de Riscos é responsabilidade do conselho de administração, e são revisadas sob periodicidade anual.

Por seu turno, as estratégias de gestão de riscos encontram-se sob a responsabilidade do CRG, sendo operacionalizadas pelos subcomitês de riscos e diretorias vinculadas.

Processos, procedimentos e sistemas

O Banco do Brasil adota as seguintes definições para as atividades que materializam a gestão de riscos:
- a) Identificar: reconhecer e classificar os riscos a que está sujeita a instituição, especificando a origem e a forma de ocorrência.
- b) Avaliar: dimensionar, quantitativa ou qualitativamente, o efeito potencial da exposição a risco da instituição, possibilitando determinar o nível de tolerância ao risco.

ESTUDO DE CASO

c) Controlar: registrar o comportamento e garantir a manutenção da exposição a riscos conforme o nível de tolerância estabelecido.

d) Mitigar: reduzir, compartilhar ou transferir os riscos.

e) Monitorar: verificar a adequação e a eficácia do modelo de gestão de riscos.

A realização dessas atividades é suportada por processos, procedimentos e sistemas aplicados à gestão de riscos que resultam em um fluxo contínuo de informações, obedecendo às seguintes fases:

a) Planejamento: coleta e análise dos dados e elaboração de propostas.

b) Decisão: propostas são apreciadas e deliberadas de forma colegiada nos escalões competentes e comunicadas às áreas intervenientes.

c) Execução: as áreas intervenientes implementam as decisões tomadas.

d) Acompanhamento: verificação sobre o cumprimento das deliberações e reporte aos subcomitês de riscos e ao CRG.

Sistema normativo de gestão de riscos

Adiciona-se que no processo de gestão de riscos são utilizados mecanismos expressos em sistema normativo, que detalham os procedimentos operacionais necessários à implementação das decisões organizacionais relativas aos negócios e atividades da empresa e ao atendimento de exigências legais e de órgãos reguladores e fiscalizadores.

A quantidade e a natureza das operações, a diversidade e a complexidade dos produtos e serviços e a dimensão das exposições do Banco do Brasil exigem que a mensuração de riscos seja realizada de forma sistematizada em equipamentos de grande porte. Para suportar o processo de gestão de riscos, o BB realiza, de forma contínua, investimentos em soluções de tecnologia da informação. O banco possui infraestrutura de bases de dados e de sistemas corporativos suficiente para efetuar a mensuração de riscos de forma abrangente.

Para dar continuidade ao processo evolutivo nas práticas de gestão de riscos e negócios, o banco decidiu estrategicamente adotar modelos internos para gestão de riscos, criando Projeto Estratégico para a implementação de Basileia II — Risco de Crédito, com apoio de consultoria e aquisição de novas ferramentas tecnológicas.

Métricas e ferramentas de mensuração de risco

Destaca-se também que o BB utiliza métricas de estresse resultantes de simulações sobre o comportamento de suas exposições sujeitas a riscos de mercado sob condições extremas, tais como crises financeiras e choques econômicos. Por meio dos Testes de Estresse, objetiva-se dimensionar os impactos de eventos plausíveis, mas com baixa probabilidade de ocorrência.

Os Testes de Estresse abrangem simulações das exposições, tanto de caráter retrospectivo, baseadas em séries históricas de choques nos fatores de riscos de mercado, quanto de caráter prospectivo, baseadas em projeções de cenários econômicos e financeiros.

O desempenho da métrica de riscos é avaliado periodicamente pela área responsável pelo desenvolvimento e uso (primeira camada), mediante a aplicação de testes de aderência, comumente denominados *backtests* na literatura de gestão de riscos.

Os modelos utilizados para mensuração de riscos e os modelos de *backtests* estão sujeitos a processo de validação por parte da diretoria de controles internos, segregada das áreas responsáveis pelo desenvolvimento e pela utilização dos modelos.

Por sua vez, o processo de validação de modelos está sujeito a processo de avaliação independente sob a condução da auditoria interna.

O controle das métricas de riscos é realizado conforme a periodicidade definida pela governança interna e materializa-se na comparação entre os valores observados nas métricas de riscos e os respectivos limites aprovados.

As áreas gestoras de processos, produtos e serviços, com base nos riscos apontados na etapa de identificação do risco e nas decisões emanadas pelo CRG ou subcomitês de riscos, devem elaborar e implementar planos de ação e instrumentos para a mitigação do referido risco. Os planos de ação são registrados em ferramenta específica que possibilita o acompanhamento das medidas e seu reporte ao CRG e subcomitê de risco operacional.

Relatórios e análise de gestão de riscos

O processo de comunicação envolve diversos relatórios para reporte do gerenciamento de riscos, os quais são produzidos periodicamente, a partir das análises

ESTUDO DE CASO

realizadas pelos profissionais das áreas, e evidenciam o risco das exposições ou de determinados portfólios.

Os relatórios de gestão de riscos proporcionam suporte ao processo de tomada de decisões sobre riscos, nos seguintes grupos: subcomitês, comitê de risco global, conselho diretor e conselho de administração. Os relatórios elaborados periodicamente possuem informações gerenciais (qualitativas e quantitativas) e subsidiam a divulgação das informações ao mercado, como o Relatório de Administração e o Relatório de Análise de Desempenho.

A divulgação de informações sobre riscos constitui-se em processo permanente e contínuo, cujas premissas consideradas na seleção e divulgação de conteúdo das informações são: a) as melhores práticas, b) a legislação bancária, c) as necessidades dos usuários, d) os interesses do banco, e) a confidencialidade e f) a relevância da informação.

As áreas operacionais da estrutura de gerenciamento de riscos produzem as informações destinadas ao público externo e encaminham para a unidade de relações com investidores que, como prática de transparência, divulga essas informações para o mercado, permitindo aos investidores e partes interessadas acompanhar as ações de gerenciamento de risco e a evolução do risco de crédito, e comprovar a suficiência de capital do banco para cobertura de todos os riscos assumidos.

As informações destinadas ao público externo são disponibilizadas em local de acesso público e de fácil localização no sítio do banco na internet. São publicadas informações nos seguintes documentos: a) Relatório de Análise de Desempenho; b) Notas Explicativas às Demonstrações Contábeis; c) Relatório Anual, d) Relatório de Gerenciamento de Riscos — Pilar III.

Conclusão

Após a apresentação detalhada dos aspectos relevantes à gestão de riscos para o Banco do Brasil, fica claro que o banco investe muitos recursos para assegurar as boas práticas em governança coorporativa, políticas, estratégias, processos, procedimentos e sistemas aplicados às atividades de identificação, avaliação, controle, mitigação e monitoramento de riscos.

O Banco do Brasil considera a gestão de riscos uma atividade de extrema importância para a manutenção da solidez e da solvência da instituição, indo, inclusive, além do que é regulamentado pelo Acordo de Basileia II e pelo Banco Central do Brasil.

TECNOLOGIAS DE *BACK-OFFICE*
DESAFIOS NO MUNDO INTERCONECTADO

Eduardo H. Diniz

Os bancos têm tradição na incorporação de novas tecnologias, adaptando-as às suas necessidades e contribuindo para seu aperfeiçoamento. Não surpreende que a indústria bancária esteja entre as que mais investem em tecnologia no mundo (Faria e Maçada, 2011). Não é por outra razão que novas tecnologias, mais do que impactar fortemente a atividade bancária, também contribuem para construir um ambiente de negócios digitais que vai além dos bancos desde que eles se tornaram as empresas com maior índice de incorporação de novas tecnologias em todo o mundo.

Os exemplos são muitos. Telégrafo, computadores e internet, por exemplo, não foram inventados para bancos, mas são tecnologias que contribuíram para mudar significativamente a forma de atuação dos bancos, seja no modo de processamento de informações de negócio, no relacionamento com clientes, na estruturação de canais no desenvolvimento de novos produtos e serviços (Meirelles et al., 2011). Por outro lado, essas tecnologias também ganharam robustez ao serem incorporadas ao negócio bancário, em particular por se tornarem mais seguras e confiáveis, ajudando na sua disseminação para outros setores da economia.

Um exemplo foi a expansão do comércio eletrônico, que não teria se desenvolvido nos patamares que vemos hoje sem a forte colaboração dos bancos. Como em toda atividade de comércio, sempre existe o momento da efetivação do pagamento, e este tem sido desde há muito uma atividade que conta com a participação ativa dos bancos; o desenvolvimento de tecnologias seguras e confiáveis de pagamento permitiu que os compradores pudessem realizar suas compras pela internet com grau relativamente elevado de segurança.

Mais do que a tecnologia, a expansão da cultura de uso do internet banking propiciou que os clientes de banco, que também são os principais consumidores on-line, se sentissem mais seguros para realizar transações financeiras pela internet. Esse aculturamento aos processos de transação financeira pelo internet banking certamente contribuiu para impulsionar as atividades de comércio eletrônico, ajudando outras atividades de negócio que também puderam se beneficiar do ambiente de negócios on-line.

Portanto, investigar o futuro da tecnologia bancária não diz respeito apenas aos bancos e às atividades restritas a esse setor, mas também ao próprio futuro de muitas tecnologias que serão mais cedo ou mais tarde incorporadas a diversos outros setores. Entretanto, o futuro sempre está aberto e excesso de confiança na adoção de tecnologias pode ocultar falhas na antecipação de bolhas e novas tendências de mercado que, se não forem compreendidas a tempo, podem levar a prognósticos equivocados. Portanto, tecnologias não são soluções milagrosas e não são poucas as que prometeram mais do que entregaram. Esse é um risco de quem está na ponta do processo de inovação tecnológica, como os bancos.

De certa forma, identificar corretamente as frentes de inovação que vão influenciar o futuro da tecnologia bancária contribui para o entendimento de uma visão de futuro emergente para a sociedade. E é objetivo deste capítulo apresentar uma discussão sobre como algumas das tendências sociais e tecnológicas da sociedade interconectada podem impactar o setor bancário, em particular sua estrutura de *back-office*.

A partir da identificação de frentes que podem representar uma visão do futuro da tecnologia bancária pode-se aprender mais sobre o comportamento social e sobre a evolução do ambiente de negócios diante dessas mesmas tecnologias. E essa é uma via de mão dupla, pois também novos comportamentos dos clientes podem induzir os bancos a investir em novas tecnologias, criando um ciclo potencial de inovações e ajudando a construir a tão propalada sociedade interconectada.

Neste capítulo vamos tratar de algumas tendências importantes, tanto no campo social quanto no da tecnologia, que estão orientando o desenvolvimento da base tecnológica do setor bancário. Entre as diversas possibilidades de novas tecnologias no contato com os clientes, sejam eles pessoas físicas ou jurídicas, se destaca a infraestrutura de *back-office*, responsável pela consolidação de processos e transações de negócio em plataformas que permitem aos gestores fazer novas leituras sobre as constantes e cada vez mais velozes transformações no ambiente de negócios. É a partir de um *back-office* robusto que os bancos se tornam aptos a propor o desenvolvimento de novos produtos e serviços que venham a atender potenciais necessidades do mercado; não apenas as atuais, mas também aquelas emergentes e que podem se tornar relevantes no futuro.

A análise de cada uma dessas frentes não pretende ser exaustiva, pois elas mesmas estão se transformando a cada momento. Entretanto, o que todas essas mudanças sociais e tecnológicas têm em comum é a produção de novas fontes de dados, não estruturados em sua grande maioria, que abrem a oportunidade para a emergência de um novo conceito que está intimamente associado às atividades de *back-office*, o Big Data.

Na próxima seção apresentamos algumas das frentes de inovação que devem influenciar a adoção de novas tecnologias no setor bancário. A seguir vamos discorrer sobre como essas tendências convergem para o Big Data como novo conceito necessário ao desenvolvimento da atividade bancária e da responsabilidade do *back-office* dos bancos. O capítulo conclui com uma discussão de algumas experiências que já estão sendo desenvolvidas e que devem ser aprofundadas no futuro.

Frentes de mudanças sociais e tecnológicas da sociedade interconectada

Neste item vamos discutir algumas das principais tendências observadas tanto no comportamento do consumidor quanto nas tecnologias que devem influenciar a infraestrutura de tecnologia dos bancos, particularmente as operações de *back-office*.

Mudanças no comportamento do consumidor

Além dos clientes já habituados ao uso regular dos serviços bancários e que estão perfeitamente adaptados aos produtos e serviços já oferecidos pelos bancos, desde o início do século XXI há uma nova onda emergente de novos clientes. Esses novos clientes possuem perfil muito diferente daqueles já bem conhecidos pelos bancos e têm perspectivas muito diferentes sobre as atividades bancárias tradicionais.

Os novos clientes podem ser divididos em dois grandes grupos: os nativos digitais e os emergentes sociais. Os primeiros já nasceram conectados e praticamente desconhecem o mundo anterior à internet e aos celulares: são denominados "geração Y". Os que estão no outro grupo, dos emergentes sociais, integram uma comunidade que não possui cultura de uso de bancos e têm necessidades bastante específicas com relação a serviços e produtos financeiros, em geral diferentes do que já é comumente ofertado pelos bancos.

Para os clientes tradicionais, os bancos atendem com grau relativamente satisfatório com seu portfólio atual de produtos e serviços, e com os canais já disponíveis. Esses clientes se acostumaram a utilizar as agências bancárias como canal relevante para realizar suas atividades de negócio, sejam para solicitação de crédito, fazer investimentos ou buscar outros serviços financeiros. Clientes corporativos também estão nessa categoria.

Para alguns desses clientes, os bancos também desenvolveram agências especiais, com atendimento mais personalizado e que oferecem mais conforto e algum grau de diferenciação das agências tradicionais. Para atendimento aos clientes corporativos, gerentes saem das agências para fortalecer uma proximidade maior e um entendimento mais preciso de suas necessidades.

Esses clientes tradicionais se acostumaram a utilizar canais eletrônicos para transações mais estruturadas, já disponíveis desde os anos 1980, como os ATMs, ou introduzidos há cerca de 15 anos, como o internet banking. Nesses dois canais se concentram hoje quase 80% das transações bancárias, segundo dados da Febraban (2013). Entretanto, a grande adesão dos atuais clientes a esses canais eletrônicos tradicionais pode não ser suficiente para dar conta das novas demandas da sociedade interconectada.

Os bancos não são empresas nativas digitais como a Amazon, o Facebook e o Google. Isso explica por que o internet banking adaptou a estrutura semântica que já existia na agência, no extrato mensal, e no ATM. Assim, no internet banking se encontra o saldo mais ou menos do mesmo jeito que se apresenta no ATM, onde as operações são feitas há muito tempo mais ou menos do mesmo jeito. O internet banking hoje é quase o mesmo de 10 anos atrás, quando apareceu como grande inovação no final dos anos 1990. E isso ocorre não só no Brasil mas no mundo inteiro.

Como os bancos não são nativos digitais, esses canais também não têm a linguagem das empresas nativas da internet. Os sites de internet banking são em geral complexos, cheios de informações com alguma dificuldade de serem encontradas, e os termos não são de fácil entendimento por todos os que os usam. Clientes da nova geração, em geral, percebem mais essas deficiências do que os clientes tradicionais.

Ambientes mais amigáveis, comumente encontrados nas empresas nativas digitais, oferecem ao usuário experiências prazerosas, os levam a querer continuar frequentando-os. Não é por outro motivo que diversas pesquisas indicam que os brasileiros estão entre os que passam mais tempo conectados. Evidentemente, esse maior tempo on-line não está relacionado a nenhum ambiente bancário tradicional, mas sim com os ambientes disponibilizados exatamente pelas empresas nativas digitais.

Resulta que o tempo de utilização de sites de internet banking é muito mais curto do que de sites dessas novas empresas que nasceram quando a internet já existia. Pode se argumentar que serviços bancários têm características específicas e que não se pode esperar que o tempo gasto por usuários no site do banco seja semelhante ao de sites de redes sociais, por exemplo.

Entretanto, não há como negar que manter os clientes por mais tempo dentro do ambiente digital do banco é muito importante para o entendimento de seus hábitos de consumo. Isso permitiria conhecer mais sobre as necessidades de serviços financeiros dos clientes. Ainda mais porque esse ambiente digital pode se tornar o principal meio de contato com o banco.

Esses novos ambientes digitais, intensamente utilizados pelos mais jovens que já nem consideram a visita a agências físicas, são paradigmáticos para entender a evolução da comunicação que os bancos precisam estar constantemente tendo com seus clientes. Essa mudança geracional, com a emergência de pessoas que nasceram conectadas e já começam a usar serviços financeiros, representa um grande desafio para os bancos.

Os bancos estão ainda num conceito anterior ao que esses jovens procuram num ambiente digital e portanto devem entender melhor os interesses dessa juventude, para procurar desenvolver o modelo de banco que eles enxergam para o futuro. Afinal, esses novos clientes devem se tornar a maioria em um futuro não muito distante.

Enquanto esse futuro não chega, há hoje uma emergência social que está afluindo para os bancos, novos clientes com perfil significativamente diferente dos clientes tradicionais. E estes clientes têm necessidades muito particulares e em geral diferentes do portfólio tradicional dos bancos.

Eles são fruto de um movimento de inclusão financeira, que passou a ser tema de interesse global e tornou-se um importante objeto de políticas públicas em todos os países em desenvolvimento e até em países desenvolvidos. Em razão do seu elevado benefício social e potencial econômico, a inclusão financeira desperta a atenção de todos os agentes econômicos, incluídos os bancos.

Segundo o relatório da Febraban divulgado em 2013, o Brasil possui apenas 56% da sua população adulta com acesso a bancos. Enquanto isso, países com maior grau de desenvolvimento econômico contam com um nível de penetração bancária em geral acima de 90%. Essa situação representa uma grande oportunidade de expansão de negócios para os bancos, particularmente os de varejo. E a incorporação desse vasto mercado emergente deve ser feita com algum grau de urgência. Em um trabalho que analisa a necessidade de evolução da logística bancária, se afirma:

> Se, nos últimos 200 anos, o sistema bancário brasileiro conseguiu atender diretamente a pouco mais de metade da população do País, um novo desenho logístico no setor está se desenvolvendo para atingir o restante do mercado nas próximas 200 semanas [Bader e Savoia, 2013].

Apesar de este ser um problema que atinge muitos outros países em desenvolvimento, o caso brasileiro apresenta uma inovação importante: os correspondentes bancários. Disseminados por todo o país, os correspondentes são um exemplo do que já foi considerado a emergência da quinta onda de automação bancária (Cernev e Diniz, 2009).

O modelo dos correspondentes representa uma experiência baseada no uso de tecnologia para prestação de serviços financeiros para dezenas de milhões de brasileiros pobres, a maioria deles sem acesso a qualquer outro canal bancário. Além disso, o modelo tem potencial para ser exportado para outros países em desenvolvimento que sofrem com o mesmo problema de baixo acesso aos bancos. De acordo com o Consultative Group to Assist the Poor (CGAP, 2011), organismo do Banco Mundial dedicado a pesquisas sobre o acesso financeiro para os pobres: "O que acontecer no Brasil quando se trata de correspondente bancário vai servir como uma fonte considerável de aprendizagem para o resto do mundo".

Apesar do grande potencial dos correspondentes, o modelo precisa de ajustes importantes. Em pelo menos três aspectos os correspondentes devem evoluir para cumprir com a sua função de inclusão financeira.

O primeiro deles está relacionado com o portfólio de serviços ofertados. Em geral os correspondentes têm foco muito específico em um portfólio limitado de serviços, como recebimento de boletos, distribuição de benefícios sociais e coleta de solicitações de crédito consignado.

Considerando que as empresas varejistas que fazem o papel de correspondentes para os bancos são de perfil muito variado e estão distribuídas em localidades com perfil muito diferente entre si, seria importante para os bancos conhecer melhor a realidade específica de cada um desses ambientes. Isso permitiria o desenho de novos serviços e produtos adequados a essa população que recentemente tem se aproximado do mercado bancário.

Em segundo lugar, os correspondentes são também geradores de informação positiva sobre o comportamento dos clientes, ou seja, aquela informação relacionada àqueles clientes que vão até os correspondentes para pagar contas. Essa informação é de grande valor para os bancos, principalmente porque pode lhes dar elementos para entender melhor o comportamento de consumo do amplo mercado de baixa renda. Para isso os bancos precisam se aproximar mais dos correspondentes, não os considerando apenas mais um canal para entrega de produtos já existentes em seu portfólio.

Se forem encarados como verdadeiros parceiros de negócio, os correspondentes podem oferecer muito mais para os bancos. Muitas informações geradas nos correspondentes, tanto sobre os pequenos negócios que atuam como canais bancários quanto sobre seus clientes, não são capturadas adequadamente pelos bancos porque esses não entendem com mais detalhe a realidade em que esses correspondentes estão trabalhando para eles.

Em terceiro lugar, originalmente concebido como um sistema baseado majoritariamente em dinheiro ou cartão plástico, um dos principais problemas encontrados em correspondentes é a gestão de numerário. Como não têm a infraestrutura de segurança encontrada nos bancos, os correspondentes operam sob o risco constante por acumularem numerário em seus estabelecimentos, principalmente por serem o canal preferencial para receber as contas pagas pelos consumidores. O transporte desse numerário para os bancos ou deles para os correspondentes também significa um problema constante de segurança.

A solução desse problema não é simples e envolve questões culturais importantes, como a mudança de hábitos dos clientes que estão acostumados a usar apenas papel-moeda. Entretanto, assim como os bancos conseguiram educar toda uma população de clientes para o uso de ATMs e do internet banking, eles têm um papel fundamental para mudar essa realidade na direção de uma sociedade que esteja mais adaptada ao uso do dinheiro eletrônico. O uso intensivo por toda a população de sistemas de pagamento digital pode ter um impacto positivo para os bancos maior do que aquele gerado pela massificação dos outros canais eletrônicos que já se consolidaram.

Nesta nova arena competitiva de mercados emergentes, com consumidores cada vez mais exigentes e mais bem informados, os limites e modelos de negócio ainda não estão completamente definidos. A tecnologia tem papel preponderante e pode ajudar os bancos a produzir muito mais informação sobre esses novos clientes e com muito mais velocidade. A análise cuidadosa dos grandes volumes de informação que pode ser coletada de diferentes formas é estratégica para a definição do futuro dos bancos.

A segmentação mais detalhada e o melhor conhecimento de nicho dos clientes vão gerar fidelização e mais negócios para os bancos. Se hoje as empresas da indústria financeira oferecem produtos com alto grau de similaridade, o diferencial vai estar na forma de tratar o cliente, com o entendimento das questões mais particulares desses novos e imensos mercados. Uma plataforma tecnológica robusta pode permitir atendimento personalizado em um universo de milhões de novos clientes. Esse é um grande desafio para as tecnologias de *back-office*.

Mobilidade

Outro aspecto de extrema importância é a emergência das tecnologias móveis. A convergência de diversos tipos de serviços para um dispositivo único que está sempre na mão dos consumidores, estejam onde estiverem, representa outro desafio para os bancos. Através desses dispositivos os consumidores compartilham seus interesses pessoais, de negócio e de diversão. E tudo isso enquanto estão em movimento de um local a outro.

A mobilidade acontece em diversos tipos de dispositivos. Ela está acontecendo pelo smartphone, pelo celular mais simples, pelo tablet, pelo notebook e pelos muitos outros que devem entrar no mercado nos próximos anos. Há menos de 10 anos o internet banking era visto como um canal dependente de um único dispositivo, o computador, em geral um desktop, fixo na casa do cliente ou no seu ambiente de trabalho. Hoje, com essa diversidade de tecnologias móveis, os clientes podem acessar o canal bancário em trânsito. Tudo indica que essa situação vai se tornar ainda mais complexa num futuro próximo com a disseminação de dispositivos com tecnologias que serão "vestidas" pelos usuários.

A gestão de plataformas multicanais, garantindo segurança, baixo custo transacional e alto grau de usabilidade, é ponto de atenção para os bancos, em especial para a infraestrutura de *back-office*. Por outro lado, a possibilidade de coletar dados muito mais variados, como posicionamento geográfico, gestual e voz do cliente, pode representar novas oportunidades. Esses são os próximos paradigmas na relação entre usuário e máquina e os bancos têm que participar disso.

Nos bancos já se discute como compatibilizar suas plataformas internas com a avalanche de novas tecnologias disponíveis também para os funcionários. A nova tendência conhecida pela sigla Byod (Bring Your Own Device) aumenta o número de executivos que chegam com seus equipamentos novos e querem se conectar na rede interna do banco. O desafio é permitir que cada um tenha a sua possibilidade de escolha e com esse equipamento único se possa acessar diferentes níveis de segurança dentro do banco.

Pelo lado dos clientes, a questão também passa pelo entendimento de como oferecer um serviço móvel aos clientes, com certificação digital, que permita a escolha do banco que se quer operar a partir de um único dispositivo, por meio de uma interface padronizada. Essa é, portanto, uma nova frente possível para o desenvolvimento de novos canais de transação e de relacionamento a partir da consolidação do conceito de mobilidade.

Para explorar o ambiente de tecnologias móveis, atualmente os bancos têm focado o desenvolvimento de plataformas denominadas *mobile banking*. Apesar de ser um passo importante para a incorporação dessa nova tecnologia, o *mobile banking* representa pouco mais do que a transferência do internet banking para o celular ou tablet, se diferenciando apenas pelo fato de poder ser acessado numa tela menor, que cabe no bolso ou bolsa do cliente.

Como já foi dito, essa transposição de conceitos para plataformas diferentes pode ser uma alternativa segura para a experimentação de novos ambientes digitais, mas está longe de poder explorar todo o potencial oferecido pelas tecnologias móveis. E o foco nesse primeiro nível de entrada no novo canal pode comprometer a exploração de novas oportunidades de negócio, de novos mercados e serviços. Por suas caraterísticas e competências de incorporação de novas tecnologias, os bancos têm potencial para serem os líderes na utilização de tecnologias móveis, assim como alavancaram o comércio eletrônico, com o internet banking, e as *vending machines*, com os ATMs.

Essas novas tecnologias de mobilidade, associadas às plataformas de comunicação, responsáveis pela sua expansão, têm potencial para mudar completamente o conceito de agência, tal como ela é hoje. Aquele atendimento de o cliente sentar em frente ao gerente tende a mudar. O gerente, com um tablet, vai poder fazer uma simulação ao lado do cliente e ali mesmo autorizar a operação, resolvendo a operação sem papel e com muito menos burocracia.

Os clientes, também com seus dispositivos, poderão consultar seus gerentes a qualquer momento e de qualquer lugar, acionando-os como consultores financeiros remotos. O próprio conceito de agências especiais desenvolvidas para clientes de alta renda poderá ser colocado em xeque. Os clientes de alta renda devem ser os primeiros a demandar um atendimento especial e personalizado fora da agência.

A telepresença tende a evoluir conforme evolui a confiança em sua utilização. O contato pessoal não vai diminuir, mas passará a ser mediado por um canal eletrônico. Se hoje os bancos concentram apenas as transações mais estruturadas nos canais eletrônicos, esse ambiente digital vai certamente começar a fazer parte das transações de negócio, atualmente concentradas nas agências.

Com o avanço da mobilidade, outra frente tecnológica que cresce em importância é a biometria. Com a plataforma de negócios na palma da mão, a segurança terá de evoluir para a identificação do cliente mediante suas características físicas. A senha pode ser trocada, o cartão pode ser trocado, mas a mão, o olho, a voz, o formato do rosto, ou outra característica física em geral fica por mais tempo.

Os bancos têm experimentado a biometria em caixas eletrônicos e já percebem a diferença no atendimento. Os clientes com nível de alfabetização mais baixo e os da terceira idade são os que mais se beneficiam da biometria nos caixas eletrônicos. É muito mais fácil para esses clientes, pois não têm que decorar ou ler a senha num pedaço de papel, além de serem preservados de "catar milho" no teclado enquanto outros esperam numa fila para usar o ATM.

Embora a biometria ainda gere resistências pelo lado dos clientes, isso acontece muito mais por falta de informação. Quando passarem a perceber que não há danos físicos, que ela traz segurança e comodidade nas operações com o banco, as resistências tenderão a diminuir.

Mais uma vez as tecnologias de *back-office* serão fundamentais para garantir eficiência e confiabilidade de transações ou acesso a consultores financeiros, sempre a partir de dispositivos móveis. Além disso, deverão incluir georreferenciamento como informação essencial em sua infraestrutura de processamento. Afinal, além de saber quem é o cliente, por meio de mecanismos de autenticação, será necessário saber exatamente onde ele está, quando acessa o banco.

Moedas digitais

Também influenciadas pela disseminação das tecnologias de mobilidade, tendem a crescer as formas de pagamentos digitais. A circulação de dinheiro no formato de papel-moeda é ineficiente e tende a desaparecer, ainda que num prazo mais longo.

Segundo o Banco Central, o uso de pagamentos em papel-moeda cresceu de 72% para 78% entre 2010 e 2013 (BCB, 2013). Isso é um mal sinal, se for considerado o custo social da circulação de papel-moeda, que abrange os custos de sua produção, armazenamento, custódia, distribuição e combate às falsificações de numerário. Reverter essa situação é outro desafio enorme que inclui a bancarização, pois os muitos que ainda não têm acesso ao sistema financeiro formal usam esse mecanismo como principal meio de pagamento.

Além da população desbancarizada, mesmo quem tem acesso a banco usa muito o dinheiro para fazer pagamentos, seja por questão de confiança e privacidade, como também para fazer pagamentos por serviços efetuados aos que não têm acesso aos bancos. Como o preço desses serviços foi o que mais cresceu na última década (Domingues e De Souza, 2012), isso de certa forma ajuda a explicar o consequente aumento do volume de saques nos ATMs. Entre 2008 e 2012 os saques cresceram 60% em caixas eletrônicos, um dos mais altos do mundo.

O custo para os bancos desse uso intensivo de papel-moeda é enorme pelos custos de transporte e segurança envolvidos em seu manuseio, pelo custo de abastecimento e manutenção das redes de ATM. Não é por outro motivo que os bancos celebram o aumento gradativo, ainda que insuficiente, do uso de meios de pagamentos digitais, particularmente os cartões de crédito, débito ou pré-pagos.

Entretanto, os sistemas de pagamento digital baseado em cartões ainda estão longe de cobrir todo o mercado. Como a utilização de cartões depende de canais para captura e processamento de transações, e existe baixo nível de interoperabilidade das redes de ATM dos bancos, o custo desta infraestrutura é significativamente alto, com subutilização das máquinas e perda de conveniência para os clientes. Isso ajuda a manter o uso de cartões num patamar relativamente baixo. Embora haja claras indicações do aumento do número de cartões no mercado (Febraban, 2013), o Banco Central alega uma queda no número de usuários (BCB, 2013), que caiu de 43% para 39% da população adulta entre 2008 e 2012. Mesmo que ainda atenda apenas a uma parte da população, o número de cartões já supera o número de contas-correntes ativas no país, apontando o investimento maior nos sistemas de pagamento digitais para atender a uma demanda crescente.

E se o custo da operação com cartões dificulta o completo atendimento do mercado no curto prazo, a emergência dos pagamentos móveis pode contribuir para mudar essa situação. Contando com a grande disseminação dos celulares, inclusive entre a população pouco atendida pelos cartões, a migração do papel-moeda para meios de pagamentos móveis produziria significativo impacto no custo das transações de pagamento. O Banco Central calcula que uma diminuição de 20% dos pagamentos em papel-moeda produziria um impacto de 0,2% no PIB.

Várias modalidades de sistemas baseados em pagamentos móveis têm chamado a atenção pela sua rápida disseminação em países da África. Os pagamentos móveis poderiam permitir aos bancos ampliar tanto a base total de potenciais clientes quanto a gama de serviços oferecidos. Além da redução dos custos logísticos, os pagamentos móveis estão sintonizados com o "atendimento a necessidades de imediatismo da sociedade" (Bader e Savoia, 2013).

Em termos de pagamentos móveis, uma das modalidades que já se experimenta no país é a migração do cartão (crédito ou débito) para dentro do celular. O conceito do cartão no celular faz mais sentido pela lógica de manter o dinheiro em um banco. A comodidade desse sistema é evidente para o cliente que já é bancarizado, mas não permite um acesso mais amplo aos mais de 40% de brasileiros que não têm conta em banco.

A ideia de carteira digital, ainda bem menos disseminada, tem um caráter mais disruptivo para os bancos, embora faça sentido pelo lado do consumidor que usaria um único dispositivo universal de pagamento, o qual já possui e está habituado ao seu uso.

No entanto, essa infraestrutura de carteira exigiria um maior investimento, principalmente se cada banco desenvolver o seu sistema, ainda que em parceria com alguma operadora. Este cenário de várias plataformas com baixo nível de interoperabilidade dificulta a massificação desse sistema, pela maior dificuldade de se alcançar os benefícios dos efeitos de rede. O estabelecimento de padrões e ecossistemas interoperáveis poderia gerar massa crítica e contribuir para a disseminação desse instrumento de pagamento, o que poderia ajudar a mudar os hábitos da população com relação ao uso do dinheiro.

Existe potencial para o uso de moeda eletrônica como forma de beneficiar um conjunto grande de atores. A virtualização do cartão pré-pago, por exemplo, pode viabilizar o pagamento entre pessoas via celular, modelo conhecido como P2P. Outras situações mostram como a moeda digital seria utilizada em contextos que poderiam eliminar o uso do papel-moeda, com a consequente redução de custos e aumento de eficiência para todo o setor.

Numa pesquisa do BC, 55% da população brasileira ainda recebe salário em dinheiro. Se houver uma oferta de um sistema de pagamento eletrônico para um empresário da construção civil que paga os funcionários em dinheiro, ele vai pagar para os funcionários via celular, pois eles já têm o dispositivo e o patrão deixa de arcar com o custo (e risco) do transporte e manuseio do numerário. Esse empresário vai preferir usar um sistema de pagamento eletrônico. O empregado poderia receber no seu celular e também gastaria com celular para pagar suas contas e fazer compras.

Um modelo de moeda digital poderia também ser desenvolvido por meio de algum tipo de colaboração entre os diversos bancos e operadoras. A ubiquidade e a universalidade do instrumento de pagamento transformariam a moeda digital numa *commodity*, assim como o papel-moeda, que pode ser usado em qualquer lugar e tem aceitação universal. Nesse modelo, a vantagem competitiva vai depender da estratégia de cada banco, não da moeda em si.

Ainda não está muito claro sobre como seria essa cooperação, entretanto, em funções básicas de serviços, já há um longo histórico de cooperação entre os bancos. Essa tradição pode ser considerada um dos elementos para o estágio bastante evoluído da infraestrutura de tecnologia do sistema bancário brasileiro (Fonseca, Meirelles e Diniz, 2010).

Houve colaboração quando se criou o protocolo CNAB/Febraban para troca de dados entre bancos e empresas. Também na padronização dos cheques e boletos bancários. O Sistema de Pagamentos Brasileiro (SPB) também foi outra forma de colaboração de sucesso, ainda que tenha surgido de uma iniciativa do Banco Central. Mais recentemente, a criação do Débito Direto Autorizado (DDA) e da truncagem de cheques, gerando economia inclusive em processos de *back-office*. Sem este espírito de cooperação, talvez fosse mais difícil investir nas plataformas criadas para operação de serviços básicos e comuns a todos.

Outra forma de colaboração dentro do setor é a criação de organizações que operam independentes, mas prestam serviços comuns a todos.

Bancos maiores ou menores podem constituir provedores de algum tipo de serviço, todos ganhando em eficiência e escala. Em serviços nos quais há clara percepção do valor gerado para todos é mais fácil trabalhar junto. Ou seja, se é serviço básico e gera valor maior trabalhando junto do que separadamente, os bancos estão interessados em colaboração.

Se os bancos não tivessem trabalhado juntos, não teriam construído um birô com o tamanho e o valor da Serasa. A Câmara Interbancária de Pagamentos (CIP), a Central de Custódia e de Liquidação Financeira de Títulos (Cetip) e as empresas adquirentes no mercado de cartões são também exemplos do mesmo tipo de cooperação baseada na criação de empresas independentes, e que representam um valor enorme para os bancos.

Entretanto, uma sombra paira sobre o setor quando se fala em pagamentos móveis. É a entrada de novos agentes no mercado operando à margem dos bancos. Pagamentos móveis têm um potencial muito grande para o aprendizado dos bancos. Em países onde a moeda digital via pagamento móvel evoluiu muito rápido, o processo ocorreu via operadoras, não por meio de bancos, o que representa um risco para o setor. Portanto, para os bancos, iniciar as operações de pagamentos ainda em suas fases iniciais poderia lhes trazer a vantagem de operar com mais desenvoltura com esse novo modelo de pagamento.

Hoje, com um marco regulatório já estabelecido, existe a tendência de aparecerem novos provedores, com modelos de negócio diferentes e oferecendo serviços aos clientes de bancos. Se o cliente sentir que pode trabalhar com um agente não bancário que for economicamente vantajoso para ele, com grau de confiança alto e dentro de um ambiente regulamentado, não há por que não optar pelo concorrente do banco, em geral operando com custos fixos menores.

Outro aspecto muito importante dos pagamentos móveis é que eles estão muito associados aos novos consumidores que estão chegando ao mercado: os nascidos na era digital e os emergentes sociais. Para os primeiros o celular é o dispositivo de uso mais constante, para os outros o celular se transforma em instrumento de inclusão social. Esse mercado emergente precisa ser atendido de uma forma diferente da tradicional, utilizando os dispositivos com os quais possam se comunicar pelo canal que eles estão mais acostumados a usar: o celular. Os bancos precisam estar atentos ao comportamento desse consumidor e prover uma experiência de uso mais adequada a ele.

Se é claro que a moeda já virou bit nas transações de atacado, inclusive em transações entre países por meio de padrões internacionalmente reconhecidos, agora o desafio é incluir essa desmaterialização do dinheiro no ambiente de varejo, e transformar também em bit a carteira do cidadão que faz compras na rua. Apenas quando esse canal estiver sendo usado em mais larga escala poderemos dizer que temos uma moeda digital de verdade.

Redes sociais

Outra grande ruptura no relacionamento com os clientes está nas redes sociais. Ainda não se sabe muito bem como lidar com elas, e a maioria das ações nesse ambiente tem sido mais reativa, por exemplo ao identificar quem está falando do banco com o objetivo de defender sua imagem. Embora garantir a imagem da instituição seja de extrema importância, os bancos devem procurar entender os caminhos para se usar as redes sociais com objetivo de gerar negócios.

Apesar de muitas dúvidas sobre como incorporar as redes sociais às operações do banco, existe a certeza de que o setor vai ter de se reinventar para enfrentar o novo canal de relacionamento. Nesse terreno, a ruptura pode acontecer na forma como os bancos vão entregar os serviços. Isso impõe aos bancos um pensar diferente e uma maior agilidade na incorporação desse ambiente.

Talvez a venda de produtos não aconteça diretamente na rede social, mas esse novo tipo de ambiente digital poderia de alguma forma ser integrado ao ambiente de negócios como um todo. Se em meados da década de 1990 a grande questão era transformar a internet em um ambiente de negócios, agora revive-se um ciclo, dessa vez com as redes sociais.

O fato é que o banco em si já é uma rede social, uma rede de relacionamentos. Há 40 anos, era comum alguém entrar numa agência, tomar um café com o gerente, que era visto como um amigo. Isso exemplifica uma rede social. Portanto, é muito natural que os bancos pensem em agências virtuais a partir das redes sociais. A rede social pode virar uma plataforma para os bancos, mas precisa ir além de ser apenas uma experiência interessante.

Hoje, quem senta numa agência para conversar com o gerente dificilmente vê nisso um ritual social. Esse novo cliente vê o banco mais como um mal necessário do que um local onde ele quer estar, interagir. O banco precisa atrair esse cliente e mostrar que é um parceiro importante e que pode recebê-lo para conversar sobre seus sonhos, planos de vida, investimentos, empréstimos, projetos e encontrar outras pessoas, como se fosse de fato um ambiente social de grande valor para a sua gestão financeira.

A infraestrutura tecnológica desse ambiente deve garantir privacidade e confiabilidade para que seja orientada a serviços. Nas redes sociais é possível um entendimento do perfil do consumidor com mais precisão. Ao capturar e interpretar de forma semântica e traduzir toda a informação em oportunidade de negócio, a rede social vai permitir vender produtos e serviços e conquistar lealdade da comunidade com a marca. O relacionamento do cliente de produtos financeiros pode acontecer de uma forma diferente.

Em alguns bancos, as áreas de marketing e jurídica ainda impõem restrições para participação das redes sociais, pois não sabem como se posicionar nesse ambiente com a seriedade característica de um banco. Entretanto, as redes sociais são um grande canal potencial para captação do pensamento de uma massa de clientes que pode representar oportunidade de venda, ajudando a agradar ao cliente e oferecer serviços financeiros inclusive no seu momento de lazer, de diversão.

Isso tudo dentro de uma agência virtual que mantém um ponto de relacionamento com os clientes. Isso num contexto de menos quantidade e mais qualidade na oferta de serviços. E o atendimento virtual precisa ser muito eficiente, ainda melhor do que o oferecido num ambiente físico.

Entretanto, não se está questionando a existência da rede presencial, que por muito tempo ainda pode continuar a ser essencial como ponto de atendimento para os diversos tipos de cliente. No primeiro problema, na primeira dúvida, o cliente vai querer conversar com alguém olho no olho. Mesmo os jovens, que lidam muito bem com celulares e tecnologias em geral, dependendo do tipo de serviço, podem querer atendimento presencial.

A questão sobre como segurar o cliente continua sendo melhorar o atendimento, independentemente de o canal ser virtual ou não. O banco deve conseguir cativar e manter quem estiver mais próximo do cliente, esteja onde ele estiver. E quem conhece as necessidades do cliente tenta ajudá-lo com mais presteza e, em alguns casos, antes mesmo de ser procurado pelo cliente. Quem faz isso mantém o cliente, independentemente de ser via agência ou canal virtual.

Outra forma de explorar o potencial das redes sociais poderia ser um marketing digital orientado para a promoção de educação financeira, instruindo sobre investimentos de longo prazo, mercado de ações, programas de previdência etc. Essa educação por meio das redes sociais pode gerar valor agregado para os clientes, que em geral necessitam de melhor entendimento dos produtos financeiros, e ao mesmo tempo cria uma oportunidade para os bancos nas redes sociais. Nesse caso, a educação financeira serviria como instrumento de atração dos usuários, cativando o cliente, ajudando a definir qual é o serviço financeiro que ele precisa em determinado momento. Então os bancos vão fortalecer seu papel de formadores de opinião no mercado, podendo até ter "seguidores" nas redes sociais, de forma natural e orgânica, para desenvolver maior volume de negócios.

Ainda inspirados nas redes sociais, novos modelos de negócio estão emergindo e devem ser ponto de atenção para os bancos. Entre esses novos modelos de negócio estão o *crowdfunding* e os *lending groups*. Essas novas formas de alavancar recursos financeiros de forma coletiva representam, por um lado, uma ameaça, por competir com os serviços tradicionalmente oferecidos pelos bancos, como crédito, mas, por outro lado, podem representar oportunidade de cooperação. Ainda que careça de um ambiente regulatório consistente, esse modelo de negócio emergente em geral atende a clientes que estão, por um motivo ou por outro, afastados dos bancos e utilizam a proximidade com esses clientes para crescer no mercado. Entretanto, as empresas que os operam carecem da credibilidade e da solidez que os bancos oferecem. Parcerias, portanto, seriam possíveis com cada agente oferecendo o que tem de melhor ao cliente.

As redes sociais também podem ser uma porta de entrada para os novos clientes de bancos. Além dos jovens de classe média, naturalmente candidatos a entrar no sistema bancário, mesmo os não bancarizados já estão nas redes sociais por meio de celulares. Assim, o acesso a redes sociais por meio de novos dispositivos móveis pode se tornar um canal adequado para atrair mais clientes para os bancos.

Big Data

O ponto comum a todas essas frentes de inovação é que elas produzem uma avalanche de novos dados e é preciso trabalhá-los efetivamente para ser eficiente e conseguir entregar uma experiência ao cliente da forma que ele quer, no contexto que ele quer, no local que ele deseja.

Como ficou muito mais simples capturar e guardar informação, é preciso se estruturar para usar adequadamente essas informações, lidar com dados vindos de diversas plataformas. O desafio tecnológico que existia há alguns anos era o Customer Relationship Management (CRM) e os *data warehouses*. Entretanto, essas tecnologias geraram valor apenas limitado perto do que poderia se esperar por todo o investimento que foi feito nelas.

Não é incomum nos bancos, ainda hoje, uma pessoa ser cliente pessoa física, mas ser sócio de uma empresa, que também tem relacionamento com o banco, ou manter muitas outras formas de interação. Continua difícil reconhecer alguém que tem todos esses relacionamentos. Se até mesmo nos canais de relacionamento mais tradicionais ainda hoje a rede de conhecimento tem falhas, os conceitos antigos de segmentação de cliente basicamente por renda e por sexo, por exemplo, estão defasados.

Além disso, a maior parte das ferramentas é focada em dados estruturados, enquanto as novas demandas estão exatamente no processamento de dados não estruturados. Se por um lado é sempre mais fácil capturar dados, usar de forma sistemática e eficiente a informação que pode ser extraída desses dados é que se torna muito mais difícil. E dentro dos bancos, a utilização desse volume enorme de dados não estruturados ainda é muito incipiente.

Essa visão orientada ao cliente é um salto necessário que tem de ser dado. As organizações hoje têm muitos dados e pouco conhecimento. Para isso é preciso desenvolver novas formas de explorar aquilo que é chamado de inteligência analítica.

É neste contexto que emerge o conceito de Big Data, que tem sido amplamente discutido e atraído o interesse dos profissionais das áreas de tecnologia e de negócios. A definição de Big Data propõe o processamento de grandes volumes de dados em formatos variados, que não são possíveis de serem manipulados com a velocidade requerida nesta sociedade interconectada pelas ferramentas tradicionais.

Portanto, apesar de acrescer a data apenas o adjetivo *big*, o Big Data não se baseia apenas na inferência sobre um maior volume de dados. Outros elementos também caracterizam o conceito. Os muitos desafios enfrentados pelo Big Data foram inicialmente sumarizados em 3 Vs: Volume (basicamente tamanho e quantidade de dados), Variedade (diversidade de origens, formas e formatos dos dados) e Velocidade (processamento dos dados de forma on-line para permitir respostas rápidas). Posteriormente, foram agregados dois novos elementos: Veracidade (autenticidade, reputação da origem, confiabilidade dos dados) e Valor (significados que podem ser atribuídos aos dados, valor agregado oferecido por tais significados). Esses, com os três anteriores, compõem os cinco Vs do Big Data (Demchenko et al., 2013).

Uma pesquisa (Big Data, 2012) feita com executivos de TI e de negócios em todo o mundo revela que as empresas do setor financeiro estão entre as que estão mais envolvidas com o Big Data. Esse mesmo relatório afirma que existe uma forte relação entre o uso sistemático do Big Data e melhoria da performance financeira das empresas. Apesar de a carência de profissionais ser considerada um dos principais gargalos para o uso do Big Data, o foco na análise das redes sociais e nas tecnologias de rastreamento da web pode transformar a maneira como as empresas trabalham dados sobre clientes.

Pesquisas em grandes volumes de dados não são novidade e tiveram vários rótulos ao longo dos anos. Dos *data warehouses*, até chegar na inteligência analítica, passamos pelo Online Analytical Processing (Olap), *data mining* e Busines Inteligence. O Big Data é diferente porque ele representa um fenômeno composto por elementos totalmente novos, um conjunto de questões, novas e clássicas, que combinadas em novo cenário tecnológico, social e econômico, deram origem a um potencial novo paradigma de análise de dados. Assim, há também grandes expectativas sobre o impacto organizacional nas empresas pelo uso de ferramentas e conceitos de Big Data, seus impactos organizacionais e de mercado, além do perfil dos novos profissionais que devem ser demandados para a sua efetivação nas empresas, o que inclui estatísticos, matemáticos, profissionais de TI e negócios, além de responsáveis pela governança e gestão dessa enorme massa de informações.

Três expectativas sobre essas tecnologias de Big Data podem ser expressas pelo acrônimo MAD (Magnetism, Agility, Depth). O magnetismo é a capacidade de atrair dados sobre um determinado tema de diferentes fontes, sejam eles de qualquer formato, estrutura ou origem. A agilidade indica a grande capacidade de adaptação do sistema à evolução dos dados. A profundidade se refere ao nível de detalhe possibilitado pelas análises produzidas a partir do grande conjunto de dados e à complexidade do processamento realizado, podendo envolver conceitos estatísticos sofisticados e aprendizado de máquina.

Conforme diminui o número de visitas dos clientes às agências físicas, diminuem também proporcionalmente as oportunidades de marketing, vendas e fidelização por meio das relações interpessoais. Nesse contexto, o conceito de Big Data passa a ser fundamental para suportar as transações feitas on-line e apoiar o papel virtual das possíveis agências do futuro. Assim, o Big Data é elemento essencial também para propiciar uma transação segura das operações de negócio como são feitas hoje para o formato que devem adquirir no futuro.

Existem ainda relativamente poucos estudos sobre as aplicações e objetivos específicos das ferramentas de Big Data (Luvizan, Meirelles e Diniz, 2014), particularmente no setor bancário. Pesquisa da Febraban (2013) indica que, em 2013, apenas dois bancos declararam ter investido em Big Data. Ainda assim, esses investimentos foram pequenos, e representam 0,2% dos investimentos totais feitos por essas instituições.

Em outubro de 2014, foi promovida uma reunião em Nova York para discutir aplicações de Big Data no setor financeiro. Nesta ocasião estavam presentes bancos de países como Colômbia, Bolívia, Canadá e EUA. Bancos brasileiros e empresas de cartão de crédito também estiveram presentes e alguns casos de negócio relevantes foram apresentados (Cloudera, 2014). Nos bancos, as atividades de negócio que mais têm se beneficiado das aplicações de Big Data são: segurança e combate inteligente a fraudes; geração de novos negócios a partir da exploração e integração de dados; melhoria da interação com o cliente através da análise 360º; monetização da Internet das Coisas; modernização do Data Warehouse (Cloudera, 2012).

Esta evolução rápida do interesse pelo Big Data no setor sugere que em breve o Big Data poderá ser não apenas um diferencial para os bancos, mas uma necessidade para habilitá-los para a concorrência em um cenário sofisticado e com um perfil de atendimento significativamente diferente do que é hoje.

Responsável pela infraestrutura que garante confiabilidade e eficiência às operações bancárias como um todo, o *back-office* dos bancos precisa ser preparado para os novos desafios da sociedade interconectada. E essa transformação deve ocorrer em diferentes níveis e orientada ao relacionamento com esse novo perfil emergente de clientes. Isso implica usar grandes volumes de dados para aperfeiçoar a customização e o valor percebido dos serviços financeiros pelo cliente.

Referências

BADER, M.; SAVOIA, J. R. F. Logística da distribuição bancária: tendências, oportunidades e fatores para inclusão financeira. *Revista de Administração de Empresas*, São Paulo, v. 53, n. 2, mar./abr. 2013.

BANCO CENTRAL DO BRASIL. *O brasileiro e sua relação com o dinheiro*. 2013. Disponível em: <www.bcb.gov.br/htms/mecir/Apresentacao-PopulacaoEComercio-2013.pdf>.

BIG Data: lessons from the leaders. A report from the Economist Intelligence Unit. 2012.

CERNEV, A.; DINIZ, E.; JAYO, M. *Emergência da quinta onda de inovação bancária*. AMCIS 2009. Disponível em: <http://aisel.aisnet.org/cgi/ viewcontent.cgi?article=1079&contex t=amcis2009>.

CGAP (2011) CGAP's branchless banking database. Technology program country note — Brazil. Disponível em: <www.cgap.org/publications/cgap-branchless--banking-database>.

CLOUDERA. Why Are Financial Services Firms Adopting Cloudera's Big Data Solutions? Working Paper, Ago. 2012.

_____ . 2014 Data Impact Awards. Disponível em: <http://www.cloudera.com/content/cloudera/en/campaign/data-impact-awards.html>.

DEMCHENKO, Y. et al. Architecture framework and components for the big data ecosystem. *Journal of System and Network Engineering*, p. 1-31, 2013.

DOMINGUES, Edson Paulo; DE SOUZA, Kênia Barreiro. *Impactos de bem-estar de mudanças no mercado de serviços domésticos brasileiro*. Working Paper, n. 96, out. 2012. Disponível em: <http://www.unifem.org.br/sites/700/710/2013/IPCWorkingPaper96.pdf>.

FARIA, F. D. A.; MAÇADA, A. C. G. Impact of investments in on IT the operating result of Brazilian banks. *Revista de Administração de Empresas*, São Paulo, v. 51, n. 5, p. 440-457, set./out. 2011.

FEBRABAN. *Pesquisa Febraban de tecnologia bancária 2013*. Disponível em: <www.febraban.org.br/7Rof7SWg6qmyvwJcFwF7I0aSDf9jyV/sitefebraban/Pesquisa%20FEBRABAN%20de%20Tecnologia%20Banc%E1ria_2013.pdf>.

FONSECA, C. E. C.; MEIRELLES, F.; DINIZ, E. H. *Tecnologia bancária no Brasil*: uma história de conquistas, uma visão de futuro. São Paulo: FGV/RAE, 2010.

LUVIZAN, Simone S.; MEIRELLES, Fernando S.; DINIZ, Eduardo H. Big Data: publication evolution and research opportunities. In: INTERNATIONAL CONFERENCE ON INFORMATION SYSTEMS AND TECHNOLOGY MANAGEMENT, 11., 2014, Beijing.

MEIRELLES, F. S. et al. Visão de futuro da tecnologia bancária. Panorama do setor bancário e visão do futuro. *Anuário Ciab-Febraban*, São Paulo, v. 1, p. 42-68, 2011.

ESTUDO DE CASO

A ESTRATÉGIA DO BB PARA ENFRENTAR OS DESAFIOS DO MUNDO INTERCONECTADO

O grande desafio que todo mercado financeiro está enfrentando é como tratar os dados não estruturados. Do aprofundamento necessário para superar esse desafio surge o conceito de banco digital, que deve incluir informações geradas a partir das tendências de mobilidade e redes sociais. É nesse cenário de criação de um verdadeiro banco digital que emergiu no Banco do Brasil (BB) o interesse pelas tecnologias do Big Data.

Na visão do BB, a entrada dessas novas tecnologias do Big Data exigiu olhar também para as plataformas legadas, sistemas bancários de 30 anos de idade. Era preciso, antes, fazer uma lição de casa, ter uma perspectiva para integrar as plataformas de *mainframe*, de internet e de mobilidade. Não adianta olhar apenas para a plataforma de mobilidade sem considerar a diversidade de legados dentro do banco. Só então haveria condições de pensar em Big Data.

Com o crescimento das tendências de mobilidade, a primeira coisa a fazer seria integrar portfólio de transações nessa plataforma. Hoje, boa parte dessas transações já está disponível, principalmente aquelas dirigidas à pessoa física. Outras, que ainda funcionam exclusivamente no *back-office*, como requerimentos, despachos, alçadas, devem também migrar para os dispositivos móveis.

Entretanto a questão não é apenas incluir serviços nesses novos canais. Para o BB, o conceito de banco digital não é oferecer serviços nas redes sociais. Nesse ambiente, o apelo de um produto bancário é diferente do apelo de uma loja virtual. Quando alguém precisa do banco é porque necessita resolver alguma questão financeira ou realizar um sonho de consumo. Para o BB, focar a conveniência do cliente, que precisa de rapidez, informação sucinta na hora e local em que estiver, sempre foi o objetivo mais importante.

E o BB já vem desenvolvendo integração de dados há muito tempo. No final dos anos 1990, o BB iniciou o chamado Programa de Arquitetura da Informação (PAI), com foco nos dados estruturados. Com isso, implementou o conceito de cadastro único, o que facilitou muito todo o processo que veio a ser construído mais recentemente.

No BB já existe um *data mart* que é utilizado por diversas diretorias dentro do banco. Isso demandou a integração de várias bases de dados, com a prévia construção de metadados específicos, um dicionário com linguagem financeira e todo o conceito da informação comum a todo o banco.

Em 2009 houve a incorporação de bancos, que evidenciou a necessidade de transformação do legado de aplicativos. Em 2010 o BB iniciou o programa de transformação do varejo, Plataforma BB 2.0, onde houve a confirmação do modelo de integração tecnológica.

Dentro da TI, ainda em 2010, começou-se a prospectar uma nova roupagem tecnológica para esse mundo interconectado, no qual ter-se-ia de lidar com alto volume de dados, dos mais variados tipos, inclusive não estruturados, numa velocidade em tempo próximo ao real.

Nessa nova realidade, dados não estruturados gerados nas plataformas, como o georreferenciamento, deveriam ser incorporados. Com a mobilidade, era preciso ter, em primeiro lugar, uma identidade única para os diversos canais: o ATM, a internet, os smartphones e outros dispositivos. Além do volume gerado por esses dados estruturados e não estruturados, bases externas ao banco também precisariam ser integradas. Entretanto, em 2011, não se encontravam no mercado tecnologias para atender aos requisitos necessários para aperfeiçoar o modelo funcional do CRM existente.

A partir do levantamento de novas fontes de dados, e da consequente classificação desses dados, o BB percebeu a necessidade de capturar e interpretar dados não estruturados em tempo real, integrá-los a plataformas comuns com os dados estruturados, tanto os internos quanto os externos ao banco. Ao longo desse trabalho o BB percebeu que essa evolução poderia ser atendida com a adoção de tecnologias do Big Data, e o tema passou a fazer parte do planejamento estratégico da TI a partir de 2012.

Em paralelo a esses movimentos, ainda em 2012, iniciou-se a prospecção de um modelo de maturidade arquitetural que permitisse a evolução na forma de construção de TI, mais próxima dos processos de negócio. Então, em 2013, foi declarado o Programa de Transformação Tecnológica (PTT), em que arquitetura e construção passaram a ser completamente revisadas nas disciplinas de integração, aplicativos, canais, negócio e dados. Mais uma vez, o assunto gestão e integração dos dados ficou evidenciado.

No primeiro semestre de 2013, a partir de uma iniciativa da diretoria de tecnologia, criou-se um grupo multidisciplinar com gente das áreas de arquitetura, infraestrutura etc. Essa equipe derivou da incubadora de inovação do BB e sua princi-

ESTUDO DE CASO

pal função era fazer o estudo das tecnologias de Big Data com o objetivo de criar um modelo conceitual e de arquitetura para atender às novas necessidades das mais diversas áreas do banco.

Entretanto, a manutenção dessas novas bases com a integração de dados em grandes volumes, estruturados e não estruturados, de fontes internas ao banco, capturadas e analisadas em tempo real, não é uma tarefa possível de ser realizada apenas com uma equipe originada da área de tecnologia. Aliás, as questões críticas que emergem do conceito de Big Data são muito mais relacionadas às áreas de negócio, que devem se integrar ao projeto. Porque, de certa forma, as tecnologias para prover essa base de dados de nova geração já estão todas disponíveis. No BB tem-se a consciência de que esse conhecimento que está se desenvolvendo dentro da área de tecnologia precisa ser compartilhado com as outras áreas da empresa.

Embora o projeto de Big Data tenha nascido na diretoria de tecnologia, ele deve ser agregado, no devido tempo, a outro programa maior de gestão da informação que já se desenvolve no BB. A equipe que está coordenando esse programa de gestão da informação está se preparando para também poder participar do projeto de Big Data, hoje ainda com o patrocínio exclusivo da diretoria de tecnologia.

É nesse ponto que o BB se encontra hoje. Embora tenha a estrutura já montada, o banco continua interagindo com o mercado para conhecer as tecnologias dos grandes fornecedores, inclusive o mercado de software aberto, sempre com foco na arquitetura tecnológica do Big Data. O grande desafio é conseguir mostrar a toda a organização o poder dessas novas tecnologias, e até aonde se pode chegar com ela. É preciso fazer com que todos entendam as novas questões que emergem com a introdução do conceito de Big Data.

Mesmo assim, com o projeto ainda restrito ao ambiente de tecnologia, a incursão nessas tecnologias de Big Data já produz resultados. A partir de uma prova do conceito, desenvolvida no princípio para iniciar o compartilhamento desse conhecimento, gerou-se um primeiro caso de leitura das redes sociais pelo BB.

O uso de Big Data no BB

A primeira entrega de uma solução de Big Data no BB foi desenvolvida apenas para fazer a prova de conceito junto a outras áreas de negócio, mas acabou sendo muito mais do que isso. Quando foi mostrada, já quiseram utilizar.

A solução foi baseada numa ferramenta para escutar o *streaming* de dados do Facebook e Twitter, fazendo análise de sentimento e detectando citações do BB em cada uma dessas redes sociais, identificando o que era crítica, elogio, sugestão ou reclamação. Ao conhecer a solução, a área de clientes em São Paulo se interessou em utilizá-la. Nessa área já se fazia relacionamento com clientes através das redes sociais utilizando uma ferramenta de mercado. Quando a solução estava desenvolvida internamente no banco, incorporaram-na imediatamente incluindo-a no portfólio de trabalho para relacionamento com cliente pelas redes sociais.

Nessa ferramenta, o módulo de captura de dados foi feito em linguagem aberta e acionando APIs públicas do Facebook e Twitter. A solução permite a entrega de dados em apenas seis segundos para a equipe que analisa o conteúdo do comentário postado. Embora essa primeira experiência não esteja baseada em acordos com as redes sociais, o BB já estuda formas de parceria com o Facebook e com o Twitter para aperfeiçoar e ampliar o potencial dessa ferramenta desenvolvida internamente.

Além do sucesso como instrumento para a área de relacionamento com clientes, esse mesmo instrumento também é utilizado dentro da área de TI do banco. Quando se lança uma nova funcionalidade, ou uma nova transação acontece no autoatendimento de pessoa física, a equipe que monitora e faz o catálogo das ocorrências também pode acompanhar o que acontece. A partir disso, pode-se saber, em tempo real, a satisfação ou não dos clientes em relação à nova funcionalidade.

É utilizada não apenas para novas funcionalidades, mas para qualquer evento tecnológico em que se registra alguma ocorrência. Existe uma gerência de serviços que monitora e faz contato direto com o público externo e com a área interna do banco responsável pelo canal acionado. Quando acontece alguma coisa, um problema na disponibilidade do *mobile* que o deixa fora do ar, por exemplo, imediatamente contata-se a área de marketing, e passam-se os relatórios necessários para divulgação interna e resposta ao problema.

A diretoria da gestão de segurança foi outra área do BB que percebeu a utilidade dessa ferramenta. A equipe de segurança também queria ouvir os clientes nas redes sociais e, ao adotar essa solução de Big Data, já obteve resultados positivos. Um caso que se tornou público foi o de um usuário do Twitter que fez uma postagem de dentro de uma agência que estava para ser assaltada. Ao ser identificada tal situação, a área de segurança acionou a polícia para que pudesse intervir e impedir o assalto. Outro caso foi de um veículo financiado pelo BB que foi roubado. Pela identificação da placa em foto postada nas redes sociais, conseguiu-se fazer uma ação para recuperação do veículo.

ESTUDO DE CASO

No Facebook e no Twitter, em um pouco mais de um ano tivemos mais ou menos 700 mil menções, nas quais os produtos mais comentados foram cartão, conta-corrente, empréstimo e financiamento, e os canais de atendimento foram agência, internet e SAC. Na ferramenta, o maior pico que o BB teve nas redes sociais até agora ocorreu no período entre 21h de 17/10/2013 e 23h55 de 18/10/2013, registrando 12.383 menções e compartilhamentos. Isso ocorreu por conta de uma campanha de marketing voltada para empréstimo que aproveitou a oportunidade do lançamento do PS4 no Brasil, usando o argumento: "Com 4 mil reais você pode: comprar uma TV de LED 3D, fazer uma viagem, reformar a casa, ou comprar um videogame...".

Novas utilizações já estão previstas, como o uso de dados internos e não estruturados para avaliar a performance da plataforma de atendimento nas agências. Como são dados de *log* que estão sendo tratados, isso representa um grande volume de informações, o que justifica o uso da tecnologia de Big Data. Outra iniciativa está relacionada com prevenção de fraudes, em conjunto com a área de risco operacional do banco.

Então, o que de início era apenas uma prova de conceito já virou uma ferramenta que está arraigada dentro do banco. E além de já ser um sucesso internamente no BB, essa ferramenta se transformou no caso de uso das redes sociais premiado no último *e-finance*, destaque na categoria *business analytics* pela forma como tratou os dados não estruturados, fazendo uso dos conceitos de ontologia para tratamento semântico da linguagem.

Uma vez que o *back-office* concentra as bases de dados e processa as informações produzidas em todos os canais do banco, agora passa também a coletar e armazenar informações em formatos variados, vindas de fontes internas e externas. No futuro, o *back-office* deve ser totalmente orientado para ser a grande plataforma de Big Data dentro do banco, provendo informações em tempo real para todas as áreas de negócio e aperfeiçoando ainda mais o relacionamento com essa nova e complexa geração de clientes.

SOBRE PESSOAS E ORGANIZAÇÕES

Jean Jacques Salim

A aurora do homem

Na penumbra reinante, a única coisa que se vê é o branco dos olhos de um grupo de primatas apinhados no fundo de uma pequena caverna. O alvorecer vai se impondo e nota-se que o grupo está alerta, procurando distinguir cada som que vem de fora. Vez por outra emitem um grunhido na direção da saída. Uma fêmea segura seu filhote apertado nos braços. Aos poucos começam a sair. Lá fora, comem raízes na companhia de outros animais. Um membro da turma é subitamente atacado por um leopardo. Dirigem-se para um lago quase seco e logo se deparam com outro bando chegando pela margem oposta. Rosnam uns para os outros. Os recém-chegados partem para um confronto barulhento e assumem a região controlada pelo grupo inicial.

Recolhem-se para dormir. Algo desperta um deles. Um monólito negro surge do nada na entrada da caverna. Todos se aproximam e aos poucos vão se aventurando a tocar naquele objeto estranho.

Momentos depois, um deles fita o monólito enquanto mexe na ossada de um animal morto. Um osso longo desperta sua atenção. Fita-o com ar de curiosidade, toma-o nas mãos e logo percebe ter descoberto um artefato poderoso. Pequenas batidas vão dando lugar a fortes golpes contra ossos e crânios que se esfacelam. Em paralelo, aparecem animais tombando atingidos pela arma recém-descoberta. Na sequência, devoram nacos de carne fresca.

Um novo encontro dos dois bandos. As provocações sonoras se repetem. Começa a luta. Um deles atinge com um osso o adversário desarmado. Outro o imita. Enquanto o atingido agoniza no chão, sua turma se afasta. O vitorioso, num gesto imponente, atira ao ar o instrumento do seu triunfo [Clarke e Kubrick, 1968].

Pessoas

A consciência e a ação do homem: fundamentos

> Os homens têm uma tendência espontânea a descobrir o que é o mundo que os circunda, a conhecer, a compreender esse mundo e a si mesmos nesse mundo, a natureza e a sociedade. Para os homens, *conhecer* é um impulso como que natural e instintivo, confundindo-se, na sua origem, com o próprio impulso da vida [Severino, 1994].

Com essa afirmação, Antônio Joaquim Severino inicia o primeiro capítulo — "A consciência como estratégia da vida" — de seu livro *Filosofia*, estabelecendo a base sobre a qual se assenta o pensar e o agir, cerne de sua argumentação ao longo do texto.

De forma simples e direta, sintetiza: *conhecimento* é o esforço do espírito humano para compreender a realidade. Em função das peculiaridades de seu processo de elaboração, distinguem-se várias modalidades ou instâncias de saber: o senso comum, o mito, a religião, a arte, a filosofia, a ciência.

A *ciência*, por seu caráter pragmático, é a matriz da *tecnologia* e, consequentemente, da indústria; caracteriza-se pela eficácia na manipulação e no domínio da natureza.

Mais adiante, o autor prossegue: todo ser vivo tende a se manter vivo, a se conservar, já que a primeira finalidade da vida é, exatamente, viver. Mas, também, se perceberá que nesse esforço de manutenção da própria vida os homens revelam uma diferença significativa em relação aos demais seres vivos, pois passam a produzir os meios de sua própria existência, intervindo, modificando e adaptando a natureza às suas necessidades.

Nessa passagem, Severino avança para caracterizar a ação humana transformadora da natureza como *trabalho*. Assim, a prática produtiva (relação com a natureza física) constitui a dimensão básica, a ordem econômica que irá dar origem a duas outras dimensões: a prática social (relação com os semelhantes) e a prática simbolizadora (relação consigo mesmo). Ou seja, ao mesmo tempo que produzem, os homens se organizam em grupos e subgrupos e estruturam a *sociedade*; criam conceitos, valores e símbolos, mediante os quais representam e avaliam a realidade econômico-social e tecem a *cultura*.

Conhecimento e conhecimentos

Admitimos acima que o conhecimento decorre de um impulso espontâneo e natural dos homens no sentido de apreender a realidade, com vistas, sobretudo, a prover os meios de sua existência. Agora, com o intuito de maior sistematização, vamos explorar melhor esse vocábulo tão cheio de significados e implicações.

À guisa de contextualização histórica, Marilena Chauí, em *Convite à filosofia*, lembra-nos de que os primeiros filósofos gregos — os pré-socráticos — dedicavam-se a um conjunto de indagações principais, como: por que as coisas existem? O que é o mundo? Qual a origem da natureza e quais as causas de sua transformação? Ou seja, a preocupação com o conhecimento centrava-se na pergunta essencial: "o que são as coisas?".

Na época, destacaram-se os nomes de Heráclito, Parmênides e Demócrito. Depois, o trio magnífico: Sócrates, Platão e Aristóteles. A partir do século XVII, diz-se que a teoria do conhecimento tornou-se uma disciplina específica da filosofia. As figuras mais notáveis foram o filósofo francês René Descartes (1596-1650), considerado o pai da filosofia moderna e expoente do racionalismo continental, em oposição ao empirismo britânico de Francis Bacon (1561-1626), John Locke (1632-1704) e David Hume (1711-76).

Epistemologia é a área da filosofia que estuda a questão do conhecimento humano. Em sentido geral, ocupa-se dos processos gerais do conhecimento, seu alcance e validade; é a teoria do conhecimento. Em sentido estrito, realiza estudo descritivo e crítico do conhecimento científico em particular; crítica da ciência (*episteme*, em grego, quer dizer ciência).

Segundo o dicionário, os sentidos mais comuns de conhecer (do latim, *cognoscere*) são: ter noção, notícia, informação, ciência de; saber; ser muito versado em; ter relações, convivência com; ter experiência de; distinguir, reconhecer; apreciar, julgar, avaliar; ter indícios certos de; sentir, experimentar.

Assim definido, o ato ou processo de conhecer deixa entrever duas categorias de significados. Noção, notícia e informação são de sentido fraco, reducionista, generalista. Ao contrário, saber, ser muito versado em, ter experiência de, apreciar, julgar, avaliar etc. são expressões de sentido forte, exigente, e parecem mais condizentes com o objetivo presumido de desvelar a realidade para poder agir sobre ela.

Para a filosofia, e na linha do que estamos vendo, o sentido do termo é rigoroso, como se requer: a) conhecimento é o atributo geral que têm os seres vivos de reagir ativamente ao mundo circundante, na medida da sua organização biológica e no sentido da sua sobrevivência; b) conhecimento é a apropriação do objeto pelo pensamento, como quer que se conceba essa apropriação.

Comumente os autores de filosofia contrastam duas grandes formas de apropriação do real: a *intuição (ou razão intuitiva)* e o *raciocínio (ou razão discursiva)*. A intuição é uma compreensão total, direta e imediata do objeto do conhecimento; é uma visão súbita, um *insight* pelo qual a razão, num único ato, capta por inteiro o objeto, sem necessidade de provas ou demonstrações. O raciocínio, por sua vez, é discursivo (se faz por meio da palavra); é mediato (se dá por meio de conceitos) e opera por etapas, por encadeamento de ideias e juízos, a fim de alcançar uma dada conclusão.

Referindo-se aos princípios gerais do conhecimento verdadeiro, Chauí identifica o que poderíamos chamar de as múltiplas faculdades humanas para a apreensão do real, como segue: sensação, percepção, memória, imaginação, linguagem e pensamento. Vamos examinar cada uma delas brevemente.

Segundo Chauí, pela *sensação* alcançamos as qualidades dos objetos e os efeitos dessas sobre nós: tocamos, ouvimos, sentimos qualidades diretas das coisas, tais como cores, textura, sons, odores, sabores, temperatura. E, no contato, sentimos prazer, desprazer, dor, agrado. A reunião de muitas sensações ou a síntese delas caracteriza a *percepção*. Envolve toda a nossa personalidade, nossa história pessoal, nossa afetividade, nossos desejos e paixões.

Graças à *memória* realizamos a retenção de um dado da percepção, da experiência ou de um conhecimento adquirido. Ao resgatar o passado ou reter o presente, a memória torna-se essencial para a elaboração da experiência.

Imaginação é a capacidade para elaborar mentalmente alguma coisa possível, algo que não existiu (mas poderia ter existido), ou que não existe (mas poderá vir a existir). É uma auxiliar preciosa para encontrar soluções inovadoras para problemas ou adivinhar o sentido do que não está evidente.

A *linguagem* é a forma propriamente humana da comunicação, da relação com o mundo e com os outros, da vida social e política, do pensamento e das artes. Um sistema de signos para indicar as coisas, para a comunicação e para a expressão de ideias, valores e sentimentos.

Pensamento é o ato de refletir, meditar ou pensar; ou o processo mental que se concentra em ideias. A inteligência reúne os dados oferecidos pela percepção, pela imaginação, pela memória e pela linguagem, formando redes de significações. O pensamento vai além, ao abstrair os dados das condições imediatas e elaborá-los, na forma de conceitos, ideias e juízos.

Pelo exposto, comprova-se a riqueza de significados, relações e implicações das *faculdades* do conhecimento. Do ponto de vista de seu processo de elaboração, resta ainda fazer menção ao que chamaremos de *instâncias* alternativas do saber: o senso comum, a religião, a arte, a ciência, entre outras.

De acordo com Marconi e Lakatos (2009), em *Fundamentos de metodologia científica*, o *senso comum*, também denominado conhecimento popular, é um modo espontâneo de conhecer, que se adquire por tradição, herança e no trato direto com as coisas e pessoas. É pragmático, por estar interessado na aplicação prática. Caracteriza-se por ser subjetivo, fragmentário, assistemático, generalizador e acrítico.

O *conhecimento religioso* ou teológico apoia-se em doutrinas que contêm proposições sagradas, por terem sido reveladas pelo sobrenatural e, por esse motivo, tais verdades são consideradas infalíveis e indiscutíveis (dogmas). Pressupõe uma atitude de fé e experiência pessoal.

O *conhecimento artístico* é embasado nos sentimentos e na imaginação, na emoção e na intuição. Captura e expressa aspectos do real que agradam especificamente aos sentidos: a sensação do belo, que agrada à visão; a sensação do harmonioso, que agrada à audição; do macio, que agrada ao tato, e assim por diante.

O *conhecimento científico* resulta de investigação metódica e sistemática da realidade. Lida com ocorrências ou fatos, analisa-os para descobrir suas relações, causas e leis. Difere das outras modalidades pelo uso da observação, da experimentação e da análise crítica. É objetivo pela atitude distanciada do pesquisador e pelo rigor no tratamento do objeto. É racional porque se vale dos instrumentos da razão. É sistemático porque se preocupa em construir sistemas de ideias. É generalizador porque visa à formulação de leis ou normas. É verificável porque está aberto à revisão e reavaliação de seus enunciados. É falível porque reconhece sua capacidade de errar.

Como se depreende do exposto, é amplo e sofisticado o aparato humano para acessar o conhecimento. Vai do recurso aos sentidos como fonte primária e instintiva, passando pela memória, imaginação, linguagem, até a atividade superior do pensamento, que elabora conceitos, ideias e juízos.

Recorrendo à intuição e ao raciocínio, mobilizando as múltiplas faculdades do conhecimento e, muitas vezes, combinado às várias instâncias do saber, como o senso comum, a perspectiva mística, a estética e a ciência, elevam-se as possibilidades de alcançarmos o entendimento do mundo e de nós mesmos.

Ciência e ciências

As características gerais do conhecimento científico foram apresentadas há pouco. Retomamos o tema aqui para melhor elaboração.

Comecemos com a definição de Claudio de Moura Castro (2006), em seu livro *A prática da pesquisa*: "a ciência é uma tentativa de descrever, interpretar e generalizar uma realidade observada". O autor complementa citando uma série de características que chama de morfologia do processo científico: a ciência só lida com a realidade empiricamente observável; o processo científico tem mania de eficiência; a linguagem da ciência tem mais precisão e menos riqueza; na observação científica é igualmente importante medir o erro; a ciência controla cuidadosamente os métodos de observação, e assim por diante.

Não devemos nos esquecer de que a ciência moderna é uma conquista recente da humanidade, tendo surgido no século XVII, ao determinar seu objeto específico de investigação e ao criar um método rigoroso. Está constituída de corpos de conhecimento organizado. Suas explicações, por serem sistemáticas e controláveis pela experiência, podem chegar a conclusões gerais. Para ser precisa e objetiva, dispõe de uma linguagem rigorosa.

Chauí (2006) chama a atenção para uma profunda diferença entre a ciência moderna e a ciência antiga. Enquanto esta era uma ciência teorética, que apenas contemplava os seres naturais, sem jamais imaginar intervir neles, a ciência moderna visa não só ao conhecimento teórico, mas, sobretudo, à aplicação prática ou técnica. A ciência moderna nasce vinculada à ideia de intervir na natureza para controlá-la e dominá-la.

Daí resultam duas concepções antagônicas sobre o valor da ciência. O ideal do *conhecimento desinteressado*, segundo o qual o valor da ciência encontra-se na qualidade, no rigor e na exatidão, na coerência e na verdade de uma teoria, independentemente de sua aplicação prática.

Do lado oposto, o *utilitarismo* sustenta que o valor da ciência está na quantidade de suas aplicações práticas. É o uso ou a utilidade imediata dos conhecimentos que prova a verdade de uma teoria científica.

A conciliação entre as duas concepções está na cisão do conhecimento científico monolítico em duas vertentes: a *ciência pura* e a *ciência aplicada*. E esta torna-se aliada inseparável da *tecnologia*.

Convém sublinhar que a *técnica* é um conhecimento empírico, que, graças à observação e à experiência, elabora um conjunto de receitas e práticas para agir sobre as coisas. Uma lente de aumento é um objeto técnico. *Tecnologia*, por seu turno, é um saber teórico que se aplica praticamente. O telescópio e o microscópio são objetos tecnológicos, pois sua construção pressupõe conhecimento científico, servem para medir o que nossa percepção não alcança e seu uso interfere no resultado das pesquisas.

No século XIX, em decorrência do tipo de objeto estudado, do método empregado e do resultado obtido, propõe-se o desdobramento e a classificação da ciência em várias ciências, classificação essa que permanece mais ou menos inalterada até hoje:
- Ciências lógico-matemáticas: aritmética, geometria, álgebra etc.
- Ciências da natureza: física, química, biologia, geologia etc.
- Ciências humanas ou sociais: economia, sociologia, psicologia, administração etc.

Com o tempo, cada uma dessas ciências acabou por subdividir-se em ramos ainda mais específicos, com nova delimitação de objeto e método de investigação.

A denominação *ciência humana* refere-se às ciências que têm o próprio ser humano como objeto de investigação. Surgem com a modernidade. A primeira a se desenvolver foi a economia, no século XVIII; a sociologia e a psicologia datam do século XIX. Como vieram depois das ciências matemáticas e das ciências da natureza, as ciências humanas foram levadas a imitar e copiar o que as antecessoras haviam estabelecido.

Essa situação incitou cientistas e filósofos a apontar duras objeções às ciências humanas. Por exemplo, a complexidade dos fenômenos humanos, os limites para a experimentação, a impossibilidade de matematização e a subjetividade no processo.

Para nosso propósito neste texto, vale destacar o advento da "administração científica" por volta de 1880, diligentemente desenvolvida pelo americano Frederick Winslow Taylor (1856-1915). Seu sistema baseava-se em *quatro princípios básicos* a serem seguidos pelos dirigentes: estudar e analisar cada aspecto do trabalho, a fim de determinar a forma mais adequada para realizá-lo; selecionar, treinar, ensinar e desenvolver cientificamente os empregados; cooperar com eles para conseguir sua adesão; e dividir o trabalho e a responsabilidade igualmente entre dirigentes e trabalhadores.

É preciso dizer que, no início, as ideias de Taylor encontraram forte rejeição, mas acabaram prevalecendo. A divisão do trabalho foi particularmente aplicada por Henry Ford (1863-1947), que introduziu a linha de montagem na indústria automobilística. Muitas dessas ideias são consideradas válidas até hoje, entrando para a história da administração com o nome taylorismo/fordismo. Voltaremos a esse tema oportunamente.

Trabalho e sociedade do conhecimento

Ao contrário dos animais que não trabalham, pois sua ação não é deliberada, o *trabalho* humano é uma ação transformadora da realidade, dirigida por finalidades conscientes. Ademais, a ação humana é coletiva e pautada pela linguagem e pelo pensamento, tornando possível a formação do mundo *cultural.*

Já foi mencionado que, no esforço de manutenção da própria vida, os homens passam a produzir os meios de sua própria existência, intervindo, modificando e adaptando a natureza às suas necessidades. Segundo a forma como se "organizam" para essa finalidade, iremos identificar quatro arranjos básicos na história da humanidade — a sociedade primitiva, a sociedade agrícola, a sociedade industrial e a sociedade do conhecimento —, cada qual com suas características peculiares.

Curioso observar que o *trabalho*, ao longo da história, nem sempre teve a conotação de necessidade natural e dignificante do ser humano, permitindo que ele expanda suas energias, desenvolva sua criatividade e realize suas potencialidades. Na Antiguidade grega, o trabalho manual é desvalorizado por ser feito por escravos, em contraste com a atividade contemplativa da nobreza, considerada mais digna. O mesmo ocorre na Roma escravagista e durante a Idade Média. Aliás, o vocábulo trabalho, na origem *tripalium*, quer dizer instrumento de tortura ou de aprisionamento. E negócio (*negocium*) indica a negação do ócio, ausência de lazer.

A partir do Renascimento e na Idade Moderna, uma série de acontecimentos vem alterar esse quadro. O surgimento e a ascensão da burguesia, as navegações, o comércio ativo, as invenções etc. acabam por afastar essa perspectiva depreciativa do trabalho em prol da valorização da técnica, da experimentação e do conhecimento aplicado. Mas novas mudanças estavam por vir com o nascimento das fábricas, com a configuração da nova sociedade denominada capitalista e com a nova classe social dos proletários.

Para Peter Drucker (1909-2005), em *Post-capitalist society*, a sucessão de transformações ocorridas na sociedade e na economia a partir de 1750 guarda estreitas relações com o modo como se emprega o conhecimento, e se manifesta por meio de três grandes rupturas: revolução industrial, revolução da produtividade e revolução da administração. Com isso, o mundo desenvolvido adentra a sociedade pós-capitalista e se move na direção da *sociedade do conhecimento*.

Segundo o autor, durante a primeira fase e por cerca de 100 anos, o conhecimento (que se pode chamar de tecnologia) foi aplicado a ferramentas, processos e produtos. Em sua segunda fase, iniciada por volta de 1880 (graças à contribuição de Taylor e outros) e culminando no final da II Guerra Mundial, o conhecimento foi aplicado ao estudo do trabalho manual. De 1950 até os dias atuais, o conhecimento tornou-se o mais decisivo dos fatores de produção, o recurso econômico por excelência.

Organizações

Sociedade de organizações

As *organizações* estão presentes em praticamente todos os aspectos de nossas vidas: nascemos em hospitais; estudamos em escolas; frequentamos academias esportivas; formamos uma banda de *jazz* ou tocamos numa orquestra; tornamo-nos membros de igrejas; associamo-nos a clubes; visitamos museus; servimo-nos de repartições públicas; filiamo-nos a sindicatos; ingressamos nas Forças Armadas; trabalhamos para um banco, uma corporação multinacional ou uma consultoria.

Os autores de administração costumam definir organização como um grupo de duas ou mais pessoas trabalhando juntas e de modo estruturado, visando alcançar um objetivo específico ou um conjunto de objetivos.

Sejam formais, como a Igreja, o Exército ou as corporações; sejam informais, como a banda de *jazz* ou o clube de futebol da vizinhança, as organizações têm vários elementos em comum. Têm um objetivo ou uma finalidade deliberada: o hospital dedica-se a cuidar dos doentes e a promover a saúde; a escola concentra-se no ensino e na aprendizagem; a polícia provê segurança; as empresas concebem, produzem e ofertam bens e serviços.

As organizações adotam programas ou métodos para alcançar seus objetivos e metas. São sempre especializadas e destinam-se a durar por longo tempo, até mais do que seus fundadores e membros.

São criações humanas, compõem-se de pessoas, recursos materiais e financeiros. Necessitam de líderes — treinador, maestro, gerente, executivo — que lhes deem sentido e as mantenham no rumo certo.

As organizações absorvem recursos variados do meio ambiente. Como instituições sociais, possuem identidade e cultura, promovem emprego e carreiras, preservam o conhecimento, relacionam-se ou dependem de outras organizações.

Para Drucker, a sociedade, em todos os países desenvolvidos, tornou-se uma sociedade de organizações, na qual a maioria, senão todas as tarefas sociais são feitas numa ou por intermédio de uma organização.

Para ele, o protótipo da organização moderna é a orquestra sinfônica. Cada um dos 250 músicos é um especialista de altíssimo nível. Contudo, um único instrumento não produz música; somente a orquestra pode fazê-lo. A orquestra consegue seu desempenho porque todos os integrantes seguem a mesma partitura. Todos subordinam sua especialidade a uma finalidade comum. E todos somente tocam uma peça musical por vez.

O autor argumenta que os resultados de uma organização ocorrem somente do lado de fora. Dentro existem apenas custos. Com bem sabemos, numa empresa, somente há lucro quando os clientes adquirem (e pagam!) seus produtos e serviços. O resultado de um hospital são os pacientes curados; o de uma universidade são os graduados que ela coloca no mercado.

E mais, os resultados das organizações estão sempre muito distantes da contribuição que cada membro presta. Quer dizer, a contribuição individual é vital para a obtenção dos resultados, mas não por si só. Para haver desempenho na organização, o pré-requisito absoluto é que sua missão seja cristalina; que os resultados sejam definidos de forma clara e, se possível, mensuráveis. É preciso que o desempenho seja avaliado e julgado em relação a objetivos e metas transparentes, conhecidos e impessoais.

Enfim, as organizações precisam ser administradas.

Sobre administração e administradores

Uma definição corriqueira diz que administração é a realização de um trabalho por meio de pessoas. Outra, também comum, proclama que administração é o processo de planejar, organizar, liderar e controlar os esforços realizados pelos membros da organização e o uso de todos os outros recursos organizacionais para alcançar os objetivos estabelecidos.

A primeira concepção é extremamente concisa, mas interessante por enfatizar o elemento central das organizações: as pessoas. As organizações são grupos humanos e meios estruturados para atingir determinado fim. São as pessoas que administram; são as pessoas que utilizam ferramentas e sistemas administrativos e dão sentido ao que fazem.

A segunda concepção, muito adotada nos livros-texto, é descritiva e impessoal, pois qualifica a administração como um *processo* e enumera quatro *funções-chave* dos administradores, a serem exercidas sobre "membros" e demais recursos, visando a metas. Chama a atenção para o fato de que os administradores alcançam os objetivos conseguindo que *outros* realizem as tarefas necessárias.

As quatro funções-chave mencionadas constituem um modelo geral, mas sabemos que são exercidas pelos administradores em graus variados, conforme seja o seu nível de responsabilidade, se no alto escalão, na média gerência, na primeira linha ou na liderança de equipes.

Espera-se que todo administrador seja hábil em lidar com pessoas, mas, certamente, nos níveis executivo e intermediário a capacidade conceitual é desejável e preponderante, em contraste com as habilidades técnicas requeridas de líderes de equipes e de escalões inferiores.

É fato, também, que no exercício de suas funções-chave o administrador assume uma variedade de *papéis*. Em seu famoso estudo sobre as atividades dos dirigentes, Henry Mintzberg identificou três papéis principais — *interpessoal*, *informacional* e *decisório* —, os quais se desdobram em vários subpapéis: líder, contato, coletor e disseminador de informações, porta-voz, empreendedor, mediador de conflitos, alocador de recursos e negociador.

Peter Drucker conta que, quando perguntado sobre quem ele considerava ser o melhor ou maior de todos os executivos, sua resposta habitual era: "o homem que concebeu, planejou e construiu a primeira pirâmide egípcia há mais de 4 mil anos. E ela ainda está lá".

Depois, ele ressalva ao dizer que a *administração* como um tipo específico de trabalho não tinha sido vista até o final da I Guerra Mundial, e, como disciplina, somente emergiu após a II Grande Guerra. O mesmo se passa com os termos "produtividade" e "organização", desconhecidos e ausentes do dicionário até 1950.

Precursores e suas ideias revolucionárias

É possível encontrar, no passado remoto, exemplos de aplicação de muitas das ideias e práticas atuais da administração. Mas como uma abordagem sistemática, como *ciência social aplicada*, suas raízes remontam aos dois últimos séculos, caracterizando o que podemos chamar de *administração moderna*.

Pela relevância do contexto histórico na evolução das ideias, cabe fazer aqui uma brevíssima retrospectiva das principais contribuições à teoria e à prática da administração e seus respectivos proponentes. Com base nos levantamentos de James Stoner e Edward Freeman (1985), em *Administração*, e de Chuck Williams (2011), em *ADM*, destacam-se as seguintes.

- Administração científica: Frederick W. Taylor; Henry L. Gantt; Frank e Lillian Gilbreth;
- Administração gerencial: Henry Fayol;
- Administração burocrática: Max Weber;
- Movimento das relações humanas: Mary Parker Follett; Elton Mayo; Chester Barnard;
- Modelos contemporâneos de administração: operações, informação, sistemas e contingências.

A teoria da *administração científica* surgiu, em parte, da necessidade de aumentar a produção e da carência de mão de obra especializada, particularmente nos EUA, no início do século XX. A abordagem formulada pelo engenheiro da Filadélfia, Frederick Taylor, como se verá adiante, entre 1890 e 1930, buscava determinar cientificamente os melhores métodos para a realização de qualquer tarefa e para selecionar, treinar e motivar os trabalhadores. Seus quatro *princípios básicos* de *administração* já foram apresentados em seção precedente e não há como superestimar sua contribuição ao campo.

Embora os métodos de Taylor levem a aumentos extraordinários de produtividade e a maiores salários, os trabalhadores e os sindicatos começaram a se opor à sua abordagem, temendo demissões.

Henry Gantt (1861-1919) havia trabalhado com Taylor em vários projetos, mas, quando passou a trabalhar sozinho, surgiu com uma nova ideia: cada trabalhador que terminasse uma cota de trabalho diária receberia uma bonificação extra, assim como o seu supervisor. Foi um dos primeiros a recomendar de modo enfático que as empresas treinem e desenvolvam seus funcionários. Acabou ficando conhecido por seu sistema de *gráficos de barras*, como o que registrava publicamente o progresso de cada trabalhador, e o gráfico para a programação da produção.

Por sua vez, o casal norte-americano Frank Gilbreth (1868-1924) e Lillian Gilbreth (1878-1972) notabilizou-se pelos estudos de tempo e movimentos visando simplificar o trabalho, aumentar a produtividade e reduzir o nível de esforço (fadiga) do operário para executar uma função com segurança. Lillian interessou-se particularmente pelo lado humano do trabalho e foi uma das primeiras a contribuir para a psicologia industrial. Estabeleceu maneiras para melhorar a comunicação, programas de incentivo, satisfação no trabalho e treinamento gerencial. Para ela, o objetivo primeiro da administração científica era ajudar os trabalhadores a alcançar seu potencial máximo como seres humanos.

O francês e engenheiro Henri Fayol (1841-1925) também realizou importantes contribuições ao campo da administração, mas suas ideais tardaram até por volta de 1950 para serem amplamente reconhecidas nos EUA. Enquanto as ideias de Taylor transformaram as empresas a partir do chão da fábrica, as de Fayol, por sua carreira empresarial de muitos anos e experiência como diretor-geral, influenciaram as empresas nos escalões superiores. É reconhecido por promulgar cinco funções básicas para os gestores e 14 princípios de administração (especialização do trabalho; autoridade e responsabilidade; disciplina; unidade de comando; unidade de direção etc.). Daí a designação de *administração gerencial* associada a ele.

O sociólogo alemão Max Weber (1864-1920) desenvolveu uma teoria da *administração burocrática* que enfatizava a necessidade de uma hierarquia estritamente definida e governada por regulamentos e linhas de autoridade bem definidos. Confrontando práticas disseminadas em sua época, Weber propôs que, em vez de comandar com base no favoritismo ou conexões pessoais, as pessoas em uma burocracia liderariam em razão de sua autoridade racional ou legal, ou seja, pelo seu conhecimento, especialização ou experiência. Propôs sete elementos das organizações burocráticas (contratação baseada na qualificação, promoção baseada no mérito, cadeia de comando, divisão do trabalho etc.).

Como visto, a administração científica concentra-se em promover o aumento da eficiência; a administração gerencial põe foco na forma como os gestores devem atuar; a administração burocrática propõe o exercício do controle com base no conhecimento, especialização ou experiência. Por seu turno, a *abordagem* das *relações humanas na administração*, como se depreende da própria denominação, concentra-se nas pessoas, não como mera extensão de máquinas, mas como recursos organizacionais valiosos.

O também chamado *movimento das relações humanas* entende que as necessidades das pessoas são importantes, e que seus esforços, motivação e desempenho são afetados pelo trabalho que realizam e pelo relacionamento com seus chefes e colegas.

Mary Parker Follett (1868-1933) é conhecida por desenvolver ideias relativas a conflitos e, ao contrário do pensamento comum, considerava-os diferenças inevitáveis, algo benéfico que deveria ser usado a nosso favor. Ao propor a resolução integrada de conflitos como uma forma de promover o que hoje chamamos de "ganha-ganha", Follett lançou as bases para o que veio, tempos depois, a ocupar um espaço privilegiado na literatura e nas práticas empresariais com o nome de negociação e resolução de problemas organizacionais.

O nome do australiano Elton Mayo (1880-1948) é indissociável dos "Estudos de Hawthorne", assim denominados porque foram realizados na Fábrica Hawthorne, da empresa Western Electric, nos subúrbios de Chicago, entre os anos de 1924 e 1927.

Tais estudos consistiram num conjunto de experimentos visando investigar os efeitos de algumas variáveis sobre o desempenho ou a produtividade dos operários. As variáveis foram a intensidade e combinações de iluminação no local de trabalho, concessão de incentivos financeiros, diferentes intervalos para descanso e concessão de voz ativa aos grupos. Após obterem vários resultados ambíguos, Mayo e seus colegas concluíram que uma cadeia complexa de atitudes havia interferido no desempenho.

Inferiram que os operários trabalhariam mais caso acreditassem que a administração estava preocupada com o seu bem-estar e que os supervisores prestavam atenção especial a eles, fenômeno posteriormente intitulado *efeito Hawthorne*. Constataram-se, pela primeira vez, a relevância dos fatores humanos relacionados com o trabalho e o papel decisivo, enfim, das interações do grupo social sobre os resultados.

Chester Barnard (1886-1961), tal como Fayol, tinha experiência como executivo e suas ideias foram publicadas no *The functions of the executive* (1936), influenciando dos escalões superiores aos inferiores das empresas.

Barnard propôs uma teoria abrangente da *cooperação* e *aceitação da autoridade gerencial* nas organizações. Sua tese central foi: uma empresa só pode operar com eficiência e sobreviver quando os objetivos organizacionais são mantidos em equilíbrio com os objetivos e as necessidades das pessoas que nela trabalham. Outro aspecto capital de sua contribuição para o pensamento administrativo foi a concepção da organização como um empreendimento cooperativo de indivíduos trabalhando juntos, em grupos, visando a um propósito.

Há ainda que mencionar os modelos contemporâneos de administração: operações, informação, sistemas e contingências.

Por operações entende-se o processo de gerenciar a produção diária de bens e serviços. Em geral, empregam-se métodos quantitativos a fim de encontrar meios para elevar a produtividade, promover a qualidade, minimizar estoques, eliminar capacidade ociosa. Os métodos e técnicas mais comumente utilizados são controle da qualidade, técnicas de previsão, planejamento da capacidade, programação linear, sistemas de gestão de estoques e gestão de projetos.

As organizações sempre se empenharam em adotar rapidamente tecnologias que reduzem o custo ou aumentam a velocidade com a qual conseguem obter, recuperar ou compartilhar informação. Os avanços havidos na área de tecnologia da informação (TI) nas últimas décadas têm proporcionado uma gama de recursos e usos postos à disposição dos administradores de todos os níveis e nas mãos dos funcionários, desde a contabilidade eletrônica aos refinados sistemas de gestão integrada. *Gestão da informação* tornou-se tão crucial quanto gerenciar os demais recursos.

Ambientes complexos caracterizados por mudanças aceleradas, competição em escala global, maior consciência dos consumidores, novas tecnologias, modelos de negócios inéditos, exigências ambientais e legais põem as empresas diariamente à prova em relação à sua viabilidade e sustentabilidade.

A *visão sistêmica da organização* leva os gestores a se concentrarem em melhor comunicação e cooperação entre todas as partes — visando à tão desejada sinergia —, assim como a buscar a harmonização do atendimento das expectativas de variados *stakeholders*.

Por questões semelhantes às expostas acima, o êxito das organizações não depende da adoção deste ou daquele método em particular, nem é razoável aspirar a um modelo universal de administração que seja do tipo *one size fits all*. Os tipos de problemas variam de organização para organização, assim como de uma época para outra, ou seja, os gestores devem estar alerta para as *contingências* inerentes a seu ramo de atividades e características do negócio. Assim, reduzem as probabilidades de serem apanhados de surpresa.

Não seria exagero concluir que os pais da administração, de fato, legaram ideias e práticas verdadeiramente revolucionárias num espaço de tempo bastante exíguo.

Pessoas nas organizações

Homens trabalhando!

Já foi mencionado que a origem da palavra trabalho (*tripalium*) não é das mais estimulantes. Em complemento, é notável a variedade de termos utilizados ao longo da história para intitular o ser humano que trabalha. Vejamos: escravo, servo, peão, operário, mão de obra, horista, assalariado, funcionário, servidor, colaborador, trabalhador do conhecimento. Nem é preciso dizer que cada vocábulo traduz condição ou *status* específico — de depreciativo a dignificante — e se refere a dada atividade ou época.

Escravo e *servo* são os que estão sujeitos a um senhor como proprietário; são os que não têm direitos ou não dispõem de sua pessoa ou bens. As origens da escravatura remontam ao Egito, Grécia e Roma antigos e se estendem até o período da colonização da América. Na época feudal, servo era o indivíduo cujo serviço estava adstrito à gleba.

Peão identifica o trabalhador rural, o que lida com animais, mas também passou a designar empregados da construção. *Operário* é aquele que trabalha "no chão da fábrica", *blue collar*, horista, que recebe ordenado, que movimenta coisas com os braços e mãos, que pertence à classe dos proletários, conforme designação própria da Revolução Industrial. Mas o operário pode ser especializado, como o detentor de uma arte ou ofício, um artífice, ou, ainda, nos dias de hoje, pode ser o operador de máquinas sofisticadas.

Já *funcionário* e *servidor* identificam-se comumente com os que exercem cargo ou função no serviço público ou em organizações privadas; é o típico assalariado, ocupante de diferentes cargos em diversas instituições.

Mão de obra é um caso à parte. Tradicionalmente, o termo designa o trabalho manual aplicado na produção industrial. Os economistas, há muito, se referem aos três clássicos fatores de produção: mão de obra, terra e capital.

Os contadores distinguem a mão de obra como um insumo utilizado na produção de bens e serviços, portanto, um *custo* de produção, juntamente com matérias-primas e outros. Tal custo reflete o tempo consumido do trabalhador, de forma direta ou indireta — conforme a possibilidade de associá-lo ou não ao bem produzido — e difere de *despesa* de salários, pois esta diz respeito ao pessoal administrativo e de vendas, logo não vinculados à produção ou à fábrica.

O fato de algumas dessas designações serem antigas ou se referirem a períodos que fazem parte da história não quer dizer que tenham desaparecido do vocabulário atual. Sabemos que algumas modalidades de trabalho ainda comportam e são referidas assim.

Os termos *colaborador* e *trabalhador do conhecimento* são de origem ou uso mais recente, apesar de Peter Drucker reivindicar ter cunhado a expressão *knowledge worker* em 1960.

Colaborador certamente é um modo suave e respeitoso de se dirigir aos trabalhadores de quaisquer níveis e tipos de organização. Confere certo ar de espontaneidade e autonomia. É menção frequente nos relatórios de diretoria e nos discursos dos executivos quando desejam enaltecer o seu pessoal.

A expressão *trabalhador do conhecimento*, por último, é ainda mais apreciativa, uma vez que supera por completo a noção de movimentar coisas e objetos com os braços e mãos, e põe ênfase quase absoluta na aplicação da capacidade intelectual. Trata-se de um conceito contemporâneo inerente à chamada sociedade pós-industrial ou sociedade do conhecimento.

Da administração de recursos humanos à gestão de pessoas

São muitas as facetas do que se pode entender por *administração de recursos humanos* (ARH). Uma primeira reação seria não reconhecer o título como algo positivo, já que o emprego da palavra *recursos* comunica a ideia de que as pessoas fazem parte dos chamados fatores de produção, em nada se distinguindo de materiais ou equipamentos.

Um rápido passeio histórico pelas principais "escolas de administração" (como já descrevemos) corrobora esse entendimento e sua evolução.

A *administração científica* fomentou uma abordagem de engenharia para a solução dos problemas organizacionais. Suas técnicas de eficiência provaram-se úteis além do contexto industrial e perduram até hoje. Mas pecou na compreensão dos desejos e aspirações maiores das pessoas, consideradas racionais e motivadas basicamente para a satisfação de suas necessidades econômicas e físicas. Desconfianças e antagonismos foram frequentes nas relações entre administradores e trabalhadores.

A *administração gerencial e burocrática*, como vimos, voltou-se mais para o comportamento dos trabalhadores de topo, isto é, os administradores, cuja habilidade poderia ser aprendida. De outro lado, a visão da organização como uma burocracia enfatizava a necessidade de hierarquia bem definida e governada por regulamentos claros. Teve o mérito particular de promover a meritocracia, isto é, as pessoas devem liderar ou ser promovidas em função do seu conhecimento, especialização ou experiência.

Foi com o *movimento das relações humanas* que, de fato, o ser humano em sua complexidade passou a ocupar o lugar central no palco das preocupações gerenciais. Os esforços, motivação e desempenho das pessoas são afetados pelo trabalho que realizam e pelo relacionamento que mantêm com os demais membros. O sucesso organizacional, enfim, depende de tratar bem os funcionários.

Na atualidade, a maioria dos livros de administração geral e os especificamente voltados a recursos humanos quase sempre dedicam uma boa quantidade de páginas para tratar das funções essenciais da ARH, que também chamam de "processo de ARH". As atividades típicas, em grandes títulos, são as seguintes: planejamento e captação; socialização, desempenho e capacitação; recompensas e desligamento.

Essas atividades também podem ser visualizadas de forma dinâmica, formando um circuito permanente, sob o comando de especialistas, com vistas a manter a organização suprida das pessoas certas, nas posições certas, na hora certa.

Mas a administração de pessoas nas organizações não para aí. Ganharam notoriedade temas como equipes e grupos; liderança e motivação; cultura e poder; comunicação interpessoal, mudança e inovação; ética e responsabilidade social.

Por fim, o entendimento contemporâneo de que as organizações são grupos humanos e meios estruturados para atingir determinado fim, de que são as pessoas que administram que utilizam sistemas e ferramentas administrativas e dão sentido ao que fazem tem levado alguns estudiosos de nosso tempo a preferir *gestão de pessoas*, em vez de *administração de recursos humanos*.

Gestão do capital humano

Já fizemos menção à sociedade pós-capitalista, à sociedade do conhecimento e ao termo trabalhador do conhecimento, proposto por Drucker em 1960. Mas não é arriscado afirmar que o tema ganhou ímpeto e disseminou-se algumas décadas depois, estimulado por duas reportagens de capa da revista americana *Fortune* — "Brainpower" (1991) e "Your company's most valuable asset: intellectual capital" (1994) — assinadas por Thomas Steward.

Assim como o número de autores, o vocabulário expandiu-se rapidamente: capital intelectual, capital humano, ativos ocultos, ativos intangíveis, gestão do conhecimento (*knowledge management*) e organizações que aprendem (*learning organization*).

Entre os estudiosos de primeira hora, só para citar os precursores, encontram-se Alvin Toffler (*Powershift*, 1990), Peter Senge (*The fifth discipline*, 1990), Robert Reich (*The work of nations*, 1991), James Brian Quinn (*The intelligent enterprise*, 1992).

Quinn compartilha com Drucker e Toffler a visão de que o poder econômico e produtivo da organização moderna reside mais em suas capacidades intelectual e de serviço do que em seus ativos físicos, como materiais, instalações e equipamentos. Senge lançou as bases para a promoção da aprendizagem organizacional.

Não tardou para que ocorressem inúmeras conferências, centenas de artigos publicados em periódicos acadêmicos e de negócios, teses, seminários, fóruns e mesas-redondas debatendo o tema da gestão do conhecimento, não só no país de origem das ideias como nos setores desenvolvidos de toda parte.

De seminal importância é a publicação, em 1995, do livro de Ikujiro Nonaka e Hirotaka Takeuchi, *The knowledge-creating company*, no qual explicam como as empresas japonesas criam a dinâmica da inovação. Os autores iniciam sua abordagem com uma pergunta: por que as empresas japonesas têm obtido sucesso? Resposta: o sucesso das empresas japonesas não se deve aos seus processos de fabricação; acesso a capital de baixo custo; relacionamentos próximos e cooperativos com clientes, fornecedores e órgãos governamentais; emprego para a vida toda e outras práticas de administração de recursos humanos — embora todos esses fatores, é lógico, sejam importantes.

Para os autores, as empresas japonesas têm sido bem-sucedidas devido a suas habilidades e *expertise* na "criação de conhecimento organizacional". Quer dizer, capacidade da empresa como um todo para criar novo conhecimento, disseminá-lo através da organização e incorporá-lo nos produtos, serviços e sistemas.

Na avaliação de Nonaka e Takeuchi, as empresas japonesas têm uma compreensão muito diferente do que é conhecimento. Elas reconhecem que o *conhecimento explícito* manifestado por palavras e números representa apenas a ponta do *iceberg*.

O conhecimento é primariamente tácito, algo não facilmente visível ou que possa ser expresso. O *conhecimento tácito* é altamente pessoal e difícil de formalizar, tornando difícil sua transmissão ou compartilhamento com outros.

Insights subjetivos, intuições e palpites recaem nessa categoria de conhecimento. Ademais, o conhecimento tácito está profundamente arraigado na experiência e na ação do indivíduo, tanto quanto em seus ideais, valores, emoções, imagens e símbolos.

Os autores em questão defendem que o conhecimento tácito e o conhecimento explícito são mutuamente complementares. As duas modalidades interagem e transformam-se uma na outra durante as atividades criativas dos seres humanos. Com efeito, propõem um modelo dinâmico de criação de conhecimento organizacional ancorado em quatro modos de conversão:

De tácito para tácito	Socialização
De tácito para explícito	Externalização
De explícito para tácito	Internalização
De explícito para explícito	Combinação

Nonaka e Takeuchi (1995) fazem um devido reparo: "embora usemos os termos criação de conhecimento organizacional, a organização em si não pode criar conhecimento sem a iniciativa do indivíduo e a interação que ocorre no grupo".

Os autores oferecem no livro vários exemplos e casos de empresas japonesas que souberam muito bem transformar conhecimento em produtos e serviços vencedores.

Enfim, é fácil perceber o impacto e as implicações dessas ideias em relação ao modo como as pessoas são vistas pelos administradores e na organização como um todo. Indo diretamente ao ponto: compromisso pessoal dos empregados e sua identificação com a empresa e sua missão tornam-se imperativos. E mais, buscam-se pessoas inteiras, formadas de "corpo e mente".

Como exemplo de experiência pioneira no mundo corporativo ocidental, cabe citar o modelo concebido pelo grupo sueco Skandia, testado inicialmente em uma de suas unidades, em 1991, e depois estendido às outras. Considerando que o objetivo principal da empresa é a maximização do seu valor de mercado, a equipe de estudos partiu da seguinte equação básica:

Valor de mercado da empresa = valor contábil + *capital intelectual*

A fim de gerenciar o *capital intelectual*, é necessário medi-lo e avaliá-lo. Logo, admitiu-se que seja constituído de dois elementos: *capital humano* e *capital estrutural*. Este, por sua vez, decompõe-se em capital de clientes e capital organizacional. E este último desdobra-se em capital de inovação e capital de processos.

Assim concebido, o *capital intelectual* foi tomado como um agregado de valores intangíveis não captados pela contabilidade financeira. Foi definido como a posse de conhecimento, experiência aplicada, tecnologia organizacional, relacionamento com clientes e habilidades profissionais que conferem à Skandia uma vantagem competitiva no mercado.

Seus elementos formadores também foram definidos: *capital humano* é o agregado de conhecimentos, habilidades e capacidade dos empregados em prover soluções aos clientes. O capital estrutural consiste de tudo que resta quando os empregados vão para casa: bases de dados, arquivos, *softwares*, manuais, marcas registradas, estrutura organizacional etc.

Para dar uma visão equilibrada e operacional ao modelo (do tipo *balanced scorecard*), a equipe de estudo entendeu que os vários capitais citados anteriormente precisavam estar associados a algumas áreas de foco, e estas precisam possuir seus respectivos indicadores.

Em formato esquemático lembrando uma casa, foi desenvolvido então o Skandia Navigator, no qual o *capital intelectual* é associado a quatro focos: *renovação e desenvolvimento* formando o alicerce, *cliente* e *processo* representados por duas colunas de sustentação, e *humano* ocupando o centro e interagindo com os demais, todos sob o teto do *foco financeiro*.

Por fim, a equipe catalogou e aplicou uma longa lista de indicadores para cada foco e, numa atitude inédita, tornou-os públicos na forma de Suplementos aos Relatórios Anuais, no exercício de 1994 e seguintes.

A Skandia reconhece que a parte mais difícil do seu modelo de capital intelectual é a avaliação do foco humano. Para este, foram gerados três grupos de índices.

- **Gerais:** liderança, motivação, *empowerment*, rotatividade, composição por gênero, tempo de casa, tempo de treinamento etc.
- **Para grupos de trabalhadores:** número, porcentagem, idade média, tempo de casa e rotatividade dos empregados permanentes e em tempo integral, custo anual *per capita* de treinamento, comunicação e suporte etc.
- **Para os gestores:** formação avançada em gestão de negócios, formação em ciências humanas, nacionalidade, grau de supervisão etc.

Uma iniciativa e tanto!

O caso dos bancos no Brasil

Na seção sobre *precursores e suas ideias revolucionárias*, ao concluirmos o nosso passeio histórico pelas diferentes escolas de pensamento da administração, afirmamos que o êxito das organizações não reside na adoção desta ou daquela abordagem em particular, nem é razoável aspirar a um modelo universal que seja do tipo *one size fits all*.

De fato, os tipos de problemas variam de organização para organização, assim como de uma época para outra, ou seja, os gestores devem estar atentos às *contingências* inerentes ao seu ramo de atividades e características do negócio. Assim, preparam-se para realizar mudanças incrementais ou radicais, visando reforçar a competitividade e assegurar a criação de valor.

Nesta seção, iremos abordar brevemente a situação da indústria bancária no Brasil, seus pontos fortes e fracos, assim como as ameaças e oportunidades.

Os bancos constituem um tipo especial de organização, assim como é particular o perfil requerido de seu pessoal. Começaremos por identificar o segmento com base nos números dos últimos cinco anos.

De acordo com os registros no sítio do Banco Central do Brasil e outras fontes especializadas, operam no país 155 instituições bancárias, número esse que permaneceu estável e praticamente coincide com a média quinquenal de

2009-2013. O total de ativos do setor alcança R$ 6,3 trilhões, com uma taxa média de crescimento de 16% ao ano. O número de contas-correntes cresceu 6% ao ano, em média, saindo de 83 milhões em 2009 para 103 milhões em 2013. A quantidade total de agências quase alcança 23 mil e a quantidade de correspondentes bancários supera 1,6 mil. O número de funcionários é superior a 470 mil. Sem dúvida, dados que falam por si mesmos!

Mas há uma característica especial que os números agregados não mostram: a concentração. Quando considerados por porte, o número de instituições grandes é de tão somente sete, detendo cerca de 74% dos ativos totais do segmento. E as 43 de porte médio absorvem outros 22%. Do mesmo modo, das 23 mil agências existentes, 20 mil, ou 87%, são dos cinco maiores bancos: Banco do Brasil, Bradesco, Itaú, Caixa Econômica Federal e Santander.

Há também concentração regional do atendimento bancário, pois, das 23 mil agências em funcionamento, cerca da metade localiza-se no Sudeste, sendo, em números arredondados, 7,2 mil no estado de São Paulo, 2,2 mil em Minas Gerais e 2,1 mil no Rio de Janeiro.

Para funcionar a contento ante números de tamanha expressão, as organizações bancárias no Brasil foram pioneiras na adesão à tecnologia. Antes do surgimento das primeiras plataformas de *internet banking* na segunda metade da década de 1990, os principais canais de relacionamento entre bancos e clientes eram as agências, caixas eletrônicos e telefone.

Esse cenário mudou radicalmente ao longo dos anos. Atualmente, estão à disposição dos clientes múltiplos canais para que se relacionem com seus bancos, todos interligados em tempo real.

O setor bancário brasileiro vem realizando gastos e investimentos em tecnologia em ritmo destacado, como demonstra o crescimento de 9%, em média, desde 2009, atingindo R$ 20,6 bilhões em 2013. Estima-se que 18% dos investimentos em TI no país são feitos pelo setor financeiro.

Mas o setor financeiro continuou a investir em pontos físicos: agências saíram de 20 mil em 2009 para 23 mil em 2013, com mais ênfase no Norte e no Nordeste. Postos de atendimento bancário (PABs) e postos de atendimento eletrônicos (PAEs) evoluíram de 41 mil para 46 mil. Combinados, esses canais tradicionais tiveram um crescimento médio de 3% ao ano no período. Os terminais de autoatendimento (ATMs) apresentaram expansão de 2% ao ano, em média, saindo de 156 mil para 166 mil.

Mas uma mudança fundamental no comportamento dos usuários estava para acontecer no final de 2012: as transações eletrônicas — via *internet banking* e *mobile banking* — alcançam 42%, igualando-se aos 41% de outros canais (agências e ATMs). No final de 2013, a distância se amplia para 47%, contra 37%, consolidando a supremacia dos canais eletrônicos.

Muitas reflexões podem ser extraídas da leitura atenta desses dados. Por exemplo, do ponto de vista *organizacional*, pode-se afirmar que o segmento bancário no Brasil, na atualidade:

(a) caracteriza-se por ofertar uma ampla gama de produtos e serviços especializados e, ao mesmo tempo, indiferenciados;

(b) necessita diferenciar-se pela qualificação das pessoas;

(c) tem atuação em âmbito nacional (e alguma internacional);

(d) é fortemente concentrado e a competição é acirrada entre os cinco maiores (sendo dois bancos públicos, dois privados e um internacional), exigindo inovação constante;

(e) vem passando por profunda mudança no modelo de negócios, do atendimento presencial para um baseado na virtualidade;

(f) precisa reduzir custos de operação, transferindo o atendimento para meios eletrônicos e, ao mesmo tempo, atrair e reter clientes;

(g) necessita investir continuamente em atualização tecnológica, em capacidade de processamento, de armazenamento e em segurança.

Nesse contexto, reflexões sobre o futuro dos bancos e sobre o seu potencial de expansão remetem para duas questões: o risco de novos entrantes e a oportunidade representada pela bancarização.

O aumento da concorrência já foi um fantasma no passado, com a redução das barreiras à entrada, mas a ameaça atual tem característica bem diversa. O ingresso de instituições não financeiras na cadeia de valor vem se dando basicamente por empresas de tecnologia e em transações de relacionamento e de pagamento por dinheiro eletrônico, pela internet e por dispositivos móveis, mas poderá se estender a outros *players*.

De outro lado, a taxa de bancarização de 56% da população adulta no Brasil está muito aquém dos 90% ou mais que se observa nas economias desenvolvidas. Pode-se considerar que aqui reside um grande potencial de exploração se os bancos forem capazes de realizar a inclusão financeira com base em novas estratégias.

No que concerne às *pessoas*, a indústria de serviços financeiros igualmente se distingue de outros segmentos, podendo-se afirmar que:

(a) é intensiva em capital humano, mesmo com a incorporação massiva de tecnologia realizada nas décadas recentes;

(b) a consolidação do uso de canais virtuais requer a revisão do papel e das atribuições da agência e, por consequência, de suas equipes;

(c) o perfil ideal é de profissionais polivalentes e com facilidade para aprender e reaprender;

(d) a diversidade e a dispersão geográfica são barreiras importantes;

(e) sustentabilidade e cidadania são pressupostos e não mais opções;
(f) a grande quantidade de colaboradores impõe dificuldades inéditas para muitas práticas de gestão, do recrutamento ao desligamento;
(g) os investimentos em capacitação e desenvolvimento são elevados e requerem estrutura ampla, altamente especializada e onerosa.

Em muitas práticas de *gestão de pessoas* os bancos foram pioneiros. Delas são exemplos: o modelo de seleção por concursos públicos nacionais; o sistema de carreira fechada; a oferta ampla de treinamento e desenvolvimento em temas especializados, por meio de infraestrutura própria e contando, inclusive, com instrutores internos; a aplicação dos pressupostos da andragogia, do Desenvolvimento gerencial (DG) e do Desenvolvimento organizacional (DO); a aprendizagem participativa; o incentivo e o patrocínio à pós-graduação; a disponibilização de bibliotecas, a realização de congressos especializados, a criação de boletins e *newsletters* e tantos outros meios de promoção da comunicação e do desempenho.

Mais recentemente, os grandes bancos aderiram ao modelo de universidade corporativa, ao ensino a distância, ao uso intensivo de portais de ampla cobertura e expandiram as oportunidades de aprendizagem para além de suas fronteiras.

A respeito desses aspectos, leia o estudo de caso e reflita sobre a inédita experiência que vem sendo realizada pelo Banco do Brasil, com relevantes implicações para a educação corporativa e *cultura de aprendizagem* (tema da próxima seção).

Por uma cultura de aprendizagem

Até este ponto, vimos que *as pessoas nas organizações* passaram por vários estágios, por assim dizer, de significação e *status*. De recursos econômicos controláveis nos primórdios, a pessoas, trabalhadores do conhecimento e capital humano na atualidade.

Em face do entendimento dos estudiosos, diversas vezes repetido aqui, de que na sociedade pós-industrial o conhecimento é o "recurso" organizacional por excelência — posto que é tomado como (a única) fonte de vantagem competitiva sustentável —, necessário se faz inquirir sobre a natureza do conhecimento, suas fontes e usos, na perspectiva pragmática de sua gestão no seio das empresas e negócios.

Thomas Davenport e Laurence Prusak, em *Working knowledge*, por exemplo, estendem-se em comparações, buscando diferenciar dados de informação e esta de conhecimento. Propõem, como premissa, uma definição operacional do que é conhecimento nas organizações:

Conhecimento é um agregado fluido de experiência estruturada, valores, informação contextualizada e *insight* qualificado que proporciona um arcabouço para a avaliação e incorporação de novas experiências e informação. Origina-se e é aplicado nas mentes dos que conhecem. Nas organizações, em geral, o conhecimento incorpora-se a documentos ou repositórios e também a rotinas, processos, práticas e normas [Davenport e Prusak, 1998].

Os autores complementam: o *conhecimento* deriva de informação, assim como esta deriva de dados; mas é mais amplo, mais profundo e mais rico do que os outros dois. Conhecimento reside nas pessoas. Atividades criadoras de conhecimento ocorrem no interior e entre humanos. Assim, resta identificar e analisar os processos do conhecimento: geração, codificação, coordenação e transferência.

Do nosso ponto de vista, a gestão do conhecimento (*knowledge management*) é mais bem representada por um sistema circular e sequencial que contempla cinco categorias de ações: a) mapear, b) gerar, c) disseminar, d) usar/assimilar e e) preservar. Cada uma delas remete a um rol de oportunidades, assim como a naturais dificuldades.

No restante desta seção, queremos dedicar alguma atenção à fonte primária de acesso ao conhecimento, a *aprendizagem*.

Estamos cientes de que há uma grande quantidade de teorias sobre aprendizagem, tanto quanto de autores e ideias a respeito. Juan Ignacio Pozo (2002), em *Aprendizes e mestres: a nova cultura da aprendizagem*, apresenta-nos algumas das novas ideias e contribuições da moderna psicologia da aprendizagem. Adotando uma perspectiva cognitiva, divide sua exposição em dois blocos: a) o marco teórico (nova cultura da aprendizagem, teorias da aprendizagem e características de uma boa aprendizagem); e b) os componentes da aprendizagem (processos, resultados e condições).

Para Pozo (2002) "aprendizagem é um sistema complexo formado por três subsistemas que interagem entre si: os *processos* (como se aprende), os *resultados* (o que se aprende) e as *condições* (quando, quanto, onde, com quem se aprende)".

Em lugar de oferecer uma definição geral da aprendizagem, o autor argumenta que o que realmente interessa é identificar as características típicas do "bom aprender". Assim, defende que a aprendizagem: deve produzir mudanças duradouras; deve ser transferível para novas situações; e é sempre produto da prática.

Para ele, quatro são os resultados principais da aprendizagem: fatos e comportamentos, relações sociais, verbal e conceitual, e procedimentos.

Apesar das características gerais, Pozo adverte que cada sociedade, cada cultura gera suas próprias formas de aprendizagem, sua cultura de aprendizagem. E esta, em lugar da reprodução ou repetição de saberes previamente estabelecidos, deve estar direcionada para a compreensão, a análise crítica, a reflexão sobre o que fazemos e sobre aquilo em que acreditamos.

O corolário de tudo isso é que, à medida que as empresas vão reconhecendo que a aprendizagem e sua resultante, o conhecimento, tornaram-se fatores críticos de sucesso, também vai crescendo a necessidade de os indivíduos, equipes e dirigentes investirem na criação de uma nova cultura de aprendizagem. A urgência dos tempos atuais exige que as responsabilidades pela boa aprendizagem sejam compartilhadas; daí a rápida popularização das universidades corporativas; os recursos de *e-learning*; o conceito de *lifelong learning*; o suporte de *coaching* e *mentoring*; os vários modelos de aprendizagem (individual, coletiva, organizacional, vivencial, circuito simples e circuito duplo, inteligência emocional, múltiplas inteligências etc.).

Sobre profissionais e suas competências

Uma palavra final precisa ser dita sobre um novo personagem nas organizações, que carrega uma significação e uma abrangência muito maior e mais qualificada do que todas as outras formas de definir o indivíduo que trabalha, qual seja, *o profissional*.

Curiosamente, a noção de profissão é antiga. Tem origem nas ordens profissionais nas quais o candidato prestava juramento (*professa!*) de observância estrita a um conjunto de normas, incluindo o segredo e a confidencialidade, a exemplo do médico, do advogado, do tabelião.

Segundo Guy Le Boterf (2003), em *Desenvolvendo a competência dos profissionais*, o profissional não possui somente um ofício, mas certo nível de excelência no exercício desse ofício. O profissional se caracteriza por uma forte empregabilidade, pois domina bem suas competências e sabe manter-se preparado para mudanças.

O autor propõe uma definição sintética, mas plena de significação: "o *profissional* é aquele que sabe administrar uma situação profissional complexa" (Le Boterf, 2003).

O atributo essencial requerido do profissional é que ele saiba administrar a complexidade. Para tanto, deve criar, reconstruir e inovar. O trabalhador convencional se definia em relação às tarefas a realizar. O profissional se define pela atividade de "administrar" a situação. Demanda-se dele que saiba "navegar na complexidade". Aliás, para Le Boterf, não é necessário ser competente para executar o prescrito, para aplicar o conhecido; o "saber fazer" é o grau mais elementar da competência.

O "saber administrar" referido desdobra-se nos seguintes níveis de saber, cada qual sujeito a várias considerações:
- saber agir com pertinência;
- saber mobilizar saberes em um contexto profissional;
- saber integrar ou combinar saberes múltiplos e heterogêneos;
- saber transpor;
- saber aprender e aprender a aprender;
- saber envolver-se.

Enfim, para o autor, o profissional é quase um super-homem, pois sabe tomar iniciativas e decisões; negociar e arbitrar; fazer escolhas; assumir riscos; reagir a contingências, a panes ou a avarias; inovar no dia a dia e assumir responsabilidades.

Vejamos, ainda, como outro estudioso francês define *competência*. Para Philippe Zarifian, em *Objetivo competência*, há três formulações, mas aqui vamos ficar com apenas duas: "a *competência* é o tomar iniciativa e o assumir responsabilidade do indivíduo diante de situações profissionais com as quais se depara" (Zarifian, 2001).

Comenta o autor que, com essa definição, o que muda fundamentalmente na organização do trabalho é o recuo da prescrição, a abertura de espaço para a autonomia e automobilização do indivíduo.

"A *competência* é um entendimento prático de situações que se apoia em conhecimentos adquiridos e os transforma na medida em que aumenta a diversidade das situações" (Zarifian, 2001).

Essa segunda abordagem enfatiza a orientação para a ação, o lastro de conhecimentos e a dinâmica da aprendizagem. E muito mais poderia ser dito!

Considerações finais

Por uma questão de objetivo e de espaço, chegamos às considerações finais deste capítulo, mas não ao final de um tema que está longe de ser esgotável. E o leitor e a leitora que chegaram até aqui com mais reflexões do que conclusões comprovam o atingimento de nosso propósito.

A intenção foi reunir um conjunto de elementos, fatos e considerações que pudessem situar criticamente o ser humano, isto é, as *pessoas*, como preferimos chamar, nessa construção social especial denominada *organização*, e discutir suas interações.

Duas classes de autores forneceram o embasamento para a exposição: os filósofos e os especialistas em administração empresarial. Certo fio condutor histórico foi utilizado para descrever a trajetória das ideias e práticas gerenciais, assim como abriu-se espaço para conceitos, exemplos, modelos e comparações. Contudo, em vários momentos preferiu-se apenas enumerar os aspectos relevantes, sem disponibilidade de espaço para desenvolvê-los.

Centrais à exposição foram as ideias de *conhecer, conhecimento, ciência, tecnologia, trabalho, sociedade* e *cultura*. Como decorrência, seguiram-se as concepções de administração, administradores, sociedade pós-industrial, sociedade do conhecimento, gestão do conhecimento, administração de recursos humanos, gestão do capital humano, aprendizagem, profissionais e competências.

Um crítico exigente, mas com razão, poderia reclamar da ausência de reflexões sobre qualidade de vida (lazer, ócio criativo, tempo livre), flexibilização da jornada, automação, teletrabalho, *home-office*, empregabilidade, aposentadoria, responsabilidade social, futuro do trabalho etc. O leitor e a leitora inteligentes estão convidados a empreender essa nova jornada.

Referências

BANCO CENTRAL DO BRASIL. Disponível em: <www.bcb.gov.br>.
CASTRO, Cláudio de Moura. *A prática da pesquisa*. 2. ed. São Paulo: Pearson Prentice Hall, 2006.
CHAUÍ, Marilena. *Convite à filosofia*. 13. ed. São Paulo: Ática, 2006.
CLARKE, Arthur C.; KUBRICK; Stanley. *2001*: a space odyssey. Nova York: ROC, 1968.
DAVENPORT, Thomas H.; PRUSAK, Laurence. *Working knowledge*: how organizations manage what they know. Boston: Harvard Business School Press, 1998.
DRUCKER, Peter F. *Post-capitalist society*. Nova York: HarperCollins, 1993.
FEBRABAN. Disponível em: <www.febraban.org.br>.
LABAKI, Amir. *2001*: uma odisseia no espaço. 2. ed. São Paulo: Publifolha, 2001.
LE BOTERF, Guy. *Desenvolvendo a competência dos profissionais*. 3. ed. rev. e ampl. Porto Alegre: Artmed, 2003.
MARCONI, Marina de Andrade; LAKATOS, Eva Maria. *Fundamentos de metodologia científica*. 6. ed. São Paulo: Atlas, 2009.
NONAKA, Ikujiro; TAKEUCHI, Hirotaka. *The knowledge-creating company*. Nova York: Oxford University Press, 1995.
POZO, Juan Ignacio. *Aprendizes e mestres*: a nova cultura da aprendizagem. Porto Alegre: Artmed, 2002.
SALIM, Jean Jacques. O conhecimento em ação. In: WOOD JR., Thomaz (Coord.). *Gestão empresarial*. São Paulo: Atlas, 2004.
SEVERINO, Antônio Joaquim. *Filosofia*. São Paulo: Cortez, 1994.
STONER, James A. F.; FREEMAN, R. Edward. *Administração*. 5. ed. Rio de Janeiro: Prentice-Hall, 1985.
WILLIAMS, Chuck. *ADM*. São Paulo: Cengage Learning, 2011.
ZARIFIAN, Philippe. *Objetivo competência*: por uma nova lógica. São Paulo: Atlas, 2001.

ESTUDO DE CASO

A ORGANIZAÇÃO

O Banco do Brasil é uma empresa de economia mista controlada pela União e listada desde 2006 no Novo Mercado da BM&FBovespa. Atualmente o Banco conta com mais de 112 mil funcionários e destaca-se no segmento por um conjunto de diferenciais competitivos. Na estratégia corporativa para o período 2015-19, sua crença, missão, visão e valores são os seguintes:

CRENÇA	Um mundo bom para todos exige espírito público de cada um de nós.
MISSÃO	Banco de mercado com espírito público. Ser um banco competitivo e rentável, atuando com espírito público em cada uma de suas ações junto à sociedade.
VISÃO	Ser o banco mais relevante e confiável para a vida dos clientes, funcionários, acionistas e para o desenvolvimento do Brasil.
VALORES	Espírito público
	Ética
	Potencial humano
	Unicidade
	Sustentabilidade
	Competência
	Eficiência
	Inovação
	Agilidade

De acordo com o *Relatório Anual de 2013*, o BB é a maior instituição financeira da América Latina em ativos, alcançando R$ 1,3 trilhão. O Banco oferece soluções, serviços e produtos nos segmentos bancário, de investimento, gestão de recursos, previdência e capitalização, meios de pagamento, entre outros, a seus 61,4 milhões de clientes.

Entre os principais resultados do Banco no último ano, destacam-se a evolução de 19,3% da carteira de crédito ampliada, que atingiu saldo de R$ 692,9 bilhões, e o lucro líquido recorde de R$ 15,8 bilhões.

O BB detém a maior rede própria de atendimento no país entre as instituições financeiras, com 19.143 pontos de atendimento, e está presente em 99,9%

dos municípios brasileiros. Adicionando a rede de correspondentes MaisBB e o Banco Postal, totaliza 67,6 mil pontos de atendimento no Brasil. No exterior, a rede é composta por 49 pontos próprios, localizados em 24 países, e mais 1,2 mil bancos conveniados que atuam como correspondentes em 134 países. Possui também dois bancos controlados no exterior: o BB Americas, nos Estados Unidos, e o Banco Patagonia, na Argentina. Com isso, o Banco tem a maior rede própria de atendimento no exterior entre os bancos brasileiros.

Desde 1992, o BB é o banco mais lembrado pelo consumidor brasileiro, de acordo com a pesquisa anual *Top of mind* do Datafolha. É a terceira marca mais valiosa do país e a 94ª no mundo, avaliada em US$ 9,9 bilhões, segundo levantamento da consultoria Brand Finance.

Situação-problema

Até 2011, as ações de capacitação profissional do BB eram realizadas, em sua grande maioria, por meio de cursos presenciais e autoinstrucionais em mídia impressa. Restrições orçamentárias impediam uma maior oferta de cursos presenciais, tendo em vista as elevadas despesas com deslocamento e hospedagem dos participantes.

Vale recordar que em julho de 2008 foi lançada uma solução educacional de *e-learning*, chamada Sinapse (além de já existir o Portal UniBB). As premissas que nortearam a criação do Sinapse foram: garantir agilidade de atendimento às demandas de capacitação nos diversos produtos, processos e serviços do BB e proporcionar maior autonomia para as Diretorias e Unidades Estratégicas do Banco criarem e disseminarem o conhecimento organizacional.

Um diagnóstico interno, construído a partir da percepção dos funcionários, apontou os principais desafios com relação ao Portal da Universidade Corporativa Banco do Brasil (UniBB), a saber:

(a) era precário, possuía dispositivos pouco atraentes, conteúdos desatualizados e cursos de baixa qualidade estética e de navegação;

(b) mostrava-se pouco relevante para o desenvolvimento profissional e o crescimento na carreira;

(c) havia dificuldade para acréscimo de novos conteúdos e funcionalidades;

(d) as alterações nos conteúdos eram demoradas e trabalhosas.

ESTUDO DE CASO

Em busca de um novo modelo educacional

Com base no diagnóstico e na necessidade de desenvolvimento de competências atreladas ao negócio e ao papel do Banco para a sociedade brasileira, faziam-se necessárias uma nova estratégia e uma ação efetiva de oferta de treinamento capaz de vencer novos desafios.

Principais requisitos

Certos requisitos tinham que ser observados, visto que a amplitude e abrangência da organização, disseminada pelo país e pelo mundo, bem como a diversidade de atuações dos colaboradores e os desafios dados impunham efetividade para o desenvolvimento das competências. Foram os seguintes:
- conveniência;
- diversidade de conteúdos e mídias;
- interatividade;
- acesso por múltiplas plataformas (*desktops*, *notebooks*, *tablets* e *smartphones*);
- atualização constante;
- agilidade no desenvolvimento de novos conteúdos;
- eficiência operacional;
- interação entre os funcionários; e
- customização de soluções às necessidades do BB e dos funcionários.

Esse quadro motivou a construção de uma nova estratégia de educação empresarial a distância, integrada e disponibilizada no novo Portal UniBB BomPraTodos. Os fatores críticos de sucesso foram:
- competências profissionais para a realização adequada do diagnóstico, concepção e proposição de soluções e implementação do projeto.
- inovação na concepção das soluções.
- equipe com visão e com motivação para fazer acontecer.
- articulação entre a UniBB e as unidades internas intervenientes para viabilizar a implementação das soluções (segurança da informação, solução tecnológica, contratação de fornecedores etc.);
- negociação com unidades intervenientes, parceiros e fornecedores.

Foco na cadeia de valor

O novo portal oferece um dimensionamento do conhecimento inspirado nos participantes da cadeia de valor do Banco: EU (cada indivíduo), NÓS (o BB) e TODOS NÓS (a sociedade) e os diferentes papéis e relações entre cada um. Ou seja, Eu Funcionário BB, eu Cidadão e Empresa Cidadã, abrangendo as seguintes dimensões:

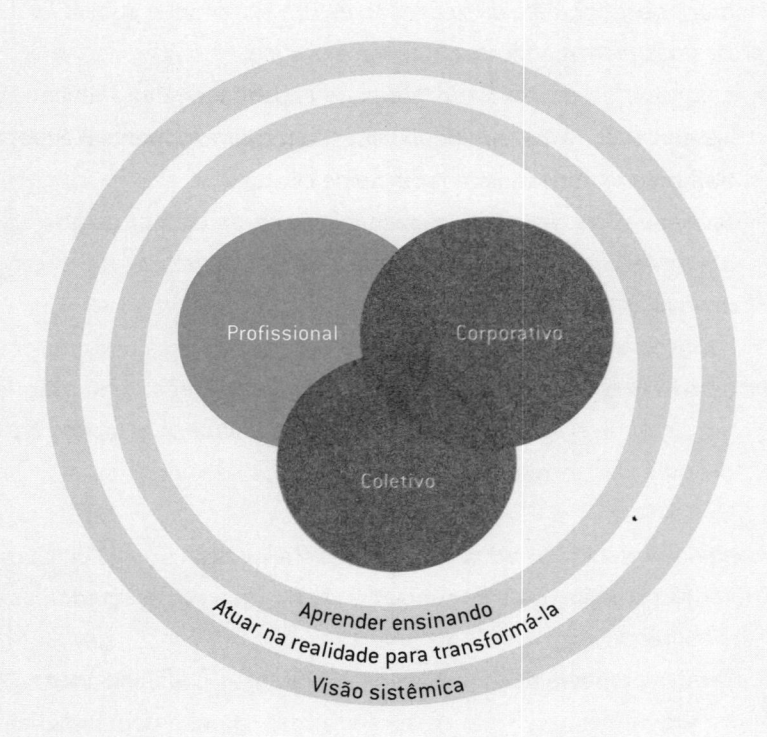

Profissional
Corporativo
Coletivo
Aprender ensinando
Atuar na realidade para transformá-la
Visão sistêmica

Nesse contexto, tornou-se fundamental organizar as trilhas de desenvolvimento que norteiam a aprendizagem de cada empregado dentro das expectativas da organização, objetivando sistematizar as ações e programas de capacitação, instituir uma nova abordagem de oferta de conteúdos de aprendizagem via web e dar melhor foco para o treinamento em sala de aula, a partir das necessidades de competências, do monitoramento dos resultados e da análise dos dados disponíveis em sistemas, utilizando, assim, a modalidade presencial apenas quando se mostrar a necessária alternativa para o desenvolvimento de determinadas competências.

ESTUDO DE CASO

Base no posicionamento mercadológico

O posicionamento mercadológico adotado pelo BB (BomPraTodos) direcionou a concepção do padrão visual, as atividades didático-pedagógicas, as ações e programas de capacitação e a construção de trilhas de aprendizagem ofertadas.

Com isso, ocorreu:

- ampliação e democratização das possibilidades e ações de educação ofertadas, por meio da expansão de um sistema de educação a distância de qualidade, moderno, dinâmico e prático;
- congregação das oportunidades de capacitação em ambiente virtual de aprendizado (AVA), que possibilitasse tornar exponencial a oferta de treinamentos internos, com redução de custos;
- facilidade nas ações de capacitação, agrupadas por cargos e temáticas aderentes à estratégia corporativa e ao plano de mercados (organizadas em trilhas de aprendizagem); e
- inclusão de novas tecnologias em educação empresarial, que possibilitassem maior eficiência na entrega educacional, preparando os funcionários, em seus diversos segmentos funcionais, para os desafios da empresa, inclusive em termos de internacionalização de negócios.

Esse novo modelo de educação empresarial proporcionado pelo Portal UniBB atende a todos os segmentos de funcionários no Brasil e no exterior, assim como os menores aprendizes.

Uma nova proposta pedagógica considerando as possibilidades da educação a distância, um ambiente virtual de aprendizagem atual e bem dimensionado e o uso da gestão do conhecimento possibilita:

- oferta de conteúdos revistos do portfólio da UniBB e remodelados por meio de novas possibilidades pedagógicas e linguagens midiáticas;
- rapidez para disponibilização de revisões dos cursos existentes e de novos cursos;
- oferta de conteúdos complementares e correlatos (*e-books*, artigos, textos, multimídias, revistas eletrônicas, vídeos);
- altos índices de usabilidade, modernidade e interatividade, com a adoção de *layouts*, *design* e arte visual atrativos e variados;
- sistematização das ações de capacitação e dos métodos EaD;
- facilitadores e mecanismos de busca para ações de capacitação;

- ambientes colaborativos, comunidades de melhores práticas e redes sociais com objetivos educacionais, levando em consideração as características das novas gerações de funcionários;
- retroalimentação do sistema por meio de informações para o aperfeiçoamento das ações educativas, indicando os pontos fortes e necessidades de melhorias;
- modelo de educação empresarial que proporcione reflexão crítica e que permita o inter-relacionamento e a valorização do ser humano, do Banco e da sociedade.

O posicionamento político-pedagógico e as dimensões para o novo modelo de educação empresarial a distância disponibilizados pelo Portal UniBB BomPraTodos objetivaram contribuir para que a UniBB cumpra o papel de promover a formação integral dos profissionais que atuam na empresa, para o fortalecimento dos mecanismos de promoção das estratégias de gestão do conhecimento e a integração entre o sistema de educação da organização e a estratégia corporativa.

O Portal UniBB BomPraTodos foi lançado em janeiro de 2013 com, aproximadamente, 220 cursos, organizados em 90 trilhas de aprendizagem (vinculadas à área de atuação, ao cargo exercido e/ou ao desempenho dos funcionários); UniBB *Mobile* (aplicativo de *mobile learning* disponível na Apple Store e na Google Play); biblioteca virtual com mais de 2.500 *e-books* em 40 áreas de conhecimento; cursos em diferentes formatos (vídeo-aulas, Roda Viva BB, infográficos, animações em *flash*, jogos educacionais, atividades colaborativas etc.); em versões em inglês, espanhol e para pessoas com deficiência visual.

Resultados alcançados

Ao final de 2013, o novo Portal UniBB possuía 117 mil usuários ativos (funcionários, menores aprendizes e funcionários da rede externa). Em um ano de funcionamento, foram concluídos 1.377.951 cursos, o que equivale a cerca de 11 cursos por funcionário; respondidas 608.891 avaliações de reação dos cursos, com 96,85% das respostas nas categorias bom e ótimo; registrados mais de 18 mil comentários no módulo colaborativo, 4 mil soluções em atividades colaborativas e 27 mil "curtidas". Houve em média 32 mil acessos diários ao Portal. Naquele ano, cada funcionário do Banco realizou, em média, 72 horas de capacitação.

ESTUDO DE CASO

Em 2014, os resultados continuaram crescendo. Em setembro de 2014, o número de usuários do Portal chegou a 122 mil, a quantidade de cursos concluídos atingiu a marca de 2.723.240 e os registros no módulo e em atividades colaborativas totalizaram 37 mil.

Lançado em janeiro de 2014, o UniBB *Mobile* já conta com quase 10 mil usuários, com milhares de cursos concluídos.

A estratégia adotada permitiu: aumentar o número médio de horas de capacitação por funcionário; melhorar a qualidade das soluções oferecidas; aumentar a oferta de treinamentos (27,68% superior a 2012), reduzir significativamente o tempo para desenvolvimento de novos cursos (em média 35 dias); reduzir em quase R$ 20 milhões as despesas com deslocamento e hospedagem de funcionários em cursos presenciais e com a impressão e distribuição de cursos em mídia impressa. Avaliações de impacto dos treinamentos realizados revelaram importantes contribuições para a melhoria do desempenho no trabalho.

Outro ganho importante foi a possibilidade de adoção com sucesso de soluções educacionais não convencionais, como o "Roda Viva BB", parte de uma série de cursos que traduzem uma disposição cada vez maior do BB em dialogar de forma franca com os funcionários, trazendo questões de interesse do funcionalismo. O formato do programa decorre de parceria com a TV Cultura, responsável pela produção desses cursos nos estúdios originais do "Roda Viva", programa daquela emissora. Em cada programa/curso, os dirigentes da empresa são entrevistados por funcionários (selecionados entre aqueles que são mais participativos no Portal UniBB e em redes sociais) sobre estratégias, processos de trabalho e outras questões importantes para o contexto da empresa. As perguntas são formuladas pelos próprios funcionários, sem conhecimento prévio dos dirigentes entrevistados, o que assegura a transparência do debate e torna o Programa "Roda Viva BB" um canal de aprendizagem, debate e diálogo entre funcionários e gestores da empresa.

Para conhecer mais sobre o Portal UniBB, basta acessar <www.unibb.com.br> e clicar no link "Saiba Mais Sobre a UniBB". Lá, é possível encontrar vídeos institucionais, detalhes sobre estratégias educacionais e até cursos abertos à comunidade.

Pelo êxito das ações adotadas, a UniBB recebeu diversos reconhecimentos: Melhor Programa de Educação Corporativa do Brasil por dois anos consecutivos (EduCorp 2013 e 2014, concedido pela HR Academy); Melhor Programa de Educação Corporativa e 2ª Melhor Universidade Corporativa da América Latina (Corporate University Best-in-Class — Cubic Awards 2013, concedido pela Internacional Quality & Productivity Center); Melhor Universidade Corporativa Ampliada (Prêmio Learning

& Performance Brasil 2014); Top 5 no "*Top of mind* de RH" (empresa destaque em educação corporativa); *benchmarking* mundial (nota máxima) na dimensão "desenvolvimento do capital humano" do Índice Dow Jones de Sustentabilidade (DJSI 2013), da Bolsas de Valores de Nova York.

Visão de futuro

Uma vez detectada a necessidade, tendo concebido e implementado um modelo de educação corporativa de sucesso, não é hora de parar, mas de aperfeiçoar as ações e manter um olhar no futuro. Algumas questões-chave que se abrem neste momento são: como estender a capacitação para além das fronteiras da organização? Universalizar o acesso à informação e ao conhecimento reforçará o compromisso do Banco com a cidadania? Que outros públicos poderão ser atendidos e como? O exemplo de inovação e democratização será seguido por outras organizações?

RECUPERAÇÃO DE CRÉDITO

Rogério Mori
Ricardo Ratner Rochman

Ao longo dos últimos anos, o volume de crédito como proporção do Produto Interno Bruto (PIB) tem crescido de forma significativa no Brasil. Esse fenômeno tem sido uma clara resposta à lógica de expansão do crédito das instituições financeiras iniciada com maior vigor a partir da crise financeira que começou no último trimestre de 2008. Segundo dados do Banco Central, o movimento do crescimento pode ser observado no gráfico 1. O volume de crédito como proporção do PIB saltou de 31,2% em março de 2007 para 56,5% em julho de 2014, representando um crescimento de mais de 81% nesse período.

A expansão do crédito no Brasil nesses moldes, claramente, foi um reflexo do endividamento dos agentes econômicos nesse período, com papel importante das famílias nesse processo. O grande temor nesse processo reside no potencial de inadimplência decorrente de uma aceleração do endividamento em bases superiores ao crescimento da renda das famílias no Brasil.

Sem dúvida, o fenômeno da expansão recente do crédito esteve por trás da rápida recuperação da economia brasileira a partir de 2008. Vale lembrar que o terceiro trimestre de 2008 foi marcado pela quebra do banco norte-americano Lehman Brothers, que paralisou as operações no sistema bancário dos EUA e teve impactos globais em termos financeiros. No caso brasileiro, especificamente, esse fenômeno se traduziu em uma parada súbita de diversas operações envolvendo recursos externos, o que levou rapidamente a cotação da moeda norte-americana a um patamar superior a R$ 2,30, naquele momento. Ao mesmo tempo, as operações de crédito brasileiras foram afetadas diretamente, o que se traduziu em uma retração do lado da demanda doméstica, particularmente do consumo das famílias.

GRÁFICO 1
VOLUME DE CRÉDITO/PIB (%)

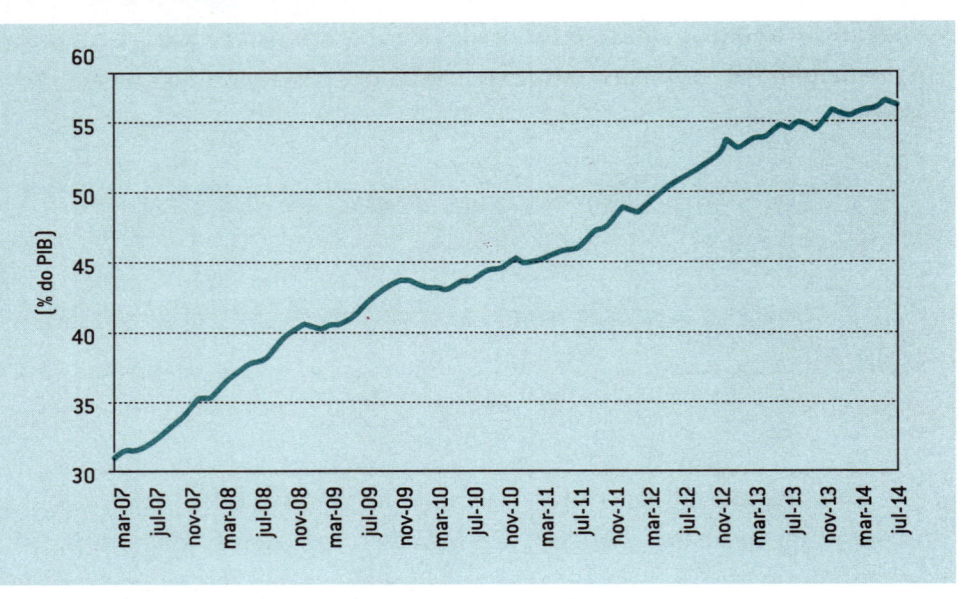

Fonte: Banco Central do Brasil, elaborado pelos autores.

Dessa perspectiva, a ação direta do governo brasileiro naquele momento focou-se na retomada da economia, com medidas fiscais e, subsequentemente, monetárias. Nesse contexto, a ação para reduzir o IPI em vários segmentos de bens duráveis estimulou o consumo, levando a uma clara retomada, passados uns poucos trimestres do início da crise de 2008. No que se refere à taxa de juros, o Banco Central reagiu de forma mais clara apenas no início de 2009, com a redução da meta da taxa básica de juros — Selic — na reunião realizada em janeiro daquele ano para 12,75% a.a.

O reflexo desse processo pôde ser observado do lado das taxas de juros das operações de crédito com recursos livres. As taxas médias dessas operações caíram significativamente até 2013, chegando a um patamar inferior a 19% a.a., no caso das operações voltadas à pessoa jurídica, e a menos de 35% a.a., para as operações de crédito de pessoa física, em alguns momentos naquele ano (gráfico 2). A inversão desse movimento refletiu claramente a mudança na orientação da política monetária por parte do Banco Central a partir de abril de 2013, que passou a elevar a taxa de juros de maneira gradual a partir daquele mês, em função das crescentes preocupações com o desvio da taxa de inflação em relação ao centro da meta estabelecida.

Um fenômeno relativamente similar pôde ser observado no comportamento dos *spreads* praticados nas operações com recursos livres, no mesmo período. O *spread* médio das operações para pessoa jurídica chegou a menos de 11% em alguns momentos de 2013, e a menos de 25% para as operações voltadas à pessoa física (gráfico 3). De maneira similar ao ocorrido com as taxas de juros praticadas nas operações de crédito nesse período, os *spreads* voltaram a subir ao longo de 2013, como um reflexo natural do aperto da política monetária implementada a partir de abril daquele ano.

GRÁFICO 2
TAXAS DE JUROS MÉDIAS DAS OPERAÇÕES DE CRÉDITO COM RECURSOS LIVRES (% A.A.)

Fonte: Banco Central do Brasil, elaborado pelos autores.

GRÁFICO 3
SPREAD MÉDIO DAS OPERAÇÕES COM RECURSOS LIVRES (%)

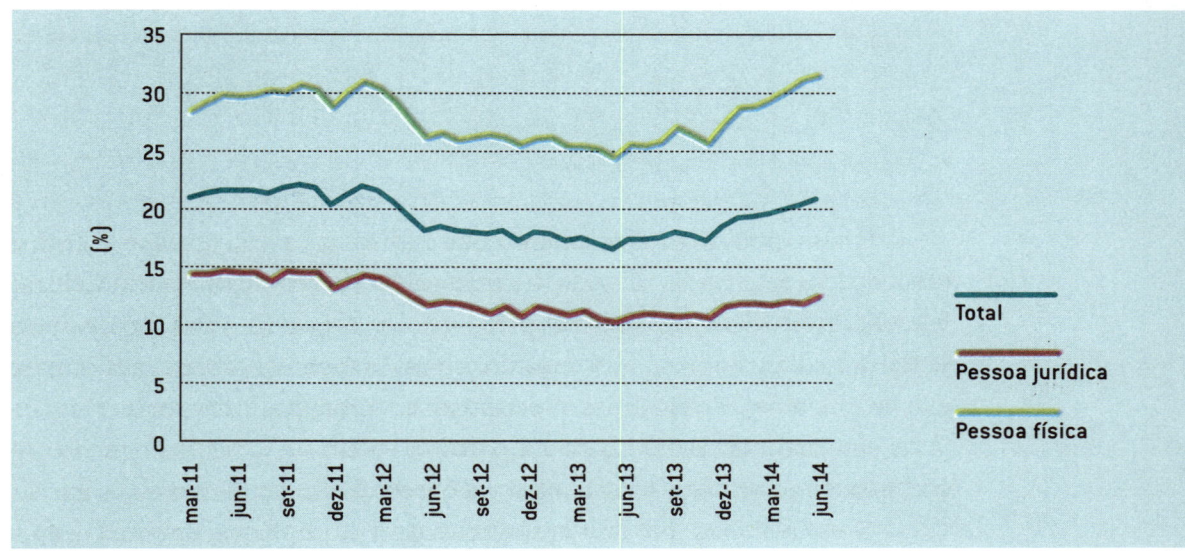

Fonte: Banco Central do Brasil, elaborado pelos autores.

De qualquer forma, a estratégia do governo a partir de 2008 foi bem-sucedida para estimular a demanda agregada e a economia brasileira. Dessa perspectiva, após uma queda drástica do PIB no final de 2008 e início do ano seguinte, a economia brasileira deu sinais concretos de recuperação. A retomada se deu com base na recuperação do consumo das famílias, com consequente aumento do consumo de bens duráveis e de imóveis.

Esse fenômeno foi acompanhado pelo crescente endividamento das famílias brasileiras. O que se observou desde então foi o crescimento do volume de dívida das famílias relativamente à renda das mesmas. Segundo dados do Banco Central, o endividamento das famílias com o Sistema Financeiro Nacional, como proporção da renda acumulada nos últimos 12 meses, saltou de cerca de 32% em setembro de 2008 para mais de 45% em 2014 (gráfico 4).

GRÁFICO 4
ENDIVIDAMENTO DAS FAMÍLIAS COM O SISTEMA FINANCEIRO NACIONAL (SFN) EM RELAÇÃO À RENDA ACUMULADA NOS ÚLTIMOS 12 MESES

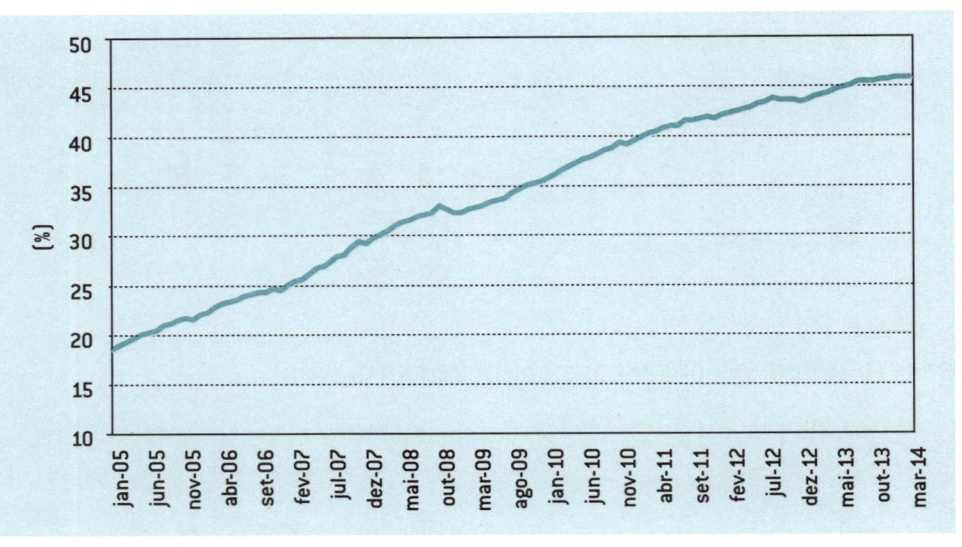

Fonte: Banco Central do Brasil, elaborado pelos autores.

O aumento do endividamento das famílias brasileiras trouxe à baila a preocupação relativa ao aumento da inadimplência no sistema bancário brasileiro. Reconhecidamente, uma das preocupações associadas a esse processo tem se refletido diretamente na velocidade com que a expansão dos empréstimos se deu ao longo dos últimos anos. A experiência recente das economias desenvolvidas, em particular nos EUA, no que se refere ao tema, tem suscitado preocupações quanto ao processo recente de aumento da dívida das famílias brasileiras.

Nesse contexto, um aumento súbito da inadimplência em uma economia tem consequências diretas não apenas do lado do sistema bancário, mas também sobre a estrutura macroeconômica como um todo. A lenta recuperação da economia norte-americana após a crise de 2008 tem no seu cerne a problemática do sistema bancário dos EUA e os problemas associados à inadimplência naquele país. As facilidades e os exageros do lado da concessão do crédito nos anos que antecederam a crise levaram a um endividamento excessivo e insustentável das famílias norte-americanas, o que se refletiu diretamente sobre o sistema bancário. A instabilidade econômica gerada a partir da problemática associada à expansão excessiva do crédito não é uma ideia nova. Economistas do século XIX, como John Stuart Mill e Alfred Marshall, já alertavam para os riscos econômicos decorrentes desse processo.

Dessa perspectiva, um aumento localizado da inadimplência pode ser o detonador de uma crise econômica mais ampla em um cenário de oferta excessiva de crédito. A configuração desse tipo de crise, via de regra, requer uma ação imediata por parte do governo para evitar uma ruptura mais ampla. Logicamente, o governo deve atuar direta e imediatamente sobre o sistema bancário, para evitar o seu colapso. Em geral, esses momentos são acompanhados por incertezas e algumas turbulências econômicas. No entanto, a problemática associada a esse tipo de questão pode deixar sequelas mais profundas e duradouras: um sistema bancário abalado por um problema do lado do crédito tende a demorar mais tempo para se recuperar e isso, em geral, se reflete no lado macroeconômico.

Nesse sentido, o crescimento econômico em países onde o sistema bancário sofreu um abalo duro do lado do crédito tende a ser mais baixo por anos. Isso decorre do fato de que esse tipo de crise tende a se tornar uma crise de balanços patrimoniais, em que a saúde dos ativos das instituições fica debilitada por um longo tempo. Em função disso, o sistema tende a ofertar menos crédito e se torna mais seletivo nesse processo. Isso significa que o motor da prosperidade dessas economias no período que antecede a ruptura deixa de existir por um bom tempo após a crise. Em outras palavras, o consumo e o investimento que se sucedem a uma ruptura do lado do crédito no sistema bancário tendem a permanecer estagnados por um bom período de tempo.

Não é sem razão que a temática da inadimplência representa uma temática de fundamental importância para os órgãos reguladores internacionais e domésticos. O Acordo de Basileia, nas suas três versões, contempla o tema refletindo as preocupações dos bancos centrais e das instituições financeiras no contexto da evolução estrutural da indústria bancária.

Do lado do sistema bancário brasileiro, a ação do Banco Central sempre tem se mostrado relativamente eficiente no seu papel de regulador e supervisor das instituições financeiras. Os parâmetros operacionais das instituições sempre se mostraram relativamente saudáveis e desde a implementação do Plano Real, em 1994, o sistema bancário tem se mostrado relativamente sólido. Destaque-se que o processo, muitas vezes estimulado pelo próprio Banco Central em alguns momentos, de fusões e aquisições ocorrido, nas duas décadas que se sucederam à implementação do Plano Real, contribuiu para a manutenção da robustez do sistema bancário nacional, como o Programa de Estímulo à Reestruturação e ao Fortalecimento do Sistema Financeiro Nacional (Proer), que vigorou de 1995 até 2001.

Como pode se observar no comportamento recente, mesmo com o crescente endividamento das famílias brasileiras, os níveis de inadimplência no sistema bancário brasileiro permanecem relativamente controlados. O percentual total da carteira de crédito dos recursos livres das instituições financeiras com atraso entre 15 e 90 dias situa-se sistematicamente abaixo de 4%, com destaque para o baixo percentual desse tipo de atraso no que se refere ao crédito à pessoa jurídica. Até no que se refere à pessoa física, observa-se que os níveis percentuais desses créditos em atraso têm caído ao longo de 2013 e têm se situado em um patamar inferior a 5% ao longo de 2014 (gráfico 5).

GRÁFICO 5
PERCENTUAL DA CARTEIRA DE CRÉDITO — RECURSOS LIVRES — COM ATRASO ENTRE 15 E 90 DIAS

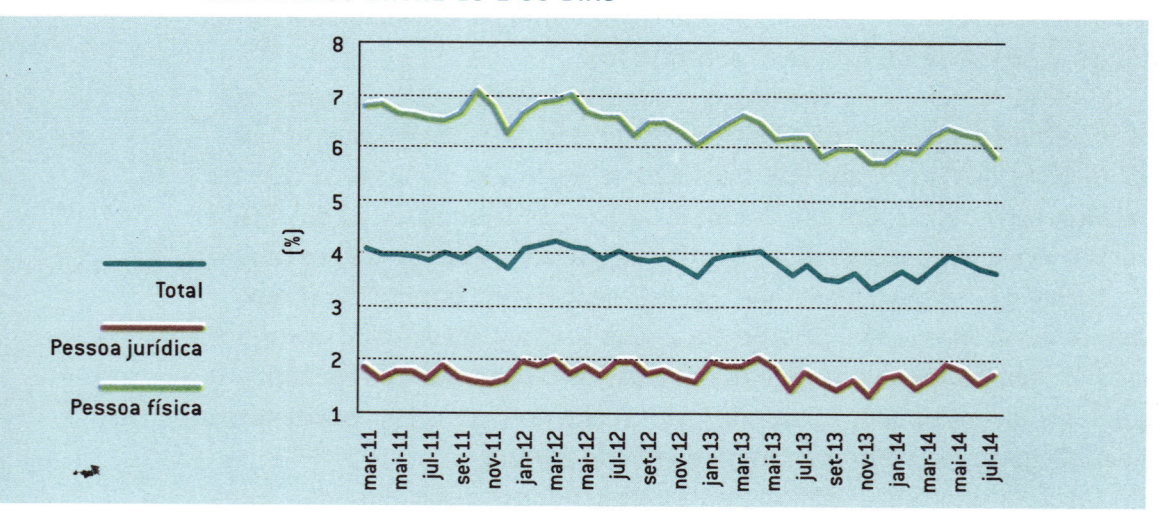

Fonte: Banco Central do Brasil, elaborado pelos autores.

Note-se que um fenômeno similar ocorre com a inadimplência (créditos em atraso para um período superior a 90 dias). O nível da inadimplência relativamente ao total da carteira de crédito do sistema não ultrapassou a barreira dos 4% ao longo dos últimos anos, verificando-se até uma queda, recentemente, segundo dados do Banco Central. No caso das operações destinadas à pessoa física, esse percentual, que chegou a superar a marca dos 6% em alguns momentos, tem recuado ao longo de 2014 e situa-se abaixo do patamar de 5% (gráfico 6).

GRÁFICO 6
PERCENTUAL (%) DA CARTEIRA DE CRÉDITO — RECURSOS LIVRES — INADIMPLÊNCIA

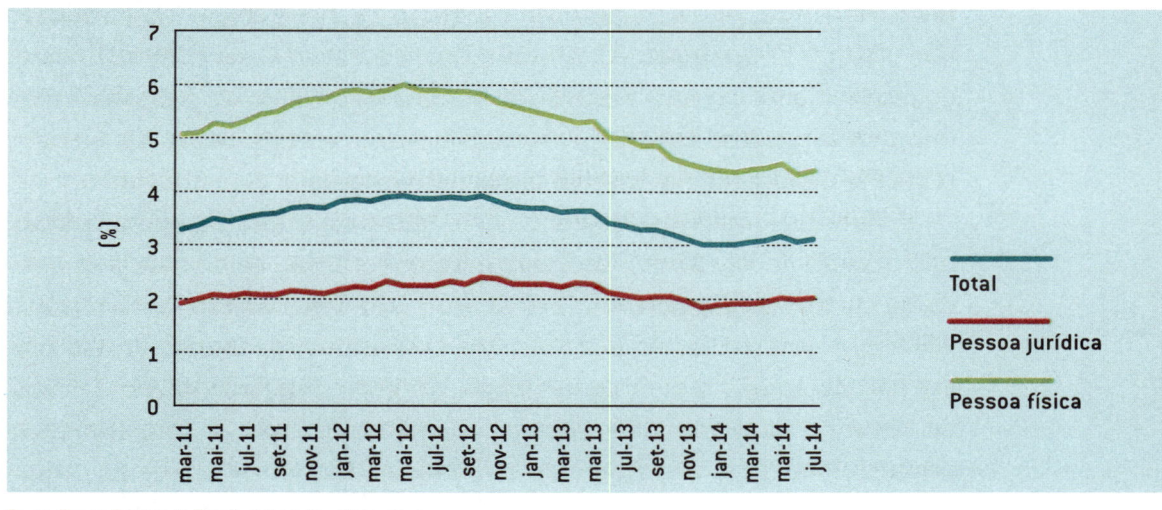

Fonte: Banco Central do Brasil, elaborado pelos autores.

Um dado interessante, denotado pelas informações do Banco Central, diz respeito à inadimplência da carteira de crédito das instituições financeiras segundo o controle de capital. De acordo com os dados do Banco Central, o patamar da inadimplência nas instituições financeiras de controle público é significativamente menor do que o verificado para as instituições privadas nacionais e estrangeiras (gráfico 7).

GRÁFICO 7
INADIMPLÊNCIA DA CARTEIRA DE CRÉDITO DAS INSTITUIÇÕES FINANCEIRAS SEGUNDO CONTROLE DE CAPITAL

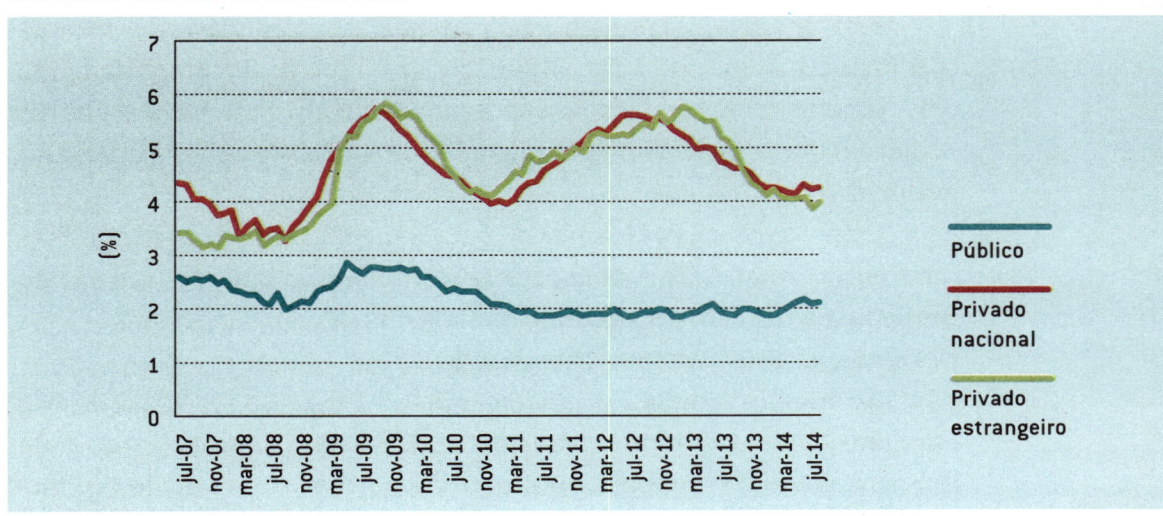

Fonte: Banco Central do Brasil, elaborado pelos autores.

Conforme ressaltado anteriormente, uma das grandes preocupações em relação ao recente fenômeno da expansão do crédito no Brasil diz respeito ao potencial do aumento da inadimplência, gerando possíveis impactos negativos sobre o sistema bancário brasileiro e sobre a economia nacional.

Tal como apontado pelos indicadores do Banco Central, até 2014 não é possível identificar uma elevação do volume de créditos em atraso e da inadimplência que justifique tal preocupação. Nesse contexto, o foco das preocupações se desloca para o futuro e as perspectivas para os próximos anos.

Sob essa lógica, as evidências apontam para o fato de que o crédito não deve atuar como um motor de expansão relevante da demanda agregada no curto e médio prazo. A análise do crescimento do PIB brasileiro em 2014 se mostra reveladora nesse sentido. O consumo das famílias, nesse ano em particular, não tem desempenhado um papel fundamental em termos de estímulo da demanda agregada. Ao mesmo tempo, os investimentos produtivos seguem relativamente retraídos na economia brasileira, o que é natural levando-se em consideração o fato de que o sentido da política monetária neste ano em particular é de aperto.

Ao que tudo indica, é pouco factível que o consumo das famílias e os investimentos respondam da mesma forma como o verificado após a crise de 2008. Isso se deve ao fato de que, em particular, as famílias brasileiras se encontram agora em um patamar de endividamento relativo significativamente mais elevado do que o verificado em 2008. Por conta disso, a resposta naquele período do lado do consumo das famílias foi mais imediata e direta.

Esse fenômeno tem associação, também, com o fato de que as instituições financeiras têm se mostrado cautelosas em relação à concessão do crédito em diferentes níveis, apresentando um grau relativamente mais elevado de seletividade em relação a anos anteriores.

Essa característica prudencial é particularmente saudável nas instituições financeiras que operam no Brasil. De fato, esse tipo de comportamento tem evitado excessos do lado da concessão do crédito ao longo das últimas décadas, o que contribui sobremaneira para a solidez do sistema financeiro nacional.

Essas considerações levam a crer que a inadimplência no sistema bancário tem permanecido e deve permanecer relativamente sob controle no Brasil. Esse é um cenário significativamente distinto do verificado nos EUA nos anos que antecederam a crise de 2008.

Ao mesmo tempo, a regulação e a supervisão do sistema bancário brasileiro têm se mantido relativamente adequadas aos padrões do bom funcionamento do sistema financeiro nacional, o que tem evitado que movimentos competitivos na indústria bancária levem a excessos e induzam as instituições a aumentarem seu grau de risco do lado do crédito de forma imprudente e perigosa.

O cenário positivo do lado da inadimplência no sistema bancário traçado até o momento não é inteiramente desprovido de alguns riscos. O maior deles, possivelmente, reside numa eventual queda da renda das famílias, o que as levará a atrasos nos seus pagamentos. Esse é um cenário factível no caso de uma recessão mais severa.

Nesse contexto, mesmo com o baixo crescimento brasileiro em 2014, a taxa de desemprego tem se mantido relativamente baixa, o que significa que não existem elevados riscos de curto prazo de um aumento da inadimplência por conta desse canal.

A adimplência, isto é, o cumprimento no pagamento de dívidas, tem uma função social muito importante, pois permite o retorno do capital ao mercado e isso, consequentemente, gera empregos e possibilita uma política de crédito mais flexível com maior prazo de contratação.

Porém, a exceção, ou seja, o inadimplemento, o não cumprimento da obrigação, vem acontecendo de forma corriqueira. Em regra, as obrigações são voluntariamente cumpridas, seja espontaneamente, por iniciativa do devedor, seja após a interpelação feita pelo credor. Qualquer que seja a prestação prometida, o devedor está obrigado a cumpri-la, e o credor tem o direito de receber exatamente o bem, serviço ou valor estipulado na convenção, e não é obrigado a receber coisa diversa. Pode-se classificar a inadimplência em: inadimplemento absoluto e inadimplemento relativo.

O inadimplemento absoluto ocorre quando a obrigação não foi cumprida nem poderá sê-lo de forma útil ao credor. Observa-se a incidência dos juros e da atualização monetária como consequência natural do completo ressarcimento dos danos.

O inadimplemento é relativo no caso de mora do devedor, isto é, quando ocorre cumprimento imperfeito da obrigação, como o pagamento fora da data aprazada.

A Resolução nº 2.682/1999 do Banco Central do Brasil reza que a classificação da operação de crédito por nível de risco é de responsabilidade da instituição detentora do crédito, e deve ser efetuada com base em critérios consistentes e verificáveis, amparada por informações internas e externas. A classificação deve contemplar minimamente os seguintes aspectos:

- Em relação ao devedor e seus garantidores:
    * a situação econômico-financeira;
    * o grau de endividamento;
    * a capacidade de geração de resultados;
    * o fluxo de caixa;

* a administração e qualidade de controles;
* a pontualidade e atrasos nos pagamentos;
* contingências;
* o setor de atividade econômica;
* o limite de crédito.
- Em relação à operação:
  * a natureza e a finalidade da transação;
  * as características das garantias, particularmente quanto a suficiência e liquidez; e
  * o valor.
- No caso das operações de crédito de pessoas físicas devem-se levar em conta, também, as situações de renda e de patrimônio, bem como outras informações cadastrais do devedor.

As instituições financeiras devem classificar a operação de crédito nos níveis de risco. Segundo a Resolução nº 2.682/1999, a classificação deve ser realizada em função do atraso verificado no pagamento de parcela do principal ou dos encargos devidos da seguinte forma:
- Atraso entre 15 e 30 dias: risco nível B, no mínimo.
- Atraso entre 31 e 60 dias: risco nível C, no mínimo.
- Atraso entre 61 e 90 dias: risco nível D, no mínimo.
- Atraso entre 91 e 120 dias: risco nível E, no mínimo.
- Atraso entre 121 e 150 dias: risco nível F, no mínimo.
- Atraso entre 151 e 180 dias: risco nível G, no mínimo.
- Atraso superior a 180 dias: risco nível H.

A definição dos níveis de risco é fundamental para o estabelecimento da provisão de créditos de liquidação duvidosa, que é criada para absorver parte das possíveis perdas em operações de crédito do banco.

Perda esperada e provisionamento de crédito

Uma forma de proteção contra inadimplência com a qual as instituições financeiras contam é a Provisão para Crédito de Liquidação Duvidosa (PCLD), que por determinação do Banco Central do Brasil é mecanismo utilizado por todas as instituições financeiras. Ela tem o objetivo de afetar contabilmente a conta de resultado, trazendo para o presente as previsões de perdas com a carteira de crédito, possibilitando prever hoje o impacto futuro no resultado.

A PCLD foi implementada pela Resolução nº 2.682/1999 do Bacen, com o intuito de fortalecer e atribuir uma responsabilidade maior ao setor de crédito das instituições, já que exige que as políticas e os procedimentos para concessão do crédito se fundamentem em bases técnicas. E ainda, as regras impostas pela resolução acima estão em conformidade com as normas utilizadas em outros países da América Latina, principalmente no Mercosul.

No contexto do Acordo de Basileia, a estimativa da PCLD é denominada perda esperada ou *expected loss* (EL) e é produto de três fatores:

- A proporção de devedores que poderão atingir uma situação de inadimplência (*default*) em um determinado horizonte de tempo, chamada probabilidade de inadimplência ou *probability of default* (PD).
- A exposição da instituição financeira a estes devedores no momento da inadimplência (*exposure at default* — EAD).
- O percentual desta exposição que não será recuperado em caso de ocorrência da inadimplência, ou *loss given default* (LGD). A LGD também pode ser obtida a partir da taxa de recuperação (*recovery rate* — RR) dos valores devidos pelo tomador de crédito; ou seja, a LGD é igual a 1 menos a taxa de recuperação (RR).

Assim, o montante da perda esperada pode ser encontrado com a seguinte equação:

$$EL = PD \times EAD \times LGD = PD \times EAD \times (1 - RR)$$

A perda esperada deve ser usada como base para a provisão de créditos de liquidação duvidosa, que por sua vez é componente relevante da taxa de *spread* bancário. Dessa forma, pela equação da EL pode-se constatar que tanto a chance de ocorrência de inadimplência (PD) como a taxa de recuperação do crédito (RR) são essenciais para a formação das taxas de juros de operações financeiras. Assim, trabalhar para se reduzir a probabilidade de inadimplência e melhorar os processos de recuperação de créditos são elementos de extrema importância para as instituições financeiras, e para o mercado financeiro como um todo, pois impactarão positivamente a oferta e o custo do crédito para a economia.

O gráfico 8 apresenta a relação entre a PCLD e o montante de operações de créditos dos principais bancos comerciais brasileiros que atuam no segmento de varejo. Nele, pode-se notar que a perda esperada, em média 6,3% das operações de crédito, é relevante ao negócio bancário.

GRÁFICO 8
RELAÇÃO DA PCLD E AS OPERAÇÕES DE CRÉDITO DOS BANCOS DE VAREJO BRASILEIROS EM MARÇO DE 2014

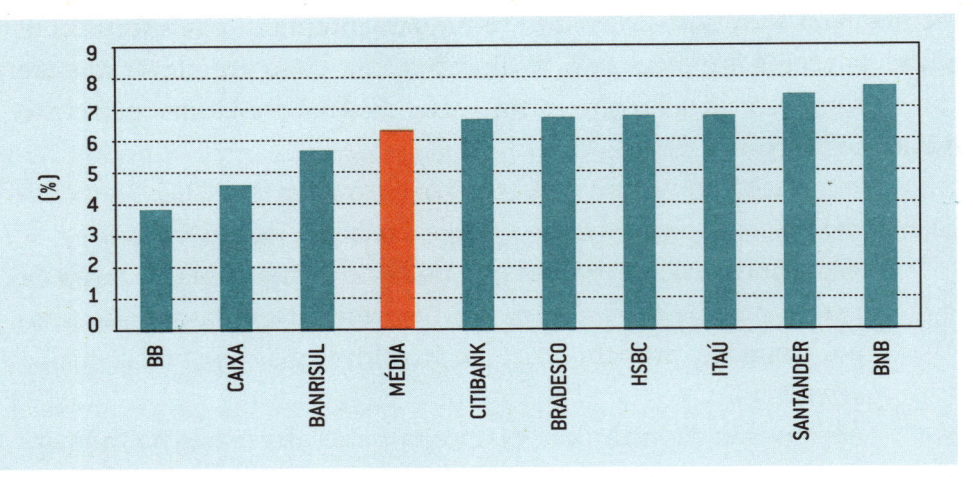

Fonte: Banco Central do Brasil, elaborado pelos autores.

A redução da perda esperada causa redução do *spread* cobrado na taxa de juros da operação de crédito, contribuindo para a melhoria da competitividade da instituição financeira. Além disso, o aumento da taxa de recuperação diminui a necessidade de capital a ser aportado pelos acionistas do banco para atender as exigências do Acordo de Basileia. Dessa forma, mais operações rentáveis poderão ser feitas pelos bancos com o mesmo capital disponibilizado, melhorando a eficiência e gerando um grande incremento no retorno sobre o capital dos acionistas e investidores do banco. Isso causa maior interesse do mercado pelos títulos da instituição financeira, reduzindo o custo de captação de recursos e colaborando com a sustentabilidade do negócio, o que é positivo para a economia como um todo.

Recuperação de créditos

A inadimplência é inevitável em instituições que tratam com grande volume de crédito, como é o caso das instituições financeiras; porém, é preciso minimizar tanto quanto possível seu patamar. Passado o período de oferta do crédito vem a preocupação em reavê-lo sob a forma acordada, e quando isso não acontece é preciso investir em ações de recuperação de crédito. Porém, é preciso alcançar o propósito de reaver o crédito concedido e ainda se preocupar com a fidelização do cliente. É aconselhado para as instituições que oferecem crédito realizar um trabalho de manutenção dos clientes após regularização dos débitos, pois em muitos casos a falha no pagamento pode não ter sido de má-fé, mas sim por alguma situação passageira, como perda de emprego, enfermidade, entre outras.

O processo de recuperação de crédito propicia uma ótima oportunidade de negócios para a instituição financeira. Isso porque no processo de negociação, se esse ocorrer de forma tempestiva e com presteza, o contato com o cliente pode aproximá-lo ainda mais da instituição, permitindo que sejam criados vínculos duradouros. O objetivo da negociação é saber o limite real da outra parte, ou seja, até onde o cliente pode ir.

As instituições financeiras também têm na recuperação de créditos e cobrança uma grande oportunidade de negócios. O setor de carteiras bancárias tem uma posição destacada no departamento de cobrança, pois oferece prestação de serviços para os clientes, tais como acolhimento, controle e cobrança dos títulos lá deixados, como notas promissórias, duplicatas, endossos, entre outros.

Para que o processo de cobrança e recuperação de crédito ocorra com êxito, é imprescindível que o cadastro dos clientes esteja atualizado e com o máximo de informações possíveis, principalmente as que dizem respeito à localização desses clientes, como telefones e endereços, físicos e virtuais (internet).

Se, em dado momento, informações sobre o comportamento de determinado cliente levantarem preocupações quanto à quitação de suas operações com a instituição credora, a mesma começa a adotar medidas de ações preventivas, tais como estabelecimento de prazos ou alteração da linha de crédito contratada inicialmente, a fim de refazer o escalonamento das dívidas. Caso essas medidas não logrem êxito e se efetive o não cumprimento das obrigações por parte do devedor, tem-se início o uso de técnicas legais. Geralmente usam-se anotações restritivas no cadastro que o cliente mantém na instituição, registro de ocorrência em órgão de proteção ao crédito, uso de cobrança telefônica (telecobrança), visitas pessoais, empresas (terceirização) de cobrança, protesto, cessão da dívida e, por fim, ajuizamento da dívida.

A cobrança no contexto da instituição financeira desenvolve uma tarefa de real importância, pois é a encarregada de fazer com que os recursos concedidos retornem o mais rapidamente possível para o caixa da organização, seja da própria instituição ou do seu cliente. Esses recursos recuperados garantem a subsistência e a expansão de uma empresa. O setor de cobrança deve buscar uma identidade que se fundamente na estruturação e programação de trabalho, desempenhando tarefas tais como:

- Desenvolver programa de trabalho diário.
- Focalizar o atraso em seus valores e percentuais como base de trabalho.
- Analisar diariamente se as previsões foram atingidas e estão gerando alternativas para alcançar as metas estabelecidas.
- Focalizar os atrasos (caso a caso) para defini-los.
- Não transferir responsabilidades da tomada de medidas ou soluções.
- Acompanhar e buscar definição imediata dos problemas de atraso causados por: falta de baixa das prestações já pagas ou protestos e ações judiciais.
- Dar tratamento de cobrança prioritária para os casos de valores expressivos, para clientes com crédito abalado.
- Deferir ao cobrador um tratamento profissional, instruindo-o e orientando-o quanto à tomada de decisões; afinal, ele é o elemento que vai tratar diretamente com o cliente.

O processo de recuperação de dívidas possui etapas a serem seguidas para ser eficaz:

- Cobrança instantânea: quanto mais rápida e eficaz a cobrança, menor será a dívida. Portanto, ela deve ser iniciada rapidamente após a constatação do atraso no pagamento, tornando mais eficaz a recuperação do crédito e reduzindo os índices de inadimplência.
- Cobrança tradicional prévia: cobrança tradicional é aquela iniciada habitualmente após 30 dias de atraso no pagamento, por equipes treinadas para esse tipo de cobrança e que respeitem as normas contidas no Código de Defesa do Consumidor e as normas do Banco Central do Brasil.
- Protesto de títulos ou débitos, isto é, aqueles intimados por cartório e não pagos pelos devedores no prazo legal são automaticamente comunicados para todos os cadastros de proteção ao crédito e sem qualquer despesa para os credores. A utilização de protesto é eficiente tendo em vista sua legalidade, agilidade, eficácia.
- Se após a realização da cobrança prévia a dívida não for regularizada, o credor poderá dar início à cobrança judicial. Para isso é necessária a contratação de advogado para que se ingresse com uma ação judicial cabível. Deve-se determinar o montante mínimo para que a cobrança judicial seja vantajosa. Caso contrário, é mais eficiente que, após os procedimentos da cobrança tradicional, os títulos sejam encaminhados ao cartório de protestos.

A ferramenta inicial e central de um programa eficaz de cobrança é o telefone. Essa ferramenta tornou-se o meio principal de contatar o cliente e cobrar o dinheiro devido. As técnicas de cobrança telefônica têm sido ferramentas ricas e poderosas de retorno de capital. A quantidade de tempo gasto em visitas pessoais aos clientes deve ser restrita a certas contas especiais e a um grupo altamente seletivo de contas devedoras. A cobrança telefônica possui vantagens, pois é barata quando comparada à visita pessoal; é bilateral; é imediata e produz algum tipo de resposta ou sensação no momento em que o contato é feito; permite que sejam feitos questionamentos, que sejam obtidas informações e que seja adotada uma estratégia em função das informações obtidas; permite flexibilidade das informações obtidas; permite flexibilidade na abordagem, conforme o tipo de reação; pode gerar acordo durante o próprio telefonema. Nos telefonemas para cobrança, a comunicação deve ser feita em frases claras e nunca falar os jargões da própria instituição credora; usar palavras curtas e concretas e voz ativa, que é mais direta e tem mais vigor do que a passiva.

Algumas situações podem requerer visita a um cliente devedor, como verificar a localização da mercadoria, verificar a localização do cliente, para dar atenção personalizada e mostrar ao cliente que o saldo devedor é um problema sério. O cobrador deve evitar ter uma conversa tensa com o cliente, tocar fisicamente o cliente de maneira que isso possa ser interpretado como ofensivo, falar com um estranho sobre o relacionamento com o cliente devedor, deixar um aviso ou mensagem endereçado ao cliente devedor sobre o atraso do pagamento onde outras pessoas possam lê-lo. Além de se atentar aos trajes, postura, comportamento e vocabulário incompatíveis com a atividade e com o perfil do cliente.

A seguir são elencadas atitudes recomendadas, e esperadas, do cobrador, seja um que atue por telefone ou pessoalmente.

- Ser entusiasta.
- Ser sincero.
- Mostrar estima.
- Encontrar a verdadeira razão para eventual irritação e origem do atraso do devedor.
- Acalmar o cliente irritado.
- Insinuar parceria.
- Ouvir a história dos devedores.
- Desligar a raiva.
- Dissipar a suspeita e a desconfiança.

- Ajudar o cliente a obter o que ele quer.
- Estabelecer um compromisso para a ação.
- Evitar ser cínico.
- Manter o controle.

Um serviço externo de cobrança qualificado pode complementar a atividade de cobrança no ponto em que o credor tenha esgotado seus recursos e suas capacidades. Contas devedoras são encaminhadas para uma empresa de cobrança amigável somente como penúltimo recurso; o último é o recurso judicial. As empresas de cobrança começam o seu trabalho quando as contas excederem certo ponto de atraso, por exemplo, de mais de 90 dias, sem ter havido ação apropriada por parte do cliente, por se haverem esgotados os recursos e as capacidades do credor ou quando o valor não justifica o esforço do credor. A terceirização da cobrança extrajudicial traz como benefícios:

- Redução dos riscos e aumento da eficiência operacional pela contratação de empresas especializadas.
- Automação do processo por meio de sistemas, reduzindo os custos operacionais.
- Direcionamento dos esforços para a regularização do endividamento total do cliente.
- Aumento da produtividade no processo de cobrança ao definir a remuneração das empresas de cobrança vinculada aos respectivos desempenhos.
- Desoneração da estrutura das agências e das áreas administrativas relacionadas ao processo de cobrança, possibilitando redirecionamento da mão de obra para outros negócios de maior rentabilidade.

O protesto é um ato formal que se destina a comprovar a inadimplência de uma determinada pessoa, física ou jurídica, quando ela for devedora de um título de crédito ou de outro documento de dívida sujeito a protesto. Somente um tabelião e seus prepostos designados podem lavrar o protesto. O protesto, basicamente, se destina a duas finalidades: a primeira é de provar publicamente o atraso do devedor; a segunda função do protesto é resguardar o direito de crédito. Em certas ações judiciais, é exigido por lei o protesto, assim como bancos e outras instituições financeiras exigem certidão negativa de protesto para liberação de financiamentos. Em transações de imóveis, alguns compradores exigem também certidão negativa de protesto. Deve-se proceder ao protesto para promover ação de rescisão de contrato — busca e apreensão, quando a loja desejar pressionar clientes ao pagamento da dívida. Militares, bancários e alguns funcionários públicos não podem ser protestados. Quando o cliente em atraso estiver prestes a vender um imóvel de sua propriedade ou quando for pecuarista ou agricultor e estiver prestes a receber financiamento, estando com a dívida protestada, a transação poderá ser sustada até que se regularize o protesto.

A cobrança judicial, ou ajuizamento, representa uma ferramenta forte no processo de recuperação; isso explica a importância do cumprimento dos prazos regulamentares para o ajuizamento. A ação judicial somente deverá ser usada quando já se esgotaram todos os meios amigáveis para a solução da pendência, que são remessa de avisos, visita do cobrador, negativas nos serviços de proteção ao crédito, tentativas de renegociação, pagamento pelo avalista, protesto. Deve ser formalizado um dossiê contendo todos os documentos pertinentes ao início da cobrança judicial, inclusive certidões negativas ou positivas de imóveis, informações sobre a propriedade ou não de veículos em nome do tomador de crédito, por exemplo. O objetivo de tais certidões é fornecer ao credor a informação de bens que possam ser penhorados durante uma cobrança judicial, em garantia ou pagamento da dívida. Após análise, e se a única alternativa de recuperação do crédito for, realmente, o ajuizamento de uma ação contra o tomador do crédito, todos os documentos relativos ao contrato inadimplente deverão ser enviados ao departamento jurídico da instituição ou escritório terceirizado para que os advogados tomem as medidas necessárias à cobrança judicial.

A prática da renegociação de dívidas bancárias é cada vez mais utilizada pelas instituições financeiras, com vantagens para as partes envolvidas. É possível, muitas vezes, que o devedor consiga a isenção no pagamento de multas, repactuação dos juros com taxas menores e aumento do prazo de pagamento da dívida, enquanto o credor tem de volta seu maior bem, o capital concedido, para reinvestir em outros negócios. A revisão dos valores das dívidas, contudo, é uma das últimas etapas do processo de cobrança e renegociação. É importante ressaltar que toda negociação para recuperação de créditos requer uma preparação prévia. Todos os dados sobre o contrato inadimplente devem ser levantados, tais como início da inadimplência, tipos de cobrança que foram efetuadas ao cliente e motivos para a não regularização do atraso, despesas inerentes à cobrança judicial, se for o caso etc. Todas as informações existentes sobre a inadimplência são de fundamental importância quando se pretende recuperar o crédito.

Pode-se dizer, portanto que a renegociação para a recuperação de créditos bancários é a capacidade do negociador em alcançar acordos em condições que representem os melhores resultados para a instituição financeira e para o cliente, garantindo as expectativas de satisfação mútua. A renegociação do crédito inadimplente deve ocorrer o mais breve possível, pois o tempo, em matéria de recuperação de crédito, nunca é favorável ao credor. O negociador tem a responsabilidade, perante os acionistas do banco, de recuperar o crédito nas melhores condições possíveis, e, perante o cliente, de não lhe agravar a situação de inadimplência, ou seja, buscar uma solução.

Deve-se entender a negociação como um jogo, onde os melhores negociadores devem jogar limpo, fazer muitas perguntas, ouvir cuidadosamente e concentrar-se no que desejam e no que a outra parte está tentando conseguir na mesa de negociação, considerando que o tempo de duração de uma proposta é quase tão importante quanto seu conteúdo. As pessoas precisam sentir que ganharam algo durante o processo de negociação. Ao sentar-se à mesa de renegociação, deve-se preparar antecipadamente mais de uma alternativa para o acordo, caso contrário, será muito difícil concluí-lo. Não se deve efetuar nenhum acordo sem antes analisar o histórico da dívida e de se refazer toda análise da capacidade de pagamento atual e futura do devedor, bem como reavaliar todo o risco da operação que será proposta. Ao analisar o tomador, considerar os seus débitos e comprometimentos junto a todas as áreas da instituição e outros órgãos, se for o caso. O desconhecimento dessas informações levará a uma renegociação que não resistirá ao pagamento da prestação subsequente à entrada.

Referências

BANCO CENTRAL DO BRASIL. Disponível em: <www.bcb.gov.br>.

BERNI, Mauro Tadeu. *Operação e concessão de crédito*: os parâmetros para a decisão de crédito. São Paulo: Atlas, 1999.

BLATT, Adriano. *Avaliação de risco e decisão de crédito*: um enfoque prático. São Paulo: Nobel, 1999.

CAOUETTE, John B.; ALTMAN, Edward I.; NARAYANAN, Paul. *Gestão de risco de crédito*: o próximo desafio financeiro. 2. ed. Rio de Janeiro: Qualitymark, 2008.

CETIP. Disponível em: <www.cetip.com.br>.

CHAIA, Alexandre J. *Modelos de gestão do risco de crédito e sua aplicabilidade ao mercado brasileiro*. Tese (doutorado) — Faculdade de Economia e Administração, Universidade de São Paulo, São Paulo, 2003.

SAUNDERS, Anthony; CORNETT, Marcia. *Financial institutions management*: a modern perspective. 2. ed. Chicago: Irwin Professional Publishing, 2010.
SILVA e De Placido. *Vocabulário jurídico*. 31. ed. São Paulo: Forense, 2014.
SILVA, José Pereira da. *Análise e decisão de crédito*. 12. ed. São Paulo: Atlas, 2013.
_____. *Gestão e análise de risco de crédito*. 8. ed. São Paulo: Atlas, 2014.

ESTUDO DE CASO

A recuperação de créditos é uma das etapas do processo de crédito bancário, pois começa a atuar quando o cliente do banco se encontra com dificuldades de honrar as suas obrigações nos prazos acordados, tentando evitar, e até mesmo reverter, uma situação de inadimplência. No Banco do Brasil, em 2014, a função de recuperação de crédito cabe à diretoria de reestruturação de ativos operacionais (Dirao), que é ligada à vice-presidência de controles internos e gestão de riscos (Vicri). Por meio do uso de canais de cobrança (agência e *call center*) e de recuperação (gerência de cobrança e recuperação de crédito — Gecor — e empresas terceirizadas de cobrança), bem como de ferramentas, sistemas e modelos estatísticos, segundo bases de dados históricas e comportamentais dos clientes, a Dirao trabalha para reestruturar e recuperar ativos oriundos de operações de crédito que estão na fase de condução, cobrança ou recuperação. Desde 2008, a Dirao emprega modelos probabilísticos de cobrança e recuperação, que analisam a situação pessoal, profissional, entre outros fatores relacionados ao cliente, para antecipar eventuais atrasos de pagamento e também oferecer alternativas para o cliente regularizar sua situação junto ao banco. Os modelos desenvolvidos permitem, entre outras tarefas, determinar, inclusive, a probabilidade de pagamento desse cliente em determinado prazo e utiliza essa inteligência para definir as estratégias de cobrança que envolvem diversas ações automáticas, tais como envio de cartas de cobrança, negativação em órgãos de restrição ao crédito, bloqueios de limites de crédito, bloqueio da função compra do cartão de crédito, restrição ao crédito de avalistas e fiadores, bloqueio da entrega de talonário e anotações cadastrais. Os modelos também orientam qual o melhor canal para esse cliente ser cobrado, bem como o abatimento a ser aplicado em eventual negociação com esse cliente. Dessa forma, o Banco do Brasil não somente recupera seus ativos, mas principalmente fideliza e encanta seus clientes ao ser pioneiro no sistema financeiro nacional na utilização da visão cliente no processo de cobrança e recuperação de créditos. Um dos vários projetos de sucesso da Dirao é o projeto "BB Solução de Dívidas", que surgiu para aumentar o nível de recuperação de créditos dentro do ambiente tecnológico da internet, provendo celeridade, flexibilidade, transparência e eficiência ao processo de cobrança.

Projeto BB Solução de Dívidas

A ideia de desenvolver e disponibilizar um ambiente exclusivo de autoatendimento para o cliente inadimplente, ou para aqueles que desejem equacionar suas dívidas, surgiu de um questionamento e comparação quanto às soluções ofertadas pelos principais bancos brasileiros em canais alternativos e interativos para esse público. Afinal, melhorar a taxa de recuperação dos ativos gera maiores resultados ao Banco do Brasil e permite que menos capital seja alocado de acordo com os padrões de Basileia, pois o banco reduz seu risco.

Ao pesquisar os sites dos diversos bancos brasileiros, bem como analisar a percepção de profissionais do setor, a equipe da Dirao percebeu que havia poucas informações disponíveis, dispersas em cartilhas ou orientações genéricas, sem um caráter prático e pouco interativas, dificultando sobremaneira o acesso e o entendimento das soluções de cobrança.

Estudando o comportamento dos clientes do Banco do Brasil, a equipe do projeto percebeu que a maioria deles utiliza canais de autoatendimento alternativamente ao atendimento pessoal, como o *internet banking*, celular, *tablet*, *call center* e terminais de autoatendimento (TAA).

Nesse contexto, foi proposto algo que seria inovador e efetivo para o cliente gerenciar seu orçamento pessoal, com visão ampla de suas disponibilidades diante de todos os seus empréstimos e financiamentos com o banco e com informações claras e acessíveis nos diversos canais de atendimento.

Surgiu então o BB Solução de Dívidas (<www.bb.com.br/bbsolucaodedividas>). Ambiente onde estão disponíveis informações como o saldo devedor atualizado, parcelas em atraso, valor das tarifas pendentes e opções de parcelamento das dívidas do cliente, onde também os clientes não correntistas do banco podem acertar seus débitos pela internet.

Esse projeto está alinhado e converge com o amadurecimento das relações de consumo da sociedade brasileira, em que a ética e a transparência são cada vez mais exigidas das empresas e o fornecimento de informações suficientes e satisfatórias é ponto imprescindível para a tomada de decisões adequadas.

Um dos aspectos de sucesso do BB Solução de Dívidas é de cunho psicológico, pois a equipe do projeto constatou que grande número dos clientes inadim-

ESTUDO DE CASO

plentes se sente em situação fragilizada, preferindo obter atendimento ou negociação em ambiente reservado, sem compartilhar sua situação financeira com o gerente ou um funcionário do banco. Por isso, uma preocupação adicional do banco em construir uma solução de tecnologia que fosse socialmente responsável, assegurando todas as condições que o cliente obteria em um atendimento pessoal na agência, ou em qualquer outro canal de atendimento humano.

Com a ferramenta os clientes podem consultar e solucionar, por meio de renovação ou renegociação, suas pendências financeiras, escolhendo os melhores prazos e parcelamentos de forma independente, mesmo fora do horário bancário, inclusive feriados e finais de semana. Um diferencial do Banco do Brasil para implementação da ferramenta é tratar o cliente como um todo, e não segmentado por tipo de produtos, como ocorre na maioria dos bancos. Assim, foi possível entender o comportamento e a situação financeira total do cliente, e não somente por produto consumido por ele.

O projeto foi apresentado à governança do banco e em seguida foi aprovado. O desenvolvimento do BB Solução de Dívidas envolveu diversas áreas e diretorias, como a de clientes (Direc), marketing (Dimac), tecnologia (Ditec) e recuperação de créditos (Dirao), tendo como foco a adequação da linguagem à simplicidade e intuição na operação da ferramenta pelo cliente.

A implementação da primeira fase consistiu de solução para o cliente pessoa física no ambiente internet. As demais fases do projeto preveem a ampliação da solução nos diversos canais de autoatendimento, como a plataforma "mobile", bem como para o público de pessoa jurídica de varejo.

As avaliações iniciais quanto aos resultados obtidos, após a primeira semana de implementação, foram excelentes do ponto de vista qualitativo e quantitativo, tendo superado todas as expectativas do plano traçado inicialmente e rapidamente atingido a marca de 200 a 250 atendimentos por dia pela ferramenta.

Essa solução do Banco do Brasil começou um novo marco no sistema financeiro nacional, ampliando o atendimento dos clientes inadimplentes ou daqueles que desejem readequar suas finanças, reafirmando sua posição de vanguarda e liderança com inovação, transparência e respeito em sua relação com seus clientes. Ao mesmo tempo que contribui para elevar os índices de produtividade e eficiência operacional do banco, criando valor para seus clientes, acionistas e demais *stakeholders* da instituição.

Visão do futuro

Acredita-se que o ambiente tecnológico da internet, em conjunto com plataformas de mobilidade ou "mobile" (tablets, smartphones etc.), ganhará importância cada vez maior na recuperação de créditos, pois propiciará mais flexibilidade, celeridade, transparência e eficiência ao processo de cobrança, tanto para o cliente como para o Banco do Brasil. Dessa forma, a recuperação de crédito desempenhará um papel estratégico para manutenção e ampliação do vínculo dos clientes com o banco.

GOVERNANÇA CORPORATIVA

Paulo Renato Soares Terra

Governança corporativa é uma daquelas palavras que aparece com frequência quase diária na mídia. Embora o termo seja muito usado — e abusado — de forma muitas vezes equivocada, o conceito por trás das palavras é dos mais importantes para a realidade empresarial do final do século XX e início do século XXI. Poucos conceitos têm um impacto tão profundo e concreto na forma como as empresas são dirigidas hoje em dia quanto a governança corporativa. Seu correto entendimento, portanto, é um conhecimento importante para qualquer profissional contemporâneo. O objetivo deste capítulo é apresentar, de forma sintética, mas completa e atual, os principais aspectos da governança corporativa.

O conteúdo deste capítulo está largamente baseado na experiência acadêmica do autor e, para deixar o texto mais fluido e amigável, propositalmente abriu-se mão de fazer frequentes referências a fontes da literatura, bem como de lançar mão de fastidiosas notas de rodapé. Entretanto, as afirmações constantes no texto são de domínio público, de senso comum e/ou facilmente verificáveis mediante simples buscas nas fontes bibliográficas ou telematizadas mais acessíveis. Ao final do capítulo é fornecida uma sugestão de bibliografia para o leitor que desejar aprofundar seus conhecimentos sobre o assunto.

O que é governança corporativa?

Existem muitas definições diferentes de governança corporativa na literatura. Na verdade, mesmo entre os especialistas da área, não existe um consenso sobre o conceito de governança corporativa. Por exemplo, no prestigioso dicionário *Novo Palgrave de Economia e Direito*, o professor Luigi Zingales da Universidade de Chicago nos brinda com essa pérola do economês no respectivo verbete: "governança corporativa é o complexo conjunto de restrições que dão forma à barganha posterior pela quase renda gerada por uma firma" (tradução livre). Talvez não seja a definição mais elucidativa.

Já Andrei Shleifer, da Universidade de Harvard, um dos economistas mais citados atualmente, define governança corporativa com seus colegas como "as maneiras pelas quais os fornecedores de financiamento para as empresas se asseguram do retorno de seus investimentos" (tradução livre). O Instituto Brasileiro de Governança Corporativa, por sua vez, conceitua governança corporativa como "o sistema pelo qual as organizações são dirigidas, monitoradas e incentivadas, envolvendo os relacionamentos entre proprietários, conselho de administração, diretoria e órgãos de controle". Segundo a Organização para Cooperação e Desenvolvimento Econômico (OCDE), governança corporativa:

> provê a estrutura através da qual os objetivos da companhia são estabelecidos e os meios para alcançá-los e para monitorar o seu desempenho são determinados, envolvendo o conjunto de relacionamentos entre administração, conselho, acionistas e outras partes interessadas da companhia.

Pode-se perceber nas diversas definições de governança corporativa duas correntes principais. Uma, de origem norte-americana, tem um escopo mais estreito sobre os interesses dos acionistas, refletindo uma ênfase no *shareholder capitalism* que caracteriza aquele mercado. Nessa linha de pensamento, o principal problema para a governança corporativa seria o conflito entre acionistas e executivos. A outra corrente, de origem europeia continental, tem um escopo mais amplo sobre os interesses de uma gama maior de atores, refletindo o *stakeholder capitalism* mais em voga naquele continente. Para essa abordagem, governança corporativa deveria tratar de um conjunto maior de conflitos entre as várias partes interessadas na empresa, o que compreende, além dos acionistas, seus credores, trabalhadores, fornecedores, clientes e a comunidade em geral.

Ambas as abordagens estão sujeitas a críticas. A visão norte-americana é criticada por, ao ter apenas o acionista como prioridade, dar as costas aos interesses da sociedade como um todo, o que poderia levar a comportamentos perversos por parte das companhias que, no limite, poderiam levar a crises sistêmicas, como a crise de 2007-2008. Já a abordagem europeia é criticada por, ao ampliar demasiadamente o âmbito de atuação da governança, tornar mais difícil, senão impossível que essa consiga oferecer respostas objetivas aos problemas concretos enfrentados pelas empresas. Afinal de contas, existem muitos conflitos de interesses simultâneos entre os vários *stakeholders* das companhias e é impossível encontrar uma solução ótima para todos eles.

Particularmente, defende-se uma posição intermediária. A governança corporativa tem um papel importantíssimo em garantir o suprimento de capital para que as empresas possam levar adiante os seus projetos de investimento e, dessa forma, garantir seu crescimento e sua perenidade. Por isso propõe-se uma definição de governança corporativa nas seguintes linhas: Governança corporativa é o conjunto de mecanismos (órgãos, normas, processos e práticas) pelos quais os fornecedores de capital (acionistas e credores) de uma companhia garantem a remuneração esperada dos seus investimentos.

Antecedentes da governança corporativa

Em 1852, na Grã-Bretanha vitoriana, o parlamento sancionou o Companies Act, legislação que regulamentava a formação de sociedades por ações ou companhias. Embora tais formas de constituição de empresas existissem desde o século XVI, a partir dessa data quaisquer sete cidadãos poderiam se associar para qualquer empreendimento, sem necessitar da sanção prévia do Estado. Tais companhias incorporavam três inovações críticas: (1) caracterizavam-se como uma *entidade* distinta de seus proprietários, com capacidade para contratar e engajar-se em negócios separadamente destes; (2) possuíam a propriedade da *responsabilidade limitada*, isto é, seus proprietários não respondiam pelas obrigações e compromissos assumidos pela companhia, além do valor do capital que estes comprometiam na empresa; e (3) a possibilidade de *vender ações negociáveis* para qualquer número de investidores que desejassem adquiri-las. Essas características permitiram um substancial impulso ao desenvolvimento dos mercados financeiro e de capitais.

O surgimento da moderna sociedade por ações foi um grande avanço para o capitalismo. A partir de sua criação, foi possível canalizar a poupança de milhares de pequenos investidores para a realização de grandes projetos de investimento, tais como ferrovias, siderúrgicas, mineração, energia, comunicações, grandes obras de infraestrutura, além do desenvolvimento de indústrias inovadoras, do surgimento das empresas multinacionais, da globalização dos mercados, dos fluxos de capitais e da mão de obra. A possibilidade de adquirir ações de diferentes empresas também permitiu aos investidores diversificar seus riscos, não sendo mais necessário colocar todos os ovos numa mesma cesta.

Entretanto, à medida que as empresas iam crescendo e se tornando mais complexas, sua administração ia se tornando mais especializada e sua propriedade acionária cada vez mais dispersa. Já no início do século XX, um fenômeno começava a ser observado: a separação entre propriedade e controle. Cada vez mais, nas grandes corporações, aqueles que eram os proprietários — os acionistas — tinham pouco ou nenhum poder de decisão, enquanto aqueles que não eram os proprietários tinham todo o poder — os executivos. Esse fenômeno foi documentado pioneiramente pelos economistas Adolf Berle e Gardiner Means na década de 1930, na clássica obra *A moderna sociedade anônima e a propriedade privada* e revisitado por John Galbraith na década de 1960 em seu livro *O novo Estado industrial*.

Essa separação entre propriedade e controle é o pano de fundo para as discussões sobre governança corporativa. O proprietário detém o poder de decisão *de direito* sobre a empresa, mas é o executivo, seja pela sua *expertise*, seja pelo seu envolvimento mais profundo nos negócios da empresa, quem detém o poder de decisão *de fato*. Este deve exercer o poder em benefício daquele, que é a legítima fonte desse poder. Contudo, é natural supor que aquele que detém o poder de decisão de fato possa utilizá-lo, pelo menos em alguma medida, em seu próprio benefício. E esta seria uma disfunção criada pela separação entre propriedade e controle trazida pelo sistema da sociedade por ações.

O arcabouço teórico de tal discussão foi proposto a partir da década de 1970 dentro do que é conhecido como "teoria de agência". Uma relação de agência é toda relação em que uma parte — o principal — delega poder de decisão para outra parte — o agente —, que deve utilizar tal poder em benefício do principal. Contudo, seja pela dificuldade em monitorar a atuação do agente ou simplesmente pela incerteza inerente ao tipo de situação, o comportamento do agente pode desviar-se daquele desejado pelo principal. Evidentemente, o principal tem consciência dessa possibilidade e procura implementar medidas para limitar a atuação indesejada do agente, tais como imposição de controles externos (auditorias), contratos de incentivo (bonificações e comissões) ou ainda ameaça de término do contrato (demissão). Entretanto, todos esses controles implicam custos para o principal e, ainda, nenhum sistema de controle é perfeito.

Um desenvolvimento mais recente do ponto de vista teórico, de especial interesse para as economias emergentes como o Brasil, é o conflito principal-principal. Tal problema manifesta-se quando, em lugar de um agente, temos um principal que toma decisões em nome dos demais principais. Esse é exatamente o caso entre acionistas majoritários e acionistas minoritários de uma companhia de capital aberto. Em tal companhia, um acionista com 50% do capital mais uma ação (digamos 50,1% para simplificar) pode tomar as decisões de forma plenipotenciária em nome de todos os acionistas. Ou seja, um único acionista decide por 100% do capital. Nesse caso, o acionista majoritário pode tomar decisões que sejam de seu interesse embora sejam prejudiciais aos demais 49,9% do capital da empresa. Entre os conflitos que podem surgir nesse tipo de relação estariam transações com partes relacionadas, transferências de recursos e ativos (*tunneling*), fixação de remuneração em níveis elevados, nomeação de amigos e parentes para cargos-chave, obtenção de favorecimentos e *perquisites* etc. O conflito principal-principal fica acentuado quando esquemas de pirâmides de controle através do uso de empresas *holding* sucessivas são utilizados para reduzir o capital total necessário para o controle majoritário de uma empresa, ou ainda através do uso de ações sem direito a voto para diluir a relação entre capital votante e capital total necessária para se conquistar a maioria do capital da companhia.

Histórico e evolução da governança corporativa

O termo "governança corporativa" foi cunhado em 1960 pelo professor Richard Eells da Universidade de Columbia em seu livro *The meaning of modern business*, com o objetivo de descrever a estrutura e o funcionamento do regime político corporativo. Já o primeiro registro de uso oficial do termo é de 1976, quando foi mencionado pela Securities and Exchange Commission como parte de uma agenda de reformas na regulamentação do mercado de capitais norte-americano subsequente a uma série de incidentes envolvendo a negligência de conselheiros para com a má-conduta de executivos de algumas companhias abertas que foram à falência naquela década.

Um marco mais recente na evolução da governança corporativa foi a Comissão Cadbury, que produziu o célebre relatório de mesmo nome em 1992 (embora o nome oficial fosse "Aspectos financeiros de governança corporativa", acabou sendo conhecido pelo nome do presidente da comissão, sir Adrian Cadbury). Essa comissão foi designada pelo Conselho Britânico de Relatórios Financeiros e pela Bolsa de Valores de Londres para investigar as circunstâncias de alguns escândalos corporativos que ocorreram no início dos anos 1990, em especial as falências da Maxwell Communications Corp, do Bank of Credit and Commerce International e da Polly Peck International. Todas essas empresas estiveram envolvidas em esquemas de fusões e aquisições fortemente alavancadas nos anos anteriores às suas dificuldades financeiras, gerando dúvidas quanto à lisura dessas transações, à qualidade das demonstrações financeiras que eram apresentadas, bem como à adequabilidade de remuneração dos seus executivos. As recomendações da Comissão Cadbury cobriam maior transparência na apresentação das informações financeiras das empresas, mudanças na estrutura e funcionamento dos conselhos de administração, instituição de comitês independentes de auditoria e de remuneração e maior divisão de responsabilidades entre os executivos e o conselho de administração das companhias.

Em 1999 a OCDE propôs os seus Princípios de Governança Corporativa como parte de um esforço para desenvolver um conjunto de diretrizes e padrões para o fortalecimento dos sistemas financeiros de seus países-membros. Desde então, esses princípios tornaram-se uma referência para vários outros países na elaboração de seus próprios códigos nacionais de governança corporativa. Os princípios originais foram revisados em 2004 e uma nova revisão teve início em 2014, com previsão de término no mesmo ano. Os princípios da OCDE cobrem aspectos de direitos dos acionistas e funções da propriedade, tratamento equânime dos acionistas, o papel dos *stakeholders* na governança corporativa, transparência e divulgação de informações e responsabilidades do conselho de administração.

Uma década depois do relatório Cadbury, também como reação a uma série de escândalos financeiros, outro marco importante na evolução da governança corporativa contemporânea foi a lei Sarbanes-Oxley (SOX). Essa legislação federal dos Estados Unidos, de autoria dos senadores Paul Sarbanes (democrata, Maryland) e Michael Oxley (republicano, Ohio), foi promulgada pelo presidente George W. Bush em 2002 como resposta aos escândalos corporativos do início do século XXI, principalmente a falência da Enron, empresa de energia que, na época, protagonizou a maior falência dos EUA. A Enron envolveu-se em fraudes contábeis diversas para esconder prejuízos e, dessa forma, iludir os investidores. Assim como essa companhia, outras grandes empresas passaram por episódios semelhantes na mesma época, como Tyco International, Adelphia, Peregrine Systems e WorldCom. O resultado foi um descrédito muito grande do mercado de capitais e da contabilidade entre os investidores.

O objetivo da SOX foi restaurar a credibilidade e a confiança pública no mercado ao garantir práticas de negócio éticas através da maior responsabilização dos executivos e conselheiros. Essa legislação aplica-se a quaisquer empresas cujos títulos sejam negociados nos Estados Unidos, independentemente de serem ou não empresas baseadas naquele país, ou seja, empresas que possuam ADRs (*American Depositary Receipts*) ou *bonds* negociados em Nova York, por exemplo, estão sujeitas a essa lei. A SOX é dividida em 11 seções cobrindo tópicos como órgãos reguladores (criação do Public Company Accounting Oversight Board, maior autoridade para a Securities and Exchange Commission), relação entre companhias e auditorias independentes, conflitos de interesse entre analistas de mercado, regras de transparência, responsabilização criminal para executivos e conselheiros, maiores penalidades para crimes do colarinho branco e exigência de controles corporativos internos mais eficazes.

No Brasil, em 1995, foi criado o Instituto Brasileiro de Governança Corporativa (IBGC), organização sem fins lucrativos, com o propósito de desenvolver e promover no país o conceito e os princípios de governança corporativa. Além de realizar cursos de formação e treinamento sobre governança corporativa, promover simpósios e congressos e conferir prêmios, o IBGC publica o código de melhores práticas de governança corporativa e outros guias, livros, pesquisas e documentos para orientação de empresas e profissionais. O IBGC também representa, no Brasil, organizações internacionais que promovem a evolução da governança corporativa em nível global.

Outro marco importante na evolução da governança corporativa no Brasil foi a iniciativa da BM&FBovespa de criar os segmentos especiais de listagem com níveis diferenciados de governança corporativa. Criados em 2000 e lançados a partir de 2002, cada segmento — Novo Mercado, Nível 2, Nível 1 e, a partir de 2014, Bovespa Mais — tem um conjunto de regras de governança corporativa que vão além das obrigações que as companhias têm perante a Lei nº 6.404/1976 — Lei das Sociedades por Ações (Lei das S.A.) — e tem como objetivo melhorar a avaliação das empresas que decidem aderir, voluntariamente, a um desses níveis de listagem. O objetivo é atender os investidores de forma mais completa ao oferecer segmentos adequados aos diferentes perfis de empresas e, dessa forma, desenvolver o mercado de capitais brasileiro. As características de cada segmento estão resumidas no quadro 1.

QUADRO 1
COMPARATIVO DOS NÍVEIS DE GOVERNANÇA CORPORATIVA NA BM&FBOVESPA

	BOVESPA MAIS (A PARTIR DE 23/5/2014)	NOVO MERCADO	NÍVEL 2	NÍVEL 1	TRADICIONAL
Características das ações emitidas	Permite a existência somente de ações ON		Permite a existência de ações ON e PN (com direitos adicionais)	Permite a existência de ações ON e PN (conforme legislação)	Permite a existência de ações ON e PN (conforme legislação)
Percentual mínimo de ações em circulação (*free float*)	25% de *free float* até o sétimo ano de listagem	No mínimo 25% de *free float*			Não há regra
Distribuições públicas de ações	Não há regra	Esforços de dispersão acionária			Não há regra
Vedação a disposições estatutárias (a partir de 10/5/2011)	Quórum qualificado e "cláusulas pétreas"	Limitação de voto inferior a 5% do capital, quórum qualificado e "cláusulas pétreas"		Não há regra	
Composição do conselho de administração	Mínimo de três membros (conforme legislação)	Mínimo de cinco membros, dos quais pelo menos 20% devem ser independentes com mandato unificado de até dois anos		Mínimo de três membros (conforme legislação)	

continua

	BOVESPA MAIS (A PARTIR DE 23/5/2014)	NOVO MERCADO	NÍVEL 2	NÍVEL 1	TRADICIONAL
Vedação à acumulação de cargos (a partir de 10/5/2011)	Não há regra	Presidente do conselho e diretor-presidente ou principal executivo pela mesma pessoa (carência de três anos a partir da adesão)			Não há regra
Obrigação do conselho de administração (a partir de 10/5/2011)	Não há regra	Manifestação sobre qualquer oferta pública de aquisição de ações da companhia		Não há regra	
Demonstrações financeiras	Conforme legislação	Traduzidas para o inglês		Conforme legislação	
Reunião pública anual	Facultativa	Obrigatória			Facultativa
Calendário de eventos corporativos	Obrigatório				Facultativo
Divulgação adicional de informações (a partir de 10/5/2011)	Política de negociação de valores mobiliários	Política de negociação de valores mobiliários e código de conduta			Não há regra
Concessão de *tag along*	100% para ações ON		100% para ações ON e PN (a partir de 10/5/2011)	80% para ações ON (conforme legislação)	
Oferta pública de aquisição de ações no mínimo pelo valor econômico	Obrigatoriedade em caso de cancelamento de registro ou saída do segmento			Conforme legislação	
Adesão à Câmara de Arbitragem do Mercado	Obrigatório			Facultativo	

Fonte: BM&FBovespa. Disponível em: <www.bmfbovespa.com.br/pt-br/servicos/solucoes-para-empresas/segmentos-de--listagem/o-que-sao-segmentos-de-listagem.aspx?Idioma=pt-br>. Acesso em: set. 2014.

A importância da governança corporativa

A governança corporativa ganhou muita evidência nas últimas duas décadas. Três fatores contribuíram para a maior relevância desse tema nas discussões acadêmicas e profissionais no meio corporativo: (1) a sucessão de escândalos corporativos que resultaram em falências de grandes empresas causando grandes prejuízos aos investidores; (2) o crescimento da remuneração de executivos de grandes empresas, muitas vezes sem a contrapartida de maior desempenho dessas companhias; e (3) a assunção de riscos por parte de instituições financeiras em transações com derivativos ao longo da década de 2000, que culminaram na crise sistêmica de 2007-2008 e que obrigaram governos de vários países a resgatarem diversas instituições com recursos públicos.

Embora a governança corporativa tenha maior repercussão nesses episódios extremos, sua importância é muito mais cotidiana na vida das empresas. Numa companhia de capital aberto, o fluxo de capital externo é crítico para o financiamento de seus projetos de expansão e crescimento. Um problema enfrentado pela maioria das empresas, mesmo as maiores, é a escassez de recursos disponíveis para captação (restrição financeira). Uma barreira natural para isso é a *assimetria de informações* ou, simplesmente, o fato de que o investidor externo à empresa, seja um acionista ou um eventual credor (*outsiders*), não tem tantas informações a respeito da qualidade dos projetos que a empresa pretende realizar quanto seus acionistas internos ou gestores (*insiders*). Além disso, os *outsiders* podem ter dúvidas quanto à destinação que será dada aos fluxos de caixa gerados pelos projetos de investimento da empresa quando estes maturarem.

Tais assimetrias informacionais, no limite, simplesmente irão interromper completamente o fluxo de financiamento para a empresa. Em intensidades menos extremas, a assimetria informacional irá tornar o fluxo de financiamento mais restrito e, consequentemente, mais caro para a companhia. Esse encarecimento irá se refletir diretamente sobre o custo de capital da empresa, ou seja, no retorno que a companhia precisa oferecer aos investidores para convencê-los a adquirirem os títulos de sua emissão (ações e títulos em geral). O custo de capital é um elemento crítico na capacidade da empresa em competir no seu mercado de produtos. Quanto menor for seu custo de capital, maior será o número de novos projetos de investimento que ela será capaz de implementar e, consequentemente, maiores serão suas perspectivas de crescimento futuro.

Portanto, a empresa, ao adotar mecanismos — órgãos, normas, processos e práticas — que deem aos investidores mais segurança de que obterão o retorno esperado sobre seus investimentos, não só assegura o fluxo de financiamento para seu crescimento como também reduz seu custo de capital e, por consequência, obtém reflexos positivos sobre sua competitividade.

Numa perspectiva mais ampla, a governança corporativa também é importante para o desenvolvimento do país, pois se as empresas conseguem reduzir seu custo de capital e aumentam seus investimentos, o investimento agregado da economia aumenta e o crescimento como um todo também aumenta. Logo, melhores práticas de governança corporativa levam ao desenvolvimento do mercado de capitais, maior nível de investimento, maior nível de emprego, maior crescimento na renda e maior desenvolvimento econômico.

Padrões nacionais de governança corporativa

Os padrões de governança corporativa mudam de um país para outro de acordo com diversos fatores: seu grau de desenvolvimento econômico, a estrutura financeira de seus mercados, a evolução de suas instituições, sua tradição legal, entre outros. Em linhas gerais, podemos identificar três modelos abrangentes de governança corporativa: o modelo anglo-saxão, o modelo europeu continental e o modelo asiático. Cabe ressaltar que, embora esses sejam os padrões mais típicos de governança corporativa, nas últimas duas décadas, com o fenômeno da globalização, tem havido uma maior convergência entre os modelos.

O modelo anglo-saxão

O modelo anglo-saxão é adotado na Grã-Bretanha e nos países que pertenceram ao antigo Império Britânico. Os países mais característicos desse modelo seriam os Estados Unidos da América e a Inglaterra. A governança, nesse modelo, é influenciada fortemente pela tradição legal da *common law* (direito consuetudinário), em que a jurisprudência tem um papel central. A regulação oficial tem um papel secundário e a autorregulação é, muitas vezes, preferida. O financiamento das empresas é feito em grande medida via mercado de capitais (*market-based*), tanto em termos de capital próprio (ações) quanto de dívida (*bonds*). Por essa razão, os mercados são altamente líquidos, a propriedade das companhias é dispersa, o controle familiar ou individual de uma companhia é mais raro e, muitas vezes, é possível controlar uma empresa com pequenos blocos de participação (menores que 20% do capital votante). Por consequência, o mercado de controle corporativo (*takeovers*) é muito ativo, assim como a influência dos investidores institucionais e do fenômeno do ativismo de acionistas. O grande conflito nesse tipo de mercado é entre acionistas e executivos, caracterizando o tradicional problema principal-agente. O papel dos conselhos é principalmente o de monitorar a diretoria estatutária, para garantir que não haja expropriação de riqueza dos acionistas. A remuneração dos executivos e suas (dis)funções é um dos temas mais polêmicos para a governança das companhias.

O modelo europeu continental

O modelo europeu continental é adotado na Europa continental e nas ex--colônias francesas, espanholas, portuguesas e belgas. Os países mais característicos desse modelo seriam a França e a Alemanha. Nele, a governança é influenciada pela tradição legal do direito civil napoleônico, em que a legislação codificada pelo poder Legislativo tem preponderância. Uma característica dessa tradição legal é o papel do Estado na regulação das atividades econômicas e mesmo na contratação privada. Embora a raiz legal seja o direito civil francês, há variantes, como o direito civil germânico e o direito civil escandinavo, além do direito que está se consolidando entre os países que pertenciam ao antigo bloco soviético (economias transicionais). O financiamento das empresas depende, em grande parte, de intermediários financeiros (*bank-based*). Por essa razão, os mercados de capitais têm pouca liquidez e os volumes financiados são relativamente menores. A propriedade das companhias é concentrada, o controle familiar ou individual de uma companhia é mais comum e o controle através de participação majoritária no capital é comum, motivo pelo qual o mercado de controle corporativo (*takeovers*) não é muito ativo e a influência dos investidores institucionais é menor. Com o hiato dos mecanismos de mercado, a regulação oficial acaba assumindo um papel mais importante, e leis, regras e normas são baixadas de forma horizontal para garantir os direitos das partes minoritárias. O grande conflito nesse tipo de mercado é entre acionistas majoritários e minoritários, caracterizando um problema principal-principal. O papel dos conselhos é principalmente o de mediar os conflitos entre os acionistas. Através da colonização, esse modelo acabou sendo transplantado para a América Latina, África e partes da Ásia, onde recebe influência do modelo anglo-saxão e de características locais, evoluindo para novas variantes do modelo original.

O modelo asiático

O modelo asiático surge em parte como uma variante dos modelos anglo--saxão e europeu continental nas ex-colônias europeias e possessões britânicas do sudeste asiático, assim como resultado da presença norte-americana no Japão, Coreia do Sul e em outros países da região após a II Guerra Mundial. Entretanto, esse modelo recebe muitas influências da cultura milenar e do tipo peculiar de capitalismo que floresceu nesse continente na segunda metade do século XX. Com a guinada da China em direção ao capitalismo a partir da década de 1980, o modelo asiático fica ainda mais distanciado dos demais modelos, caracterizando um padrão singular de governança corporativa nacional. No modelo asiático, temos alta concentração de propriedade nas companhias, normalmente reunidas em grupos empresariais (*keiretsus* no Japão, *chaebols* na Coreia do Sul) nos quais a propriedade cruzada (*crossholdings*) entre as empresas é um mecanismo comum para garantir o controle. Esses grupos empresariais têm como um de seus elementos importantes um banco ou instituição financeira de grande porte como parte central na coordenação do financiamento das empresas do conglomerado. Nesse aspecto assemelha-se ao modelo europeu continental (*bank-based*). Entretanto, os mercados de capitais também constituem uma fonte importante de financiamento, especialmente para ações (*market-based*), o que abre algumas oportunidades para aquisições hostis, embora raras e limitadas. Outra característica do modelo asiático é a presença forte do Estado como acionista das companhias, particularmente no caso da China. Os conselhos de administração das companhias são bastante interligados (*board interlocking*), o que torna difícil aferir a independência dos conselheiros. Além disso, as empresas asiáticas têm a peculiaridade de formarem os conselhos de administração quase exclusivamente com ex-funcionários e de contarem com conselhos mais numerosos, embora haja uma tendência de reduzi-los nas últimas décadas.

Os pilares da governança corporativa

A governança corporativa se apoia em alguns pilares, que são os fundamentos básicos a partir dos quais são erguidos os demais princípios que orientam suas melhores práticas. Esses pilares são: *compliance*, *disclosure*, *fairness*, *accountability* e *social responsibility*.

- **Compliance (cumprimento das leis)**: o primeiro alicerce da governança corporativa deve ser o estrito e rigoroso cumprimento das leis, normas e regulamentos vigentes nos países e jurisdições de atuação da empresa.
- ***Disclosure* (divulgação e transparência)**: trata-se do dever de disponibilizar não apenas informações econômico-financeiras, mas todas aquelas que possam ter impacto sobre a geração de valor da companhia, com o objetivo de criar um clima de confiança nas relações da empresa.
- ***Fairness* (equidade)**: é o tratamento justo e equânime de todas as partes interessadas, dentro de suas respectivas classes, sem atitudes discriminatórias de qualquer natureza.

- *Accountability* (dever de prestar contas e assumir responsabilidades): trata-se de apresentar os resultados das decisões tomadas e assumir integralmente as consequências pelos seus atos ou omissões, tomando as devidas medidas reparatórias quando for o caso.
- *Social Responsibility* (responsabilidade social corporativa): é a preocupação da companhia com o ambiente que a cerca, levando em consideração aspectos sociais e ambientais em sua atuação de forma a garantir não só sua própria perenidade como também a sustentabilidade socioambiental de suas operações.

Mecanismos de governança corporativa

A implementação da governança corporativa se dá através de mecanismos internos e externos por meio dos quais são executadas as melhores práticas de negócios. Esses mecanismos são formalizados em órgãos, normas, processos e práticas definidos internamente ou externamente à companhia.

Mecanismos internos

- **Conselho de administração:** é eleito pelos acionistas para representá-los e para zelar pelos seus interesses. Suas atribuições incluem apontar e destituir a diretoria executiva, supervisionar, fiscalizar e avaliar sua atuação, definir sua remuneração, definir as diretrizes e estratégias para a companhia, definir os planos de investimento da empresa, apurar as demonstrações financeiras da companhia, propor a destinação dos lucros e preparar o relatório de administração.
- **Remuneração de executivos:** uma forma de minimizar o conflito principal–agente é a criação de incentivos para alinhar os interesses do agente àqueles do principal. O sistema de remuneração de executivos, se desenhado adequadamente, pode cumprir essa função. Em particular, o princípio básico é tornar a remuneração do executivo variável, tanto quanto possível, com algum indicador que reflita os objetivos estabelecidos pelos acionistas. Isso pode ser feito através de planos de bonificação que premiem os executivos pelo atingimento de certas metas, por exemplo, lucros. As métricas utilizadas na fixação dos planos de incentivos são críticas para evitar disfunções, como um foco excessivo no curto prazo. Planos de concessão de opções de ações (*executive stock options*) tornaram-se muito popu-

lares a partir dos anos 1980 por conciliar os objetivos pessoais dos executivos com diversos interesses dos acionistas, por exemplo, a maximização de sua riqueza, o *trade off* entre curto e longo prazos, a incorporação do risco nas considerações estratégicas da companhia, entre outros. Contudo, a partir da crise de 2007-2008, muitos *experts* passaram a criticar esse tipo de plano de incentivo como uma das causas para a assunção exagerada de riscos por parte das instituições financeiras que protagonizaram alguns dos casos mais extremos de dificuldades financeiras.

- **Concentração de propriedade:** um dos problemas mais clássicos em economia é o problema do *free-rider*, isto é, a tendência de uma parte interessada a não zelar ativamente pelos seus interesses na expectativa de que outra parte igualmente interessada o faça em seu nome. Esse problema também se manifesta nas companhias abertas em que os pequenos acionistas, por terem uma participação muito pequena no capital das empresas, não têm incentivo para investir tempo e recursos no monitoramento da gestão da companhia (o que implicaria custos privados), uma vez que os benefícios de tal monitoramento seria repartido entre todos os acionistas. Tendo em vista sua pequena participação no capital, é muito provável que o benefício que ele(a) obteria do seu esforço de monitoramento seria, ao final das contas, menor do que os custos em que ele(a) incorreria. Entretanto, dado um custo mais ou menos fixo de monitoramento, para um acionista com uma participação maior no capital da companhia (*blockholder*), o esforço de monitoramento poderia valer a pena. Logo, a concentração de propriedade, na forma de algum(ns) acionista(s) com participação relevante no capital da empresa, pode ser benéfica para a totalidade de seus acionistas, no sentido de ter alguém com motivação suficiente para exercer um papel de supervisão e monitoramento rigoroso sobre a gestão dos executivos da companhia. Contudo, a concentração de propriedade pode se revelar perversa se implicar controle majoritário despótico. Como aludido anteriormente, em algumas situações pode haver conflitos de interesse entre os acionistas majoritários e os minoritários, conflitos esses que precisam ser mitigados por outros mecanismos de governança corporativa.
- **Investidores institucionais:** são pessoas jurídicas que, por força de regulamentação ou por políticas internas, constituem carteiras de ações. Exemplos de investidores institucionais seriam sociedades seguradoras, entidades de previdência privada, clubes de investimen-

to, sociedades de capitalização, fundos externos de investimento e fundos mútuos de investimento. O papel desses investidores na governança corporativa estaria em sua *expertise* e sua profissionalização enquanto acionistas, o que lhes confere uma posição privilegiada para exigir dos administradores das companhias melhor desempenho. Além disso, os investidores institucionais têm uma posição natural de independência com relação à empresa e aos demais acionistas, o que lhes permite uma avaliação mais isenta das decisões e dos resultados da companhia. Um exemplo frequentemente citado do papel dos investidores institucionais sobre a governança corporativa das empresas é o fundo de previdência dos funcionários do estado da Califórnia (CalPERS — California Public Employees' Retirement System). Esse fundo, pioneiro na prática de *shareholder activism*, é apontado como responsável por melhorar o desempenho das companhias nas quais investe de forma ativa, isto é, nas quais procura trabalhar, em conjunto com os executivos, para aprimorar as práticas de governança corporativa e, dessa forma, recuperar seu desempenho financeiro.

Mecanismos externos

- **Mercado de controle corporativo (*takeovers*):** uma companhia que seja sistematicamente mal-administrada — ou que trate seus investidores de forma inadequada — fatalmente enfrentará maiores dificuldades para manter a atratividade de seus títulos (ações e debêntures, por exemplo). Os investidores, decepcionados pelo desempenho da empresa, irão gradualmente alienar seus investimentos. Consequentemente, o valor das ações da empresa tenderá a cair. Se esse processo se mantiver por algum tempo, é possível que em algum momento um investidor ou grupo de investidores possa considerar uma aquisição em bloco das ações da companhia de forma a adquirir uma participação relevante no capital que lhes permita promover modificações na gestão da mesma. Se tais mudanças forem bem-sucedidas, esses investidores poderão revender as ações da empresa, no futuro, com lucro. Essa é a lógica das aquisições de controle no mercado de capitais. Quando essas aquisições são feitas com a concordância da administração da empresa, recebem o rótulo de oferta amigável (*tender offer*); quando não, é uma aquisição hostil (*hostile takeover*). Se tal aquisição é feita pelos próprios gestores da empresa com o objetivo de fechar o capital da companhia, chama-se de uma *management buyout* (MBO); quando feita utilizando-se maciço endividamento, temos uma *leveraged buyout* (LBO). Em todos os casos, é a possibilidade de uma aquisição hostil — com a consequente mudança na equipe de executivos — que serve como incentivo para que a administração da companhia mantenha-se motivada a buscar um desempenho satisfatório da mesma perante seus acionistas. Observe que em uma companhia cujo capital está majoritariamente concentrado nas mãos de um ou poucos acionistas, esse mecanismo de governança corporativa não apresenta a mesma eficácia. Da mesma forma, um desempenho financeiro insatisfatório de uma empresa enfraquece sua competitividade em seu mercado de produtos, tornando-a vulnerável a suas concorrentes imediatas e um potencial alvo para fusões e aquisições.

- **Mercado de trabalho de executivos:** assim como o mercado de controle corporativo, o mercado de trabalho de executivos também serve para mitigar a atuação indesejada desses, uma vez que, no limite, o desempenho ruim de uma companhia reflete-se sobre a carreira dos executivos que nela trabalham e, consequentemente, sobre as oportunidades profissionais que se abrem para eles. Além do risco de verem seus contratos de trabalho terminados pelos acionistas, um desempenho insatisfatório pode dificultar a recolocação no mercado de executivos desempregados, certamente reduzindo o valor de seus rendimentos esperados.

- **Analistas do mercado de capitais:** acompanham o desempenho das companhias e produzem relatórios periódicos a respeito das mesmas, além de fazerem recomendações a seus clientes sobre as perspectivas futuras das empresas como alternativas de investimento. Dessa forma, exercem um papel monitorador sobre a administração das companhias, em especial sobre as decisões de caráter societário que afetam diretamente os interesses dos acionistas, como divulgações financeiras, fatos relevantes, decisões de pagamento de dividendos, recompras de ações etc.

- **Agências de *rating*, instituições financeiras e mercado de crédito:** o mercado de crédito disciplina a gestão da companhia de duas formas. A primeira, semelhantemente aos analistas do mercado de capitais, através das agências de *rating*, que fazem a classificação de risco das empresas e seu acompanhamento periódico. A segunda, ao condicionar a concessão e renovação de crédito ao monitoramento periódico por parte das instituições financeiras. Além disso, o endi-

vidamento força as companhias a disporem de seu fluxo de caixa livre para o pagamento periódico de certo nível contratado de juros, o que coloca pressão sobre os executivos pela manutenção de um padrão mínimo de desempenho da empresa.
- **Legislação e órgãos reguladores:** finalmente, o ambiente legal e institucional em que a companhia está inserida tem um papel importante como mecanismo de governança corporativa. Nesse aspecto, é preciso diferenciar duas dimensões da infraestrutura institucional que são relacionadas. A primeira é a qualidade do marco regulatório, ou seja, o conjunto de normas e regulamentos que dão proteção aos investidores, a clareza e objetividade dessa legislação e a autoridade conferida aos órgãos fiscalizadores. A segunda é a qualidade na execução das leis, ou *enforcement*, que seria em que medida as normas e regulamentos são de fato cumpridos, e quão fácil e rapidamente o investidor pode esperar ver seus direitos exercidos, bem como os custos que são incorridos pelo investidor caso tenha de recorrer ao sistema judiciário para fazer valer seus direitos em caso de litígio.

Sistema de governança corporativa

O sistema de governança corporativa é o conjunto de órgãos e seus relacionamentos formais que viabilizam a direção, monitoramento e supervisão de uma companhia. Embora a configuração específica do sistema possa mudar ligeiramente de uma empresa para outra, em geral o sistema é composto pelos seguintes órgãos.

- **Assembleia de acionistas:** órgão máximo de decisão de uma companhia, é a congregação de todos os acionistas. Na assembleia, cada acionista tem poder de voto proporcional ao número de ações ordinárias que possui. São atribuições exclusivas da assembleia de acionistas: reformar o estatuto social, eleger e destituir os administradores, deliberar sobre o relatório anual da administração, aprovar a emissão de debêntures, suspender os direitos dos acionistas, deliberar sobre a avaliação de bens, autorizar a emissão de partes beneficiárias, deliberar sobre fusão, aquisição, incorporação, cisão e liquidação da companhia e autorizar sua falência ou recuperação judicial ou extrajudicial.
- **Conselho de administração:** órgão de administração da empresa eleito pelos acionistas, a quem representa e por cujos interesses deve

zelar. O conselho de administração deve ser composto por pelo menos três membros, devendo o estatuto da companhia especificar o número máximo de membros, bem como o prazo de mandato (que não pode exceder três anos), o modo de eleição e substituição de seu presidente e as normas para convocação, instalação e funcionamento do conselho. São atribuições do conselho de administração: traçar as estratégias da companhia, eleger e destituir a diretoria estatutária, fiscalizar a gestão dos diretores, convocar a assembleia geral, manifestar-se sobre o relatório da administração, manifestar-se sobre atos ou contratos, deliberar sobre a emissão de ações ou de bônus de subscrição, autorizar a alienação de ativos e a constituição de ônus reais e escolher e destituir os auditores independentes. Para melhor desempenhar suas funções, o conselho de administração poderá criar, segundo sua discrição, comitês específicos para tratar de assuntos específicos. Os comitês mais comuns são o comitê de investimentos (que trata dos projetos de investimentos da companhia), o comitê de auditoria (que trata do relacionamento entre o conselho e a auditoria independente), o comitê de remuneração (que trata do sistema de remuneração da diretoria estatutária) e o comitê de riscos (que trata da política de gestão de riscos da companhia).

- **Conselho fiscal**: é um órgão fiscalizador independente que busca aprimorar a transparência e o controle dos atos internos da companhia. Seu funcionamento, contudo, poderá ser permanente ou temporário, dependendo do que dispuser o estatuto da empresa. Não havendo previsão de funcionamento permanente, a instalação do conselho fiscal deverá ser solicitada e aprovada em assembleia de acionistas, e seu funcionamento vigerá somente até a próxima assembleia. O conselho será formado por no mínimo três e no máximo cinco membros, respeitando a representação de pelo menos um membro eleito entre os acionistas sem direito a voto e um membro entre os acionistas minoritários que representem pelo menos 10% do capital da empresa. Compete ao conselho fiscal: fiscalizar os atos dos administradores da companhia e verificar o cumprimento de seus deveres legais e estatutários, opinar sobre o relatório de administração e propostas dos órgãos de administração à assembleia de acionistas, denunciar erros, fraudes e crimes que descobrir, convocar a assembleia geral de acionistas se o conselho de administração não o fizer, analisar pelo menos trimestralmente os balancetes da companhia, examinar as demonstrações financeiras do exercício social e exercer essas atribuições durante a liquidação da empresa.

- **Auditoria independente**: é uma exigência legal (Lei nº 6.404/1976, art. 177, §3º — redação dada pela Lei nº 11.941/2009) para as sociedades anônimas de capital aberto. Sua principal atribuição é verificar se as demonstrações financeiras refletem adequadamente a realidade da companhia e sua conclusão deve ser manifestada em parecer específico. Entre as tarefas da auditoria independente elencam-se a revisão e a avaliação dos controles internos da empresa, que deve resultar num relatório específico de recomendações relativas à melhoria e ao aperfeiçoamento. A auditoria independente também pode prestar outros serviços complementares relevantes para o cliente, desde que não caracterizem conflito de interesses com seu papel principal nem comprometam sua independência.
- **Diretoria estatutária**: representa a equipe de alta direção da companhia. São os executivos de alto escalão, encarregados da gestão da empresa no dia a dia e da execução das diretrizes administrativas definidas pelo conselho de administração. A composição da diretoria estatutária varia de empresa para empresa, mas todas devem ter um diretor-presidente, que é o responsável máximo pela gestão da companhia e pela coordenação da diretoria. Ele também é responsável pela indicação dos demais diretores ao conselho de administração, que deve aprovar suas nomeações. Cada diretor é individualmente responsável por suas atribuições na administração da empresa e deve prestar contas ao diretor-presidente e, se solicitado, ao conselho de administração, aos acionistas e aos demais *stakeholders*. Cabe à diretoria estatutária elaborar o planejamento operacional e financeiro para a empresa e submetê-lo para aprovação do conselho de administração. Uma vez aprovado, caberá à diretoria executá-lo mediante supervisão do conselho. Finalmente, compete à diretoria estatutária prestar contas da sua gestão ao conselho de administração e, quando solicitada, aos acionistas.

Melhores práticas de governança corporativa

As melhores práticas de governança corporativa são conjuntos de recomendações objetivas para a conduta das várias partes e relacionamento entre os vários órgãos do sistema de governança de uma companhia, com vistas a reduzir os conflitos e aprimorar o processo decisório da empresa. Existem diversos documentos disponíveis com recomendações de boas práticas de governança corporativa. Praticamente, cada país ou mercado de ações no mundo possui seu conjunto de recomendações, compiladas em códigos, princípios ou guias de melhores práticas. Por exemplo, no momento da redação deste capítulo, o *website* do European Corporate Governance Institute (ECGI) relacionava nada menos que 412 códigos de 101 países e organizações internacionais (ver www.ecgi.org/codes/all_codes.php), da Albânia ao Iêmen.

No Brasil, a Comissão de Valores Mobiliários (CVM) também publicou, em 2002, uma cartilha de governança corporativa, cobrindo aspectos relativos à transparência, ao conselho de administração, à proteção dos acionistas minoritários, às demonstrações financeiras e à auditoria independente (ver bibliografia).

Entretanto, o mais conhecido código de melhores práticas de governança corporativa no Brasil é aquele organizado pelo Instituto Brasileiro de Governança Corporativa (IBGC). Esse código, atualmente em sua quarta edição, procura espelhar o que existe de mais atual em termos de tendências de governança corporativa no mundo e adaptá-las ao contexto brasileiro. O código está organizado em seis capítulos, cobrindo os seguintes tópicos: propriedade, conselho de administração, gestão, auditoria independente, conselho fiscal e conduta e conflitos de interesse. Uma das grandes virtudes do código brasileiro é sua compatibilização com as peculiaridades do mercado e da legislação brasileira, algo que nem sempre encontra respaldo em outros códigos.

Diversas pesquisas acadêmicas também têm servido como base para a proposição de práticas que aprimorem a governança das companhias. De fato, dada a importância desse problema para as empresas, a literatura disponível sobre o tema é enorme e cresce a taxas elevadas. O problema central de pesquisa é determinar em que medida a governança corporativa afeta o desempenho de uma companhia e, nesse caso, quais elementos de governança produzem os melhores resultados. Entretanto, é difícil identificar, *a priori*, se a boa governança leva a um melhor desempenho ou se empresas com melhor desempenho acabam tendo melhor governança. Esse problema é tecnicamente conhecido como endogeneidade. Evidentemente, os pesquisadores da área estão cientes disso e tomam todas as precauções para evitar chegar a conclusões errôneas ou equivocadas. Portanto, apesar dessas dificuldades, as pesquisas ainda constituem uma fonte valiosa de recomendações para aprimorar as práticas de governança das companhias.

As principais conclusões da literatura científica, em linha gerais, sugerem que empresas com melhores características de governança corporativa (maior transparência, maior proporção de conselheiros independentes, cujos cargos de presidente do conselho e diretor-presidente são exercidos por pessoas diferentes, com participação de investidores institucionais entre seus acionistas, auditadas por uma das firmas de auditoria "Big-4" — Deloitte, Ernst & Young, KPMG e PricewaterhouseCoopers —, entre outras características) parecem ter melhores indicadores de desempenho (maior retorno total para os acionistas, maior valor de mercado, menor custo de capital, maior liquidez de suas ações, maiores volumes de captação de recursos etc.). Entretanto, há muita controvérsia com relação à significância e dimensão de tais ganhos, sua consistência ao longo do tempo e mesmo quanto à robustez desses resultados entre amostras diferentes. Há mesmo um razoável número de estudos que observou que muitas das expectativas com relação ao impacto da governança corporativa sobre o desempenho das companhias simplesmente não podem ser confirmadas empiricamente. Há, portanto, necessidade de intensificar a realização de pesquisas sobre o assunto para que se tenha uma compreensão mais clara dos mecanismos pelos quais a governança corporativa pode afetar os diferentes aspectos da gestão das empresas.

Apesar das polêmicas acadêmicas, um substancial corpo de conhecimento a respeito de governança corporativa já foi desenvolvido, tanto a partir de pesquisas científicas quanto a partir da experiência aplicada de *practicioners* e órgãos reguladores ao longo das últimas décadas. Essas recomendações, compiladas em códigos de melhores práticas e outros documentos, conforme mencionado, sugerem alguns consensos em termos de estrutura, processos e procedimentos para os principais mecanismos de governança corporativa que tendem a levar a companhia aos melhores resultados. Resumem-se as principais recomendações a seguir.

Melhores práticas para o conselho de administração

Sendo o órgão principal do sistema de governança corporativa, é natural que a maior atenção das pesquisas acadêmicas e dos órgãos reguladores tenha recaído sobre o conselho de administração. De fato, em vários contextos limita-se a discussão de governança corporativa a uma discussão acerca do conselho de administração. Os aspectos mais frequentemente abordados com relação ao conselho dizem respeito à sua composição, à sua estrutura e ao seu funcionamento.

Composição do conselho

O conselho de administração deverá ser composto por um número suficiente de conselheiros que permita reunir as competências necessárias para que leve a cabo sua missão de preservar o valor da companhia, zelar pela sua sustentabilidade e mediar os conflitos entre seus vários *stakeholders*. Estudos sugerem que conselhos muito pequenos ou muito grandes costumam ser menos eficientes do que os de porte intermediário. Conselhos com poucos membros estariam mais suscetíveis a não contar com uma visão suficientemente abrangente dos tipos de problemas que a organização enfrenta no ambiente de negócios contemporâneo, enquanto conselhos muito numerosos teriam mais dificuldade em encontrar consenso para a tomada de decisão, tornando o processo decisório mais lento e a companhia menos ágil. Conselhos entre cinco e 11 membros estariam numa faixa adequada. Outro fator importante é a diversidade em termos de gênero, *background*, formação e experiência. Esse aspecto também contribui para uma multiplicidade de pontos de vista sobre os problemas cuja deliberação do conselho é importante. A presença de conselheiros independentes é altamente desejável e sua maioria é recomendada. Conselheiros independentes são membros que não tenham vinculação com os acionistas controladores, que não sejam ou tenham sido recentemente subordinados direta ou indiretamente à companhia, que não tenham laços comerciais ou financeiros com a companhia e que não tenham laços de consanguinidade ou parentesco com os acionistas majoritários ou com os diretores estatutários. A presença de conselheiros indicados por acionistas minoritários e preferencialistas (representantes de ações sem direito a voto) também é altamente recomendada.

Estrutura do conselho

A presidência do conselho não deve ser exercida pelo diretor-presidente da companhia. Visto que cabe ao conselho supervisionar a gestão da diretoria estatutária, uma clara separação entre os papéis é desejável. Da mesma forma, a participação de diretores estatutários no conselho deve ser desencorajada. O mandato dos membros do conselho deve ser fixo, com possibilidade de reeleição. É desencorajada a renovação progressiva do conselho quando apenas parte dele tem seu mandato renovado a cada ano. A organização do conselho em comitês específicos é recomendada. A composição dos comitês deverá se dar exclusivamente por conselheiros, mas quando isso não for possível, o comitê deverá ser coordenado por um conselheiro. Alguns comitês, por seu caráter especializado, devem ser compostos por profissionais com formação e experiência compatíveis, por exemplo, o comitê de auditoria. Uma maioria de membros independentes no comitê de auditoria também é desejável. Para que possam dedicar o tempo necessário às suas atividades no conselho de administração, é importante que os conselheiros não tenham um excesso de compromissos profissionais em outras atividades — especialmente participação em outros conselhos — que venham a comprometer sua dedicação ou sua integridade no desempenho das atividades que lhes são próprias.

Funcionamento do conselho

O conselho de administração deve manter reuniões regulares ao longo do ano. O número ideal de reuniões varia de acordo com o porte e a complexidade da companhia, mas sugerem-se no mínimo seis reuniões anuais. As reuniões devem ser convocadas com antecedência e suas pautas informadas aos conselheiros com todo o material de apoio aos assuntos que serão deliberados na reunião. Os conselheiros necessitam de tempo para poderem examinar cuidadosamente os documentos que fundamentam as decisões a serem tomadas pelo conselho e, caso necessário, mediante solicitação, informações adicionais devem ser prestadas para que os conselheiros possam tomar decisões baseados no melhor conjunto de informações disponível. Para tanto, é necessário que o conselho disponha do apoio de uma secretaria específica, encarregada de providenciar suporte administrativo para seu funcionamento. Também é importante que o conselho tenha acesso ao apoio de serviços especializados — consultorias, assessorias e auditorias —, quando necessário, para o tratamento de questões específicas. Esse é o caso, por exemplo, do comitê de auditoria, que pode necessitar de apoio especializado em suas tratativas com a auditoria independente. A remuneração do conselho deve levar em consideração a característica de sua contribuição para a companhia, o caráter de longo prazo de sua atuação, suas qualificações e o mercado. Tanto os conselheiros individualmente quanto o conselho enquanto órgão colegiado devem ser avaliados anualmente pelos acionistas de maneira formal. O resultado da avaliação — que deverá cobrir os aspectos de frequência, assiduidade, envolvimento e contribuição nas discussões e decisões de interesse da companhia — deverá ser um elemento primordial para a indicação ou reeleição de conselheiros.

Melhores práticas para os direitos de propriedade

Os direitos de propriedade referem-se não só aos direitos conferidos pelas ações aos acionistas, mas também à forma como esses direitos podem ser efetivamente exercidos por eles. O princípio de "uma ação/um voto" é o mais importante, e devem ser desencorajadas ações sem direito a voto ou com direito de voto reduzido. Os acordos de acionistas devem ser transparentes e acessíveis a todos os demais acionistas da companhia. Um acordo de acionistas não deve restringir ou condicionar a nomeação e atuação de um membro do conselho de administração, cuja responsabilidade maior é perante a sociedade como um todo e não a um acionista em particular. O direito de voto dos acionistas deve ser respeitado e facilitado, permitindo o voto por procuração sempre que possível. As assembleias de acionistas devem ser convocadas de forma a favorecer a maior participação possível dos acionistas. O direito de retirada dos sócios, voluntariamente ou em casos de cisão, fusão, aquisição ou fechamento de capital, deve estar previsto nos estatutos sociais. A política de dividendos da companhia deverá ser claramente estabelecida e de conhecimento de seus acionistas.

Melhores práticas para a diretoria estatutária

A diretoria estatutária deverá observar os pilares da governança corporativa (*compliance*, *disclosure*, *fairness*, *accountability* e *social responsibility*) em sua atuação. Essa atuação deverá ser regulada por um código de conduta que se aplica a toda a companhia e cuja responsabilidade pela implementação é da diretoria estatutária. A diretoria estatutária é responsável por elaborar e implementar os controles internos da companhia, que deverão ser revisados periodicamente e submetidos ao conselho de administração para aprovação. A remuneração da diretoria deverá procurar alinhar os interesses da mesma com aqueles dos acionistas. Tanto quanto possível, a remuneração deverá ser variável e associada ao valor das ações da companhia. O uso de opções de ações (*stock options*) deve ser realizado com critérios claros e transparentes para evitar incentivo indesejado à assunção exagerada de riscos. Os prazos de vigência das opções devem ser longos e o preço de exercício deve necessariamente ser fixado acima do preço corrente de mercado das ações da companhia no momento da concessão das opções. Deve-se desencorajar o reajuste para menor do preço de exercício das opções de ações em qualquer circunstância. Para evitar um foco distorcido sobre o curto prazo, períodos de carência na concessão de ações como parte da remuneração (*vesting periods*) deverão ser implementados. Nessas situações, os executivos contemplados com ações por alcance de metas de desempenho somente poderão aliená-las depois de transcorrido um período mínimo (normalmente vários anos). A remuneração da diretoria estatutária deverá ser divulgada a todos os acionistas, com discriminação entre salário, bônus, remuneração baseada em ações e demais benefícios diretos e indiretos.

Melhores práticas para a auditoria independente

A contratação da auditoria independente é uma atribuição do conselho de administração. A auditoria independente deverá se relacionar com o comitê de auditoria do conselho de administração e, na falta deste, diretamente com o conselho. Cabe à auditoria reportar as políticas contábeis da companhia, falhas identificadas nos controles internos, discordâncias com relação aos critérios contábeis adotados pela diretoria estatutária, avaliação dos riscos a que a empresa está exposta e análise da possibilidade de fraudes. A rotação periódica da empresa encarregada da auditoria independente é recomendada. Quaisquer serviços adicionais que extrapolem o contrato usual de auditoria, como assessorias ou consultorias, devem ser submetidos à aprovação do conselho de administração e devem ser claramente comunicados aos acionistas da companhia. Se o montante de honorários de outros serviços for substancial a ponto de pôr em dúvida a independência dos serviços de auditoria, essa relação deverá ser reconsiderada.

Melhores práticas para condutas gerais

Os membros do conselho de administração, do conselho fiscal e da diretoria estatutária bem como os acionistas majoritários têm o dever de informar quaisquer situações de potencial conflito de interesses, direto ou indireto, para com a companhia ou quaisquer de seus *stakeholders*. O indivíduo em situação de conflito deve abster-se de participar de votações nas quais tal conflito seja um elemento. Cabe ao conselho de administração monitorar situações de conflito de interesse e tomar providências para que sejam solucionadas com transparência. Operações com partes relacionadas devem sempre ser embasadas em laudos de avaliação independentes e conduzidas dentro de parâmetros de mercado. O uso de informações privilegiadas por parte de membros do conselho de administração, do conselho fiscal e da diretoria estatutária bem como dos acionistas majoritários ou acionistas *insiders* deve ser estritamente proibido. Todos os *insiders* da companhia com acesso a informações sensíveis têm dever de sigilo na sua divulgação e estão impedidos de utilizá-las em benefício próprio ou de terceiros. A divulgação de informações corporativas deve ser feita de forma completa, objetiva, oportuna, acessível e igualitária e não deve limitar-se apenas às informações financeiras, mas envolver quaisquer outras que tenham impacto relevante sobre as perspectivas da companhia. Devem ser procurados os canais de divulgação que atinjam o maior número possível de acionistas, investidores e analistas.

Governança corporativa em empresas estatais

Conforme mencionado, uma característica dos mercados emergentes é a presença de empresas sob controle estatal em seus mercados de capitais. Essas empresas, no Brasil conhecidas como sociedades de economia mista, apresentam um caráter híbrido: são companhias de capital aberto, contando com acionistas privados, e são simultaneamente empresas públicas, normalmente dedicadas a um ramo de negócio protegido por um monopólio ou reserva de mercado consagrada em lei. Tal dualidade leva a um dilema natural na governança desse tipo de companhia: ao mesmo tempo que possuem acionistas privados aos quais devem prestar contas — e, principalmente, aos quais devem oferecer um retorno adequado ao investimento recebido —, elas também possuem um caráter público de atuação que devem honrar através da implementação de políticas públicas. Não é difícil conceber instâncias nas quais esses objetivos entrem em conflito.

Para auxiliar na formulação de normas de governança corporativa para empresas estatais, a OCDE elaborou, em 2005, suas diretrizes sobre governança corporativa para essas empresas. Atualmente, em 2014, esse documento está passando por uma revisão. Entre seus princípios fundamentais, as diretrizes destacam: a) a importância de o Estado separar seu papel de acionista da companhia de seu papel de regulador do mercado em que a empresa atua, bem como de seu papel de gestor da companhia; b) a separação das decisões de negócios das decisões políticas; c) o fortalecimento da transparência dos processos decisórios e da supervisão por órgãos independentes; e d) o fortalecimento do papel do conselho de administração na nomeação e destituição da diretoria estatutária, além da garantia de sua independência.

A questão mais delicada, contudo, continua sendo o equilíbrio entre os interesses dos acionistas privados e os interesses do governo enquanto promotor de políticas públicas na atuação da companhia. Embora não exista uma resposta simples e única para esse problema, é importante destacar que os acionistas privados de uma sociedade de economia mista não devem ser onerados pelas políticas públicas que, em última instância, cabe ao Estado proporcionar a partir do seu orçamento, dentro do processo democrático de alocação dos recursos públicos. A solução desse dilema envolve, necessariamente, a maior transparência possível na divisão de ônus entre a companhia e o Estado, cabendo ao conselho de administração da empresa zelar pelo patrimônio dos seus acionistas e pela sua viabilidade no longo prazo. E a clareza nas divisões dos diferentes papéis que cabem ao Estado — regulador, formulador de políticas, acionista etc. — é outro elemento importante na governança corporativa das empresas estatais.

Conclusão: o futuro da governança corporativa

A governança corporativa fez um admirável progresso nas últimas três décadas desde que surgiu como um tema relevante no mundo corporativo. Hoje, sabe-se muito a respeito de como tornar o conselho de administração mais efetivo em sua missão, reconhece-se a importância de maior transparência (*disclosure*) para as companhias, houve substanciais avanços nos marcos regulatórios em todo o mundo, percebe-se a importância de investidores institucionais, analistas de investimento e agências de *rating* como monitores externos das empresas e cada vez mais reconhece-se a importância de outros *stakeholders* além de acionistas e credores para a sustentabilidade da companhia. Cabe perguntar, então, quais as perspectivas futuras da governança corporativa.

Embora delinear tendências para o futuro seja sempre um exercício arriscado, certas tendências emergentes nos últimos anos indicam algumas direções nesse caminho. Uma delas seria a importância de utilizar cada vez mais informações não financeiras para uma correta avaliação da governança corporativa de uma companhia. Outra tendência recente diz respeito ao foco na satisfação dos clientes como uma maneira de realinhar a governança corporativa com os objetivos estratégicos da empresa. Outro desafio para a governança corporativa será lidar, cada vez mais, com um ambiente econômico globalizado. Além dos maiores riscos e complexidades que surgem em tais ambientes, algumas características dos novos mercados emergentes — como a forte presença do Estado como um *stakeholder* importante — representam um campo novo para o desenvolvimento de novas práticas de governança corporativa.

Apesar disso, alguns aspectos já conhecidos da governança corporativa continuarão tão relevantes no futuro quanto o são hoje em dia. Esse é o caso dos indicadores financeiros de desempenho. Embora o alinhamento com os objetivos estratégicos de longo prazo seja altamente desejável para qualquer companhia, não podemos esquecer que, no curto e médio prazos, a prioridade maior da empresa deverá ser sua sobrevivência — e esta continuará dependendo de controles eficazes sobre as operações no dia a dia. Da mesma forma, parece cada vez mais consagrado o princípio de "uma ação/um voto" como padrão para um mercado de capitais mais desenvolvido, mesmo nos mercados emergentes em que as empresas estatais representam uma parcela substancial do mercado de capitais. Finalmente, um legado da crise de 2008 será a importância da gestão de riscos como um aspecto importante a ser colocado sob o abrigo das práticas de governança corporativa. Essa integração vai muito além da usual mensuração de exposição a risco, para incorporar também controles sobre as operações de gerenciamento de risco e o impacto que o sistema de remuneração de executivos exerce na disposição destes para a assunção de riscos.

Em resumo, a governança corporativa tem um passado recente repleto de avanços e conquistas e um futuro com muitas oportunidades para inovação e novos desenvolvimentos.

Para saber mais

Existe uma abundância muito grande de literatura e fontes diversas sobre governança corporativa. No Brasil, um livro bastante atual e completo sobre o assunto é *Governança corporativa no Brasil e no mundo*, de Alexandre di Miceli da Silveira (2010). Uma obra internacional bastante completa sobre o tema é *Corporate governance: principles, policies and practices*, de Bob Tricker (2012). O *website* do Instituto Brasileiro de Governança Corporativa (IBGC) oferece um grande número de documentos para *download*, em particular o Código Brasileiro das Melhores Práticas de Governança Corporativa (www.ibgc.org.br/). A versão mais recente dos Princípios de Governança Corporativa e das Diretrizes sobre Governança Corporativa para Empresas de Controle Estatal, da Organização de Cooperação e Desenvolvimento Econômico (OCDE) também estão disponíveis para *download* no *website* da organização (www.oecd.org/).

Referências

ANDRADE, Adriana; ROSSETTI, José P. *Governança corporativa*: fundamentos, desenvolvimento e tendências. São Paulo: Atlas, 2004.
BANCO DO BRASIL. *Histórico da governança corporativa no BB*. Brasília, DF: BB, 2011. Disponível em: <www45.bb.com.br/docs/ri/ra2011/port/ra/06-3.htm>. Acesso em: 27 set. 2014.
_____. *Código de Governança Corporativa*. Brasília, DF: BB, 2014. Disponível em: <www.bb.com.br/docs/pub/siteEsp/ri/pt/dce/dwn/CodGov.pdf>. Acesso em: 6 nov. 2014
_____. *Estatuto Social*. Brasília, DF: BB, 2014. Disponível em: <www.bb.com.br/portalbb/page3,136,3508,0,0,1,8.bb?codigoMenu=203&codigoNoticia=669&codigoRet=824&bread=5>. Acesso em: 24 abr. 2014.
_____. 2014. Relatório da Administração – 1º semestre 2014. Brasília, DF: BB, 2014. Disponível em: <www.bb.com.br/docs/pub/siteEsp/ri/pt/dce/dwn/2T14ReladBR.pdf>. Acesso em: 24. set. 2014.
BERLE, Adolf A.; MEANS, Gardiner C. *A moderna sociedade anônima e a propriedade privada*. São Paulo: Nova Cultural, 1988.
BORNHOLDT, Werner. *Governança na empresa familiar*. São Paulo: Artmed, 2004.
BRASIL. Lei nº 6.404, de 15 de dezembro de 1976: dispõe sobre as sociedades por ações. *Diário Oficial da União*, Brasília, DF, 17 dez. 1976. Seção 1, suplemento, p. 1. Disponível em: <www.planalto.gov.br/ccivil_03/leis/l6404consol.htm>. Acesso em: 27 set. 2014.
_____. Lei nº 11.941, de 27 de maio de 2009: altera a legislação tributária federal relativa ao parcelamento ordinário de débitos tributários; concede remissão nos casos em que especifica; institui regime tributário de transição e dá outras provi-

dências. *Diário Oficial da União*, Brasília, DF, 28 maio 2009. Seção 1, p. 3. Disponível em: <www.planalto.gov.br/ccivil_03/_Ato2007-2010/2009/Lei/L11941.htm>. Acesso em: 27 set. 2014.

CADBURY COMMITTEE (THE COMMITTEE ON THE FINANCIAL ASPECTS OF CORPORATE GOVERNANCE). *The financial aspects of corporate governance* (The Cadbury Report). Londres: Gee & Co. Ltd., 1992. Disponível em: <www.ecgi.org/codes/documents/cadbury.pdf>. Acesso em: 27 set. 2014.

CHEW, Donald H.; GILLAN, Stuart L. *Corporate governance at the crossroads*: a book of readings. Nova York: McGraw-Hill/Irwin, 2004. Irwin McGraw-Hill series in finance, insurance and real estate.

COMISSÃO DE VALORES MOBILIÁRIOS (CVM). *Recomendações da CVM sobre governança corporativa*. Rio de Janeiro: CVM, 2002. Disponível em: <www.cvm.gov.br/port/public/publ/cartilha/cartilha.doc>. Acesso em: 27 set. 2014.

EUROPEAN CORPORATE GOVERNANCE INSTITUTE (ECGI). *Portal institucional*. Bruxelas: ECGI, [s.d.]. Disponível em: <www.ecgi.org/>. Acesso em: 27 set. 2014.

FONTES FILHO, Joaquim R.; LANCELLOTTI, Renata W. (Org.). *Governança corporativa em tempos de crise*. São Paulo: Saint Paul, 2009.

_____; LEAL, Ricardo P. C. (Orgs.). *Governança corporativa*: internacionalização e convergência. São Paulo: Saint Paul, 2010.

GALBRAITH, John K. *O novo Estado industrial*. São Paulo: Nova Cultural, 1985.

INSTITUTO BRASILEIRO DE GOVERNANÇA CORPORATIVA (IBGC). *Código brasileiro das melhores práticas de governança corporativa*. 4. ed. São Paulo: IBGC, 2009. 73 p. Disponível em: <www.ibgc.org.br/userfiles/files/Codigo_Final_4a_Edicao.pdf>. Acesso em: 28 set. 2014.

LA PORTA, Rafael et al. Investor protection and corporate governance. *Journal of Financial Economics*, Rochester, NY, v. 58, n. 1-2, p. 3-27, out./nov. 2000.

LODI, João B. *Governança corporativa*: o governo da empresa e o conselho de administração. Rio de Janeiro: Campus, 2000.

MICKLETHWAIT, John; WOOLDRIDGE, Adrian. *A companhia*: a breve história de uma ideia revolucionária. Rio de Janeiro: Objetiva, 2003.

MONKS, Robert A. G.; MINOW, Nell. *Corporate governance*. 5. ed. Hoboken: Wiley, 2011.

ORGANIZAÇÃO DE COOPERAÇÃO E DESENVOLVIMENTO ECONÔMICO (OCDE). *Principles of corporate governance*. Paris: OCDE, 2004. Disponível em: <www.oecd.org/daf/ca/oecdprinciplesofcorporategovernance.htm>. Acesso em: 28 set. 2014.

_____. *Diretrizes da OCDE sobre governança corporativa para empresas de controle estatal*. Paris: OCDE, 2005. Disponível em: <www.oecd.org/corporate/ca/corporategovernanceofstate-ownedenterprises/42524177.pdf>. Acesso em: 28 set. 2014.

SHLEIFER, Andrei; VISHNY, Robert W. A survey of corporate governance. *The Journal of Finance*, Aldan, PA, v. 52, n. 2, p. 737-783, jun. 1997.

SILVA, Marco Geovanne Tobias da. Seminário: Governança Corporativa: Experiências em Empresas Estatais. [S.l.]:[s.n.], 2005. Disponível em: <www.planejamento.gov.br/secretarias/upload/Arquivos/dest/080707_GEST_Sem_BB.pdf>. Acesso em: 31 MAI. 2014

SILVEIRA, Alexandre di Miceli da. *Governança corporativa no Brasil e no mundo*. Rio de Janeiro: Elsevier, 2010.

TERRA, Paulo R. S.; FUNCHAL, Jeferson. Compensação de executivos: aspectos de governança corporativa e desempenho empresarial. In: BITENCOURT, Cláudia C. (Org.). *Gestão contemporânea de pessoas*. 2. ed. Porto Alegre: Bookman, 2010. p. 217-238.

TRICKER, Bob. *Corporate governance*: principles, policies and practices. 2. ed. Oxford: Oxford University Press, 2012.

ZINGALES, Luigi. Corporate governance. In: DURLAUF, Steven N.; BLUME, Lawrence E. (Ed.). *The new Palgrave dictionary of economics and the law*. 2. ed. Basingstoke, UK, Palgrave Macmillan, 2008. Disponível em: <www.dictionaryofeconomics.com/download/pde2008_C000370.pdf>. Acesso em: 28 set. 2014.

ESTUDO DE CASO

EXPERIÊNCIA RECENTE DO BANCO DO BRASIL EM GOVERNANÇA CORPORATIVA

Antecedentes

O Banco do Brasil (BB) é uma instituição financeira constituída como uma sociedade de economia mista cujo controle acionário (58,5%) pertence ao Tesouro Nacional. O banco foi fundado em 1808 por d. João VI. Atualmente, o BB é o maior banco da América Latina em termos de ativos totais (R$ 1,3 trilhão em dezembro de 2013) e líder de mercado no Brasil (com uma *market share* acima de 20%). Além do segmento de banco comercial e de investimentos, o BB atua em diversos outros segmentos do mercado financeiro como seguridade, administração de recursos de terceiros, cartões de crédito, franquia de atendimento no exterior etc.

Nos anos de 1995 e 1996 o BB enfrentou uma séria crise, que viria a ser o ponto de partida para profundas reformulações as quais culminariam em sua migração para o novo mercado da BM&FBovespa. A partir do Plano Real, em 1994, o sistema bancário brasileiro precisou se reorganizar para o novo ambiente de inflação mais baixa e maior concorrência. Os bancos públicos, em particular, precisaram passar por ajustes profundos para recuperar sua competitividade e continuar a cumprir seu papel dentro do sistema financeiro.

Em 1995, o prejuízo do BB foi de R$ 4,3 bilhões. Para reverter essa situação, foi então lançado um programa de ajustes que incluiu enxugamento do quadro de pessoal, ampliação do portfólio de negócios, redução de custos, melhoria de produtos e serviços, maior qualidade no atendimento e maior modernização da instituição. Apesar disso, em 1996, o prejuízo aumentou para R$ 7,5 bilhões. Preocupado em atender aos requisitos de capital determinados pelo Acordo de Basileia, o Tesouro Nacional lançou uma operação de recapitalização do banco, financiada com a emissão de R$ 8 bilhões em títulos públicos federais.

Para garantir uma solução duradoura para as dificuldades enfrentadas pelo BB, foi lançado, ainda em 1996, o plano de reestruturação da instituição. Esse plano, que tinha como objetivo garantir a sustentabilidade de longo prazo da instituição e resolver problemas crônicos de gestão, transparência e estratégia, tinha sete diretrizes: recomposição da estrutura de capital, reformulação da gestão, melhoria da estrutura de ativos, revisão das práticas de crédito, modernização tecnológica, reestruturação administrativa e estratégia mercadológica.

A implementação do plano de reestruturação lançou as bases necessárias para que o banco, no período 1996-2000, fizesse as mudanças necessárias na gestão para preparar os alicerces de uma nova fase em sua história. Essas mudanças, no nível de gestão, contribuíram para a profissionalização do BB e para o alinhamento das atividades da instituição com os interesses do governo federal. Entre os principais avanços desse período, destacam-se: a criação do comitê de assuntos estratégicos, a alocação de recursos para operações de interesse do governo federal, o estabelecimento de requisitos para o cargo de administrador, o impedimento para participação nos órgãos de administração de pessoas com participação acionária em sociedades em mora com o BB, responsabilização dos membros da diretoria pelo descumprimento de diretrizes do banco, organização em unidades administrativas de negócio, criação da área de relação com investidores, auditoria externa de risco de crédito e de mercado, entre outras.

A alteração do estatuto e o Proef

Em 2001, o BB promoveu alterações em seu estatuto visando reforçar as boas práticas de governança corporativa do banco em termos de *compliance*, *disclosure*, *fairness*, *accountability* e *social responsibility*. O objetivo seria garantir maior proteção a seus acionistas de forma a assegurar um fluxo permanente de financiamento de capital para o banco no longo prazo. As principais medidas podem ser reunidas em três grupos.

- *Disclosure*: maior qualidade nos informativos trimestrais, incluindo demonstrativo de fluxo de caixa, normas United States Generally Accepted Accounting Principles (US-GAAP) e International Accounting Standards Committee (IASC) e relatórios em inglês; divulgação dos acordos de acionistas, programas de *stock options* e do calendário anual de eventos; realização de uma reunião pública anua.
- *Fairness*: iniciativas para maior dispersão do capital, com prioridade para pessoas físicas e investidores institucionais de no mínimo 10% das ações emitidas; concessão de direito de voto, em situações específicas, às ações preferenciais; deliberação sobre transformações, cisões e fusões;

ESTUDO DE CASO

aprovação de decisões importantes para o futuro do banco somente com voto do conselheiro representante dos acionistas minoritários ou do conselheiro representante dos acionistas funcionários e aposentados no conselho de administração.
- *Accountability*: mandato unificado de um ano para o conselho de administração; adesão à câmara de arbitragem da BM&FBovespa.

Ainda em 2001, o governo federal lançou o Programa de Fortalecimento das Instituições Financeiras Federais (Proef), com o objetivo de garantir uma estrutura patrimonial sólida e a consistência nos resultados das instituições financeiras federais através da permuta de créditos ilíquidos e de baixa remuneração – decorrentes de políticas econômicas do governo federal – por títulos públicos mais líquidos. Esse programa permitiu ao BB substituir ativos oriundos de *brady bonds*, renegociação de dívidas agrárias, securitização de dívidas rurais e fundos diversos no valor de mais de R$ 20 bilhões. Nesse mesmo ano, o BB também tornou-se banco múltiplo através da incorporação de suas subsidiárias integrais nas áreas de financiamento, investimento, crédito, operação de cartões e capitais investidos no exterior.

A nova governança corporativa no Banco do Brasil

Com a gestão do banco reestruturada, os ativos devidamente saneados e seu capital adequado aos padrões do Acordo de Basileia, o próximo passo para garantir a sustentabilidade de longo prazo para a instituição seria a implantação de um sistema de governança corporativa moderno.

A partir desse objetivo, ao final de 2001, foram definidos cinco pilares de governança corporativa para nortearem as ações do banco nesse assunto: gestão, transparência, equidade, prestação de contas e responsabilidade corporativa. Os principais elementos de cada um são apresentados abaixo.
- *Gestão*: conselho de administração formado por sete membros, sendo dois independentes, com reuniões ordinárias mensais; conselho fiscal permanente com cinco membros, com reuniões ordinárias mensais; comitê de auditoria formado por três membros eleitos pelo conselho de administração, com atribuições de supervisionar a auditoria independente e a auditoria interna.

- *Transparência*: maior volume de informações em português e inglês; disponibilização de informações pela internet; realização de pelo menos uma reunião pública anual com o mercado; manutenção de um calendário anual de eventos; elaboração de demonstrações financeiras segundo US--GAAP; divulgação de contratos com partes relacionadas.
- *Equidade*: proibição de emissão de debêntures e partes beneficiárias; favorecimento à dispersão do capital; capital composto apenas por ações ordinárias (adoção do princípio "uma ação-um voto"); unificação do mandato dos membros do conselho de administração para dois anos; adesão à câmara de arbitragem da BM&FBovespa; *tag along* de 100%.
- *Prestação de contas*: facilidade de acesso às informações a serem deliberadas nas assembleias; informação sobre negociações com ações do banco; convocação de assembleia com prazo mínimo de 15 dias; criação dos cargos da diretoria estatutária; criação do comitê de auditoria.
- *Responsabilidade corporativa*: formulação do código de conduta para as relações do banco com acionistas, governo, funcionários e demais *stakeholders* (Carta de Princípios Éticos); adesão a conjuntos de princípios voluntários de ações de meio ambiente, direitos humanos, justiça social e desenvolvimento econômico (Global Compact, Princípios do Equador, Agenda 21); incorporação da responsabilidade corporativa na missão do banco.

Especial destaque merece a decisão de converter as ações preferenciais em ações ordinárias na proporção de uma ação preferencial para cada 1,1 ação ordinária, dessa forma concedendo direito de voto a todos os acionistas.

A migração para o novo mercado

O passo final da estratégia de reestruturação da governança corporativa do BB seria a adesão ao novo mercado da BM&FBovespa. Este segmento diferenciado de listagem é caracterizado por regras mais exigentes de governança corporativa, como a exigência de apenas ações ordinárias, *free float* mínimo de 25%, conselho de administração com no mínimo cinco membros, dos quais pelo menos 20% independentes e com mandato unificado de até dois anos, reunião pública anual e calendário anual de eventos obrigatórios, vedada acumulação de cargo de presidente

ESTUDO DE CASO

de conselho e diretor-presidente e concessão de *tag along* obrigatório de 100%, entre outras. A adesão a essas regras é voluntária e o engajamento da companhia representa um forte sinal ao mercado de capitais de seu compromisso com as melhores práticas de governança corporativa.

A adesão formal do BB ao novo mercado ocorreu em 31 de maio de 2006 pela assinatura do contrato com a BM&FBovespa. Seguindo a adesão, o banco, em conjunto com a BNDES Participações (BNDESPar) e a Caixa de Previdência dos Funcionários do Banco do Brasil (Previ), promoveu uma oferta pública secundária de 52,25 milhões de ações ordinárias em junho de 2006. Essa oferta representou 7,6% do capital do BB e permitiu arrecadar R$ 2,27 bilhões, elevando o *free float* das ações para 14,8%.

No ano seguinte, uma nova oferta pública secundária de ações de propriedade da Previ e da BNDESPar elevou o *free float* de 14,8% para 21,7%. Subsequentemente, um desdobramento das ações na proporção de um para três reforçou o compromisso do banco em aumentar a liquidez de seus papéis no mercado.

As medidas em direção às melhores práticas de governança corporativa revelaram-se acertadas quando, apesar da forte crise internacional de 2008-2009, os impactos sobre o banco foram menores do que sobre outras instituições financeiras nacionais e internacionais. Em dezembro de 2009 o BB lançou seu programa patrocinado de *American Depositary Receipts* (ADRs) nível 1 no mercado de balcão dos Estados Unidos, dando continuidade a sua estratégia de internacionalização.

Em 2010, uma nova oferta secundária de 70 milhões de ações e uma oferta primária de 289 milhões de ações permitiu ao BB aumentar seu capital em R$ 7 bilhões, elevando seu *free float* para 30,4%, antecipando em um ano a meta mínima de 25% exigida pelo regulamento do novo mercado da BM&FBovespa.

Os resultados das mudanças na governança corporativa do BB foram muito positivos. A partir de uma situação de crise em 1995-1996, passando por um período de mudanças ao longo de uma década até a adesão ao novo mercado em 2006, o banco recuperou sua rentabilidade e a confiança do investidor.

Perspectivas para o futuro

Os desafios futuros para o Banco do Brasil não são pequenos. Além de manter suas próprias práticas de governança em padrões elevados para o mercado financeiro, para empresas estatais e para o mercado brasileiro de capitais, o banco também enfrenta o desafio de exercer o papel de acionista com interesses em uma variedade de empresas, denominadas "entidades ligadas ao Banco do Brasil" (ELBB), que são geradoras de sinergias ou complementares à atividade bancária, tais como participação em empresas nos segmentos de meios de pagamentos, seguros, consórcios, administração de recursos de terceiros, instituições financeiras no exterior etc. Essas empresas são investimentos estratégicos para o BB, tendo em vista sua missão.

A governança dessas ELBB era conduzida por diversas unidades com atividades afins ao negócio dessas empresas. Em 2012, o BB criou a Unidade Governança de Entidades Ligadas (UGE) com o objetivo de concentrar o processo de governança dessas empresas em uma única área e, dessa forma, implementar uma arquitetura padrão de governança, apoiar a atuação dos conselheiros, disseminar boas práticas e coordenar a interlocução das diversas áreas do banco com as ELBB. Dessa forma, o BB está disseminando seu modelo bem-sucedido de governança corporativa através de suas empresas coligadas e controladas, ampliando assim a dimensão e o escopo de suas práticas. Contudo, esse permanece sendo um desafio considerável, tendo em vista as características peculiares de cada ELBB.

O futuro reserva ainda novos desafios para o Banco do Brasil, como, de resto, para todas as companhias que lutam por sua perenidade e sucesso no mercado, e o contínuo aprimoramento de suas práticas de governança corporativa continuará sendo, mais que uma constante, uma necessidade.

INTERNACIONALIZAÇÃO DO SISTEMA BANCÁRIO

Pedro Carvalho de Mello

Internacionalização em um mundo global

O ambiente das finanças globais

A globalização, nas últimas três décadas, acelerou a modernização da sociedade e da cultura brasileira ao expor o país a um uso mais intenso da tecnologia da informação e ao estimular uma maior disseminação da inovação em nosso meio.

A globalização também atingiu o setor financeiro. O mundo das finanças se transformou numa indústria que está paulatinamente integrando os mercados financeiros de cada país numa rede interdependente de mercados. O ambiente das finanças globais foi profundamente afetado pelas mudanças acarretadas por esse processo.

O foco desse capítulo recai na atuação dos bancos internacionais, mas é importante levar em conta que os bancos atuam concatenados com outros tipos de instituição que também operam nesse mercado, tais como bancos de investimento, seguradoras, corretoras de valores e outras. Ao atuar junto a grandes empresas multinacionais e grandes investidores institucionais, os bancos necessitam estar familiarizados com os grandes temas e operações típicas das finanças corporativas internacionais e da gestão internacional de portfólio.

O ambiente das finanças globais apresenta quatro componentes principais.

FIGURA 1
AMBIENTE DAS FINANÇAS GLOBAIS

- Bancos internacionais
- Mercados financeiros internacionais
- Ambiente das finanças globais
- Gestão internacional de portfólio
- Finanças corporativas internacionais

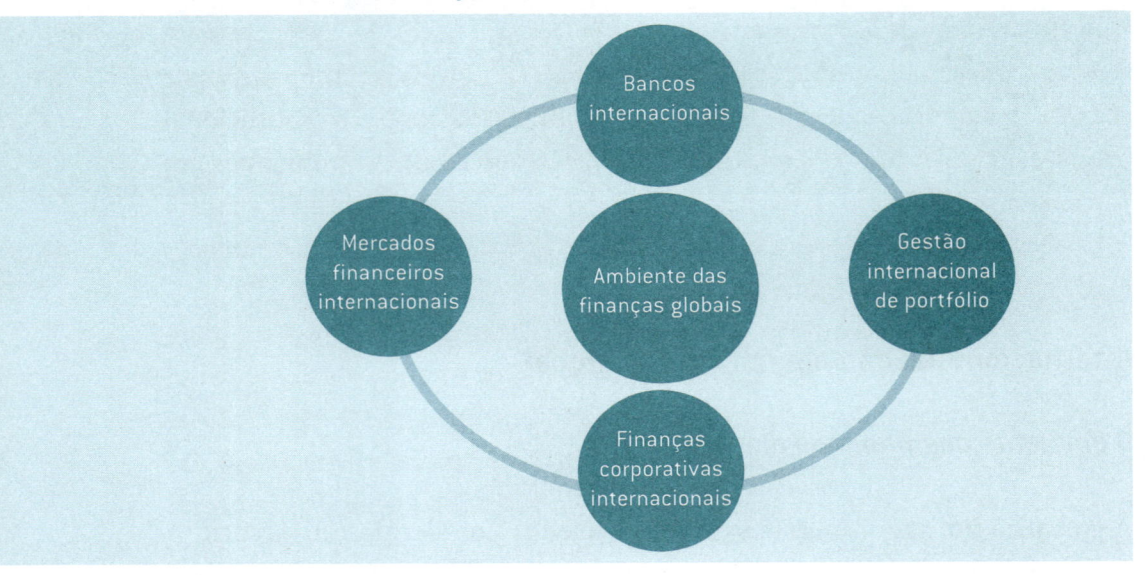

A macroeconomia global e os bancos internacionais

Define-se o país que não estabeleça significativas ligações com a economia global como uma "economia fechada". Os países que participam mais ativamente na economia global são considerados "economias abertas".

Os vínculos e ligações conectando as economias dos países assumem diversas formas. Esses vínculos acabam se refletindo na atuação dos bancos que se internacionalizam.

FIGURA 2
VÍNCULOS ENTRE PAÍSES

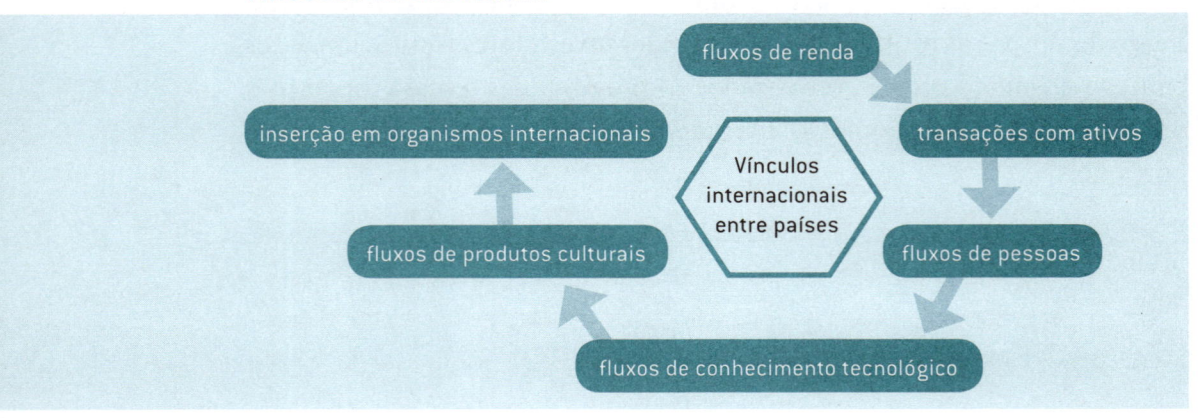

- fluxos de renda
- inserção em organismos internacionais
- transações com ativos
- Vínculos internacionais entre países
- fluxos de produtos culturais
- fluxos de pessoas
- fluxos de conhecimento tecnológico

Os fluxos de renda abarcam movimentações de renda de capital (lucros, aluguéis e juros), rendas do trabalho e transferências de pagamentos entre países. As transações com ativos incluem títulos, debêntures, câmbio e investimentos internacionais em empresas e imóveis. Os fluxos de pessoas incluem migrações ou empregos temporários no exterior, com movimentação indireta de transferência de rendimentos. Fluxos de conhecimento tecnológico e de produtos culturais e outros intangíveis afetam padrões de consumo, produção e estilos de vida. Finalmente, a inserção institucional inclui acordos sobre meio ambiente e gestão de recursos ambientais em comum, assim como empresas multinacionais, acordos de comércio, instituições monetárias, instituições financeiras, agências multilaterais e bancos de desenvolvimento internacionais.

O sistema financeiro aumentou consideravelmente seu grau de internacionalização nas últimas décadas. Os fluxos financeiros entre países cresceram mais que os fluxos de mercadorias e serviços. O comércio internacional permite ganhos de especialização e trocas, e atua como um grande indutor para a disseminação da inovação, obtenção de ganhos de produtividade e aumento da competitividade das empresas. Isso é particularmente útil para guiar políticas econômicas e comerciais para o Brasil, pois nosso país, uma das economias mais fechadas do mundo, necessita dos desafios concorrenciais para reforçar sua trajetória de desenvolvimento econômico.

O sistema bancário internacional desempenha um papel vital para que as economias dos países se aproveitem das trocas de mercadorias, serviços e capitais entre eles. A contraparte financeira aos fluxos de mercadorias e serviços que circulam entre países é caracterizada por operações bancárias no mercado internacional. Além das finanças de curto prazo, o fluxo de capitais na economia internacional assume duas formas principais: empréstimos e investimentos.

Os empréstimos de longo prazo, que muitas vezes são feitos no bojo de complexas operações estruturadas e de engenharia financeira, se constituem numa importante modalidade do fluxo internacional de capitais.

Os investimentos, por sua vez, seguem dois tipos básicos: portfólio e diretos. Os investimentos de portfólio incluem ativos puramente financeiros, tais como ações e debêntures, denominados em moeda nacional. A grande motivação para esse tipo de investimento é conseguir maiores retornos de investimento, após considerar os elementos de risco e taxa de câmbio.

Os investimentos diretos, por sua vez, são usos de recursos para aplicações em fábricas, equipamentos, bens de capital, terras e estoques, em que existe participação tanto no capital como na gestão do empreendimento. A grande motivação para esses investimentos é diversificar mercados, obter maiores taxas de retorno e ter presença estratégica de longo prazo nas economias receptoras dos investimentos.

Desenvolvimento financeiro versus *crescimento da economia*

Conforme visto no capítulo 1, o setor financeiro da economia é um sistema complexo de mercados para ativos financeiros e serviços financeiros. Existe uma forte associação entre desenvolvimento financeiro e crescimento econômico. A história econômica dos países mostra que a criação e expansão das instituições financeiras, a adoção dos frutos da inovação financeira e o lançamento e difusão de ativos e instrumentos de financiamento deram-se em paralelo com a expansão da indústria e do comércio.

Observa-se a ocorrência de um grande debate — inconcluso — entre as três situações mostradas a seguir.

QUADRO 1
DESENVOLVIMENTO FINANCEIRO × ECONÔMICO

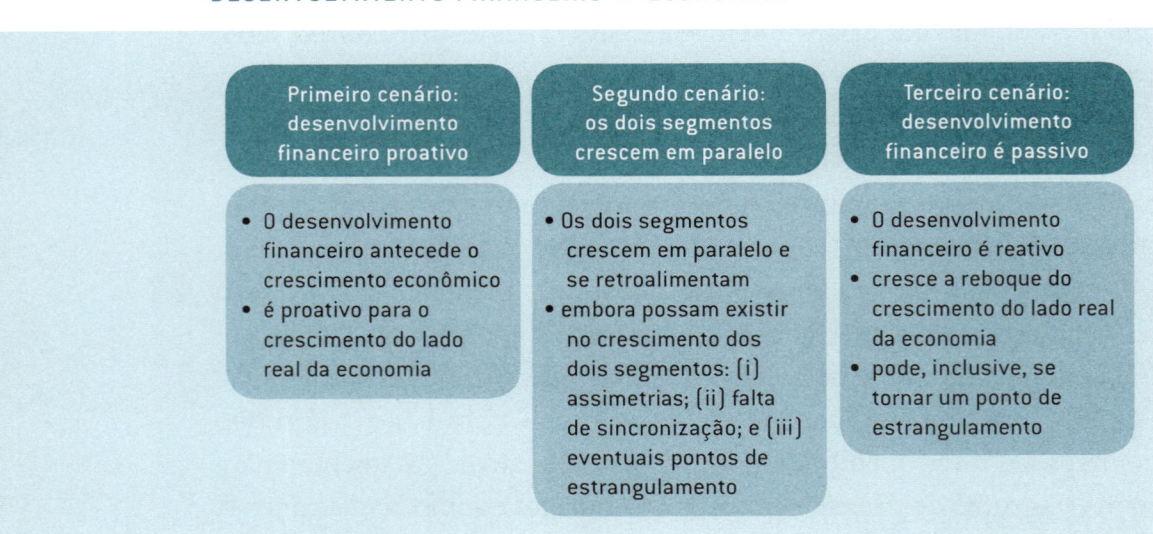

Primeiro cenário: desenvolvimento financeiro proativo	Segundo cenário: os dois segmentos crescem em paralelo	Terceiro cenário: desenvolvimento financeiro é passivo
• O desenvolvimento financeiro antecede o crescimento econômico • é proativo para o crescimento do lado real da economia	• Os dois segmentos crescem em paralelo e se retroalimentam • embora possam existir no crescimento dos dois segmentos: (i) assimetrias; (ii) falta de sincronização; e (iii) eventuais pontos de estrangulamento	• O desenvolvimento financeiro é reativo • cresce a reboque do crescimento do lado real da economia • pode, inclusive, se tornar um ponto de estrangulamento

Qualquer que seja a relação de causalidade existente entre desenvolvimento financeiro e crescimento econômico, uma coisa é certa: o mau funcionamento do setor financeiro pode criar interrupções e reversões — algumas prolongadas — no processo de crescimento econômico.

A grande expansão do comércio internacional também se deu em paralelo com um grande desenvolvimento de instrumentos de financiamento e de capitalização. É muito importante notar, no entanto, que associação não significa causalidade.

Com o objetivo de atingir maior internacionalização da economia brasileira, o sistema financeiro pode, e possui meios para tal, se comportar de maneira proativa, como indutor e fomentador do crescimento do lado real da economia impulsionado pelo comércio exterior.

O contexto internacional, por sua vez, estimula os bancos e as autoridades governamentais a desenvolverem novos instrumentos de finanças e mercado de capitais, e criarem e fortalecerem instituições — como bolsas de valores e de derivativos — para ofertar um conjunto mais integrado, harmonioso e eficiente das diversas operações, instrumentos e mercados que perfazem o mercado financeiro e de capitais como um todo.

Vantagens da internacionalização do sistema financeiro

Os bancos podem desempenhar um importante papel no contexto da internacionalização. Com efeito, os bancos comerciais, nas economias orientadas para o mercado, são eficientes instrumentos para promover a alocação de capitais na economia. Fazem a ponte entre os ofertantes de fundos emprestáveis e os tomadores desses fundos. Um banco com operações internacionais, ademais, alarga a eficiência desse papel de alocação, pois pode capturar e canalizar recursos de financiamento, com base numa gama muito maior de poupadores e investidores. Como exemplo, há o BB Tokyo, que realiza diversas operações para capturar e canalizar recursos de financiamento.

De modo geral, a visão moderna sobre a evolução da economia mundial e de como isso afeta a formação de estratégia dos bancos se voltando para a internacionalização aponta para a existência de três grandes tendências: adoção de ações com base em uma macroestratégia de negócios, seguimento de diretrizes estratégicas consistentes com a macroestratégia dos negócios e inserção do país nos cenários de atuação das economias emergentes no mercado mundial.

QUADRO 2
MACROESTRATÉGIA DE NEGÓCIOS

Macroestratégia de negócios	Diretrizes estratégicas	Emergência de novas forças econômicas
• desenvolver cultura própria na empresa para lidar com a maior globalização das atividades econômicas • crescente importância de se buscar alinhamento entre a obtenção de vantagens comparativas e vantagens competitivas • uso de estratégias para se obter maior lucratividade com o uso de cadeias de valor	• maior flexibilidade na gestão • uso equilibrado de novas tecnologias • ênfase em inovações e obtenção de maior produtividade • aumento na qualidade do atendimento aos consumidores • emprego de métodos cada vez mais eficientes de comunicação e logística	• crescente papel dos Brics (Brasil, Rússia, Índia, China e África do Sul) no mundo dos negócios • necessidade de operar em contextos de maior risco para os negócios • utilização de instrumentos adequados para a mensuração e mitigação do risco

Os sistemas de interação espacial possuem dois componentes: localidades que servem de origem ou de destinação de fluxos, e os fluxos em si mesmos. Para o mercado financeiro, ilustrando o que seria o primeiro componente, pode-se conceber regiões do mundo, por exemplo a Europa Ocidental, que são "poupadoras líquidas" e interagem com regiões que são "investidoras líquidas", como a América do Sul. O segundo componente seria formado pelos fundos de capital que se deslocam da Europa para a América do Sul, apoiadas por um "fluxo" de contratos e títulos nas duas direções. A internacionalização de bancos é uma dimensão desse fenômeno, em que se trocam fluxos de dinheiro, capital e informação entre países. Essas trocas de fluxos existem porque as diversas regiões do mundo estão em permanente desequilíbrio, resultando, em termos líquidos, em oferta de fundos para uns e demanda de fundos para outros.

Com respeito aos indicadores de renda e produção dos países que possam afetar a geração desses fluxos, existem situações distintas, dependendo do horizonte temporal. No curto prazo podem ocorrer crises e excessiva volatilidade, no médio prazo podem acontecer altas ou quedas significativas do PIB, e uma atuação consistente no longo prazo realmente requer o suporte de análises com maior dosagem dos fundamentos econômicos.

Para os bancos comerciais, no entanto, o que interessa não são os fluxos líquidos, e sim os milhões de transações diárias entre países. Elas servem principalmente para financiar importações e exportações de produtos e serviços, fazer transferências e remessas de fundos, e realizar operações de mercado de capitais.

Os principais mercados financeiros internacionais e a Organização dos Bancos Internacionais

As atividades do mercado financeiro internacional estão concentradas em algumas cidades ao redor do mundo, existindo uma hierarquia entre esses polos financeiros.

FIGURA 3
POLOS FINANCEIROS

POLOS GLOBAIS: Nova York, Londres e Tóquio

POLOS REGIONAIS: Chicago, São Paulo, Rio de Janeiro, Paris, Frankfurt, Zurique, Genebra, Hong Kong, Cingapura e Shangai

CENTROS FINANCEIROS: são dezenas, com expressão local e regional doméstica

A inclusão de São Paulo/Rio de Janeiro como um polo regional com expressão na América do Sul, expandindo-se para a América Latina, é ainda um projeto em progresso. O Banco do Brasil é um dos líderes desse movimento.

Quatro grandes tipos de transações financeiras ocorrem nos polos globais, e em alguma medida nos polos regionais. Esses polos combinam atividades em seus próprios países com transações com outros países e polos financeiros. Desfrutam da vantagem competitiva de contarem com um grande número de poupadores e investidores domésticos, ofertando fundos emprestáveis para os tomadores de fundos domiciliados e seus países. A isso se somam as vantagens organizacionais, técnicas e logísticas para ofertarem fundos emprestáveis a tomadores de empréstimos em outros países.

FIGURA 4
MERCADO INTERNACIONAL

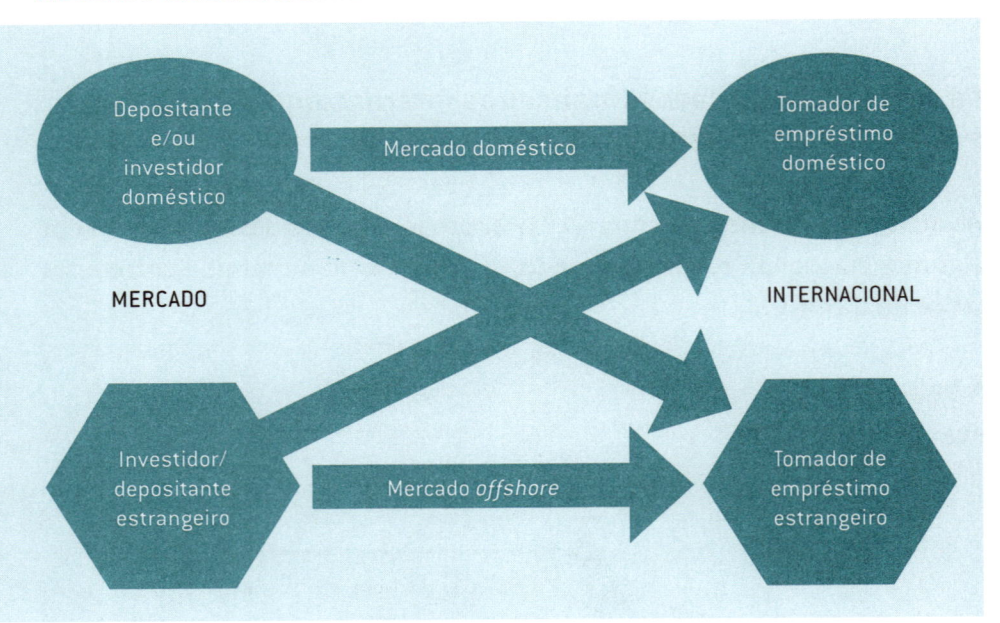

[Diagrama: Depositante e/ou investidor doméstico → Mercado doméstico → Tomador de empréstimo doméstico; Investidor/depositante estrangeiro → Mercado offshore → Tomador de empréstimo estrangeiro; setas cruzadas representam o MERCADO INTERNACIONAL]

Os investidores domésticos ou estrangeiros movimentam fundos de capital diretamente para os usuários finais, enquanto os depositantes utilizam intermediários financeiros, principalmente os bancos comerciais, para fornecerem recursos aos tomadores finais. Esses movimentos de fluxos estão representados na figura anterior, em que as setas que se cruzam representam o mercado financeiro internacional.

Finalmente, o mercado *offshore* é bem importante para o mercado financeiro internacional. É um mercado que desenvolve operações específicas, utilizando mecanismos e instrumentos financeiros que foram evoluindo e se aperfeiçoando ao longo do tempo, e atende necessidades próprias de empresas, governos, investidores e poupadores. Esse mercado é movimentado por algumas praças bancárias, chamadas de centros *off-shore*. Alguns centros são bem conhecidos, como Bahamas, Ilhas Cayman, Montevidéu, Bahrein, Luxemburgo e Cidade do Panamá. Eles fazem conexões entre investidores e depositantes estrangeiros diretamente e por meio de bancos comerciais com tomadores de empréstimos estrangeiros, transferindo fundos emprestáveis e capitais.

Esses centros financeiros *offshore* apresentam vantagens de:
- Estabilidade econômica e política.
- Comunidade financeira experiente e operando com eficiência técnica.
- Boa comunicação e adequados serviços de suporte e suporte administrativo ("*back-office*").

- Ambiente judicial e de regulação que transmita confiança no cumprimento de contratos e na resolução ágil e justa de conflitos comerciais.

O mercado financeiro internacional trabalha com fundos conhecidos por "eurodollars" e outras moedas combinadas (dólares com o yen, franco suíço e outras). Existem crescentes ampliações desse mercado, principalmente na China, Coreia do Sul e outros países asiáticos. Essas moedas são criadas de maneira similar às moedas domésticas, como o real no Brasil, por meio de grandes bancos internacionais e através do sistema de multiplicação bancária. Entretanto, não são moedas que circulem na economia, pois seu uso se limita a lançamento de títulos, depósitos a prazo e outras operações.

A taxa de juros mais utilizada nessas operações é a London Interbank Offered Rate (Libor), que é a taxa determinada diariamente no mercado interbancário de Londres, e é uma taxa flutuante. As operações no mercado são em geral de grande porte, e é comum que diversos bancos se juntem na mesma operação, o que se chama de "sindicato". Um grande atrativo desse mercado é não sofrer regulação governamental, pois opera simultaneamente em diferentes países. Costuma ser um mercado dinâmico e inovador.

Como se organizam os bancos internacionais com respeito às suas operações no exterior? Existem diversas modalidades de organização, e o processo é muito dinâmico, pois os bancos têm flexibilidade para se adaptar com o tempo a novos modelos organizacionais. Os arranjos organizacionais são o reflexo da estratégia internacional de negócios estabelecida pelo banco internacional, formulada em consonância com as características legais e institucionais dos países em que atua. Os principais tipos de organização incluem os seguintes arranjos.

QUADRO 3
TIPOS DE ORGANIZAÇÃO BANCÁRIA

BANCOS CORRESPONDENTES	Utilizados pela maior parte dos bancos internacionais.
	Relacionamento com bancos locais nas maiores praças financeiras do mundo.
	Atividades incluem informação sobre crédito, honrar cartas de crédito e *"acceptance drafts"* (saque aceito).
ESCRITÓRIOS DE REPRESENTAÇÃO	Objetivo de dar suporte local direto aos clientes do banco com operações no exterior.
	Seu âmbito de atuação é muito limitado, com ênfase em informações.
	Não realiza operações, pois não é um *"banking office"*.

continua

AGÊNCIAS	Dependendo do tipo de jurisdição do país hospedeiro, o banco internacional pode constituir agência ou subsidiária.
	Não pode, em geral, aceitar depósitos do público.
	Opera bastante no suporte financeiro ao comércio internacional.
SUBSIDIÁRIAS E AFILIADAS	Banco incorporado separadamente.
	Atua como banco local e aceita depósitos.
	Regulação governamental do país hospedeiro.
FILIAL BANCÁRIA	Parte legal e operacional do banco matriz.
	Atua como agência, mas pode aceitar depósitos.
	Sofre regulação governamental dupla, do seu próprio país e do país hospedeiro.
FACILIDADES BANCÁRIAS INTERNACIONAIS	Conhecidas como "International Banking Facilities (IBFs)".
	Não são instituições separadas do banco matriz, mas sim contas segregadas do banco que permitem desempenhar operações bancárias com clientes no exterior.
"EDGE ACT"	Arranjo legal dos Estados Unidos, que permite subsidiárias de bancos, atuando dentro do país, que se engajem em operações bancárias e de financiamento no exterior.
EXTENSÃO DO EDGE ACT PARA ATIVIDADES INTERNACIONAIS DE BANCOS E FINANCIAMENTO	A extensão do Edge Act permitindo depósitos bancários, mas não contas de poupança.
	Podem atuar como companhias *holding*, tendo participação em outros bancos e subsidiárias.
	Podem realizar investimentos de portfólio em ações de empresas estrangeiras.
CONSÓRCIOS DE BANCOS INTERNACIONAIS	É uma *joint venture* incorporada separadamente e de propriedade de dois ou mais bancos, em geral de diferentes nacionalidades.
	Desenvolvem negócios próprios e se apoiam também nas suas respectivas bases de clientes.

A gestão estratégica para internacionalização de bancos

A tomada de decisão de um banco que exerça atividades na área internacional e que queira se transformar num banco internacional (e aprofundar a internacionalização de sua atuação) deve levar em conta as diversas oportunidades disponíveis, e os riscos existentes, para fundamentar essa estratégia. Com efeito, alcançar sucesso e obter lucratividade sustentável requerem um exame cuidadoso para fundamentar as decisões estratégicas.

Existem diversas oportunidades potenciais para um banco que pretenda reforçar sua atuação internacional, listadas na figura abaixo. Nunca se deve perder de vista que a motivação básica para a decisão de se tornar uma empresa internacional deve se fundamentar nos lucros líquidos esperados no futuro. Alguns aspectos listados têm o caráter de bens intangíveis, mas existe uma relação forte entre lucratividade futura e melhor governança, acesso a inovações, conhecimento de melhores práticas, formação de *networks* e maior exposição ao mercado financeiro internacional.

QUADRO 4
OPORTUNIDADES POTENCIAIS PARA UM BANCO INTERNACIONAL

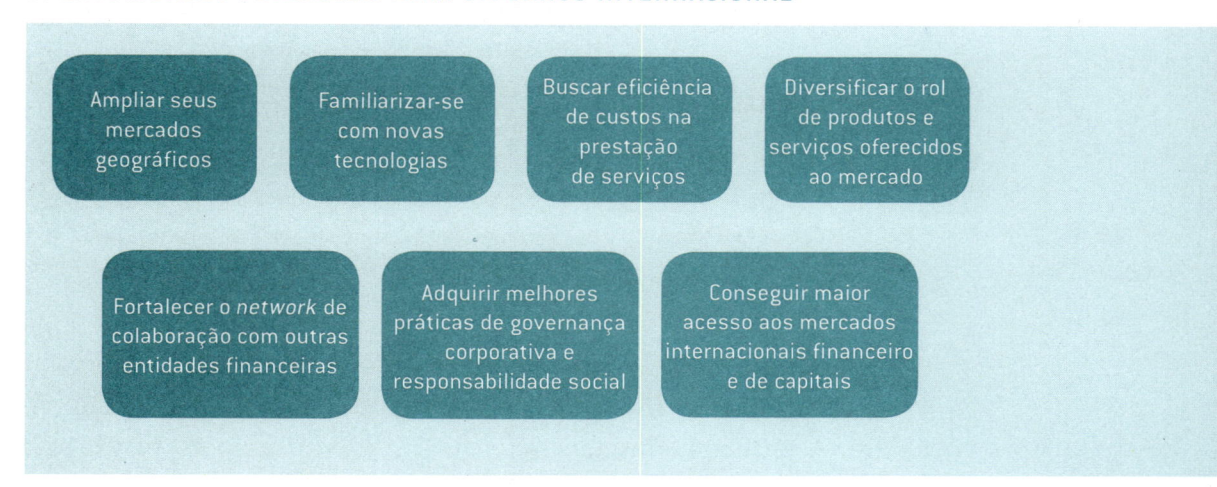

- Ampliar seus mercados geográficos
- Familiarizar-se com novas tecnologias
- Buscar eficiência de custos na prestação de serviços
- Diversificar o rol de produtos e serviços oferecidos ao mercado
- Fortalecer o *network* de colaboração com outras entidades financeiras
- Adquirir melhores práticas de governança corporativa e responsabilidade social
- Conseguir maior acesso aos mercados internacionais financeiro e de capitais

Os riscos e ameaças fazem parte integrante de qualquer julgamento sobre a conveniência ou não de se lançar no mercado internacional. A figura a seguir lista as principais ameaças e riscos.

QUADRO 5
AMEAÇAS E RISCOS NA ATUAÇÃO INTERNACIONAL

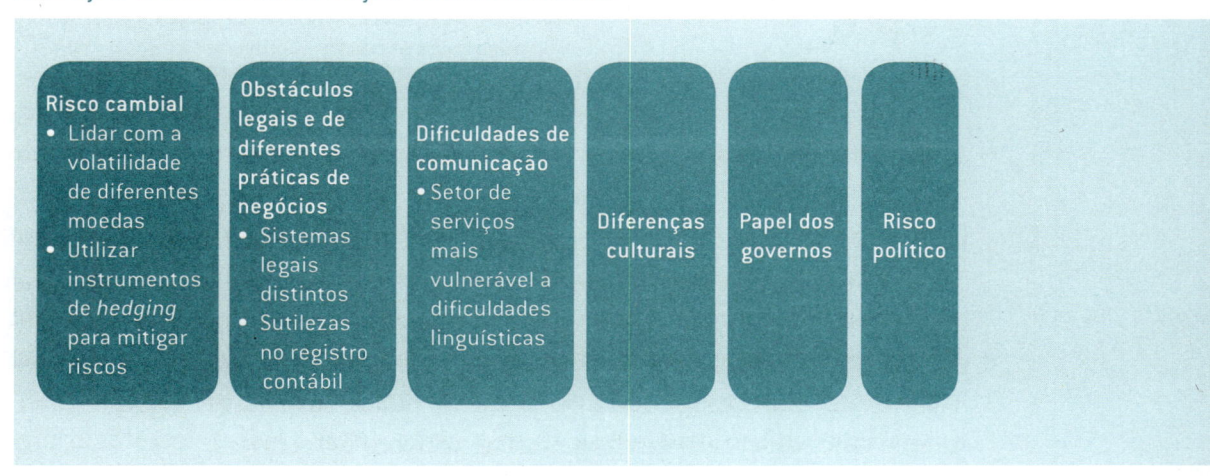

- **Risco cambial**
  - Lidar com a volatilidade de diferentes moedas
  - Utilizar instrumentos de *hedging* para mitigar riscos
- **Obstáculos legais e de diferentes práticas de negócios**
  - Sistemas legais distintos
  - Sutilezas no registro contábil
- **Dificuldades de comunicação**
  - Setor de serviços mais vulnerável a dificuldades linguísticas
- **Diferenças culturais**
- **Papel dos governos**
- **Risco político**

A decisão final do banco que esteja no processo decisório de se tornar multinacional tem de se apoiar numa ponderação das oportunidades e vantagens potenciais *vis-à-vis* os riscos e ameaças existentes.

Supondo que foi tomada uma decisão favorável, serão necessárias outras providências sequenciais, que também envolvem escolhas estratégicas para um banco se tornar uma empresa multinacional, mostradas a seguir.

FIGURA 5

ESCOLHAS ESTRATÉGICAS PARA UM BANCO INTERNACIONAL

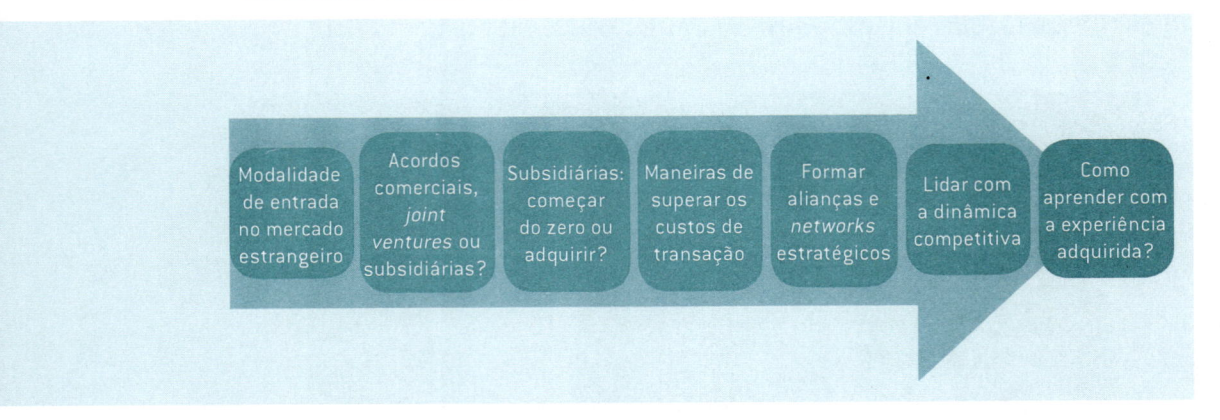

Modalidade de entrada no mercado estrangeiro → Acordos comerciais, *joint ventures* ou subsidiárias? → Subsidiárias: começar do zero ou adquirir? → Maneiras de superar os custos de transação → Formar alianças e *networks* estratégicos → Lidar com a dinâmica competitiva → Como aprender com a experiência adquirida?

Existem diversas modalidades possíveis de entrada no mercado estrangeiro. A primeira consideração é quanto à propensão do banco para se internacionalizar: forte, fraca ou oportunista? O tamanho atual do banco, o tamanho do mercado doméstico onde atua e as barreiras regulatórias devem ser levados em conta. Os locais geográficos de entrada devem ser pautados por atratividade de negócios, possibilidades de adquirir inovações e busca de ganhos de eficiência. Outra consideração diz respeito ao tempo de entrada no novo mercado — imediato ou num futuro planejado — e se o processo se dará por estágios sucessivos de crescente presença no mercado escolhido.

Em qual escala o banco deve ingressar no novo mercado? A maneira mais simples é apenas exportar seus produtos e serviços. Uma presença mais forte, no entanto, requer um maior compromisso. Essa presença pode se dar por meio de criação de subsidiárias ou então por *joint ventures*. Os dois casos apresentam vantagens e desvantagens, e são muito sensíveis com respeito às condições institucionais do banco se internacionalizando.

Caso opte por criar uma subsidiária, surge a questão: adquirir um banco existente, ou partir do zero, criando um novo banco no mercado selecionado (que a literatura chama de "*greenfield investment*")?

Esse último caso tem a vantagem de evitar passivos ocultos e problemas de diferenças de cultura durante a fase de integração. Existem, por outro lado, maiores custos devido à lentidão do prazo para implantar a nova unidade. Ocorre também que, ao se implantar uma nova entidade ao invés de comprar uma unidade já existente, se amplia a capacidade de oferta no mercado. Devido a essas dificuldades, observa-se que cerca de 70% das subsidiárias criadas por empresas multinacionais resultam de aquisição de empresas existentes.

Com respeito aos custos de transação no mercado-alvo do investimento, o grande problema é que se necessita de tempo para poder avaliá-los corretamente. No setor financeiro, a maior parte desses custos decorre de diferenças entre instituições formais, por um lado, e normas e arranjos informais que sejam comumente utilizados no mercado de entrada, pelo outro. O banco entrando nesse novo mercado fica sujeito a comportamentos oportunistas dos seus contatos locais. Uma estratégia possível, nessa situação, é ingressar por estágios, começando com passos mais simples e caminhando para operações mais complexas, numa curva de aprendizagem ao longo do tempo.

Formar alianças estratégicas e organizar *networks* traz inúmeras vantagens, tais como reduzir custos e riscos, e poder aprender com seus novos aliados. Por outro lado, existem riscos quanto a custos de negociação e coordenação. Há também o custo de se escolher um mau parceiro, e, nesse caso, é importante considerar que metade das alianças costuma fracassar. Existem expressivos custos envolvidos no "processo de divórcio" de associações fracassadas no mundo corporativo. É importante estar preparado para esse evento. Como dito na sabedoria popular, é preciso "sempre esperar o melhor, mas estar preparado para o pior".

Os mercados bancários de cada país costumam ter estruturas de mercado do tipo oligopolista. Nessa estrutura, existem poucos bancos, cada um tendo poder de mercado. Mesmo que existam pequenos bancos, a estrutura pode ser bimodal: um segmento com muitos bancos de pequeno porte, e forte concorrência entre eles, sem que tenham, individualmente, poder de mercado ou manifestem significativa rivalidade uns com outros; e outro segmento, com poucos bancos oligopolistas, exibindo um comportamento de grande rivalidade e, individualmente, possuindo poder de mercado. O sistema bancário norte-americano oferece um bom exemplo: a existência de megabancos (como o JPMorgan, CitiBank, Goldman Sachs, PNC Bank e outros) que coexistem com cerca de 12 mil pequenos bancos (um dos quais o BB Americas). Ora, quando um banco se internacionaliza, e se instala numa praça estrangeira, existe a possibilidade de que ele ingresse no segmento oligopolista. Nesse caso, deve se preparar para enfrentar uma intensa rivalidade e utilizar estratégias de mercado baseadas na "estratégia de jogos".

Uma possível estratégia de internacionalização envolve, em geral, entrar consecutivamente em diversos mercados geográficos. Tal como comentado a respeito da adoção de uma estratégia gradual de consolidação quando existe um único mercado escolhido, pois é necessário mitigar os possíveis custos de transação, o mesmo pode ser dito com respeito a um sequenciamento de entrada, por estágios, nos novos mercados. Ademais, fazer uma gestão desse conhecimento na empresa, armazenando de forma crítica a informação e, sobretudo, fazendo exercícios internos de como aprender positivamente com os erros e acertos das experiências anteriores, pode se tornar um forte instrumento estratégico para o banco.

O papel e as principais operações dos bancos internacionais

A unidade básica do sistema bancário é o banco comercial. Os bancos comerciais, em sua essência, se ocupam das funções clássicas bancárias de aceitar depósitos e fazer empréstimos. Costumam atuar tanto no varejo (público em geral, comércio e pequenos negócios) como no atacado (outros bancos, grandes empresas, governos e instituições). As operações realizadas por bancos com atuação internacional nas suas operações no exterior incluem as seguintes.

QUADRO 6

PRINCIPAIS OPERAÇÕES DE UM BANCO INTERNACIONAL

FINANCIAMENTO DO COMÉRCIO EXTERIOR	Função mais tradicional dos bancos.
	Existe uma especialização, com áreas voltadas para operações de financiamento às exportações, e outras voltadas ao financiamento das importações.
MERCADO DE CÂMBIO	O mercado de câmbio é o maior do mundo.
	No conjunto das diversas modalidades, opera de 3 a 4 trilhões de dólares/dia.
	É o único mercado no mundo que mostra um volume anual que excede a um quatrilhão de dólares.
	Para se ter uma perspectiva dessa importância, o PIB conjunto mundial está na ordem de 75 trilhões de dólares.
UNDERWRITING	As operações de underwriting envolvem principalmente a organização e o lançamento de títulos estrangeiros, em particular debêntures.
	Os eurobonds são bastante negociados nesse mercado.
EMPRÉSTIMOS	São operações feitas com o propósito de mobilizar fundos entre tomadores e investidores.
	Caracteriza-se pela tomada de empréstimos no exterior e pela oferta de empréstimos no mercado exerno.

continua

SINDICATOS DE EMPRÉSTIMOS INTERNACIONAIS	Requer um processo de negociação para reunir e organizar os participantes, estabelecer as regras e apontar o líder.
	O principal objetivo é simultaneamente reunir grandes volumes de fundos e repartir riscos.
PROJECT FINANCING	Voltado principalmente para projetos de investimento de longo prazo.
	Necessita muito cuidado com a organização e a segurança jurídica.
	Envolve em geral grande volume de *funding*.
GESTÃO DE CAIXA INTERNACIONAL	Operação de suporte de tesouraria.
	Faz intenso uso de transferências eletrônicas.
	Costuma utilizar instrumentos derivativos para *hedging*.
OPERAÇÕES EM MERCADOS LOCAIS NO EXTERIOR	Apoia-se fortemente em bancos correspondentes.
	Opera por meio de alianças com outros bancos.
	Em alguns casos, pode evoluir para a formação de *joint ventures*.
SUPORTE AOS CLIENTES	Sensível à qualidade dos serviços prestados na oferta de informações e conhecimento.
	Clientes-alvo são firmas multinacionais.
	A atividade de aconselhamento aos clientes está ganhando mais importância.

Parte integrante das operações dos bancos internacionais é a gestão do risco. Os bancos devem analisar o risco comercial nos empréstimos internacionais, que resulta da possibilidade de o cliente deixar de honrar seus compromissos devido a razões comerciais e de negócios. Existe também o "risco-país", que se refere à possibilidade que eventos inesperados ocorrendo no país do cliente (empresa ou governo) possam influenciar a capacidade de honrar o compromisso de pagar o empréstimo concedido. O risco-país (*country risk*, no jargão internacional), por sua vez, mostra dois segmentos distintos.

- *Risco político*: chamado também de "risco soberano", decorrente da ação do governo hospedeiro de usar seu poder soberano para unilateralmente repudiar as obrigações com o exterior, incluindo empréstimos e outras operações bancárias internacionais.
- *Risco cambial*: decorrente de uma grande e inesperada mudança cambial, que afete drasticamente a capacidade de os clientes locais honrarem na moeda do país que denominou os contratos dos empréstimos concedidos.

A maior parte das operações de um banco internacional de propriedade de países de mercados emergentes está voltada para o financiamento do comércio exterior. Nesse mercado, muitas vezes ocorre que exista uma cadeia de importadores ou exportadores, e que as transações passem por diversas empresas e mesmo países no seu caminho de unir mercado de origem com mercado final de destino.

Os maiores problemas que os bancos enfrentam nessas operações são ligados, em primeiro lugar, ao risco de não se completarem as complexas operações situadas no caminho crítico entre: a) o exportador entregar sua mercadoria ao importador; e b) receber o pagamento combinado; e c) o importador receber a mercadoria; e d) pagar pela mesma ao exportador do país de origem. Em segundo lugar, como desenvolver mecanismos de proteção contra o risco cambial durante o processo de fluxo financeiro e acordo de preços entre a importação ser recebida e paga, e a exportação chegar ao destino e receber o pagamento devido. Finalmente, deve ser incorporado ao custo total o "custo de oportunidade" (juros embutidos) dos fundos bancários que ficam "amarrados" durante o trânsito temporal da atividade de comércio exterior.

Com a experiência acumulada ao longo do tempo, os bancos internacionais desenvolveram alguns instrumentos que veremos a seguir.

Carta (Letra) de Crédito, conhecida no mercado como L/C

Instrumento emitido por um banco atendendo um pedido do importador, pelo qual o banco promete pagar ao beneficiário com base na apresentação da L/C. Esse instrumento reduz o risco de que não se complete a operação de financiamento do comércio exterior, já que o banco concorda em pagar com base em documentos escritos, ao invés da entrega física da mercadoria. O relacionamento entre as três partes envolvidas pode ser ilustrado por um triângulo, em que a L/C estabelece que:

- O relacionamento ente A e V é governado pelo contrato de venda.
- O relacionamento entre o banco emissor e o V é governado pelos termos da L/C emitida pelo Banco.
- O relacionamento entre A e o banco emissor é governado pelos termos da aplicação e acordo com a L/C.

FIGURA 6
LETRA DE CRÉDITO (L/C)

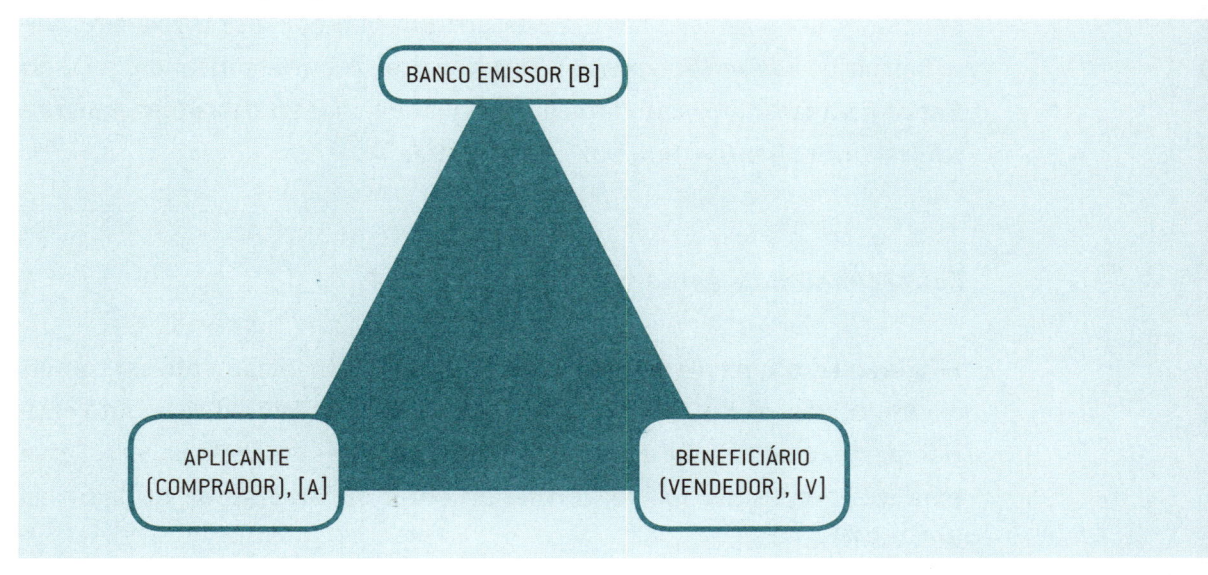

```
                BANCO EMISSOR [B]


   APLICANTE                    BENEFICIÁRIO
   (COMPRADOR), [A]             (VENDEDOR), [V]
```

Existem diversos tipos de Cartas de Crédito, e essa atividade envolve grande quantidade de documentação, cuidados legais e trabalho de área administrativa (*back-office*). Em geral, são pedidos o conhecimento de embarque ou de transporte (*order bill of lading*), uma fatura comercial (*commercial invoice*) e um ou mais de diversos documentos acessórios, tais como fatura consular (*consular invoice*), certificado ou apólice de seguros, certificados de origem, lista de pesagem, certificado de análise, lista de mercadorias e outros.

Existem embutidas, nas três partes do triângulo da L/C, questões subjacentes — e seus respectivos custos — de como o fator risco é distribuído entre B, A e V. Para deixar isso claro e combinado entre as partes, as L/C podem ser revogáveis ou irrevogáveis, confirmadas ou sem confirmação, ou rotativas (*revolving*) ou não rotativas (*nonrevolving*).

Letra de Câmbio

Outro instrumento bastante usado é a Letra de Câmbio, conhecida por *Draft* ou *Bill of Exchange*. É geralmente utilizada no comércio internacional para efetuar pagamentos. É simplesmente um documento escrito pelo exportador (vendedor) requerendo um importador (C) ou seu agente para pagar uma quantia especificada em dinheiro num determinado tempo. Esse instrumento pode ser negociado via desconto ou transferência.

Aceite bancário

Quando a Letra de Câmbio é aceita por um banco, ela se torna um aceite bancário (*Bankers' Acceptance*). Torna-se uma promessa incondicional do Banco para fazer o pagamento da letra quando chega a data de pagamento contratada. O Banco cobra por essa garantia.

Conhecimento de embarque (Bill of Lading)

Finalmente, o terceiro documento-chave para o financiamento do comércio internacional é o *Bill of Lading*, chamado de B/L. É um documento emitido para o embarcador da mercadoria pela empresa transportadora. Serve para três propósitos: recibo, certificado e um documento de titulação da mercadoria.

A importância do Brasil no comércio internacional e investimento externo

Para analisar o potencial da inserção estratégica do Banco do Brasil no mercado global, um passo importante é tentar qualificar e dimensionar os principais aspectos da participação do Brasil no comércio exterior e na economia internacional.

O Brasil, desde seus primórdios pós-descobrimento, está engajado nos fluxos internacionais de comércio, principalmente *commodities* agrícolas e minerais. O país, de certa maneira, continua seguindo essa tradição. Visto pela ótica de sua participação no comércio internacional de *commodities*, o país é um grande exportador. Com efeito, na área agrícola, em que o Banco do Brasil é e foi ao longo da história o grande parceiro financeiro, o país é o maior exportador do mundo de café, suco de laranja, açúcar, complexo soja, carne bovina, carne de frango e tabaco.

A despeito disso, o Brasil, quando comparado a outras economias, mostra ser um país relativamente fechado ao comércio internacional, como pode ser visto no valor e na participação no PIB da corrente de comércio exterior (exportações + importações).

GRÁFICO 1
COMÉRCIO EXTERNO, % PIB

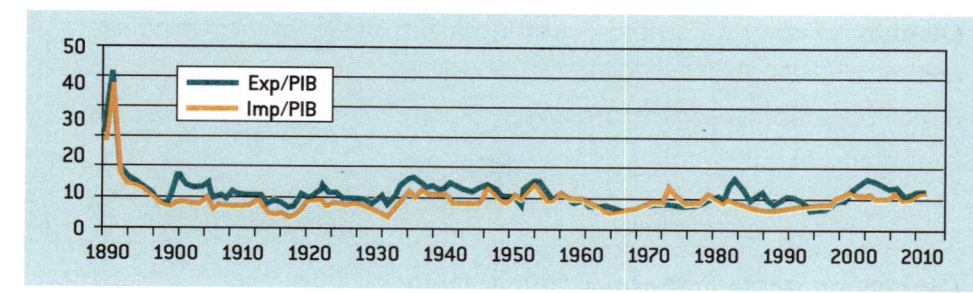

Fonte: banco de dados Silcon.

Isso se deve, em parte, ao fato de ser um "país continente", com muito comércio interno. Por outro lado, reflete também o modelo de desenvolvimento seguido, que enfatizava o protecionismo via restrições às importações e o pouco empenho na atividade exportadora.

A despeito de ser uma economia fechada, o país mostra tendências crescentes tanto de exportação quanto de importação.

GRÁFICO 2
COMÉRCIO EXTERNO, US$ BILHÕES

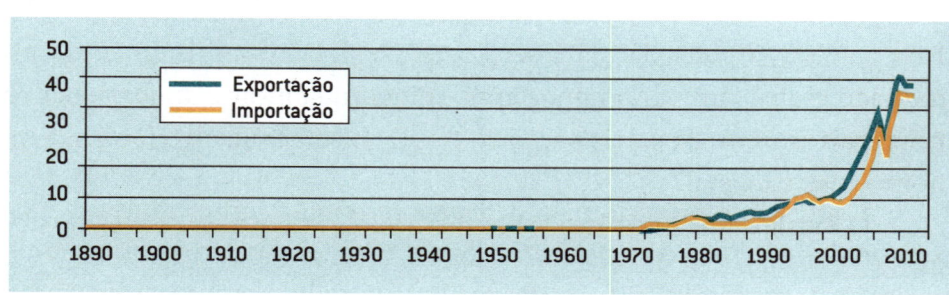

Fonte: banco de dados Silcon.

Embora o comércio externo do Brasil cresça em valor, o comércio externo do conjunto de países está crescendo também. Dessa maneira, a participação do comércio exterior do Brasil no total das exportações e importações globais continua pequena, ao redor de 1% a 2%. Em termos de sua participação no PIB Mundial (o total de bens e serviços finais agregados dos 205 países, num total, hoje em dia, por volta de US$ 75 trilhões), nossa participação [comércio externo/PIB mundial] mantém-se também reduzida, ao redor de 0,6 %.

Um grande problema relacionado com a relativa autoctonia da economia é a dificuldade de conseguir divisas estrangeiras para suas atividades econômicas e financeiras. Isso pode ser visto no comportamento do saldo comercial do Brasil, tanto em dólares como em proporção do PIB.

GRÁFICO 3
SALDO EM CONTA CORRENTE, US$ BILHÕES

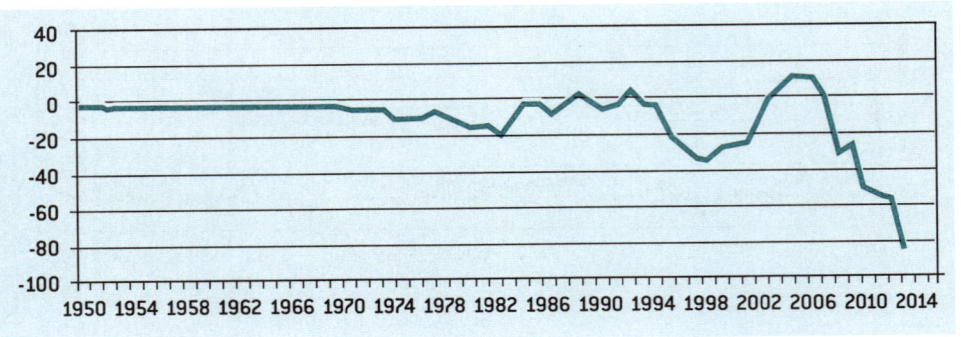

Fonte: banco de dados Silcon.

GRÁFICO 4
SALDO CC/PIB, %

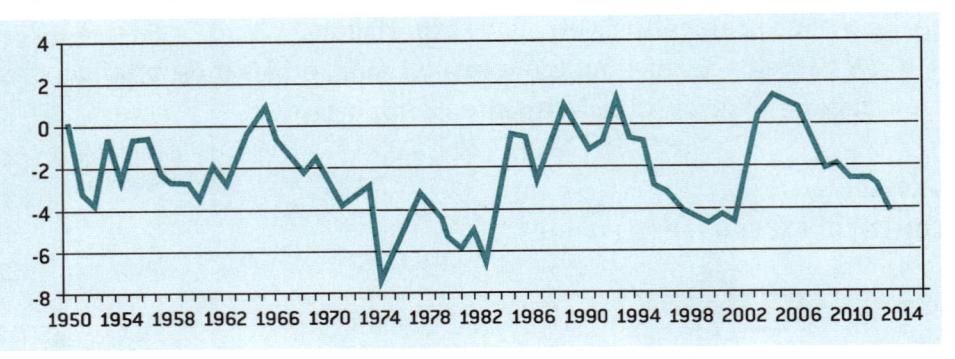

Fonte: banco de dados Silcon.

A situação é propícia para deflagrar as temidas crises cambiais, tão comuns nos países da América Latina (cuja "maldição" é não poderem emitir dólares). Só não foi mais forte no Brasil devido à atratividade de sua economia para o capital estrangeiro. O investimento direto estrangeiro contribuiu positivamente em quase todos os anos entre 1945 e 2014, e mais acentuadamente após 1995.

GRÁFICO 5
INVESTIMENTO EXTERNO DIRETO (IED), US$ BILHÕES

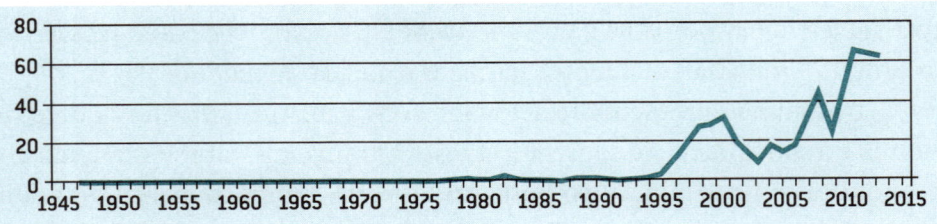

Fonte: banco de dados Silcon.

GRÁFICO 6
IED/PIB, %

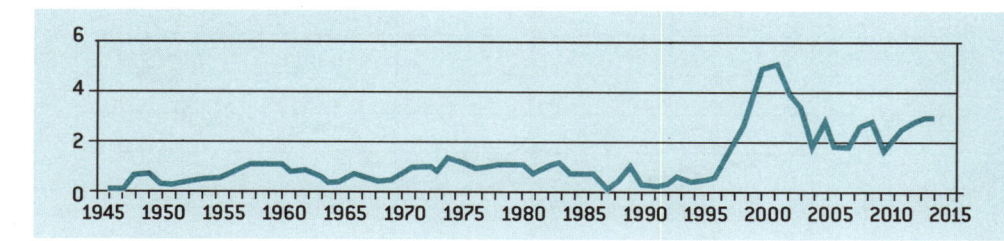

Fonte: banco de dados Silcon.

O investimento externo é atraído pelo potencial de negócios gerado no país. Devido à sua grande extensão territorial, por ter uma população de cerca de 204 milhões de habitantes e ser um país de renda média, o Brasil conta com um expressivo mercado interno. Devido a essas características, sua inserção no processo de internacionalização se faz de duas maneiras principais.

Primeiro, por hospedar uma significativa rede de empresas multinacionais que operam em nosso país, atuando principalmente em indústrias e serviços, incluindo bancos, e com foco no mercado doméstico. Essas empresas se instalaram no país atraídas principalmente pela importância econômica do seu mercado interno.

Assistimos nos anos mais recentes a uma segunda maneira de inserção do Brasil no processo de internacionalização: a transformação de grandes empresas do Brasil em empresas multinacionais. Será visto, neste capítulo, como esse processo está ocorrendo no setor bancário, e o papel do Banco do Brasil nesse processo.

Finalmente, cabe comentar o papel das reservas internacionais de divisas. As reservas internacionais foram muito baixas no período até 1985, e só começam a subir expressivamente — em dólares e como participação no PIB — no período de 1994 (pós-Plano Real) até hoje.

GRÁFICO 7
RESERVAS INTERNACIONAIS, US$ BILHÕES

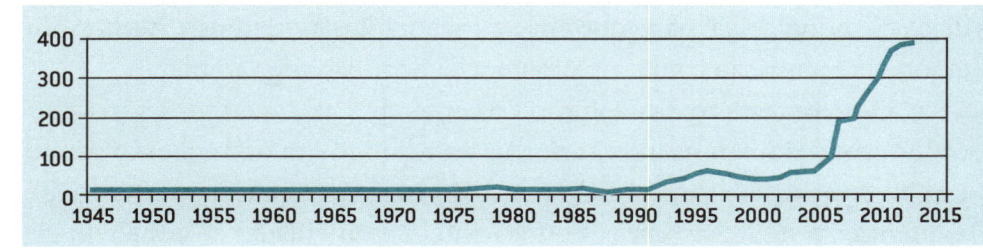

Fonte: banco de dados Silcon.

GRÁFICO 8
RESERVAS INTERNACIONAIS/PIB, %

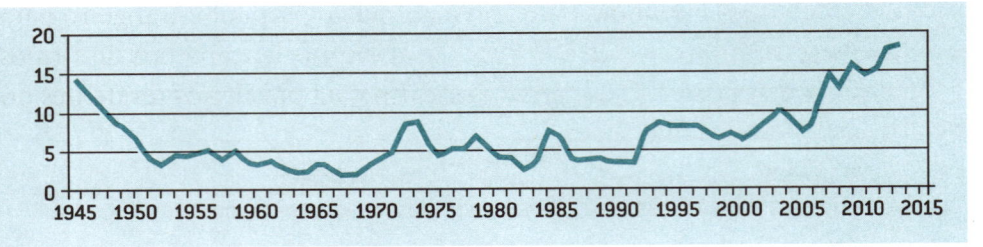

Fonte: banco de dados Silcon.

Como resultado do seu processo histórico de industrialização, que por muito tempo se apoiou numa política de substituição de importações, a economia brasileira ficou dependente de uma gama relativamente estreita de bens de capital e insumos básicos. Como esses produtos eram peças-chave nas diversas cadeias de produção do país, qualquer ameaça de falta de dólares poderia ter um grande impacto no PIB.

Desse modo, o indicador reservas/importações mede o risco de uma interrupção forçada das compras no exterior como resultado de falta de divisas para pagar as importações.

GRÁFICO 9
RESERVAS/IMPORTAÇÕES, ANOS

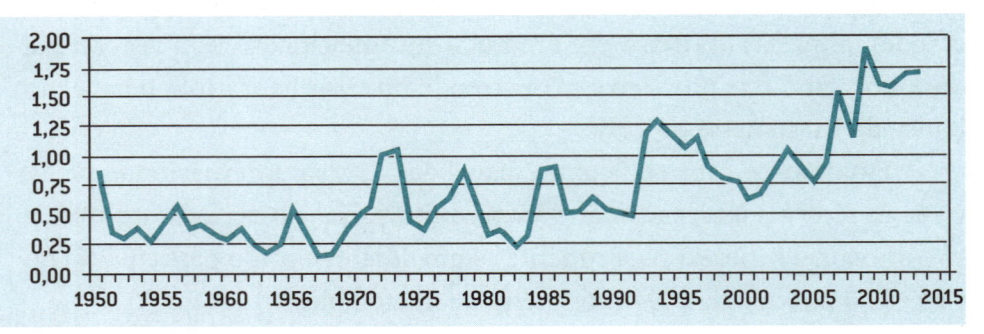

Fonte: banco de dados Silcon.

Durante as décadas que precederam o Plano Real, o indicador não deixava muita folga na economia, e os analistas financeiros mostravam grande preocupação com o risco potencial de uma crise cambial.

O breve resumo da evolução do comércio e dos indicadores macroeconômicos das finanças internacionais serve como um balizamento para o campo de atuação estratégica do Banco do Brasil no cenário internacional: a) oferecer produtos e serviços que facilitem as atividades de comércio exterior no Brasil; b) dar suporte para transferências de fundos entre o Brasil e o exterior; c) atuar como auxiliar do governo no equacionamento de medidas precaucionárias para gestão do risco de "paradas súbitas" de linhas de financiamento; d) dar apoio bancário à entrada de capital estrangeiro para investimentos diretos e portfólio; e) dar apoio no lançamento de títulos financeiros no exterior; f) dar apoio bancário para brasileiros residentes no exterior; e g) outras operações.

As vantagens de operar nas praças internacionais para o Banco do Brasil

O crescimento do PIB mundial e dos fluxos internacionais de comércio e finanças abrem as portas para que os grandes bancos brasileiros, tornando-se bancos internacionais, se insiram mais fortemente nas cadeias de geração de valor.

Os mercados financeiros internacionais movimentam fundos entre emprestadores e tomadores de recursos, exercendo três funções principais.

FIGURA 7
PRINCIPAIS FUNÇÕES DOS MERCADOS INTERNACIONAIS

- Prover informações para guiar decisões financeiras
- Prover liquidez
- Alocar riscos entre as partes

O grande desafio para os bancos continua sendo o de desenvolver as capacidades requeridas para ser líder em mercados nacionais e ao mesmo tempo ampliar os crescentes vínculos com as finanças internacionais. Para essa finalidade, o papel da inovação financeira pode contribuir expressivamente para as suas atuações no conjunto dos bancos internacionais existentes.

O Banco do Brasil é uma empresa de capital aberto, cujo objetivo último é ter lucros, maximizar a riqueza de seus acionistas e satisfazer as partes interessadas. Como banco com o controle do seu capital votante exercido pelo governo federal, considerações estratégicas de ordem internacional podem impor certas restrições e condicionantes para sua atuação, mas, por outro lado, podem oferecer oportunidades de negócios. O Banco do Brasil já mostra em sua atuação no exterior um forte apoio para a crescente inserção do Brasil nas cadeias internacionais de valor, e esse papel tende a crescer no futuro, como resultado da expansão da sua área internacional.

Para escolher os objetivos financeiros e tomar as decisões estratégicas para levar à frente esses objetivos, os executivos do Banco precisam reconhecer e levar em sua devida conta as diferenças institucionais, culturais e políticas entre os países em que atuam.

Para o Banco do Brasil, na medida em que conduza com maior vigor sua política de internacionalização, isso demanda selecionar, treinar e aprimorar lideranças em seu quadro funcional que sejam munidas da capacidade técnica e percepção cultural para desenvolver negócios em diferentes países.

É uma curva de aprendizagem, que vai sendo calibrada e aprimorada à medida que o Banco amplia as praças financeiras onde atua, e que a experiência em cada praça se acumule e se transmita por meio de melhores práticas entre os membros do seu corpo gerencial e executivo.

Breve visão do futuro

Os negócios internacionais, incluindo os serviços bancários, mudaram bastante nos quase 15 anos decorridos no século XXI. Essas mudanças, provavelmente, continuarão a acontecer nas próximas décadas.

As principais tendências que se delineiam são:
- Aumento de forças em prol de uma democracia global.
- Crescente escassez dos recursos naturais.
- Aumento dramático da população do planeta, dos atuais 7 bilhões para 9 bilhões em meados desse século, podendo chegar a 10 ou 11 bilhões no final do século.
- Aumento das divergências — e não das convergências — da renda *per capita* entre os países, em que países muito ricos e educados convivem com países muito pobres e de baixa escolaridade.
- Pressões para maior integração comercial entre países e criação de alianças de negócios e de comércio.
- Aumento da competição global na produção de bens e serviços, e maior ênfase para adoção de práticas competitivas por parte das empresas.
- Acirramento de problemas e endividamento de países e empresas no cenário internacional, e maior complexidade das operações financeiras.
- Tendências de maior protecionismo, à medida que se acirra a "briga de mercados" entre países ricos e em desenvolvimento.

- Saltos tecnológicos, oferecendo oportunidades para a criação de empresas mais eficientes e servindo como força motriz da internacionalização.
- Emergência de megacorporações e de empresas multinacionais com quadros de pessoal centralizados geograficamente.
- Crescente incorporação de conhecimento sobre diferenças culturais e crenças sociais para a gestão estratégica das empresas.
- Maior difusão de comunicação e computação de alta tecnologia, e seu impacto na expansão do *home office*.
- Maior importância de *outsourcing* e *offshore* na organização de cadeias industriais e de valor.
- Maior importância dos assuntos e questões ambientais afetando a gestão internacional do meio ambiente.

Essas tendências acabam se refletindo, com maior ou menor intensidade, na orientação dos negócios dos bancos internacionais. Embora seja difícil apontar com segurança a importância relativa das tendências assinaladas, existe um consenso de que a palavra-chave é "mudança". Em outras palavras, os bancos internacionais, para sobreviverem e prosperarem nesse novo mundo que se esboça, deverão focalizar procedimentos de gestão estratégica em contextos de mudança.

Referências

BONELLI, Regis; PINHEIRO, Armando Castelar Pinheiro (Orgs.). *Ensaios IBRE de economia brasileira I*. Rio de Janeiro: Editora FGV, 2013.
CARVALHO, Maria Auxiliadora de; SILVA, César Roberto Leite da. *Economia internacional*. 4. ed. São Paulo: Saraiva, 2007.
CYSNE, Rubens Penha; GRAHL, Paulo Gustavo. *Brasil 2007*: uma análise das contas externas. Rio de Janeiro: Fundação Getulio Vargas, 2007.
CLAAF. Comitê Latino Americano de Assuntos Financeiros. *Declarações semestrais* (2002-2004). Washington. Disponível em: <claaf.org>.
GAROFALO FILHO, Emilio. *Câmbios no Brasil*. As peripécias da moeda nacional e do câmbio nacional, 500 anos depois. São Paulo: Bolsa de Mercadorias & Futuros, 2000.
_____. *Dicionário de comércio exterior e câmbio*. São Paulo: Saraiva; BM&F, 2004.
MAIA, Jayme de Mariz. *Economia internacional e comércio exterior*. 6. ed. São Paulo: Atlas, 2000.
MELLO, Pedro Carvalho de. *A crise do euro*. São Paulo: Saint Paul, 2012.
_____. *Crises financeiras*. Rio de Janeiro: Escola Nacional de Seguros; Funenseg, 2012.
_____. *Finanças internacionais e políticas macroeconômicas*. FGV on-line, texto de Curso MBA.
_____. *Fundamentos da economia internacional*. FGV on-line, texto de Curso MBA.

ESTUDO DE CASO

Para ilustrar o desempenho recente do Banco do Brasil na área internacional, apresentamos a seguir dois estudos de caso sobre o Banco Patagônia e o BB Americas. Esses estudos abordam as peculiaridades dos diferentes mercados no exterior em que o Banco do Brasil atua com presença física, exemplificam como ele se estrutura a nível internacional (agências, subsidiárias e bancos adquiridos) e, principalmente, como atuou para viabilizar operacional e financeiramente as duas aquisições.

Caso Banco Patagonia (B Pat)

Contexto

Nos últimos anos, as empresas brasileiras intensificaram o ciclo de internacionalização de suas atividades instalando plantas ou constituindo parcerias em outros países e regiões. Esse movimento vem demandando da indústria financeira um comportamento similar.

O modelo focado no financiamento e estímulo ao comércio exterior tende a evoluir para outro mais abrangente e complementar, que exige a internacionalização dos bancos nacionais para atender a necessidades específicas de prestação de serviços bancários no local onde as empresas estão instaladas.

Da mesma forma, o atendimento ao segmento de pessoas físicas, cada vez mais presente em outros países, seja em viagens de turismo ou a trabalho, requer instituições financeiras globais. Essa nova realidade do mercado levou o Banco do Brasil a iniciar diversas ações e projetos com o objetivo de aproveitar as oportunidades identificadas e de manter seu papel de maior protagonista em negócios internacionais dentre as instituições financeiras brasileiras.

A estratégia internacional do BB está focada no aumento da capilaridade de sua rede no exterior, observando o seu enquadramento nos vetores de internacionalização definidos no planejamento estratégico institucional, que são:
- existência de comunidades de brasileiros no exterior;
- transnacionalização de empresas brasileiras; e
- expansão das relações comerciais do Brasil com o mundo.

Considerando os desafios da internacionalização, análises efetuadas demonstraram que atingir os objetivos estratégicos não seria possível unicamente por meio da rede do Banco do Brasil no exterior, ainda que se buscasse seu crescimento de forma orgânica.

O Banco do Brasil na Argentina

Como resultado dessa postura estratégica, a Argentina apareceu como prioridade. Constava a indicação, entre os *players* do mercado argentino, do Banco Patagonia como potencial alvo para aquisição e/ou formação de parceria estratégica, em função do perfil e de critérios de relevância e aderência estratégica às ambições do Banco do Brasil naquele mercado.

Nesse sentido, em setembro de 2009, o BB iniciou análise do potencial alvo, visando subsidiar decisão e obter elementos para a negociação de possível aquisição do Banco Patagonia. As análises resultaram positivas, pois as características específicas observadas com relação ao Banco Patagonia reforçavam a percepção quanto ao alinhamento estratégico entre a aquisição do controle acionário e os objetivos do BB.

Objetivos da ação

O Banco do Brasil determinou os seguintes objetivos estratégicos.

QUADRO 1
OBJETIVOS ESTRATÉGICOS DO BANCO DO BRASIL

- Internacionalização via crescimento inorgânico
- Ampliação da parceria com empresas brasileiras e argentinas
- Diversificação do portfólio de produtos e serviços do BPAT para potencializar o atendimento de seus clientes
- Expansão da carteira de crédito do BPAT, em especial em operações com empresas brasileiras que atuam na Argentina e empresas locais do segmento atacado
- Atuação na cadeia de valor do segmento PJ na Argentina, por meio do atendimento das micro e pequenas empresas, funcionários de empresas, fornecedores etc.

ESTUDO DE CASO

O que foi feito

Para implementar o processo de gestão estratégica, o Banco do Brasil efetuou os seguintes passos.

FIGURA 1
PRINCIPAIS PASSOS DA GESTÃO ESTRATÉGICA DO BB

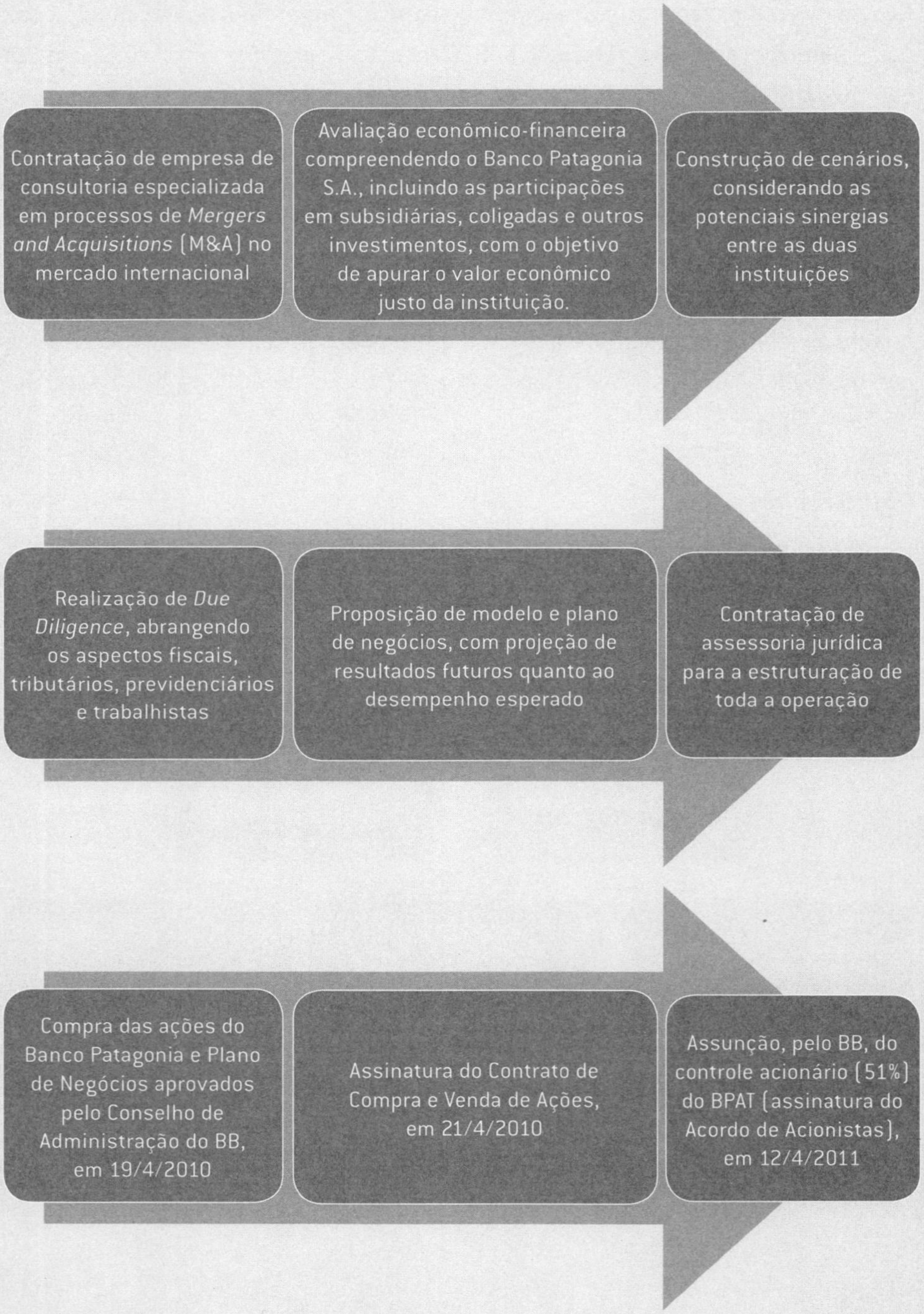

- Contratação de empresa de consultoria especializada em processos de *Mergers and Acquisitions* (M&A) no mercado internacional
- Avaliação econômico-financeira compreendendo o Banco Patagonia S.A., incluindo as participações em subsidiárias, coligadas e outros investimentos, com o objetivo de apurar o valor econômico justo da instituição.
- Construção de cenários, considerando as potenciais sinergias entre as duas instituições

- Realização de *Due Diligence*, abrangendo os aspectos fiscais, tributários, previdenciários e trabalhistas
- Proposição de modelo e plano de negócios, com projeção de resultados futuros quanto ao desempenho esperado
- Contratação de assessoria jurídica para a estruturação de toda a operação

- Compra das ações do Banco Patagonia e Plano de Negócios aprovados pelo Conselho de Administração do BB, em 19/4/2010
- Assinatura do Contrato de Compra e Venda de Ações, em 21/4/2010
- Assunção, pelo BB, do controle acionário (51%) do BPAT (assinatura do Acordo de Acionistas), em 12/4/2011

Seguindo os bons princípios de governança, o BB promoveu, em outubro de 2011, Oferta Pública de Ações (OPA), realizada com sucesso, aumentando sua participação majoritária no Banco Patagonia para 58,9633%.

Resultados

A aquisição do Banco Patagonia foi a primeira iniciativa do BB de compra de instituições financeiras no exterior e representou um marco no processo de internacionalização. Até então, o banco operava em outros países por meio de agências, escritórios e subsidiárias integrais.

A operação constituiu-se em um dos principais vetores da estratégia de expansão de atuação do BB na América do Sul, potencializando negócios a partir do fluxo de comércio Brasil-Argentina, além de atender às necessidades de produtos e serviços bancários de mais de 400 empresas brasileiras.

A relação BB-Banco Patagonia trouxe ganhos mútuos. O Banco Patagonia apresenta indicadores que estão contribuindo para o aumento da participação dos negócios internacionais no resultado do Conglomerado. A sua aquisição permitiu incorporar um portfólio de mais de 900 mil clientes, aproximadamente 200 pontos de atendimento e 3.200 colaboradores. No ranking dos bancos privados argentinos, ocupa o 7º lugar em volume de ativos, 6º em empréstimos, 7º em depósitos e 7º em PL. O banco argentino aportou ao BB o valor tangível de uma operação varejista madura, um forte branding local e uma posição de destaque no sistema financeiro daquele país.

O Banco do Brasil atuou para potencializar os pontos fortes existentes no Banco Patagonia e aportou valor efetivo à operação por meio da implantação da Plataforma de Negócios Corporate, alavancando negócios com grupos brasileiros presentes na Argentina e tradicionalmente atendidos pelo BB no Brasil.

O BB está presente na Argentina há mais de 50 anos e passou por vários momentos históricos. É a maior instituição financeira da América Latina em ativos, alcançando R$ 1,3 trilhão em 2013, possui marca sólida e elevados padrões de governança corporativa e gestão e tem a maior rede própria de atendimento no exterior entre os bancos brasileiros, composta por 49 pontos próprios, localizados em 24 países, e mais 1,2 mil bancos conveniados que atuam como correspondentes em 134 países.

ESTUDO DE CASO

Fatores que levaram ao sucesso

Os seguintes fatores contribuíram para o sucesso da estratégia adotada pelo Banco do Brasil no seu processo de internacionalização.

- Atuação do BB orientada por estratégia sustentável, avaliando principalmente a condição efetiva de alavancagem de negócios para ampliação de resultados.
- Contratação de consultoria e assessoria jurídica especializadas.
- Avaliação econômico-financeira e *Due Diligence* efetivas.
- Manutenção da marca local, somando tradição e reconhecimento à criação de atributos que capturassem o melhor das duas instituições.
- Manutenção do CEO do Banco Patagonia à frente da condução da Empresa após a aquisição, pelo período de três anos, de forma a garantir a continuidade dos negócios, facilitar o processo de transição do controle e conferir maior tranquilidade aos clientes.
- Formação de um Comitê de Transição, composto por 6 membros (3 do BB e 3 do Banco Patagonia), a fim de resguardar os interesses do BB entre o momento da assinatura do Contrato até a posse dos designados pelo Banco do Brasil.
- Aproveitamento da inteligência empresarial de ambas as instituições.
- Elaboração de Acordo de Acionistas robusto.
- Avaliação e monitoramento constante dos riscos aos quais os investimentos estão sujeitos.

Caso BB Americas (a transformação do EuroBank em BB Americas)

Contexto

O Banco do Brasil (BB) atua nos Estados Unidos (EUA) há mais de 40 anos. Até recentemente sua estratégia negocial priorizava as operações de *"trade finance"*, o apoio às relações comerciais bilaterais e o suporte às entidades governamentais brasileiras instaladas naquele país.

A crescente relevância da comunidade imigrante brasileira nos EUA levou o BB, em meados de 2006, a inserir em sua estratégia a criação de um banco de varejo (BB Financial Savings Bank ou BB FSB) e uma agência de remessas (BB Money Transfers).

A agência de remessas iniciou suas operações em 2009, sediada em Nova Iorque. A criação do BB FSB esbarrou no acirramento da crise do *subprime*, com seu auge na falência de diversas instituições financeiras, em 2008. Isso reduziu drasticamente a receptividade dos supervisores norte-americanos ao licenciamento de novas instituições financeiras.

Revisão da estratégia

Assim, o BB revisitou sua estratégia, manteve o interesse naquele mercado e ajustou a forma de entrada: passou a buscar instituições que poderiam ser alvo de aquisição, com preços atrativos, posicionamento geográfico consistente com a comunidade brasileira, capacidade de atendimento de outros corredores, a exemplo dos hispânicos, e potencialidade de captura de sinergias.

Aquisição do EuroBank

Em janeiro de 2012, o BB adquiriu, por US$ 6 milhões, a totalidade das ações do EuroBank, com sede na Flórida, e três agências em funcionamento nas regiões de Coral Gables, Pompano Beach e Boca Raton.

O EuroBank era um banco comunitário, com atuação de nicho e estava no rol das instituições em dificuldades financeiras sujeitas à intervenção do FDIC, órgão responsável pelo seguro de depositantes.

Tal circunstância tornou o preço atrativo e facilitou a obtenção das licenças de compra, mas impôs ao Banco do Brasil compromissos formais (*Consent Order* e *4(m) Agreement*) de saneamento financeiro e melhoria da governança daquela instituição financeira antes de expandir os negócios.

Objetivos da ação

De modo geral, o objetivo era sanear o EuroBank para permitir a posterior expansão dos negócios do BB. De modo específico, os compromissos assumidos com

ESTUDO DE CASO

os reguladores previam a mudança do "*management*", o fortalecimento das arquiteturas e práticas de governança, a adequada capitalização e a venda de créditos problemáticos que ainda estavam na carteira do BB.

De modo subjetivo, vale citar que a ação serviria como certificado da solidez e da qualidade da governança do Banco do Brasil, concretizando uma aquisição inédita nos EUA e demonstrando a capacidade empresarial de instituição financeira latino-americana.

O que foi feito

Os documentos constitutivos do EuroBank, como os *Articles of Association* e o Estatuto, foram totalmente reconstruídos. As alçadas foram revisadas, as políticas foram aperfeiçoadas e um novo *Business Plan* foi aprovado. O *Management Board* e o *Board of Directors*, inclusive com membros independentes, foram totalmente modificados, balanceando profissionais indicados pelo Banco do Brasil com outros de larga experiência no mercado norte-americano. Equipes matriciais do acionista-controlador foram destacadas para apoiar *in loco* a primeira etapa das mudanças, especialmente a revisão completa de todas as *policies and procedures*.

A arquitetura organizacional foi aprimorada, segregando áreas e ativando novas estruturas de gerenciamento de riscos. Os *bad assets* foram vendidos com sucesso, com deságio inferior ao inicialmente projetado. As práticas de crédito foram aprimoradas e a plataforma tecnológica substituída. O capital foi substancialmente aumentado, amparando a primeira etapa de transformação e garantindo o suporte da expansão negocial.

Mudança de nome

O *branding* foi alterado, deixando de existir o EuroBank, em outubro de 2012, e inaugurando o Banco do Brasil Americas.

O *head office* foi relocalizado e novas agências inauguradas (por exemplo, Brickell Road, West Boca e Doral). As agências de Orlando, Aventura e Lighthouse Point ainda estão em fase de instalação, com previsão de abertura em 2015.

Novos produtos e serviços começaram a ser desenhados e, já no primeiro ano da nova gestão, os resultados começaram a aparecer, a exemplo do incremento de receitas de tarifas com cartões pré-pagos e elevação da receita de intermediação em *Commercial Loans* e Programas de Crédito Imobiliário.

Resultados

Em apenas três meses após a tomada de controle, o BB endereçou todos os compromissos assumidos com os reguladores. No quarto mês, o EuroBank foi auditado e, em prazo inédito, no sétimo mês foram baixados a *Consent Order* e, por consequência, o *4(m) Agreement*.

A conquista certificou a qualidade do trabalho da equipe do BB encarregada do projeto, fortaleceu a reputação do BB e abriu o caminho para a evolução dos negócios. Com isso, novos produtos e serviços puderam ser desenvolvidos, a exemplo do *Pop Money* (uma modalidade de *CDC*), *mobile banking*, cartões de crédito, ampliação dos cartões pré-pagos e incremento da carteira de crédito.

O BB Americas atingiu a lucratividade, ampliou a base de clientes, aprimorou seu portfólio e continua em crescimento. Em 2013 foi reconhecido pelos reguladores com a atribuição de *rating* de risco *overall* 2 (satisfatório, numa escala que vai de 1, a melhor, até 5). Em 2014 foi reconhecido pelo *South Florida Journal* como "*Top Lender*" no mercado da Flórida e foi dispensado pelo OFR (*Office of Financial Regulation*) do envio de relatórios especiais de monitoramento, demonstrando a confiabilidade da nova gestão.

Fatores que levaram ao sucesso

Os fatores que levaram ao sucesso do novo banco foram:
- Comprometimento e dedicação do novo *management* e do acionista-controlador. O patrocínio do tema no nível mais alto do Conselho Diretor do Banco do Brasil fez a diferença para o bom andamento das ações.
- Articulação e mobilização entre as áreas e pessoas certas para esse tipo de projeto (foram envolvidas 22 diretorias corporativas, além das estruturas nos EUA).
- Planejamento, controle e prestação de contas: reuniões frequentes, missões recíprocas de representantes do acionista e da controlada, além de

ESTUDO DE CASO

um PMO (*Project Management Office*) rigoroso foram fundamentais para a transformação.
- Respeito às fronteiras entre governança e gestão.
- Capacidade técnica dos responsáveis e intervenientes.
- Adequada identificação e contratação de novos profissionais, fornecedores e *stakeholders* em geral.

FUSÕES E AQUISIÇÕES

João Carlos Douat

Conceitos de fusões e aquisições

Uma aquisição ocorre quando duas ou mais empresas se juntam, formando uma empresa com a mesma identidade de uma delas. Nesse caso, normalmente, a empresa maior incorpora os ativos e os passivos da empresa menor.

Uma fusão envolve a combinação de duas ou mais empresas resultando em uma empresa inteiramente nova, que, em geral, absorve os ativos e passivos das empresas anteriores à fusão.

Objetivos das fusões e aquisições

As fusões e aquisições contribuem para que empresas com estrutura de custos não competitiva possam criar um valor bastante relevante para seus acionistas por meio da eliminação de custos dispensáveis e desenvolvendo mecanismos para aumentar sua produtividade. Empresas que falham em manter sua estrutura de custos saudável estão mais expostas a sofrerem uma aquisição hostil, perder participação de mercado ou até falir.

Diferentes abordagens podem ser tomadas com o intuito de reduzir custos. Quando o principal problema da empresa é resultado do excesso de capacidade da indústria, ou perda de foco gerencial, é razoável que ela reduza suas operações, demitindo funcionários, vendendo partes de seus negócios que não sejam seu *core business*. Pressões para reduzir custos muitas vezes surgem por mudanças na indústria, choques tecnológicos ou mudanças regulatórias que aumentem o ótimo de eficiência operacional do setor, ou pela entrada de novos competidores no mercado. Nesse caso, a melhor solução para a redução de custos seria uma fusão com outra empresa do mesmo setor, o que eliminaria gastos redundantes, gerando economia de escala.

Os bancos comerciais também passaram a enxergar nas fusões não apenas uma maneira de lidar com estruturas de custo ineficientes, como também uma possibilidade de crescer economicamente, diversificar seu portfólio de negócios e de clientes, criando uma vantagem competitiva estratégica para atrair novos negócios e aumentar suas receitas. Podemos citar, como exemplo, a aquisição parcial do Banco Votorantim pelo Banco do Brasil, com o intuito de explorar o mercado de financiamento de veículos e de usufruir da base de clientes da BV Financeira, no segmento CDC (crédito direto ao consumidor) veículos, aumentando assim sua participação de mercado.

Porém, alcançar uma eficiência ótima de custos por meio de fusões traz grandes desafios para os administradores. Problemas decorrentes da integração das empresas nas operações comerciais, sistemas e diferentes culturas podem lesar a redução dos custos e prejudicar o crescimento da receita, especialmente em um meio no qual o serviço é intensivo e os clientes possuem contato frequente e direto com os empregados da firma, como é o setor bancário.

O principal motivo para que ocorra uma fusão ou uma aquisição é a geração de sinergia entre as partes envolvidas, ou seja, o propósito de uma aquisição é criar valor econômico para os acionistas das empresas envolvidas, através de uma combinação de competências, recursos e capacidades das duas empresas. Essa criação de valor econômico ocorre quando os ganhos conseguidos, depois de concretizada a transação, são maiores do que o custo da aquisição. No cenário brasileiro podemos incluir aqui as aquisições do Banco do Estado de Santa Catarina e do Banco do Estado do Piauí pelo Banco do Brasil, em 2008, como exemplos de geração de sinergia entre as partes envolvidas.

A criação de valor econômico está diretamente ligada aos ganhos a serem obtidos pela sinergia entre as duas empresas. Ter sinergia significa gerar mais valor ao acionista do que a simples junção do valor das empresas envolvidas, ou seja, se as empresas A e B se juntarem para formar a empresa C, a nova empresa C deverá possuir um valor de mercado maior do que simplesmente o valor de A somado ao valor de B.

No processo de fusão e aquisição, a empresa que adquire o controle da outra é chamada de compradora, enquanto a empresa que é alvo da aquisição torna-se a empresa visada. Em geral, são os gestores de uma firma visada que dão início ao processo de aquisição, mostrando interesse em uma potencial aquisição. Dessa forma, a empresa compradora avalia, identifica e negocia com os proprietários da empresa visada.

Existem, porém, razões que levam à criação de valor para o acionista da empresa combinada, mas não beneficiam os acionistas da empresa compradora. Esses casos acontecem quando os executivos buscam apenas o crescimento do lucro por ação (LPA), perseguindo aquisições que garantam tal crescimento, uma vez que os sistemas empresariais recompensam o crescimento do LPA e não do *economic value added* (EVA).

Formas de crescimento

Uma empresa pode crescer de maneira orgânica ou por meio de fusões e aquisições. O crescimento orgânico se dá através da expansão das plantas, enquanto o crescimento advindo por meio de uma fusão ou aquisição é mais prático e recorrente devido à diversificação de suas atividades produtivas; ganhos de eficiência produtiva, seja do ponto de vista estático ou dinâmico; acesso aos mercados de forma imediata ou aumento do poder de mercado. Em outras palavras, o aumento da participação no mercado e a diversificação em termos do alcance de seus produtos podem chegar de forma mais fácil através da fusão e aquisição de empresas. O lento processo de crescimento ou diversificação interna é substituído por essas estratégias externas. Além disso, as empresas contam com a soma da aprendizagem de ambas, o que diminui os riscos inerentes ao projeto e, ainda por cima, é eliminado um concorrente do mercado.

A busca pela ampliação do mercado pode fazer com que a empresa aumente seu lucro devido à criação de novas estruturas de mercado, como o monopólio e o oligopólio, o que pode ser considerado uma boa estratégia para a empresa, uma vez que reduz custos operacionais e aumenta a riqueza de seus proprietários; mas pode ter um efeito negativo do ponto de vista social por reduzir a concorrência e aumentar bastante o *markup* dessas empresas.

Sinergias

As sinergias são provenientes de economias de custos, operacionais ou de impostos. Economias de custos ocorrem comumente em firmas da mesma indústria, a partir da eliminação da duplicidade de atividades, cargos, fábricas e custos desnecessários após a consolidação, enquanto economias operacionais ocorrem quando há economia de escala por meio de uma eficácia operacional, advinda do aumento no poder de negociação com os fornecedores ou de um ganho no processo operacional. As economias de impostos, por sua vez, ocorrem quando a empresa resultante paga menos impostos do que as duas empresas originais separadas.

Tipos de fusões e aquisições

Com relação ao seu tipo, as fusões podem ser classificadas como horizontais, verticais, congenéricas ou de conglomerados. Fusões horizontais ocorrem quando uma empresa se junta a outra empresa do mesmo setor, gerando muita sinergia. Porém, por ser entre empresas competidoras, a fusão diminui o número de competidores do mercado e pode ser considerada ilegal pelo Cade (Conselho Administrativo de Defesa Econômica), autarquia vinculada ao Ministério da Justiça brasileiro. Um exemplo de fusão horizontal bloqueado pelo Cade foi a pretendida entre a Nestlé e a Chocolates Garoto. O Cade, em nome da criação de uma concentração no mercado de chocolates, impediu a concretização da aquisição da Garoto por parte da Nestle, quase dois anos após o início das tratativas, mesmo já havendo algumas operações em conjunto entre as empresas. As fusões verticais ocorrem quando uma parte envolvida adquire parte ou se junta a outro elo da cadeia de valor, por exemplo, uma empresa e seu fornecedor. Também gera bastante sinergia, mas também pode ser considerada ilegal por prejudicar a livre competição de mercado. Fusões congenéricas envolvem empresas de atividades relacionadas, complementares, mas que não vendem o mesmo produto e nem possuem os mesmos fornecedores. Por último, fusões de conglomerados envolvem empresas de atividades não relacionadas.

Nas fusões horizontais as empresas buscam economias de escala que permitam usar suas competências e recursos existentes, enquanto nas fusões verticais, as empresas buscam economias operacionais intimamente relacionadas a um melhor controle de qualidade ou eficiência das diversas fases produtivas. Transferências de tecnologia constituem outro motivo de integração vertical.

Em conglomerados, as atividades não correlatas podem ser administradas ativa ou passivamente. Ativamente, a empresa se envolve com os objetivos das divisões e no estabelecimento da estratégia da empresa adquirida; passivamente, a administração é limitada à revisão dos investimentos, e a atividade financeira pode ser centralizada. Fusões de conglomerados ocorrem geralmente nas empresas com disponibilidade de caixa e que atuam em segmentos que não apresentem expansão, ou quando são impedidas de expandir por legislação reguladora.

Existe ainda um tipo de aquisição especial. São as chamadas aquisições alavancadas, que são estratégias utilizadas pelas organizações por meio de um farto volume de capital de terceiros. Para que a empresa se torne capaz de conseguir realizar aquisições alavancadas, é essencial ocupar posição de destaque no seu setor, com um sólido histórico de lucros e boas perspectivas de crescimento; possuir um baixo nível de endividamento; ter fluxos de caixa estáveis e previsíveis, que sejam adequados aos pagamentos de juros e que continue com um capital de giro satisfatório.

Por fim, uma fusão ou aquisição pode ser direcionada de forma amigável ou hostil. As amigáveis são definidas como uma mudança na propriedade corporativa sem consequente mudança no controle administrativo. Um caso clássico de fusão amigável, no ambiente internacional, foi a realizada em 1998 entre a Daimler Benz e a Chrysler, criando a Daimler Chrysler. Por mais que a operação tenha tido todas as características de uma aquisição (Daimler adquirindo a Chrysler), ambas as empresas estavam de acordo com a operação. Por muito tempo tal aquisição foi considerada quase perfeita, em que as empresas apresentavam características complementares. Por dois anos a administração foi compartilhada pelos executivos da antiga Chrysler e da antiga Daimler Benz. Em 2008 a Daimler vendeu para um Fundo de Private Equity americano a maioria de sua participação na antiga Chrysler, que, após certo tempo, repassou para a Fiat, a grande montadora de automóveis italiana. As aquisições hostis, por sua vez, são tomadas de controle não solicitadas, tendo como resultado a mudança da administração da firma alvo. O exemplo clássico de aquisição hostil foi o do grupo Nabisco pelo Fundo de Private Equity KKR. Após disputa na administração da Nabisco, através de sucessivas ações para evitar a venda da empresa para o grupo de private equity americano, acabou-se tendo que aceitar a aquisição através de uma operação extremamente alavancada, assumida pela KKR.

Principais desafios e motivos de insucesso

Muitas fusões e aquisições que parecem fazer sentido econômico fracassam porque os gerentes não conseguem lidar com a complexa tarefa de integrar empresas com diferentes processos de produção, métodos contábeis e culturas corporativas. É importante destacar que o valor da maioria das empresas depende dos ativos humanos: gerentes, trabalhadores especializados, cientistas e engenheiros. Se as pessoas não estiverem felizes em suas novas funções na empresa compradora, isso, certamente, afetará os resultados da empresa.

Além disso, as divergências entre os objetivos dos gerentes e os interesses dos acionistas, conhecidas como Teoria do Agente, em que o gerente atua nos interesses dos acionistas como seu agente, costumam levar ao insucesso nas aquisições. Esse descolamento gera, sistematicamente, pagamento superior ao montante justo por uma aquisição. Muitas vezes, os gerentes superestimam suas próprias capacidades gerenciais de dirigir a nova empresa, ou então eles buscam seus interesses pessoais, ao invés dos interesses dos acionistas. Considerando que o gerente leva em conta dois fatores — seu benefício pessoal e o valor da firma —, quando um investimento proporciona um grande benefício pessoal, o gerente está disposto a pagar mais pela aquisição, mesmo sabendo que está sacrificando o valor de mercado do acionista.

As estratégias de fusão e aquisição são importantes mecanismos de crescimento rápido e de redução de custos através de economias de escala e escopo, na busca pelo aumento da riqueza de seus proprietários. Porém, cada decisão deverá ser analisada com rigor, devido às vantagens e desvantagens para a empresa anteriormente apontadas, de modo que se preserve uma imagem positiva após o período de transição.

Contexto histórico de fusões e aquisições em bancos no Brasil

O setor bancário brasileiro passou por um processo de significativas mudanças nos últimos anos, resultando em uma onda de fusões e aquisições, além da entrada de novas instituições financeiras estrangeiras no país.

A ascensão do Brasil como potência econômica durante os anos 1990 pode ser atribuída, em parte, ao Plano Real, uma política macroeconômica de sucesso que reduziu a inflação a uma ordem de grandeza de um dígito e ajudou o país a se estabelecer no mercado externo. O acesso aos serviços bancários passou por um processo de democratização, refletido no aumento do poder aquisitivo dos consumidores e na redução da informalidade do mercado de trabalho. Na primeira década do século XXI, o número de contas-correntes ativas no Brasil mais que dobrou; entretanto, a proporção entre crédito ao setor privado e PIB, no Brasil, ainda era baixa se comparada à de outros países (desenvolvidos e emergentes).

Nesse período, o sistema financeiro brasileiro passou por uma onda de consolidações, com a aquisição ou liquidação de muitos bancos estatais e privados. Emergiram dois grupos claramente distintos de vencedores nesse processo. Os maiores bancos estatais, como o Banco do Brasil e a Caixa Econômica Federal, conseguiram concentrar a maior parte das contas governamentais e agir como principais intermediários da execução do orçamento federal. Mas, historicamente, apresentavam uma lucratividade menor do que seus correspondentes do setor privado, por conta das influências políticas a que estavam sujeitos e que, por vezes, os obrigavam a subsidiar operações comerciais para cumprir políticas sociais induzidas pelo governo em áreas rurais. Do outro lado, bancos locais privados, como Itaú, Unibanco e Bradesco, buscavam padrões internacionais de eficiência, oferecendo uma ampla gama de serviços sofisticados, efetuando vendas cruzadas de produtos e controlando custos. Com um histórico agressivo de aquisições e investimentos bem-sucedidos em tecnologia e qualidade, esses bancos superaram a maior parte dos concorrentes e se posicionaram na liderança do mercado.

Com poucas exceções, os bancos internacionais representaram um papel secundário em relação aos locais. Embora a América Latina e o Brasil, em específico, tivessem melhorado seus fundamentos econômicos na década anterior e as perspectivas de crescimento fossem promissoras, a região ainda era excessivamente volátil e apresentava forte desigualdade na distribuição de renda, o que não agradava muitos dos bancos globais mais tradicionais.

Além disso, muitos bancos dependiam de expatriados com pouco conhecimento local para gerenciar suas subsidiárias brasileiras, ou careciam de uma base de capital adequada para alavancar suas operações. O cenário mudou no fim da década de 1990: em 1997, o britânico HSBC comprou o Banco Bamerindus e, em 1998, o holandês ABN-Amro adquiriu o Banco Real. No ano 2000, o espanhol Santander fez uma manobra agressiva e comprou em leilão público o Banco do Estado de São Paulo (Banespa). Com intensa presença na região mais rica do Brasil, o Banespa era um ativo-chave para qualquer agente novo ou já existente, e o valor oferecido pelo Santander superou as ofertas de todos os demais participantes do leilão. No começo da década de 2000, bancos de investimento e fundos de *private equity* também se viram atraídos por novas oportunidades de investimento no país. Em outubro de 2007, o Santander, mais uma vez, interferiu fortemente no cenário bancário brasileiro ao integrar o Banco Real, que anteriormente era propriedade do ABN-Amro, com suas operações no país.

O processo de reestruturação bancária acelerou-se nos países desenvolvidos na última década, alterando profundamente a natureza e a operação da indústria bancária. A maior evidência empírica desse processo é o acentuado crescimento das fusões e aquisições, na década de 1990, nos países desenvolvidos e em alguns países emergentes, em termos de número, tamanho e valor de negócios.

A desregulamentação dos serviços financeiros em nível nacional, a maior abertura do setor bancário à competição internacional, os desenvolvimentos tecnológicos em telecomunicações e informática — com impacto sobre o processamento das informações e sobre os canais alternativos de entrega de serviços (redes de caixas eletrônicas, internet, banco eletrônico etc.) — e, por último, as mudanças na estratégia gerencial das instituições financeiras, expressas, por exemplo, na maior ênfase no retorno aos acionistas, todos esses fatores juntos têm empurrado as instituições financeiras para um acelerado processo de consolidação (Ipea, 2006).

Como resultado da mencionada consolidação bancária nos países desenvolvidos, nota-se uma redução na quantidade de instituições, um incremento no grau de concentração bancária na maioria dos países, uma diminuição no número de trabalhadores no setor (por conta dos avanços tecnológicos e das fusões e aquisições), um aumento na participação relativa das receitas — sem ser juros — no total das receitas bancárias e, finalmente, um declínio nas margens líquidas de juros dos bancos devido ao aumento da competição no mercado (BIS, 1999; Molyneux, 2000).

Na América Latina, o processo de consolidação bancária tem sido mais avançado do que em países emergentes de outras regiões, como resultado de uma crise financeira anterior e da entrada de bancos estrangeiros. No Brasil, tal como em outros países da América Latina, há fortes indícios de que o processo de consolidação se deu recentemente, como evidenciado pela redução no total de instituições, pela queda no número de empregos no setor, pela diminuição no número de agências bancárias e, por fim, pelo aumento do grau de concentração.

A penetração de bancos estrangeiros no mercado bancário doméstico, resultado tanto do processo de expansão internacional de alguns conglomerados financeiros quanto de uma flexibilização nas normas de entrada de bancos estrangeiros, foi um dos fatores determinantes do processo de reestruturação bancária recente no Brasil, assim como na Argentina, no México e em alguns outros países da América Latina.

A tabela 1 mostra o total acumulado de fusões e aquisições ocorridas no Brasil, desde o início do Plano Real, criado em 1994, até 2013, entre os 10 setores com maiores transações nesse período. O grupo Instituições financeiras inclui outros tipos de empresas além dos bancos comerciais.

TABELA 1
TOTAL ACUMULADO DE FUSÕES E AQUISIÇÕES OCORRIDAS NO BRASIL (1994-2013)

SETOR	13	12	11	10	09	08	07	06	05	04	03	02	01	00	99	98	97	96	95	94	TOTAL
1º Tecnologia da informação	99	104	90	85	58	73	56	46	49	22	28	13	36	57	28	8	8	11	7	8	886
2º Alimentos, bebidas e fumo	58	46	44	42	39	54	66	43	36	36	22	29	32	36	25	36	49	38	24	21	776
3º Telecomunicações e mídia	18	27	34	28	23	19	27	28	21	32	21	22	27	26	47	31	14	5	8	5	463
4º **Instituições financeiras**	**28**	**24**	**35**	**28**	**22**	**23**	**19**	**21**	**19**	**19**	**16**	**20**	**17**	**18**	**16**	**28**	**36**	**31**	**20**	**15**	**455**
5º Companhias energéticas	33	30	42	36	19	24	25	61	16	12	17	16	36	20	10	11	17	9	1	0	435
6º Serviços para empresas	63	65	41	30	18	18	35	17	5	9	9	7	9	5	8	13	6	8	1	2	369
7º Publicidade e editoras	35	24	29	26	22	26	35	19	19	17	12	12	19	23	17	19	9	5	2	3	373
8º Petróleo e gás	38	18	16	19	9	17	39	21	18	7	5	4	7	12	6	25	22	18	13	14	328
9º Metalurgia e siderurgia	5	4	15	14	6	20	31	38	25	19	14	13	15	11	9	23	18	17	9	11	317
10º Produtos químicos e petroquímicos	12	19	29	34	8	19	6	8	14	16	7	26	40	28	6	1	3	4	4	2	286

Fonte: KPMG. Pesquisa de fusões e aquisições 2014 — segundo trimestre.

Eficiência bancária

Normalmente, para avaliar a eficiência das instituições financeiras, procura-se construir uma fronteira eficiente. Essa fronteira é construída por métodos paramétricos ou não paramétricos.

Segundo Casu e Molyneux (2001), os métodos paramétricos especificam uma determinada forma funcional para a fronteira de eficiência, e seus vários modelos se diferenciam pela suposição que fazem a respeito da forma da fronteira eficiente e a distribuição da ineficiência e do erro. Já os métodos não paramétricos não especificam nenhuma forma funcional da fronteira de eficiência, uma vez que constroem a fronteira a partir dos próprios dados.

Ainda de acordo com Casu e Molyneux (2001), não existe um consenso quanto ao melhor método para medição da fronteira eficiente. A abordagem que utiliza métodos paramétricos impõe uma forma funcional particular que se pressupõe ser a forma da fronteira; se essa forma estiver errada, a medida de eficiência pode ser confundida com erro de especificação. Por outro lado, a abordagem que utiliza métodos não paramétricos impõe menor estrutura na fronteira, porém não permite o erro aleatório; portanto, se esse erro existir, a eficiência medida pode ser confundida com o desvio da verdadeira fronteira eficiente.

Os possíveis benefícios decorrentes da reestruturação pela qual o setor bancário brasileiro vem passando recentemente foram estudados por alguns pesquisadores. Interessam-nos, em particular, os trabalhos que relacionam, de alguma maneira, esse processo de reestruturação e os ganhos de eficiência do setor bancário.

Nakane e Weintraub (2004) avaliaram o impacto na produtividade do setor bancário, com foco nos efeitos das privatizações dos bancos públicos estaduais. A base da metodologia aplicada foi a abordagem desenvolvida por Olley e Pakes (1996), que utilizaram um painel de dados para 242 bancos comerciais, de dezembro de 1990 a dezembro de 2002, para estimar os parâmetros da função de produção. Seus resultados mostraram existir uma correlação positiva entre produtividade e fatia de mercado, e o efeito negativo da quantidade de agências na produtividade.

Camargo, Matias e Merlo (2004) empregaram a técnica DEA (*data envelopment analysis*) para comparar 19 dos bancos comerciais e múltiplos de grande porte que atuavam no Brasil naquela altura. Para tanto, utilizaram três variáveis como insumos — ativo total, despesas de pessoal e outras despesas administrativas — e quatro variáveis como produtos — operações de crédito, operações de crédito de longo prazo, aplicações em tesouraria e rentabilidade da atividade bancária —, sendo todos os dados referentes a dezembro de 2003. Utilizando a técnica DEA nos modelos com retornos constantes e variáveis de escala, os autores decompuseram a eficiência em eficiência técnica e de escala. Os resultados obtidos evidenciaram que os bancos que possuem menores ativos totais são mais eficientes, e que a única fonte de ineficiência para os bancos com ativos totais maiores do que R$ 50 bilhões é de ordem de escala de produção. Nos bancos que possuem menos do R$ 50 bilhões em ativos e que apresentam ineficiência, foram identificados dois tipos de ineficiência: técnica e de escala.

O trabalho de 2006 do Instituto de Pesquisas Econômicas Aplicadas (Ipea) sobre "Fusões e aquisições bancárias no Brasil: uma avaliação da eficiência técnica e de escala", realizado com seis bancos varejistas que participaram do processo de fusões e aquisições no Brasil no período (Bradesco, Itaú, Unibanco, Santander, ABN-Amro e HSBC), revela os resultados do ajuste na eficiência do setor bancário por um período mais longo do que os estudos mencionados anteriormente. O período de análise desse estudo abrange uma fase de ocorrência de intensas fusões e aquisições, compreendida entre junho de 1995 e dezembro de 2000, e uma fase menos intensa, entre janeiro de 2001 e dezembro de 2005. Para efeito de comparação, o estudo também incluiu três bancos de médio porte (Safra, Citibank e Bank Boston), para avaliar a influência da especialização bancária na eficiência de escala dos bancos, e os três grandes bancos públicos brasileiros (Banco do Brasil, Caixa Econômica Federal e Nossa Caixa), também incluídos na amostra para efeito de comparação em termos de eficiência de escala.

Os resultados obtidos pela pesquisa do Ipea (2006) indicaram que houve uma evolução melhor na eficiência de resultados do Itaú e do Bradesco — os dois maiores bancos privados nacionais e que participaram mais ativamente do processo de fusões e aquisições bancárias — em relação aos demais bancos avaliados. Ou seja, o estudo comprovou que as fusões e as aquisições bancárias proporcionaram um aumento na eficiência de intermediação dos bancos compradores, possivelmente decorrente de aprimoramentos no gerenciamento operacional e de cortes nos custos administrativos e de pessoal. Essa melhoria na eficiência foi mais acentuada no caso dos bancos privados nacionais. No que tange à eficiência de resultados, os ganhos não foram muito expressivos. Isso pode indicar que nem todos os bancos foram capazes de obter economias de rendas, ou seja, um maior rendimento ou um melhor retorno por segmento de clientes.

Caso prático: fusão Itaú Unibanco

Em 2008, foi anunciada a fusão de dois bancos brasileiros para formar o maior grupo financeiro do hemisfério sul e um dos 20 maiores do mundo em capitalização de mercado: o Itaú Unibanco.

Com mais de US$ 200 bilhões em ativos, o Itaú era o maior banco privado do Brasil; possuía 2.854 agências, 27 milhões de clientes e 69.383 colaboradores.

O Unibanco era o quarto maior banco privado do país, com US$ 92 de bilhões em ativos, 28.490 colaboradores e 970 agências que atendiam aproximadamente 30 milhões de clientes. Era considerada a mais internacional das instituições financeiras brasileiras e uma das menos formais em termos de cultura. Ao longo dos anos, o Unibanco desenvolveu um diferencial em atendimento ao cliente e um foco em recursos humanos.

A fusão fazia sentido tanto economicamente quanto para os acionistas. Para os minoritários, seria uma transação como muitas outras pelo mundo, em que poderiam se beneficiar do valor criado pelas sinergias.

Tão surpreendente quanto a transação em si foi a maneira como a estruturaram e anunciaram: nem fusão, nem aquisição, mas uma *joint-venture* entre as duas famílias controladoras, que compartilhariam, em pé de igualdade, o controle das operações combinadas, apesar da grande diferença de valor entre os dois bancos e da participação que as famílias tinham neles.

A justificativa estratégica para a transação era forte. A fusão criaria a instituição financeira dominante do Brasil, com posição de liderança em virtualmente todos os segmentos de mercado. Em alguns desses segmentos, os dois bancos se complementariam, como em seguros e crédito ao consumidor (em que o Unibanco era o mais forte do país) ou crédito automotivo (em que o Itaú era o líder). Os bancos tinham, ainda, competências complementares: o Itaú era frequentemente elogiado pela eficiência de suas operações de varejo, enquanto o Unibanco tinha práticas notáveis em atendimento ao cliente e recursos humanos. Com isso, a integração das operações dos dois bancos poderia resultar numa instituição não apenas maior, mas também mais bem posicionada para se expandir internacionalmente.

De acordo com a estrutura projetada para o negócio, as duas famílias controladoras seriam parceiras em pé de igualdade tanto na gestão quanto na propriedade.

A crise financeira global foi o catalisador definitivo da fusão. Graças a uma base estável de depósitos a termo e à vista, uma dependência relativamente baixa dos mercados de *funding* de atacado e políticas de crédito cautelosas, os principais bancos brasileiros estavam bem isolados de muitos dos problemas fundamentais enfrentados por seus concorrentes de menor porte e por instituições financeiras de países mais industrializados. Não escaparam, porém, da forte queda dos preços das ações desencadeada em todo o mundo pela quebra do Lehman Brothers em setembro de 2008.

Ao analisarmos, no Brasil, apenas as fusões e aquisições no setor financeiro anteriores à fusão entre Itaú e Unibanco, desde 1994, temos a evolução mostrada no quadro 1.

QUADRO 1
FUSÕES E AQUISIÇÕES NO SETOR FINANCEIRO (1994-2008)

	ITAÚ	UNIBANCO	BRADESCO	ABN AMRO (REAL)	SANTANDER	BANCO DO BRASIL
1994						
1995	Banco Francês e Brasileiro (BFB)	Banco Nacional				
1996		Fininvest			Banco Geral do Comércio	
1997	BANERJ		Credireal / BCN / Itabanco		Banco Noroeste	
1998	Banco Del Buen Ayres BEMGE	Banco Dibens	BCR Banco Pontual	Banco Real/ BANDEPE		
1999			BANEB / Continental			
2000	Banestado	Bandeirantes Credibanco	Boavista Interatlântico		Meridional / Banespa	
2001	BEG	Banco Investcred	Banco Postal	PARAIBAN		
2002	BBA Creditanstalt		Mercantil/ BEA/ BES			
2003	Banco Fiat		BBV Brasil / Zogbi			
2004		Banco BNL do Brasil	BEM	Sudameris		
2005			BEC			
2006	Bank Boston		Amex Brasil			
2007			BMC I		ABN AMRO Real	
2008			Ágora			Banco Nossa Caixa

Fonte: relatórios anuais e websites institucionais.

Com base nas demonstrações financeiras do Itaú e do Unibanco, previa-se que uma redução de 25% da base de custos da entidade pós-fusão se traduziria em um aumento de valor de aproximadamente US$ 12,6 bilhões, enquanto uma redução de 10% representaria US$ 4,8 bilhões.

Para supervisionar o processo, foi criado um comitê de integração que incluía, de cada um dos bancos originais, os respectivos líderes de recursos humanos, contabilidade e gestão de riscos, com diversos comitês condutores trabalhando com assessores externos nas políticas de recursos humanos e cultura corporativa; *branding* e identidade corporativa; carteira de produtos e integração de agências; e sistemas. As unidades de negócio e unidades em que um dos bancos tivesse *expertise* clara em relação ao outro eram responsáveis pela liderança do processo e pela implementação de boas práticas. Por exemplo, o departamento jurídico e a divisão de cartões de crédito do Unibanco prevaleceram em relação aos do Itaú, enquanto os diretores seniores do Itaú responsabilizaram-se por todos os sistemas de tecnologia da informação e pela gestão de aproximadamente 3.700 agências.

A marca do Itaú era, havia muito tempo, associada a tecnologia e a processos modernos de gestão, enquanto a do Unibanco estava mais ligada a flexibilidade e a pessoas. Ambas eram bem reconhecidas por clientes e investidores e refletiam diretamente a identidade das famílias fundadoras e dos colaboradores, que tinham forte ligação emocional com elas. A escolha entre manter uma ou outra, ou criar uma nova marca, era um fator-chave para o sucesso da implementação da fusão e, portanto, algo sensível. Mas diversas pesquisas independentes classificavam a marca do Itaú como a mais valiosa da América Latina, enquanto a do Unibanco vinha em nono lugar. Assim, para comunicação externa, optou-se por manter o nome Itaú.

Após a fusão, em 2011, o Itaú Unibanco era o maior banco do Brasil em capitalização de mercado (US$ 8 bilhões) e o segundo maior em ativos totais (US$ 453 bilhões), com uma participação de mercado próxima de 25%. O banco também tinha significativa presença global: era o oitavo maior banco do mundo em capitalização de mercado e o quarto se considerados apenas os bancos do setor privado, e tinha sido eleito o banco mais sustentável do mundo. Ele oferecia uma ampla seleção de estruturas, produtos e serviços financeiros a uma gama diversificada de clientes. Além disso, também prestava serviços de *underwriting*, custódia, corretagem de títulos, cartões de crédito, seguros, planos de previdência privada e financiamento automotivo. Para sustentar suas operações, o banco contava com 104 mil colaboradores, 4.984 agências e 28.769 caixas eletrônicos.

Entretanto, a integração não foi livre de custos, tanto para a instituição quanto para as pessoas envolvidas. Para o banco, o foco em integração reduziu a eficiência, como se previa: a taxa de eficiência piorou de 45,3% em 2008 para cerca de 47% em 2011. Para as pessoas envolvidas, foi um exercício de tolerância, humildade e desprendimento.

Tendências

Mercado global e seus efeitos nos mercados locais

Em fusões e aquisições, a prática financeira norte-americana se distancia bastante da utilizada em outros países. Praticamente não há aquisições hostis fora dos Estados Unidos e, em alguns países, como no Japão, por motivos culturais, são raras as aquisições de empresas.

Muitas vezes, as aquisições ocorrem entre empresas de origens diferentes, para facilitar a entrada em mercados locais, uma vez que a compra de uma empresa já estabelecida reduz os custos de entrada em novos mercados. Quando há interesse em novos mercados, algumas corporações optam pela incorporação de bases externas de conhecimento através da aquisição de outras empresas que já passaram pelo processo de aprendizado e têm reconhecimento no mercado. Essa (aparentemente) rápida solução esconde problemas de gestão da mudança em fusões e aquisições, principalmente no aspecto cultural.

Quando ocorrem fusões internacionais, há transferência de conhecimentos e habilidades de uma empresa para outra de um país diferente, o que resulta no aprendizado mútuo de outras técnicas e conhecimentos. Porém as empresas resultantes de uma fusão podem enfrentar dificuldades, pois o conhecimento é detido por pessoas, o que agrega risco e alta complexidade para a operação.

Portanto, é evidente que analisar os efeitos de uma aquisição nos mercados locais não é uma tarefa trivial. Tomemos, como exemplo, o caso mais recente, da aquisição da Amil pela americana United Health, uma gigante com 78 milhões de clientes em 17 países e faturamento de mais de US$ 100 bilhões por ano.

A transação se deu em 2012 e foi de R$ 10 bilhões na época, o que equivalia a US$ 4,9 bilhões. Os efeitos dessa aquisição não são imediatos para os clientes da empresa, uma vez que leva tempo para a empresa e seus funcionários absorverem a nova cultura.

Um dado relevante do levantamento da KPMG (2014) é que no quarto trimestre de 2013 foram realizadas 83 operações de empresa de capital majoritário estrangeiro adquirindo, de brasileiros, capital de empresa estabelecida no Brasil, contra apenas 49 no mesmo período de 2012.

Para avaliar o impacto das empresas multinacionais sobre as economias locais devem ser considerados os seguintes fatores:

(a) a empresa estrangeira pode contribuir positivamente no início do investimento, com a introdução de novos produtos, mas negativamente nos estágios posteriores, quando os dividendos são enviados à matriz;

(b) a nacionalidade da empresa estrangeira pode ser importante, pois empresas de países que possuem melhores sistemas organizacionais e tecnológicos podem trazer maiores benefícios para a economia receptora;

(c) o impacto na economia receptora depende da capacidade desta e das empresas domésticas de absorverem tecnologias e capacidade gerencial de seus competidores estrangeiros.

Mercado e instituições privadas no Brasil

A partir dessas reflexões é possível apontar alguns dos principais determinantes das fusões e aquisições no Brasil. Um deles é o aumento da concorrência, advindo da liberalização da economia brasileira e sua inserção na economia global e dos incentivos concedidos pelo governo. Outro ponto importante é a expansão do mercado interno, que atraiu o investimento de muitas empresas estrangeiras. Por último, um terceiro aspecto diz respeito à obtenção de sinergias entre empresas do mesmo setor e economias de escala.

Com o processo de fusões e aquisições, as empresas compradoras também conseguem reduzir gastos com transporte, com pesquisa e desenvolvimento tecnológico nacional, além de terem acesso aos recursos naturais brasileiros e ao conhecimento mais aprofundado do mercado local.

Um quadro interessante, elaborado a partir do estudo feito pela KPMG (2014), resume a quantidade de transações envolvendo empresas de capital brasileiro e empresas de capital estrangeiro.

QUADRO 2
TRANSAÇÕES ENVOLVENDO EMPRESAS DE CAPITAL BRASILEIRO E EMPRESAS DE CAPITAL ESTRANGEIRO

TIPO DE NEGÓCIO/ANO	2012	2013
Doméstico (entre empresas de capital brasileiro).	342	365
Empresa de capital majoritário estrangeiro adquirindo capital de empresa brasileira.	296	289
Empresa de capital majoritário brasileiro adquirindo capital de empresa estrangeira.	67	66

Fonte: elaborado pelo autor a partir do levantamento da KPMG (2014).

Nota-se no quadro acima que, de 2012 para 2013, o número de empresas brasileiras que adquiriram capital estrangeiro praticamente não se alterou, foi de 67 para 66, e que o aumento de 6,73% nas transações domésticas não foi acompanhado de um aumento nas transações entre empresas brasileiras e estrangeiras; pelo contrário, houve uma redução de 2,36%, o que, provavelmente, se deu em função das incertezas com relação ao futuro do país.

Referências

AKHAVEIN, J. D.; BERGER, A. N.; HUMPHREY, D. B. The effects of megamergers on efficiency and prices: evidence from a bank profit function. *Review of Industrial Organization*, v. 12, p. 95-130, 1997.

BANCO CENTRAL DO BRASIL (BACEN). 50 maiores bancos e o consolidado do sistema financeiro nacional — 1995-2004. Brasília, DF: Bacen, [s.d.]. Disponível em:<www4.bcb.gov.br/top50/port/top50.asp>. Acesso em: out. 2014.

BANK FOR INTERNATIONAL SETTLEMENTS (BIS). International banking and financial market developments. *Quarterly Review*, Basel, 23 ago. 1999. Disponível em: <www.bis.org/publ/r_qt9908.htm>. Acesso em: out. 2014.

BECKENKAMP, M. T. Análise envoltória de dados: considerações sobre o estabelecimento de restrições para os multiplicadores ótimos. Dissertação (pós-graduação em engenharia da produção) — Universidade Federal de Santa Catarina, Florianópolis, 2002.

BELAISCH, A. *Do Brazilian banks compete?* International Monetary Fund, Paris, maio 2003. (IMF working paper, n. 3/113).

CAMARGO JR. A. S.; MATIAS, A. B.; MERLO, E. M. *Desempenho dos bancos comerciais e múltiplos de grande porte no Brasil*. [S.l.]:[s.n.], 2004. Mimeo.

CAMPOS, M. B. Produtividade e eficiência do setor bancário privado brasileiro de 1994 a 1999. Dissertação (pós-graduação em economia) — Escola da Administração de Empresas de São Paulo, Fundação Getulio Vargas, São Paulo, 2002.

CARVALHO, F. C. The recent expansion of foreign banks in Brazil: first results. *Latin American Business Review*, Cambridge, MA, v. 3, n. 4, p. 93-120, 2002.

CASU, B.; MOLYNEUX, P. *European banking*: efficiency, technology and growth. Chichester: Jonh Wiley & Sons, 2001.

CHARNES, A.; COOPER, W. W. Programming with linear fractional functionals. *Naval Research Logistics Quarterly*, Cambridge, MA, v. 9, p. 181-5, 1962.

CLAESSENS, S.; DEMIRGUC-KUNT, A.; HUIZINGA, H. How does foreign entry affect domestic banking markets? *Journal of Banking Finance*, v. 25, n. 5, p. 891-911, 2001.

DAGES, B. G.; GOLDBERG, L.; KINNEY, D. Foreign and domestic bank participation in emerging markets: lessons from Mexico and Argentina. Nova York, *FRBNY Economic Policy Review*, p.17-36, set. 2000.

GANDUR, M. J. *Eficiencia en costos, cambios en las condiciones generales del mercado y crisis en la banca colombiana*: 1992-2002. Bogotá: Banco de la Republica de Colombia, 2003. (Paper n. 260, série Borradores de Economia). Disponível em: <ideas,repec.org/p/bdr/borrec/260.html>. Acesso em: maio 2011.

GROUP OF TEN. *Report on consolidation in the financial sector*. Washington, D.C.: IMF, 2001. Disponível em: <www.imf.org/external/np/g10/2001/01/Eng/index.htm>. Acesso em: maio 2011.

GUIMARÃES, P. How does foreign entry affect the domestic banking market? The Brazilian case. *Latin American Business Review*, Cambridge, MA, v. 3, n. 4, p.121-140, 2002.

HAWKINS, J.; MIHALJEK, D. *The banking industry in the emerging markets economies*: competition, consolidation and systemic stability. Bank for International Settlements, Basel, 2001. (*BIS papers*, n. 4).

INSTITUTO DE PESQUISA ECONÔMICA APLICADA (IPEA). *Fusões e aquisições bancárias no Brasil*: uma avaliação técnica e de escala. Rio de Janeiro: Ipea, nov. 2006.

IRAGORRI, C. *Eficiencia-X en el sector bancario colombiano*. Bogotá: Dirección de Estudio Económicos, nov. 2001. (Serie Archivos de Economia, n. 158.)

KPMG. Pesquisa de fusões e aquisições 2014: segundo trimestre. São Paulo: KPMG, 2014. Disponível em: <https://www.kpmg.com/BR/PT/Estudos_Analises/artigosepublicacoes/Documents/Fusoes%20e%20Aquisicoes/2014/FA-2-trim2014.pdf>. Acesso em: out. 2014.

LEVINE, R. Financial development and economic growth: views and agenda. *Journal of Economic Literature*, Pittsburgh, PA, v. XXXV, p. 688-726, 1997.

LIU, B.; TRIPE, D. New Zealand bank mergers and efficiency gains. In: ANNUAL AUSTRALASIAN FINANCE AND BANKING CONFERENCE, 14., 2001, Sydney. Proceedings... UNSW Australia Business School, Sydney, 2001.

MARINHO, A. *Estudo de eficiência em alguns hospitais públicos e privados com a geração de rankings*. Rio de Janeiro: Ipea, maio 2001. (Texto para discussão, n. 794.)

MOLYNEUX, P. *Does size matter?* Financial restructuring under EMU. [S.l.]:[s.n.], 2000. Mimeo.

NAKANE, M. I.; WEINTRAUB, D. B. *Bank privatization and productivity*: evidence for Brasil. Banco Central do Brasil, Brasília, DF, dez. 2004. (Working paper series, n. 90.)

OLLEY, G., PAKES, A. The dynamics of productivity in the telecommunications equipment industry. *Econométrica*, Bethesda, MD, v. 64, n. 6, p. 1263-1297, 1996.

PAULA, L. F. Expansion strategies of European banks to Brazil and their impacts on the Brazilian banking setor. *Latin American Business Review*, Cambridge, MA, v. 3, n. 4, p. 59-92, 2002.

RÉGIS, F. A. P. *Eficiência de custo no setor bancário brasileiro*. Dissertação (pós-graduação em economia) — Universidade Federal de Pernambuco, Recife, out. 2001.

RHODES, E. Measuring the efficiency of decision making units. *European Journal of Operation Research*, v. 2, n. 6, p. 429-444, nov. 1978.

ROCHA, F. Evolução da concentração bancária no Brasil: 1994/2001. Brasília, DF: Banco Central do Brasil, 2001. (Notas Técnicas, n. 11.)

SANTOMERO, A. M.; ECKLES, D. L. The determinant of success in the new financial services environment. *FRBNY Economic Policy Review*, out. 2000.

SILVA, T. L.; JORGE NETO, P. M. Economia de escala e eficiência nos bancos brasileiros após o Plano Real. *Estudos Econômicos*, v. 32, n. 4, p. 577-619, out./dez. 2002.

STUDART, R. The efficiency of financial systems, liberalization, and economic development. Nova York, *Journal of Post Keynesian Economics*, v. 18, n. 2, p. 269-292, 1995/1996.

ESTUDO DE CASO

CASO BANCO NOSSA CAIXA E BANCO DO BRASIL

Contexto antes da aquisição

Antes da aquisição do Banco Nossa Caixa (BNC), o Banco do Brasil (BB) era um grande banco de varejo com dificuldade em crescer no estado de São Paulo. Os dois maiores bancos privados — Itaú Unibanco e Bradesco — estavam bem posicionados naquele estado, no Sul e no restante do Sudeste do Brasil, apresentando uma performance relativamente superior à do Banco do Brasil naqueles mercados. O BB, por outro lado, tinha um posicionamento mais forte nas outras regiões do país, inclusive em um grande número de praças não alcançadas pelos dois outros bancos.

Para se ter uma ideia da relevância do mercado de pessoa física no estado de São Paulo, o número de clientes do BNC atingia, em 2009, 6 milhões, contra 5 milhões de clientes do Banco do Brasil. Logicamente, tal significância do BNC estava ligada ao fato de a folha salarial do quadro de funcionários públicos do estado de São Paulo ser paga integralmente no BNC. Dessa forma, o potencial de crescimento nesse mercado era bastante representativo para o Banco do Brasil. Com a aquisição do BNC, o número de pontos de venda do Banco do Brasil mais que dobrou no estado.

Desafios do processo de integração

O primeiro desafio identificado pós-integração foi a absorção dos funcionários do BNC pelo Banco do Brasil. Como a grande maioria da operação seria gerenciada pelos funcionários advindos do BNC (aproximadamente 2 mil funcionários do BNC e 60 funcionários do BB), foi fácil absorver toda a gestão do BNC. Sendo assim, a primeira fase da incorporação, que era crescer e se tornar mais relevante naqueles mercados, foi alcançada com relativa facilidade, conforme declaração da liderança do processo de incorporação e gestão das unidades.

A segunda fase era gerar sinergia operacional, ou seja, alcançar uma eficiência maior da produção. Tal fase foi alcançada graças à atualização de processos tecnológicos, área em que o BNC estava defasado em relação ao Banco do Brasil.

Em um primeiro momento, a criação do cartão híbrido — cartão do BNC com imediata utilização nos pontos de atendimento do Banco do Brasil — e a continuidade no atendimento nas agências do BNC garantiram aos clientes daquele banco uma confiança na qualidade do atendimento após a incorporação aos sistemas do Banco do Brasil. Tal solução tecnológica permitiu ao cliente do BNC ter, de imediato, total acesso a todos os avanços tecnológicos do Banco do Brasil. Dessa forma, toda a base de clientes do BNC foi quase que imediatamente transferida para o Banco do Brasil.

Durante o processo de integração dos bancos, esteve presente a necessidade de obter uma mescla de culturas de negócios bastante consistente e com poucos atritos. Segundo executivo do Banco do Brasil, "não havia a possibilidade de se adotar postura de 'conquistadores', exigindo desta forma muito cuidado na transição dos funcionários do ambiente anterior à aquisição para o ambiente pós-integração". Foram desenvolvidas várias ações no sentido de obter os melhores resultados com a integração, como o treinamento "Integrando culturas" e várias outras. O objetivo dessas ações era reduzir as diferenças entre os dois grupos.

Resultado da aquisição

Com a utilização do cartão híbrido (BNC e BB) as perdas com fraudes nos cartões foram reduzidas em 99%, em comparação com as que ocorriam no BNC antes da absorção pelos sistemas do BB.

O acesso aos produtos para pessoa física do Banco do Brasil trouxe um leque maior de oportunidades de produtos e serviços que o cliente do Banco Nossa Caixa não possuía anteriormente, o que contribuiu ainda mais para a alta receptividade da incorporação por parte dos clientes do BNC.

Outro ponto a ser destacado está relacionado com a disponibilização do portal do BB para os clientes do BNC. Tão logo lhes foi permitido o acesso ao portal do Banco do Brasil, houve um maior acesso instantâneo a produtos e serviços para aqueles clientes, com uma gama de facilidades adicionais através do portal do BB. Em menos de 90 dias, o número de acessos chegou a 2,5 milhões por parte dos clientes do Banco Nossa Caixa ao portal do BB.

Em termos de crédito, o processo do BNC era completamente manual e burocrático, enquanto que o do BB já era bastante automatizado. Sendo assim, a in-

ESTUDO DE CASO

tegração do processo de crédito do Banco Nossa Caixa ao do BB trouxe um expressivo aumento na eficiência (disponibilidade e tempo de resolução) das operações.

Com a integração total dos processos, o cliente do BNC passou a ter acesso a produtos e serviços mais interessantes, em especial ao crédito consignado, o que lhe proporcionou a obtenção eficiente de crédito mais adequado e com uma taxa de juros menor.

É importante destacar que, em alguns aspectos, o Banco do Brasil soube aproveitar pontos fortes do Banco Nossa Caixa, por exemplo, quando manteve o sistema de processamento de papéis no BNC, que era superior ao do BB. Com a incorporação do BNC pelo BB, o processamento dos papéis no caixa foi melhorado em larga escala, em função do melhor processo que o BNC tinha nesse aspecto.

Finalmente, muito embora o BNC não possuísse uma política transparente em termos de carreira, programa de performance e expectativas, seus funcionários eram bastante comprometidos com a instituição. Com a incorporação, os funcionários passaram a ter total transparência de suas performances, o que contribuiu para criar um bom clima de trabalho nas agências.

Segundo executivos do Banco do Brasil que atuaram naquele processo de integração, todos os bons preceitos de uma boa integração foram utilizados, valorizando bastante o desenvolvimento da cultura de negócios integrados. Eles afirmam que foram oferecidos diversos incentivos pessoais para os funcionários do BNC se integrarem da melhor forma possível ao novo ambiente, e que todos os executivos advindos do BNC sentiram-se plenamente integrados ao Banco do Brasil.

O PROCESSO DE IPO NAS EMPRESAS E NOS BANCOS

Pedro Carvalho de Mello
Carlos Alberto Decotelli da Silva

Empresas, bancos e o mercado de capitais

Tal como as pessoas, a empresa típica costuma experimentar um ciclo de vida. Na teoria, as empresas podem viver para sempre, mas na prática nascem, crescem, amadurecem e envelhecem. Algumas empresas renascem, outras se amalgamam entre si, e podem durar séculos. E muitas fecham.

Nesse processo de crescimento e transformação, as empresas realizam diversas ações, como contratar pessoas, construir instalações, adquirir equipamentos, buscar novos mercados, inclusive no exterior, lançar novos produtos, e assim por diante.

Notável é entender como a empresa consegue recursos e se financia. No começo, valem os recursos do empreendedor e a ajuda da família e dos amigos mais próximos. O cheque especial e os cartões de crédito também participam. Necessitando de mais recursos, podem aparecer sócios e empréstimos bancários. Nesse estágio, outros tipos de captação se tornam possíveis, como *crowd funding* e "investidores-anjo". Bancos de desenvolvimento oficiais podem dar suporte a investimentos de longo prazo; e agências governamentais, a empreendedorismo, tecnologia e comércio exterior. Fundos de *private equity* atuam para comprar participações em empresas de um porte — e potencial — relativamente maior.

Caso a empresa continue se expandindo e aumentando o porte, alcançará um estágio em que irá querer mudar seu modelo de negócios, voltando-se mais para usufruir dos instrumentos, mecanismos e serviços do mercado de capitais. Surge então a possibilidade concreta de usar outros mecanismos, tais como *hedge funds*, fundos *mezzanine* e de *venture capital*. Surge também, nesse contexto, a possibilidade de abrir o capital da empresa e iniciar o processo de lançamento de ações — o Initial Public Offering (IPO). Esse é o tema deste capítulo.

Mercado primário, mercado secundário e sua importância no financiamento das empresas

Antes de prosseguir na análise do processo de IPO, é importante fazer uma distinção entre dois segmentos do mercado de capitais: mercado primário e mercado secundário, assim como discutir qual a efetiva importância de ambos para o financiamento das empresas. Isso proporciona um quadro conceitual apto para um melhor entendimento da importância relativa do IPO.

O mercado primário é aquele em que, efetivamente, a empresa arrecada, junto ao público, os fundos necessários para seu investimento. O mercado primário une os compradores das debêntures e/ou ações com as empresas emissoras. O dinheiro que circula nesse mercado vai diretamente para as empresas. O processo de IPO se dá nesse mercado.

O mercado secundário, no qual prepondera a bolsa de valores, tem como principal função negociar títulos emitidos no passado. É um mercado de trocas. Os recursos que circulam nas bolsas não vão diretamente para as empresas. Entretanto, a presença das ações da empresa nos pregões de negociação das bolsas lhe traz, indiretamente, outros benefícios.

As principais instituições do mercado secundário são o mercado de balcão e a bolsa de valores. O mercado de balcão ("*over the counter Market*") é mais informal, movido por instituições e grandes investidores. A bolsa de valores é o mercado mais organizado e tradicional, com alto grau de transparência e facilidade de acesso para o público.

O mercado secundário estabelece o valor das empresas e é muito dinâmico para balizar um apreçamento que muda diariamente, às vezes no mesmo dia de negociação. O movimento diário de preços de ações negociadas nos pregões das bolsas de valores serve para revelar o clima de confiança na economia, assim como as expectativas formadas sobre o desempenho futuro dos negócios no país.

A bolsa de valores é fundamental para servir de fulcro a um mercado que une corretoras, distribuidoras, bancos de investimento, analistas financeiros, imprensa especializada, investidores institucionais e pessoas físicas, a fim de examinar os prospectos futuros de lucratividade e de "valor real de opção" (potencial de ganhos de capital) da empresa presente nas negociações.

O mercado secundário é muito importante para ampliar as vendas de futuros lançamentos de valores mobiliários (*follow-on*) de emissão das empresas. Sempre existe um risco associado à compra de ações de uma empresa, mas esse risco é diminuído, na avaliação dos potenciais compradores, por terem acesso aos diversos parâmetros de desempenho econômico e financeiro das empresas, revelados e transmitidos pelas informações geradas em bolsa.

A bolsa de valores é também o "olhar da sociedade" sobre os gestores da empresa, servindo para que as "partes interessadas" acompanhem seu desempenho e para que possa haver uma efetiva governança corporativa. A transparência das informações e dos preços, possibilitada pelas cotações resultantes das negociações entre compradores e vendedores na bolsa, permite ao governo, por meio da Comissão de Valores Mobiliários (CVM), acompanhar de perto o mercado e exercer uma regulação mais efetiva.

Na prática moderna do mercado de capitais, no entanto, observa-se que as empresas recorrem mais, para financiar seus planos de expansão, ao uso de recursos próprios (lucros retidos) e empréstimos bancários. Utilizam relativamente menos os mecanismos do mercado de capitais. A desvantagem do uso mais intenso de empréstimos bancários é "alavancar" demasiadamente o endividamento da empresa, dificultando novos empréstimos e impondo crescentes taxas de juros às empresas.

Existe um problema adicional nessa situação, revelado pelas últimas crises financeiras: o descolamento entre o "lado financeiro" e o "lado real" da economia. A principal função do mercado financeiro é dar suporte às atividades das empresas em produção, uso de insumos, investimentos em novos projetos e vendas de produtos e serviços.

Considera-se que está havendo uma extrapolação desse papel tradicional do mercado financeiro, e que este não está mais andando *pari passu* com o lado real da economia. O preço dos ativos reais, muitas vezes, perde a conexão lógica entre geração de lucros futuros e valor das ações da empresa.

As ações das empresas acabam por serem "infladas" durante certos períodos, causando "bolhas especulativas". Esse fenômeno é de natureza geral, atingindo o mercado de capitais como um todo. Infelizmente, costuma ser também recorrente em IPOs, prejudicando um crescimento mais equilibrado do mercado acionário e afetando as vantagens que o mesmo possa trazer para as empresas. Esse tema está no centro das atenções dos órgãos reguladores do mercado de capitais.

IPOs e o mercado de capitais

O IPO é o passo inicial para a empresa participar do mercado de capitais, no sentido de captar recursos. A história dos IPOs está ligada ao desenvolvimento institucional do mercado de ações e ao papel das bolsas de valores e do processo de abertura do capital para as empresas.

O IPO é um dos frutos do esforço das instituições e organizações no estabelecimento das estruturas de capital para financiar as atividades de grandes empresas e intensificar o papel da governança corporativa a fim de dar maior poder aos acionistas minoritários.

FIGURA 1
O IPO E O MERCADO DE CAPITAIS

Mercado de capitais:
- mercado que opera com títulos e ações. Muito utilizado por governos e empresas para obtenção de recursos para investimentos de longo prazo. Seus dois segmentos principais são o mercado primário e o mercado secundário.

Mercado primário de ações:
- composto pelo mercado primário, unindo diretamente a empresa ou governo ao público investidor;
- o IPO opera nesse mercado.

Bolsa de Valores:
- mercado secundário;
- junta investidores que compraram anteriormente ações (e desejam revendê-las) e potenciais investidores que desejam comprar as ações existentes;
- a empresa lançadora das ações se beneficia indiretamente, pela maior exposição, governança corporativa, reconhecimento de mercado e cotação do seu valor.

Abertura de capital:
- empresa se habilita junto à CVM (Comissão de Valores Mobiliários) para se tornar uma sociedade anônima de capital aberto;
- em retorno por arriscarem seu capital ao darem aos administradores da empresa poderes para desenvolver negócios, acionistas recebem o benefício de participar dos lucros e de valorizações do capital da empresa.

As empresas (organizações tais como corporações, sociedades anônimas e *joint stock companies*) têm sido os veículos sociais primários para a exploração de oportunidades econômicas. O moderno mercado de ações é o produto de um processo evolucionário dinâmico, e muito diferente do que foi no passado. Não pode ser medido simplesmente pela comparação com padrões históricos arbitrários, e seu comportamento não pode ser previsto pela extrapolação desses padrões no futuro. Somente pela compreensão do processo pelo qual o moderno mercado foi moldado é que o investidor de hoje pode começar a entendê-lo. No moderno mercado, transparência, tecnologia de informação, autorregulação e regulação governamental servem como grandes alicerces.

Breve história do mercado de capitais e IPOs no Brasil

Cabe aqui uma pequena digressão sobre a evolução do mercado de ações no Brasil. A partir da segunda metade do século XIX, o país se modernizou acentuadamente no sentido de criar um mercado de ações. Reformulou-se a legislação comercial e se promulgaram leis regulamentando as sociedades anônimas.

Criou-se também a Bolsa de Valores do Rio de Janeiro e começou a existir um mercado secundário relativamente forte. Dezenas de empresas — quase todas ligadas a obras de infraestrutura e ferrovias, mas incluindo empresas têxteis e outras na área de consumo — captaram recursos no mercado. O mercado de ações do Brasil era bastante ligado ao da Inglaterra, com empresas brasileiras lançando títulos em Londres, que seriam negociados na London Stock Exchange. Em alguns casos, chegou-se a ter lançamentos conjuntos nos dois mercados, com posterior negociação secundária simultaneamente nas duas bolsas.

O mercado de capitais no século XIX teve como principal característica o foco na emissão primária de títulos, principalmente debêntures, mas também incluindo ações, exercendo um importante papel para o financiamento de investimento e expansão das nascentes empresas de grande porte no Brasil.

Com a República, e após o trauma da Crise Financeira do Encilhamento, o mercado de ações ficou letárgico por diversas décadas, e somente na década de 1960 é que as autoridades governamentais começaram a tomar diversas iniciativas para reativar o mercado.

Reformulou-se a legislação das sociedades anônimas, reorganizou-se o mercado financeiro, criaram-se o Banco Central e a Comissão de Valores Mobiliários e induziram-se as bolsas e corretoras de valores a se comportarem como empresas. Um grande problema, enfrentado até hoje, é ampliar o número de empresas com capital aberto e com ações (dando direito ao voto) pulverizadas junto ao público.

As empresas de grande porte eram — e, em grande medida, continuam sendo — geridas e controladas por famílias. Para atrair as empresas familiares, o governo brasileiro permitiu que elas pudessem abrir o capital emitindo até dois terços de ações preferenciais (sem direito a voto, mas recebendo algumas compensações de dividendos e proteção contra excessivos abusos).

Desse modo, a família poderia controlar de maneira absoluta a empresa tendo 51% do um terço do capital total, ou seja, com pouco menos de 18%. O sistema, embora realista para atrair as empresas a um mercado reformulado, criou uma situação inusitada em comparação com mercados de ações de outros países. No Brasil, o "problema de agência" da governança corporativa ficou mais complexo. O "principal" pode ser minoritário em termos do capital total da empresa, e os donos da maior parte do capital da empresa ficam numa situação dúbia entre pertencerem, ao mesmo tempo, às categorias de "principais" e de outras "partes interessadas". Esse conflito acaba afetando negativamente o potencial do processo de IPOs de empresas no Brasil. A criação do "novo mercado" na BM&FBovespa é um importante passo na direção de modernizar o mercado de ações, e mitigar o problema apontado acima.

Por que as empresas se interessam pelo IPO?

A maioria das empresas é criada por indivíduos ou grupos pequenos de sócios. Em geral, apenas uma pequena parte da empresa é vendida ao público, restando a maior parte da propriedade (e também do controle e gestão da empresa) a um grupo pequeno de investidores/sócios privados. A transição para casos em que a maior parte do capital (ou até mesmo todo) da empresa é aberta constitui uma exceção à regra.

É possível ainda que o proprietário privado mantenha uma participação majoritária na empresa, mas abra mão do controle explícito, ou que uma empresa com capital aberto tenha o capital fechado em função da decisão estratégica dos sócios e proprietários, ou de uma oferta de compra.

Mesmo quando a propriedade da empresa é de capital aberto, ela pode ser controlada por um único investidor ou um pequeno grupo de investidores. Ou seja, o controle de uma empresa de capital aberto é muito parecido com o de uma empresa de capital fechado, refletindo os interesses e objetivos do investidor individual.

As empresas de controle individual/familiar podem ter (e, de fato, têm) desempenho melhor do que o das empresas de capital totalmente aberto. Outro fator importante relacionado à abertura do capital é a sujeição da empresa a requisitos legais e regulatórios impostos às negociações de títulos por entidades governamentais e muitas vezes até pelas próprias bolsas de valores.

À medida que as empresas crescem e necessitam de capital para se desenvolver, podem decidir ampliá-lo por meio de uma oferta pública inicial de ações (IPO).

Entre as razões apontadas para o interesse das empresas, ressaltam-se as seguintes:

FIGURA 2
RAZÕES DO INTERESSE DAS EMPRESAS PELO IPO

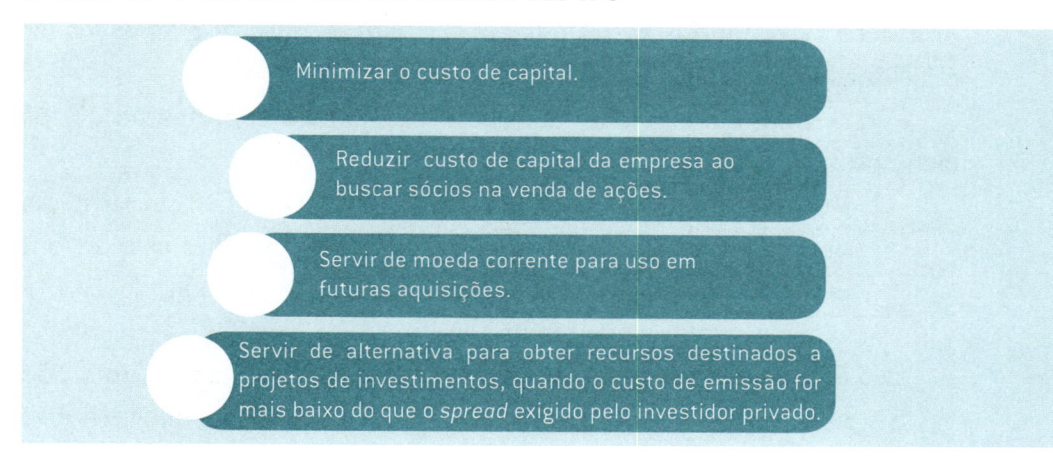

- Minimizar o custo de capital.
- Reduzir custo de capital da empresa ao buscar sócios na venda de ações.
- Servir de moeda corrente para uso em futuras aquisições.
- Servir de alternativa para obter recursos destinados a projetos de investimentos, quando o custo de emissão for mais baixo do que o *spread* exigido pelo investidor privado.

O papel econômico e social das empresas

A empresa, em seu movimento evolutivo, pode ser interpretada como um fenômeno vinculado à economia. Por outro lado, deve ser também compreendida nos planos político e sociológico. Nesse sentido, a empresa deve ser conceituada como uma instituição social.

Com efeito, é uma instituição social, que, no exercício de suas atividades administrativas, se diferencia de outras instituições por assumir a tarefa de produzir e fornecer bens ou serviços destinados a atender às necessidades humanas, de uso e fruição. Ou seja, é uma instituição que executa a função econômica no mercado e desempenha sua função social, e ambas as funções são inerentes à sua própria razão de ser.

Sob esse entendimento, de preocupação com a realidade social, devemos perceber que as empresas agem e se estabelecem relacionadas com suas partes interessadas:

FIGURA 3
PARTES INTERESSADAS DA EMPRESA

- Acionistas e controladores do capital social
- Empregados e funcionários
- Sociedade, governo, fornecedores, clientes, meio ambiente

A administração global de uma empresa tem como objetivo alcançar metas produtivas, visando à geração de lucro e à criação de valor para seus proprietários ou outras partes interessadas, isto é, todos os envolvidos são relacionados e influenciados pela empresa.

Para criar valor para a empresa, é necessária a combinação de três elementos básicos:

1. **Mercado aberto**: para crescer e se desenvolver, as empresas necessitam de uma economia de mercado aberto que lhes proporcione livre movimentação de fatores de produção, tecnologia e ideias inovadoras e empreendedoras.
2. **Gestão estratégica**: uma estratégia bem-desenhada e uma liderança eficiente são fundamentais para a criação de valor em uma empresa. É necessário que haja uma capacidade de enxergar oportunidades de negócios e, então, projetar, desenvolver e executar uma estratégia empresarial através de todos os níveis de liderança e gestão.
3. **Acesso a capital**: um dos pilares fundamentais para a prosperidade e desenvolvimento das empresas é o acesso ao capital por um preço razoável. O capital é fundamental para os investimentos da empresa e para a execução de sua estratégia empresarial e sua expansão para mercados domésticos e globais.

O que é o IPO?

Na sua fase inicial, uma jovem e pequena empresa começa suas operações buscando estabelecer uma vantagem competitiva sustentável no mercado. Devido a seu porte, sofre restrições impostas pela competição e por causa da falta de acesso a capitais fartos e baratos. Uma dificuldade corrente é evitar endividamento excessivo para administrar o capital de giro e financiar custos de desenvolvimento de produtos.

Ao evoluir na gestão financeira, a empresa se depara com vários dilemas que requerem uma decisão estratégica: determinar seu custo de capital; obter capital de terceiros e decidir sobre o uso de capital próprio; realizar orçamento de capital; gerenciar capital de giro e efeitos da tributação; e elaborar análise de crédito.

FIGURA 4
O PROCESSO DECISÓRIO DAS EMPRESAS PARA LEVANTAR RECURSOS FINANCEIROS

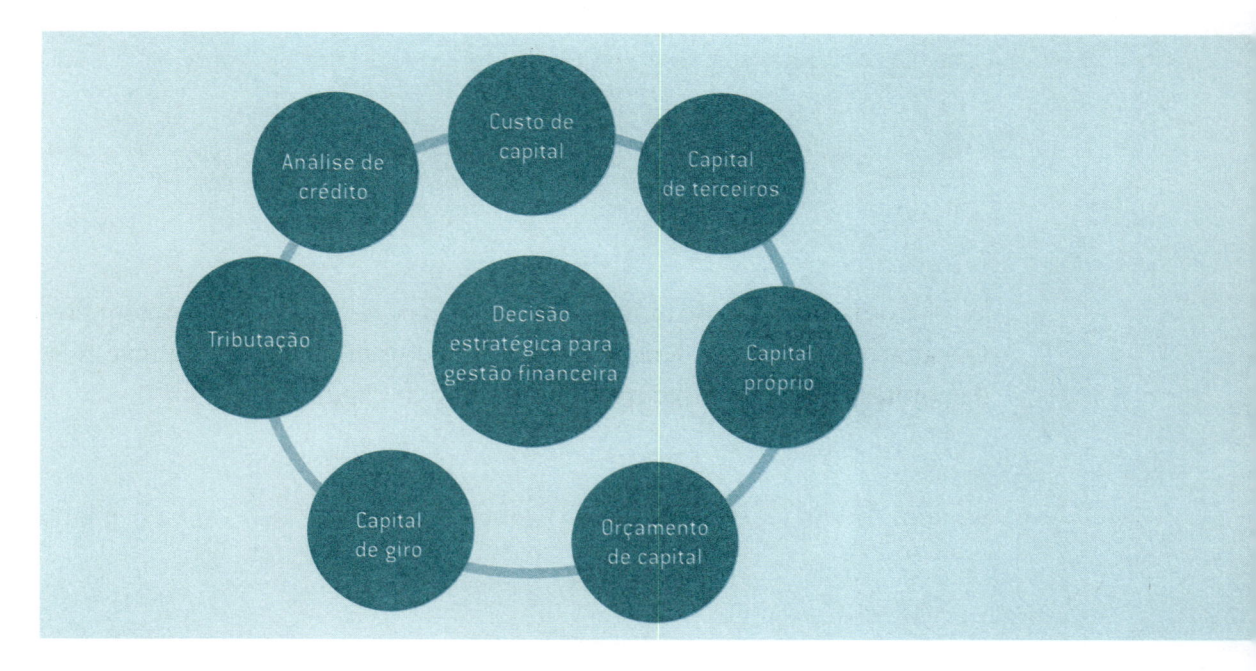

Diagrama circular com sete círculos ao redor de um círculo central "Decisão estratégica para gestão financeira": Análise de crédito, Custo de capital, Capital de terceiros, Capital próprio, Orçamento de capital, Capital de giro, Tributação.

Nesse estágio, é comum que os donos e/ou fundadores da empresa busquem fontes externas de capital. Um mecanismo de financiamento que está assumindo importância é o de "anjos" (investidores qualificados, em geral indivíduos) e o de *"private equity"* (em geral, fundos de investimento).

A lei e as normas brasileiras do mercado de capitais e das sociedades anônimas preveem situações em que a empresa realize colocações privadas de ações, mas consideram isso uma situação de excepcionalidade, e um passo para um envolvimento futuro mais amplo no mercado de capitais. Nesse estágio, os "fundos de *venture capital*" (investidores de maior porte, em geral formado por diferentes tipos de investidores institucionais) podem se tornar ativos no suporte às empresas ainda não totalmente voltadas para emissões de ações junto ao público.

Caso tenha sucesso no mercado, e tente aumentar seu porte ou explorar economias de escopo, chega a determinado ponto na sua evolução em que ela pode se decidir pela abertura de capital e se tornar uma empresa com acesso às fontes de recursos do mercado de capitais.

FIGURA 5

ABERTURA DE CAPITAL DAS EMPRESAS

Processo interno para a abertura de capital → Autorização na Comissão de Valores Mobiliários (CVM) → Organização do lançamento de ações por meio de um IPO

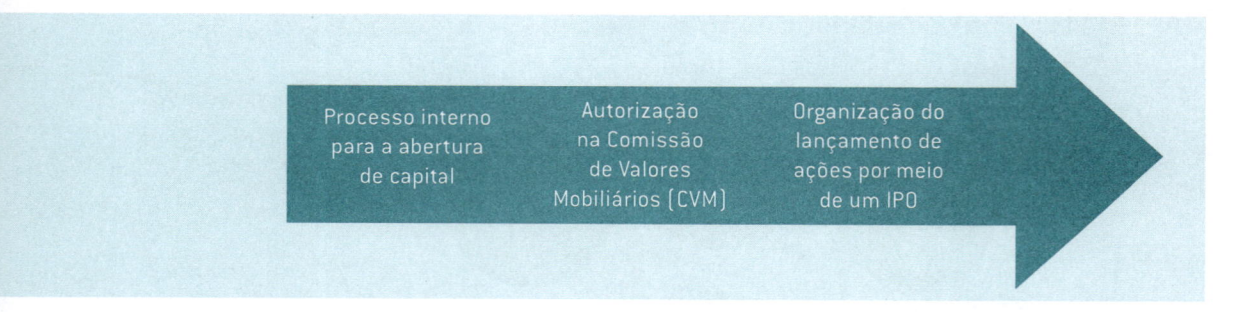

Com a abertura de capital, essas empresas *start-up* em geral optam por lançar ações, em vez de debêntures. O IPO é, portanto, a primeira investida da empresa para captar recursos no mercado de capitais.

FIGURA 6

O PROCESSO DE LANÇAMENTO NO MERCADO DE AÇÕES DA EMPRESA PELO IPO

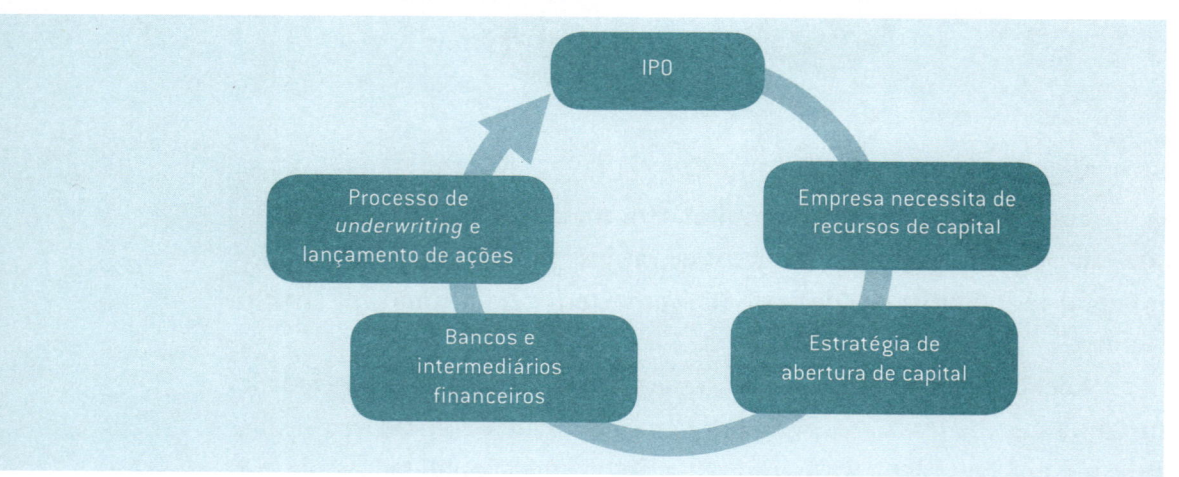

IPO → Empresa necessita de recursos de capital → Estratégia de abertura de capital → Bancos e intermediários financeiros → Processo de *underwriting* e lançamento de ações → IPO

Após o IPO, a empresa se depara com duas questões centrais na teoria das finanças:

a) A questão do financiamento: procurar identificar os determinantes das decisões quanto à estrutura ótima de capital das empresas.
b) A questão do dividendo: procurar explicar os fatores que controlam as decisões sobre a distribuição da renda residual (após a retenção de lucros) aos acionistas das empresas.

Vantagens e desvantagens do IPO

Abrir o capital com o lançamento de ações no mercado implica participar do mercado primário e também ter suas ações negociadas no mercado secundário (bolsas de valores). A operação de IPO apresenta várias vantagens para a empresa, mas existem também diversas desvantagens. A decisão estratégica da empresa de realizar ou não a operação deve se basear numa estimativa dos custos e benefícios envolvidos.

FIGURA 7
VANTAGENS E DESVANTAGENS DO IPO PARA AS EMPRESAS

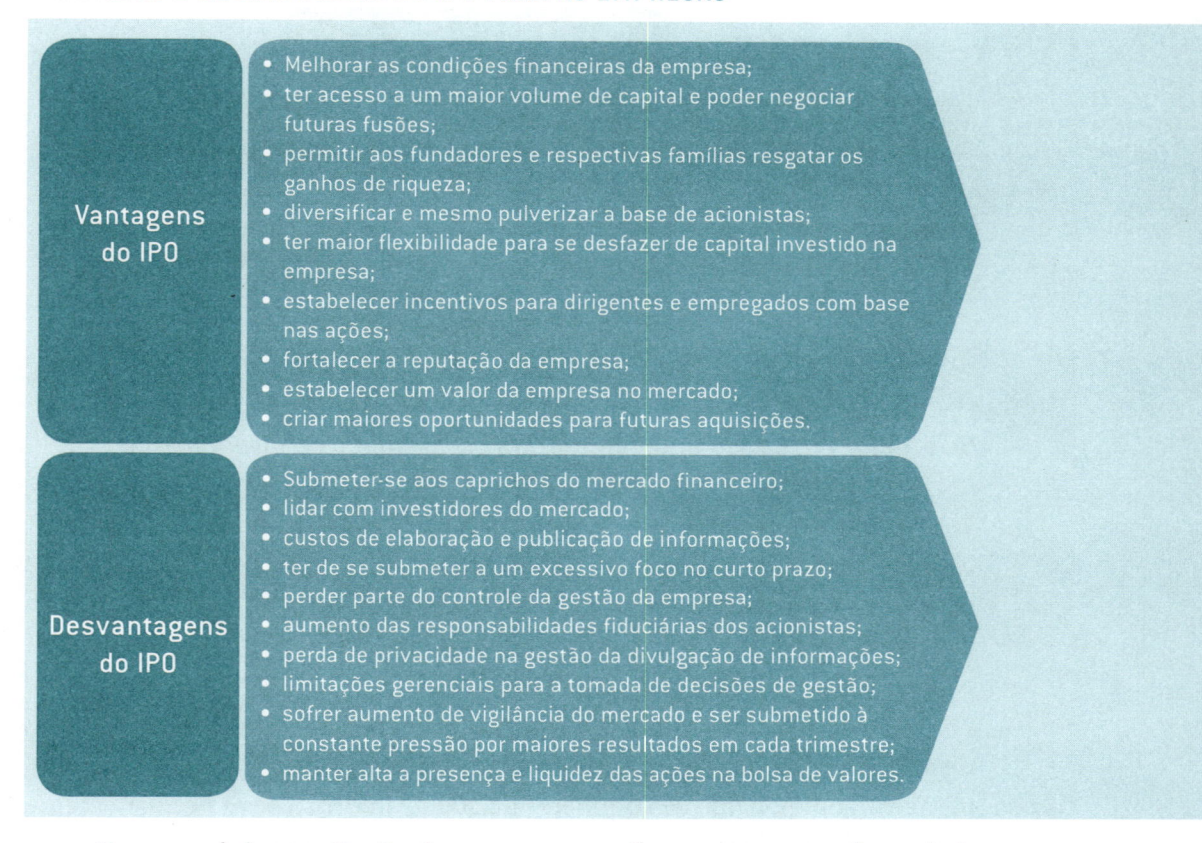

Vantagens do IPO
- Melhorar as condições financeiras da empresa;
- ter acesso a um maior volume de capital e poder negociar futuras fusões;
- permitir aos fundadores e respectivas famílias resgatar os ganhos de riqueza;
- diversificar e mesmo pulverizar a base de acionistas;
- ter maior flexibilidade para se desfazer de capital investido na empresa;
- estabelecer incentivos para dirigentes e empregados com base nas ações;
- fortalecer a reputação da empresa;
- estabelecer um valor da empresa no mercado;
- criar maiores oportunidades para futuras aquisições.

Desvantagens do IPO
- Submeter-se aos caprichos do mercado financeiro;
- lidar com investidores do mercado;
- custos de elaboração e publicação de informações;
- ter de se submeter a um excessivo foco no curto prazo;
- perder parte do controle da gestão da empresa;
- aumento das responsabilidades fiduciárias dos acionistas;
- perda de privacidade na gestão da divulgação de informações;
- limitações gerenciais para a tomada de decisões de gestão;
- sofrer aumento de vigilância do mercado e ser submetido à constante pressão por maiores resultados em cada trimestre;
- manter alta a presença e liquidez das ações na bolsa de valores.

Para concluir a avaliação de se tornar ou não uma empresa de capital aberto e lançar ações no mercado, deve-se ter em conta que essa decisão é muito particular, depende muito das circunstâncias da empresa e de seus acionistas, e do momento por que passa o mercado.

A questão básica é estabelecer o preço das ações emitidas e que tipo de ações vai ser oferecido ao mercado. A empresa e seus donos gostariam que o preço fosse o maior possível — afinal, caso conseguissem o volume alvo de recursos, poderiam se desfazer de uma menor parcela de seu capital. Os compradores potenciais, por sua vez, gostariam que o preço fosse o menor possível. Os intermediários — em geral, bancos encarregados do processo de *underwriting* — enfrentam uma situação conflituosa. Quanto maior o preço obtido, maior o volume de comissão. Quanto menor o preço, mais rápida a venda e menor o risco de ter de "bancar" parte da emissão.

O processo de IPO no mercado

Os principais passos no processo do IPO são mostrados e comentados a seguir.

FIGURA 8
PRINCIPAIS PASSOS NO PROCESSO DO IPO

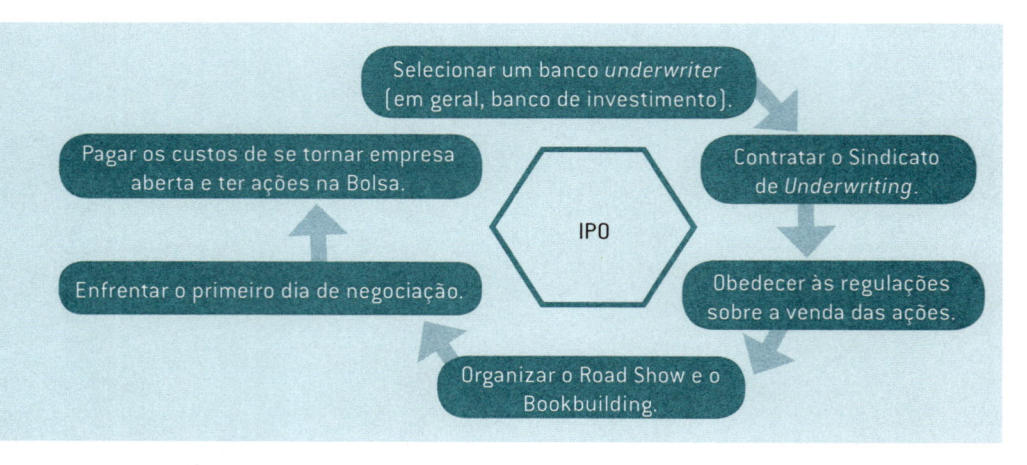

Diagrama com o hexágono central "IPO" e os passos ao redor:
- Selecionar um banco *underwriter* (em geral, banco de investimento).
- Contratar o Sindicato de *Underwriting*.
- Obedecer às regulações sobre a venda das ações.
- Organizar o Road Show e o Bookbuilding.
- Enfrentar o primeiro dia de negociação.
- Pagar os custos de se tornar empresa aberta e ter ações na Bolsa.

Selecionar um banco underwriter *(em geral, banco de investimento)*

Uma das decisões mais difíceis e de mais forte impacto na estrutura financeira de uma organização é a de fazer uma primeira oferta pública de venda de ações no mercado de capitais (IPO). Essa decisão expõe a empresa e seus administradores ao escrutínio de analistas e investidores, bem como a autoridades fiscais e aos concorrentes no mercado.

Ao decidir fazer um IPO, a empresa deve considerar os esforços e custos, disponibilização de informações, honorários, taxas, tempo de dedicação dos administradores, perda de confidencialidade de informações e permanente rigidez na difusão dos fatos relevantes do passado, presente e futuro da empresa.

FIGURA 9
PROCESSO DE LANÇAMENTO DO IPO

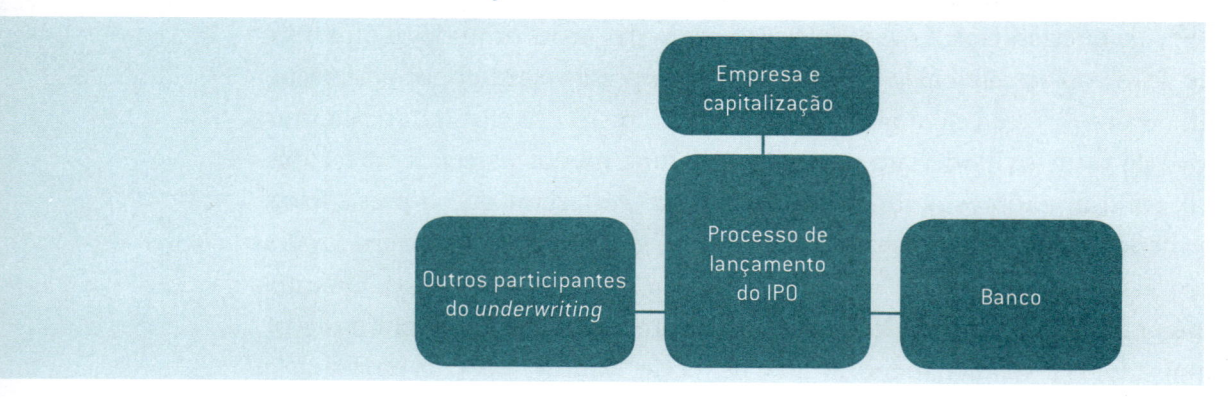

Diagrama com "Processo de lançamento do IPO" ao centro, conectado a:
- Empresa e capitalização
- Outros participantes do *underwriting*
- Banco

O banco *underwriter* vai ajudar a empresa de diversas maneiras.
- Determinar o preço de lançamento, ou então uma faixa de preço alto e baixo;
- usar sua reputação de mercado para dar credibilidade ao lançamento da empresa;
- determinar a quantidade de ações que será posta à venda;
- vender para clientes — investidores pessoas físicas ou institucionais — do próprio banco.

Contratar o Sindicato de Underwriting

A empresa e o banco, em conjunto, decidem qual tipo de *underwriting* vão realizar: "firme", quando o banco assume todo o risco da compra de sobras; ou "melhor esforço", em que o risco do encalhe fica com a empresa. Cada opção tem um preço, evidentemente, o "firme" custando mais caro para a empresa.

Devido ao grande volume financeiro envolvido e aos riscos da operação, os bancos costumam reunir outras instituições financeiras a fim de distribuir a venda das ações. Ele pode se tornar o líder do sindicato.

Obedecer às regulações sobre a venda de ações

A empresa tem de preparar um "prospecto de emissão", e em geral contará com suporte de escritórios de advocacia. O grande risco é haver omissões ou comissões (falsas declarações). É uma etapa muito dispendiosa do processo.

A empresa, motivada pela consolidação do IPO e, acima de tudo, pelo retorno financeiro de seus investimentos e o compartilhamento dos resultados com seus acionistas, tenderá a decidir com base em estudos técnicos e de lucratividade e buscará produtos rentáveis, podendo inclusive diversificar suas atividades. A empresa, com identidade no mercado de capitais, buscará excelência no pessoal ligado aos sistemas de gestão financeira, controle orçamentário e informações sobre retorno de investimentos.

Organizar o Road Show *e o* Bookbuilding

Chama-se *road show* o esforço de venda realizado pela empresa, junto com advogados e técnicos do banco *underwriter*, para promover a venda das ações junto a potenciais investidores e compradores.

A CVM estabelece prazos e normas para essa atividade no Brasil. À medida que os compradores potenciais formalizam seus pedidos de compra, o banco registra essas intenções de compra. O banco vai somando as diferentes compras, tendo uma prévia sobre o sucesso da operação.

É comum, em IPOs, que haja um excesso de demanda. O banco então tem de racionar a compra. Pode, no entanto, haver uma queda geral no mercado devido a razões fora do controle da empresa, que prejudiquem o clima de compra das ações, gerando encalhe ou mesmo um cancelamento (ou adiamento) pouco antes da data prevista de lançamento.

Enfrentar o primeiro dia de negociação

Um momento delicado na hora do lançamento diz respeito ao preço — combinado entre a empresa e os bancos e instituições financeiras que organizam o lançamento das ações. Como o mercado secundário ainda não existe para aquele papel, há um dilema quanto à dosagem certa da precificação. Para a empresa, quanto maior o preço de lançamento, mais recursos podem entrar.

Para os organizadores do lançamento, no entanto, um preço demasiado alto para as expectativas de compra do mercado pode fazer fracassar o lançamento; por essa razão, tendem a forçar um preço mais baixo, para ter venda total e, em alguns casos, evitar de ter de comprar as sobras ("*underwriting* firme"). Nesse momento, é comum haver uma "queda de braço" entre as partes.

Pagar os custos de se tornar uma empresa aberta e ter capital negociado em bolsa

Tempo e esforço da alta gestão da empresa devem ser empregados para garantir que as informações a serem disponibilizadas estejam dentro dos padrões exigidos. Toda a organização deve ser estruturada para, a partir do IPO, seguir as regras de uma empresa de capital aberto com informações mínimas padronizadas e área estruturada de atendimento ao investidor.

A administração global de uma empresa tem como objetivo alcançar metas produtivas, visando à geração de lucro e à criação de valor para seus proprietários ou outros *stakeholders*, ou seja, todos os envolvidos, interessados e influenciados pela empresa.

Como o IPO se enquadra na estratégia da empresa

O IPO é parte de um processo de tomada de decisão estratégica da empresa.

A seguir, são comentados com detalhes os benefícios estratégicos, com destaque para os aspectos:

- **Melhor identidade dos produtos da empresa**: o IPO pode induzir uma melhora da identidade dos produtos da empresa no mercado motivada pela busca de novos sócios no mercado de capitais. Isso se materializa por um melhor relacionamento com os analistas e investidores ao longo do tempo, pela busca de maior penetração nos mercados em que atua e pela expansão de mercados. Finalmente, valoriza profissionais de finanças que possam elaborar séries históricas, estatísticas e redigir análises sobre desempenho do IPO e seus posteriores reflexos.
- **Ajuste ao processo de crescimento da empresa**: ao utilizar o IPO para ajustar o plano de crescimento da empresa, causará impacto na expansão e na otimização da produção e estimulará novas aquisições e melhor gestão dos passivos onerosos.
- **Motivação pelos retornos financeiros obtidos**: a empresa fica motivada pela obtenção de retornos financeiros com o IPO e o compartilhamento dos resultados com seus acionistas. Passa a dar maior peso a questões de decisão com base em estudos econométricos e de lucratividade, e essa busca por produtos rentáveis pode inclusive levar a que diversifique suas atividades.
- **Benefícios ao processo de produção e inovação da empresa**: a empresa de capital aberto, com maior acesso a técnicas produtivas, tecnologia e equipamentos, tende a fabricar produtos de maior qualidade e seguir métodos de gestão que enfatizem eficiência nas análises de custos dos produtos e técnicas produtivas (planejamento, controle da produção, processos fabris, suprimentos e custos de fabricação).
- **Potencializar vendas e distribuição dos produtos**: a empresa, motivada pelo uso de sua estrutura de vendas e de distribuição de produtos, irá procurar atuar com produtos que possam ser comercializados por meio de seus métodos de vendas e distribuição. Com base na imagem criada pelo IPO, pode dar ênfase à propaganda e à assimilação de técnicas de vendas destinadas ao fortalecimento de seus canais de distribuição. Finalmente, pode valorizar os esforços para captar e manter profissionais competentes nas áreas de logística e nas funções de revendedores, agentes de vendas e entregas.

O impacto do IPO na cultura da empresa que ingressa no mercado de ações

Existem diversas questões bastante pertinentes no que tange ao impacto do IPO na readequação da cultura da empresa que acaba de entrar no mercado de ações. A empresa, em geral, se prepara para um debate interno amplo e estratégico, a fim de lidar com as indagações surgidas, tais como:

- Quais os tipos de projetos altamente motivadores para a empresa?
- Quais os tipos de informações que são mais intensamente consumidas pela alta administração?

FIGURA 10
IMPACTO DO IPO NA CULTURA DA EMPRESA

- Quais padrões de comunicação devem ser adotados na empresa após o IPO?
- Quais os tipos de conhecimentos a serem mais valorizados nos executivos que fazem parte da empresa?
- Quais as espécies de desempenho a serem exigidas dos executivos?
- Quais valores culturais devem ser preservados pela empresa com o intuito de fortalecer as crenças e pressupostos que prevalecem e são compartilhados entre seus colaboradores?

É natural e desejável, dado o caráter de coletividade na cultura da empresa, que os novos valores trazidos pelo IPO sejam agregados ao perfil cultural da organização à medida que ela evolui.

Esses novos valores culturais, agregados à cultura da empresa no decorrer de sua trajetória, são denominados valores adjacentes. Sua função, em princípio, é fornecer respostas ao mercado de capitais às mudanças que a empresa enfrenta no seu ambiente macro-organizacional, possibilitando-lhe um reposicionamento cultural perante novas situações e desafios das alternâncias dos cenários macroeconômicos.

Dessa perspectiva, a empresa deve então incorporar o IPO ao seu planejamento empresarial, inserindo os atributos de valor estabelecidos por seus clientes e demais partes interessadas, como resultado da condição inerente de dinamismo da empresa, associada à imprevisibilidade dos ambientes de negócios.

A grande diferença que se espera é que o foco da gestão das áreas de negócio passe do estágio de alcançar exclusivamente suas metas e atenda seus próprios objetivos estratégicos para o estágio da busca conjunta da melhoria dos resultados das empresas responsáveis em construir novas oportunidades para o IPO.

O IPO e a governança corporativa da empresa

A mudança para uma empresa de capital aberto pode implicar a possibilidade de que a propriedade e o controle não estejam perfeitamente alinhados em seus objetivos empresariais e financeiros, gerando um problema de agência. O problema de agência se refere ao conflito de interesses entre os donos/acionistas (o "principal") e os dirigentes/executivos que tomam as decisões correntes de negócios na empresa (os "agentes").

A necessidade de governança corporativa é motivada pela separação entre propriedade e controle. Ela pode ser classificada em vários regimes, a saber: a) de mercado; b) de base familiar; c) de base bancária; e d) afiliada ao governo. Esses regimes são uma função de pelo menos quatro fatores: a) desenvolvimento do mercado financeiro; b) separação entre propriedade e controle; c) divulgação e transparência; e d) desenvolvimento histórico do sistema judiciário.

FIGURA 11

O IPO E A GOVERNANÇA CORPORATIVA DA EMPRESA

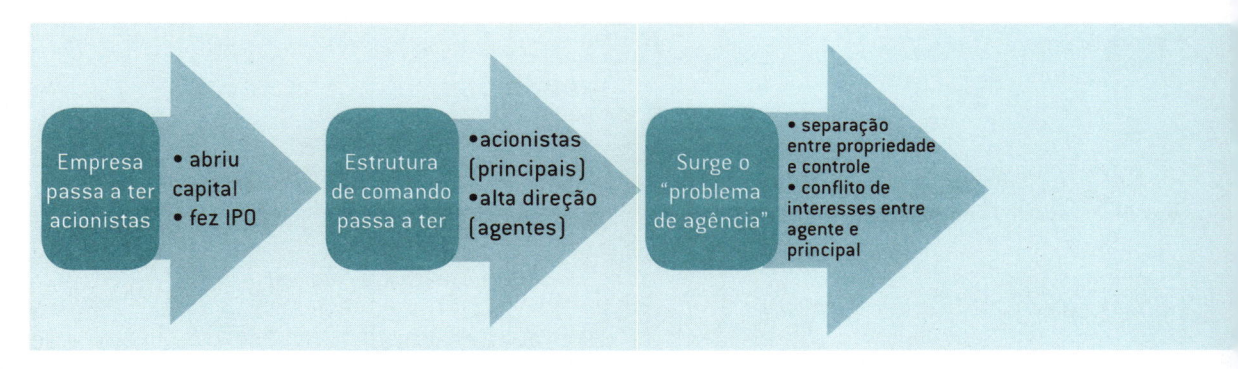

Empresa passa a ter acionistas • abriu capital • fez IPO → Estrutura de comando passa a ter • acionistas (principais) • alta direção (agentes) → Surge o "problema de agência" • separação entre propriedade e controle • conflito de interesses entre agente e principal

Os mercados anglo-saxônicos caracterizam-se pela propriedade difusa de ações, ou seja, um grande número de acionistas com pequeno número de ações. A administração detém apenas uma pequena proporção das ações em suas empresas. No resto do mundo, a propriedade é caracterizada por acionistas controladores, que detêm o controle da empresa. Os típicos acionistas controladores são: governo, instituições (como os bancos na Alemanha), famílias e consórcios (como os *Keiretsu* e *Chaebol*).

O modelo de maximização da riqueza do acionista (SWM, ou *shareholder wealth maximization*) é uma filosofia de objetivo adotada em mercados anglo-americanos. Esse modelo pressupõe que o mercado de ações é eficiente, podendo utilizar a soma de ganhos de capital e dividendos como medida de nível de risco para a maximização do retorno aos acionistas.

O modelo de capitalismo do *stakeholder* (SCM, ou *stakeholder capitalism model*) é uma filosofia de objetivo adotada em mercados não anglo-americanos, onde os acionistas controladores se esforçam para maximizar os retornos sobre o patrimônio líquido no longo prazo.

Esse modelo não leva em consideração o grau de eficiência dos mercados de ações, pois são mais pressionados por outros *stakeholders* poderosos, tais como sindicatos trabalhistas e governos. Em uma comparação simples entre os dois modelos, o modelo SWM busca a maximização de valor de curto prazo, e o modelo SCM a maximização de valor de longo prazo.

Apesar de o objetivo da empresa ser a maximização de valor ao acionista, ela deve ser direcionada para objetivos operacionais voltados a vários níveis da empresa, pois dessa forma os investidores poderão fazer uma melhor avaliação do desempenho da mesma.

FIGURA 12
OBJETIVOS OPERACIONAIS DA EMPRESA

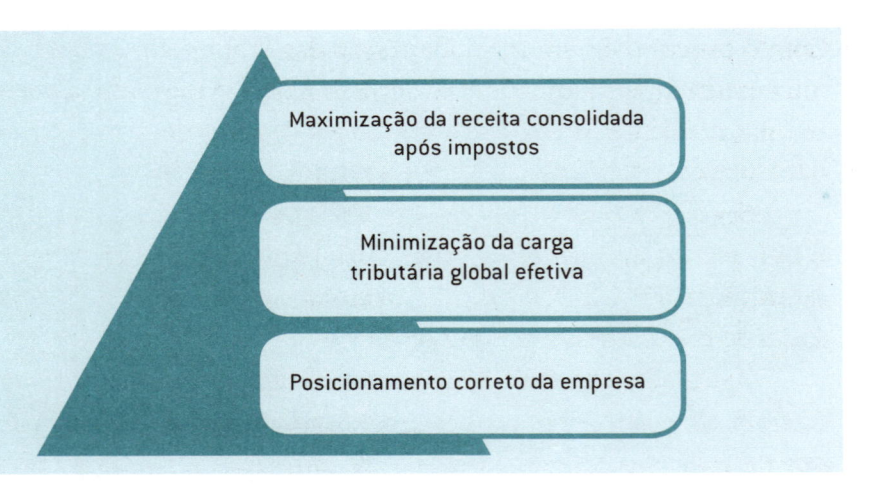

- Maximização da receita consolidada após impostos
- Minimização da carga tributária global efetiva
- Posicionamento correto da empresa

Os objetivos operacionais mais comuns são: a) maximização da receita consolidada após os impostos; b) minimização da carga tributária global efetiva da empresa; e c) posicionamento correto da receita, fluxos de caixa e fundos disponíveis da empresa em relação ao país e à moeda.

A Organização para a Cooperação e Desenvolvimento Econômico (OCDE) estabelece princípios de boas práticas de governança corporativa, que são: a) os direitos dos acionistas; b) tratamento equitativo dos acionistas; c) o papel dos *stakeholders* na governança corporativa; d) divulgação e transparência; e e) as responsabilidades dos conselhos de administração.

Casos famosos demonstraram grandes falhas na governança corporativa, o mais conhecido deles o da Enron, em que a auditoria Arthur Andersen não conseguiu perceber as violações ou minimizá-las, provavelmente devido aos lucrativos relacionamentos de consultoria ou a outros conflitos de interesse.

Como reação às falhas de governança corporativa, foi aprovada em 2002 pelo Congresso norte-americano a Lei Sarbanes-Oxley (SOX), que faz quatro principais exigências: a) os CEOs e CFOs de empresas de capital aberto têm que testar a veracidade das demonstrações financeiras publicadas pela empresa; b) os conselhos de administração têm que ter comitês de auditoria e remuneração formados por diretores independentes (externos); c) as empresas são proibidas de conceder empréstimos a seus executivos e diretores; e d) as empresas têm de testar seus controles financeiros internos contra fraudes.

Apesar de a SOX abordar o problema da teoria da agência ligado à transparência, ela não o aborda ligado ao alinhamento dos objetivos dos conselhos, administradores e aos interesses dos acionistas.

O impacto do IPO numa visão geral de desenvolvimento econômico

Com o processo de internacionalização das empresas brasileiras, que resultou em um intenso intercâmbio entre os países, o mercado acionário adquire uma crescente importância no cenário financeiro internacional, com a liderança e capilaridade do Banco do Brasil.

Seguindo essa tendência mundial, os países Brics, entre os quais o Brasil, procuram abrir suas economias para poder receber investimentos externos de diversas formas, mas prioritariamente utilizando as oportunidades de transparência do IPO.

Assim, quanto mais desenvolvida é uma economia, mais ativo é seu mercado de capitais. Por ser um canal fundamental na captação de recursos que permitem o desenvolvimento das empresas, gerando novos empregos e contribuindo para o progresso do país, o mercado acionário também se constitui em uma importante opção de investimento para pessoas e instituições. É um sistema de distribuição de valores mobiliários, que tem o propósito de proporcionar liquidez aos títulos de emissão de empresas e viabilizar seu processo de capitalização com oferta pública.

É necessário também discutir como o IPO afeta a economia do Brasil. O crescimento econômico representa tanto a expansão do PIB potencial de um país em um período longo de tempo quanto o crescimento de sua renda *per capita*.

A maior parte dos estudos sobre a macroeconomia se refere às economias já desenvolvidas, dando-se ênfase às questões conjunturais de curto prazo. Não se leva em conta que, muitas vezes, os países em desenvolvimento enfrentam problemas econômicos específicos, e que não possuem ainda instituições e sistemas políticos devidamente aperfeiçoados.

Em especial, existem problemas para consolidar os mercados de capitais, e são diversas as razões que explicam por que esses mercados permanecem pouco profundos nas economias emergentes e em vias de desenvolvimento. As mais importantes são:

a) as crises recorrentes do sistema bancário criam uma limitação para uma oferta continuada de liquidez, fator essencial para o funcionamento do mercado de capitais;

b) a debilidade das instituições impede um desenvolvimento pleno dos mercados, como pode ser exemplificado pelos recorrentes casos de abusos contra os acionistas minoritários;

c) a fraqueza institucional para capacitar o cumprimento de contratos aumenta o risco de inadimplência da contraparte, dessa maneira limitando a participação de mercado;

d) as restrições para a entrada e formação de carteira dos investidores institucionais prejudicam a oferta de instrumentos financeiros para os mercados de capitais; e, finalmente,

e) a presença do risco da não conversibilidade das moedas inibe seriamente a vontade dos investidores de adquirir securitizações provenientes de mercados emergentes.

A despeito de todo o empenho das autoridades, do mercado financeiro e dos pesquisadores para identificar e avaliar as forças que explicam o tamanho acanhado — para o potencial econômico do país — do mercado de ações, ainda existe um relativo "mistério" sobre o que efetivamente causa esse fenômeno. De qualquer modo, o IPO é um grande instrumento para trazer mais empresas para esse mercado.

IPOs: uma visão do futuro

O Brasil, no século XIX, beneficiou-se enormemente de IPOs e do mercado de ações para o financiamento de empresas de infraestrutura e de bens de consumo. Infelizmente, o mecanismo foi muito pouco utilizado na primeira metade do século XX. Com efeito, o mercado de ações, até meados da década de 1970, praticamente nada realizou nessa direção.

Só nos últimos anos — após a consolidação e modernização da legislação de mercado de capitais e Sociedades Anônimas, modernização das bolsas, criação da CVM, internacionalização do mercado e fortalecimento da indústria financeira, investidores institucionais e intermediários financeiros — o Brasil reingressou na prática de IPOs.

Atualmente — e lançando um olhar para o futuro —, o mecanismo de IPO está se tornando não só de importância para o financiamento das empresas, como também para o fortalecimento das práticas de governança corporativa. Além disso, a incorporação de práticas modernas de gestão estratégica nas empresas, em conjugação com maior realce para o papel da inovação, vai ser indutora adicional para o maior uso dos IPOs.

Pode-se concluir que, nas décadas de porvir, investimentos em infraestrutura, assim como investimentos para desenvolver empresas no setor de serviços, deverão ser significativos usuários desse instrumento.

Referências

BAER, Werner. *The Brazilian Economy*: Growth & Development. Seventh Edition. Boulder, Londres: Lynne Rienner Publishers, 2014.

GIAMBIAGI, Fábio; VILLELA, ANdré; CASTRO, Lavínia Barros de; HERMANN, Jennifer (Org.). *Economia brasileira contemporânea (1945-2004)*. Rio de Janeiro: Elsevier, 2005.

GOLDSMITH, Raymond W. *Brasil 1850-1984*. Desenvolvimento financeiro sob um século de inflação. Rio de Janeiro: Harper&Row do Brasil, 1986.

MELLO, Pedro Carvalho de. *Desenvolvimento dos seguros e das finanças no Brasil, 1985-2013*. Rio de Janeiro: Funenseg — Escola Nacional de Seguros, 2014.

_____. *A crise do euro*. Os riscos para uma moeda única e os desafios na recuperação econômica europeia. São Paulo: Saint Paul, 2013.

_____. *De Keynes à crise econômica atual de 2012*. Rio de Janeiro: Funenseg — Escola Nacional de Seguros, 2013.

_____. *John Maynard Keynes e sua atuação no mercado de seguros*. Rio de Janeiro: Editora Funenseg — Escola Nacional de Seguros, 2013.

_____; SPOLADOR, Humberto da Silva. *Crises financeiras*: quebras, medos e especulações do mercado. 3. ed. São Paulo: Saint Paul, 2012.

PELÁEZ, Carlos Manuel; SUZIGAN, Wilson. *História monetária do Brasil*. 2. ed. Brasília: Editora Universidade de Brasília, 1976.

SCHULZ, John. *A crise financeira da abolição*. 2. ed. São Paulo: Edusp, 2013.

ESTUDO DE CASO

O CASO DA BB SEGURIDADE PARTICIPAÇÕES S.A.

A BB Seguridade Participações S.A. foi constituída em 20 de dezembro de 2012 com o objetivo de consolidar toda a atuação do Banco do Brasil nos negócios ligados ao segmento de seguridade.

A companhia é estruturada como uma sociedade *holding* de capital aberto controlada pelo Banco do Brasil, que detém 66,25% do capital, estando os outros 33,75% em circulação no mercado. As atividades da BB Seguridade estão segregadas em duas outras *sub-holdings*, subsidiárias integrais, que são os pilares do modelo de atuação da companhia.

FIGURA 1
ESTRUTURAÇÃO SOCIETÁRIA DA BB SEGURIDADE PARTICIPAÇÕES

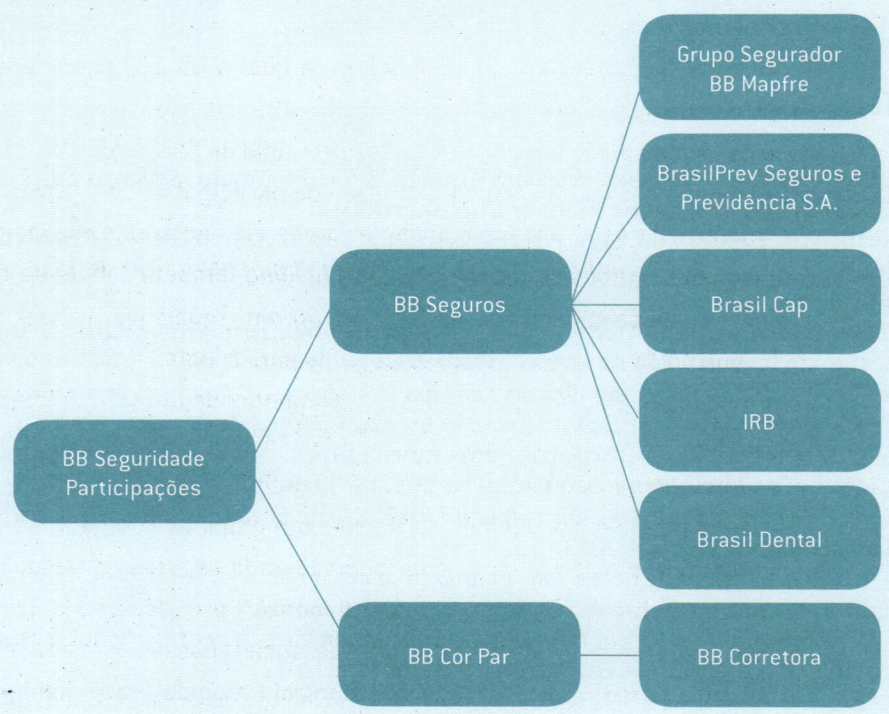

```
                              ┌─ Grupo Segurador BB Mapfre
                              ├─ BrasilPrev Seguros e Previdência S.A.
              ┌─ BB Seguros ──┼─ Brasil Cap
              │               ├─ IRB
BB Seguridade ┤               └─ Brasil Dental
Participações │
              └─ BB Cor Par ──── BB Corretora
```

1. **BB Seguros** – Concentra as participações da BB Seguridade nas parcerias com entes privados especializados nos segmentos de seguros, previdência, capitalização, resseguros e planos de assistência odontológica, conforme descrito a seguir:

(a) *Grupo Segurador BB Mapfre* – Resulta da aliança estratégia entre o Banco do Brasil e o Grupo Mapfre. Firmada em 2010 pelo prazo de 20 anos, o foco dessa aliança é atuar nos segmentos de seguros de pessoas, ramos elementares e veículos, comercializando seus produtos por meio da rede de distribuição do Banco do Brasil (canal bancário) e também através de corretores autônomos (canal corretor). Esse grupo está estruturado em duas sociedades *holdings* cuja descrição segue abaixo:

- BB Mapfre SH1: uma sociedade *holding* da qual a BB Seguridade, por meio de sua subsidiária BB Seguros, detém 49,9% das ações ordinárias e 100% das ações preferenciais, perfazendo um total de 74,9% do capital total da companhia. O foco dessa companhia é a atuação nos segmentos de seguros de pessoas, imobiliário e rural;
- Mapfre BB SH2: uma sociedade *holding* da qual a BB Seguridade, por meio de sua subsidiária BB Seguros, detém 49% das ações ordinárias e 51% das ações preferenciais, perfazendo um total de 50% do capital total da companhia. Trata-se de uma sociedade de participação com foco nos segmentos de seguros patrimoniais e ramos elementares, com maior ênfase em seguros de automóveis. Essa *holding* também concentra os negócios realizados por meio dos canais *affinity* (quaisquer canais de distribuição destinados à venda de seguros para clientes finais vinculados a pessoas jurídicas), em todos os segmentos de atuação do grupo segurador;

(b) *Brasilprev Seguros e Previdência S.A.* – Constituída em 1993 por meio de uma parceria entre o Banco do Brasil e um grupo de companhias de seguros, tem o objetivo de realizar operações de seguros de pessoas, bem como instituir e executar plano de benefícios previdenciários. Após passar por uma série de reestruturações societárias, foi firmada, em 1999, uma parceria com a Principal Financial Group do Brasil, parceria essa que foi renovada em 2010 por mais 23 anos. A companhia atingiu a liderança em arrecadação no mercado nacional em 2013, e em agosto de 2014 atingiu a marca de R$ 100 bilhões em reservas;

(c) *Brasilcap* – Empresa constituída em 1995 através de uma parceria entre Banco do Brasil, Icatu Hartford, Sul América Capitalização e Aliança da

ESTUDO DE CASO

Bahia, tendo como objetivo comercializar títulos de capitalização. Durante uma reestruturação societária ocorrida em 2010, a BB Seguros adquiriu a participação detida pela Sul América na Brasilcap. Com 19 anos de existência, há 18 anos consecutivos ocupa a liderança do mercado de capitalização. No ano de 2013, consolidou a liderança no mercado apresentando um crescimento de 62% em arrecadações. Possui mais de 6 milhões de títulos ativos e distribuiu mais de R$ 148,9 milhões em prêmios somente no ano de 2013;

(d) *IRB* – O IRB Brasil RE, fundado em 1939 como uma empresa de economia mista, detinha o monopólio do mercado de resseguros brasileiro até que a Lei Complementar nº 126/2007 fez com que o monopólio estatal sobre o mercado nacional de resseguros deixasse de existir, mantendo apenas uma reserva de 40% para os resseguradores sediados no Brasil. Após a efetiva abertura, em abril de 2008, esse mercado vem crescendo substancialmente e, em maio de 2013, a BB Seguros, subsidiária integral da BB Seguridade, adquiriu participação de 20,51% do capital total do IRB;

(e) *Brasildental* – Em 11 de junho de 2013, o Banco do Brasil S.A. (Banco do Brasil), a BB Seguros, a BB Corretora de Seguros e Administradora de Bens S.A., a Odontoprev e a Odontoprev Serviços assinaram acordo de associação e outras avenças com o objetivo de, por meio de uma nova sociedade anônima, a Brasildental Operadora de Planos Odontológicos S.A. (Brasildental), desenvolver, divulgar e, por meio da BB Corretora, distribuir e comercializar planos privados de assistência odontológica com a marca BB Dental, com exclusividade em todos os canais BB no território nacional;

2. **BB Cor Par** – Foi constituída em dezembro de 2012 na forma de uma sociedade *holding* com o objetivo de concentrar sociedades que atuem no mercado como corretoras na comercialização de seguros, previdência complementar aberta, capitalização e/ou planos de saúde e odontológicos. Atualmente, possui somente uma subsidiária integral, a BB Corretora de Seguros e Administradora de Bens S.A.:

- *BB Corretora* – constituída em 1987 com o objetivo de atuar na distribuição de produtos de seguridade no canal do Banco do Brasil, esse modelo de atuação é denominado *bancassurance* e viabiliza a comercialização dos produtos através da extensa rede do BB, o que agrega diversos aspectos positivos à operação uma vez que se trata de um modelo de atuação de baixa complexidade, sem riscos de subscrição e necessidades muito baixas de capital.

História

Apesar de ser uma companhia nova, constituída em 2012, a BB Seguridade conta com a *expertise* do seu controlador, Banco do Brasil, o maior banco do país, com mais de 200 anos de história e que possui uma trajetória de mais de 20 anos de atuação na área de seguros, previdência complementar aberta e capitalização, utilizando-se do modelo de parceria com entes privados especializados nesses segmentos.

Vislumbrando o potencial de crescimento do mercado de seguridade brasileiro, o Banco do Brasil iniciou, em 2008, um processo de reestruturação de sua atuação nesse mercado.

O resultado desse processo foi a criação e a abertura de capital da BB Seguridade, uma companhia que nasceu com o objetivo de dar maior ênfase na consolidação, crescimento, transparência e visibilidade interna e externa dos negócios de corretagem, seguros, previdência e capitalização do Banco do Brasil e, com isso, estabelecer um referencial importante de valor para suas próprias ações, contribuindo para uma avaliação mais justa por parte do mercado e agregando valor para os acionistas.

Nesse cenário, foram realizados diferentes movimentos societários e operações por parte do Banco do Brasil, com influência direta no ramo de atuação da BB Seguridade, dentre os quais destacamos.

(a) Em 2010, a parceria entre a BB Seguros e a PFG do Brasil Ltda. na Brasilprev foi renovada pelo prazo de 23 anos, ampliando a participação societária da BB Seguros na Brasilprev, de 49,99% para 74,99%.

(b) Em 2010, a BB Seguros celebrou contrato de compra e venda para aquisição da totalidade das ações representativas do capital social da Brasilveículos detidas pela Sul América Seguros (Sul América), passando a deter 100% do seu capital social. Nesse mesmo ano, foi celebrada uma parceria entre a BB Seguros e a Mapfre Brasil Participações S.A., pelo prazo de 20 anos, mediante a constituição de duas sociedades *holdings*: BB Mapfre SH1 Participações S.A. e Mapfre BB SH2 Participações S.A. A parceria em referência teve início em 1 de julho de 2011, quando a BB Seguros e a Mapfre Brasil passaram a atuar de forma unificada.

ESTUDO DE CASO

(c) Em 2011, a BB Seguros assinou contrato de compra e venda para aquisição de 16,67% das ações de emissão da Brasilcap, detidas pela Sul América Capitalização S.A. (Sulacap), ampliando sua participação na Brasilcap de 49,99% para 66,66%.

(d) Em 2012, foi constituída a *holding* BB Cor Par para deter participação acionária no capital social da BB Corretora e, eventualmente, no de outras sociedades que atuem no mercado como corretoras na comercialização de seguros, previdência complementar aberta, capitalização e/ou planos de saúde e odontológicos.

Ao término dessas etapas de reestruturação, em dezembro de 2012, foi criada a BB Seguridade Participações S.A. com o começo da preparação para a oferta pública inicial de ações da companhia (IPO).

O processo de abertura de capital (IPO)

Todo o processo da oferta pública de ações (IPO – *initial public offering*) da companhia foi cuidadosamente planejado, o que permitiu que o processo evoluísse de maneira gradual, sendo exaustivamente analisado em diversos aspectos e percorrendo todos os níveis decisórios dentro da estrutura de governança do Banco do Brasil. Desde o princípio, o objetivo era o de que a BB Seguridade se tornasse uma companhia de capital aberto sujeita às melhores práticas de governança corporativa, sendo diretamente listada no segmento "novo mercado" da BM&FBovespa.

O processo de estruturação da oferta e elaboração de toda a documentação foi desenvolvido por um grupo constituído internamente, ou seja, por uma equipe multidisciplinar de funcionários do Banco do Brasil. Foram selecionados funcionários com experiência em mercado de capitais, controladoria, contabilidade, finanças, mercado de seguridade, relações com investidores, controles internos e questões jurídicas. Esse grupo foi apartado de suas atividades de rotina e atuou com dedicação exclusiva na estruturação da oferta pública.

O Banco do Brasil possui uma imensa *expertise* em operações no mercado de capitais. Sua unidade de banco de investimento, o BB Banco de Investimentos (BB BI), liderou a operação de abertura de capital da BB Seguridade com muita propriedade, cuidando dos principais aspectos relacionados à estruturação, distribuição e coordenação da seleção de bancos e escritórios de advocacia conceituados para participar do negócio.

Ao todo, além do BB BI, participaram do processo outros cinco bancos de investimento como coordenadores globais da oferta, selecionados com base em critérios bastante específicos, como o conhecimento do *case* (Banco do Brasil e sua trajetória de atuação em negócios de seguridade), experiência comprovada em operações dessa natureza e porte para agregar valor e capacidade de distribuição à oferta tanto no Brasil como nos principais mercados mundiais.

Foram selecionados também três escritórios de advocacia no Brasil e dois no exterior, para, sob a coordenação do Banco do Brasil e do BB BI, fornecerem o adequado suporte jurídico à operação. Por fim, foi selecionada uma firma para atuar como auditora independente no processo.

Em 3 de abril de 2013, teve início a oferta pública de ações da BB Seguridade e, com o objetivo de apresentar a companhia para os potenciais investidores, foram montados três times que contavam com executivos da BB Seguridade e do Banco do Brasil, além de toda uma equipe de suporte. É importante destacar que a diretoria participou efetivamente de todo trabalho de abertura de capital. Vale mencionar, também, que a operação teve de contar com as devidas aprovações da Comissão de Valores Mobiliários, da BM&FBovespa, além dos ministérios da Fazenda e do Planejamento.

O *roadshow* teve uma duração de 16 dias e passou por 29 cidades diferentes, entre América Latina (Brasil e Chile), Estados Unidos, Canadá, Reino Unido, França, Alemanha, Holanda e Emirados Árabes Unidos.

Ao todo, foram realizadas 207 reuniões individuais com investidores, 47 *conference calls* e sete eventos com grupos de investidores, envolvendo mais de 220 gestoras de recursos diferentes.

Como resultado desse trabalho, a oferta teve uma forte demanda de investidores institucionais altamente qualificados, incluindo os principais investidores globais. Esse sucesso também foi visto na demanda de varejo, uma das maiores da história brasileira, que contou com a participação de mais de 150 mil pessoas físicas. A demanda desse público, exclusivamente, chegou a R$ 5 bilhões.

No dia 26 de abril de 2013, a BB Seguridade realizou a abertura de seu capital após o processo de precificação, conhecido no mercado por *bookbuilding*, que estabeleceu o valor de R$ 17,00 para as ações da BB Seguridade. Em uma oferta de ações 100% secundária, o Banco do Brasil vendeu 600 milhões de ações de emissão da BB Seguridade, por meio da oferta-base (500 milhões) e do lote adicional

ESTUDO DE CASO

(100 milhões). Além disso, posteriormente, o Banco do Brasil vendeu 75 milhões de ações referentes ao lote complementar.

A oferta pública inicial da BB Seguridade foi extremamente bem-sucedida, atingindo o montante de R$ 11,4 bilhões, e recebeu diversas premiações, com destaque para o reconhecimento como maior IPO do mundo em 2013, concedido pela *International Financing Review* (IFR) da agência de informações Thomson Reuters, e para o prêmio de Melhor RI em Oferta Pública Inicial (IPO), concedido pela *IR Magazine*.

Após o bem-sucedido processo de abertura de capital, a BB Seguridade iniciou uma trajetória contínua de importantes entregas de compromissos que a companhia assumiu perante o mercado, entre as quais destacamos as seguintes.

(a) Divulgação de um *guidance* em meados de 2012, o que reforçou o compromisso da administração com as taxas de crescimento e de rentabilidade mencionadas durante o processo da oferta pública.

(b) Distribuição de 80% do lucro líquido na forma de dividendos aos acionistas.

(c) Aquisição de participação acionária no IRB – empresa líder em resseguros no Brasil.

(d) Constituição da Brasildental para venda de planos odontológicos.

(e) Eleição do membro independente para seu conselho de administração, para atuar como representante dos minoritários.

(f) Criação do Comitê de Transações com Partes Relacionadas, item de fundamental importância por constituir um robusto mecanismo de governança corporativa criado para proteger os interesses dos acionistas minoritários, uma vez que o membro independente tem poder de veto em transações com partes relacionadas.

A criação de uma estrutura societária completa para a centralização de operações de seguro com uma diretoria executiva composta por pessoas com dedicação exclusiva e a troca de experiências com investidores locais e estrangeiros resultante do processo de abertura de capital permitiram uma grande melhoria nas métricas mais importantes de resultado da companhia.

Em relação ao resultado, no ano de 2013, o lucro da BB Seguridade cresceu 28,9% em termos recorrentes, tendo atingido R$ 2,3 bilhões. Considerando o lucro contábil, esse resultado foi ainda maior, atingindo a marca de R$ 2,5 bilhões. Os acionistas da BB Seguridade se beneficiaram significativamente desse crescimento. Com relação ao exercício de 2013, a BB Seguridade distribuiu mais de R$ 2 bilhões em dividendos a seus acionistas, volume equivalente a 80% do lucro líquido.

No ano de 2014, esta performance tem sido ainda melhor. No acumulado do primeiro semestre de 2014, o lucro cresceu 48,6% quando comparado ao primeiro semestre de 2013. A BB Seguridade encerrou o mês de junho de 2014 como uma das maiores companhias com participação nos ramos de seguro, previdência e capitalização da América Latina, com mais de R$ 8 bilhões em prêmios emitidos de seguros, R$ 14,4 bilhões em contribuições de previdência e R$ 3,3 bilhões em capitalização.

Essa forte trajetória de crescimento é uma evidência contundente do sucesso do modelo de negócios adotado: alta rentabilidade em conjunto com a maior corretora de seguros da América Latina, a BB Corretora, que possui acesso direto à rede de distribuição do Banco do Brasil, com agências que cobrem todo o território brasileiro.

ADR

Em março de 2014, a comissão de valores mobiliários norte-americana, a Securities and Exchange Commission, concedeu à BB Seguridade registro em seu programa de American Depositary Receipt (ADR nível I). Nesse contexto, os recibos representativos de ações da BB Seguridade passaram a ser negociados no mercado de balcão norte-americano com intermediação do Deutsche Bank Trust Company Americas, banco depositário do programa nos EUA, ficando a custódia das ações que lastreiam os ADRs a cargo do Banco do Brasil S.A. A demanda do mercado pelos ADRs da BB Seguridade superou todas as expectativas e, em apenas dois meses após a implantação, já atingiu representatividade do *free-float* similar à de programas maduros.

Desempenho das ações

Todo o trabalho descrito e a trajetória contínua de importantes entregas de compromissos que a companhia assumiu perante o mercado tiveram uma contrapartida positiva nas ações da companhia. Os papéis da BB Seguridade (BBSE3) tiveram ótimo desempenho, tanto no aspecto de valorização, que atingiu mais de 100% em pouco mais de um ano, quanto do ponto de vista de liquidez, com um volume médio de mais de R$ 120 milhões negociado por dia.

ESTUDO DE CASO

Em 6 de janeiro de 2014, os papéis da companhia passaram a integrar a carteira teórica do índice Ibovespa, que relaciona os ativos de maior negociabilidade e representatividade do mercado de ações brasileiro. A companhia estreou com uma participação de 1,559% na composição total do índice, sendo que na carteira teórica do Ibovespa vigente para o quadrimestre setembro-dezembro de 2014, a participação das ações da BB Seguridade foi ampliada para 2,226%.

Visão prospectiva

Olhando de maneira prospectiva, a BB Seguridade ainda avalia oportunidades de avanços com o objetivo de manter sua posição de destaque no mercado de seguros brasileiro.

A BB Seguridade continuará atuando com foco na exploração do canal bancário, segmento que vem ganhando cada vez mais importância no mercado brasileiro (aproximadamente 70% do volume de prêmios, contribuições de previdência e arrecadação com títulos de capitalização ocorrem por meio do canal bancário), mas permanece em constante evolução no que se refere à diversificação de canais de distribuição, seja por meio de atendimento presencial ou por meios eletrônicos.

Visando buscar uma diversificação de canais de distribuição e a melhoria na eficiência em termos de custos de suas operações, a BB Seguridade celebrou um memorando de entendimentos com a Empresa Brasileira de Correios e Telégrafos com o objetivo de realizar estudos para avaliar a viabilidade de estabelecer uma parceria para a oferta de produtos de seguridade nas agências dos Correios.

Adicionalmente, a companhia vem buscando consistentemente a melhora na eficiência da gestão de suas coligadas por meio de um rígido controle de custos e da implementação de diversos mecanismos de controle e de governança corporativa.

No cenário macro, ainda existe uma grande oportunidade de crescimento da indústria de seguros no Brasil no que se refere à nova classe média, decorrente da evolução da cultura de proteção e de poupança da população brasileira, além dos investimentos necessários em infraestrutura, que deverão gerar uma demanda extra por produtos de seguridade no Brasil.

A PONTE ENTRE IMAGEM INSTITUCIONAL E MARKETING
CAMINHOS ESTRATÉGICOS PARA A SUSTENTABILIDADE ORGANIZACIONAL

Fernando Luiz Abrucio
George Avelino Filho
Eduardo José Grin

> *Hoje você tem que correr rápido para ficar no mesmo lugar.*
> Philip Kotler

> *Ao contrário da sabedoria popular, a primeira resposta para um mundo em mudança não é perguntar "Como nós deveríamos mudar?", mas antes perguntar "O que nós representamos e por que existimos?" Isto nunca deveria mudar.*
> Collins, J. e Porras, Jerry I.

O objetivo deste capítulo é analisar a relação entre imagem institucional e marketing, realçando a importância de entender a trajetória das organizações, seus valores básicos e a percepção que o público-alvo e a sociedade têm delas como questões essenciais para a definição de estratégias organizacionais bem-sucedidas, garantindo-lhes sustentabilidade institucional.

Essa escolha justifica-se por duas razões. A primeira é que a construção de uma estratégia de marketing bem-sucedida aparece cada vez mais na literatura como algo relacionado a uma visão mais geral da instituição. Em outras palavras, a trajetória e a cultura de cada organização são elementos-chave para dialogar com o ambiente externo e propor inovações e mudanças em prol da manutenção e/ou conquista de novos públicos-alvo. Num mundo complexo e competitivo, com a atual ordem globalizada, a identidade das instituições e a capacidade de comunicarem bem sua marca constituem aspectos centrais na obtenção da preferência e legitimidade de cidadãos/consumidores bombardeados por novidades e informações sem fim. Por este motivo, a pesquisa acadêmica sobre organizações, com ou sem fins lucrativos, tem revelado que a sustentabilidade institucional e a adoção de estratégias sistêmicas são o alicerce de qualquer ferramental de marketing.

A segunda justificativa vincula-se à natureza do Banco do Brasil (BB). Trata-se da mais tradicional instituição brasileira, seja no mercado econômico, seja como agência governamental para os cidadãos. Sua história confunde-se com os percalços e sucessos do país. Hoje, o BB deve responder, a um só tempo, às demandas da sociedade por desenvolvimento e à necessidade de gerar lucro a seus acionistas. É por isso que sua missão é "ser um banco competitivo e rentável, promover o desenvolvimento sustentável do Brasil e cumprir sua função pública com eficiência".

Para alcançar estes objetivos, o BB precisa se adaptar às enormes mudanças pelas quais o país tem passado. A democratização do Estado, a inclusão de milhões de pessoas ao consumo e ao sistema bancário, a maior exigência dos clientes no que se refere à qualidade do atendimento, a revolução tecnológica e seus impactos sobre as organizações, a necessidade de as empresas estarem cada vez mais antenadas com a responsabilidade social, em suma, são fatores que exigem uma grande capacidade de adaptação e inovação. Mas para montar uma estratégia de marketing frente a este cenário, é preciso ter em conta o valor do legado e da sustentabilidade institucionais. *O sucesso do BB no século XXI estará fortemente ligado com sua capacidade de combinar tradição e mudança.*

Tendo como base este pressuposto, o capítulo tenta analisar, por meio de uma reconstrução conceitual e da apresentação de ferramentas de gestão, a ponte entre imagem institucional e marketing, derivando daí a proposição de uma visão estratégica que busca a sustentabilidade organizacional num mundo em intensa transformação. Esta análise pode oferecer subsídios para reflexão e estratégias de ação do BB.

Na primeira seção, é feito um debate teórico sobre o conceito de instituição, buscando mostrar como o legado e a sustentabilidade institucionais são peças-chave para as decisões de marketing. Para tanto, será retomada a literatura neoinstitucionalista, provinda nos últimos anos da sociologia, da ciência política e da economia, trazendo argumentos e evidências que precisam ser incorporados às análises sobre organizações com fins econômicos, sejam privadas ou públicas.

A segunda seção faz a ponte do debate mais geral sobre instituições, com a discussão sobre o posicionamento das empresas como elemento central de sua estratégia de marketing. Na terceira seção do capítulo, analisa-se a relação entre sustentabilidade institucional, aprendizado organizacional e ações de marketing. A quarta seção, por sua vez, discute como o marketing social pode ser um aspecto central para a construção da identidade institucional, ao mesmo tempo reforçando seus valores e respondendo aos seus *stakeholders*.

Conclui-se o texto mostrando o quanto o BB tem a ganhar com a adoção de um modelo que torne a temática da sustentabilidade institucional peça-chave de suas ações de marketing.

Cabe ressaltar, ademais, que, do ponto de vista formal, o capítulo apresenta conceitos e ferramentas que poderão ser complementados, ao longo do tempo e em cursos de capacitação, por casos vinculados à experiência prática do BB em seu setor de marketing e responsabilidade social.

Legado e sustentabilidade institucional: o marketing olha para trás para mirar à frente

Esta seção discute como as instituições buscam responder a uma questão-chave: como os indivíduos são afetados em suas escolhas e comportamentos pelas iniciativas de instituições? Para tanto, será feita uma revisão dos principais conceitos advindos de análises institucionalistas das organizações (Hall & Taylor, 2003; Pierson, 2004). Para os fins dessa discussão, parte-se do suposto que instituições: a) são organizações cuja história criou caminhos de desenvolvimento materializados na forma como busca definir-se e assim espera ser percebida pelos seus públicos; b) são fundações sociais e culturais que constrangem e influenciam indivíduos e organizações a agirem em certas direções aceitas como legítimas e ratificadoras de valores e normas. O primeiro enfoque se alinha ao institucionalismo histórico e o segundo, à sua abordagem sociológica; mas ambos convergem para um elemento essencial: promovem o reforço continuado de práticas organizacionais e se alinham à ação do marketing como instrumento para obter e manter sustentabilidade institucional.

Em termos mais amplos, Hall e Taylor (2003) afirmam que instituições podem ser formais (como regras legais) ou informais (como convenções sociais). O importante é que influenciam a maneira como organizações e indivíduos agem e de que forma se gera, entre ambos, um *feedback* que ajuda a manter e desenvolver as próprias instituições. Para discutir o marketing como instrumento que busca posicionar uma empresa ou entidade frente a certos públicos essa é uma questão vital. Instituições, portanto, lógica e historicamente, precedem à forma como são apresentadas para seus públicos-alvo. Trajetórias de desenvolvimento institucional são a base de escolhas sobre o conteúdo e a forma de comunicação e de imagem constituídas para reforçar organizações em seu entorno social e econômico.

Como lembra Paul Pierson (1993), as características do desenho institucional e as escolhas iniciais em relação a como posicionar uma organização geralmente têm implicações de longo prazo. O marketing, mesmo sendo uma ação inovadora, acaba "constrangido" pela história organizacional para não se "descolar" de trajetórias pregressas, pois não se "vendem" identidades e histórias frágeis ou inexistentes. Instituições proveem os fundamentos objetivos e materiais, tangíveis e intangíveis, das estratégias de marketing.

Por essa razão, novamente citando Pierson (2004), instituições e organizações possuem dinâmicas de autorreforço que tendem a consolidar certas direções após superarem custos iniciais de instalação, adaptação de expectativas, coordenação de esforços com os públicos-alvo e geração de efeitos de aprendizagem. A trajetória prévia e a história importam para gerar incentivos para os atores e as organizações buscarem retornos crescentes de práticas, valores e concepções que realimentam-se para gerar reforço institucional. A sustentabilidade institucional, nesses termos, é um produto do marketing que, por sua vez, traduz em linguagem pedagógica as políticas organizacionais e seus atributos.

Desenvolvimento institucional e sua sustentabilidade ao longo do tempo buscam combinar estabilidade e mudança. De um lado, a criação de identidades institucionais e sociais apoia a manutenção; de outro, a dinâmica externa induz a adaptações em um processo de *positive feedbacks* (Pierson, 1993; 2004) entre o meio externo e as organizações. O marketing é um elo para gerar esses vínculos visando à sustentabilidade institucional, além de servir para criar e administrar expectativas com os públicos-alvo, dentro e fora das organizações. Em linha com as observações de North (1990), instituições produzem o reforço de normas aliadas a valores organizacionais geradores de "mapas mentais" que objetivam reduzir os custos de transação e facilitar o intercâmbio de ideias e produtos, e reduzir a assimetria de informações entre empresas e seus clientes. Esses "mapas" ajudam a gerar "*feedbacks* positivos" e operam como *inputs* de ações de marketing quando se busca fixar uma imagem e um posicionamento institucional. Isso porque é difícil "vender" um legado que não se sustenta em suas práticas vigentes e que seja visto de forma segura, gerador de confiança pedagógica ao mostrar ganhos tangíveis e intangíveis aos clientes de uma empresa.

Como lembram Kotler e colaboradores (1999), consumidores não adquirem mercadorias, mas sim benefícios que podem ser mais facilmente compreendidos se estiverem alinhados com um posicionamento institucional mais consolidado. Ou, conforme Kotler (2002:12), "o conceito de marketing assegura que a chave para alcançar objetivos organizacionais consiste em a companhia ser mais efetiva do que seus concorrentes ao criar, entregar e comunicar valor para seus alvos de mercado escolhidos". Instituições podem aumentar sua legitimidade e autoridade perante os clientes se a noção de valor recebido (tangível e intangível) é vista como vantajosa e pode inibir mudanças.

Para Hall e Taylor (2003:19), "as organizações adotam formas e práticas institucionais particulares porque elas têm um valor largamente reconhecido num ambiente cultural mais amplo". Embora critérios de eficiência sejam relevantes, a legitimidade pode ser mais alinhada com práticas sociais e institucionais do que por aspectos mais objetivos em termos econômicos. Como afirmam DiMaggio e Powell (1991), "a questão não é discernir se instituições são eficientes, mas desenvolver robustas explicações das formas em que as instituições incorporam experiências históricas em suas regras e lógicas organizacionais". Tais processos podem ser centrais para vincular legados com mudanças que os públicos de interesse considerem legítimas, cabendo ao marketing essa função pedagógica e geradora de informação, comunicação e aprendizado.

Escolhas sociais são mediadas por instituições e podem influir na construção de preferências dos públicos de interesse. Se instituições buscam responder a necessidades sociais, o marketing tenta mostrar que instituições importam para influenciar, moldar e constranger escolhas com base em ganhos objetivos, informais e emocionais (lealdade à marca etc.). Em linha com DiMaggio e Powell (1991), instituições influem no que é considerado *take for granted* pelos clientes e consumidores, gerando segurança em termos individuais e coletivos, o que reduz custos de constantes escolhas e mudanças. Identificar quais são as demandas e expectativas, além de gerar significados críveis aos públicos que qualificam esses vínculos, é uma tarefa central do marketing.

Para o institucionalismo histórico, conhecer como uma organização se desenvolve e cria suas estratégias de reprodução com estabilidade e mudança requer decifrar os mecanismos que geram dinâmicas de autorreforço. Identificar as práticas, valores e ações voltadas a gerar sustentabilidade institucional opera nessa direção, cabendo ao marketing uma tarefa central de decifrar e comunicar essa "visão de mundo" aos públicos de interesse. *O marketing possui a incumbência de traduzir a missão, a estratégia e os valores não apenas para comunicar e fazer propaganda, mas, sobretudo, para apoiar os mecanismos de* feedback *reforçadores da imagem institucional*. O marketing busca "estreitar" as alternativas (Pierson, 2004) para os clientes.

Para DiMaggio e Powell (1991) e Immergut (1998), instituições servem como tradutores e mediadores entre os públicos e os contextos em que se inserem, o que confere a elas uma importância cognitiva central. As mensagens, scripts e conteúdos veiculados encontram apoio na forma como as instituições se comportam e agem. Esse processo propicia aprendizagem organizacional (Pierson, 1993), pois reforça os mecanismos de reprodução e mudança institucional que realimentam a visão interpretativa e a forma como o marketing constrói argumentos plausíveis e traduzíveis aos públicos de interesse.

O marketing atua visando reduzir incertezas (Mahoney e Thelen, 2009) na forma como a instituição é percebida ou analisada, considerando a crescente complexidade do ambiente social, econômico, tecnológico e cultural. Reforçar a credibilidade institucional junto aos públicos de interesse pode ser um suporte estratégico para decidirem sobre seus vínculos com as organizações. Assim, o papel do marketing na sustentabilidade organizacional tanto busca manter legados (o recurso à declaração de missão e estratégias) como se empenha em transformar políticas prévias em elementos-chave de escolhas futuras. Utilizando-se da imagem institucional da organização, o marketing pode gerar trilhas mais seguras de decisão aos indivíduos, mostrando como sua missão e história se combinam com as ações atuais da empresa.

O *take for granted* de valores, esquemas interpretativos e hábitos de clientes é uma base para a autossustentação institucional se amparar no marketing, buscando traduzir, de forma legítima e estável, percepções que estão na base cultural e de compreensões comuns a toda sociedade. Por exemplo, a ideia de nacionalidade e de um BB como banco de todos que pertencem à mesma comunidade de identidades sociais e culturais. Mas dificilmente um arcabouço dessa natureza se mantém se o legado institucional não representar este objetivo — depois traduzido e retraduzido constantemente pelo marketing.

Ainda que a inovação seja inerente ao marketing, a herança institucional está presente na manutenção de legados, de modo que a *imagem organizacional mais adequada é aquela que busca equilibrar mudança e continuidade*. Esse binômio se apoia em um duplo e mútuo aprendizado entre instituições e públicos de interesse para reforçar imagens, ampliar apoio e conquistar novos adeptos e consumidores ou reduzir a resistência de certos segmentos. Isso porque o marketing possibilita às organizações atuarem sobre a cognição, percepção e emoção, sobretudo visando reforçar laços com os públicos-alvo. Para Pierson (1993), políticas emanadas de instituições fornecem aos indivíduos um *tool kit* de símbolos e argumentos que servem para interpretar o mundo ao seu redor e que influem em seus comportamentos. Essas políticas ajudam as pessoas a desenvolver identidades que visam estreitar seus relacionamentos com as instituições. Como para esses públicos importa o que Pierson (1993) chama o "conteúdo informacional das políticas", tem-se aí uma questão essencial a fim de orientar o marketing para reforçar imagem e sustentabilidade organizacional.

O marketing é um instrumento de convencimento que ajuda os indivíduos a organizar informações para suas tomadas de decisão e que gera contínuos efeitos de aprendizagem. Se hábitos sociais apoiam escolhas, visando excluir opções concorrentes, o marketing pode reforçar ou incentivar comportamentos aceitos, dentro de um escopo de pensamento e ação, socialmente válidos. Para DiMaggio e Powell (1991), a rotina, o *take for granted* e as premissas sociais estão na base da ação, o que pode tornar o marketing um elo que busque aproximar instituições e indivíduos ao redor da mesma "visão de mundo". Mas "instituições não determinam o comportamento, elas simplesmente fornecem o contexto para a ação que nos ajuda a compreender por que os atores fazem as escolha que fazem" (Immergut, 1998:26). Captar as preferências dos atores e traduzi-las é tarefa do marketing.

Instituições com suas políticas e ações divulgam informações que têm por finalidade, entre outras, ajudar os indivíduos a elevar a compreensão do seu entorno. Um objetivo estratégico do marketing é orientar os indivíduos a decidir em um contexto de crescente complexidade, claramente marcado pelo excesso de estímulos informacionais do mundo de hoje, em paralelo com suas limitadas capacidades cognitivas, para decifrá-lo em todas as suas dimensões. A forma como as políticas organizacionais são "vendidas" pode ser um elemento essencial a gerar estímulos positivos no emaranhado de informações, concorrentes, produtos etc. Kingdom (1984) afirma que ênfases colocadas sobre ações das instituições não apenas focalizam públicos ou segmentos, mas formam imagens sobre as iniciativas. Se um governo apresenta políticas de transporte público como essenciais para a mobilidade urbana, o discurso segue uma trajetória, mas se o foco está no destaque para a acessibilidade, a marca que fica pode ser a extensão de direitos para pessoas com deficiência.

Ao agir assim, organizações decidem sobre prioridades e criam estímulos para os públicos-alvo, o que traz à tona questões centrais, como: por que e quando o marketing ajuda na imagem e sustentabilidade institucional ao ampliar a visibilidade de certos argumentos que instrumentalizem decisões de consumidores e clientes? Como vincular efeitos desejados de políticas organizacionais com seus públicos? Como o marketing se define na relação entre um agente (a organização) e seus públicos, buscando reduzir a assimetria de informações entre ambos para que o "conteúdo informacional das políticas" seja mais bem-compreendido?

Ao disparar "senhas" e dicas de como as organizações atuam e pretendem agir, tal processo tem por finalidade influenciar as escolhas dos públicos-alvo. Mas como o marketing trabalha com o desenvolvimento da consciência dos clientes e consumidores, o reforço de crenças e legados influi na forma de estruturar a comunicação. Nesse ponto, a visibilidade das políticas é central, pois materializa os legados em produtos ou serviços.

Para Pierson (1993:622), a experiência com resultados discerníveis conduz as pessoas a se perguntarem sobre suas causas, cabendo ao marketing buscar reforçar a confiabilidade das instituições junto a esses públicos. Em síntese: experiências prévias que se mantenham entregando resultados reforçam trajetórias de confiança institucional. Ações provenientes das organizações geram efeitos nos públicos-alvo reais e potenciais, o que influi para a criação de padrões de comportamento e a forma como estes interpretam o mundo. Ao mesmo tempo em que organizações buscam induzir tais públicos a criar identidades e vínculos, o marketing também visa orientar as instituições de modo que o efeito disso seja traduzido em ações. Não cabe ao marketing apenas *a função de suporte para vender ou comunicar, mas centralmente ser o elo institucional entre a organização e seus públicos estratégicos. Sem essa visão, a instrumentalização do marketing pode fragilizar suas referências institucionais*.

É nessa direção que os *learning effects* dos públicos de interesse citados anteriormente e seus *feedbacks* nas organizações têm no marketing um instrumento estratégico, sobretudo pelo seu potencial cognitivo (Mahoney e Thelen, 2009), que busca influir na forma como clientes escolhem. Trajetórias institucionais, ao gerarem confiabilidade e se apresentarem como trilhas conhecidas, servem para criar incentivos para os clientes. Assim, olhar para trás e mirar à frente pode ser uma combinação essencial para, ao mesmo tempo, manter e mudar a forma como organizações se sustentam e se desenvolvem. Conforme DiMaggio e Powell (1991) e Thelen (2003), instituições são criadas, evoluem, se reproduzem e mudam no tempo de modo que o efeito do aprendizado que geram nos seus públicos-alvo provém das repetidas interações. Este processo busca criar uma estabilidade de vínculos, ainda considerando a contínua evolução do mercado e da própria organização.

Adaptação seria a palavra mais adequada para aliar a ideia de "princípios organizacionais" que geram segurança e estabilidade de expectativas, visando obter comportamentos que estimulem a repetição das escolhas dos clientes. Esse processo não significa ausência de inovação, mas sim sua combinação com premissas organizacionais presentes na trajetória institucional. Portanto, a referência ao "tradicional" não é sinônimo de ultrapassado, mas sim forma de renovação que busca manter o desenvolvimento institucional alinhando as lógicas da reprodução e da mudança, nos termos propostos por Thelen (2003).

Cabe ao marketing identificar os eventos, processos ou mecanismos que podem gerar essa adaptação institucional aos novos imperativos sociais e econômicos que as organizações enfrentam. Todavia, a flexibilidade necessária à sustentabilidade institucional não é o mesmo que contínuas reengenharias de imagem, pois inovação desprovida de estabilidade e legado pode gerar insegurança e perda de confiabilidade dos clientes. Identificar e pôr em marcha esse modelo de ação é um desafio estratégico do marketing. Para Mahoney e Thelen (2009), isso configura processos de mudança gradual em que o posicionamento institucional se renova, mas persiste; se reinventa, mas mobiliza recursos para manter certos valores e finalidades. A próxima seção discute como o marketing pode dialogar com a história e o legado institucional, em linha com o binômio sustentabilidade e mudança, para obter retornos crescentes junto aos públicos-alvo.

Imagem e posicionamento institucional associados às estratégias de marketing

O legado de uma instituição é um aspecto central que influi no seu posicionamento externo e interno. A imagem de uma organização, portanto, não é independente de sua trajetória, assim como mudança e inovação não necessariamente se chocam com a sustentabilidade de valores, marca ou missão. Se o marketing institucional não é sinônimo de reinvenção permanente, tampouco deve ser conservador. Esta seção aborda conceitos que tratam dessas questões.

Um desafio sempre presente consiste no que se chama "análise ambiental", conforme a clássica abordagem da matriz SWOT (forças, fraquezas, oportunidades e ameaças). As duas primeiras dizem respeito à instituição e suas capacidades instaladas ao longo de sua trajetória e as duas últimas buscam alinhar estrategicamente a organização ao meio externo cambiante. Como a construção do marketing é uma equação entre necessidades institucionais e possibilidades do meio externo e interno, a inexistência de pontos de equilíbrio pode incidir sobre a ausência de *positive feedbacks*.[1]

Uma vez que a análise SWOT tenha ocorrido, empresas podem prosseguir para *formular* objetivos e seu planejamento, de modo a serem men-

---

[1] Para Kotler (2002:9), "the *broad environment* consists of six components: *demographic environment, economic environment, natural environment, technological environment, political-legal environment,* and *social-cultural environment*. These environments contain forces that can have a major impact on the actors in the task environment, which is why smart marketers track environmental trends and changes closely".

suráveis e gerenciáveis em sua implementação e controle. Segundo Kotler (2002:47), a efetividade dos objetivos depende de três elementos: de seu arranjo hierárquico, com metas desdobradas para outros níveis organizacionais; de serem quantificáveis, sempre que possível; e de serem realistas e consistentes. Outros importantes *trade-offs* na definição de objetivos incluem: lucros no curto prazo e crescimento de longo prazo; ampliar a presença em mercados existentes com o desenvolvimento de novos; balancear objetivos de lucro e aqueles sem fins lucrativos; e buscar alto crescimento com baixo risco. Cada escolha desse conjunto de objetivos e *trade-offs* pede uma estratégia distinta de marketing que, decerto, é influenciada pela forma como historicamente atua a empresa.

A abordagem SWOT, segundo Mintzberg (1998), foi muito influenciada na sua origem por dois livros: *Leadership in Administration* (1957), de Philip Selznick, e *Strategy and Structure* (1962), de Alfred Chandler. Para os fins dessa discussão, o primeiro livro é importante, pois Selznick introduziu a noção de "competência distintiva": a necessidade de as organizações alinharem seu "estado interno" com suas "expectativas externas". Kotler (1999) segue essa linha: a missão organizacional deve assentar-se nas "competências distintivas".

Para equilibrar essas questões, a estratégia organizacional inicia com uma análise SWOT para construir um diagnóstico do ambiente em que se insere e modelar suas opções de acordo com o cenário atual e futuro. O marketing, portanto, é um produto dessa análise e está a serviço de reforçar pontos fortes, aproveitar oportunidades, zelar pela imagem e atuar preventivamente frente às fraquezas e ameaças. Assim, as questões de imagem institucional e sustentabilidade não são independentes da história organizacional, mas são também fruto de escolhas estratégicas dos atores que a cada momento buscam produzir novos enfoques requeridos pela mudança constante dos cenários externo e interno.

Na formulação da estratégia é essencial a referência aos valores e marcas institucionais, sobretudo para ancorar a imagem de forma sustentável. A avaliação dos pontos fracos e fortes pode se constituir em um processo de aprendizagem e reflexão organizacional que combine reforço de imagem com sua renovação institucional. Para o institucionalismo, o conceito de *feedback positivo* é essencial para uma organização obter retornos crescentes em suas práticas. Ao mesmo tempo, o engessamento e a cristalização de concepções podem inibir a evolução institucional e a perda de oportunidades.

O desafio reside em explorar um posicionamento consolidado junto aos públicos-alvo, mas sem impossibilitar avanços que sejam necessários para realinhar estratégias. É importante marcar como o conceito de posicionamento é fundamental para o binômio imagem institucional e sustentabilidade. Segundo Gabriel (2010), esse conceito foi criado por Al Ries e Jack Trout nas décadas de 1960 e 1970 e popularizou-se nos anos de 1980 com o livro *Positioning: the Battle for your Mind*. Para esses autores, posicionamento diz respeito ao que é realizado para a mente do *prospect*, buscando ocupar um lugar distintivo, percebido como valor agregado e uma conveniente razão de suas escolhas. Claro que esse processo envolve também desenvolver e comunicar a estratégia de posicionamento, apoiada no conteúdo informacional das políticas empresariais e no reforço de marca. O posicionamento é uma ferramenta de comunicação para atingir a mente do público-alvo. Para Gabriel (2010:42), "o posicionamento deve ser feito antes de qualquer plano de marketing, pois envolve um nível estratégico superior, que precisa ser respeitado em todas as ações referentes ao produto".

Para Kotler (1999), posicionamento trata de promover a imagem institucional, visando ocupar um espaço próprio que seja reconhecido e valorizado pelos consumidores. Significa estabelecer claramente uma delimitação institucional, e sua respectiva imagem comunicada para os públicos-alvo, de modo que seja um sustentáculo da organização. A questão aqui é: seria possível criar, manter e renovar um posicionamento institucional desconsiderando a história institucional? O marketing poderia ser uma forma de construir imagem institucional sem *background* que lastreasse sua comunicação para os públicos-alvo? Como garantir esse tipo de vínculo que busca, ao mesmo tempo, atender demandas dos consumidores e manter valores organizacionais que suportam a imagem institucional? Como alinhar expectativas externas com as demandas internas das instituições em um equilíbrio sustentável em direção a obter um adequado posicionamento estratégico?

É nesses termos que Kotler (2002) argumenta que um efetivo sistema de marketing encoraja reais inovações de produtos e uma diferenciação sustentável para satisfazer os desejos dos distintos segmentos de mercado. Para tanto, os princípios de educação e informação para os consumidores idealmente devem prover condições sobre produtos oriundos da empresa — trata-se da importante relação entre o conteúdo informacional das políticas e seus legados históricos.

Por outro lado, a definição de um posicionamento está em linha com a análise ambiental em vários aspectos. Em primeiro lugar, se a história conta para o reforço sustentável de marca, não se pode ignorar as mudanças necessárias de foco, mensagem e as injunções derivadas de novas oportunidades ou ameaças. Em segundo lugar, a definição de um posicionamento carrega consigo as possibilidades e desafios necessários para uma instituição. Se certas competências, segundo Selznick, existem ou não, o esforço de aprendizado organizacional será maior ou menor. Em terceiro lugar, a estratégia organizacional alimenta e gera *feedbacks* sobre as escolhas de posicionamento. Em quarto lugar, o posicionamento serve para uma instituição construir os aspectos que buscam diferenciá-la das congêneres.

Em ambientes competitivos, essa última variável pode ser decisiva, pois as escolhas realizadas por clientes combinam aspectos racionais (ponderam custo e benefício de manter-se ou trocar de "instituição-organização preferida") com elementos mais emocionais (segurança da marca e imagem de acolhimento que ela gera). O posicionamento institucional sempre caminha em uma área de equilíbrio na qual manutenção e sustentabilidade de marca precisam ser combinadas com revisões sistemáticas dos aspectos que convençam os públicos-alvo das vantagens diferenciais frente à concorrência. Não por acaso Michael Porter (1990) enfatiza duas estratégias centrais na luta competitiva: redução de custos e diferenciação. A primeira pode levar a uma corrida ao fundo do poço, a segunda requer mais inteligência organizacional. Sobretudo, a opção da diferenciação demanda a existência objetiva de condições institucionais que garantam, de forma sustentável, uma imagem percebida pelos segmentos-alvo como crível.

A imagem institucional é um resultado das estratégias competitivas ou de posicionamento que busquem garantir um "lugar reservado" nos corações e mentes dos públicos-alvo. A diferenciação como opção de posicionamento dialoga com o legado institucional, assim como a busca pela inovação sustentável se apoia nas capacidades instaladas em termos de recursos organizacionais. Por isso, a busca de gerar "diferenciais" não é apenas um *wihsful thinking*, mas uma opção escorada em possibilidades e limites, considerando que não é sustentável "vender-se" o que não se tem ou o que não se é.

Como argumenta Kotler (1999:441), até quando empresas parecem oferecer produtos similares, compradores podem perceber diferenças baseadas em suas *brand images*. Empresas trabalham para estabelecer suas imagens, visando diferenciar-se dos concorrentes ao carregar uma distintiva mensagem que comunica seu posicionamento e as vantagens de seus produtos. Segue-se daí uma advertência central: uma empresa não pode implantar uma imagem na mente do público da noite para o dia apenas com umas poucas propagandas. Tal expediente não teria nem lastro institucional nem seria sustentável como construção de imagem vinculada ao posicionamento constituído ao longo de trajetória empresarial. Por isso, para Christensen & Cornelissen (2010), uma marca corporativa assume uma forte coerência entre identidade da organização, imagem e cultura. Além de ser um projeto gerencial, a comunicação e o marketing são ideais partilhados e mantidos vivos por muitos diferentes atores dentro e fora da organização.

O tema da diferenciação (ou da identidade) institucional é caro ao marketing exatamente pelos desafios de sustentabilidade que ele demanda diante das expectativas geradas junto aos segmentos que se espera atingir. Aqui estamos no "O" da matriz SWOT. Ao mesmo tempo, é preciso considerar as forças e as fraquezas organizacionais que podem ser estimuladoras ou limitadoras das oportunidades vislumbradas. Pode acontecer de ameaças decorrentes de organizações que atuam no setor estarem buscando estratégias similares para atingir os mesmos públicos. Ou seja, não é possível descolar uma eficaz estratégia de marketing da estratégia empresarial, e essa, por sua vez, guarda nexos com as trajetórias prévias em termos de posicionamento institucional. A sustentabilidade é uma variável dependente das escolhas competitivas em termos de diferenciação que, por sua vez, devem muito do seu legado institucional.

Para Christensen & Cornelissen (2010), a comunicação empresarial é cada vez mais compreendida como uma função de gestão que busca coordenar esforços visando estabelecer e manter reputação favorável com os *stakeholders* dos quais depende. *O marketing não é mais limitado a um conjunto de atividades táticas, mas constitui-se num contínuo processo estratégico vinculado a temas de identidade, legitimidade e sobrevivência organizacional*. Implementar estratégias de marketing é um tema de competência gerencial que, por sua vez, ajuda a construir identidade organizacional. Para os autores, o papel da liderança reside em definir e comunicar consistentes imagens do que a organização "é" e representa, razão pela qual a comunicação corporativa e o marketing são discursos de mudança ou de resistência a mudar.

Decerto que, por essa razão, Drucker (1981) argumenta que o marketing abrange a empresa inteira, analisado sob o ângulo do seu resultado final (agregar valor ao consumidor), envolvendo a todos no seu interior de forma interessada e responsável (agregar aprendizado organizacional) e manter-se com o foco na inovação (agregar clientes). Drucker conclui: *o que uma empresa pensa que produz não é o mais importante, mas sim o que o consumidor acredita estar comprando, de modo que o que ele considera "valor" é decisivo e determina o que é uma empresa*. O que é percebido e crível como "valor" é central, pois cria uma imagem junto aos clientes que, por suposto, deve ser reforçada continuamente. Todavia, a ausência de certos atributos organizacionais, se não impedem, no mínimo fragilizam a sustentabilidade dessa relação com os públicos-alvo atuais e potenciais.

Por tal razão, a centralidade dos conceitos de diferenciação e posicionamento institucional dialoga com as noções de estratégia e de aprendizagem organizacional. Esta visão está em linha com Hamel e Prahalad (1994) quando afirmam que "uma competência específica de uma organização representa a soma do aprendizado de todos os conjuntos de habilidades tanto em nível pessoal quanto de unidade organizacional." Para os autores, uma competência essencial possui três requisitos: a) valor percebido pelo cliente (oferta de benefícios); b) diferenciação dos concorrentes (singularidade competitiva); c) capacidade de expansão: porta para novas oportunidades e não centrada apenas em produtos. Não muito diferente é a visão de Kotler (1999:108):

> Em posicionando seu produto, a empresa primeiro identifica possíveis vantagens competitivas sobre as quais constrói posições. Para ganhar vantagem competitiva, a empresa deve oferecer maior valor para os segmentos alvo, ou cobrando preços menores que os competidores ou oferecendo mais benefícios para justificar preços mais altos. Todavia, se a empresa posiciona o produto como oferecendo maior valor, ela deve entregar maior valor. Posicionamento efetivo começa na realidade diferenciando a oferta de marketing da empresa de modo que ela dá aos consumidores mais valor do que é oferecido pela concorrência.

Do ponto de vista do argumento até aqui desenvolvido, a questão central é: quais os limites para "inventar" e inovar sem considerar as trajetórias institucionais que criaram vínculos entre a empresa e seus públicos-alvo? A noção de persistência aqui não se assemelha a conservadorismo, mas sim em manter escolhas estratégicas e ajustar rotas de acordo com as mudanças externas (oportunidades e ameaças). Alterar posicionamentos mais sedimentados não depende apenas de atos de vontade, pois tanto a organização como seus clientes provavelmente esperam mudanças que mantenham *lógicas já institucionalizadas*. É pouco provável se desenvolver vantagens competitivas sem sustentação organizacional, mesmo que seja necessário adaptá-la continuamente em torno de posicionamentos já conhecidos. Uma vez definido um posicionamento seria mais lógico, instalado o mecanismo de *positive feedback*, tirar proveito das capacidades instaladas na organização e da imagem institucional constituída do que produzir uma reengenharia contínua de reinvenção.

Marketing, aprendizado institucional e as estratégias de sustentabilidade organizacional

A lógica do aprendizado como um motor institucionalizado é um aspecto central das estratégias para alavancar competências, gerar diferenciação percebida pelos clientes e reforçar o posicionamento organizacional de forma sustentável. Seguem Hamel e Prahalad (1994) o caminho aberto por Selznick quando declaram que uma empresa deve ser como um portfólio de competências, pois centrada apenas em produtos e serviços talvez não consiga investir em novas capacidades que estimulem seu crescimento. Assim, para crescer de forma sustentável no futuro, é necessário desenvolver competências no presente. A este argumento poderia se somar o ponto central deste capítulo: *não se projeta o futuro sem referências ao legado, pois caminhar por trilhas conhecidas,* combinadas com estratégias de inovação e aprendizado organizacional, pode gerar mais segurança no marketing. Essa visão se encaixa bem nos termos de Kotler (2002:60):

> O processo de marketing consiste de quatro passos: analisar as oportunidades de mercado, desenvolver estratégias de mercado, planejar programas de marketing e gerenciar os esforços de marketing. Cada nível de produto dentro de uma empresa desenvolve um plano de marketing para alcançar seus objetivos. O plano de marketing é um dos mais importantes *outputs* do processo de marketing. Ele deveria conter um sumário executivo e uma tabela de conteúdos, uma visão geral da situação de marketing, uma análise das oportunidades e ameaças, um sumário de objetivos financeiros e de marketing, uma visão geral da estratégia de marketing, uma descrição dos progamas de ação, uma declaração de lucros e perdas projetadas e um sumário dos controles para monitorar os progressos do plano.

Essa visão da estratégia sugere que, para "enraizá-la" de forma continuada, é preciso: a) identificar competências essenciais que permitam gerar benefícios e valor para os clientes; b) desenvolver novas competências e distribuí-las delegando responsabilidades internas; e c) proteger e defender tais competências essenciais por meio do aprendizado organizacional.

A sustentabilidade de trajetórias institucionais está relacionada às formas como se instalam mecanismos de retroalimentação positiva nas práticas de aprendizado, em linha com o argumento de Artur (1990) sobre *increasing returns*. Para a visão das "organizações que aprendem", segundo Senge (1998), o que as distingue das organizações "controladoras" e autoritárias é a possibilidade, entre outros fatores, de estimular novos padrões de pensamento. Para essa concepção, sobrevivência, inovação e adaptação se combinam de modo que manutenção e mudança, antes de se oporem, podem ser alinhadas.

Logicamente, aprendizado organizacional não se faz aos saltos, mas, sobretudo, de maneira incremental, o que o torna mais próximo das concepções do institucionalismo organizacional e histórico. Renovar trajetórias prévias está mais para ajustes do que para rupturas de paradigmas, e isso contribui para que a sustentabilidade almejada pelo marketing se apoie em bases organizacionais mais conhecidas pelos atores institucionais. Isso nem de longe significa aversão a mudar, mas sim em definir rotas mais seguras para seguir renovando valores e estratégias e seus nexos com o posicionamento institucional junto aos públicos-alvo.

Essa abordagem está em linha com o livro de Collins e Porras, *Construídas para durar* (1995), no qual argumentam, com base em uma pesquisa com 19 grandes companhias norte-americanas, que a estratégia que deu certo consiste em distinguir seus *core values*. Essa é a "receita" para manter o sentido de sua missão ao mesmo tempo em que buscam adaptar-se às mudanças externas. Essas empresas continuam elas mesmas ao conseguir separar o *core* do não *core*, o que deve progredir do que nunca deveria ser modificado. Assim, valores e propósitos institucionalizados conferem a identidade para uma organização se manter, enquanto práticas e estratégias devem ser abertas a mudanças e ao progresso. Preservar não é uma escolha oposta a mudar, mas uma composição vital para a sustentabilidade e imagem institucional cuja administração é tarefa do marketing. O título do livro não poderia ser mais ilustrativo para indicar que a história e o legado organizacional contam muito.

Esses autores prosseguem afirmando que a única fonte confiável de estabilidade e continuidade é um forte *inner core* e a disposição para mudar e adaptar todas as demais coisas. A dinâmica empresarial é "preservar o núcleo de valores e estimular o progresso". Tais valores limitam possibilidade e direções para a companhia, pois essas devem ser consistentes com o conteúdo da ideologia que, de forma explícita, assume ser esse um ato conservador. Mas uma empresa não pode apenas ter um conjunto de elementos que definem sua ideologia, como um *ethos* ou cultura, sem que sejam institucionalizados. Em torno do zelo por sua ideologia e valores-chave, a organização precisa alinhar estratégias, táticas, estruturas organizacionais, concepções de trabalho e sistemas de incentivos.

O marketing, portanto, não é um momento ou fase separada da estratégia organizacional, mas um processo integrado (parte do "pensamento sistêmico" em Senge) visando associar imagem institucional com sustentabilidade. Seria artificial conceber uma separação entre a forma de planejar o desenvolvimento estratégico dos instrumentos que dão vida ao modelo de marketing da organização. A visão de Kotler (1999) segue essa linha quando elenca funções do marketing como apoio à estratégia empresarial: todas as funções deveriam trabalhar de forma interativa com foco nas demandas dos clientes.

Mas para obter esse resultado é preciso alinhar condutas organizacionais esperadas com valores da cultura institucional, pois essa questão pode ser uma força ou uma fraqueza. Nesse caso, não observar a trajetória prévia pode implicar problemas administrativos e gerenciais que impactam na perda de oportunidades e na imagem da empresa. Conflitos internos e falta de alinhamento entre departamentos não são questões secundárias, dado que podem criar obstáculos para implementar as estratégias de marketing. Por outro lado, a função marketing não pode ser simplesmente departamentalizada, uma vez que a relação de uma instituição com seus públicos-alvo deve se expressar integralmente. Ambas as situações mal equacionadas produzem efeitos na imagem e na sustentabilidade institucional e reforçam a importância dos vínculos entre marketing e desenho estratégico e organizacional e desses com a trajetória prévia para identificar como potencializar as qualidades e minimizar fraquezas.

A esse respeito, a concepção proposta por Peters e Waterman (1984) com o modelo dos 7S (*shared vision, strategy, structures, systems, skills, style* e *staff*) é pedagógica para se compreender as variáveis sistêmicas que podem auxiliar uma organização a conhecer suas "competências distintivas" e seus desafios para se manter mudando. Essa fase é chamada de implementação por Kotler (2002), e é considerada vital para o gerenciamento de marketing. As empresas que adotam esse modelo conseguem ser mais inovadoras, por estarem permanentemente respondendo às mudanças em seu meio ambiente. Em especial, a moldura apresentada por Peters e Waterman serve como um guia orientador para as instituições compararem atributos que possuem com necessidades a serem equacionadas quando mudanças se fazem necessárias em face de alterações no meio externo e interno.

A pesquisa desses dois autores buscou evidenciar que o debate sobre mudança nas organizações precisa ir além das variáveis estrutura e estratégia. Em outros termos, a imagem institucional e a sustentabilidade são uma consequência desses sete fatores interligados, conforme a figura, pois não há como dissociá-los das entregas prometidas ou esperadas pelos públicos-alvo. Segundo essa compreensão, a complexidade do desenvolvimento institucional não se resume, no seu esforço de sustentabilidade de marca e de posicionamento com diferenciação, apenas ao marketing. Essa *é uma condição necessária, mas insuficiente para responder a esse desafio estratégico,* visto que se cada S for uma fraqueza e não uma força, oportunidades se perdem e ameaças podem surgir ou crescer.

Por isso, Kotler (2002) argumenta que a organização é chave para a efetiva *implementação do marketing*, visando transformar planos em ação. Segundo o autor, enquanto a estratégia trata do *quê* e dos *porquês*, a implementação trata de *quem, onde, quando* e *como* para "colher" os frutos do planejamento. Segue-se aqui argumentação clássica de DiMaggio e

Powell (1991) sobre organizações: a definição de procedimentos para gerar estratégias e modelos operacionais de gestão (de recursos humanos, financeira e de gerenciamento) *são moldados por fatores institucionais que condicionam as estratégias corporativas e suas práticas.* O marketing e sua sustentabilidade não são decisões ou escolhas que possam desconsiderar essas influências.

FIGURA 1
MODELO DOS 7 S

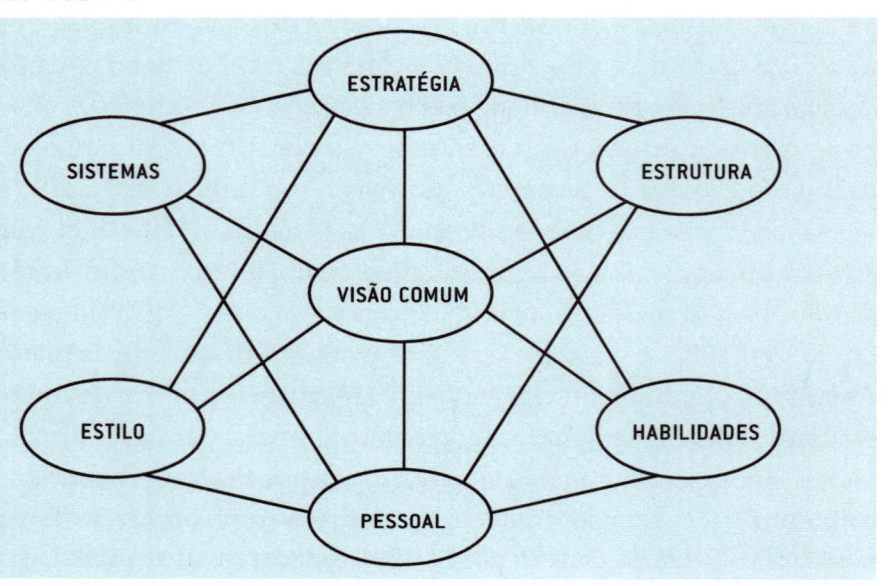

[Diagrama do Modelo 7S com os elementos: ESTRATÉGIA, ESTRUTURA, SISTEMAS, VISÃO COMUM, ESTILO, HABILIDADES, PESSOAL, interligados por linhas]

Fonte: baseado em Peters e Waterman (1984).

Se esse modelo for acoplado à matriz SWOT é possível encontrar um nexo entre a construção das alternativas de marketing (como finalidade) e as estratégias organizacionais (como meio), visando à sustentabilidade organizacional. Essa equação, quando associada ao legado institucional, pode constituir uma trilha de mudança com retornos mais conhecidos (o que não quer dizer "confortáveis"), controláveis (o que não é o mesmo que limitados em alcance) e acessíveis ao conhecimento organizacional (o que não significa pouco desafiadores). O modelo 7S opera centralmente com as forças e as fraquezas organizacionais, e auxilia a delimitar "capacidades instaladas", "capacidades potenciais" e "capacidades necessárias" para responder às oportunidades e às ameaças.

É nessa linha que Voltolini (2004) argumenta que, após o diagnóstico estratégico gerado com a matriz SWOT, é possível à organização: a) desenvolver e formatar serviços e produtos alinhados com sua estratégia e visão, em sintonia com as demandas dos públicos de interesse; b) definir metas e estratégias para atingi-las; c) monitorar resultados e cotejá-los com os objetivos para gerar *feedbacks*. Assim, a imagem institucional como a face externa da organização se associa com a sustentabilidade resultante da sua análise estratégica e de seu planejamento de marketing. O inventário de questões que o cotejamento do modelo 7S e a matriz SWOT geram oferece um "guia para a ação" orientado pela "satisfação do consumidor" sugerida por Peter Drucker. Para Voltolini (2004:157):

> Se bem conduzido, esse esforço possibilitará à organização rever-se a si própria e às suas práticas, melhorar-se, aperfeiçoar-se e desenvolver-se em sintonia com as necessidades, expectativas e desejos das pessoas, produzindo a um mesmo tempo aprendizagem via processos mais integrados para os seus colaboradores internos e serviços de melhor qualidade para os beneficiários finais e intermediários.

A síntese proposta por esse autor mostra como os vínculos organizacionais e de marketing, aliados a modelos de aprendizagem focados nos públicos de interesse, sustentam práticas continuadas de desenvolvimento institucional e reforço sustentável de imagem. Nessa linha, uma área que tem pautado as ações de muitas empresas é o marketing social.

Responsabilidade social e o conceito de marketing social

Segundo Kotler (2001:14), há questionamentos se o conceito de marketing é apropriado em uma era de deterioração ambiental, escassez de recursos, explosão populacional, fome e pobreza no mundo e negligência em serviços sociais. São as empresas aquelas que de forma mais bem-sucedida satisfazem os desejos de clientes e que necessariamente atuam no longo prazo em favor dos interesses de consumidores e da sociedade? Responde o autor que o conceito de marketing contorna esses potenciais conflitos entre desejos dos consumidores, seus interesses e o bem-estar de longo prazo.

Essa disjunção ocorre porque algumas empresas satisfazem desejos dos seus clientes à custa da sociedade. Essa brecha cria a necessidade do que Kotler chama de "conceito de marketing social" para assegurar que, afora entregar o que pedem os consumidores de forma mais efetiva que seus concorrentes, também deve preservar ou reforçar o bem-estar desses e da sociedade. Isso demanda que as práticas de marketing construam imagens institucionais baseadas em considerações sociais e éticas. Essas ações buscam equilibrar os frequentes critérios conflitantes de lucros, satisfação de desejos dos consumidores e interesse público. Isto é ainda muito mais importante numa organização vinculada ao setor público, como o Banco do Brasil.

Algumas empresas praticam um conceito de marketing social chamado "marketing relacionado a causas" que constrói parcerias visando a interesses mútuos, mas que serve para reforçar sua reputação corporativa, elevar a conscientização da marca, aumentar a lealdade dos clientes, qualificar as vendas e incrementar a cobertura da mídia. O pressuposto é que, mantidos os compromissos institucionais, o marketing social reforça a credibilidade da marca se for associado a demonstrações de "boa cidadania corporativa". Todavia, tais práticas visam também aumentar vendas ao vincular a marca com temas sensíveis à sociedade, como a preservação do meio ambiente.

Nesse sentido, essas ações de marketing são associadas com responsabilidade social e modelos de *accountability* (Christensen & Cornelissen, 2010) que devem ser coerentes e consistentes com o posicionamento da marca, visando ampliar sua sustentabilidade. Para os autores, sob esse prisma, a busca de consistência trata de aproximar as expectativas e demandas dos *stakeholders* com os ideais corporativos. Aqui assume relevância a associação entre as práticas de marketing e transparência, pois as promessas de uma cidadania empresarial com mais responsabilidade, além dos objetivos de lucro e ampliação de mercado, complexificam o gerenciamento institucional. Na mesma linha seguem as "políticas de consistência" que formalizam todas as ações de comunicação e marketing e perseguem uniformidade em tudo o que é dito. Para esses autores, a busca por credibilidade e o crescente desejo de informação e compreensão pelos *stakeholders* indica um crescente e bem-organizado público que requer tais políticas derivadas das organizações.

Ações de responsabilidade social (*corporate social responsibility*) visam disseminar um conjunto de valores para toda a organização, em linha com expectativas e demandas da sociedade. Segundo Melo Neto e Froes (*apud* Junior, Schmitt & Walkowski, 2011), ações de CSR buscam: produzir bens e serviços para si e para a sociedade; ter foco no mercado e atender a comunidade conforme a missão organizacional; adotar como medida de desempenho o retorno aos *stakeholders*; e agregar valor estratégico ao negócio ao atender expectativas do mercado e a percepção da sociedade/consumidores.

Mas, considerando a discussão realizada, a construção de modelos de responsabilidade social dialoga com as trajetórias organizacionais e suas concepções de valores e missão. É mais difícil instalar tais práticas descoladas da história institucional, pois elas não podem ser apenas discursivas, visto que levantam expectativas de que uma empresa se proponha a assumir outras funções junto à sociedade que não apenas ampliar sua parcela de mercado. Por tal razão, a administração desse processo requer enfocar tanto a dimensão interna (como implementar essa cultura organizacional?) quanto a dimensão externa (como agregar valor social, para além dos benefícios tangíveis adquiridos pelos clientes?). A gestão da marca e o processo de marketing ampliam suas ações para obter *positive feedback*, que, idealmente, está a serviço de reforçar o posicionamento institucional, alinhado às capacidades e competências distintivas.

Para dialogar com o marketing de forma sustentável, modelos de responsabilidade social demandam, contudo, um processo continuado de aprendizagem organizacional, o que remete ao desenvolvimento de práticas gerenciais que estimulem esse tipo de ação. Esse é o *link* entre as facetas externas e internas que busca realimentar, de forma pedagógica, a educação do público externo com essa visão assumida como parte dos *core values* organizacionais e sua incorporação como ação institucionalizada internamente. Combinar de forma equilibrada esse desafio para a imagem institucional e sua sustentabilidade nas organizações decerto repõe para o marketing desafios crescentes, pois o nível (crescente) de exigência de clientes e consumidores passa a agregar novas dimensões de demandas e expectativas.

Na seção seguinte será analisado, de forma sucinta, como nos últimos anos o Banco do Brasil lidou com a relação entre imagem institucional e marketing, levando-se em conta a trajetória dessa instituição mais do que secular, suas estratégias recentes de posicionamento e aprendizado organizacional, bem como as ações vinculadas à responsabilidade social.

Considerações finais: breves lições para o Banco do Brasil

A importância da imagem institucional para a montagem da estratégia de marketing é evidente para uma instituição como o Banco do Brasil. Sua história e reconhecimento pela sociedade aumentam a relevância de cultivar uma identidade institucional voltada a defender a atuação financeira em prol do desenvolvimento do país. Mas também é preciso adaptar-se às mudanças do mundo atual: maior competição, necessidade de internacionalização, investimento em tecnologia da informação, entre outros aspectos que exigem renovação e inovação.

A combinação entre a tradição bem-avaliada e a necessidade de melhorar para dar conta das transformações ambientais e do enorme papel que tem na sociedade brasileira faz do Banco do Brasil um *case* exemplar para a teoria neoinstitucionalista. Para ela, *a imagem organizacional mais ade-*

quada, sobretudo em instituições de grande porte social e com longa (e importante) trajetória, é aquela que busca equilibrar mudança e continuidade.

Isso não quer dizer que o caminho seja fácil. O trabalho de planejamento estratégico do BB, seja por meio da realização de diagnósticos organizacionais constantes, seja por meio da disseminação e da discussão de seus valores e objetivos junto aos membros da organização, é encontrar os elementos de tradição que devem ser reforçados, as inovações que precisam ser alcançadas e, ao final, a combinação destes dois vetores organizacionais. O quanto de continuidade e mudança e como devem ser equilibrados são questões que vão exigir, nos próximos anos, uma grande capacidade de estratégia nas ações de marketing do Banco do Brasil.

Os estudos de caso que estão no livro já revelam que o BB está nesse caminho, com várias ações inovadoras no campo do marketing institucional. Contudo, muito ainda pode ser feito, além de lembrar que a realidade é dinâmica e novas questões sempre podem aparecer. Trata-se de acoplar os anseios por desenvolvimento do país, algo que está no DNA da instituição, às temáticas emergentes que despontam neste século XXI no Brasil. Isto significa, do ponto de vista do marketing social, por exemplo, encontrar um lugar para o BB em cinco assuntos estratégicos: qualidade de vida nos grandes centros urbanos, sustentabilidade ambiental, melhoria e ampliação do acesso à educação de bom nível a todos, discurso em prol de uma nova ética social e ajudar no avanço econômico das famílias e empresas.

São grandes desafios, mas o Banco do Brasil tem história suficiente, em quantidade e qualidade, para ser capaz de se adaptar institucionalmente às estas novas demandas, fazendo a ponte necessária entre tradição e mudança. Como mostram os estudos de caso, os primeiros passos já foram dados.

Referências

ARTHUR, Brian. Positive Feedbacks in the economy. *Scientific American*, 262: 92-99, 1990.

CHRISTENSEN, Lars T.; CORNELISSEN, J. Bridging Corporate and Organizational Communication: Review, Development and a Look to the Future. *Management Communication Quarterly*, 25(3): 383-414, 2010.

COLLINS, J.; Porras, JERRY I. *Built to last*. Successful Habits of Visionary Companies. Nova York: Harper Collins Publishers, 1995.

DIMAGGIO; Powell, WALTER W. (Eds.). *The New Institutionalism in Organizational Analysis*. Chicago: The University of Chicago Press, 1991.

DRUCKER, Peter F. *Prática da administração de empresas*. São Paulo: Pioneira, 1981.

HALL, Peter A.; TAYLOR, Rosemary. As três versões do neoinstitucionalismo. *Lua Nova*, 58:193-224, 2003.

GABRIEL, M. *Marketing na Era Digital*. Conceitos, plataformas e estratégias. São Paulo: Novatec Editora, 2010.

HAMEL G.; PRAHALAD, C. K. *Competing for the future*. Boston: Harvard Business School Press, 1994.

IMMERGURT, Ellen M. The theoretical core of the new institucionalism. *Politics & Society*, 26 (1): 5-34, 1998.

JUNIOR, A.S.; BEILER, G; WALKOWSKI. *Empreendedorismo e responsabilidade social: uma abordagem conceitual*. Paper apresentado no VIII Convibra Administração — Congresso Virtual Brasileiro de Administração. 2 a 4 de dezembro. 12 p., 2011.

KINGDOM, John W. *Agendas, Alternatives, and Public Policies*. Boston: Little Brown & Co., 1984.

KOTLER, P. et all. *Principles of Marketing*. New Jersey: Prentice Hall, 1999.

_____. *Marketing Management*. Millenium Edition. New Jersey: Prentice Hall, 2002.

MAHONEY, J.; THELEN, K. A Theory of Gradual Institutional Change. In: James Mahoney and Kathleen Thelen (Eds.). *Explaining Institutional Change: ambiguity, agency, and power*. Cambridge: Cambridge University Press, 2009.

MINTZBERG, H.; AHLSTRAND, B.; LAMPLEL, J. *Strategy safari: a guided tour through the wilds of strategic management*. Nova York: The Free Press, 1998.

NORTH, D. *Institutions, Institutional Change and Economic Performance*. Cambridge: Cambridge University Press, 1990.

PETERS, Thomas J.; WATERMAN, ROBERT H. *In search of excellence*. Harper & Row Publishers: Warner Books, 1984.

PIERSON, P. When the effect becomes cause: Policy feedback and political change. *World Politics*, 45: 595-628, 1993.

_____. *Politics in Time*. Princeton: Princeton University Press, 2004.

PORTER, M. *Vantagem competitiva: criando e sustentando um desempenho superior*. Rio de Janeiro: Campus, 1990.

RIES, A.; TROUT, J. Positioning: *The Battle for Your Mind. How to be seen and hearded in the overcrowded marketplace*. Nova York: McGraw-Hill, 2000.

SENGE, Peter M. *A quinta disciplina*. São Paulo: Best Seller, 1998.

THELEN, Kathleen. How Institutions evolve: insights from Comparative Historical Analysis. In: James Mahoney and Diestrich Rueschemeyer (Eds.). *Comparative Historical Analysis in the Social Sciences*. Cambridge: Cambridge University Press, 2003.

VOLTOLINI, R. Marketing, uma ferramenta útil para o Terceiro Setor. In: Ricardo Voltolini (Org.). *Terceiro Setor:* planejamento e gestão. São Paulo: Editora Senac São Paulo, 2003.

WEIR, Margaret. When does politics create policy? The Organizational Politics of Change. In: Ian Shapiro, Stephen Skowronek, and Daniel Galvin. *Rethinking Political Institutions*. Nova York: New York University Press, 2006.

ESTUDO DE CASO

PROGRAMA ÁGUA BRASIL

Contexto

A questão hídrica vem se mostrando cada vez mais estratégica e crítica no quadro ambiental mundial. A demanda crescente por recursos hídricos em razão do aumento da população e da produção agrícola cria um cenário de incertezas e conflito. Segundo a Organização para a Cooperação e Desenvolvimento Econômico (OCDE), a demanda mundial por água aumentará 55% até 2050. A previsão é que, nesse ano, 2,3 bilhões de pessoas — mais de 40% da população mundial — não terão acesso à água se medidas não forem adotadas.

Por considerar que todos — empresas, governos e sociedade civil — são responsáveis pela conservação dos recursos hídricos, o Banco do Brasil, coerente com os princípios de responsabilidade socioambiental enraizados em sua tradição bicentenária e por sua forte atuação no agronegócio, que é o segmento econômico que mais consome água em seu processo produtivo, passou a adotar, a partir de 2010, a causa da defesa das águas como diretriz de suas ações no campo da sustentabilidade, por meio do Programa Água Brasil.

O Programa foi concebido pelo Banco do Brasil e é desenvolvido em parceria com a Fundação Banco do Brasil, a Agência Nacional de Águas e a WWF-Brasil.

Objetivos da ação

Lançado em 2010, o Programa Água Brasil tem o objetivo de fomentar o desenvolvimento e a disseminação de práticas e técnicas sustentáveis de produção no campo e promover o consumo responsável e a reciclagem de resíduos sólidos nas cidades, utilizando tecnologias sociais reconhecidas e premiadas pela Fundação Banco do Brasil.

Para o primeiro período de cinco anos da parceria serão aplicados R$ 62 milhões em iniciativas do programa, que são divididas em quatro eixos:

(a) projetos socioambientais:
- meio rural — ações concentradas em sete microbacias hidrográficas representativas dos biomas brasileiros, promovendo a melhoria da

qualidade das águas e ampliação da cobertura da vegetação natural por meio de agricultura sustentável e melhores práticas de produção;
- meio urbano — ações voltadas para a mudança de comportamento e valores em relação à produção, destino e reciclagem dos resíduos sólidos em cinco cidades de diferentes portes e regiões;

(b) comunicação e engajamento — ações de sensibilização para a conservação dos recursos hídricos e de disseminação das melhores práticas resultantes dos projetos socioambientais;

(c) mitigação de riscos — ações com vistas a reduzir os impactos negativos observados nas práticas de produção e comercialização tradicionais e a mitigar os riscos potenciais nas operações do banco. O programa ainda é responsável pelo aperfeiçoamento dos critérios socioambientais utilizados nos processos de financiamento e investimento do Banco do Brasil;

(d) novos negócios — ações voltadas para o aprimoramento dos modelos de negócios sustentáveis e ampliação do portfólio de produtos e serviços financeiros com contribuição socioambiental do banco.

Resultados alcançados

Considerando o amplo escopo de atuação do programa, que passa pela implementação de unidades demonstrativas no meio urbano e rural, pelo desenvolvimento de diretrizes socioambientais setoriais para o crédito, pela avaliação/implementação de metodologias de risco socioambiental, bem como oportunidades e fomento às atividades produtivas sustentáveis e transversalidade com os temas água, clima, florestas e biodiversidade e seu potencial de replicação, entende-se que toda a sociedade é beneficiada pelo Programa Água Brasil.

A definição do plano de trabalho e dos critérios de escolha das localidades contou com a participação de todos os parceiros do programa, observado o potencial de replicabilidade das ações implementadas. Para isso, na medida do possível, foram eleitas regiões, atividades, porte de produtores rurais e biomas que representassem a diversidade e a complexidade geográfica, econômica, social e ambiental do território brasileiro.

ESTUDO DE CASO

Apenas para exemplificar a atuação do programa em relação ao setor do agronegócio no eixo rural, o Água Brasil promove a implantação de unidades demonstrativas de boas práticas agropecuárias, que contemplam técnicas produtivas e de restauro florestal, buscando a adequação da propriedade à legislação ambiental, bem como ganhos de produtividade e conservação dos recursos naturais.

As unidades demonstrativas servem como base para conhecimento, testes e replicação das boas práticas nas bacias hidrográficas, com a realização de dias de campo e oficinas de capacitação que contam com a participação de produtores rurais e assistência técnica rural. Adicionalmente, o programa possui escopo de disseminação e contará com a publicação de manual de boas práticas agropecuárias e instrumentos econômicos, além de publicações customizadas para as bacias hidrográficas.

Foram identificados 626 beneficiados diretos, 3.452 indiretos e uma população estimada de 10,8 milhões de habitantes localizados nas bacias hidrográficas contempladas. Esse resultado somente foi possível devido ao forte processo de articulação com os agentes locais, que possibilitou a realização de parceria com 87 diferentes instituições, entre elas públicas, privadas e do terceiro setor.

Também foram implementadas tecnologias sociais, como sete bancos de sementes, além de 420 fossas sépticas biodigestoras, 133 cisternas calçadão, 156 cisternas domésticas, que visam permitir o acesso das comunidades à água para o consumo humano e produtivo.

Destaca-se também o início do pagamento por serviços ambientais (PSA) na microbacia de Guariroba (MS), em junho de 2014, com o crédito a cinco produtores rurais e a implementação de quatro modelos de restauração florestal na microbacia do Igarapé, em Xapuri (AC).

No meio urbano, ressalta-se a elaboração do Plano Municipal de Gestão Integrada de Resíduos Sólidos em Pirenópolis, (GO) e Rio Branco (AC) e a formalização da associação Catapiri em Pirenópolis (GO). Foram identificados 696 beneficiados diretos e uma população potencialmente beneficiada de 1,8 milhão de pessoas.

Além disso, no eixo de mitigação de riscos foram elaboradas diretrizes de sustentabilidade para o crédito para o setor do agronegócio, com apoio técnico da banco, da WWF-Brasil e de *stakeholders*, visando à divulgação das práticas negociais e administrativas adotadas pelo Banco do Brasil, reforçando os compromissos públicos assumidos, alinhados aos princípios de responsabilidade socioambiental presentes em suas políticas gerais e específicas.

Com essas práticas, o Banco do Brasil busca contribuir para mitigar o risco socioambiental e reduzir os impactos de seus financiamentos e investimentos, bem como identificar oportunidades de atuação na cadeia de valor dos negócios sustentáveis, a partir de questões socioambientais relevantes e de temas estratégicos para o desenvolvimento sustentável.

Um exemplo foi o estudo financiado pelo Programa Água Brasil, "Políticas Públicas para o Setor Financeiro que Promovam a Conservação do Capital Natural no Setor Agropecuário: Brasil, da Rio92 à Rio+20 com uma Visão Prospectiva da Rio+50", que analisou possibilidades de coordenação e compatibilização entre a atuação do setor financeiro e a minimização de externalidades negativas ambientais derivadas de atividades produtivas que alimentam as exportações de produtos da lavoura e pecuária do Brasil.

Ainda no eixo de mitigação de riscos, está em desenvolvimento projeto piloto de ferramenta georreferenciada, visando avaliar sua aplicabilidade no processo de avaliação socioambiental de empreendimentos rurais, em complemento às avaliações já realizadas.

No eixo de negócios sustentáveis, está sendo realizado estudo sobre a análise dos desafios e oportunidades da cadeia de valor do manejo florestal madeireiro sustentável. O objetivo é aprimorar a oferta de produtos e serviços financeiros que fomentem práticas sustentáveis no setor de agronegócios e que induzam os empreendimentos à competitividade, seja através da adaptação dos processos produtivos ou da minimização de seus efeitos nas mudanças climáticas, estímulo à redução ou extinção de emissões de gases de efeito estufa, promoção do uso eficiente dos recursos naturais e inclusão social. Através desse estudo, será possível avaliar as diretrizes técnicas e viabilidade econômico-financeira do manejo florestal, e o Banco do Brasil poderá desenvolver e aprimorar produtos e serviços financeiros que contribuam para viabilizar o manejo florestal madeireiro sustentável proveniente de florestas nativas na Amazônia.

Ainda no eixo de negócios sustentáveis, outro estudo está sendo conduzido no sentido de analisar o portfólio de produtos financeiros de apoio a boas práticas socioambientais no setor de agronegócios, com foco no Programa ABC e propostas de aprimoramentos.

No eixo comunicação e engajamento, foram realizadas diversas mobilizações envolvendo a sociedade e clientes em geral e os funcionários em particular. Foi criado um repositório de conhecimento na internet (www.bb.com.br/aguabrasil) com o objetivo de compartilhar os principais resultados e conhecimentos gera-

ESTUDO DE CASO

dos pelo programa, além de um *blog* (www.blogaguabrasil.com.br) que se propõe a oferecer à sociedade a oportunidade de acompanhar os resultados do dia a dia do programa mediante a divulgação de notícias e, também, de matérias de interesse relacionadas ao tema, para apoiar os esforços de educação ambiental. Também foram criados perfis específicos no Facebook e Twiter para a divulgação de notícias do programa.

Reconhecimentos

A implementação do Programa Água Brasil vem gerando reconhecimento nas localidades onde atua — prêmio jornal *O Eco*, de Lençóis Paulista; prêmio Época Verde (em âmbito nacional) e, em nível internacional, escolha pela Organização das Nações Unidas como um dos 10 casos no mundo (único da América Latina) para o lançamento do *hub* Clima e Energia.

Fatores que levaram ao sucesso

O sucesso do Programa Água Brasil deve-se, entre outros fatores, à:
- conexão com principal atuação negocial do Banco do Brasil — agronegócio;
- integração e complementaridade de competências entre as organizações parceiras;
- definição de atuação a partir de diagnóstico e articulação com envolvimento de atores locais para os projetos socioambientais;
- definição de tema de natureza transversal e de significado para o ser humano, seja enquanto cliente, funcionário, investidor ou cidadão.

Um programa como esse aponta um importante casamento entre a imagem institucional do Banco do Brasil e ações de marketing que reforcem o elo com a sociedade. Além disso, esse projeto reforça a boa conexão entre tradição de servir ao país e a inovação no tratamento das questões de desenvolvimento sustentável.

O SIGNIFICADO DO TRABALHO BOM PARA TODOS

A partir de 2012, o Banco do Brasil adotou, em suas campanhas de comunicação, a assinatura "BomPraTodos", para traduzir o posicionamento institucional assumido na estratégia corporativa 2012-2016 de buscar "excelência nos relacionamentos" com todos os seus públicos de interesse (clientes, acionistas, funcionários, sociedade etc.).

A premissa é muito clara: "Para ser bom pra gente, tem que ser bom pra você". Amadurecido o processo de comunicação após dois anos, decidiu-se realizar uma nova campanha ao longo do primeiro semestre de 2014. O objetivo era, de um lado, dar mais visibilidade ao que realmente diferencia o BB de seus principais concorrentes privados, assumindo de vez a vocação de ser "uma empresa de mercado com espírito público"; de outro, reconhecer o esforço dos funcionários, ressignificando seu trabalho.

A ideia central, portanto, era demonstrar como, na prática, o protagonismo do trabalho de milhares de funcionários do banco transforma a vida de milhões de brasileiros, todos os dias e em todas as regiões de um país enorme e singular como o Brasil.

Contando com o suporte técnico da agência de propaganda Master Roma Waiteman, partiu-se para um formato diferente que, de forma acessória, privilegiasse também a chamada equidade de gênero presente nas ações do BB. Pesquisaram-se histórias de mulheres batalhadoras que conseguiram realizar um sonho graças a uma linha de crédito oferecida pelo Banco do Brasil e ao trabalho comprometido e persistente de alguma funcionária do banco. Sem que a funcionária soubesse, toda a história foi apurada em conversas com os envolvidos e foram gravados depoimentos emocionados dessas pessoas relatando as transformações em suas vidas e agradecendo a quem tornou essas histórias possíveis.

Depois de tudo pronto, a funcionária foi convidada, juntamente com seus colegas de trabalho, para uma reunião que ela acreditava ser um compromisso de trabalho comum. Lá, o filme era exibido. O resultado sempre foi um sucesso: a funcionária homenageada e seus colegas se emocionavam ao descobrirem a diferença que aquele trabalho do dia a dia faz na vida das pessoas. E, ao final, a homenageada recebia, também de surpresa, a visita da cliente que protagonizou o filme, que vinha abraçar e agradecer pessoalmente quem tornou o sonho dela possível.

Foram contadas três histórias com esse formato. A primeira, sobre uma agricultora familiar paranaense que ampliou seu negócio e saiu de uma situação

ESTUDO DE CASO

financeira complicada, depois que conseguiu recursos do Programa Nacional de Agricultura Familiar, o Pronaf. A segunda, foi a história de uma estudante paulista que conseguiu ingressar no curso de medicina com recursos do Fundo de Financiamento Estudantil, o Fies. E a terceira, de uma dona de casa mineira que, ao lado de marido e filhos, conseguiu realizar o sonho da casa própria, por meio do programa "Minha Casa, Minha Vida". Veja a primeira dessas histórias em: <www.youtube.com/watch?v=8TPNCnIQSU4>.

AGRONEGÓCIO E CRÉDITO AGRÍCOLA

Eduardo Cenci
Felippe Serigati
Angelo Costa Gurgel

O agronegócio envolve um conjunto amplo de atividades econômicas de todos os setores da economia. O que há de comum entre essas atividades é a relação direta ou indireta de compra, venda ou troca de produtos e serviços oriundos do setor produtivo agropecuário. Dessa forma, compõem o agronegócio: as atividades de produção e fornecimento de insumos, máquinas e equipamentos para a produção agropecuária, também chamado de "antes da porteira"; a própria atividade produtiva agropecuária, responsável pela produção dos bens de origem vegetal e animal, conhecida como "dentro da porteira"; e todas as atividades de processamento, transporte e distribuição dos produtos agropecuários e seus derivados até o consumidor final, ou atividades "depois da porteira".

O setor financeiro tem um papel fundamental para o bom funcionamento e desenvolvimento do agronegócio de um país, uma vez que a atividade agropecuária, peça central do agronegócio, é altamente dependente de financiamento para produzir, adquirir tecnologia e garantir a comercialização de seus produtos. Ainda, devido a características próprias desse setor e a sua importância estratégica para a economia de uma nação, recursos públicos constituem boa parte dos recursos financeiros captados por essa atividade.

Este capítulo objetiva mostrar a importância das atividades financeiras para o crescimento recente da agropecuária e do agronegócio no Brasil. Para tal, a primeira seção evidencia a trajetória recente da agropecuária brasileira, enquanto a segunda seção discute as razões que justificam uma política específica para o setor atrelada ao financiamento de suas atividades. A terceira seção exemplifica um instrumento clássico de suporte financeiro ao setor, enquanto a quarta seção apresenta os principais instrumentos de política agrícola em uso no país. A quinta seção mostra as fontes e destinos do crédito fornecido ao setor agropecuário, evidenciando a participação e importância do Banco do Brasil nos mesmos, e a última seção apresenta uma conclusão do capítulo.

Evolução do agronegócio

Nos últimos anos, mais precisamente, de 2001 até 2013, a agropecuária foi o setor econômico que mais cresceu na economia brasileira. De acordo com o IBGE, enquanto, em média, o setor de serviços cresceu 3,4% a.a., e a indústria, 2,4% a.a., a agropecuária expandiu 3,8% a.a. Embora a atividade agropecuária não seja um setor homogêneo, é possível ver que essa expansão mais pronunciada não ficou isolada em poucas culturas, mas generalizou-se nos principais produtos ofertados pelo agronegócio nacional: grãos, etanol/açúcar, carnes, café e suco de laranja.

Para ilustrar o avanço do agronegócio nos últimos anos, o gráfico 1 apresenta a evolução da produção brasileira de grãos. Desde a safra de 2001/2002, o Brasil mais do que dobrou sua produção, passando de 97 milhões de toneladas para 195 milhões de toneladas na safra 2013/2014. Esse avanço permitiu uma oferta maior de grãos para diversos fins, como a produção da ração animal. Esta, por sua vez, impulsionou a produção de carnes, que também cresceu fortemente no período (gráfico 2). Comparando os números de 2013 com os de 2001, a produção de carne bovina cresceu 43%; a de carne de frango, 83%, e a de carne suína, 26%.

GRÁFICO 1
ÍNDICES DE PRODUÇÃO E DE ÁREA PLANTADA DE GRÃOS NO BRASIL
(ÍNDICE IGUAL A 100 NO ANO-SAFRA BASE 2001/2002)

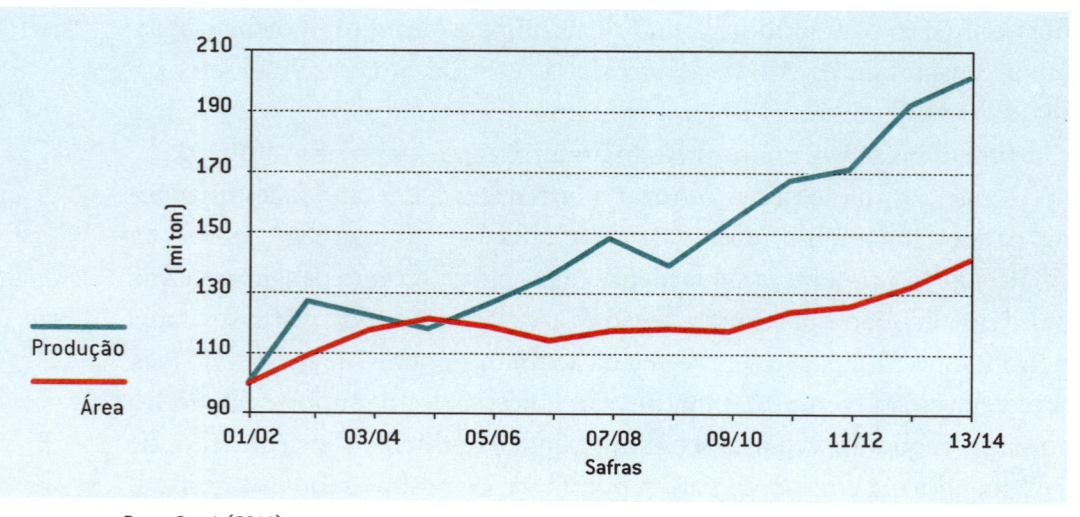

Fonte: Conab (2014).

GRÁFICO 2
ÍNDICES DE PRODUÇÃO DE CARNES NO BRASIL
(ÍNDICE IGUAL A 100 NO ANO-BASE 2001)

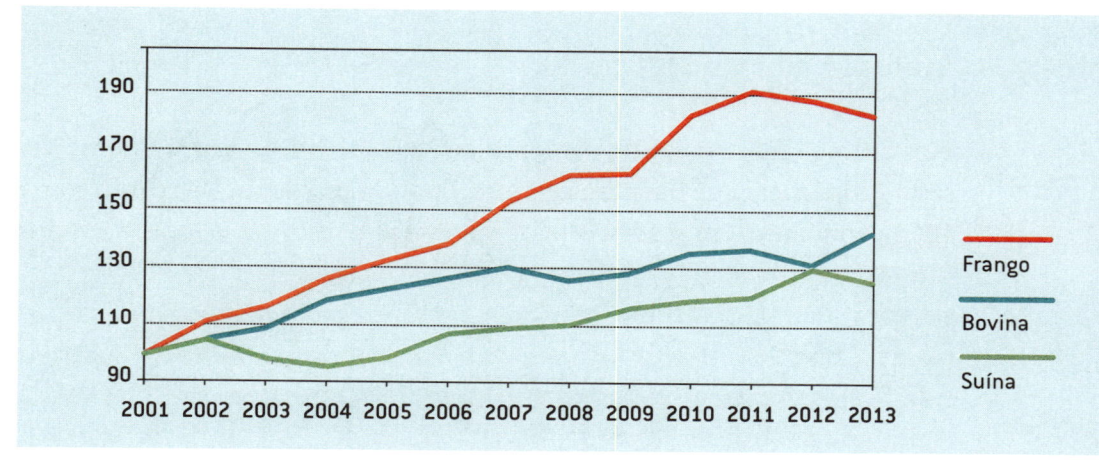

Fontes: Abiec (2014); Abpa (2014) e Abipecs (2014).

A expressiva expansão do agronegócio brasileiro na última década é explicada por uma combinação de fatores, tanto externos quanto internos. Com relação aos fatores externos, todos eles estão associados a um forte crescimento da economia mundial, em especial dos chamados mercados emergentes. Esse crescimento aqueceu a demanda por alimentos e demais produtos agrícolas, o que implicou:

- redução na razão entre estoque e demanda, o que gerou uma maior pressão sobre a oferta corrente, pressionando ainda mais os preços; e, consequentemente,
- forte elevação dos preços das *commodities* agrícolas nos mercados internacionais — aliás, quase todas atingiram picos históricos nominais entre 2008 e 2012 (gráfico 3).[1]

---

[1] Os valores foram deflacionados pelo Consumer Price Index (CPI) calculado pelo Bureau of Labor Statistics (2014) do United States Department of Labor.

GRÁFICO 3

EVOLUÇÃO DOS PREÇOS DAS *COMMODITIES* AGRÍCOLAS DE 2001 A 2013 (VALOR IGUAL A 100 ANO-BASE 2010)

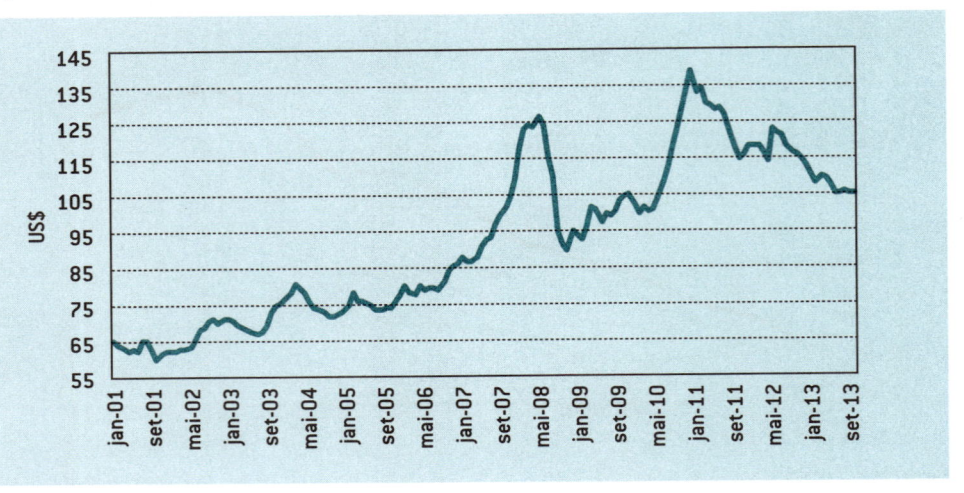

Fonte: The World Bank (2014).

O ciclo de alta dos preços das *commodities* permitiu elevar a margem de diversas cadeias do setor, tornando economicamente viável a produção (i) em áreas mais afastadas dos principais centros de distribuição, (ii) apoiadas por uma infraestrutura mais deficiente e, às vezes, (iii) em terras menos férteis. Todavia, embora a conjuntura externa tenha sido uma condição necessária para o sucesso do agronegócio brasileiro, ela não foi uma condição suficiente. Para entender todo esse processo, é necessário reconhecer que o agronegócio nacional não teria registrado os números anteriores se não fossem:

- a disponibilidade de área para expandir a fronteira agrícola;
- o desenvolvimento de tecnologias que permitiram aumento expressivo da produtividade nas áreas já estabelecidas, bem como a expansão da área plantada; e
- um suporte maior dos instrumentos de política agrícola, com especial destaque para a ampliação do crédito agrícola.

O crescimento do agronegócio seria impossível sem a conquista do cerrado. Por exemplo, na produção de grãos, entre 2001 e 2013, houve ampliação de 41% da área plantada no país, a maior parte em áreas de cerrado. Ao longo desse período, não houve tal expansão de área em qualquer outro país também grande produtor agrícola, o que reforça a tese de que a conjuntura externa favorável não foi uma condição suficiente para o crescimento do agronegócio.

Apesar da dimensão dessa expansão ser surpreendente por si só, ela não foi a principal responsável pelo sucesso do agronegócio brasileiro. Voltando novamente à produção de grãos, enquanto a produção cresceu 86% entre 2001 e 2013, a área plantada expandiu menos da metade disso. A diferença entre as duas cifras é explicada pelos enormes ganhos de produtividade que, ao longo do mesmo período, cresceu 40%. Aqui é importante reconhecer o papel estratégico de diversas instituições na geração e difusão de novas tecnologias, tais como Embrapa, Instituto Agronômico de Campinas, universidades etc.

Como apontado, além da expansão da área plantada e do incremento de produtividade, os instrumentos de política agrícola também exerceram um papel importante nesse processo ao dar suporte e viabilizar a produção agropecuária em diversas regiões. Porém, antes de analisar o papel que os instrumentos de política agrícola exerceram para a expansão do agronegócio na década passada, é importante discutir por que um setor envolvido em uma conjuntura tão favorável teve de receber recursos dos contribuintes na forma de políticas públicas.

Características do setor agropecuário que justificam o apoio financeiro

Devido às características dos bens, dos mercados e dos preços agrícolas, a renda dos produtores é caracterizada por forte volatilidade, o que dificulta a oferta de crédito por mecanismos convencionais de mercado e demanda um suporte especial de políticas públicas para tornar economicamente viáveis as atividades nesse setor. Além da questão envolvendo a volatilidade dos preços e da renda do produtor, a atividade agropecuária gera externalidades positivas, como segurança alimentar e energética, reforçando a justificativa dos incentivos recebidos.

Em geral, produtos agrícolas tendem a ser mais homogêneos que os produtos industriais ou do setor de serviços. O conceito de bem homogêneo está associado à pouca diferença ou pequena variabilidade entre os possíveis bens substitutos para um bem agrícola. Por exemplo, embora haja diferentes tipos de milho no mercado, essa variedade é bem menor do que a variedade de modelos de automóveis ou de apólices de seguro.

Além de serem bens mais homogêneos, ou seja, que contam com um número maior de bens substitutos, a produção dos bens agrícolas geralmente é dispersa, tanto em relação a regiões geográficas quanto ao número de produtores. Enquanto um bem industrial é produzido em áreas muito reduzidas, geralmente concentrados nas regiões metropolitanas, a produção de bens agrícolas se espalha por diferentes cidades e, muitas vezes, em diferentes regiões. Além disso, enquanto no setor industrial há um número relativamente limitado de produtores (por exemplo, o número de montadoras de automóveis), a produção agrícola apresenta um nível bem menor de concentração (quantos produtores de milho há no Brasil? Mal dá para contar).

A combinação de produtos mais homogêneos com produção dispersa faz com que as características dos mercados agrícolas se aproximem bastante daquelas de um mercado de concorrência perfeita. Nesses mercados, geralmente os produtores são tomadores de preços, ou seja, apresentam uma capacidade muito limitada de determinar a que preço irão comercializar sua produção; este preço é determinado pelo mercado, resultado do equilíbrio entre oferta e demanda naquele momento.

Outra característica importante de mercados competitivos também presente nos mercados agrícolas é a elevada volatilidade dos preços. Raramente um bem industrial ou um serviço terá seu preço mudando de valor diariamente; todavia, esse é um fenômeno bem comum para diversos bens agrícolas. Por trás dessa volatilidade está o fato de que, por serem transacionados em mercados mais competitivos, os preços de bens agrícolas respondem mais rapidamente a choques tanto da demanda como, e principalmente, pelo lado da oferta. Para diversos bens agrícolas basta que mude a expectativa com relação ao tamanho da safra para que seu preço sofra fortes alterações, mesmo que nem um simples grão ainda tenha sido colhido.

Essa volatilidade fica ainda mais intensa se considerarmos que os principais mercados regionais — que podem ser definidos como aqueles delimitados por uma localidade ou até mesmo por diferentes países localizados em determinada região do globo — de diversos produtos agrícolas estão conectados pelo mecanismo de arbitragem. Isso significa que mudanças na oferta ou na demanda de um mercado regional podem alterar o equilíbrio em outro mercado regional. Conforme cresce o número de mercados regionais influenciados por outros mercados regionais, é dito que esses produtos passam a contar com um mercado internacional. O mercado internacional é uma praça que consegue reunir todas as informações relevantes sobre diversos mercados regionais, e sintetizá-las em uma única variável — o preço —, que será utilizado pelos agentes em cada mercado no processo de decisão de quanto e quando produzir e consumir.

Uma vez que vários mercados agrícolas, além de serem mais competitivos, também são influenciados por mercados internacionais, seus preços ficam ainda mais voláteis, respondendo a:

- choques (ou a expectativas de choques) de oferta e de demanda em seus respectivos mercados ou nos mercados de seus substitutos;
- mudanças nas condições meteorológicas e edafoclimáticas;
- riscos geopolíticos;
- à própria sazonalidade natural dos ciclos biológicos das variedades utilizadas nas diferentes regiões produtoras.

Pelas razões discutidas, já fica claro que os preços agrícolas tendem a ser mais voláteis que os preços dos bens industriais ou de serviços. Todavia, principalmente na última década, os preços das *commodities* agrícolas se tornaram ainda mais voláteis. Esse incremento na volatilidade de preço observada foi atribuído a uma influência maior da atividade financeira sobre os mercados de produtos agropecuários (Brooks, Prokopczuk e Wu, 2014; Cheng e Xiong, 2013; Balestro e Lourenço, 2014; Frankel e Rose, 2010; Groen e Pesenti, 2010; Gouel, 2012; Du, Yu e Hayes, 2011; Chen, Rogoff e Rossi, 2008). A combinação entre dependência por ciclos biológicos e por condições edafoclimáticas, associada a essa maior volatilidade, torna a produção e os preços agrícolas menos previsíveis. Como a renda dos produtores é oriunda da relação entre a quantidade produzida e o preço praticado, esta é também muito volátil e pouco previsível.

As características dos bens e dos mercados no setor, por si só, já justificariam a existência e manutenção de um conjunto de políticas públicas para apoiar e tornar mais viável a produção agrícola. Todavia, a forma como as cadeias agrícolas estão organizadas reforça a necessidade de suportes adicionais do governo para esse setor. Os produtos agrícolas geralmente são matérias-primas para a produção de outras manufaturas. Enquanto os produtores de *commodities* agrícolas geralmente são pouco concentrados (elevado número de ofertantes) e dispersos geograficamente, o mercado dos produtores dessas manufaturas é mais concentrado. Se for levado em conta que o mercado dos ofertantes dos insumos necessários para a produção das *commodities* agrícolas (fertilizantes, corretivos, defensivos etc.) também é, em geral, concentrado (por se tratar de produtos oriundos da indústria), fica claro que os produtores agrícolas estão "prensados" entre dois elos cujos agentes contam com maior poder de mercado. Isso significa que os produtores contam com um poder muito limitado para negociar os custos e o valor de sua produção, o que faz com que sua margem de lucro seja uma das principais variáveis a acomodar choques adversos ao longo da cadeia.

A situação dos produtores agrícolas fica ainda mais delicada quando se constata que, além de serem mais voláteis, os preços das *commodities* agrícolas possuem uma tendência de queda no longo prazo (gráfico 4). Essa tendência é resultado da combinação de uma oferta mais elástica que a demanda. Um exemplo torna esse processo mais claro. Como o produtor tem uma capacidade muito limitada para determinar a que preço sua produção será vendida e pouca ou nenhuma capacidade de diferenciar seu produto dos demais concorrentes, reduzir seu custo de produção por unidade é sua principal estratégia para aumentar sua margem de lucro. Para reduzir seu custo de produção, ele tem de se tornar mais produtivo, adotando, por exemplo, pacotes tecnológicos mais eficientes. Todavia, como tecnologia e inovação nos mercados agrícolas se disseminam de forma mais rápida que em outros setores, em poucas safras uma fração significativa de produtores já terá incorporado esse pacote mais eficiente, ampliando a oferta de mercado e, consequentemente, reduzindo o preço de equilíbrio.

GRÁFICO 4
EVOLUÇÃO DOS PREÇOS DAS *COMMODITIES* AGRÍCOLAS DE 1960 A 2013
(VALOR IGUAL A 100 ANO-BASE 2010)

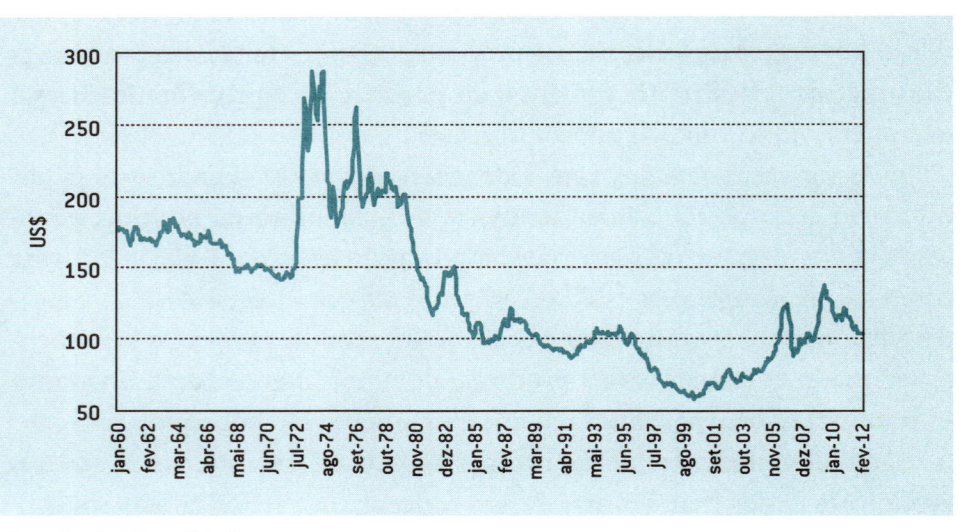

Fonte: The World Bank (2014).

Os ciclos de alta dos preços agrícolas surgem geralmente devido a um choque positivo pelo lado da demanda. Porém, uma demanda aquecida fará com que os produtores aumentem sua produção, seja ampliando a área plantada, seja elevando a produtividade das áreas produtoras. De qualquer forma, a oferta irá aumentar, reduzindo paulatinamente o excesso de demanda, até que os preços retomem sua trajetória de longo prazo, reduzindo a margem dos produtores. Caso eles queiram recuperar a antiga margem de lucro, terão de novamente investir em ganhos de produtividade. Porém, isso fará a oferta aumentar ainda mais, empurrando o preço para baixo mais uma vez.

Em suma, devido a características particulares dos bens, dos mercados e do comportamento dos preços nos mercados agrícolas, a atividade agropecuária demanda um conjunto de políticas que apoiem e incentivem a produção, conferindo maior segurança aos produtores e à oferta agropecuária. Para atender a essas demandas, praticamente todos os países lançam mão de instrumentos de política agrícola. A próxima seção discute a lógica de instrumentos clássicos de política agrícola, e a seção seguinte apresenta brevemente os principais instrumentos em uso no país.

A lógica dos instrumentos clássicos de política agrícola

Dado que as características dos bens, dos mercados e dos preços agrícolas tornam o retorno da atividade agrícola menos previsível, quase todos os países fazem uso de instrumentos de política agrícola para proteger a renda do setor, aumentar ou diminuir a produção agrícola (conforme a necessidade da ocasião), reduzir o risco de preço enfrentado pelo produtor e reduzir as flutuações sazonais inerentes às atividades agropecuárias.

Um dos instrumentos clássicos de política agrícola é a política de preços mínimos. No caso brasileiro, essa política foi denominada "política de garantia de preços mínimos" (PGPM). Tal política conta com um conjunto de instrumentos para defender a renda dos produtores por meio da sustentação do preço recebido. Esses instrumentos são acionados de forma a garantir que o preço recebido pelo produtor não seja inferior a um patamar mínimo predeterminado. A figura 1 ilustra o desafio da PGPM.

FIGURA 1
O DESAFIO DA POLÍTICA DE GARANTIA DE PREÇOS MÍNIMOS (PGPM)

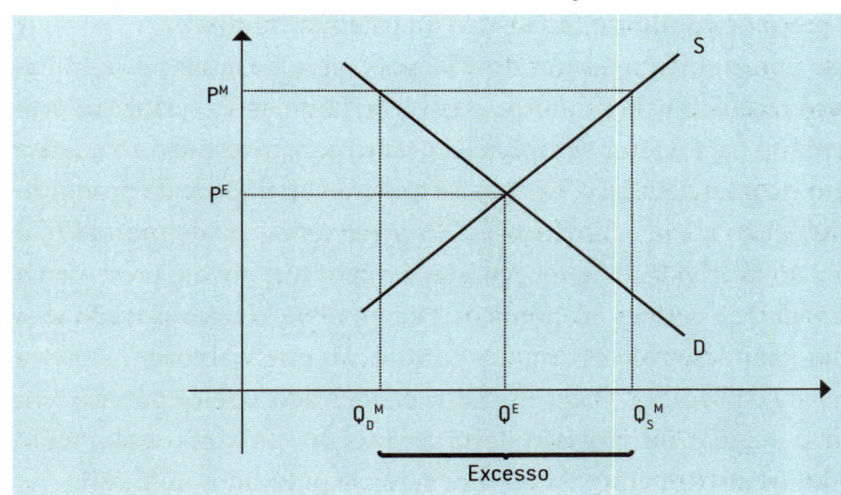

Na figura 1, o preço praticado no mercado em equilíbrio é P^E e, nesse nível, a quantidade transacionada no mercado é de Q^E. Porém, se esse preço não for considerado satisfatório para garantir a renda do produtor, será preciso elevá-lo ao patamar mínimo de P^M, o preço mínimo estabelecido previamente na política como garantidor da renda do produtor. Contudo, no nível P^M a quantidade ofertada (Q_S^M) tende a ser maior que a quantidade demandada (Q_D^M) e, portanto, surge um excesso de oferta nesse mercado. Naturalmente, esse excesso não pode ser sustentado eternamente, pois as próprias forças de mercado tenderão a fazer o ajuste, empurrando esse preço para baixo até o ponto de equilíbrio de mercado (Q^E, P^E).

O governo tem diversos instrumentos para lidar com esse excesso de oferta e manter o preço recebido pelos produtores em P^M, tais como:

- formar estoques reguladores, comprando o excesso de produção que precisa ser retirado do mercado. Esse instrumento é chamado, no Brasil, de "aquisições do governo federal" (AGF);
- financiar terceiros para que comprem esse excesso e formem estoques. Esse instrumento é chamado de "estoques do governo federal" (EGF);
- facilitar o escoamento desse excesso de oferta para outras regiões com excesso de demanda. Para tal fim, há dois instrumentos principais: o "prêmio para escoamento do produto" (PEP) e o "prêmio equalizador pago ao produtor" (Pepro).

Outra estratégia para defender a renda do produtor é aumentar sua margem, reduzindo seu custo de produção por meio de políticas de crédito agrícola que disponibilizem recursos, tanto para investimento e custeio como também para comercialização, em condições mais atrativas que as vigentes no mercado financeiro. Todavia, em ambos os casos, aumenta-se a oferta, reduz-se o preço e intensifica-se o problema de formação de excessos quando o preço de equilíbrio fica abaixo do patamar mínimo.

Nesse ponto surge mais um desafio, pois, além de atuar na sustentação do preço recebido pelo produtor, o governo também é o principal provedor de crédito para o setor agropecuário, tanto para investimento quanto para custeio e comercialização. Devido à excessiva volatilidade da produção (fatores biológicos e edafoclimáticos) e do preço (choques de mercado), o risco associado às atividades agropecuárias é maior que aquele presente na maioria dos demais setores econômicos. Diante disso, o setor privado tem dificuldades para desenvolver arranjos contratuais que viabilizem a oferta de crédito para o produtor. Dada essa falha de mercado, o setor público tem de intervir e auxiliar na provisão desse crédito. Na próxima seção, serão apresentados os instrumentos da política agrícola praticados no Brasil.

Instrumentos de política agrícola no Brasil

O Brasil faz uso atualmente de diversos instrumentos de política agrícola modernos, desenvolvidos e aperfeiçoados ao longo das décadas. O instrumento mais tradicional de apoio à agropecuária brasileira no passado foi o crédito rural, através do Sistema Nacional de Crédito Rural, criado em 1965. Era baseado em crédito subsidiado e garantia de preço mínimo, e seu principal objetivo era garantir a segurança alimentar. Tal política gerou excesso de estoques públicos e dificuldade de cumprimento dos compromissos da própria política ao longo do tempo, o que demonstrou sua falta de sustentação e sustentabilidade no longo prazo.

O abandono desse tipo de política se deu gradativamente a partir da segunda metade da década de 1980, valendo-se, entre outros elementos, da redução da intervenção do governo nos mercados. Um novo marco regulatório para a política agrícola foi estabelecido a partir de 1991 e, em 1992, o poder Executivo foi autorizado a conceder subvenções econômicas nas operações de crédito rural, na forma de equalização de preços e de taxas de juros (ETJ). Essa autorização foi um dos marcos mais importante para o desenvolvimento dos instrumentos de financiamento e de apoio à comercialização que seriam criados desde então.

Já em maio de 1995, foi criado o Programa de Geração de Emprego e Renda Rural (Proger Rural), voltado para o produtor e para a agroindústria de micro e pequeno portes, com recursos originários do Fundo de Amparo ao Trabalhador (FAT), para a geração de emprego e renda no meio rural.

Ainda, como resposta do governo aos movimentos sociais por uma política diferenciada, foi instituído, em 1996, o Programa de Apoio à Agricultura Familiar (Pronaf). O governo, assim, passou a priorizar o segmento rural representado pelos pequenos agricultores na alocação de seus recursos.

A partir de 1997, iniciou-se a modernização dos instrumentos da intervenção governamental no mercado, com o surgimento do prêmio para escoamento de produto (PEP) e da opção pública, capazes de abarcar produtos não vinculados ao crédito rural e/ou outros beneficiários, sem a necessidade da aquisição governamental.

Em 2000, foi instituído o Programa de Modernização da Frota de Tratores Agrícolas e Implementos Associados e Colheitadeiras (Moderfrota). O programa — apesar de tratar-se de política de investimentos — é importante complemento da política setorial por ser direcionado à agropecuária. A partir dele foi criada uma série de outros programas de investimentos lastreados no sistema do Banco Nacional de Desenvolvimento Econômico e Social (BNDES), tais como o Moderagro, Moderinfra, entre outros.

Já em 2003 foi criado o Programa de Subvenção ao Prêmio do Seguro Rural (PSR) (Brasil, 2003) para estimular a securitização privada no país. Por sua vez, em 2004, foram instituídos o certificado de depósito agropecuário (CDA), o *warrant* agropecuário (WA), o certificado de direitos creditórios do agronegócio (CDCA), a letra de crédito do agronegócio (LCA) e o certificado de recebíveis do agronegócio (CRA). Esses instrumentos facilitaram o relacionamento da agricultura com o mercado financeiro, sem a necessidade de recorrer ao crédito rural, aliviando, por consequência, a pressão sobre os recursos oficiais para o setor.

Ainda em 2004, foi criado o subprograma denominado "Proagro Mais", dentro do Programa de Garantia da Atividade Agropecuária (Proagro).[2] O objetivo foi atender aos pequenos produtores vinculados ao Pronaf nas operações de custeio agrícola.

Em 2010 ficou estabelecido que o capítulo do Manual de Crédito Rural (MCR) referente ao Programa de Geração de Emprego e Renda (Proger) Rural passaria a vigorar com a denominação "Programa Nacional de Apoio ao Médio Produtor Rural" (Pronamp), para atender ao médio produtor rural, situado acima do público do Pronaf e abaixo do grande produtor rural.

As diversas medidas mencionadas possibilitaram o aparecimento gradativo e a consolidação de uma política moderna e mais adequada a um ambiente competitivo e de demanda crescente por alimentos, fibras e bioenergia. Tal política contribuiu, entre outros fatores, para consolidar o Brasil como um dos principais produtores agrícolas. A seguir, discutimos brevemente os principais instrumentos de política agrícola em aplicação atualmente no país.

Crédito rural

A política de crédito rural contempla os recursos disponibilizados pelo governo a cada ano-safra para o financiamento das despesas de custeio, investimentos e comercialização da produção agrícola e pecuária. A cada ano, o montante de recursos disponíveis, distribuídos em diferentes programas e linhas de financiamento, bem como a taxa de juros e demais condições para o crédito são anunciados no chamado Plano Safra, por volta de maio, para aplicação de julho do ano em questão até junho do ano seguinte.

---

[2] O Proagro foi criado pela Lei nº 5.969, de 1973, e é regido pela Lei nº 8.171/1991 (Lei Agrícola). Trata-se de um seguro público destinado a atender produtores, na ocorrência de fenômenos naturais, pragas e doenças que atinjam rebanhos e plantações.

Os recursos do crédito rural são disponibilizados em diferentes linhas e programas, que possuem fontes e/ou finalidades específicas. A poupança rural, por exemplo, é uma linha de crédito cujos recursos são provenientes da captação via caderneta da poupança rural, possível apenas pelos bancos oficiais federais (Banco do Brasil, Banco do Nordeste do Brasil e Banco da Amazônia), bem como pelos bancos cooperativos. A tabela 1 apresenta o financiamento rural em dois anos-safras específicos, ilustrando várias fontes e linhas disponibilizadas.

A maior parte dos recursos do crédito rural é oferecida a taxas de juros controladas e inferiores às vigentes no mercado de crédito, como mostra a última coluna da tabela 1. Essa prática, como explicado na primeira seção deste capítulo, justifica-se com base nas características e papéis do setor agropecuário para a economia.

A oferta de linhas de crédito para investimentos conta com recursos do BNDES e dos fundos constitucionais de financiamento do Centro-Oeste, Norte e Nordeste, conhecidos, pela ordem, como FCO, FNO e FNE. Os fundos constitucionais só podem ser captados por produtores dos estados localizados naquelas regiões.

Entre os programas de crédito para investimento criados pelo governo via BNDES, o Moderfrota teve uma elevada importância para a aquisição de máquinas no campo, e, com isso, a modernização e renovação do parque mecânico da agricultura brasileira. Na sequência, com o mesmo propósito, veio o Programa de Sustentação do Investimento (PSI).

A tabela 1 também mostra importantes mudanças nos recursos provisionados e aplicados do ano-safra 2002/2003 para o ano-safra 2013/2014. Os volumes aplicados aumentaram substancialmente não apenas em valor nominal, mas também em valor real.[3] Ainda, algumas linhas e programas foram extintos ao longo do tempo, enquanto muitos outros foram criados. Linhas e programas como o Programa ABC (de agricultura de baixa emissão de carbono) e o PCA (para construção e ampliação de armazéns) indicam uma evolução do crédito agrícola, uma vez que versam sobre aspectos ambientais e gargalos estruturais do país, como o sistema de armazenagem.

---

[3] Utilizando o IGP-DI dos anos de 2002 e 2013 para comparação dos valores na tabela 1, o aumento real observado no montante total de crédito agrícola disponibilizado foi de 136% entre os anos de 2002 e 2013, o equivalente ao aumento de 8,1% ao ano.

TABELA 1
RECURSOS PARA O FINANCIAMENTO DA AGRICULTURA
— SAFRAS 2002/2003 E 2013/2014
(VALORES MONETÁRIOS EM MILHÕES DE REAIS DO ANO EM QUESTÃO)

FONTES DE RECURSOS E PROGRAMA	2002/2003 RECURSOS APLICADOS	RECURSOS PROGRAMADOS	2013/2014 RECURSOS APLICADOS	TAXAS DE JUROS (% A.A.)
Custeio e comercialização	**22.620**	**97.627**	**115.541**	
Juros controlados	**18.612**	**82.227**	**90.021**	
Rec. obrigatório MCR 6-2	14.207	42.538	48.077	5,5%
Poupança rural MCR 6-4	3.098	23.610	25.132	5,5%
Recursos próprios		500	0	5,5%
Funcafe	552	3.181	2.155	5,5%
Proger Rural	755			
Pronamp Rural		8.050	11.460	4,5%
• Banco do Brasil		4.800	9.027	
• Bancos cooperativos e Basa		600	1.729	
• Sistema BNDES		100	17	
• Rec. obrigatório MCR 6-2 — Outros bancos		2.550	688*	
Fundos constitucionais		2.348	1.844	3,5%
Estocagem de álcool		2.000	1.354	7,7%
Juros livres	**4.008**	**15.4**	**25.52**	
Poupança rural		4.000	4.183	
Recursos livres		2.800	4.165	
CPR aval/compra		1.000	1.912	
BB-Agroindustrial		7.250	15.259	
Recursos externos — 63 Rural		350	0	
Investimento	**5.040**	**38.436**	**41.769**	
Programas do BNDES	**2.872**	**24.85**	**24.972**	
Moderagro	509	550	519	5,5%
Pograma ABC		4.500	2.779**	5,0%
- BNDES		500	279	
- Banco do Brasil		4.000	2.500	
Prodecoop	23	350	758	5,5%
Procap-Agro		3.240	2.620	5,5% a 6,5%
PSI/Moderinfra/Moderfrota	2.223	8.810	13.596	3,5% a 6,0%
PCA (construção e ampliação de armazéns)		3.500	3.862**	3,5%
• BNDES		1.750	1.245	

continua

• Banco do Brasil		1.750	2.617	
Inovagro		1.000	82	3,5%
Prorenova/Setor sucro-alcooleiro		4.000	1.501	5,5%
Demais fontes/programas	**2.169**	**13.586**	**16.796**	
Fundos constitucionais	1.391	2.876	4.541	3,5%
Finame Agrícola Exportação	664			
Proger Rural	107			
Pronamp		5.160	5.318	4,5%
• Banco do Brasil		2.600	3.736	
• Bancos cooperativos e Basa		50	617	
• Rec. obrigatório MCR 6-2 — Outros bancos		1.110	890	
• BNDES		1.400	75	
Recursos externos — 63 Rural	7			
Rec. obrigatório MCR 6-2		5.000	5.124	5,5%
Poupança rural		50	509	
Recursos livres		0	1.079	
Recursos próprios — Bancoob		500	225	5,5%
Total agricultura empresarial	**27.660**	**136.063**	**157.309**	
Agricultura familiar (Pronaf)	**2.377**	**21.000**	**22.283**	
Agricultura total	**30.037**	**157.063**	**179.593**	

Fontes: Dados do ano-safra 2002/2003 — PAP-SPA/Mapa; dados do ano-safra 2013/2014: Mapa/Recor/Sicor/Bacen, BNDES, BB, BNB, Basa, Bancoob, Sicredi e MDA.
* Informações de julho a dezembro de 2013.
** Informações de julho de 2013 a maio de 2014.

Instrumentos públicos de comercialização

Os instrumentos de comercialização visam garantir recursos e condições para venda dos produtos agropecuários e formação de estoques. Esses instrumentos no Brasil sofreram importantes mudanças ao longo do tempo, que diminuíram o papel do governo como comprador e fornecedor de subsídios.

A Lei Agrícola de 1991 atribuía ao poder público a responsabilidade de formar e manter estoques reguladores e estratégicos através da política de garantia de preços mínimos (PGPM), que funcionava com o governo adquirindo a produção agrícola através do instrumento de aquisição do governo federal (AGF), pagando um preço mínimo quando este era superior ao preço de mercado. Ou, ainda, o governo financiava a produção com empréstimos e, no vencimento dos mesmos, se o agricultor não conseguisse vender o produto, o governo compraria a produção ao preço mínimo, através dos empréstimos do governo federal com opção de venda (EGF/COV). Os estoques públicos adquiridos através dessas políticas seriam liberados quando os preços de mercado se encontrassem acima de um preço de intervenção, que se constituía no referencial para o início e para a suspensão da intervenção do governo.

Essa política no Brasil passou por dificuldades a partir da safra 1991/1992, por conta dos excedentes gerados, que, vinculados aos empréstimos do governo federal, chegaram a volumes que o Tesouro Nacional não teve condições de absorver. Os empréstimos do governo eram prorrogados sempre que o mesmo não tinha fundos para adquirir a produção ao preço mínimo. Para o produtor, a política gerava estímulo para o aumento da produção sempre que o preço mínimo fosse suficiente para cobrir seus custos, uma vez que, ao colocar o produto em um armazém credenciado, o problema passava a ser dos agentes financeiros.

Em 1992, promulgou-se a lei que autorizava subvenções econômicas nas operações de crédito rural, na forma de equalização de preços e de taxas de juros. A equalização de preços consistia em o governo conceder subvenção ao saldo devedor do empréstimo no montante que excedesse o valor de mercado do produto financiado. O produto era leiloado no mercado, e o governo só concederia como subvenção o diferencial entre o valor arrecadado via leilão e o saldo devedor do empréstimo realizado pelo agricultor. A concessão da subvenção exonerava o governo federal da obrigação de adquirir o produto.

A criação dos instrumentos de apoio à comercialização via equalização representou uma evolução na política agrícola. Aos poucos, foram formatados novos instrumentos com escopo mais abrangente, capazes de abarcar produtos não vinculados ao crédito rural e/ou outros beneficiários que não produtores e cooperativas. Segue uma descrição dos principais instrumentos disponíveis atualmente.

O *prêmio para o escoamento de produto* (PEP) é uma equalização de preços na forma de subvenção econômica, concedida pelo governo federal. O prêmio é disputado em leilão público por segmentos econômicos previamente definidos. Os arrematantes se comprometem a comprovar a compra do produto de produtores e/ou suas cooperativas por, no mínimo, o preço de garantia fixado. Também ficam obrigados a comprovar o escoamento do produto da região de produção para outras regiões previamente estabelecidas.

Já o *prêmio equalizador pago ao produtor rural e/ou sua cooperativa* (Pepro) funciona de forma similar ao PEP, porém com a diferença de que, no caso do Pepro, os arrematantes do prêmio são os próprios produtores e/ou suas cooperativas, que recebem o subsídio na forma de prêmio e ficam responsáveis pela comprovação da parte documental. O prêmio equalizador ou subvenção econômica arrematada em leilão público deverá assegurar aos produtores e/ou suas cooperativas o recebimento, quando da venda de seu produto, de valor no mínimo equivalente ao preço de garantia ou do valor de referência fixado pelo governo.

O *contrato de opção de venda*, por sua vez, é um instrumento pelo qual o governo estabelece um preço de exercício para o produto em uma data futura e, através de bolsas de mercadorias, promove leilão do prêmio, que representa o valor que o adquirente deve pagar pela compra do contrato. O produtor e/ou cooperativa que arrematar o prêmio passa a ter o direito, e não a obrigação, de entregar o produto na data estabelecida previamente, pelo preço de exercício fixado. Objetiva proteger o produtor/cooperativa contra o risco de queda nos preços de seus produtos. Ainda, permite prorrogar os compromissos do governo em face da escassez dos recursos do Tesouro Nacional, bem como sinalizar uma provável evolução de preço futuro. Se o governo não quiser exercer a opção, poderá recomprar o contrato, repassar o contrato a terceiros assegurando que o novo titular honrará as obrigações originalmente assumidas pelo ente público, ou pagar a diferença entre o preço de exercício e o preço de mercado na época do vencimento. O produtor e/ou cooperativa arrematante do contrato pode aderir a uma dessas alternativas ou exercer seu direito de entregar o produto ao governo nas datas previamente pactuadas.

Outro instrumento disponível é o *contrato privado de opção de venda e prêmio de risco de opção privada* (Prop). Nele, as empresas consumidoras com interesse em lançar contrato privado de opções de venda com o apoio do governo, são selecionadas previamente por intermédio de um leilão público. Nesse leilão o governo coloca em disputa o subsídio máximo que está disposto a conceder, denominado *prêmio de risco*. O arrematante, para fazer jus à equalização de preços, assume o compromisso de lançar contratos de opção de venda com prazos e preços de exercício definidos pelo governo. O lançador do contrato, como ente privado, apropria a subvenção governamental e o prêmio pago pelos participantes. Em contrapartida, assume os riscos inerentes ao exercício dos contratos.

O instrumento é interessante para o produtor por ser mais flexível, principalmente quanto ao local de entrega do produto. Após o leilão do prêmio de risco, o governo sabe o valor máximo da equalização de preços a ser despendido e, ao mesmo tempo, se desonera da obrigação de adquirir ou apoiar a comercialização do produto. Para a empresa consumidora a operação também é interessante, pois esta pode adquirir um produto com equalização do governo ou se apropriar do valor do prêmio pago pelo produtor/cooperativa, caso não exerçam as opções.

Esses novos instrumentos de apoio público à comercialização permitem harmonizar os interesses do governo, evitando a formação de estoques indesejáveis ou dispêndio de grandes recursos (a) dos produtores, em razão da garantia do preço mínimo e/ou do preço de exercício das opções e (b) dos beneficiadores/exportadores, por dar facilidade de acesso aos produtos. Tal conciliação vem sendo feita dentro das regras normais de mercado, ou seja, sem as distorções inerentes às intervenções públicas do passado.

Vale ressaltar que, além dos instrumentos públicos de financiamento, foram criados no país vários instrumentos privados com a mesma finalidade, a partir da instituição da cédula de produto rural (CPR) em 1994 (Brasil, 1994). Em que pese a importância desses instrumentos para o financiamento da agricultura empresarial no país, por se tratar de instrumentos privados eles fogem ao escopo do presente capítulo. A seguir, será analisada a evolução do crédito agrícola no Brasil e o papel estratégico exercido pelos bancos públicos, com especial destaque para o Banco do Brasil.

Crédito rural no Brasil

Dada a importância do crédito rural e as justificativas econômicas para sua existência, é importante analisar como tem evoluído a aplicação e distribuição de seus diversos instrumentos, muitos dos quais já discutidos aqui. Dados detalhados estão disponíveis nos anuários estatísticos do crédito rural do Banco Central para o período de 1999 a 2012, período no qual se concentrará a análise desta seção. Nestes anos, já pós-estabilização econômica, o Brasil teve três presidentes e viu o crédito rural se expandir de maneira contínua, enquanto o agronegócio e a agricultura familiar brasileiros consolidavam seu papel fundamental no crescimento econômico, na balança comercial, na distribuição de renda e na melhoria das condições sociais no país.

Evolução do crédito rural

A evolução dos recursos destinados ao crédito rural no Brasil é um tanto errática nos anos anteriores à estabilização da moeda, possível a partir da implementação do Plano Real em 1994. Parte desse comportamento pode ser creditado às sucessivas mudanças monetárias e aos períodos inflacionários. Porém, após o Plano Real, o Brasil passou a aumentar consistentemente o montante de recursos destinados ao crédito rural, como pode ser observado pela figura 2.

FIGURA 2

EVOLUÇÃO DO CRÉDITO RURAL — 1969-2012 E 1995-2012

(EM R$ MILHÕES DE 2012)

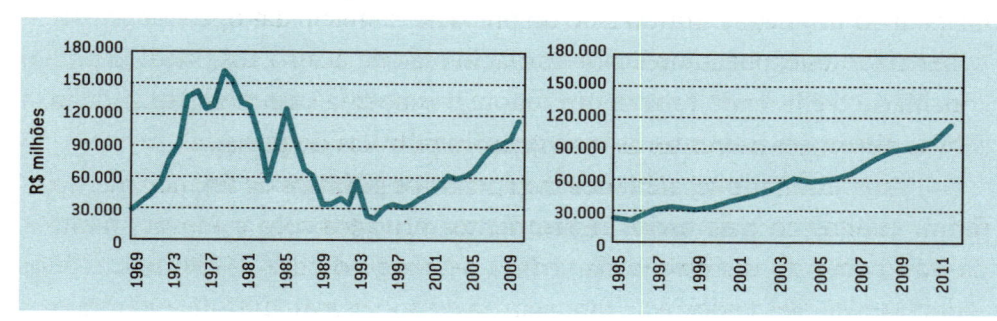

Fonte: Banco Central do Brasil — Derop/Recor.

Esse aumento dos recursos destinados ao crédito rural foi respondido à altura pelo setor, com a expansão da produção agropecuária e do agronegócio em geral. Embora não seja possível apontar uma relação de causalidade entre a expansão do crédito e o aumento da produção, é inegável a contribuição do crédito no crescimento do PIB agropecuário brasileiro (gráfico 5). A resposta da produção agropecuária ao aumento do crédito rural é mais evidente se considerarmos que a expansão do crédito no Brasil se deu em vários outros setores que não apenas o rural. A expansão do crédito tem sido utilizada fortemente nos últimos anos para impulsionar o crescimento econômico e amenizar os efeitos da crise internacional de 2008, porém a reação de outros setores e do PIB em geral tem ficado aquém da reação do setor agropecuário.

GRÁFICO 5

EVOLUÇÃO DO PIB AGROPECUÁRIO — 1999-2012 (EM R$ MILHÕES DE 2012)

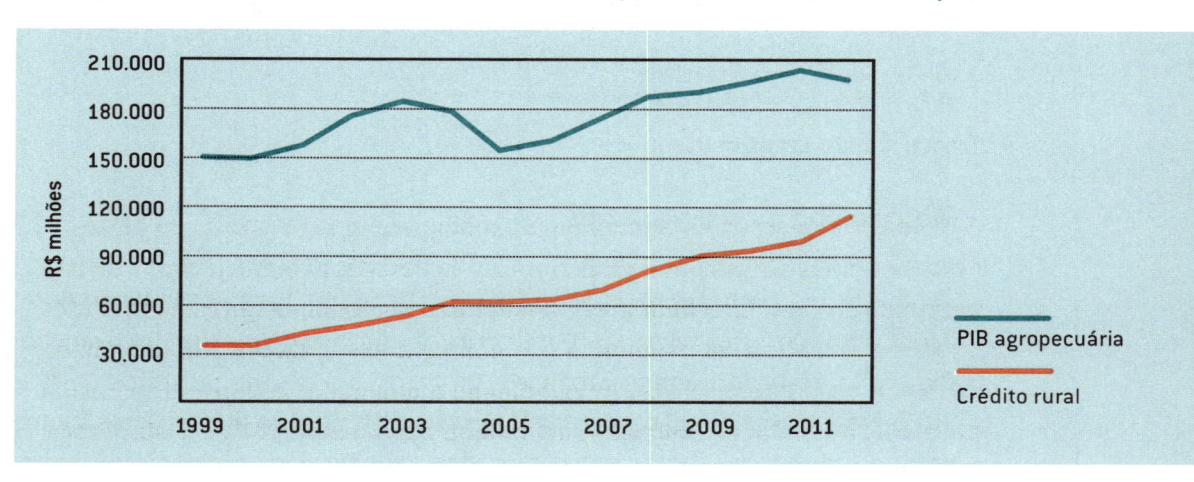

Fonte: Banco Central do Brasil — Derop/Recor; IBGE/SCN 2000 anual.

Outra evolução importante no período analisado é a do custo desse crédito, simbolizado nas taxas de juros estabelecidas a cada Plano Safra. O custo do crédito rural varia bastante de acordo com a linha de crédito, o porte do produtor, a finalidade da operação e outros fatores. Porém pode-se tomar a taxa de juros do custeio agrícola como uma boa medida para o custo do crédito rural como um todo e compará-la com a evolução da taxa básica de juros da economia (Selic) para que se tenha uma ideia da evolução do apoio praticado via equalização de taxa de juros no Brasil.

O gráfico 6 apresenta a taxa de juros do custeio, a qual se manteve estável em um patamar bastante abaixo da Selic durante os primeiros anos do Plano Real, sendo reduzida pela primeira vez em 2007. Como esta e as demais taxas de juros do crédito rural têm seus reajustes desvinculados da Selic, a redução seguinte, em 2012, e o aumento do último ano acompanharam de maneira apenas aproximada os movimentos da taxa básica.

GRÁFICO 6
EVOLUÇÃO DOS JUROS DE CUSTEIO — 1999-2014

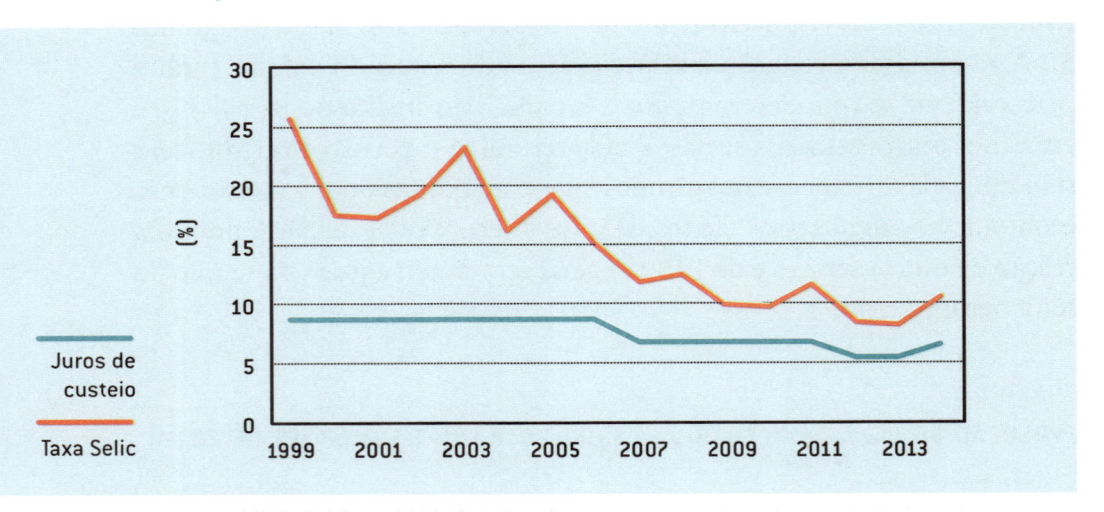

Obs.: Taxa Selic mensal média anualizada.
Fonte: Banco Central do Brasil — Derop/Recor; Ipeadata.

Distribuição do crédito rural

Tendo visto a evolução do crédito rural no Brasil em termos gerais, pode-se agora detalhar esses números para verificar como evoluiu sua distribuição. Para tal, serão considerados apenas o primeiro e o último períodos: 1999 e 2012. Na maioria dos casos, as mudanças na distribuição dos recursos foram graduais, de modo que a análise feita dessa forma não traz perda de informação ao mesmo tempo que possibilita uma avaliação com mais detalhes de cada divisão dos recursos.

Seguindo ainda um paralelo entre produção agropecuária e crédito rural, podemos observar como os recursos do crédito têm sido distribuídos entre as cinco regiões brasileiras e verificar se essa divisão faz jus à participação de cada região na produção. No último censo agropecuário do IBGE, em 2006, a região Sudeste tinha a maior participação no valor bruto da produção, com 33% do total, seguida pelas regiões Sul (29%), Nordeste (20%) Centro-Oeste (14%) e Norte (4%). Se considerarmos apenas a produção de grãos, podemos olhar para dados mais atuais, fornecidos pela Conab para 2012, em que a liderança passa a ser da região Centro-Oeste com 41%, seguida pelas regiões Sul (38%), Sudeste (11%), Nordeste (6%) e Norte (3%). Finalmente, podemos verificar na figura 3 que a liderança na captação dos recursos do crédito rural manteve-se na região Sul.

FIGURA 3
COMPARATIVO DO CRÉDITO RURAL POR REGIÃO — 1999 E 2012

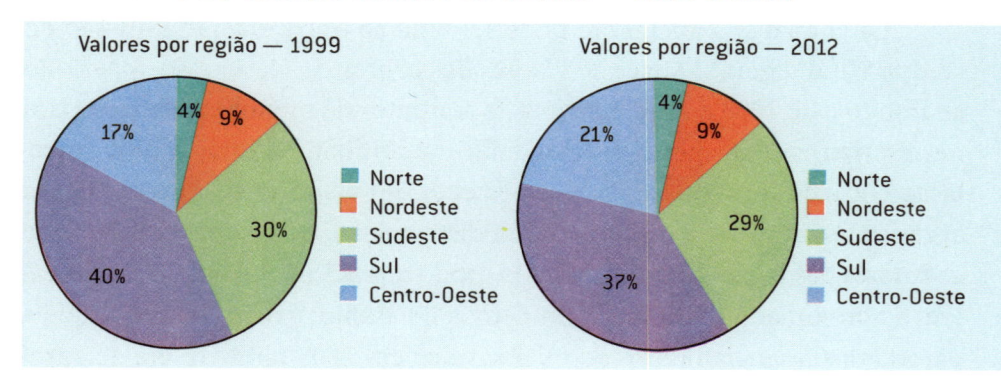

Valores por região — 1999: Norte 4%, Nordeste 9%, Sudeste 30%, Sul 40%, Centro-Oeste 17%.

Valores por região — 2012: Norte 4%, Nordeste 9%, Sudeste 29%, Sul 37%, Centro-Oeste 21%.

Fonte: Banco Central do Brasil — Derop/Recor.

Entretanto, antes de julgar qualquer disparidade entre a participação das regiões na produção e sua parcela do crédito rural, é preciso relembrar o papel distributivo deste. São justamente as regiões menos desenvolvidas do país aquelas que mais precisam do estímulo do crédito rural para se desenvolver. É precisamente esta uma das justificativas para a existência dos fundos constitucionais que, como será visto a seguir, são também parte dos financiadores do crédito rural. Isto posto, parece haver falta de recursos no Nordeste. Entre os períodos analisados, essa região contribuiu com cerca de um quinto da produção, tendo recebido menos de um décimo do crédito disponível.

Um raciocínio análogo pode ser aplicado no caso da divisão de recursos entre produtores familiares e não familiares. Apesar de o montante dos créditos alocados ao Pronaf ter mais do que triplicado no período, e o número de contratos mais do que dobrado, a agricultura familiar ainda recebe praticamente os mesmos 15% dos recursos que recebia em 1999 (na figura 4).

FIGURA 4
COMPARATIVO DO CRÉDITO RURAL POR DESTINATÁRIO — 1999 E 2012

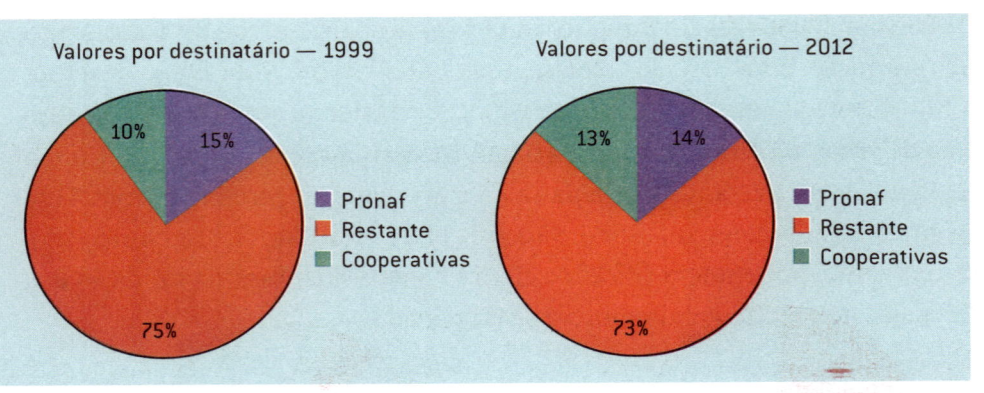

Valores por destinatário — 1999: Pronaf 15%, Cooperativas 10%, Restante 75%.
Valores por destinatário — 2012: Pronaf 14%, Cooperativas 13%, Restante 73%.

Fonte: Banco Central do Brasil — Derop/Recor.

Uma análise semelhante pode ser feita ao se considerar a divisão do crédito rural segundo faixas de valores dos contratos. Nesse caso, o período analisado é de 2003 e 2012. Embora os contratos de menor valor não sejam necessariamente os mesmos da agricultura familiar, há uma grande correlação entre os dois tipos, e pode-se perceber um padrão similar ao da figura anterior. Ao analisar a evolução dessa distribuição, é importante notar que os valores das faixas são nominais, de modo que R$ 60 mil em 2012 equivalem a aproximadamente R$ 35 mil em 2003. Assim, é razoável supor que a parcela dos financiamentos de menor valor em 2003 também era de aproximadamente um quinto do total em lugar dos 43% mostrados na figura 5.

FIGURA 5
COMPARATIVO DO CRÉDITO RURAL POR FAIXA DE VALOR — 2003 E 2012

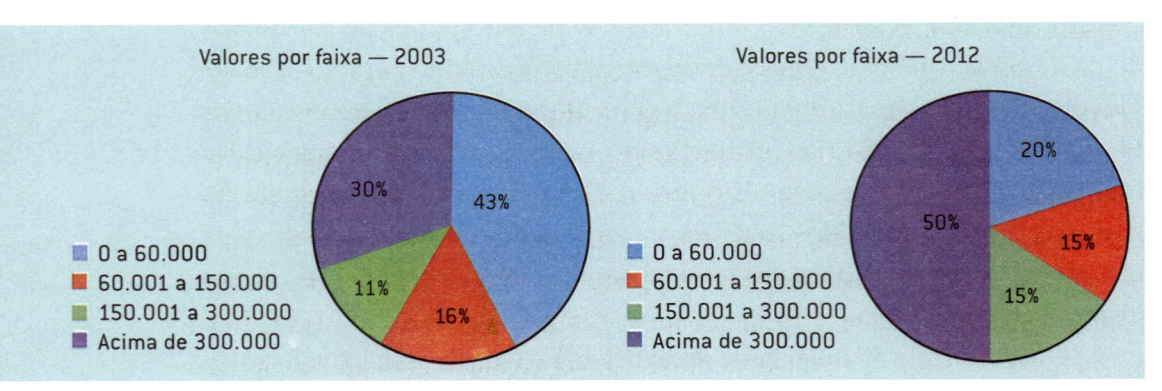

Valores por faixa — 2003: 0 a 60.000 — 43%; 60.001 a 150.000 — 16%; 150.001 a 300.000 — 11%; Acima de 300.000 — 30%.
Valores por faixa — 2012: 0 a 60.000 — 20%; 60.001 a 150.000 — 15%; 150.001 a 300.000 — 15%; Acima de 300.000 — 50%.

Fonte: Banco Central do Brasil — Derop/Recor.

Tanto nessa perspectiva quanto na anterior, há uma grande diferença na divisão do número de contratos e na divisão do montante de recursos: os contratos de menor valor e os contratos do Pronaf são a maioria, porém, como seu valor médio é muito menor, somam uma parcela muito menor dos recursos. Pode-se verificar isso olhando a distribuição do número dos contratos em 2012, divididos por destinatário, e por faixa de valor (figura 6).

FIGURA 6
COMPARATIVO DO CRÉDITO RURAL POR DESTINATÁRIO E POR FAIXA DE VALOR — 2012

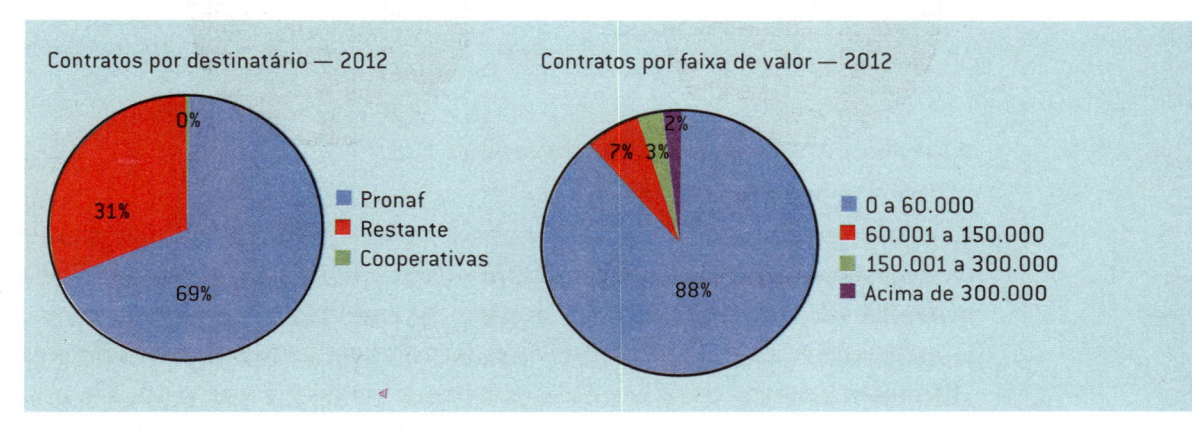

Contratos por destinatário — 2012: Pronaf 69%, Restante 31%, Cooperativas 0%

Contratos por faixa de valor — 2012: 0 a 60.000 88%, 60.001 a 150.000 7%, 150.001 a 300.000 3%, Acima de 300.000 2%

Fonte: Banco Central do Brasil — Derop/Recor.

Por fim, analisa-se a divisão do crédito rural por finalidades e atividades. Assim como a produção agrícola vegetal responde pela maior parte da produção agropecuária, é ela também que recebe a maior parte dos recursos do crédito rural. A atividade agrícola recebeu 78% dos recursos em 1999, sendo os 22% restantes destinados à pecuária. Em 2012, essa diferença diminuiu um pouco, com o aumento sucessivo dos tetos de valor para o custeio pecuário, e passou a ser de 68% para a atividade agrícola contra 32% para a atividade pecuária.

Quanto à divisão por finalidades, podemos perceber que, não obstante a forte expansão dos recursos para investimento rural na virada do século, com a implementação do programa Moderfrota e a crescente participação do BNDES no crédito rural, ainda é o custeio que utiliza a maior parcela do crédito rural no Brasil. Contudo, vale destacar a evolução do investimento, que quase dobrou no período — fato ainda mais importante quando consideram-se a baixa expansão do investimento em geral na economia brasileira e o potencial ganho de produtividade que tais investimentos geram no campo (figura 7).

FIGURA 7

COMPARATIVO DO CRÉDITO RURAL POR FINALIDADE — 1999 E 2012

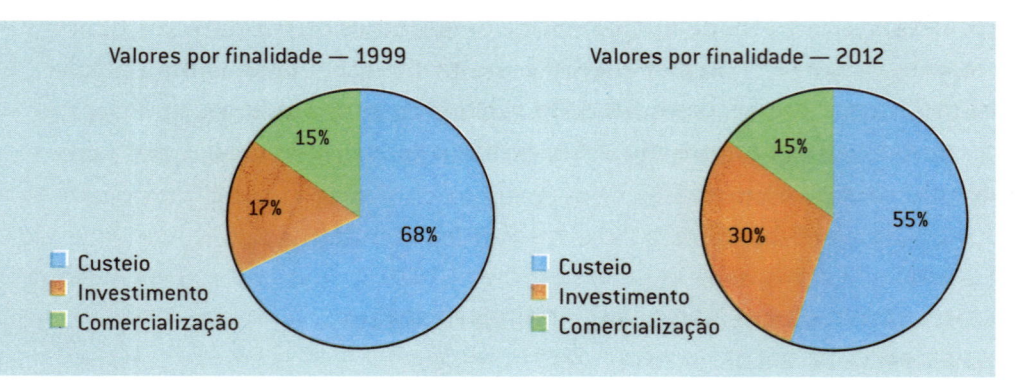

Valores por finalidade — 1999: Custeio 68%, Investimento 17%, Comercialização 15%.

Valores por finalidade — 2012: Custeio 55%, Investimento 30%, Comercialização 15%.

Fonte: Banco Central do Brasil — Derop/Recor.

Financiadores e operadores do crédito rural

Como discutido, o crédito rural carrega subsídios públicos principalmente através da equalização da taxa de juros. Essa equalização, assim como outros subsídios e impostos brasileiros, é paga em última instância por toda a sociedade (inclusive produtores rurais), uma vez que os recursos do crédito rural vêm de diversas fontes. A figura 8 evidencia que muitas dessas fontes são públicas e financiadas diretamente com o dinheiro do contribuinte (recursos do tesouro, do BNDES, FAT e outras). Outras fontes são financiadas pelo setor bancário no primeiro momento, mas naturalmente esse custo é repassado à sociedade via cobrança de taxas e juros em operações não controladas. Este é precisamente o caso da principal fonte do crédito rural: os recursos controlados. Os recursos obrigatórios são calculados a partir de um percentual sobre os depósitos à vista dos bancos. O montante calculado deve ser aplicado diretamente em operações de crédito rural às taxas estabelecidas no Plano Safra (6,5% hoje para custeio, por exemplo) ou repassado a esta mesma taxa para que outras instituições façam as operações. Desse modo, embora todos os bancos estejam obrigados a destinar uma parcela dos seus depósitos à vista para o crédito rural, poucos operam de fato nessa modalidade, preferindo repassar seus recursos a outros bancos. Tal prática é recorrente nos bancos privados no Brasil, cujos recursos obrigatórios são operados em sua maior parte pelos bancos públicos, notadamente pelo Banco do Brasil.

Outra fonte importante de financiamento do crédito rural é a poupança rural. Um percentual dos recursos captados nessa modalidade, exclusiva dos bancos públicos federais até 2004, deve ser aplicado no crédito rural. Diferentemente dos recursos obrigatórios, porém, a taxa de juros desses recursos pode ser livremente pactuada e, portanto, mais alta. Algumas mudanças nas regras da poupança rural aumentaram sua participação entre as fontes de financiamento ao mesmo tempo que possibilitaram a expansão do crédito rural como um todo. Assim, a poupança rural passou a responder por, aproximadamente, um terço do financiamento do crédito rural, figurando junto aos recursos controlados como principal financiador do sistema. Os já citados fundos constitucionais do Centro-Oeste, Norte e Nordeste e os recursos do BNDES, cuja participação dobrou no período embalada pelo aumento das operações de investimento financiadas por esse banco, são também importantes fontes financiadoras como evidenciado na figura 8.

FIGURA 8

COMPARATIVO DO CRÉDITO RURAL POR FONTE DE RECURSOS — 1999 E 2012

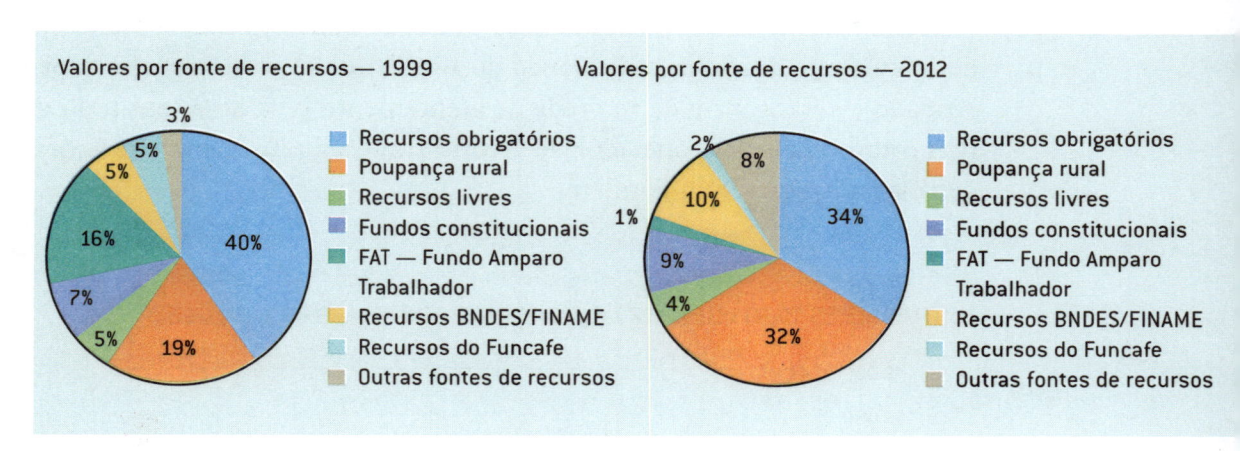

Valores por fonte de recursos — 1999

- Recursos obrigatórios: 40%
- Poupança rural: 19%
- Recursos livres: 5%
- Fundos constitucionais: 7%
- FAT — Fundo Amparo Trabalhador: 16%
- Recursos BNDES/FINAME: 5%
- Recursos do Funcafe: 5%
- Outras fontes de recursos: 3%

Valores por fonte de recursos — 2012

- Recursos obrigatórios: 34%
- Poupança rural: 32%
- Recursos livres: 4%
- Fundos constitucionais: 9%
- FAT — Fundo Amparo Trabalhador: 1%
- Recursos BNDES/FINAME: 10%
- Recursos do Funcafe: 2%
- Outras fontes de recursos: 8%

Fonte: Banco Central do Brasil — Derop/Recor.

A participação majoritária dos bancos públicos como operadores do crédito rural fica evidente na figura 9, embora estes tenham perdido espaço para as cooperativas de crédito, cuja participação dobrou no período. Parte desse movimento pode ser explicada por alterações recentes nas regras da poupança rural, mas também pela estratégia de negócios das cooperativas de crédito, que viram no nicho de mercado rural, explorado quase que unicamente pelo Banco do Brasil, uma possibilidade de expansão. Com o contínuo desenvolvimento das regiões rurais, esse pode ser um movimento a ser seguido também pelos bancos privados, cuja participação se manteve estável. O papel dos bancos estaduais se manteve bastante reduzido em todo o período.

FIGURA 9
COMPARATIVO DO CRÉDITO RURAL POR TIPO DE INSTITUIÇÃO — 1999 E 2012

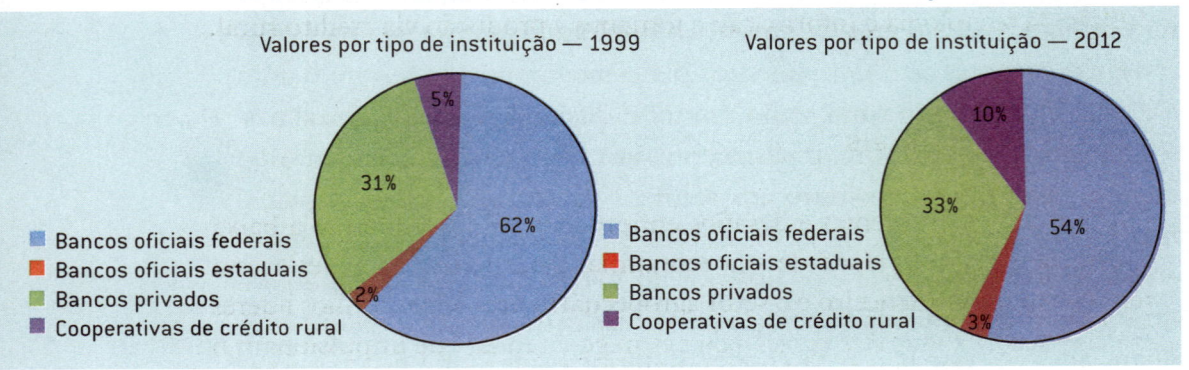

Valores por tipo de instituição — 1999
- Bancos oficiais federais: 62%
- Bancos oficiais estaduais: 2%
- Bancos privados: 31%
- Cooperativas de crédito rural: 5%

Valores por tipo de instituição — 2012
- Bancos oficiais federais: 54%
- Bancos oficiais estaduais: 3%
- Bancos privados: 33%
- Cooperativas de crédito rural: 10%

Fonte: Banco Central do Brasil — Derop/Recor.

A liderança dos bancos públicos federais — Banco do Brasil, Banco do Nordeste, BNDES e Banco da Amazônia — é ainda mais destacada quando se considera o número de municípios que cada banco assiste. O gráfico 7 deixa evidente a liderança do Banco do Brasil, que se vale da maior capilaridade e abrangência de sua rede de atendimento para atuar em todo o país como o principal operador do crédito rural, sobretudo nas operações destinadas à agricultura familiar.

GRÁFICO 7
INSTITUIÇÕES PARTICIPANTES DO CRÉDITO RURAL — 1999 E 2012

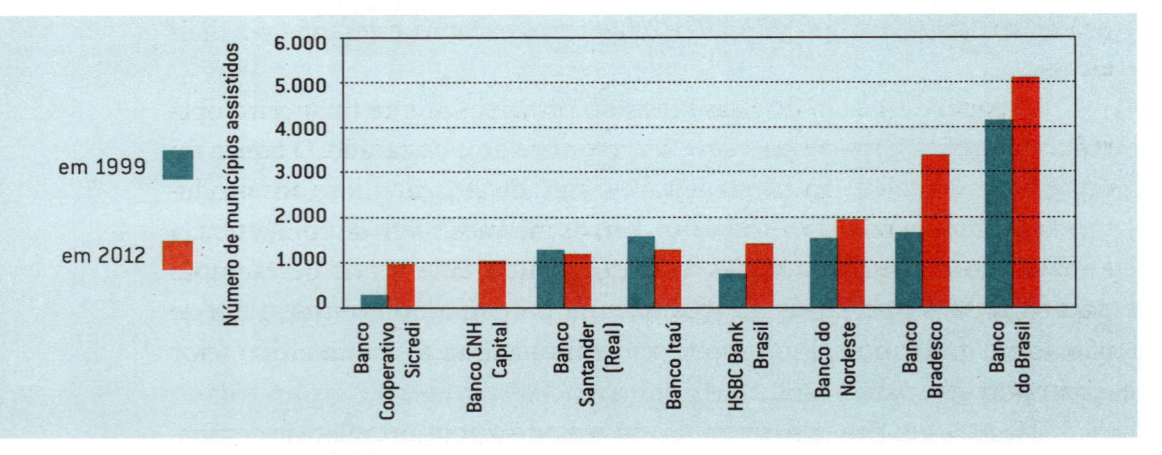

Fonte: Banco Central do Brasil — Derop/Recor.

A essa vantagem geográfica do Banco do Brasil somam-se os ganhos de escala e de eficiência, reunidos em anos de atuação no crédito rural, que renderam ao banco um nível de especialização de seus recursos humanos e operacionais dificilmente equiparado por outras instituições. Nesse sentido, o Banco do Brasil lidera os demais bancos participantes do crédito rural em seus papéis sociais de distribuição de renda, redução de desigualdade, difusão de tecnologia e informação e fomento à produção via crédito rural.

Considerações finais

Entre os vários problemas e desafios enfrentados pelo Brasil estão a baixa eficiência e produtividade de sua economia. Duas felizes exceções a essa regra são o setor financeiro e o setor agropecuário brasileiros, ambos líderes em inovação, produção e geração de emprego e renda, que impulsionam o crescimento nacional e servem de exemplo para todo o mundo. Não por acaso, o trabalho conjunto desses dois setores, refletido no crédito rural, tem permitido o crescimento notável do agronegócio, tanto em volume quanto em produtividade.

O setor agropecuário possui características próprias que o aproximam dos mercados de concorrência perfeita, além de papéis estratégicos, que demandam o apoio da política pública associado ao uso do crédito em condições mais favoráveis que as oferecidas aos demais setores da economia. Contudo, essas condições devem incentivar a adoção de tecnologia e o aumento da produtividade, e não a acomodação e o assistencialismo. Nesse sentido, o país foi capaz de desenvolver, ao longo das últimas décadas, instrumentos de política agrícola creditícios mais eficientes e que possibilitaram ao setor responder às demandas da sociedade brasileira e mundial em aumento de produção com menor pressão sobre os recursos naturais, estes cada vez mais escassos.

O papel do Banco do Brasil como o principal agente financeiro operador do crédito rural no país deve ser reconhecido e destacado. O banco foi capaz de desenvolver, ao longo de vários anos de atuação junto aos produtores rurais, uma relação de parceria com os mesmos, além de competência e reputação em suas atividades. Essa experiência deve servir de exemplo para os demais operadores do crédito rural no país e no exterior, além de plataforma para o contínuo aprimoramento na atuação junto a esse setor tão importante para o país.

Finalmente, é preciso reconhecer que tanto a política creditícia destinada ao setor agropecuário quanto o papel do setor financeiro junto ao setor podem e devem ser constantemente aperfeiçoados. Procedimentos burocráticos excessivos e gargalos relacionados com a informação e com o conhecimento técnico são exemplos de limitações que precisam ser reduzidas. E, acima de tudo, é preciso planejamento estratégico de longo prazo para que a agropecuária e o agronegócio nacional sejam capazes de responder aos desafios de produção sustentável e fornecimento de alimentos, fibras e agroenergia em escala nacional e global. O enfrentamento desses desafios só será possível considerando o papel fundamental do setor financeiro no apoio e fornecimento dos recursos necessários, o que o torna — junto com seus principais representantes, como o Banco do Brasil — peça fundamental desse planejamento.

Referências

ASSOCIAÇÃO BRASILEIRA DA INDÚSTRIA PRODUTORA E EXPORTADORA DE CARNE SUÍNA (ABIPECS). *Mercado interno de carne suína*. São Paulo: Abipecs, 2014. Disponível em: <www.abipecs.org.br/pt/estatisticas/mercado-interno.html>. Acesso em: 17 ago. 2014.

ASSOCIAÇÃO BRASILEIRA DAS INDÚSTRIAS EXPORTADORAS DE CARNE (ABIEC). *Estatísticas*. São Paulo: Abiec, 2014. Disponível em: <www.abiec.com.br/estatisticas/>. Acesso em: 15 ago. 2014.

ASSOCIAÇÃO BRASILEIRA DE PROTEÍNA ANIMAL (ABPA). *Estatísticas*. São Paulo: Abpa, 2014. Disponível em: <www.ubabef.com.br/estatisticas/frango/producao_brasileira_de_carne_de_frango>. Acesso em: 16 ago. 2014.

BANCO CENTRAL DO BRASIL (BACEN). *Anuário estatístico do crédito rural 1999*. Brasília, DF: Bacen, 2000.

_____. *Anuário estatístico do crédito rural 2012*. Brasília, DF: Bacen, 2013.

BALESTRO, Moisés Villamil; LOURENÇO, Luiz Carlos de Brito. Notas para uma análise da financeirização do agronegócio: além da volatilidade dos preços das *commodities*. In: BUAINAIN, Antônio Márcio et al. (Ed.). *O mundo rural no Brasil do século 21*: a formação de um novo padrão agrário e agrícola. Brasília, DF: Embrapa, 2014.

BRASIL. Lei nº 8.929, de 22 de agosto de 1994. *Diário Oficial da República Federativa do Brasil, Poder Executivo*, Brasília, DF, 23 ago. 1994. Seção 1, p. 01.

_____. Lei nº 10.823, de 19 de dezembro de 2003. *Diário Oficial da República Federativa do Brasil*. Poder Executivo, Brasília, DF, 22 dez. 2003. Seção 1, p. 01.

BROOKS, Chris; PROKOPCZUK, Marcel; WU, Yingying. Booms and busts in commodity markets: bubbles or fundamentals? *Social Science Research Network*, Nova York, 31 jan. 2014. Disponível em: <http://ssrn.com/abstract=2388936>. Acesso em: 22 ago. 2014.

BUAINAIN, Antônio Márcio et al. (Ed.). *O mundo rural no Brasil do século 21*: a formação de um novo padrão agrário e agrícola. Brasília, DF: Embrapa, 2014.

BUREAU OF LABOR STATISTICS. *CPI inflation calculator*. Washington, DC: BLS, 2014. Disponível em: <www.bls.gov/data/inflation_calculator.htm>. Acesso em: 21 set. 2014.

CHEN, Yu-Chin; ROGOFF, Kenneth S.; ROSSI, Barbara. *Can exchange rates forecast commodity prices?* Cambridge, MA: National Bureau of Economic Research, 2008. NBER Working Paper n. 13.901. Disponível em: <www.nber.org/papers/w13901>. Acesso em: 3 out. 2014.

CHENG, Ing-Haw; XIONG, Wei. *The financialization of commodity markets*. Cambridge, MA: National Bureau of Economic Research, 2013. NBER Working Paper n. 19.642. Disponível em: <www.nber.org/papers/w19642>. Acesso em: 3 out. 2014.

COMPANHIA NACIONAL DE ABASTECIMENTO (CONAB). *Pesquisa de safras e informações geográficas da agricultura brasileira*. Brasília, DF: Conab, 2014. Disponível em: <www.conab.gov.br/conteudos.php?a=1534&t=1>. Acesso em: 30 jul. 2014.

DU, Xiaodong; YU, Cindy L.; HAYES, Dermot J. Speculation and volatility spillover in the crude oil and agricultural commodity markets: a bayesian analysis. *Journal Energy Economics*, Amsterdam, v. 33, n. 3, p. 497-503, 2011.

EMPRESA BRASILEIRA DE PESQUISA AGROPECUÁRIA (EMBRAPA). *Portal Institucional*, Brasília, DF, [s.d.]. Disponível em: <www.embrapa.br>. Acesso em: 30 jul. 2014.

FRANKEL, Jeffrey A.; ROSE, Andrew K. *Determinants of agricultural and mineral commodity prices*. Cambridge, MA: Harvard University, John F. Kennedy School of Government, 2010. HKS Faculty Research Working Paper Series RWP10-038. Disponível em: <http://dash.harvard.edu/handle/1/4450126>. Acesso en: 3 out. 2014.

GOUEL, Christophe. Agricultural price instability: a survey of competing explanations and remedies. *Journal of Economic Surveys*, v. 26, n. 1, p. 129-156, 2012.

GROEN, Jan J. J.; PESENTI, Paolo A. *Commodity prices, commodity currencies, and global economic developments*. Cambridge, MA: National Bureau of Economic Research, 2010. NBER Working Paper n. 15.743. Disponível em: <www.nber.org/papers/w15743>. Acesso em: 3 out. 2014.

INSTITUTO AGRONÔMICO DE CAMPINAS (ICA). *Portal Institucional*, Campinas, SP, [s.d.]. Disponível em: <www.iac.sp.gov.br/>. Acesso em: 30 jul. 2014.

INSTITUTO BRASILEIRO DE GEOGRAFIA E ESTATÍSTICA (IBGE). *Censo agropecuário 2006*. Rio de Janeiro: IBGE, 2009.

MINISTÉRIO DA AGRICULTURA, PECUÁRIA E ABASTECIMENTO (MAPA). *Plano Agrícola e Pecuário 2014/2015*. Brasília, DF: Mapa, 2014.

THE WORLD BANK. *Overview of commodity markets*. Washington, DC: The World Bank, 2014. Disponível em: <http://econ.worldbank.org/WBSITE/EXTERNAL/EXTDEC/EXTDECPROSPECTS/0,,contentMDK:21574907~menuPK:7859231~pagePK:64165401~piPK:64165026~theSitePK:476883,00.html>. Acesso em: 20 set. 2014.

ESTUDO DE CASO

AGRONEGÓCIO E CRÉDITO AGRÍCOLA

O agronegócio brasileiro tem desempenhado um papel de reconhecida importância para a economia do país, respondendo por 23% do PIB, 37% dos empregos e 43% das exportações. Esse sucesso pode ser atribuído a aspectos como: abundância de recursos naturais imprescindíveis à atividade; depuração e seleção de produtores capazes e dinâmicos ao longo de várias crises e situações adversas da economia; profissionalização do setor decorrente do ingresso de empreendimentos internacionais; desenvolvimento tecnológico próprio ao ambiente tropical, possível pelos esforços de um conjunto de instituições, como Embrapa, centros de pesquisa, universidades de ciências agrárias e laboratórios e equipes de P&D de empresas privadas nacionais e multinacionais; marco regulatório favorável, construído a partir da metade da década de 1980, que permitiu aos poucos a constituição de políticas agrícola e de crédito capazes de contribuir para satisfazer as necessidades de financiamento do setor.

Esse último elemento constitui-se em um dos pilares de sustentação do crescimento do agronegócio brasileiro. A disponibilidade de crédito em condições de prazos e taxas de juros condizentes com os desafios e especificidades próprios do setor fundamenta-se no papel da agropecuária em garantir a segurança alimentar do país e gerar divisas pela exportação, bem como na capacidade do produtor de honrar seus compromissos e lidar com as adversidades climáticas inerentes à atividade. Ainda, as condições de financiamento são diferenciadas de acordo com o perfil do produtor e da sua atividade, e reconhecem a necessidade de estímulos para a adoção de tecnologia e aumento constante da produtividade no campo. A atenuação das condições de vida e trabalho mais duras no meio rural, com consequente redução da atratividade urbana, também é um aspecto que justifica as condições do financiamento rural vigentes no país.

Nesse sentido, o Banco do Brasil é um importante agente indutor do desenvolvimento do agronegócio no país, uma vez que é o principal agente operador do crédito agropecuário, detendo mais de 65% dos financiamentos destinados ao setor. Como tal, o banco atende desde o pequeno produtor até as grandes empresas agroindustriais, financia o custeio da produção e da comercialização de produtos agropecuários, além de estimular os investimentos rurais, tais como armazenamento, beneficiamento, industrialização dos produtos agrícolas e modernização das máquinas e implementos agrícolas.

A carteira de crédito de agronegócio ampliada do Banco do Brasil, incluindo operações de crédito rural e agroindustrial, alcançou o saldo de R$ 157,2 bilhões em junho de 2014, com crescimento de 23,7% em 12 meses. São mais de 4 mil agências atendendo cerca de 1,5 milhão de clientes produtores em mais de 5 mil municípios brasileiros e celebrando cerca de 1 milhão de contratos a cada ciclo agrícola.

A liderança do Banco do Brasil na distribuição dos recursos do crédito rural no país é consequência de uma longa história de operação desses recursos e relacionamento próximo com os produtores, que reconhecem no banco uma parceria que atravessa gerações de agricultores. Além disso, o banco busca constantemente aprimorar a qualificação dos seus quadros de agentes financeiros e técnicos através do treinamento via universidade coorporativa e atuação via gerentes de carteira orientados de acordo com públicos-alvo definidos e que contemplam todos os tipos de produtores e empresas rurais. Ainda, considerando as especificidades da atividade agropecuária, conta com um corpo treinado de profissionais das ciências agrárias distribuídos por todo o país e com uma rede credenciada de prestadores de assistência técnica, que garantem a adequação e monitoramento dos projetos financiados.

Outro ingrediente fundamental da liderança do Banco do Brasil nos financiamentos agropecuários diz respeito à constante inovação e aperfeiçoamento de ferramentas técnicas, operacionais e gerenciais de apoio à tomada de crédito, que incluem plataformas computacionais e sistemas online que buscam maior facilidade na especificação técnica dos projetos, na classificação e avaliação de risco, na rapidez da aprovação e liberação dos recursos e no monitoramento ao longo de desenvolvimento dos projetos. Em adição, o banco desenvolveu parcerias com uma ampla rede de agentes capazes de aumentar o poder de alcance do crédito, incluindo sindicatos, prefeituras, entidades representativas de produtores, entre outros.

Como exemplo do esforço do Banco do Brasil no desenvolvimento contínuo de novas estratégias, soluções e instrumentos, em 2012 foi estabelecido direcionamento estratégico envolvendo o incremento das captações em letra de crédito do agronegócio (LCA). A LCA é um título criado pela Lei nº 11.076/2004 para fomentar novas fontes de recursos, em complemento às tradicionais, e estabelecer novo paradigma de estímulo à geração de operações com o segmento para amparar a emissão dos títulos e ampliar a utilização de instrumentos privados de financiamento.

ESTUDO DE CASO

A LCA é um título de crédito nominativo, de livre negociação, de emissão exclusiva de instituições financeiras públicas e privadas, lastreado em direitos creditórios originários de negócios realizados entre produtores rurais, ou suas cooperativas, e terceiros, inclusive financiamentos ou empréstimos, relacionados com a produção, comercialização, beneficiamento ou industrialização de produtos ou insumos agropecuários.

Para suportar a estratégia de expansão das captações em LCA, o Banco do Brasil disponibilizou, em sistema corporativo, solução massificada de comercialização do instrumento, na modalidade pós-fixada. O produto apresenta liquidez diária, valor mínimo de aplicação de R$ 30 mil e oferta ao segmento de pessoas físicas, perfil alta renda, público *private* e estilo. As taxas praticadas estão atreladas a um percentual do CDI.

De forma complementar, foram realizadas diversas ações de treinamento e capacitação dos funcionários envolvidos no atendimento aos investidores, disseminação e oferta ativa do produto, ampliação dos serviços oferecidos, implementação de funcionalidades com ênfase na conveniência e comodidade nas opções de consulta e movimentação dos recursos, a exemplo da internet, terminais e *mobile* como canais de atendimento.

Como resultado, rapidamente o BB tornou-se líder de captações em LCA, apresentando destacada participação de mercado e contribuindo para a consolidação do instrumento no sistema financeiro. As captações comerciais do Banco do Brasil alcançaram R$ 618,9 bilhões em junho de 2014, com crescimento de 14,2% em 12 meses, com destaque para a evolução da LCA, que apresentou evolução de 109% no mesmo período e saldo de R$ 98,4 bilhões. No mês de julho de 2014, foi alcançada a expressiva marca de R$ 100 bilhões captados em LCA, concretizando o sucesso da estratégia e reafirmando a força do Banco do Brasil no fomento ao agronegócio e na oferta de soluções de vanguarda aos clientes.

A LCA apresentou destacada importância estratégica para dinamizar as fontes de captação e suportar o crescimento dos volumes da carteira de crédito do banco, com redução de custos, contribuindo, também, para a fidelização e satisfação dos clientes do segmento alta renda, com a oferta de modalidade diferenciada de investimento de baixo risco e condições atrativas de rendimento. Possibilita, também, o incremento na disponibilização de recursos para a contratação de operações que financiem a cadeia do agronegócio, fortalecendo o compromisso do Banco do Brasil de estar ao lado do produtor rural e do agronegócio brasileiro, apoiando financeiramente suas necessidades de crédito, a expansão de seus negócios e contribuindo para o desenvolvimento sustentável e o crescimento econômico e social do país.

Apesar do inegável sucesso do agronegócio brasileiro nos últimos anos, o Banco do Brasil está preparado, caso haja uma mudança no cenário, por exemplo, uma queda mais acentuada nos preços recebidos ou um aumento nos custos de produção devido à desvalorização cambial ou realinhamento do preço do óleo *diesel*. O banco mantém um amplo banco de dados com os custos de produção para diversas culturas e em diversas regiões do país. Com essas informações, a equipe do Banco do Brasil, além de avaliar quais são as tendências para diversos aspectos da produção agrícola, também monitora sob quais condições os produtores poderão estar mais vulneráveis e qual é o melhor instrumento para oferecer-lhes o devido suporte.

Dentro dessa visão de futuro, o Banco do Brasil pretende continuar na sua busca incessante por aprimoramento das condições de financiamento a todos os públicos do agronegócio, ampliação dos recursos contratados, maior competitividade em produtos, processos e sistemas e geração de novos produtos e serviços que contribuam para o sucesso do produtor brasileiro.

VAREJO BANCÁRIO, COMPETIÇÃO, GERAÇÃO DE VALOR E SEGMENTAÇÃO

Sérvio Túlio Prado Júnior

Os grandes bancos de varejo enfrentam uma forma muito peculiar de competição, muitas vezes ignorada por quem não acompanha a indústria em seus ciclos mais amplos de transformação. A dinâmica concorrencial do setor não se manifesta em disputas acirradas em termos de tarifas e *spreads*, em guerras de preço ou ações promocionais particularmente agressivas, mas sim em termos de um incremento gradual do que se poderia interpretar como os requisitos mínimos em escala, escopo e eficiência na operação econômica de uma instituição que tenha a ambição de perenizar. Não é por outra razão que o nível de consolidação que se observa no setor aprofunda-se ano após ano.

O presente capítulo tem como propósito apresentar uma perspectiva conceitual adicional sobre a forma como grandes instituições bancárias podem extrair mais valor do porte que as viabiliza como organizações autônomas, relacionando essa perspectiva a um processo de segmentação estrategicamente consistente.

Mas para que essa discussão possa ser realizada de modo mais articulado, procura-se primeiro explorar a ideia de que o nível de incremento no grau de concentração do setor pode não ser um sinal da falta de competição, mas sim uma de suas consequências.

Na sequência, tendo sido já estabelecida uma compreensão melhor acerca da natureza e intensidade da rivalidade na indústria bancária, é feita a descrição da forma pelo qual o conceito de *estratégia e direcionadores de valor* torna-se útil na ampliação da capacidade da instituição em perceber de uma forma estratégica mais ampla a lógica da segmentação de mercado.

Por fim, algumas características gerais do conceito de segmentação são apresentadas e discutidas levando-se em consideração não só o que foi trabalhado em termos teóricos, mas também elementos específicos da indústria bancária.

Apenas um esclarecimento adicional acerca do entendimento que o capítulo dará ao termo "varejo bancário": aqui ele será compreendido como o conjunto das redes bancárias detentoras de elevado número de agências, focadas no atendimento das pessoas físicas e das pequenas e médias empresas. Sabe-se que a ideia de varejo bancário pode se restringir unicamente à prestação de serviços a clientes individuais — aqui, contudo, o sentido utilizado será o mais amplo.

Competição e concentração na indústria bancária

Inúmeros estudos têm investigado o ambiente competitivo da indústria bancária a partir do referencial conceitual e empírico da organização industrial, subcampo da economia neoclássica especializado no estudo sobre estruturas de mercado (*indústrias*) e dinâmicas competitivas. Em termos de seus fundamentos teóricos, a organização industrial pressupõe que o grau de competição em um dado mercado deveria ser medido pelo tamanho da diferença existente entre o preço e o custo marginal de seus produtos ou serviços. No entanto, a ausência de informações detalhadas referentes à pauta de custos e aos preços associados a cada produto/serviço bancário impossibilita, na prática, a adoção desse parâmetro de avaliação (Martins, 2012).

Em função disso, uma série de aferições alternativas tem sido adotada de modo a tentar inferir a intensidade da competição na indústria bancária. Indicadores de concentração, como a soma das participações de mercado dos maiores bancos (RC ou *razão de concentração*) e o índice *Herfindahl-Hirschmann* (*HHi* ou *IHH*) — obtido a partir da soma geral do quadrado da participação de mercado de cada um dos bancos atuando no país —, são exemplos de possíveis sinalizadores de competição usados para a análise da estrutura competitiva no setor.

Em termos gerais, o pressuposto por trás desse tipo de análise consiste na associação existente entre a concentração de mercado e as formas cooperativas de formação de preços. É importante lembrar que a cooperação em mercados oligopolizados de baixa diferenciação pode ocorrer mesmo sem a comunicação entre as partes para a combinação de preços e/ou divisão de mercados (Besanko et al., 2012). A própria dinâmica de reajustes de preços — a sequência de anúncios entre o líder de mercado e seus seguidores, por exemplo — já poderia conter toda a informação necessária para a dinâmica cooperativa, descrita muitas vezes por incumbentes como *disciplina de mercado* ou como *mercado organizado*. As práticas explicitamente não competitivas, cujo melhor exemplo seriam o conluio ou a formação de cartel, seriam formas extremas, e claramente ilegais, de cooperação.

De qualquer forma, é sob a premissa da sua influência sobre um menor nível de competitividade que a adoção dos indicadores de concentração pela abordagem tradicional de análise estratégica de estrutura-conduta-desempenho (SCP ou *structure-conduct-performance*) é realizada em relação ao setor de bancos. O ponto central aqui é que um maior grau de concentração na indústria bancária elevaria a lucratividade de cada um dos bancos participantes do mercado na medida em que estes exerceriam um maior poder de barganha sobre clientes, tanto na forma de maiores taxas de juros cobradas nos contratos de crédito quanto em menores taxas pagas aos depositantes.

Abordagens alternativas têm evitado a utilização dos indicadores de concentração como sinalizadores indiretos de uma maior ou menor competição setorial, preferindo, em vez disso, medidas de elasticidade entre custos, receita e lucros. Nesse outro tipo de análise, a estrutura de mercado concentrada poderia ser, na verdade, o resultado de um maior nível de rivalidade entre os atores de um dado mercado em um dado momento, rivalidade essa que viabilizaria como consolidadores aqueles com maior eficiência e capacidade na extração de economias de escala e escopo. Os maiores lucros observados na indústria após ciclos de consolidação seriam, assim, a consequência da seleção competitiva de atores mais eficientes que teriam atingido um patamar temporário de equilíbrio cooperativo em suas correspondentes forças de atuação, atingindo uma condição instável de *disciplina de mercado*.

Cabe aqui, entretanto, uma ressalva: não se deve tentar explicar a lucratividade da indústria bancária apenas em função de sua dinâmica competitiva interna. Às variáveis endógenas — ligadas ao arranjo das forças interna ao setor e, muito possivelmente, obedecendo a uma lógica recursiva em que os mais competitivos consolidam o mercado e, ao se tornarem consolidadores, tornam-se ainda mais competitivos — devem ser acrescentados elementos exógenos, como a regulação e, principalmente, as especificidades da política de juros básicos no Brasil.

A indústria bancária brasileira tem passado por uma intensa dinâmica de transformação e consolidação desde a implantação do Plano Real em 1994, seguida da constituição do Programa de Estímulo à Reestruturação e ao Fortalecimento do Sistema Financeiro Nacional (Proer), em 1995, e do Programa de Incentivo à Redução do Setor Público Estadual na Atividade Bancária (Proes), em 1996.

Até o advento das iniciativas citadas, a concentração de mercado era uma tendência já observável naqueles subsetores do mercado de prestação de serviços financeiros em que a tecnologia de informação e uma maior capilaridade de atuação eram fontes naturais de ganhos de escala — condições particularmente observáveis no varejo bancário. No entanto, no novo contexto de estabilidade da moeda e nova regulação, o processo de consolidação ganha notável aceleração, adequando-se estruturalmente à profunda instabilidade do final dos anos 1990, ao ciclo de privatizações dos bancos estaduais e, por fim, à grande crise financeira global de 2008.

Dessa forma, o mercado bancário no Brasil apresenta-se hoje como marcadamente concentrado, ainda que conte com um número expressivo de instituições atuantes.

A maior parte dessas instituições oferece aos seus clientes uma gama bastante variada de produtos e serviços, atuando simultaneamente como bancos comerciais e de investimento, e tendo autorização para operar em todo o território nacional.

Em termos de instituições individuais atuando no Brasil, observa-se que sua maioria numérica tem suas operações limitadas aos grandes polos econômicos do país, o que faz com que a estrutura da indústria bancária nacional seja geograficamente heterogênea, um ponto bastante importante a ser posteriormente explorado em termos de estratégias de segmentação. Os pequenos mercados locais só são atendidos pela rede de agências dos grandes bancos de varejo.

Em março de 2014, segundo dados do Relatório de Estabilidade Financeira do Banco Central do Brasil, a razão de concentração para os quatro maiores bancos (RC4) — ou seja, a soma de suas participações de mercado — era a seguinte:

- ativos totais: 69,83%
- operações de crédito: 73,85%
- depósitos totais: 75,85%

Já o RC10, razão de concentração para os 10 maiores participantes, era:

- ativos totais: 89,32 %
- operações de crédito: 91,53%
- depósitos totais: 91,15%

Em termos do processo mais recente de consolidação no setor, é interessante observarmos os gráficos 1, 2 e 3, disponibilizados no relatório do Banco Central.

GRÁFICO 1
EVOLUÇÃO DOS NÍVEIS DE CONCENTRAÇÃO (IHH) — MERCADO BANCÁRIO

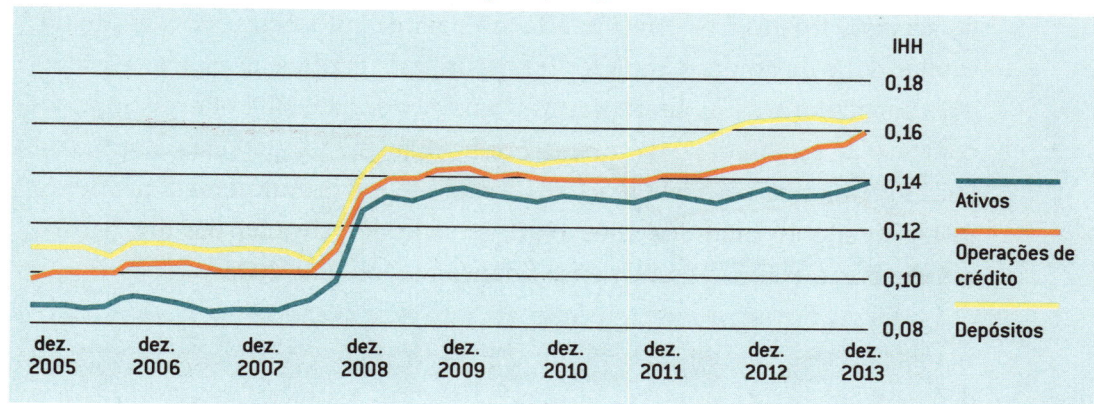

Fonte: Banco Central do Brasil (2014).

O gráfico 1 revela a evolução do processo geral de concentração considerando-se toda a população de bancos atuando no mercado nacional. Uma propriedade importante do índice *Herfindahl-Hirschmann* (IHH) usado para a confecção desse gráfico é que ele minimiza os valores associados aos bancos com uma participação de mercado menor e amplia o efeito da participação maior. Quanto mais próximo do número 1, mais concentrado o mercado — o quadrado da participação de um monopolista equivale a 1; quanto mais próximo a 0 (zero), mais fragmentado.

Os números observados, próximos a 0,15, revelam um mercado moderadamente concentrado ou de concentração média (Paula et al., 2013). Acima de 0,2, convenciona-se considerar o mercado um oligopólio. O mais interessante, contudo, é a tendência — inequivocamente crescente.

Já os gráficos 2 e 3 podem tem uma interpretação mais imediata, revelando a maior concentração entre os quatro (RC4) e 10 maiores bancos (RC10).

GRÁFICO 2
EVOLUÇÃO DOS NÍVEIS DE CONCENTRAÇÃO (RC4) — MERCADO BANCÁRIO

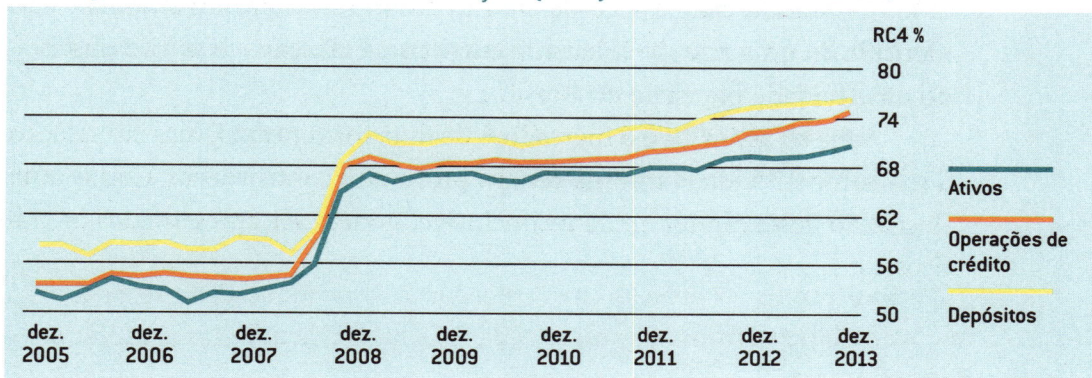

Fonte: Banco Central do Brasil (2014).

GRÁFICO 3
EVOLUÇÃO DOS NÍVEIS DE CONCENTRAÇÃO (RC10) — MERCADO BANCÁRIO

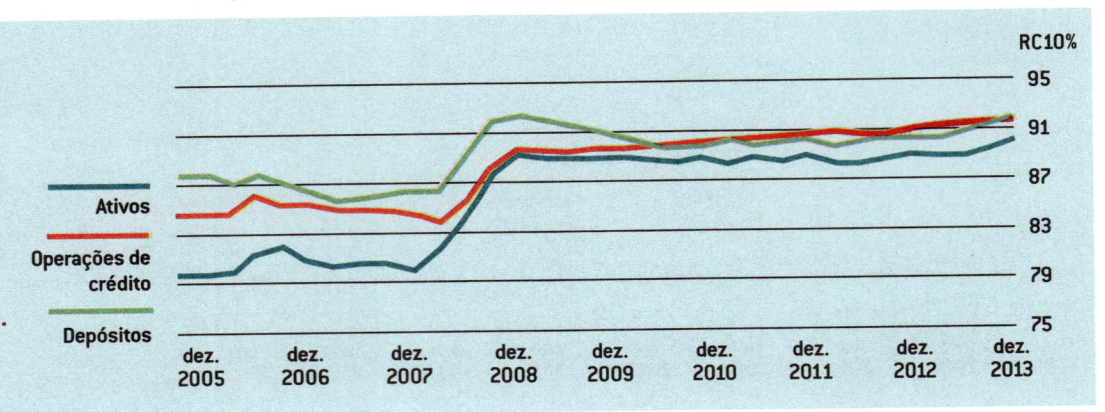

Fonte: Banco Central do Brasil (2014).

Conforme já colocado, contudo, o grau de concentração não pode ser considerado de forma inequívoca como condicionante ou sinalizador único das condições competitivas em uma dada indústria. Em razão disso, a intensidade da competição no mercado bancário brasileiro tem sido alvo de diversos estudos, com distintas abordagens metodológicas e resultados ainda bastante diversos.

A sobreposição da alta concentração e os altos custos da intermediação financeira são geralmente percebidos como as mais claras evidências de uma baixa competição no setor — o que não é, entretanto, corroborado de forma conclusiva pelo que se tem até o momento em termos de pesquisa. Como exemplos disso, podemos citar os trabalhos de Nakane (2001), que indica uma alta competição no mercado brasileiro, apesar de rejeitar qualificá-lo como concorrência perfeita; Yildirim e Philippatos (2007) e Nasser (2008), que encontram evidências para um contexto de mercado de competição monopolística. Por fim, Tonooka e Koyama (2003), tratando cada opção de crédito como um mercado singular, não identificam uma relação relevante entre concentração e o *spread* observado na atividade bancária no Brasil.

Sabe-se, assim, que o mercado é, de fato, concentrado, mas em relação à sua competitividade interna restam profundas controvérsias. Como uma ilustração desse caráter ainda inconclusivo, podem ser apresentados os gráficos 4 e 5.

GRÁFICO 4
CONCENTRAÇÃO × RENTABILIDADE (PJ)

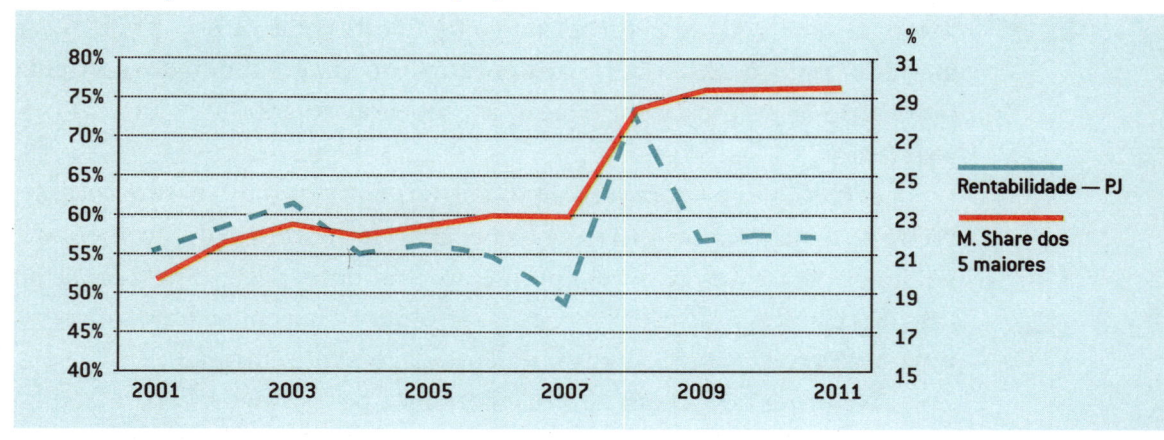

Fonte: Martins (2012:8).

O gráfico 4 apresenta o incremento no grau de concentração bancária comparativamente à evolução da rentabilidade média auferida nas operações de crédito para empresas não financeiras. O autor dos gráficos (Martins, 2012) considerou *default* todas as operações atrasadas em mais de 90 dias, e a perda aí associada como 100%. Também não foram incluídas na projeção de rentabilidade de novas operações as perspectivas de *default* futuras; apenas os atrasos correntes. Assim os números apresentados no gráfico constituem-se apenas em um sinalizador (*proxy*) para a rentabilidade real auferida nas operações de crédito.

GRÁFICO 5
CONCENTRAÇÃO × RENTABILIDADE DO CHEQUE ESPECIAL (PESSOA FÍSICA)

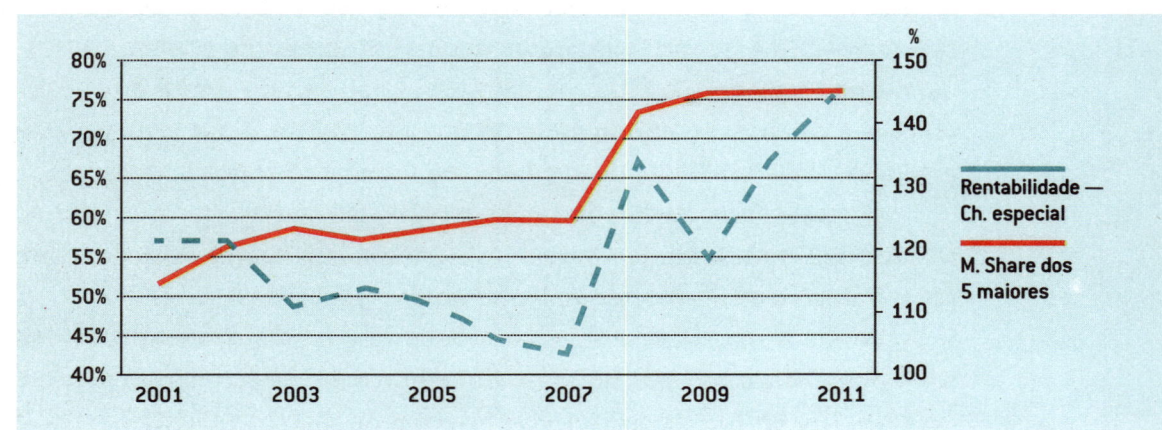

Fonte: Martins (2012:8).

Já o gráfico 5 contrasta a mesma evolução em termos de concentração e rentabilidade cobrada nas operações de cheque especial para pessoas físicas. O que se pode perceber na comparação entre os dois gráficos é a grande diferença existente no comportamento da rentabilidade capturada no crédito às empresas em relação ao que é observado no crédito às pessoas físicas.

A rentabilidade obtida com os clientes empresariais, mesmo considerando-se o substantivo incremento no grau de concentração do mercado, volta aos patamares de antes da crise ao final do período estudado. Já no caso dos clientes individuais, o oposto se observa, havendo, depois da crise, uma perceptível aderência entre rentabilidade e concentração.

Nesse sentido, o que se pode constatar pelo estudo citado é que há — a partir da crise de 2008, mas não imediatamente antes dela — algum alinhamento entre concentração e rentabilidade, pelo menos no que diz respeito ao cliente pessoa física, foco do varejo bancário. No contexto do varejo bancário em sua forma mais pura, seriam encontrados elementos que reforçariam talvez, ainda que de uma forma incipiente, a ideia anteriormente apresentada pela qual se poderia observar um ciclo de concentração promovido por um incremento no grau de competição, com a consequente seleção, via consolidação, das maiores e mais eficientes instituições do mercado, seguida então de uma fase de aumento de rentabilidade resultante dessa própria seleção.

Por outro lado, pode-se certamente contrapor que a utilização do cheque especial da pessoa física — que obedece a uma sistemática de precificação bastante atrelada à taxa básica de juros e à inadimplência do produto — pode não ter sido a melhor escolha como elemento de observação para o incremento de resultados associáveis a um processo de consolidação e maior disciplina de mercado. Adicione-se a isso o fato de estar se consolidando no mercado a política de desestímulo ao uso do limite do cheque especial a partir da promoção de produtos alternativos, o que gera, período a período, uma tendência de queda de seu volume total de utilização.

É inegável, portanto, que mais estudos são necessários para que de fato se possa evidenciar, de forma mais estruturada, a ligação existente entre consolidação e um subsequente aumento de rentabilidade.

Ainda assim, mesmo ao se considerar que o grau de competição no setor possa variar bastante ao longo do tempo, seja obedecendo a ciclos endógenos, seja como resposta a forças externas ou macroambientais, o fato é que a eficiência — entendida aqui em um sentido mais amplo de capacidade em gerar e capturar valor econômico — precisa ser considerada sempre um vetor maior de sobrevivência e seleção.

É por essa razão que na próxima seção se procura construir um melhor entendimento das estratégias de valor aplicadas ao contexto dos bancos de varejo.

Estratégias de valor e varejo bancário

Adotando-se as definições estabelecidas no modelo proposto por Brandenburger e Harbone (1996), o conceito de valor pode ser entendido como a diferença existente entre os custos efetivamente observados para a produção/prestação de um dado bem ou serviço — incluindo-se aí a parcela proporcional do custo de capital a ele alocado — e o *benefício percebido/disposição a pagar* por parte de seus compradores.

Propõe-se aqui o entendimento do conceito de *disposição a pagar* a partir de duas perspectivas distintas: de um lado, a de um comprador individual, um consumidor final; de outro, a de um comprador profissional, o representante dos interesses de uma empresa, alguém que compra um insumo ou serviço para de alguma forma utilizá-lo em sua atividade econômica visando ao lucro.

A *disposição a pagar* do comprador individual, no caso de um bem ou serviço sem diferenciação, equivale ao preço de mercado praticado para o bem ou serviço em questão, caso esse comprador esteja informado sobre tal preço. Caso ele não esteja, sua disposição equivalerá a comparações subjetivas que ele fará contratando o *benefício percebido* do bem ou serviço sobre o qual não está informado do preço com o *benefício percebido* de outros bens e serviços sobre os quais está. No caso de bens e serviços diferenciados, ou seja, de mais complexa comparação, também será esse o procedimento adotado pelo consumidor na sua avaliação de compra.

Em outras palavras, sendo informado, o consumidor final está disposto a pagar apenas o preço de mercado quando o bem ou serviço não tem diferenciação, e é indiferente a quem o forneceu. Por outro lado, quando o bem ou serviço é diferenciado, ou quando o consumidor não conhece o preço de mercado praticado para um bem ou serviço sem diferenciação, ele aceita ou não o preço em função de uma avaliação de suas próprias necessidades/desejos e de comparações subjetivas em termos de benefícios percebidos como similares em bens e serviços dos quais ele conhece o preço.

A consequência disso é que, nessas circunstâncias, o comprador final paga em função do que percebe como útil ou desejável. Sem que ele tenha a possibilidade de realizar comparações mais precisas em termos de preço, o limite para a precificação não é o praticado pela concorrência, mas o benefício que esse consumidor consegue perceber no bem ou serviço ofertado. A diferenciação é, portanto, uma das mais conhecidas fórmulas para evitar condições competitivas mais hostis.

No caso específico do varejo bancário, o comprador final — o consumidor — deve ser entendido como o correntista pessoa física. Consequentemente, a discussão anterior é a ele integralmente aplicável. Em um conjunto de serviços mais simples, ofertado com pequenas variações por todos os concorrentes no mercado, os mais informados tenderão sempre a apresentar uma sensibilidade maior a diferenciais de tarifas. No caso de pacotes com variações mais sofisticadas, como um maior grau de adequação a perfis específicos, essa sensibilidade será, é claro, menor.

No caso do comprador profissional que, por definição, deve ser mais bem informado do que o consumidor individual, a *disposição a pagar* tem como limite superior a contribuição máxima que um item específico a ser adquirido poderá ter em relação ao conjunto de outros itens que compõe a equação custos *versus* receitas — a função de resultados da empresa. Ou seja, a *disposição a pagar* de um comprador profissional por um determinado bem ou serviço é uma consequência do entendimento do efeito que a contribuição relativa desse pagamento pode vir a ter no resultado geral do negócio e na comparação entre esse resultado e o custo de oportunidade que essa empresa tem para operar.

Ao se pensar dessa forma, pode-se entender que também no caso do comprador profissional a diferenciação é um elemento central para a decisão de compra. Quanto mais um determinado insumo ou serviço adquirido contribuir tangivelmente para a melhoria do resultado do negócio, maior a disposição para pagar por ele. Isso, é claro, só é válido em situações nas quais serviços ou insumos similares não sejam encontrados por preços menores no mercado. O limite inferior da *disposição a pagar* do comprador profissional — no caso de bens e serviços sem diferenciação — é sempre o preço de mercado, exatamente como no caso do comprador individual informado.

Em termos dos bancos de varejo, o comprador profissional pode ser identificado com os clientes empresas, pessoas jurídicas que necessitam dos serviços bancários para o bom andamento de suas atividades-fim. Se esse cliente encontra em apenas um banco um tipo de serviço que realmente alavanca seus negócios, estará disposto a pagar por esse serviço até o limite do que vê ser a contribuição para seu resultado. Se, no entanto, encontra o mesmo serviço na concorrência, estará disposto a pagar apenas o preço já praticado no mercado.

Conforme a figura 1 pretende ilustrar, o valor é sempre dividido entre quem compra e quem vende. O valor para quem vende fica retido sob a forma de margem e, uma vez que nos custos já está incluído o custo de capital, essa margem equivale precisamente ao *lucro econômico* ali gerado.

FIGURA 1
MODELO DE VALOR

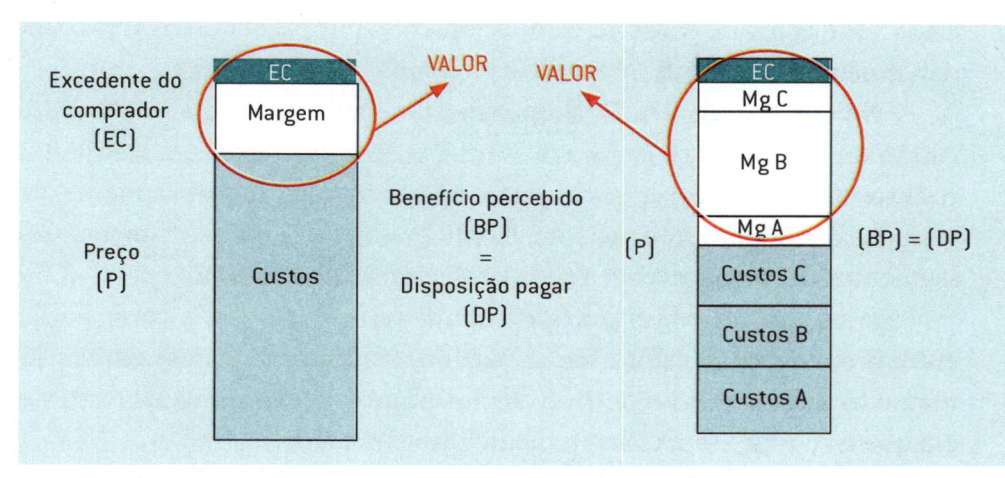

[Figura: Modelo de Valor mostrando duas colunas comparativas. Coluna esquerda: Excedente do comprador (EC) com Margem (destacada como VALOR), e Preço (P) com Custos. Centro: Benefício percebido (BP) = Disposição pagar (DP). Coluna direita: EC com Mg C, Mg B, Mg A (destacadas como VALOR), Preço (P), Custos C, Custos B, Custos A; (BP) = (DP).]

Fonte: elaboração do autor com base em Brandenburger e Harborne (1996); Besanko (2012).

Em termos mais simples, no caso de consumidores finais, indivíduos que não compram o bem ou serviço com a pretensão de usá-lo em alguma forma de atividade econômica, o valor percebido, também chamado de *excedente do comprador*, pode ser considerado sinônimo de *satisfação do cliente*. Ainda que sua mensuração nem sempre seja simples, a *satisfação de clientes* (ou a geração *de excedente do comprador*) produz fenômenos como a fidelização, a indicação espontânea e o aumento do *ticket* médio de compra.

Já no caso de empresas que utilizem o bem ou serviço comprado na composição de outros bens/serviços que serão posteriormente vendidos, o *excedente do comprador* deve ser entendido como a contribuição proporcional que esse item específico, comprado a determinado preço, dará para o lucro final do ciclo de produção/prestação de serviço em que será utilizado.

O modelo pressupõe dois movimentos possíveis: o de *apropriação de valor* e o de *geração de valor*. Por apropriação entende-se a captura de valor a partir de relações desiguais de barganha resultantes de condições estruturais de indústria. Se o comprador possui maior poder de barganha, ele tenderá a mover para baixo a fronteira do preço. Na situação oposta, o vendedor com maior poder relativo de barganha fará com que esse movimento ocorra para cima.

A *geração de valor* ocorre quando os custos de produção do bem ou prestação do serviço são reduzidos em função de uma eficiência operacional maior — e não pela redução no preço de insumo que, na verdade, qualifica-

-se como *apropriação de valor* — e quando a *disposição a pagar* do comprador é ampliada através de um maior grau de diferenciação.

A diferenciação pode ser de natureza objetiva, tangível e mensurável por parte do comprador, chamada de *diferenciação vertical*. Quando tiver um caráter mais subjetivo, intangível, de difícil mensuração, estando associada a projeções de natureza comportamental por parte dos compradores, será qualificada como *diferenciação horizontal*.

No caso dos clientes do varejo bancário, conforme já sinalizado na discussão sobre *disposição a pagar*, a *diferenciação horizontal*, associada a atributos como *confiança*, *imagem de marca*, *status* ou *exclusividade*, será obviamente observada com maior frequência no cliente pessoa física, principalmente nos segmentos de maior nível de renda e sofisticação de consumo.

Já no que diz respeito à *diferenciação vertical*, em que a comparação entre proposições de valor é feita a partir de atributos de caráter eminentemente técnico, o atendimento ao cliente empresa será o principal contexto em que o conceito será concretamente implementado.

A figura 2 tenta resumir de forma esquemática o conjunto da dinâmica acima descrita.

FIGURA 2
DIRECIONADORES DE VALOR

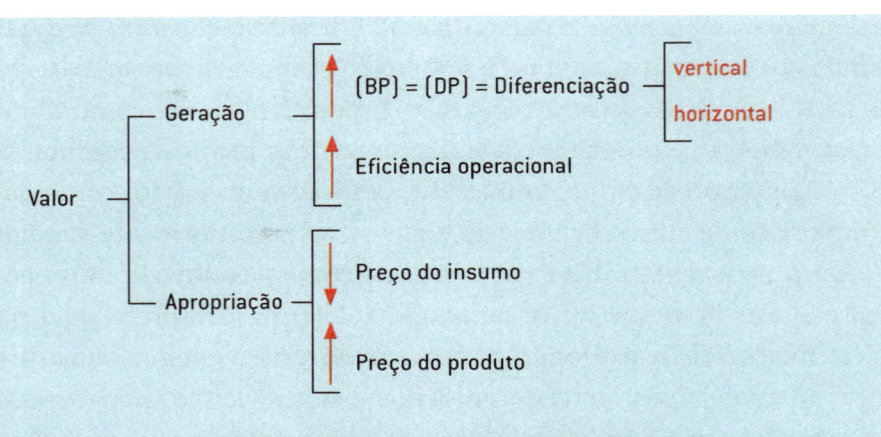

```
                        ↑ (BP) = (DP) = Diferenciação ─ vertical
           ─ Geração ─                                  horizontal
Valor ─                 ↑ Eficiência operacional
           
           ─ Apropriação ─ ↓ Preço do insumo
                           ↑ Preço do produto
```

Geração de valor × apropriação de valor

Geração:
Aumento da disposição a pagar, via diferenciação (horizontal ou vertical)
Aumento de eficiência operacional (EO)

Apropriação:
Redução do preço do insumo via pressão sobre o fornecedor
Aumento do preço do produto, sem aumento de disposição a pagar

Fonte: elaboração do autor com base em Brandenburger e Harborne (1996).

A consequência que necessariamente deve ser buscada em qualquer processo de diferenciação, seja ele de natureza vertical ou horizontal, e da correspondente proposta de valor gerada, é a de que o aumento no resultado global gerado pelo cliente ao banco seja mais do que proporcional aos custos nos quais se incorreu para a produção do vetor de diferenciação que o atraiu para esse novo patamar de relacionamento.

A segmentação é, sem dúvida alguma, um dos principais veículos que vêm sendo utilizados pelos bancos de varejo na busca por oportunidades de diferenciação na elaboração de proposições de valor realmente consistentes aos seus clientes. Além disso, pode também vir a ser um elemento bastante útil na busca por uma eficiência operacional maior, na medida em que pressupõe uma delimitação mais precisa sobre os focos de atuação e, consequentemente, sobre a alocação ótima de recursos.

Segmentação como veículo para a geração de valor

O sucesso de novas iniciativas estratégicas em termos de serviços bancários para o varejo depende, fundamentalmente, da capacidade de explorar possibilidades ainda não trabalhadas e de atrair clientes da concorrência de forma economicamente eficiente, pela adequação de produtos a demandas e necessidades específicas não atendidas até o momento da iniciativa. Essa capacidade está intimamente relacionada a uma proposta de maior geração de valor a partir de uma estratégia consistente de segmentação.

O conceito de segmentação de mercado não é algo exatamente recente. Em 1964, um artigo na *Harvard Business Review* já criticava os métodos "tradicionais" de segmentação demográfica (idade, gênero, região) por serem, muitas vezes, insuficientes para produzir os resultados desejados para a produção de estratégias realmente eficazes (Yankelovich, 1964).

De um modo mais geral, a ideia de segmentação envolve a simples separação de um grupo heterogêneo de clientes com necessidades distintas em subgrupos de clientes com demandas e preferências similares. Isso permite uma calibragem maior dos vetores de diferenciação capazes de melhor satisfazer cada um dos subgrupos identificados, gerando maior valor para ambos os participantes da relação de compra. Sem a capacidade de segmentar, oportunidades de satisfazer necessidades específicas — e remunerar-se correspondentemente por satisfazê-las — não podem ser exploradas.

Essa capacidade em definir uma resposta clara e coerente ao que foi identificado pelo processo de segmentação é geralmente chamada de *po-*

sicionamento. A ele devem se seguir a efetiva implantação, o controle e a avaliação das ações estratégicas pertinentes.

Algumas condicionantes específicas devem ser consideradas quando se pensa nos esforços associados à analise e implementação de uma estratégia segmentada (Oliva et al., 2003):

- não se conseguirá segmentar todo o mercado — certa proporção de clientes simplesmente não será classificável;
- a diversidade entre clientes é mensurável, mas a complexidade no processo de mensuração pode variar bastante em função da natureza das variáveis envolvidas;
- a distinção feita entre clientes e entre a forma de atendê-los deve estar subordinada à forma como se imagina que esses clientes reagirão a ações estratégicas específicas e aos resultados econômicos que se poderão obter disso;
- os segmentos devem ser claramente discrimináveis dentro do mercado mais amplo.

Um ponto importante a ser salientado é que segmentos não são criados; eles são descobertos e passam a ser atendidos. Qualquer mercado é formado por uma população heterogênea de consumidores, independentemente do fato de as empresas que o atendem decidirem ou não fazê-lo de uma forma segmentada.

Assim, um banco não "cria" o segmento *private*; ele identifica os padrões de comportamento de correntistas de maior renda e desenvolve internamente, em função das informações que tem sobre pessoas e famílias com este perfil, uma linha de serviços e produtos a elas dedicados e que, em muitas instituições, vem identificada com o nome *private*.

Os critérios para a segmentação podem também variar em função das perspectivas distintas pelas quais cada concorrente pode enxergar um mesmo ambiente de atuação. Não há qualquer razão objetiva para que recortes de mercado diversos não possam se constituir em opções estratégicas igualmente válidas.

Conforme já foi conceituado, um dos principais benefícios da segmentação deriva do fato de ela poder vir a produzir uma capacidade maior de diferenciação a partir do atendimento mais focado nas necessidades de perfis específicos. Isso se dá por um maior potencial para identificação e satisfação de demandas ainda não atendidas, por um desenvolvimento de produtos e serviços com uma proposta de valor mais consistente, por ações promocionais e de venda com maior foco e assertividade e, é claro, por um cliente com disposição a pagar ampliada proporcionalmente a seu nível de satisfação — pelo menos até o momento em que a concorrência consiga neutralizar essa vantagem.

A segmentação, contudo, não deve ser considerada apenas um veículo para uma capacidade maior de diferenciação. Ela pode, além disso, favorecer estratégias que visem também à geração de valor a partir dos ganhos em termos de eficiência operacional na medida em que, ao pressupor um maior grau de especificidade no atendimento dos clientes, pode vir a permitir um melhor ajuste e dimensionamento na alocação de recursos.

A afirmação acima pode parecer contraditória, uma vez que é comum considerar-se o binômio segmentação/diferenciação como elementos de efeito corrosivo sobre as economias de escala do negócio que só devem ser implementados caso os ganhos em precificação e margem compensem as perdas na diluição dos custos fixos.

Isso não é sempre verdade, principalmente ao se considerar que, além do aumento do valor gerado pela ampliação da disposição a pagar, a segmentação e a diferenciação podem também permitir a transformação de ganhos de escala em ganhos de escopo. Ganhos de escopo são aqueles gerados ao se produzirem bens ou prestarem serviços distintos a partir do uso compartilhado e eficiente de plataformas comuns.

Quanto mais o uso dessas plataformas comuns puder ser otimizado, maiores os ganhos de escopo a serem observados a partir de uma carteira inteligentemente segmentada em termos de produtos e serviços.

Assim, é absolutamente relevante considerar-se que uma estratégia de atuação derivada de uma análise de segmentação não deve apenas levar em consideração as demandas e necessidades não atendidas de partes específicas de um dado mercado, mas também a forma mais oportuna de atender a essas necessidades em termos de recursos, competências e estruturas de distribuição já existentes.

Conforme se pode perceber, é conveniente que a análise de segmentação siga critérios realmente pragmáticos para que seja capaz de produzir os resultados desejados em termos de atuação estratégica.

Segundo Sunil Gupta e Edward Carter, professores de marketing em Harvard, para um segmento ser realmente útil como foco da ação estratégica ele precisa ser identificável, substancial, acessível, estável, diferenciável e acionável — cada uma dessas características é descritas abaixo (Gupta e Carter, 2014:6-7):

- *identificável*: deve haver uma efetiva identificação de necessidades que possam ser concretamente atendidas nos segmentos que o método de segmentação adotado foi capaz de revelar;

- *substancial*: embora a crescente disponibilidade de dados torne possível o rastreamento de microssegmentos a partir de técnicas cada vez mais sofisticadas de análise estatística de agrupamentos (*clusterização*), pode não ser viável economicamente o atendimento a segmentos muito pequenos. Aqui é exatamente o ponto onde se precisa conhecer o saldo final existente entre, de um lado, os custos de desenvolvimento, de operação e possíveis perdas em termos de economia de escala e, de outro, as economias de escopo, o prêmio de preço por diferenciação (*premium pricing*) e os volumes em que se pode de fato operar;
- *estável*: um segmento deve ser estável por um período de tempo longo o bastante para que os esforços estratégicos a serem a ele direcionados possam ser bem-sucedidos em termos de lucratividade;
- *diferenciável*: os clientes em um dado segmento devem ter necessidades similares, tais necessidades devem ser distintas das necessidades de outros clientes pertencentes a outros segmentos;
- *acionável*: deve haver a capacidade de criar, com eficiência e retenção final de valor econômico, produtos e/ou serviços capazes de atender satisfatoriamente os clientes no segmento identificado.

Entre as múltiplas variáveis utilizadas em um processo de segmentação em um dado mercado, as citadas no quadro 1 podem ser consideradas as mais frequentes.

QUADRO 1
VARIÁVEIS DE SEGMENTAÇÃO MAIS FREQUENTES

VARIÁVEIS DE SEGMENTAÇÃO MAIS FREQUENTES FINAIS — CONSUMIDORES	
Geográficas	País, região, cidade, bairro, área rural/área urbana, clima, meio de acesso.
Demográficas	País, região, cidade, bairro, área rural/área urbana, clima, meio de acesso.
Psicográficas	Estilo de vida, personalidade, atividades, interesses, opiniões.
Comportamentais	Nível de utilização de serviços/produtos, nível de conhecimento sobre o produto/serviço, ocasião de uso, ocasião de aquisição do serviço/produto.
Benefício buscado	Conveniência, qualidade, segurança, *status*, preço, confiança, nível de serviço pós-venda.
VARIÁVEIS DE SEGMENTAÇÃO MAIS FREQUENTES — EMPRESA	
Geográficas	País, região, cidade, bairro, área rural/área urbana, clima, meio de acesso.

continua

Empresariais	Indústria/setor, tamanho de empresa, escopo de atuação, tipo de sociedade, competição.
Negociais	Política de compra, tomadores de decisão, nível de centralização/descentralização.
Comportamentais	Nível/volume de utilização de serviços/produtos, nível de conhecimento sobre a utilização do serviço/produto, ocasião de uso, ocasião de aquisição do serviço/produto, nível de urgência, potencial de fidelização.
Benefício buscado	Conveniência, segurança, qualidade, preço, confiança, nível de serviço, relacionamento.

Fonte: adaptado de Bonoma e Shapiro (1983).

Dado que o conjunto de opções aqui apresentado é apenas indicativo, existindo a possibilidade de serem elencadas outras variáveis, ou até outras dimensões de análise, a definição do critério efetivo a ser escolhido para a segmentação de um mercado em particular é um dos aspectos críticos desse tipo de estratégia de mercado.

Um possível critério para a seleção do tipo de variável a ser utilizada na segmentação pode ser derivado da identificação de qual é o elemento mais relevante a influenciar o processo de tomada de decisão de um cliente no momento da compra de um produto ou na contratação de serviço.

Como exemplos genéricos, considerem-se as seguintes situações:
- decisão baseada em uma avaliação intrínseca das suas próprias necessidades, muito comum para bens de consumo duráveis e não duráveis (critérios para a segmentação psicográfica e/ou comportamental);
- decisão baseada na comparação de opções a partir de políticas de compras corporativas predefinidas, prática recorrente em grandes empresas ou órgãos públicos (critérios para a segmentação negocial);
- decisão baseada na conveniência da proximidade física e em características locais de demanda, lógica frequentemente aplicada à prestação de serviços (critérios para a segmentação geográfica).

Não há, portanto, uma formula única para se definir o critério de seleção e combinação das variáveis a serem usadas no processo de segmentação. Em termos dos direcionadores de valor, o mais importante é que a análise de segmentação seja derivada de um conhecimento real sobre a conjugação de fatores que, de um lado, leve a um incremento na disposição a pagar do cliente e, de outro, permita uma definição mais eficiente dos recursos necessários ao atendimento conjunto dos segmentos visados.

Isso, em termos do negócio no varejo bancário, significa que não cabe apenas pensar a segmentação em termos do que será ofertado como proposição de valor aos clientes de cada segmento delimitado, mas também na forma como essa oferta será realizada a partir da otimização de recursos e competências preexistentes no banco.

Um ponto fundamental, específico do negócio bancário, refere-se ao que aqui poderia ser chamado de *segmentação aparente* e de *segmentação efetiva*. Ao se observar o que o conjunto de maiores bancos de varejo declara ser sua estratégia de segmentação, percebe-se que ela é, *aparentemente*, caracterizada exclusivamente pela variável renda.

Isso não é, com certeza, um indicador minimamente representativo do conjunto de ações específicas que são — ou que poderiam ser — realizadas pelo banco diante de recortes específicos dentro de cada segmento, subgrupos homogêneos em termos de suas necessidades e grau de interesse para a instituição, e que só podem ser identificados a partir da análise estruturada de múltiplas outras variáveis complementares à renda.

Essa é a *segmentação efetiva*. Ela envolve a sistemática utilização cruzada da base de dados que qualquer grande instituição de varejo possui sobre seus clientes e sobre seus próprios processos. Pode ser um elemento extremamente eficaz na definição de recortes de atuação estratégica que permitam, ao mesmo tempo, um maior potencial de diferenciação e consequente incremento na disposição a pagar do cliente, além de uma eficiência operacional maior, provavelmente gerada pela ampliação das economias de escopo observáveis nos produtos e serviços ofertados.

Referências

BANCO CENTRAL DO BRASIL (BACEN). *Relatório de estabilidade financeira*. Brasília, DF: Bacen, mar. 2014.

BESANKO, D. et al. *A economia da estratégia*. 5. ed. Porto Alegre: Bookman, 2012.

BRANDENBURGER, A.; HARBONE, W. Value-based business strategy. *Journal of Economics and Management Strategy*, Malden, MA, v. 5, p. 5-24, primavera 1996.

BONOMA, T. V.; SHAPIRO, B. P. *Segmenting the industrial market*. Lanham, MD: Lexington Books, 1983.

GUPTA, S.; CARTER E. W. *Segmentation and targeting*. Reading 8219, Marketing, Core Curriculum Series, Harvard Business Publishing, June 30, 2014.

MARTINS, B. *Estrutura de mercado local e competição bancária*: evidências no mercado de veículos. Brasília, DF: Bacen, nov. 2012. Trabalho para discussão, n. 299.

NAKANE, M. *A test of competition in Brazilian Banking*. Brasília, DF: Bacen, 2001. Working papers series 12.

NASSER, A. M. *Competição e concentração no setor bancário brasileiro atual*: estrutura e evolução ao longo do tempo. Monografia (III Prêmio SEAE de Monografias em Defesa da Concorrência e Regulação Econômica) — Secretaria de Acompanhamento Econômico, Brasília, DF, 2008. Disponível em: <www.esaf.fazenda.gov.br/.../monografias-2008/3-lugar-tema-1-estudantes>. Acesso em: 4 out. 2014.

OLIVA, F. L. et al. *Estudo comparativo sobre a segmentação nos mercados B2B e B2C*. In: ASSEMBLEIA ANUAL DO CONSELHO LATINO-AMERICANO DE ESCOLAS DE ADMINISTRAÇÃO (CLADEA), XXXVIII., 2003, Lima. *Anais...* Lima: Cladea, 2003.

PAULA, L. F. et al. Estrutura do setor bancário e o ciclo recente de expansão do crédito: o papel dos bancos públicos federais. *Nova Economia*, Belo Horizonte, v. 23, n. 3, p. 473-452, set./dez. 2013.

TONOOKA, E. K.; KOYAMA, S. M. *Taxa de juros e concentração bancária no Brasil*. Brasília, DF: Bacen, 2003. Working papers series 62.

YANKELOVICH, D. New criteria for market segmentation. *Harvard Business Review*, v. 42 n. 2, p. 83-90, mar./abr. 1964.

YILDIRIM, H. S.; PHILIPPATOS, G. C. Restructuring, consolidation and competition in Latin American banking markets. *Journal of Banking and Finance*, Oxford, UK., v. 31, n. 3, p. 629-639, 2007.

ESTUDO DE CASO

PERSPECTIVAS ESTRATÉGICAS PARA VAREJO E SEGMENTAÇÃO NO BANCO DO BRASIL

Os direcionadores do Banco do Brasil em termos de estratégias de segmentação para o varejo bancário estão, em termos gerais, distribuídos entre dois horizontes básicos de atuação: o mercado das micro e pequenas empresas e o mercado pessoa física. As distintas características estruturais nas demandas dessas duas macrocategorias de clientes fazem com que os esforços concretos do Banco, ainda que partindo de uma base conceitual comum, ocorram também de forma diferenciada.

Micro e pequenas empresas

O segmento das micro e das pequenas empresas é considerado, pelo Banco do Brasil, como uma alavanca importante para o crescimento do país e, consequentemente, para a ampliação dos negócios da instituição. Uma análise comparativa sobre a importância das pequenas e médias empresas em diversos países demonstra que sua participação na geração de riqueza de cada nação tende a aumentar em função de seu grau de desenvolvimento. Hoje, no Brasil, são mais de 8,9 milhões de empresas, correspondendo a 27% do PIB, 52% dos empregos e 40% dos salários pagos no país — números que devem se tornar ainda mais expressivos no futuro.

Para conhecer melhor sua base de clientes empresa, o BB tem feito significativos esforços, desde 2010, associando ferramentas de conhecimento do cliente com outras de gestão de relacionamento (CRM — *costumer relationship management*). Esse aprofundamento em sua base própria de informações vem permitindo um melhor direcionamento estratégico e uma colocação de produtos mais assertiva, mais consistente em relação às necessidades e ao comportamento de contratação, melhorando a sua experiência do cliente empresa em termos de produtos, canais e serviços.

Já como um primeiro resultado desses esforços, o índice de efetividade de vendas passou de 8% para 30% — fato ocorrido apenas em função do uso de informações mais bem elaboradas, ainda que mudanças mais profundas não tivessem tido tempo para serem desenvolvidas e implementadas. Atualmente, com as informações que alimentam os modelos de análise de segmentação — em permanente atualização em função do uso da plataforma BB, ferramenta de suporte ao trabalho dos gerentes de relacionamento —, o banco tem sido capaz de melhorar a experiência de seus clientes, ao mesmo tempo que simplifica processos e caminha na direção de um portfólio de serviços realmente otimizado e de maior rentabilidade. Para as empresas de menor porte — com um faturamento menor do que R$ 1 milhão — isso significa, além de uma crescente melhoria em soluções virtuais, uma oferta mais enxuta e efetiva de produtos de fácil contratação. Para aquelas com faturamento entre R$ 1 milhão e R$ 25 milhões, além de um atendimento de caráter consultivo, assessorando os clientes na identificação de soluções financeiras, o banco vem investindo em agências especializadas para seus clientes pequena empresa, numa iniciativa pioneira no mercado nacional.

Pessoa física

O Banco do Brasil vem refinando seus modelos de relacionamento e diferenciando suas propostas de valor a partir da lógica da segmentação e do uso estruturado de informações sociodemográficas e comportamentais sobre seus clientes pessoas físicas. Nesse sentido, tem ido muito além da variável renda na identificação de perfis de cliente, agregando propensão de consumo, ciclo de vida, margem de contribuição, margem de contribuição potencial e custo de servir, desenvolvendo cestas de produtos, estratégias comerciais e metas de rentabilidade com um grau crescente de precisão e assertividade.

Ao longo dos últimos 10 anos, o novo paradigma a ser construído tem sido a indução de venda focada nas expectativas e necessidades do cliente — visando a maior lealdade e fidelização — e não apenas o atingimento de metas em termos de volume de produtos e serviços contratados. Um cliente em carteira, a partir de um modelo de relacionamento bem ajustado, otimiza portfólio e custo de servir, chegando a gerar uma margem de contribuição de 35 a 40% superior à de um cliente fora dessas condições.

Dois grandes desafios têm sido tratados a partir do uso cada vez mais intensivo dos recursos e canais digitais: um deles se refere à dispersão geográfica de parte do público de mais alta renda, que muitas vezes torna inviável o estabelecimento de modelos de relacionamento e entrega de propostas de valor mais diferenciadas através de agências físicas; o outro, de complexidade talvez ainda

ESTUDO DE CASO

maior, consiste na forma como serão estruturados os vínculos e os canais de comunicação específicos em relação a uma base geral de clientes cada vez mais bem segmentada, um universo fragmentado de clientes cujos desejos e necessidades são cada vez mais bem conhecidos.

Visão de futuro

O Banco do Brasil, em termos de varejo e segmentação, percebe a necessidade de aprofundar ainda mais a complementaridade existente entre, de um lado, ações mais focadas nas necessidades concretas dos mais diversos recortes sociocomportamentais de sua base de clientes e, de outro, uma crescente efetividade operacional na mobilização dos recursos necessários à implementação dessas ações.

O elemento central que irá permitir a consolidação conjunta desses dois vetores de geração e captura de valor é, sem dúvida alguma, o uso cada vez mais intensivo de tecnologia, tanto para a detecção de comportamentos de interesse quanto como canal de relacionamento e plataforma de gestão de clientes e oferta de produtos e serviços.

SOBRE OS AUTORES

ANGELO COSTA GURGEL
Professor adjunto da Escola de Economia de São Paulo (Eesp) da Fundação Getulio Vargas (FGV), doutor em economia aplicada e graduado em agronomia pela Universidade Federal de Viçosa. Fez pós-doutorado no MIT Joint Program on the Science and Policy of Global Change. É coordenador do Mestrado Profissional em Agronegócio da Eesp/FGV e do Observatório do Plano de Agricultura de Baixa Emissão de Carbono (Observatório ABC).

CARLOS ALBERTO DECOTELLI DA SILVA
Doutor em administração pela Universidade Nacional de Rosário (UNR). Mestre pela Escola Brasileira de Administração Pública e de Empresas (Ebape) da Fundação Getulio Vargas (FGV). É membro do Corecon e criador do curso Gestão Financeira Corporativa entre a FGV e o New York Institute of Finance. Sócio administrador da Copas Treinamento e Consultoria. É coordenador acadêmico no Isae-Soluções Corporativas e pesquisador na Universidade de Wuppertal (Alemanha).

EDUARDO CENCI
Mestrando da Eesp/FGV. Possui graduação em ciências contábeis pela Universidade de Brasília. É produtor rural com mais de 10 anos de atuação em Brasília, Goiás e Minas Gerais, com foco na produção de grãos e suinocultura, e sócio da Safra Planejamento e Consultoria Agrícola.

EDUARDO H. DINIZ
Engenheiro eletrônico, doutor e mestre em administração de empresas pela FGV. *Visiting scholar* na Universidade da Califórnia, Berkeley e da HEC Montreal. Professor da Escola de Administração de Empresas de São Paulo (Eaesp) da Fundação Getulio Vargas (FGV). Membro do Centro de Estudos de Inclusão Financeira e Microfinanças da FGV. Tem realizado pesquisas em tecnologia no setor bancário e publicou vários artigos e livros sobre esse tema. É editor-chefe da *Revista Brasileira de Administração de Empresas* (ERA).

EDUARDO JOSÉ GRIN
Doutorando em administração pública e governo pela Fundação Getulio Vargas (FGV São Paulo), mestre em ciência política pela Universidade de

São Paulo (USP), especialista em sociologia pela Universidade Federal do Rio Grande do Sul (UFRGS). É professor do bacharelado de relações internacionais no *campus* Senac Santo Amaro (São Paulo), professor tutor da Eesp/FGV, pesquisador do Centro de Administração Pública e Governo (CEAPG) da FGV São Paulo.

FELIPPE SERIGATI

Mestre e doutor em economia pela Fundação Getulio Vargas (FGV São Paulo) e bacharel em ciências econômicas pela Universidade Estadual de Campinas (Unicamp). É professor de economia da FGV São Paulo, pesquisador do GV Agro, colaborador da revista *Agroanalysis*. Atuou como assessor econômico na Secretaria de Agricultura e Abastecimento do Estado de São Paulo. Tem artigos e livros publicados na área.

FERNANDO LUIZ ABRUCIO

Doutor em ciência política pela USP, professor e pesquisador da Fundação Getulio Vargas (SP) desde 1995. Coordenador do curso de graduação em administração pública da FGV (SP). Foi colunista do jornal *Valor Econômico* e da revista Época, e hoje tem um programa na rádio CBN, chamado *Discuta, São Paulo*. Ganhou o prêmio Moinho Santista de Melhor Jovem Cientista Político Brasileiro (2001) e, por duas vezes, recebeu o prêmio Anpad de melhor trabalho de administração pública do país (1998 e 2003).

GEORGE AVELINO FILHO

Doutor em ciência política pela Stanford University, mestre em sociologia pela Universidade de São Paulo e graduado em história pela Pontifícia Universidade Católica do Rio de Janeiro (PUC-Rio). É professor adjunto da FGV São Paulo desde 1992 e coordenador do Centro de Estudos de Política e Economia do Setor Público da mesma instituição (FGV-Cepesp). Já trabalhou como consultor para o Banco Mundial e para o Pnud.

HSIA HUA SHENG

Especialista em finanças corporativas aplicadas à gestão de tesouraria e de capital de giro, gestão de riscos e avaliação de empresas (*valuation*). É doutor e mestre em administração com concentração em finanças pela Eesp/FGV, economista pela Faculdade de Economia, Administração e Contabilidade (FEA) da USP e foi *visiting scholar* na New York University. É professor e pesquisador de finanças aplicadas na Eaesp/FGV e na Universidade Federal de São Paulo (Unifesp).

JEAN JACQUES SALIM

Doutor e mestre pela Eaesp/FGV. Professor de carreira da instituição há mais de 20 anos nos cursos de pós-graduação e de educação executiva. Dedica-se à pesquisa, ao ensino e a publica**ções** sobre temas ligados a educação corporativa e gestão do conhecimento. Dirigiu o Programa de Educação Continuada (GVPec) por 10 anos e o Curso de Especialização em Administração para Graduados (Ceag) por quatro anos. Possui várias especializações nos EUA e na Inglaterra.

JOÃO CARLOS DOUAT

É coordenador do Instituto de Finanças da Eaesp/FGV. Foi chefe do Departamento CFC, coordenador dos programas de pós graduação, mestrado e doutorado em administração de empresas e pública da Eaesp/FGV. É membro da Risk Management Association, do conselho editorial da revista *Tecnologia de Crédito* e do conselho editorial da *Revista de Negócios*. Possui doutorado em administração de empresas pela Eaesp/FGV e MBA pela Stern School of Business.

PAULO RENATO SOARES TERRA

Doutor em administração pela McGill University (Canadá), mestre e bacharel em administração de empresas pela Universidade Federal do Rio Grande do Sul. Professor e pesquisador do Curso de Mestrado e Doutorado em Administração da Eaesp/FGV e pesquisador associado da École des Hautes Études Commerciales de Montréal (HEC-Montreal). Professor visitante (*fulbright scholar*) da University of Illinois at Urbana-Champaign (Estados Unidos). Autor de capítulos de livros e artigos científicos.

PEDRO CARVALHO DE MELLO

Economista pela Universidade Federal do Rio de Janeiro (UFRJ) com MA e PhD em economia pela University of Chicago. Assessor educacional do FGV Corporativo, e *adjunct professor school of business* da Ohio University. Membro fundador do Shadow Financial Committee of Latin America (CLAAF). Foi membro titular do Conselho Fiscal do Banco do Brasil. Foi diretor da Comissão de Valores Mobiliários (CVM), diretor da BM&F, diretor-técnico do IBMEC e vice-presidente do PNC International Bank. Professor visitante da Columbia University (Cátedra Rio Branco, 1998).

RAFAEL F. SCHIOZER

Doutor em administração de empresas (finanças) pela Fundação Getulio Vargas (São Paulo), mestre pela Universidade Estadual de Campinas (Unicamp). Foi pesquisador visitante da University of Illinois e da Wharton School of Business. É professor titular da Eaesp/FGV, onde coordena o Instituto de Finanças. Também é assessor ad-hoc da Fapesp, da Capes e do CNPq. Trabalhou por 11 anos no Banco Central do Brasil.

RICARDO RATNER ROCHMAN
Doutor e mestre em administração de empresas (finanças/sistemas informação) pela Eaesp/FGV. Bacharel em ciência da computação pela USP. Participou do Programa de Estudos Individuais do Doutorado do Groupe HEC (Paris). Atualmente é professor de finanças da Eesp/FGV nos cursos de graduação e pós-graduação, coordenador do Mestrado Profissional em Economia, consultor da FGV Projetos, conselheiro da FGV Previ.

ROGÉRIO MORI
Professor e coordenador dos Cursos de Pós Graduação Lato Sensu e de Educação Continuada da Eesp/FGV. Pesquisador do Centro de Macroeconomia Aplicada (Cemap) da Eesp/FGV. Ex-secretário adjunto de política econômica do Ministério da Fazenda (1995-1997). Ex-assessor econômico do Palácio do Planalto (1998). Atuou no mercado financeiro por seis anos.

SÉRVIO TÚLIO PRADO JÚNIOR
É doutor em administração de empresas, com foco em estratégia e sistemas de informação, pela Eaesp/FGV, onde é professor desde 1995. Leciona estratégia de negócios nos cursos de graduação, de especialização, no mestrado profissional e nos programas internacionais da Eaesp (MPGI/CEMS e OneMBA). Além de suas atividades acadêmicas, atua há mais de 20 anos como consultor em gestão e estratégia.

AGRADECIMENTOS

Agradecemos ao Conselho Diretor do Banco do Brasil, suas respectivas vice-presidências, diretorias e unidades estratégicas, em especial àquelas cujos executivos participaram ativamente na elaboração dos estudos de caso presentes neste livro concedendo entrevistas aos autores. São elas: Auditoria Interna, BB Seguridade, Caixa de Previdência dos Funcionários do Banco do Brasil, Diretoria de Agronegócios, Diretoria de Clientes Pessoas Físicas, Diretoria de Crédito, Diretoria de Finanças, Diretoria de Gestão de Riscos, Diretoria de Marketing e Comunicação, Diretoria de Mercado de Capitais e Infraestrutura, Diretoria de Micro e Pequenas Empresas, Diretoria de Reestruturação de Ativos Operacionais, Diretoria de Seguros, Previdência Aberta e Capitalização, Diretoria de Tecnologia, Diretoria Gestão de Pessoas, Diretoria Soluções de Atacado, Unidade Desenvolvimento Sustentável, Unidade Governança de Entidades Ligadas. Agradecemos também a Ricardo Guimarães, que colaborou na compreensão da essência do Banco do Brasil.

Impresso nas oficinas da
SERMOGRAF - ARTES GRÁFICAS E EDITORA LTDA.
Rua São Sebastião, 199 - Petrópolis - RJ
Tel.: (24)2237-3769